U0902831

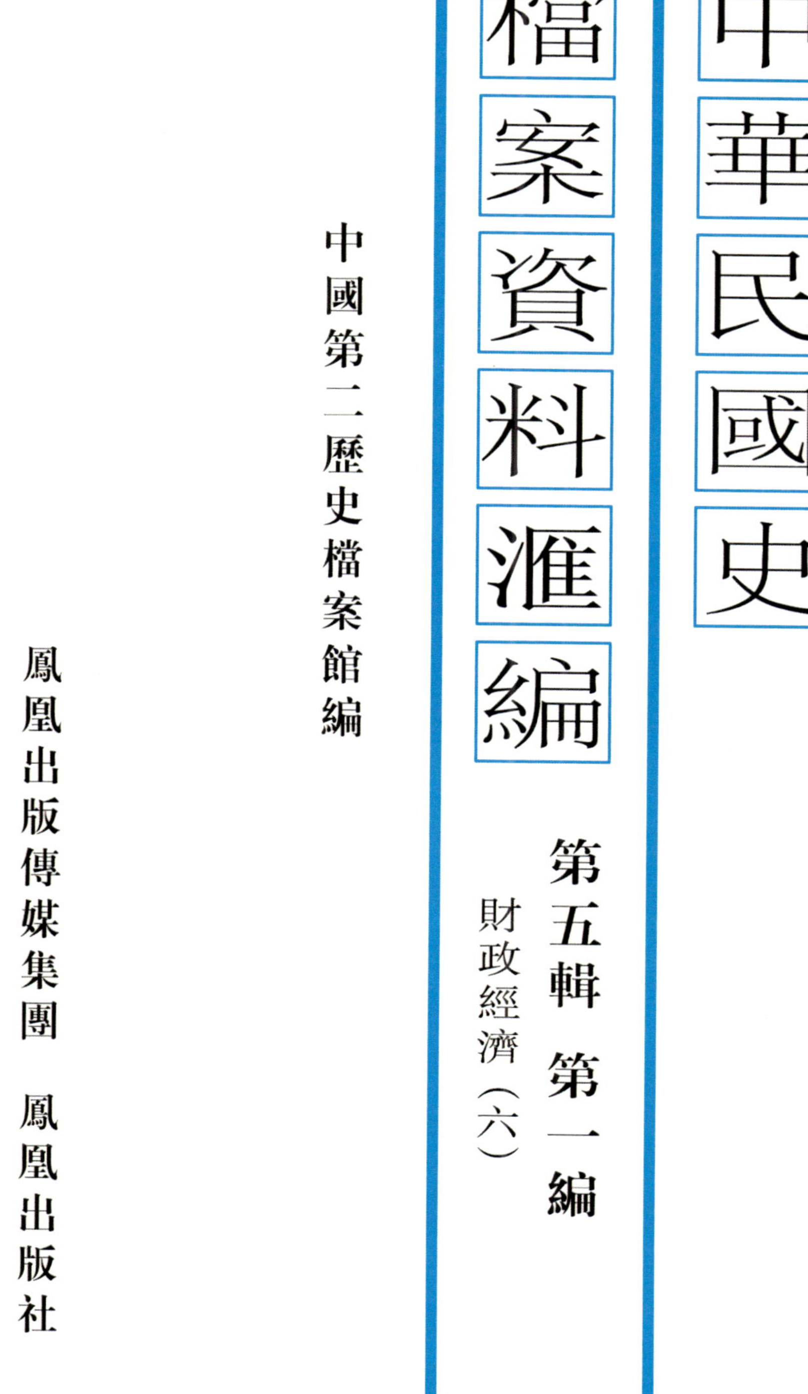

中華民國史檔案資料滙編

第五輯 第一編

財政經濟（六）

中國第二歷史檔案館編

鳳凰出版傳媒集團 鳳凰出版社

目　录

（四）私营工矿业

一、棉纺织业

（四）私营工矿业

一、棉纺织业

1．上海市政府为丝光棉织同业公会请救济棉织业案致国民政府呈

（1930年8月4日）

呈为据情呈请事：窃据属社会局呈称：案据上海市商会呈称：本市丝光棉织同业公会函称：敝会同业佥以棉织业日就衰微，维持为难，去冬迄今，倒闭者几及半数，所存各厂大都风雨飘摇，朝不保夕，曾经拟具办法六案：(一)最短期内修改劳资条件；(二)减免苛捐杂税；(三)请令饬国货银行或市银行免利放款；(四)请政府酌拨辅助金；(五)请政府通令各机关，凡公务人员一律服用国货；(六)请令浙江省废除纱布苛税，均经呈请社会局分别救济在案。除第三案已由财政部令饬国货银行办理，第五案已由市府具有方案外，其余各案恳请贵会分别转呈。等语。查该业所请救济办法，除第三项免除浙省捐局重征一事，因限期迫促，已由属会径电财政部暨浙省府外，尚有第一案系属均局主管第四案，应请钧局呈由市政府核转国民政府。等情。据此。查职局条陈救济棉织业办法，业已呈奉钧府转经工商部分别咨请财政部减免捐税及令饬国货银行筹议办理，各在案。兹据该会呈称：棉织业提议救济案尚有第一、第四两案，请予核办。前来，除第一案叠经职局召集该业职工会妥为调解，迄无效果，业已专案呈请钧府提付仲裁外，至第四案请政府酌拨辅助金，谓拟援国府救济航业拨给公债前例，请饬令财政部、工商部拨给编遣或裁兵库券贰百万元，由棉织业公会调查该业各厂存货之多寡比例分配，以资救济一节，事关国库，理合备文呈请钧长鉴核，转呈核示施行。等情。据此。

查职市丝光棉织业日就衰微，维持为难，确系实在情形，所请酌拨辅助金，以资救济，事关国库。除指令候转呈核示外，理合据情呈请鉴核，迅赐指令，以资饬遵。实为公便。谨呈

国民政府

上海市市长张群（印）

中华民国十九年八月四日

〔国民政府档案〕

2．实业部为工商会议请先从棉织业实施关税保护政策提案与财政部往来咨

(1931年2月6—19日)

（1）实业部咨（2月6日）

实业部咨　商字第九九二号

为咨请事：查接管前工商部卷内工商会议会员唐炳源提议，请求政府先从棉纱布匹入手实施关税保护政策案。天津市社会局提议，请建议财政部迅速创办棉纱进口特税，并将此项加税之收入拨由工商部对于本国人民营办之棉纱工厂，按照生产比例发给津贴，以资辅助而免倒闭案，均经大会议决，由部咨商主管机关核办。查上项二案，均以棉业重要，请实施关税保护政策，相应抄同原案，咨请贵部核办为荷。此咨

财政部

附抄议案二件

部长孔〇〇

中华民国　年　月　日

工商会议提案

请求政府先从棉纱布匹入手实施关税保护政策案

提案者　唐炳源

窃思民生要素首重衣被，立国基础端在工商。吾国号称地大物博，人口近五万万，而全国纱锭仅止二百枚，衣被所需仰给于外货者，每年漏卮约计有二万万两之巨，有识之士，孰不痛心。今者全国统一，训政建设，其所以谋实现先总理之方略与主义者，莫不日在努力之中。本会议之号集，其主要意义亦不外是考各国富强之道，固由于科学发达，生产激增，而关税保护政策更莫不厉行，而收大效。盖工商政策虽有多端，而关税保护政策实为工商政策中之最所必要者也。曩因条约关系受制外人，欲行不得，今则关税已经宣告自主，税则由我制定，苟犹迟迟，吾行其将何以自解。今国产棉货，横被外货压逼，不惟发展无望，实已气息仅存，深望政府能及早实施关税保护政策，将进口棉纱布匹之税率略事提高，而同时对于国产货品稍稍轻其负担，则本国投资者，庶几可以日见踊跃，生产可以增进，藉挽既倒狂澜于万一，而国人衣被之资，不致终为外人所挟制也。至于具体实施方案，兹事体大，似应即由本会议议决，呈请工商、财政两部会同组织委员会，切实研究，以资进行，是否有当？敬请

公决！

请建议财政部迅速创办棉纱进口特税并将此项加税之收入拨由工商部对于本国人民营办之棉纱工厂按照生产比例发给津贴以资辅助而免倒闭案

提案者　天津市社会局

理由

中国棉纱工业在民国四年至十年之间（欧战期内）确有相当之发展，惟自欧战停后，各资本主义国家均恢复其经济侵略状况，于是英、美、印度等之舶来棉纱，乃复相率输入，日本棉纱亦因不能继续抵制之，故得以通销无阻，利用大资本吞并小资本之手

段，竞相减价，以排挤国产之纱业。而中国棉纱反因捐税繁重、运输不便种种阻碍，感受成本过高、纱价低落之痛苦。例如天津市纺纱所用之棉花，向以山西运来者为大宗，每担共需运费及捐税二十元九角，(运费为十五元八角，计绛榆间六元八角，榆津间九年税银为五元一角，计山西统税一元三角，特捐八角，保大捐四角，河北干果税二元六角，共为上数）其他一切零费手续费等尚不在内，似此成本过高之国纱，而与只纳一道进口税即能通销内地之外纱相竞争，固早料其失败。即就天津市一隅而论，在民国四年以后，先后设立之纱厂计有裕源、华新、恒源、宝成、北洋、裕大等六家，乃自十四年以来，据各厂报告，均以成本重、纱价微之故，陷于赔折之地步。其已倒闭由日人接办者，有裕大纱厂，其因债务关系，财政由外人监督者，有宝成纱厂，其余亦仅暂免倒闭而已。外人更利用在中国举办工业之特权，在中国境内设立纱厂，就近榨取，以不平等条约为护符，并不受内地杂税缚束，此尤为难与抗争之点，抑且更有进者。现在中国业与日本签订关税互惠协定，棉纱一项已列入细目，是日纱在中国特殊之地步仅而日趋优越，日趋巩固。国民自营之纱业必更受永久影响，国民经济波及殊大。更考棉纱一项实为天津基本工业之一，需用人工达于数万，资本额已超出两千万元，占全市总资本额百分之六十以上，而进口棉纱又占天津关税之大部，其与天津之关系尤为切要，若不急谋补就，保护、辅助兼并施行，则此幼稚之工业必将摧残于无余。

办法

(1) 事实既如上述，自应按此情况一面轻免内地之棉纱杂税，一面对于进口之棉纱加增相当之课税，以资保护，此中理由，至为明显。关于减免内地杂税在本会议上必有不少之详细提案，深望实施，不再赘述。所应详细述明者即增加课税是也。查我国现行之七级差等税率，自中日互惠协定成立后，又继续展效三年，是中政府在此三年之内尚无增加进口税率之可能。惟我国于签订该互惠条款时，曾保留加征特税一权，(有中日关税互惠协定附件可证) 原文为 The chinese government reserves the right to levyan excise on imported cotton yarn.(No.51)in addition to the custom import Duty.是中国政府尚可创征进口棉纱特税仍有伸缩余地，似应即于此时建议财政部创办棉纱特税或由海关代收或另行设局专办，总期增高外货之成本，以保护本国之纱业。

(2) 上项办法果能实行，亦只能限制舶来之熟纱，对于外人在中国境内设立之纱业仍无干系，因其资本雄厚，国民自营者，仍难与抗争也。因查东西各国对于本国企业，均自由国家发给津贴之先例，我国此时正应效仿。我国既对于进口棉纱课以特税，则此项收入如能施用于此项工业之辅助，自属极为合理，亦为容易办到之事。揆诸保护私人资本之原则，亦无背谬，应即以此项增加之收入，尽数拨交工商部，以为辅助棉纱业之用。其分配方法，似应按照各纱厂生业之比例，其理由为于辅助之外兼寓保护之意。例由全年共增加税收三千五百万元，全国全年共产七千万担，即按每担五角分配发给。至分配细则，自应由部按此原则另行规定。而特税之准则，亦应由财政部另行规定。似此办法，棉纱工业得所辅助，在与舶来棉品及在中国制造之外纱争夺市场上诚不无小补，若再依经济原理免其内地苛繁之税，疏濬交通，便其输运之途，则国民纱业不无起色，社会经济必得开展矣。为此提案，敬候公决。

(2) 财政部咨稿（2月19日）

财政部咨　统字第17890号

为咨复事：案准贵部商字第九九二号咨开：以工商会议会员唐炳源请求政府先从棉纱布匹入手，实施关税保护政策案，天津市社会局提议请建议财政部迅速创办棉纱进口特税案，均经大会议决，由部咨主管机关核办，相应抄同原案，咨请核办等由。附抄议案二件过部。查关税保护政策，实维护工商之扼要办法，现海关进口新税则，业已施行，对于进口布匹关税税率经已激增，而棉纱又已开办统税，凡进口棉纱于完纳关税外，仍须照完统税，总期提高舶来品税率，即所以无形护助国内工商业，除仍随时察酌情形，以图次第实现议案要点外，准咨前由，相应咨复查照。

此咨

实业部

财政部部长宋子文

中华民国二十年二月十九日

〔国民政府实业部档案〕

3．行政院关于救济中国纱厂业案与实业财政二部往来令呈

(1931年4—5月)

(1) 行政院训令（4月17日）

行政院训令　字第一七七四号

令实业部

为令饬事：案准中央秘书处第六四零七号公函开：案准中央秘书处第六四零七号公函开：奉常务委员交下上海特别市执行委员会呈（常六四零七号）为：据第二直属分部呈：以中国纱厂业前途已伏危机，不再设法挽救，恐将完全为日人操纵，恳转饬设法挽救，俾振实业，转请鉴核施行等情一案。奉批：交行政院妥筹救济，相应抄同原呈函达，即希查照办理。等由；准此，除函复并分令外，合行抄发原呈，令仰该部即便遵照，妥筹救济。此令。

计抄发原呈一件

院长蒋中正

中华民国二十年四月十七日

抄原呈

呈为据情转呈，迅予察核，咨行国府，设法挽救危机已伏之中国纱厂事。案据职会属第二直属分部呈称：窃查我国现况，政治虽经鼎革，而帝国主义之经济压迫仍日甚一日，如中国纱厂业前途已伏极大危机，不再设法挽救，恐将完全为日人操纵。仅就上海一埠而论，纱厂锭数日商计一百四十余万枚，华商九十万枚，英商二十万枚弱，日商实占最多数，大有控制华锭之势。近以银贱金贵，日因国内棉纱生产过剩，运输海外，成本较重，以致纱厂大部停顿。旋以消极停顿，终非久计，乃移转方向，积极开展，其法有二：（甲）将已闭日厂之纱锭搬至中国之上海及满洲，以便收买中外各方原料，制纱运销于我国内地，以与华厂竞争。（乙）将在我国境内原有之日厂扩充范围，增加锭数，以便增多出品。回顾华商纱厂之联合组织，既不健全，而各厂主又多同床异梦，绝不远谋，且好投机，时遭失败。不但无发展之望，更有退化之虑。此华商纱厂将为日人操纵，危机之伏，实非偶然。又按日厂大部由国家经营，资力雄厚，若华商仅赖少数私人之财力，殊难匹敌，嗣后亟宜由国家设计资助，固其经营，冀得挽此危机，而解经济压迫于倒悬。业经属部第四十三次党员大会议决，呈请钧会转呈中央，咨国府设法挽救危机已伏之中国纱厂业，在案。为特备文呈请钧会转呈中央咨行国府设法挽救危机已伏之中国纱厂。等情；据此，查上海华商纱厂年来倒闭易主已数起，苟统计国内各地为数当不止此，凡欲振兴或新创实业，先宜维扶旧有各厂，否则得此失彼，于国何补。该分部所呈各节，殊有见地，爰经职会第九十八次常会议决，转呈中央在案。理合备文呈请钧会察核，准予咨行国府，设法挽救危机已伏之中国纱厂，俾振实业。

而维国权。至感党便。谨呈

中央执行委员会

上海特别市执行委员会常务委员潘公展

四、二

（2）实业部呈（5月7日）

呈为呈复事。案奉钧院训令内开：为令饬事云云，至妥筹救济，此令。等因。并抄发原呈一件下部。奉此，查上海市执委会转据第二直属分部原呈，内容不外两点：（一）华商纱厂联合组织不健全，各厂主多同床异梦。（二）华商少数私人之财力难与日厂匹敌，亟宜由国家设计资助。查第一点，去岁工商会议业由前工商部提出国内工商业联合进行案，并由各会员提出科学管理方案，讨论通过。现工商管理协会业已成立，对于联合进行一点，已在切实研究中。至纱厂方面，亦有联合会之组织，其应如何合力对外，现已令行上海市社会局指示劝导，协力进行。关于第二点，果能以国家财力资助，未始非补救之策。惟事关财政范围，已咨请财政部核办。奉部意见，以为自马关订约，外人得设厂于国内各埠，今日商扩充范围，增加锭数，实为海关增加进口税后必然之趋势。目前挽救之方法，厥有三点：（一）查限制外厂一节，迭经商民呈请，前准钧院秘书处函交核议到部，当以此事关系复杂，须会商外交、财政各部，共策进行，复请转呈在案，将来对于外厂设立，如能加以限制，实为培养本国厂商之最有效办法。（二）各国皆以关税保护为堡垒，将来改订海关税则时，亟宜加增棉纱进口税，其税率以能保护本国厂商为度。（三）现行棉纱税率等级，似于国内之农业原料、工业制品及贫民生计，均有阻碍而转予外商以发展之机会，本部曾拟有加订棉纱税率等级办法，函达钧院秘书处在案。现在限制外厂，增加进口税，一时如未能实行，则加订税率等级，按照棉纱支数改订税率，便利华商，而隐予外厂以限制，实为今日对症下药，维持本国纱厂之良好办法。伏念纱厂事业在我国工业中已逐渐占有相当位置，际兹险象日呈之时，本部拟于必要时，遴派专门人员，督同厂家协商救济之策，务期事实上可以施行，并切合厂家之需要，尤期官商及银行界通力合作，标本兼治，以挽颓势。奉令前因，理合呈复，鉴核示遵。谨呈

行政院

实业部长孔○○

中华民国　年　月　日

（3）财政部咨（5月20日）

财政部咨　统字第19896号

为咨复事：准贵部商字一二六七四号大咨，以现奉行政院交办关于上海特别市执行委员会呈请救济中国纱厂业危机一案，业经拟有办法呈复，所拟增加棉纱进口税及加订棉纱税率等级各项，均应与本部商酌进行，抄送原呈，嘱查核办理。等由。查国制棉纱统税税率，系分等级征收，而舶来棉纱，除征进口关税外，并按照统税税率征纳统税于贵部。所陈意见第二点似已有适当保护，其统税税率系经立法院征集各方意见，详加审议，呈奉国民政府公布施行，甫于本年二月实行，现在开征未久，自未便随时变更。贵部原呈所拟救济办法，主张就原税率方面增列等级，便利华商，隐予外商以限制，自属根本要图，应俟更订统税税率时，即行体察情形，分别采纳办理。相应咨复，即烦查照为荷。此咨

实业部

财政部长宋子文

中华民国二十年五月廿日

〔国民政府实业部档案〕

4. 国民党中执会秘书处为湖北省执委会呈报武昌各纱厂日货倾销造成生产过剩暨救济办法致实业部函

（1933年1月25日）

顷奉常务委员交下湖北省执行委员会呈，为呈报武昌各纱厂生产过剩及日货倾销情形等，拟具救济办法，祈鉴核采择等情一案。奉批：交实业部。相应抄同原呈并检原附原报告一份函达，即希查照核办为荷。此致

实业部

附抄原呈并检原附报告各一件

秘书长叶楚伧

中华民国二十二年一月二十五日

抄 呈

呈为呈请武昌各纱厂生产过剩及日货倾销情形，并拟具救济办法，仰祈鉴核采择事。查本会第五十九次会议，民众运动指导科签呈：据闻帝国主义者最近施其最毒辣之经济侵略手段，使三井、三菱两公司出品廉价出售，致令我国国货不能推销。如武昌各大纱厂，均发生生产过剩恐慌，即为明证。长此无法抵制，行见此数万工人将有失业之虑。可否派员调查此中情形，呈请中央制订办法，密令全国遵行，以防患于未然。祈核示。案经决议，派柯清熙、陈承仁负责调查去后，旋据该员等呈复调查所得情形，并拟具报告书一份，到会，经提出六十九次会议决议，推曾委员庞锡、汪委员世鎏、杨委员子福及民运科主任会同审查，由曾委员召集调查员列席说明。复经报告第七十一次会议决议，照审查意见通过，各在案。理合连同报告一份，备文呈请钧会鉴核、采择、施行，实为党便。谨呈

中央执行委员会

附呈报告一份

中国国民党湖北省执行委员会常务委员

喻育之

汪世鎏

艾毓英

报　告

中国工业不发达，生产落后，以致外货充斥于国内各市场。手工业既被摧残，农村经济因之破产，人民生活几濒于绝境。自去年暴日占领东北，新订营口海关纱布进口税率，每粗布一包课税洋四十九元，十七支以下棉纱一包课洋三十五元。日本纱布在东北销售不但免税，且可获减低运货之便宜。东北等处年销国产纱布为数甚巨，今日人对营口海关徒增进口税，即不啻断绝国产纱布之运销，其手段之毒辣，殊足骇人。且日政府复施行兼并政策，将日本纱布倾销于我国内地，企图压倒一切国产纱布。据查第一次已补助商人日金一千万元，为实施经济侵略之工具。我国对于外货倾销，虽订有抑制专法，迄今未见实行，而国人抵货热潮又不能持久，以致日货得任意倾销，国货销路几为垄断，各纺织工厂咸受压迫，欲与日货并价贱卖，则亏折甚大，莫不货积如山，顿起生产过剩之恐慌。此种侵略，其结果实足以制中国纺织工业之死命。中国工业原以纺织业略有进展，如纺织业被其压倒，则其余工业将完全趋于崩溃矣。兹将调查各项情形分述如后。(一)就纱布价目比较言之，中国十六支纱每包现售银一百五十两，须折本数两，而日本十六支纱每包现售银一百二十四两至一百三十两。中国十四支纱每包现售银一百四十两，尚须折成本八两，而日本十四支纱每包现售银一百二十两。中国十二磅细布每匹须售银五两五钱，而日本十二磅细布每匹现售银四两八钱。中国十七磅粗布每匹售银六两五钱，而日本十七磅粗布每匹售银五两六钱。（二）就资本比较言之，中国实业基金仅六万万元，日本三菱、三井两公司之资金合计达十二万万元。今日政府已密令该二公司破产救国，俟倾销政策成功后，再由日政府设法弥补之。因日本货物之运销于中国者，向由该二公司包揽，而三井洋行在华之势力尤大，现汉口三井洋行华人前往购货者日以千数；计日本之布匹在十月份由上海入口者，据海关统计竟达五万六千包，绵〔棉〕纱三万三千余包，而日本在华之纱厂有一百七十余万锭子，所出之货尚未计算在内。据在汉口每日平均销售布匹几达千余包，棉纱五百余包，故华商之纱布大受影响。现民生公司存布五千包，存纱四百包。裕华纱厂存布四千余包，存纱二千余包。第一纱厂存布七千余包，纱一万二千余包。申新纱厂存布二千余包，纱一千余包。震寰纱厂存纱一千余包，布三千包（附表）。日帝国主义者自恃其资本之充足，对出品减价倾销，国产之不能与之竞争，势所必至。惟暴日既采用武力占领，复施行有计划之经济侵略，长此以往，势将难以支持，驯至工厂倒闭，工人失业，影响于治安，前途殊为可虑。谨拟挽救办法，伏候裁夺。

（一）增加仇洋进口纱布产销税率，或另增倾销税率。

（二）在国难期间，华商纱布免纳统税，并奖励输出。

（三）贩卖仇货之汉奸，政府宜科以最严厉之处分。

（四）政府默许正式公民，组织锄奸团。

（五）政府监督并指导人民作公开劝用国货之宣传，凡党政学校以及各机关人员及其家属须作服用国货之表率，如有违背者，应予切肤之玷辱。如意大利人民团体对于服御外货者，将其衣服上盖以亡国奴图章之类。

（六）凡贩卖仇货者，应抽收救国捐，由百分之五十至百分之二百（但机械、仪器、原料不在此限）。

（七）令国内各工厂对于各种日用品尽量仿造，并予以相当奖励。

（八）党部宣传应以实业常识运动为主要，并负调查劝导之责。

（九）请中央令全国纱厂联合会，在抵货期间不得擅自抬高市价，并详拟长期抵制办法。

中国与日本实业资本之比较

中国		日本	
中国实业基金	约六万万元	三菱三井二公司基金	约十二万万元

中国现时纱布价格之比较

中国纱布价格		日本纱布价格	
十六支纱	一百五十两折成本二两	十六支纱	一百二十四两至一百三十两
十四支纱	一百五十两折成本八两	十四支纱	一百二十两
十二磅细布	六两二钱	十二磅细布	四两八钱
十七磅粗布	七两二钱	十七磅粗布	五两六钱

日本在华采用倾销政策后武汉纱布业之概况

十月份日本输入纱布数目	日本棉纱在汉销路	武汉各纱厂受日货倾销后之情形				
		民生公司	裕华公司	第一纱厂	震寰纱厂	申新纱厂
布匹五万六千余包	布匹七百包	存布五千包	存布四千余包	存布七千余包	存布四千余包	存布四千余包
棉纱三万三千余包	棉纱五百余包	存纱四百包	存纱二千余包	存纱五千余包	存纱三千余包	存纱一千余包

〔国民政府实业部档案〕

5. 荣宗敬报告上海华商纱厂危机并拟具救济方案致行政院呈

(1933年4月21日)

呈为胪陈棉纺织业困苦情形，仰祈鉴核并予救济事。溯自欧战以后，英、法、德、俄等国，以其农工商品国外市场为日、美等国侵夺殆尽，于是努力生产，奖励输出，以相角逐。其对于外货也，或重加关税，或禁止输入。其对于币制也，或停止兑现，或禁金出口。其对于工人也，或禁止罢工，或减低工资。其对于经济也，或减低利息，或长期贷款。彼以是来此，以事应近数年来酿成生产过剩，民众失业，竟以生产落后之国，为其尾闾。吾国以资金之不能集中，政府之不能维护，民众之不能团结，以致外贸进口额与年增加。以近年天灾、匪祸、内乱、外侮相继而作，无时或息，不独轻重工业毫无创设企图，甚至主要农品亦须仰给外国，于是此相激相荡之倾销怒潮，乃向太平洋之西岸澎湃汹涌而来。以工业幼稚之我国当之，几如摧枯拉朽，莫可抵御。近两年来，以入超太过之故，内地黄金输出几尽，现在贸易全赖少数银块、银元以为市易，似此情形实属岌岌不可终日，有识之士未尝不深抱殷忧。就目前本国工业言，资本较为雄厚，制品较为繁多，可以代替一部分外货者，棉纺织业可称首屈一指。然自关税自主以还，各国对我经济侵略日益加甚，以从前购买我国原料加工制造，转售与吾之方法，尚认为不能彻底也，进而设工厂于吾国，输入最新之机器，任用熟练之技师，与华厂巍然对峙，上海、青岛、汉口、天津到处皆是，以制我棉业之死命。且彼恃其不平等条约以为护符，如工人之管理易于就范，捐税之征收可以避免(如派销公债，缴纳印花税、营业税等)。至于原料之进口，运输便捷，资金之运用，息率低微，犹其余事。凡此种种，即在平时华厂与之相较，无不相形见绌，况前年长江一带之巨灾，去年一二八之惨祸，东北即已沦亡，平津时闻警报。现在农民有破产之虞，金融有枯竭之象，更何能与彼全国一系大规模之倾销相抵抗！是以近数月来，我国纱厂停闭者，已有隆茂、同昌、永豫、裕中四家，现全国纱厂因纱布存积日多，议决自四月二十二日至五月二十一日每星期六、星期日停止工作，即减工百分之二十三，此系不得已救急之计。若不谋根本救济之方，恐此后全国纱厂源源停闭者不在少数。夫纺织业关系于民生者至大，吾国现有纱锭四百五十万，而属于日人者占二百万，彼除在我国设厂外，复以其本国棉货倾销于我国，近三年来日本棉纱成人造丝之织品输入者，平均每年在二万万元以上，瞻顾前途，不寒而栗。第考我国纱厂不能与舶来品竞争之原因有三：(一)日本输入原棉无税，而我国输入原棉每百斤须纳税四元二角，即每包棉纱须纳税十五元一角二分。(二)日本棉货输入我国，无出口税，而我国纱厂所制棉布，粗纱每百斤须纳税二元七角五分，细纱每百斤三元七角五分。(三)我国受中日互惠协定之束缚，不能重加进口税。至于不能与在华日厂竞争之原因，亦有六端。兹列于下：(一)日厂恃领判权之保护，不受党部之干涉与工潮之影响，故训练管理日臻于合理化。(二)日厂资本雄厚，贷款利息极微，较之华厂每包成本相差六七元之多。(三)日厂以东棉、日信、江商等行,为其采购原料、推销熟货之机关,在世界遍设分行,原料每担可省一元以外,熟货销行畅旺无阻,无形利益不计数计。华商无此便利。(四)日本设立纺织专门学校计达二十四所,人才辈出,技术日精。我国则除南通一校,别无所闻,人才缺乏,遑言竞争。(五)华厂须摊派公债,负担印花、营业等税,地方军警、教育、慈善公益等捐,种种额外开支不可胜计,为日厂所绝无。(六)日厂分设我国者,以近五年为最多,其机械之新颖、产量之宏多,欧美人闻之皆为咋舌。我国号称有二百五十万锭,其中十分之四机械皆在二十年以上。至于最新之厂足与日人比拟者,不及十分之一,言之可为浩叹。综此数因,华厂虽欲振奋自拔,努力改良,实属戛戛其难。故华厂制纱成本每包较日厂高二十元至二十五元,华布每匹较高一元以上,以言竞争,宁有立足之余地?近即以上海一隅言之,存纱已逾十六万包,存布一百五十万匹以上,行见货品愈积而愈多,即负累日增而日重,实业已濒危境,工人生计固将灭绝,国家税收亦必停止,其结果,盖有不忍言者。年来抵货之声甚嚣尘上,而日厂不独进行如故,且加扩充,诚以成本低廉,故能尽力倾销,以与华厂竞争,非使之摧毁罄尽不止,其用心之险狠有如此者。往者厘金未展,内地厂商犹赖税轻调剂抵彼,注兹稍留竞争余地。自改办统税以来,中外工厂同等待遇,而地方捐税又为外厂之所无,遂至陷于重围之中。政府注重民生,对于棉业想不漠视,从前立法院制定保奖条例,三中全会又经通过保护纺织事业提案,属会翘首企望,未见实施。今日火热水深濒于破产,谨拟救济方案六则于后:

一、统税加级　查海关棉纱入口税共分四级,本国纱厂统税亦请改为四级,其支数与海关略有差别。三十三支以上为第一级,每担征税六元。二十三支至三十二支为第二级,每担征税五元。十三支至二十二支为第三级,每担征税四元。一支至十二支为第四级，每担征税三元。棉布税亦应照棉纱等级重量征收，从前十一、十二磅，十三、十四磅，十五、十六磅共一税率，有失公允，应即停止。

二、退还统税　上条修正统税中外厂应一律征收，对于华厂所收之数，每月月底由钧部以奖励名义，以一半退还该厂，于征税时划抵，以资补助。

三、增加关税　查中日协定本年五月十六日满期，应设从是日起所有日本进口棉布、丝光布，照先行关税增加二倍。又人造丝织品增加三倍，再加增本国现行棉纱统税。

四、退还原棉进口税　查原棉进口税，民国十五年尚系担一元二角，现已加至四元二角，拟请对于华厂所收税款，由钧部以奖励植棉经费名义退还半数，交属会承领。此项退还，由属会一半发还纳税之厂，其余一半由属会津贴各省植棉场为改良棉种之用，政府得随时派员指导，监视其进行。

五、低利贷款　华商纱厂受重利之盘剥，为不能与日厂竞争之最大原因，应请由中央银行、中国银行、交通银行各划巨款，组织实业贷款银行，以低利长期贷与各华厂，俾资营运。

六、取缔工会　查日厂每万锭雇佣工人约一百七八十人，华厂在上海者约用三、四百人，汉口、天津等处工会势盛者须用七百余人，工资相差倍蓰，何能竞争？应请明令各省市党部，以后各华厂开除工人不得横加干涉，俾资整顿。以上所陈，谨能举其纲要，如蒙采纳施行，国计民生受益匪浅。临颖不胜迫切，待命之至。谨呈

行政院院长汪

具呈人　上海爱多亚路八十号
华商纱厂联合会
主席委员荣宗锦

中华民国二十二年四月二十一日

〔国民政府行政院档案〕

6．国民党中执会关于解决全国纱厂减工情形及救济办法与行政院来往函

（1933年4—5月）

（1）国民党中央执行委员会秘书处致行政院密函（4月27日）

中国国民党中央执行委员会秘书处密函　第新248号

中央第六十八次常务会议，据中央民众运动指导委员会呈报：派员调查沪上全国纱厂减工情形，并拟具目前救济办法，请采择施行一案。当经决议：除民运会所提乙项由常务委员妥定办法外，余由民运会会同行政院各主管机关商定办理在案。除函复外，相应检同油印原案函达，即希查照为荷。上致

行政院

附油印原案一件

秘书长叶楚伧

中华民国廿二年四月廿七日

附：中央民运会给中央执行委员会密呈

呈为呈报调查全国纱厂减工情形，并拟具目前救济办法，仰祈鉴核施行事。查全国纱厂联合会，以日货倾销，国货积滞，最近决议减工以维营业。本会以全国纱厂一致减工，将使失业工人骤形增加，且际此国难时期，社会治安更足因此引起莫大之危虑，当即派员赴沪调查，即据先后报称：

一、本月二十一日，市政府召集各厂代表谈话，市党部代表及实业部司长亦均参加，厂方陈述困难情形，谓我国纱厂不能与舶来品竞争之原因有三：一、日本输入原棉无税。二、日本棉货输入我国无出口税。三、我国受中日互惠协订〔定〕之束缚，不能

重加进口税。至不能与在华日厂竞争之原因，亦有六端：一、日厂恃领判权之保护，不受工潮之影响；二、日厂资本雄厚，贷款息率极微；三、日厂有专事采购原料推销熟货之商行为机关，原料之成本廉，熟货之销行旺；四、日本设纺织专门学校甚多，技术日精；五、华厂须摊派公债及负担捐税，为日厂所绝无；六、分设我国之日厂，以近五年为最多，机械新，产量多。我国纱厂十分之四机械皆在二十年以上，最近之厂，机械足与日比拟者，不及十分之一。综上种种，我国纱厂虽欲振奋自拔，实属戛戛其难。又谓银行界不肯放款，以致周转不灵。现上海一处，积存之纱达十六万二千九百包，布一百九十七万匹，总值四千六百万元。但减工非厂方本意，乃银行界要求减少生产以维市价，为放款之条件，故不得不尔。市党部代表以五月为共党活动之期，主张暂缓实行。厂方以通告业经发出，二十二日即开始减工，不及收回，且此案关键在银行界，故经各方商决，二十二日再由市政府召集银行界共商救济办法。厂方代表最后申述，年来工潮叠起，亦为妨害营业之重要原因。

二、二十二日市政府召集银行、钱业、纱厂各业代表，会商救济纱厂减工办法。银行、钱业两方代表，申明对于纱厂押款，并未停止，纱厂减工，尚有其他缘由，并要求市政府设法救济。各方代表认为纱厂要求救济等项，非谈话会所能解决，旋由吴市长铁城提议：由纱厂方面推派代表晋京，向中央及政府各关系部，会商根本救济办法，厂方代表决定于二十四日晋京，工方以中央及实业部均派员来沪会商救济，一时尚不致发生风潮，惟纱厂方面共党活动甚力，且五月转瞬将届，在在堪虞。

三、据上海市沪东区纱厂工会联合会呈称：请中央饬令资方，一、不能减少工资；二、赏工照旧；三、减工须有限定时期，(最多不得超过两月）并不得任意摧残工友。等情。据情呈请鉴核，各等语。并附呈华商纱厂联合会呈中央暨院部文稿，及上海市沪东区纱厂工会联合会呈各一件前来。本会核阅报告及该华商纱厂联合会呈稿等件，窃以救济纱厂减工，自是亟不容缓。该华商纱厂联合会呈请中央救济办法六项：一、统税加级；二、退还统税；三、增加关税；四、退还原棉进口税；五、低利贷款；六、取缔工会。除一二三四各项，关系国家财政，应由政府予以考虑外，五项低利贷款，确为目前救济一般轻工业之急务，不仅纱业已也。第六项取缔工会，颇嫌过于笼统。工人求工求生，工会自亦不能不为之权衡规画，详核其所要求，亦尚无违法不情之处。生产固应合理化，然中国纱业失败，其原因实在资本薄弱，机械腐旧等等，劳资纠葛，尚非主要问题。故为目前治标计，本会几经考虑，似应亟予推行下列办法：

甲、应请中央与银行界统筹办法，低利贷款与各纱厂，使稳定营业，并在可能范围内缩短减工时间，顾全工人生活。

乙、应请中央密令各级党部政府严定抵货办法，取缔奸商，对堆积之本国纱布，在严密抵货办法实行中推销之。

丙、目前日商倾销政策之根据地，系在中国内地，华商为便利运输、减轻成本计，应择交通方便、工资低廉之区域，易地生产，并迅联合各纱厂暂时组织较有独占性质之团体，以与日商对抗。

丁、中日商约在下月十六日宣告满期，应请中央对日政府此种类似危害之倾销行为，予以制止，并取销互惠关系，遇必要时或竟停止通商。

戊、在可能范围中，建筑关税壁垒，减轻国纱税率，以资保护。

己、对于本国各种轻工业，除于关税设法之外，应请中央从速励行生产统制，使消费生产成正常比，免耗人工财力。

所有呈报调查全国纱厂减工情形，并拟具目前救济办法各缘由，本会以为兹事不但关系地方秩序一时之安危，实为国民生计

与国家经济绝续枯菀之所系。是否有当？理合抄附沪东区纱厂工会联合会呈一份，具文呈请钧会鉴核采择施行。谨呈

中央执行委员会

附抄呈沪东区纱厂工会联合会呈一份

中央民众运动指导委员会主任委员陈公博
副主任委员王陆一

中华民国　年　月　日

抄原呈

呈为纱厂联合会籍口生产过剩，议决减工，请求补救，以免工人流离事。窃属会近据各厂工人纷纷来会报称：各厂已于本月二十二日实行减工，且恒丰纱厂并发出谎谬布告，连赏工减去，似此情形，我数万工友惶恐万状，大有不能生存之虞。等情。为此属会理应将工友所受痛苦备文呈述如次：

一、工作时间减工后之比较

原来各厂工作分为日夜两班，于星期日换班。上午六时、下午六时为上工、放工时间，每工十二小时。日工六工，夜工七工，每以两星期工作计算，十三工，一百五十六小时。现在实行减工后，每星期六星期日两昼夜均停工，每两星期工作计算仅十工，一百二十小时。两相比较，每两星期减少工作时间计三十六小时，合一个月减少工作七十二小时，共计减少六工及四工赏工，每月一并减少十工。

二、工资与赏工减少后之比较

原来工人工资平均以五角计算，每两星期十三工，如不请假者，尚有赏工两工，共计十五工，计工资七元五角，现在除减工三工外，并减赏工两工，两星期工作仅十工，计工资五元，以一月计算，仅得工资十元。两相比较，较前减去工资三分之一。

三、工人生活减工后之比较

平时工人生活以普通包饭核算，每人每月需洋八元，以在工房居住与不在工房内居住者平均计算，每人每月需洋贰元，照各个人食住计算，最低需洋十元，按原有十五元之工资计算，加剃头、洗澡、衣履费，仅堪维持。以上仅以个人维持个人计算，实则每个工人工作担负以平均计算，每人最低担负有一个半人的生活，因作工者十之八、九均有老小之故。譬如夫妻两人做工，供养父母或幼子者，这是普通，尚有其他用费，照原工资每人每月尚不够维持，现在减工，每人每月仅得工资十元，房饭洋已去，十元维持个人已难，遑论其他，若不减赏工，个人尚可糊口。以上均属实情，以简略而极明了的方式比较，工人等实属不能生存。兹为劳资合作挽救危境计，故特谨呈钧员转呈中央饬令资方：一、不能减少工资；二、赏工照旧；三、减工须有限定时期，(最多不得超过两月）并不得任意摧残，致工友于绝境，以维工人生计，而弭意外纠纷，实为公便。谨呈

伍科长

上海市沪东区纱厂工会联合会常务委员

魏署东

邓宏铭

包于衡

胡白泉

洪美圃

通信处：上海倍开尔路文兴坊三五号

中央民运会

救济纱厂减工办法

全国纱厂联合会近以日货倾销，国产积滞，遽行决议减工，以维营业。此项办法，是否合乎复兴纱业之原理，姑不俱论。惟全国纱厂一致减工，突使工人生活失其均衡，且际此国难时期，

社会治安势将以此而引起莫大之危虑。若不兼筹并顾，迅画善策，关系民生实业殊非浅鲜。本会秉承中央之命，与行政院暨关系各部，商办此案，除抵货一项由中央直接办理外，理应抄同原拟解决办法各点，提请审议。兹节录如次：

甲、目前救济办法

一、应请中央与银行界统筹办法，低利贷款与各纱厂，或发行公债，先使稳定营业，并在可能范围之内，缩短减工时间，顾全工人生活。

理由：如全国纱厂联合会所称，金融周转不灵，确系事实；则不论其成因如何，国家为挽救产业危亡起见，似应助其金融流通上之便利，暂予维持，再行妥筹复兴方策。

二、目前日商倾销政策之根据地，系在中国内地。华商为便利运输、减轻成本计，应择交通方便、工资低廉之区域，易地生产，并迅联合各纱厂暂时组织较有独占性质之团体，以与日商对抗。

理由：近岁国内以农村破产之故，内地劳力过剩，工资极廉，较之各大都市之劳动价格，相隔霄壤。除特殊技术人员而外，普通棉织工作上之各项手续，只须稍加训导，不难熟练。例如豫鲁以及西北等地，交通既便，劳力充裕，且原棉生产，虽多寡不等，要亦都有相当产额。而控制华北市场，以地域毗连之故，自属较易。以目前各华商纱厂之资本规模及所处困难之境遇各端言之，则易地生产，既可为国家开发市场，以促内地经济制度之统一，而于生产原则尤属合理。再联合各纱厂暂为组织较有独占性质之团体，亦为目前所亟需。盖资本集中以后，举事自易，不惟可以减少同业相互间在营业上之竞争，而诸凡训练管理及采购推销之统制，暨改良机械，开拓市场之行为，自可画一。然后再加以国家之助力，而与外商相拮抗，庶可有望矣。

三、中日商约在下月十六日宣告满期，应请中央对日政府此种类似危害之倾销行为，予以制止，并取销互惠关系，遇必要时或竟停止通商。

理由：我国以工业幼稚，地位积弱，与人订立互惠条约，其损在我，且日政府对我侵略行为，业已暴露无余，我政府亟应于此次中日商约满期时，设法补救，免蹈覆辙。

四、在可能范围之中建筑关税壁垒，减轻国纱税率，以资保护。

理由：当兹世界列强，群以经济侵略角逐之际，其唯一抵御之方，惟有加重关税严禁输入，而同时奖励国产，实行工业统制，盖彼以是来，而我不得不以此应也。我国以受不平等条约束缚之故，本党政策，未能见诸推施；门户洞开，漏卮横溢，以至怒潮侵来，莫可抵御。是以农村破产，社会凋疲，岌岌前途，深堪殷忧。为彻底解决计，自应从速建筑关税壁垒，减轻国产税率，虽问题尚多，未可一蹴而就，然要亦不得不为准备，以挽颓局也。

乙、将来整饬办法

一、应请中央转饬政府，对本国各种轻重工业，除于关税设法之外，从速励行生产统制，使消费生产成正常比，免耗人工财力，并补充资本，培养各项专门人才，改良原料及生产工具，统筹发展工业之政策。

理由：日寇攫取东北四省以后，工业原料激增，用以侵我，诚如摧枯拉朽，最近将来，我国各种工业必将全部解体，今兹纱业之失败，仅其发端而已。近顷世界各国之生产，无不以合理化相号召，人以有统制之力量侵我，而我则一盘散沙，盲目进行，即自立亦不可能，又遑论与人相抗乎？故目前复兴工业，挽救危亡，励行生产统制，实为要图。此外，关于培养专门人才、改良原料，及生产工具等项，尤为迫切，应于整个计划中厘订严密办法，切实推行之。

二、应促使银行界觉悟，将目前屯积沪上之现银，设法投资实业，既可使全国金融流通，而岌岌可危之本国工业，亦可藉以稳定矣。

理由：缘资本积聚，如不用之生产之途，即形成剥削行为，此项剥削资本，破坏金融，危害实业，影响至巨，似应促全国银行界觉悟，顾念国计民生，使各地积聚资本，迅予投诸实业，流通社会，则不仅银行本身受益已也。

附救济工人办法

一、减工前后工作时间之比较

减工前——以每两星期工作计算，共十三工，(赏工在内)计一百五十六小时。

减工后——以每两星期工作计算，仅十工，一百二十小时。

两相比较，每两星期减少工作时间计三十六小时，各一个月减少工作七十二小时，共计减少十工。

二、减工前后工资之比较

减工前——工人工资平均以五角计算，每两星期，连赏工共计工资七元。

减工后——每两星期十工，共计工资五元。

两相比较，以一个月计算，减工后仅得工资十元，较前核减三分之一。按工人最低生活程度，每人每月至少须十五元；在未减工前，仅足维持个人生活，如有家庭负担，则收支已不相抵。减工后之工资,不敷生活，更属显然。工人求工求生，情殊堪悯，政府对劳资双方之救济，自当一例，以维劳苦群众之生存。

三、救济办法

1。不能再行减低工资(现在已减少三分之一)。

2。在可能范围内设法维持赏工(在一星期内工人不请假赏一日工资谓之赏工)。

3。减工时间不得超过两个月。

(2) 行政院复国民党中执会秘书处函(5月3日)

公函　第八四六号

径复者：案准贵处新字第二四八号密函开：中央第六十八次常务会议，云云，即希查照。等由；准此，查此案前据华商纱厂联合会呈请到院，经交实业、外交、财政、铁道四部审查，准函前由，复经并交该部等审查去后，兹于本月二日本院第九九次会议，据实业部陈部长、外交部罗部长、财政部宋部长、铁道部顾部长报告称，奉交审查救济棉纺织业一案，经审查结果，本案应分治本治标两种办法，云云，照录至，谨检同实业部、中央民运会救济棉纺织业方案，暨审查会议记录，请公决等情。经决议：照审查意见通过。相应抄同实业部所提方案暨审查会议纪录，函达查照转陈。此致

中央执行委员会秘书处

计抄送实业部提案暨审查会议纪录各一件

中华民国廿二年五月　日

实业部

救济华商纱厂方案

理由　　查棉纺织业为我国号称资本雄厚范围广大之工业，其兴败隆替，关系国计民生，实匪浅鲜。现因受外货倾销之影响，而产品堆滞，负累不堪，各纱厂乃出诸减工一途，期减少生产数量，为消极之救济。实际上此种饮鸩止渴之图，实非善策。盖以近来棉纺织业衰落之原因，不外乎：(一)外国经济疲滞，生产过剩，以我国为倾销之场所。(二)外货因生产合理，成本减轻，可以贬价竞售。(三)我国农村衰落，销费减少。(四)我国各纱厂资金微薄，周转不灵及(五)现行税率不能充分保护等等，欲筹根本救济之策，自应对症发药，标本兼治。维本部体察情势，审慎考虑，先行草拟办法五项，分别说明如次。

办法

（一）提高关税率　查我国对于舶来纱布原棉征收关税，因受条约束缚，平均棉纱仅抽百分之七．五左右，棉布仅抽百分之十不足，原棉每担亦仅抽四元有余，故外货得以喧宾夺主，畅行无阻，现在国产纱布已濒绝境。而中日互惠协定亦将于本年五月十六日满期，似应自满期之日起，即将纱布原棉进口税率至少一律提高一倍，以资保护。预计所增收入照上年海关统计，全年输入纱布原棉共值一万七千一百余万金单位，以百分之十计算，可达一千七百十余万金单位，拟即以是项增取之款，充改善及扩大棉纺织业之用。其详细办法，另行规定。

（二）统税加级　增加关税仅是限制进口之外货，至欲抵制外人在华所设之厂，则更须将现行统税一并改正，拟如该会所请改为四级。三十支以上为第一级，每担征税六元。二十三支至三十二支为第二级，每担征税五元。十三支至二十二支为第三级，每担征税四元。一支至十二支为第四级，每担征税三元。原棉亦应加税，棉布税亦应照棉纱等级重量征收，从前十一、十二磅，十三、十四磅，十五、十六磅共一税率，有失公允，应即停止。

（三）发行棉业公债　查棉纺织业目前之重大难关，为存货山积，现资缺乏。急救之方，惟有发行公债，以资周转。此项公债似可即以增收关税及统税为准备基金，其发行条例当另行规定。据华商纱厂联合会所呈，现在国产棉纱每包成本约较外货高出二十元至二十五元，兹为救助实业计，即以该项公债若干成发给各厂，按照产量分摊，大致以每包补助十余元，俾亏耗有所取赏，其详细办法亦当另行规定，余剩之款，即作改善及扩大之用。

（四）组织产销合作委员会　查我国棉纺织业向无合作之可言，钩心斗角，互相钳制，以各自为谋之小组织，对外国一致之大倾销，当然支持不易，苟能产销合作，则共存共荣亦未尝不可以与人争最后之胜负。故产销合作委员会之组织，时至今日，实不容缓。该会应以棉纺织业为主体，连合金融业，由政府监督组织之，其组织条例及办事细则等，另行规定。凡原棉之采办、纱布之推销，悉经该会以资统制。惟关税及统税既拟一律提高，为救济国家纱厂计，对合作会所购之原棉及派销之纱布，宜暂照所加之数退还，使之实际上不受提高税率之影响，该会并得于法律范围内进行各种提倡国货宣传及其他增进产销之运动。

（五）减低运费　查现在我国交通机关所收国产纱布原棉之运费，较诸舶来品毫无差别。兹为奖励国产及维护实业计，嗣后似可于可能范围之内与棉纺织业以特殊待遇。对于国产纱布原棉运费，酌量减收，其减收运费详细办法，另行规定。

当此棉纺织业千钧一发之时，所望于政府之救济者，固不止上列各点，惟国难方殷，经济竭蹶，一方面既不能坐视此国内唯一大工业之崩溃，一方面亦不能舍事实而高谈空理，遗误目前，故举此数端，以为救济是否可行，提请

公决

提议者实业部

救济棉纺织业案审查会议纪录

救济棉纺织业案审查会

1．地点：行政院

2．时间：二十二年五月一日下午三时

3．出席：实业部　陈公博　郭春涛　刘荫茀

铁道部　谭耀宗

外交部　陈海超

财政部　谢　祺

中央民运会　张庚由　伍仲衡

政务处　彭学沛　徐象枢

4．主席：陈公博

5．审查事项：救济棉纺织业案

6．审查结果：本案应分治本及治标两种办法，其治本办法依照实业部及中央民运会等方案，不外提高关税、统税加级及生产统制等。应由财、实两部会商详细办法，暂缓决定。关于治标办法，拟定下列四项，请鉴核。

1．设法推销存货

2．商请各国家银行低息放款

3．予以运输上各种之便利

4．缩短减工期间并不得再行减低工资

关于(1)(2)两项，于最短期间内，由财政实业两部办理之。

关于第(3)项，由铁道部办理之。

〔国民政府行政院档案〕

7．行政院驻平政务整理委员会关于天津市政府拟以纱厂统税担保发行公债救济纱业与实业部来往函电

(1933年5—9月)

(1) 天津市政府致实业部公函(5月27日)

天津市政府公函　字第二九九号

径启者：案据社会局局长邓庆澜呈称：窃查纺织工业为我国新兴工业中最重要之一种，占用资本最巨，雇用工人亦多，而关系民生尤为重要。顾以近年以来，外货倾销，纱价低落，操持垄断压迫过甚。又值国难时期，农村破产，各方销路均归停滞，益以各厂办理未能尽善，开支浩繁，消耗甚大，以致历年赔累亏损甚巨，周转危殆，势将陷于停顿。若不设法维持，任其倒闭，则多数工人失业，影响地方治安，而社会经济更益陷于枯涩，损失之重，毋待赘言，是必须速筹妥善救济之方，以谋挽救。最近国内救济办法，约有两端：一为上海全国纱业联合会一致减工之决定，一为本市各纱厂联合核减工资之拟议。但以上办法，均非彻

底救济之方。诚以减工，虽云减少出产，提高纱价，而适授外货以独占机会，更因之而自绝销路，且事务开支仍属浩大，不啻加增成本，劳资双方均有损失，殊非自救之道。至核减工资，则不过节省一部分开支，为数无多，徒使劳方感受生活困苦，于营业整个方策及经济彻底之自救，均无所补益。总以上两项方法，权衡利害，斟酌事实，虽云治标亦属下策。且现在华北局势紧急，前方战区各地华纱转运维艰，无法推销。而外纱则仰藉政府力量与经济协助，尽量倾销，致价格惨落，而我国所产棉花因时局问题，反而坚涨。于此种情形之下，欲谋救济，首须使我国纱厂能维持二年之久，(届时大局稍定)不致停顿，方能静待时机，以与外纱抗衡。兹姑就津市纱业而论，在国家银行既未能低利贷给大宗款项，只有由政府发行救济纱业公债之一法较为有效。按津市共有纱厂六家，(除日商经营者外，华厂计有五家）每厂每月约计贷以四万元之周转余力，全年约计二百余万元。若发行五百万元之公债，即可维持二年，其公债之担保品，即以津市各纱厂之统税收入作抵。查津市每月各厂纱统税收入共约洋十二万元，全年约计一百四十四万元，按年息八厘计算，五年以内必可偿还。至发行办法，悉照公债惯例。推销办法，则由天津各银行分别承销。盖各银行与各纱厂均有密切关系，当乐于承售，并将征收统税之权，暂行妥托各银行代办，以资确切保证，但由政府派员监督。在政府则取诸纱厂者，仍用以救济纱厂，直接维持各纱厂经济命脉，间接亦使税源不绝，而各厂得此现金可资周转，亦足维持。一俟营业稍有转机，仍由各厂按五年分期清偿，其利息亦按年息八厘计算，是政府不过救济一时，而纱业根基，即得以维持，公债本利，亦均属有着。但各纱厂之借用此款者，首须由政府查明其帐目究竟亏若干，斟酌接济，并由政府派员监视开支比。一切消耗概取紧缩政策，以资撙节，似此维持二年以后，大局平定，不难恢复营业。以上办法似较彻底。倘不此之图，则各纱厂相继倒闭，纱业税源亦无从征收，是政府于救济纱业之中，亦寓维持国家税收之意。惟发行公债之详细办法及细目之如何草拟，应俟商准实业、财政两部同意后，再行规定。谨此略陈，敬候采择施行。等情。据此。查核所呈，事关救济纱业，发展我国工业极关重要，所陈不无见地，可否采择施行之处，相应函达。即希大部查照，转商财政部办理。并希见复，俾有遵循。至纫公谊。此致

实业部

中华民国二十二年五月二十七日

（2）行政院驻平政务整理委员会致实业部代电（8月4日）

南京实业部陈部长鉴：案据河北财政特派员宁恩承呈称：为呈请事。案准财政部税务署函，以转准实业部咨，以天津市政府拟以津市各纱厂之统税为担保，发行公债五百万元，救济津市纱业，抄录原咨，请查核发纾意见见复，以便会同实业部办理。等因。过署。经查津市各纱厂统税，二十二年度收入预算数为一百二十三万七千九百三十一元，实占河北纱税之最大部分，此项统税收入向由职署解交钧会，转拨华北军费。现值各军饷粮奇绌之际，天津市政府原计划拟以该地棉纱统税拨充救济公债担保一节，案关饷源挹注，职署实未便参加意见，理合抄录实业部原件，备文呈请鉴核等情。查华北军费拮据万状，所有向来拨充饷粮各款，即能如数征解，尚苦不敷挹注，绝无丝毫余力可资腾挪，所有天津市政府拟以棉纱统税发行救济津市纱业公债五百万元，若指此项纱税作抵，影响军费，关系至大且巨，势难照准。务祈大部俯念华北财政困难情形，迅予核驳，实纫公谊。特电查照，并希见复为荷。行政院驻平政务整理委员会。支。印

中华民国二十二年八月四日

（3）实业部致行政院驻平政务整理委员会代电稿（9月2日）

实业部代电

行政院驻平政务整理委员会勋鉴：关于天津市政府请以津市纱厂统税抵发公债五百万元以救济纱业一案，兹准财政部咨，以该项统税向来拨充华北军费，饷源有关，自未便移作别用，业经咨请河北省政府查照，转行饬遵，合再电达。希查照。实业部部长陈〇〇。冬。印

中华民国　年　月　日

〔国民政府实业部档案〕

8．华商纱厂联合会请政府购买存纱三万包以解除纱厂危机的代电

（1933年6月16日）

南京行政院汪院长钧鉴：本年以来，纺业衰败达于极点，其最大原因厥为原棉缺乏，存纱过多。前者属会各厂迫不得已而减工，荷蒙钧座救济协议维持。关于原料一项，业由宋副院长向美借款购棉，棉荒之患或可稍舒，惟大量存纱尚未销动，市价下趋，迄无底止。故目前欲使纺业转机，势非减少大量存纱之压力不可。窃查去年美国以棉花过剩，政府有购棉之举，日本丝价猛跌，政府亦囤购存丝，皆所以减少过剩之存货，阻止价格之续跌，实行以后均有相当成效。为此拟恳钧座仿照日美救济丝棉办法，将市场所存棉纱由政府购买三万包，俾存纱压力略减，市场藉能维持。现在时值夏季，本属纱销较清之时，秋冬销路必可转佳，届时即可售出，于国家既不致有巨大损失，而所以嘉惠于纺业者实非浅鲜。如荷俯允，一切办法容当续陈，不胜迫切待命。华商纱厂联合会叩。谏。

中华民国二十二年六月十六日

〔国民政府行政院档案〕

9. 全国经济委员会等部会办理上海市棉花贩运业同业公会关于救济棉业治标治本方案的有关文件

(1933年11月7—25日)

(1)财政部致全国经济委员会公函(11月7日)

财政部公函　　税字第八六号

径启者：现据上海市棉花贩运业同业公会皓日代电，详陈救济棉业治标治本两方案，请为鉴核。等情。查此事应属贵会主管范围，相应抄同原电，随函送达，即希查照核议汇办为荷。此致

全国经济委员会

抄原电一件

部长孔祥熙

抄原代电

南京财政部宋部长钧鉴：溯自棉麦借款告成，政府有全国经济委员会之组织，钧长荣膺，特选总筦枢机，对于复兴农村、调剂食粮、丝茶、棉业、矿业均用统制制度，以期抵御外来之经济侵略，统筹兼顾，举国蒙休，最近并首创统制棉业委员会，征聘专门人才，为健全之组织。综观宣言，于扩充棉田、改良种植、增加纺织、调剂劳资，莫不擘画精祥，审度周至，凡我棉业钦佩良深。在国家每遇草新，社会事业先自有一番痛苦，乃得永久利益，为事实上必须经过之途径。药弗瞑眩，厥疾勿瘳，国人亦知非有坚固忍耐之决心，与政府努力合作，不足以树百世不拔之基。唯自国难以来，市面凋敝，农村破产，人民痛苦，实有不堪名状者。仅就棉业言，在外货倾销，全国经济不景气，中国棉业已一落千丈。洎乎美棉起运消息传来，市价复遭惨跌，在一般棉业商农非不知政府棉麦借款对于全国经济具有远大之谋，只以目前影

响所及，商农皆有崩溃之虞。矧当国棉收获之际，正美棉达到之时，政府既宣示美棉不售日本，则此后美棉国棉必全部消纳于国内市场，供过于求，市价必日益趋跌，可以断言。且出品日增，需要日减，外货仍倾销不已，未来惨象或将更甚于今。若不由政府事先设法救济，则瘦敝不堪之棉业商农，实有不可终日之势。夫舍本齐末固属非计，治标治本似宜兼施。窃谓治标之法约有二端：(一)稳定市价。当此棉价步跌，不特贩运者亏累不堪，种植者亦将难以自活，政府宜体察情形，设法稳定棉花市价，务使商农两方减少损失，以维现状。(二)改良染织。国内棉织品以花标布销数为最多。自欧战以还，日本每年运销于我国花标布数达一万元以上，欧美各国运销者，亦不在少数。近二年来，日货既减少进口，而俄货剧增，实际流出金钱依然如故。在今日吾国棉业若不改良染织，专持增加纱锭，扩充土布织机，或将演成出品滞积，纺织停工之惨状。为今之计，宜尽先调查国内花标布与土布销场，一面迅将提倡花标布染织工厂，资力不及者，由政府加以补助，务求出品适合需要，不使停滞。政府倡导于上，人民创制于下，庶几漏卮可以杜塞，国产可以流通，标本兼施，则国计民生两有裨益。谨此电陈，伏乞鉴核赏准施行，国家幸甚，棉业幸甚。上海市棉花贩运业同业公会叩。皓。

中华民国二十二年十一月七日

(2) 全国经济委员会致棉业统制委员会便函(11月9日)

便函　秘字第二二〇号

径启者：准财政部税字第八六号函开，据上海市棉花贩运业同业公会皓日代电。云云。为荷。等由。附抄原电一件，到会，相应照抄原件，备函送请贵会查照，核议见复为荷。此致

棉业统制委员会

附抄原代电一件

秘书长秦○

中华民国二十二年十一月九日

（3）棉业统制委员会致全国经济委员会笺函（11月27日）

径启者：接准秘字二二○号笺函并上海市棉花贩运业同业公会详陈救济棉业治标治本方案代电抄件，敬悉。查该同业公会所陈治标办法两端：第一，国内棉花市价随世界市场为涨落，同时更须视纱布销行状况而有变化，本会对于纱市之稳定，已有相当设施。纱市既趋稳定，棉价即可得相当保障，同时棉农棉商尤应从改良品质、严禁搀杂两点特加注意，使用棉者不感痛苦，则外棉销费可望减少，华棉市价亦不致过低，否则政府殆亦无从为力也。第二，提倡花标布之制造，确为救济棉货滞销及杜塞漏卮要举。查现时花标布进口关税已属不轻，国内少数工厂自制花标者获利亦厚，因此已引起多数人注意。据本会所知，各厂拟添设印花机器者已有多家。照此情势，此项新工业必可渐趋发展，不必另予补助，政府方面所应筹维者，急在培植人才，以应将来需要。关于此点，本会亦正在计划。相应函复，即希转陈核转为荷。

此致

秘书长秦

主任委员　陈光甫（印）

十一月廿五日

〔国民政府全国经济委员会档案〕

10．全国经济委员会棉业统制委员会关于上海永安纺织第一第二第三厂调查报告书

（1933年）

永安纺织股份有限公司第一厂沿革

永安纺织第一厂，为粤商永安公司于民国十年创办，资本雄厚，总数六百万，故定名为股份有限公司。该厂原有纱锭三万余枚，织布机千余台，后因营业发达，现已扩充纱锭为三万八千一百六十枚，并增新式自动布机二百二十八台，计共有布机一千二百九十八台。该厂位于上海杨树浦兰路，距离江滨马路约在百码左右，门前小浜可通黄浦，驳船由杨树浦桥驶入，直抵厂门，汽车亦可直达厂内，水陆交通甚称便利。（全厂占地约六千余亩，临江另有基地四十余亩，足敷扩充之用。办事处占地约二亩，为三层建筑。下层为总办公室，总副经理、厂长、工程师、考工、庶务、工账各科均驻于此。二层为各科职员宿舍。上层前部建有钟楼一座，巍然高耸，甫经桥畔，即屹然在望。办事处后，纺织厂在焉。中辟马路，傍植小树，清洁整齐，雅致可观。纺厂占地十四亩，门侧有可容数百工人之食堂一所，其间设备整洁，冠于沪东各厂。货栈位于厂之西部，为四层钢骨水泥所建，二层有天桥，直通纱厂上楼之打包科。又精纺科另有悬空运输，链条直达织布厂之准备科。布厂占地约十一亩有奇，货栈南部紧接墙边，另建滑梯一座，纱布出栈可径由上层运推而下，颇称便捷。厂之东南部共有工房约百四十余幢，可容工人二千余，其中租户现多数非厂中工友，不无可惜也。

机械设备及建筑

该厂现有纱锭三万八千一百六十枚，布机一千二百九十八台，纺织各科机械如调查表（制S104）及（制W一）二表、纱厂机械多属美国沙克洛厂一九二一、一九二二年制造。内精纺机九十六台，每四台以二十五马力之小马达传动，余二十三台为单独马达传动。其摇纱机及小包机为上海久大机器厂制造，织布厂各机除日本之新式自动布机二百八十台外，余多为英国迪克逊厂出品。纱厂为二层气楼式之钢骨水泥建筑，如开棉弹花钢丝、并条粗纺各机，均装设下层，和花、精纺、摇纱、成包各机，则装于上层，（建筑为二层气楼式，钢骨水泥）排列适当，车口宽敞，工作便利。地面除各机之地脚外，余均铺以地板，暖汽装于厂屋四周墙壁处，式如普通大厦中暖气设备相同，表面虽甚雅观，但对于厂内热度似难平均，此略具缺点也。其它如喷雾器、保险管、悬轨推车、太平龙头、灭火器等设备均甚齐全，厂内光线充足，空气流通，灯光适宜。织布厂亦全用钢骨水泥建筑，除东段为两层外，其西段乃锯齿式平房，东段上层专供储藏物料之用，所有经纬准备织布及布匹整理各机，均排列下层，除东段光线欠足外，余尚合宜，厂中设备亦颇完善，且屋顶另有换气装置。以上所述，乃该厂设备及其建筑之大略情况也。

工作法

该厂清棉科之和花工程采用人工和法，三号清棉机送花廉上四只花卷，分四种大小配置，其上制成棉卷之重量，均认真过磅。梳棉机之上分段、上卷、换桶、接头、抄车等工作法，均已渐次改良，并条亦过三道，惟棉条机桶分段换桶工作，工人技术尚欠娴熟，粗纱三道，工程仍未减少。但分段、换纱、接头、揩扫，各项工作均已改良，趋于合理。精纱接头全改捻头，所纺纱支多供织厂之用，故摇纱工人极少，各科工作大致尚佳，工人亦整齐清洁，加以采用原棉优美，工资较沪东各厂稍大。故该厂对于工作法力求精进，对于工人挑选非常严格，工人因生活好做，工资较优，亦均甘就范也。

工人及工资

经核查二十二年底全厂工人统计，计有男女工人二千七百二十五名，平均每日发给工资，洋一千七百八十五元七角有奇，每日每人平均应得工资六角五分五厘三。内男工占六百三十七名，女工二千零八十八名。但男工中长日工占一百八十一名，其余甲乙两班各二百二十八名，男工每人平均工资为五角九分四厘三，女工每名平均工资为六角七分三厘九。并将纱布厂工人数表列于下：

	男女工		
纱厂	1089	每万锭扯工人	295
布厂	1636	每万台布机扯工人	125
共计	2725		

又该厂自动布机二百二十八台，专织十二磅细布，所用人数工资规定如次：

论工人数工资

职务	人数	工资
上手修车	2	.997
下手修车	4	.720
[illegible]倌	2	.935
帮接头	4	.750
换纬纱	6	.450
加油	1	.600
推轴兼发	1	.580
扫地	1	.400
落布	2	.480
平车	1	.900
揩车	1	.460

论货工人

织布工　31人

	九码细布货计标准工资		十二码细布货计标准工资	
	每码	每匹	每码	每匹
每人管理台数 4台	.00500	.200	.00425	.1700
6台	.00475	.190	.00400	.1600
8台	.00450	.180	.00375	.1500
10台	.00425	.170	.0035	.1400

调查时自动布机二二八台，实在共用人数工资生产如下：

每日工作十小时，共约产十二磅细布一百二十六匹，平均每台1/二码。男工十二人工资十一元〇九分，女工三十八人工资二十一元五角一分，共计五十人，合计工资三十二元六角。以上内论工十九人，工资十五元九角六分七。论货三十一人，工资十六元六三五，照论货三十一人，计每人通扯管机七、八台不等。

结论

该厂资本雄厚，自开办迄今已十余载，营业颇形发达，目前虽处于不景气之时，亦因其雄于资本，固足维持厂中组织，健全设备，可称周密，负责办理者，亦属专家。唯以厂之环境、立场、社会关系、工人知识浅薄，于改革事项上未能一一积极整理。总之，此类情形，沪东租界各厂，均大概相似也。

永安纺织公司第二厂沿革

永安纺织公司第二厂，即前之大中华纱厂，原为旅沪湘绅聂云台兄生所创设，位于沪北之吴淞，东近淞沪铁路，南临蕴藻浜，水陆交通均极便利。借以开工之初，适逢棉贵纱贱，营业不利，亏累颇巨，不一年即行停止。后聂先生多方设法重开，无奈环境欠佳，集资非易，未克实现，卒于十三年冬出售于永安纺织公司。闻当时日人在沪上经营斯业者，颇愿出善价而估之，而聂先生因国家体面关系，耻售于外人，是以此厂终未蹈华丰之覆辙，而落于日人之手，此未始非聂先生之功也。（参看南通学院纺织科学友会出版之“纺织之友”第二期） 全厂地面约有二百余亩，厂屋为二层，成长方形，上有气楼，分东西二厂，东厂为老厂，有纱锭四九八九六枚，内有三分之一，系美国沙谷罗尔厂所造，其余皆系英机。西厂为新厂，又称永安第四厂，有纱锭七一九二〇枚，线锭一七四八八枚。东西两厂虽系贴邻，然自清花以至摇纱成包，皆系各自为政，不相混合。新厂多系英机，以纺细号纱为主，老厂现均纺二十支以下之粗号纱。又新厂房屋略较老厂为高。

原动概况

该厂自建有发电厂，有透平发电机四座。一系英国通用电气公司造（一千启罗瓦特），一系德国西门子公司造（一千启罗瓦特），一系美国通用电气公司造（一千五百启罗瓦特），一系瑞士勃郎白惟尔公司造（三千六百启罗瓦特），共有七千一百启罗瓦特，现常开三千六百启罗瓦特者一座，每日发电约有八万六千四百度，烧煤约五十吨，每度电约须烧煤一磅二五至一磅半，每度电费大约为一分八至一分九。

据云该厂前用拔伯葛克水管式汽炉四座，压力为二百磅，每座每小时约可发生蒸汽六千磅，每日共须烧煤八十吨。现用高压式之STIRLING——BOILER一座，压力为四百磅，每小时能发生蒸汽四万磅，每日烧煤不过五十吨，对于煤之节省，不为不多矣。惟用高压蒸汽时，电机上各种汽瓣，务须特别坚牢耳。

机器设备概况

清花机器颇为完备，（参看布置图及机器一览表）地面均铺木板，甚为整洁。新厂之松花、和花概用女工，司之老厂仍然常用男工。据云女工较为安分，惟能力较为薄弱耳。

清花间之地弄建筑颇善，雨天无浸水之患，飞散空中之灰尘尚不甚多，和花仓容积颇大，仓内安有钻孔之水管，以为消防之用。头道花卷做成后，照常经过二道，再通过三道运送花卷，至钢丝机有悬空轨道之设备，颇称便利。

钢丝并条粗纺各机均安在下层，细摇、并筒、捻综各机概在上层，除清花部外，各部皆备有喷雾装置，东西两厂所用喷雾装置之式样，共有四种，有二种系德国所造，另有二种系英国所造，据云以德制者，效用较佳。

该厂纺四十二支及六十支双线时，有一部分系将钢丝条子在棉条成卷机SKIVER LAP MACHINE上合八十根条子并成一卷，此棉条卷子再经过钢丝车梳成条子后，仍照常经过并条机三次。据云棉条成卷机一台约可供给并条十五眼左右，又云此种复式梳棉工程，可使纱之条格较为均匀。

细纱机有普通牵伸及四根罗拉之大牵伸两种，后者之虾形螺丝板能随钢领板之升降而移动于相当范围之内。

细纱机有用马达直接联动及用橡皮带自马达拖动二种，每机系用橡皮带二根。

摇纱有单式及双面两种，据云双面摇纱机速度颇高，用力摇线纱颇为合宜，以之摇单纱未免太快。

发水系用人工，以手浸纱于水槽中，每次规定浸渍二十一下。

成色部所用之磅纱天秤，系英国GOODBRAND公司所造，似甚准确。该厂对于复磅手续颇为严密。

该厂有双线烧毛机，平常谢绝参观。此种烧毛机系德国SCHLAHQST公司所造，由上海谦信洋行经售，不用煤气，而用电流法，系以电流通过白金片，使发生炽热，纱线越过白金片之旁，毛茸即被烧去，据云每锭每分钟可烧六十支双线十磅左右。

和花一斑

该厂所纺纱支种类颇多，有十支、十六支、二十支、三十支、三十二支、四十支、四十二支、双股四十二支、三股五十支、三股六十支、六十支双股及三股、八十支双股，现该厂所纺六十支完全用埃及棉花，四十二支则完全用美国棉花。计$1\frac{1}{16}$"元上美二成五分，$1\frac{1}{16}$"上美二成五分，1"上中美五成，三十二支则半用美棉，半为本国棉，计1"上中美五成、灵宝二成五分、回花二成五分。二十支则以通州花为主，计通花五成、细绒二成五分、白印一成二五、回花一成二五，十六支则全用本国棉花，计通花二成五、申花三成七五、陕西一成二五，所纺十支有正副两种，正十支用申花五成、次印五成五、回花二成五，副十支用申花二成五，斩刀及破子占五成、回花占二成五，此乃该厂现时和花成分之大概情形也。

工人状况

该厂在籍工人有五千三百余人，计男工八九七人，女工三九七三人，童工四三三人。每天实际工作人数只有四八六〇人，每万锭扯用工人约为三百五十名。

工作法

新厂和花、松花系用女工，老厂仍用男工，落卷、掮卷等笨重工作皆系用男工，清花机器布置尚合工作方法，亦无不合。

钢丝机所出棉网尚为洁净，并条及粗纺各机均在励行，分段及新法接头，细纱多系捻头，摇纱打结用剪刀，发水用人工打包，撚纱复磅等工作，皆颇细密。

结论

（一）该厂水陆交通均甚便利，地价较廉，推广之可能性甚大。由此可见其厂址地位之适宜。

（二）工人来源为本地无锡及常州等处，该厂系随时招雇，无一定办法。关于工人之养成、训练，系由各科科长随时指导，并无专人负责。

（三）机械布置前后工程有一贯之势，但因陆续扩充，机器种类不免太杂，保全管理颇多不便之点。

（四）厂屋构造颇为整齐，光线充足，消防、给湿、换气、暖房、运输等等设备，尚称周全。

（五）原动部系用高压蒸汽锅炉及透平发电机，用煤极省，原动费颇为经济。

（六）水源充足，据称水质亦佳，足供漂染之用，但须经滤净始可适用耳。

（七）该厂组织系统颇为严密，总工程师对于厂内工务人员有进退之权，清棉、粗纺、摇纱、成包等部，均各设有科长一人，负日夜两班之责任，较之日夜两班各设一考工员者似较便利，而切实并可免除两班无谓之竞争，或雅绥情事。据该厂负责人云，亦谓科长制对于工务之执行易收指臂之效云。

（八）该厂经济状况未据发表，内容如何可得而知，其生产成本亦秘不发表，故亦无从揣测该厂所用原棉及物料，对于品质尚为注意，每件纱车均扯用原棉为三百五十二斤，即每百磅纱平均扯用原棉一一二磅四（参看S101表）。

（九）该厂产额颇为平常，其对于各埠之推销机关似较其他各厂为完备。然近以农村经济破产之影响，纵努力推销，亦不易走动云。

（十）各部工人恶习尚少，惟对于工作法尚有努力求精之必要，宜设一工人训练部，专重工作法之传习及能力之增进，要如此，始可进而求人数之减少、工缴之减低、出品之提高也。

永安第三纺织厂沿革

永安三厂之前身为鸿裕纱厂，创设于民国五年七月，由潮商郑培之、郭子彬等发办，有纱锭三万八千四百枚，织机二百四十台，厂基面积约四十七亩，厂房设备尚称完善。至民国十七年三月，由永安纺织公司收买改为第三厂，全部售一百二十八万两，该处地价每亩约二万两，计地基一项已值九十余万，机械房屋何止四十万两。闻当时日人愿出一百六十万两收买，乃董事长郭子彬先生期期以为不可，愿以低价售与永安，此种精神值得纪念。今郭先生逝矣，尤令后人景仰不止也。在鸿裕时代，适逢欧战，外货来源不继，纱业腾达，获利颇丰，实为该厂黄金时代。惟彼时工场管理权操工头，彼等不以厂方盈余乃机会造成，而认为彼辈之功，于是夜郎自大，藐视一切，声势日大，厂方几无法管理，以致工作腐败，生产低落，欧战告终，纱业衰落，该厂竟以亏折。闻彼时厂主方面颇思改进，无奈工头顽固，阻挠横生，风潮叠起。民十六年国军莅沪，工潮尤为汹涌，该厂几无法整理，各股东间又意见分歧，暗斗甚烈，不得不出于标卖之一法，可惜属甚。如鸿裕纱厂者有此优良之设备、雄厚之资金、非常之机会，不能从事扩充，日图发展，而卒至出售，非管理不良、经营失策而何？愿今后之办工业者，其鉴之者。自永安收买后，由郭棣活任经理，朱公权任工务长，亲率人员从事振顿，将鸿裕原有种种之恶习革除殆尽，乌烟瘴气，一扫而空，另建厂房一座，增加纱锭二四七八四枚，计全部现有纱锭六三一八四枚，织机四百四十台。原有建筑略予修理，并开天窗，俾光线充足，而减低热度。所有地板一律改用别去，光可鉴人。细纱机完全为五开罗西门子单独马达传动，全厂均用高架铁轨，运输称便，现在所纺纱支平均为十八支，布为十二部，标准商标为金城、嘉禾、金钱、宝鼎、大鹏，布为金城、金钱、嘉禾、大鹏、宝鼎，因一沪上有数之大工场也。

组织系统

该厂总务部有职员二十九人，薪水最高者七十元，最低者二十余元，平均约三十元。制造部有职员八十六人，薪水最高为工程师之二百七十元，司长一百十五元。各部科长约七十元左右，领班三十八元，副班得二十余元，账务十余元，全部有职员一百十五人。至于职员待遇，除年终双薪一个月外，每月不请假者得升薪一成二，请假过五小时者，薪资及升工均须照扣，此外无特别酬劳。至于分红办法，虽有盈余百分之五，作为职员红利之规定，但未曾正式发表，亦未见依章办理，故未能认为事实也。

工作概况

原棉先在机房内拆包，再送进和花间，铺地混和，后拖进开包机，经过各机而至和花仓，原棉在花仓稍储，使回复其自然松展状态，再藉人工抱进给棉机，而至头道清花。该厂仍用三道清花制。闻已计划改用单程装置一台，头二三道约用单独马达传动，二三道马达倒挂，天花板皮带成垂直，传动时有吊起之势，实非善法，关系建筑时之错误花卷，每只过磅相差不得三盎司，有职员一人专司过磅之职，将每只相差数记上表格（graph paper)。头道清花机均一人管二台，二三道一人管二台至四台，工作颇紧张，各机传动部分有铁罩保护，工人操作其内颇称安全，清花间无水汀管之装置，冬天甚冷，在该部之折包处另置有长桌一只，分成数格，每班折包时由小工从每包中取小样一块，放置桌上之一格内，以便工程师来时检查其是否与大样无异，法至善也。清花地穴系全空式（不隔开)，通气甚畅，绝少飞棉外逸，地穴构造亦甚坚实，绝无漏水之弊。

此厂钢丝部多数为英国泼来脱制，机阔为$\frac{SO\times 40}{27\times 40}$。盖板106根，有四十根在工作。盖板内放置有⊙钢卷一只，使盖板之磨灭可以平均。每机均装有皮带、开关及前后铁板保险装置，惟两机之距离仅十四寸，窄极，工作时太不方便，盖限于地位也。钢丝部磨盖板机只两部，不足供全部之用，盖板针廉之磨冶，须三四个月一轮流，已呈迟钝矣。斯厂钢丝机之排列，为集团式，分送棉条桶藉用铁轨，当车多为女工，多至一人能管二十台左右。棉条机为凹凸式，亦限于地位也。棉条机分三道，每道七眼，棉条分段完好，惟罗拉部分清洁欠佳，泼来脱棉条机罗拉重锤，用杠杆式，重锤只十磅，每头两只，无起重锤装置，头二道粗纱机分段尚好，前面均装有Separators，使断头时不致带累邻头。二道之一部份及三道粗纱机，张置在二层楼，有吊梯上下。三道车已一人管二台，日得工资约八角，清洁良好，有几部前后机筒已分不同之红绿色。闻该厂当局云，分机后，对于纱之均匀强力确有进步。南厂钢丝部排列二排，均为英国爱沙礼司制，大滚筒婆司磨灭，均已镶铜，并已填高，观察全部工作，觉尚不错，后落棉，亦颇适当，斩刀箱有一部分已抬高，俾棉网不致下坠，斩刀箱油用光裕之D.T.E油，结果较比种油为佳云。南厂棉条机其排列为顺直式，棉桶六段分等皮辊，每天一掉所出棉条亦有碎散状。南厂之二三道粗纱机条新添之泼来脱，其成形及出数均佳，精纺科在南厂者有一百三十一台，计五万余锭，车间全长约四百余尺，大弄开阔八尺，两头走弄开阔五尺，内部光线充足，实一整洁而广大之车间也。女工均年十六七之少女，衣一色之蓝制服，倍觉正齐，该厂对选择女工颇为严密，非身高四尺七寸者不录用，非能接二十五木杆以上者不取，达更减少工人，增加工作，故一人能接二十支四十五木杆者，已不少数。惟该项纺机度速并不甚高，二十支前罗拉只一百三十二至一百四十转，其原因以取所用原料多数为通洲及汉口、陕衣及印度花等，该厂特别注意纱之色泽，均对于纤维长度稍为忽略，因此速度不能太快之大原因也。罗拉部分颇觉清洁，皮辊每四天一掉，对于皮辊之消耗及每一皮辊之制造费等，该厂均有详细之记载。

摇纱间分三处，女工亦整齐，有能摇四十车以上者，闻多数系生手训练而成。一部分摇纱机有搭头机。成包间在清花间之北，有大打包机两部，用压力约每方寸两吨半，大包用八根竹片，秤纱用挂秤，共七只，系英国货，而形似我国之秤。复磅用AVLrg秤，计三只。

全厂均装有灭火头，闻保险费可省百分之三十，有锅炉两只，一为拔柏葛式，一为兰开夏式，在拔柏葛上装有自动给煤及给气机一座，为美国（The Tron Tire man），闻每日用煤八吨云。

修机间有专家管理，现正在改造细纱机为立达式。凡厂内重要机件均能修配。

劳工概况

永安三厂有纱锭六万三千一百八十四枚，据二十二年十二月最后一日开纺锭数为六万二千八百锭，实到工人数为二千八百七十九人，每万锭拟用工人四百五十八人，再以此开纺锭数六万二千八百枚，与最近调查日（二十三年一月十五日）出勤工人数二千八百四十七人计之，则每万纱锭拟用工人四百五十三人。

据十二月份最后一日之调查，计实到工人中男工六百二十四人，女工二千二百五十五人，以百分比计之，则男工占总人数中百分之二十一.七，女工占总人数中百分之七十八.三。工人之招雇均由工头宕管之介绍，经雇工科之审查，而录用之规定年令须十六岁以上，方为合格，工人身体高度亦规定甚严。次工作均分日夜两班，各班工作十一小时半，交班时间为上午六时与下午六时，每班有三十分钟休息用膳之规定。例假每周停工十二小时，夜工不停，纪念日并无规定。休假日工资不给，特别休假更无规定，二八请假可由领班转告科长，核准之病伤假得由医生之证明，而批准其日数最多不得逾二个月，婚丧假视路途之远近，酌定假期之长短，但至长不得逾一个月，事假不得逾二星期。

男工平均工资为五角八分，女工平均工资为五角五分，全厂男女工总平均工资为五角六分。

就论件工与论时工人数比较之论，件工约占百分之六十四，论时工约占百分之三十六。

工人膳食金内工人自行携带，各厂概不供给。至于工房，斯厂并无设备。

工人月赏有升工之规定，每月不缺工者升三工，每月缺工一日者无赏罚，缺二工者罚半工，缺三工以上者罚一工是也。其他关于工作不良、损坏机件、不守厂规等均订有详细罚则。

年终奖惟限于头目宕倌，并视其服务时期之久暂及平时勤惰、工作效能而定，计分三级发给，即每月工资二分之一、三分之一、四分之一三种，厂方盈余工人无分配红利之权。

工人伤病厂方设有医务处，有医生常驻厂内，通常救急裹扎等药物均有设备，病伤较轻者，可在厂内诊治，情形较重者，则送指定医院。因公受伤，除医药费全由厂方负担外，并视当时受伤情形给与半工或全工之津贴；病者则不给工资．女工分娩前后停工日期，厂方并无规定，且工资不给，均全由女工自定。

工人因公致死或因伤残废，厂方临时酌洽抚恤费。工人养老金则未有规定。

关于教育方面，斯厂设有夜校一所，创立于民二十二年七月。经费由厂方负担，教员二人系由厂内职员兼任，共有学生二百人。分业余与劳工两班，分别授课，业余班系在休息时间教授，劳工班即在工作时间内教授，每日授课二小时，课本只平民识字课而已，其它关于工人储蓄、保险、娱乐等等，厂方当未筹备。又如工会、工厂会议及合作社等，亦尚无组织也。

产销概况

二十二年全年共销用原棉十五万四千四百余担，计产棉纱一九三三六二八五磅，以四百二十磅作一件计算，合为四万五千余件，每扯统扯消用原棉仅三百三十八斤，甚觉经济也。所用原棉计分三大类，即华棉、印度棉及美棉，华棉占九万八千余担，印度棉四万余担，美棉一万三千余担，所纺纱支以二十支，金城占最多数，约二万四千六百件。其次为十支，计嘉禾牌三千余件，金城牌一万一千七百余件，大鹏牌一百七十八件，合计约一万五千件。又十六支大中华约一千七百余件，八支嘉禾牌二十余件。关于布厂用纱计二十支径纱二千一百三十三件，二十三支纬纱一千七百九十七件，十支经纱一百八十五，十支纬纱一百六十一件，全年统扯平均支数十六支，工作日为三百〇二日。此产销方面之大概情形也。

原动设备

全厂机械均用电力传动。以纺部而论，有大小马达二百二十二只，计马力总数二千六百余，正平时实用电力一千五百至一千八百五十开维K.W.之间，每万锭扯用电力三百三十开维左右，每月平均扯消用电度八十五万九千七百十一度（即开维小时），每度电价格约洋二分四五厘，全年总电费约为洋二十一万三千四百元，每件十六支纱，扯用电费三元至四元之间云。

该厂有电度自动记录表K.W.Recording meter，装在工程师室。关于全厂原动消用状况，随时可以一目了然，对于成本分析更可便利。又据云该厂星期夜工开车时，各部机械分先后开车，清花机往往迟二小时，而开动如是，则Starting Curints可以减低，每月可省电费五、六百两云。

结论

该厂在鸿裕时代原为一不可收拾之厂，经永安管理经营后，锐意改造，气象一新。考其内容不仅设备周详，出品精良，工作空气倍觉紧张。至其生产成本，虽不告人，然闻已在沪上一般华厂之下。凡此成绩不得不归功于永安之办事能力、技术之进步及人事之有办法也。

当该厂接办之始，曾遇不少困难，而该厂持以坚决毅然趋之，卒底于成。愿今之经营纱厂者，以鸿裕为前车之鉴，而以永安为师法可也。

虽然永安能从此自满耶，世界纺织技术日有进步，机械改良层出无穷，工人枝〔技〕艺之精进，亦无止境。今观永安之机械布置，尚未臻简单化。如清花间之一贯制及粗细纱之高牵伸，均未采用，即粗如十支，尚采三道制，可谓不经济矣。此外工人众多，工资率比别厂较高，皆有待于改良者也。而工人食宿之设施，职员待遇之改善，均不可稍缓。他若制品之简单化，非生产浪费之带约，均属切要之图。能如此，则该厂达于合理化之境域，决不难也。

〔国民政府实业部档案〕

11．全国经济委员会棉业统制委员会工作报告及事业进行步骤

（1933年10月—1934年3月）

棉于平日供人民衣服之用，于战时供制药卫生之用，为国民经济上不可或缺之物。如无强大海军之我国，战时又不能得之外国，故棉之能否自给自足，实为国家生存上之一要素。而返观我国棉业之情形，则棉产年约一千万担，尚不足供国内纱厂之需求；纱厂虽有纱线锭五百万枚，而中有外商者二百二十余万枚，亦不足供全国制布等之用；布机新式之力织机，仅约有四万台，而外商者二万余台，亦不足供全国衣被等之用，以致年有三万万元巨额之棉货输入。就其量言，既不足如此。就其质言，则原棉绒短获少，搀水混杂，纱厂机旧、本缺、技劣、工拙，重以捐税繁重，运输欠便，外货倾销，灾乱频仍，致棉价低贱，工商亏本。近年以来，凡棉业之农工商无不悲嗟，悚惧其业之将就衰亡。政府有鉴于此，知非急起兴革，集中力量，通盘筹划，不足以图存。爰于全国经济委员会之下，设棉业统制委员会。自二十二年十月六日，国府令派陈光甫等为棉业统制委员会委员，陈光甫为主任委员之后，即着手筹备，于十月十五日正式成立，迄今四月有余。所有之工作及拟定之进行步骤，兹陈叙于后：

一、棉业统制委员会成立后四月又二十日中之工作。

（1）稳定纱价　去春以来，棉纱销滞仓壅，市价日跌，自春徂秋，上海华商纱布交易所存纱常在三万包左右，致人心看小，纱市常疲，商贩观望，不敢屯存，纱厂亏本，危危欲坠，纱业中人佥以为若不减交易所存纱，终不能去看低之人心，而促进实销。去年六月十六日，由华商纱厂联合会请财政部购买交易所存纱，以去压低市价之病根。本会成立，财部即来函请查明纱价跌落原因，核议救济办法。本会再三审议之后，乃一面分函华商纱

厂联合会及华商纱布交易所，请防止交易所再有存纱增加，一面督促纱厂界组织银团，收买交易所存纱，以疏通存纱而引起实销，几方并进，纱价得以稍为稳定，而各纱厂于危急之中，得以少舒其窘。

（2）调查棉业原料制造运销情形。本会为确切明了棉业之实状，以为改革之指针计，对于棉业之原料制造、运销方面皆派人详查。

甲、关于原料方面，派孙恩麐、冯泽芳二专员赴豫、陕、鲁、冀、湘、鄂调查植棉情形。

乙、关于制造方面，派聂光堉、萧伦豫、王子宿、傅道伸、傅铭九等专员分赴华北、华中、华东调查纱厂、漂染厂等情形。

丙、关于运销方面，派童侣青、柳菊生等专员分赴各地调查纱布运销情形。

现原料方面已查竣，制造运销方面正在调查中。

（3）购买优良棉籽分散播种。自孙、冯二专员调查各省植棉情形归后，即定选购优良棉种之计划，以不急收买，后将难买之故，不俟领到事业经费，即由本会借垫，派人赴豫，彰德、灵宝、鲁田镇收购良籽二万担，现已购就分别拨送各省。

计

江苏	一万一千担
陕西	四千四百担
河南	三千七百担
山西	五百担
山东	二百担
浙江	二百担

每担可播种田二十亩，二万担可播种田二十万亩。

（4）调查棉花分级及搀水搀杂，并拟定品质分级及禁止搀水搀杂办法。本会鉴于国内棉花品质不分，搀水搀杂之甚有妨于制造及输出。与商品检验局会派叶元鼎君分赴各地调查棉质及搀水搀杂情形，以便制定棉花分级标准及禁止搀水搀杂之办法，现禁止棉花搀水搀杂办法已拟定函送全国经济委员会核示。

（5）编制纱厂之各项标准　本会为谋纱厂之经营合理化计，对于财务、工务方面制订各项标准，以为纱厂合理化之准绳。

已制订者：

（一）纱厂会计规程。

在制订中者：

（一）纱厂经营标准（人数、工资、原料、出数、出品、动力之标准）。

（6）拟定交易所棉纱标准及鉴定章则。现在交易所之棉纱标准，选一厂之出品为标准，而不依棉纱之品质科学的方法，定立标准，往往发生流弊。本会乃代为拟定上海华商纱布交易所，棉纱交割标准试验章程及棉纱鉴定会章程等，以促其改进。

（7）拟订棉业业规。统制棉业必须有绳准，以资凭守，爰有棉业业规之拟订，现尚在拟订之中。

（8）编制各种棉业统计。关于棉业上原料制造、运销方面之统计，为经营工商者及施政上不可少之参考资料，本会正在逐项编制，现已刊行出版者，有“棉花统计”壹册。

（9）请求免除捐税。年来地方政府自订税则，每有属于烦苛者，如纱厂收花处、分销处之营业税，已由本会请财部免除之，以稍舒纱厂之艰困。

（10）调解工潮。郑州豫丰纱厂、上海三友实业社之工潮，由本会派员调处解决；无锡庆丰纱厂之工潮，由本会电请江苏省政府制止解决。

二、事业进行步骤

本会成立之始，即决定对于原料谋其产量增加、品质改善，除搀水搀杂之弊，精分等级，而求于短时期中原料可自给自足。

对于纱厂谋其经营合理化、标准化，培人才、究新术、设制机厂，以渐求经营之合理、人才之充足，机器之可以自足自给。对于运销，谋其有坚伟灵活之组织，以最小之费用，达疏通产品、抵抗外货之目的，本斯决心，以事工作，以定计划。今后事业进行之步骤，撮要言之如后：

（一）关于原料方面

我国产棉之地，黄河流域宜于细绒，我国最感缺乏者为细长绒之棉花，故本会亦致力推广细长绒棉。本年所收买之棉籽，即属于长绒者，除已买二万担外，尚拟购三万担，并于宜棉各省设置推广棉业之机关。

（1）于中央设棉产改良总所，为棉产上最高之研究指导，并育才之机关，以研究棉作之技术，指导全国之植棉，培育棉作及合作社上需要之人手，并编制棉产统计。

（2）于陕西、河南、河北、山东、江苏等省设棉产改良分所，凡推广改良各该省棉产及运销合作社等事，皆由各该所办理之。

（3）关于棉花分级及禁止搀水搀杂，拟与实业部商品检验局合办之。

（二）关于制造方面

谋棉业制造之合理化，本会除制定各项标准外，对于培养人才、研究技术拟定办法如后：

（1）对于已办有成绩之纺织科之学校，酌量补助，以求该科设备及讲座之充实，现定对于河北省立工学院染织系、江苏省立苏州工业学校纺织系、南通学院纺织科，分别补助。

（2）创设特别研究班，参酌全国纱厂需要，设办成本会计班、工业管理班、商业管理班。

（3）派遣国外研究员。

（4）建设纺织染技术改良所及实验工场现以预算紧缩，设立技术改良所及实验工场费用浩大，拟与中央研究院合作设立。

（三）其他事项

除上列事业外，拟筹设者如后：

（1）棉业信托公司设之，以解除棉业上本缺利重之厄，而使棉业之金融圆滑。

（2）纺织机器制造厂设之，以除纱厂机器陈腐之病，而求纺织机之自足自给。

（3）棉业运销公司设之，以除各厂制品滞销之病，而使国人乐用国货。

凡百事业之举办，必先有充分之经费。上述计划是否能顺利进行，胥视今后之经费而定。

〔国民政府全国经济委员会档案〕

12. 豫鄂皖三省剿匪总司令部为华商纱厂联合会湖北分会维持华商纱厂意见致行政院函

（1934年3月17日）

豫鄂皖三省剿匪总司令部公函　秘普/鄂字第2492号

据华商纱厂联合会湖北分会呈略称：以日本纱厂受其政府保护，资以巨金良械，利用我国关税之不自主，以机器过剩物品运华倾销，侵占市场；并利用不平等条约，设纺织厂于我内地，以突破我关税之壁垒。现在华纱行销，日形减色，苟不设法救济，则将来全国人民之消费，胥皆仰给予外货。条呈五项意见，请鉴核施行。（一）请从速实行外货倾销法，以资抑制。（二）请将纱布统税中外一律加高，而华厂所加者，则以奖励金名义发还，以免外商藉口。（三）请通令各省，限期改良国内棉种，并推广繁植，以资抵制。（四）请实业部对于各地棉花，认真检验，并取缔掺杂棉籽，以免影响工业发展。（五）请援湖南成例，鄂省设置棉纱管理所，对外来棉纱，施行登记，本省纱厂所出棉纱，应准尽量行销。综上所叙，皆属切要，伏乞恩准扶持。等情。据此。查该商会所陈各节，不为无见，除第五项已令湖北省政府核议具复，并批示知照外，至关于第一至第四各项，应由贵院察核办理。相应抄同原呈一件，送请查照，并希见复为荷。此致

行政院

附抄送原呈一件

中华民国二十三年三月十七日

查强邻日本，其欲垄断吾华经济，吞并我国领土，本为明治维新之后一贯政策。历来以机器过剩物品，利用我国关税之不自主，便于运华推销，侵占市场，并利用不平等条约，设纺织厂于我内地，以突破我关税之壁垒，剑拨弩张，短兵相接。我华商纱厂受其摧残抑制由来以久，惟当九一八以前，日货因能畅销无阻，其售价尚能顾及工本，我华厂同业亦可勉于维持。自暴日揭开狰狞面目，经过攘夺三省，炮击沪滨以后，我国受良心责备，曾一度相率抵制劣货，彼为打破此种难关，于是更进一步，为贩运倾销冲破吾国之抵货防线，以谋夺我国全部市场。自兹以往，属会同业虽勉力挣扎图存，但势不敌人，且无后援可恃，已有旦夕破产之惧。盖日厂受其政府保护，资以巨金，且其资金之厚、机械之良、用人之简，均非华厂所能望其项背。益以日人自劫夺营口海关，陡征进口关税，阻断国产纱布运销华北，一方面恃其运输之便，捆载大批纱布入我内地，减价倾销。甚有限期二年将华厂一律肃清之豪语，似此内外协迫，华商纱厂焉能立足。即以近日汉口市场论，各地农村破产，纱布销行本已较前大为减色，在减销之际，每日纱交日货占五分之四，而国货只占五分之一。棉布销市，日货更占百分之九十以上，因此华厂存货，申汉共存

纱布已达三四十万包，金融周转不免万分困难，如不蒙政府设法救济，不久势必出于停工歇业之一途。嗟！我国家萌芽之工业，仅各地少数之纺织厂，本不能挽回国家经济于万一，今如并此，亦不能保存，将来全国人民之消费，皆须仰给于外货，纵人不亡我，我一自亡，与念及此，悚惶万状。然局势虽危，并非绝无办法，兹以管见所及，简略缕呈于次。（一）请转呈国府实行抑制外货之倾销税。查中央对于抑制外货之倾销税，虽有法令规定，但迄未见诸实行，事机已迫，应即迅赐施行，以筑关税壁垒。（二）增加纱统税，对华厂所输以奖励实业名义发还。查海关进口货物，虽能以倾销法令以资抑制，而对内地建设之外厂，则非进口之倾销税所能拘束，拟请呈准政府将纱布统税中外一律加高，而华厂所加者，则以奖励名义发还，在政府惠而不费，在外商无所藉口，一举两得，莫善于此。（三）请转呈国府通令各省限期改良国内棉种，并推广繁殖。查棉为纱之原料，我国产棉以粗绒占多数，只能纺二十支以下之棉纱。而迩年时代演进，纱、布两宗均由粗而趋细，我国原棉粗劣不适细纱细布用途，迫而购买洋棉，不仅成本高贵，难与日货竞争，且以华纱而用洋棉，于社会经济仍然漏卮未塞，故改良棉种实为刻不容缓之图，况华棉产量不敷供求，尤有繁植之必要。（四）请咨实业部对各地棉花检验，不能仅限于水份，所有掺杂质籽棉等，亦应同时取缔，以利纺织。查汉口检验局检验棉花，注重掺水，不问杂质棉籽，因此一般花商改变途径，专以掺杂掺籽为能，其所掺之棉籽，为避免摸索计，多已捣碎，此种弊害，尤甚于水，盖破籽上机不特难以剔出，且最易损坏纺机，加之清花费时，纺出之纱支籽星难净，其影响于工业，实百倍于水份也。（五）请仿湖南省政府办法，设置棉纱管理所，以保护本省之纱厂。查湖南省政府所设棉纱管理所，于法本无根据，但为保护其本省之纱厂起见，就该省立场言，亦有足多。拟请钧部亦援照湖南成例，设置棉纱管理所，对外来棉纱均须由所登记（每件取费二角至三角），考查棉纱需要情形，填发运单，方能销售。所有本省纱厂所出棉纱，应准尽量先行销售，俾本省之生产工厂不致根本动摇，地方经济得以维系。此等办法，湖南既已实行，想湖北亦无不可仿行也。综上所陈，其以前四项皆属于全国共同利害，惟第五点更于鄂厂有切肤痛苦，如能见诸实行，则华厂未尝不可图存，但均非政府维持，不能奏效。除分呈外，合丞备文呈乞钧府鉴核，伏乞恩准扶持，俾垂危工业得以苟延残喘。迫切上呈，不胜惶悚，待命之至。谨呈

〔国民政府行政院档案〕

13．财政部关于华商纱厂联合会湖北分会请维持华商纱厂意见致行政院秘书处密函

（1934年4月11日）

财政部密函　税字第2658号

案准贵处函开：奉院长谕：准豫鄂皖三省剿匪总司令部公函，以据华商纱厂联合会湖北分会呈，为日纱运华倾销，侵占市场，现华纱行销日形减色，条陈意见五项，请鉴核施行，除第五项已令湖北省政府核议外，其第一至第四各项，函请察照办理。等由到院。除函请全国经济委员会核办外，应交财政、实业两部各就主管范围核议具复。等因。除分函外，抄同原件，函达查照。等由。到部。查原呈条陈意见五项，其第一项请速实行倾销税，以资抑制一节，前于中央执行委员会秘书处函据湖北省党部执行委员会转请时，即经交由倾销货物审查委员会议复，以近年日本纱布进口逐渐减少，尚少倾销之痕迹，如将在华日厂出品之由上海转口者，一并计算在内，则在华外厂出品，与进口货有别，难以适用倾销税法。究竟日本进口纱布，在汉口实在倾销情形如何，应按倾销税法第二条及同法施行细则第五条之规定，分别叙述事

实，以便再行审议。于上年四月间，由部会同实业部函请中央执行委员会秘书处转知湖北省执行委员会查照办理，并呈复在案。此次该湖北分会原呈内称：每日纱交日货占五分之四，国货占五分之一，及棉布销市日货占百分之九十以上，等语，亦并无实在数目。且所谓五分之四与百分之九十者，是否属于日货进口净数，不包括在华出品在内。其倾销纱布之品名、商标及所售价格，均未叙及，仍无以审查其确否具有倾销性质。应请钧院查照函复，并请转饬该分会按照上列各点，分别详细呈明，再行发交倾销货物审查委员会审议，由部查核办理。第二项奖励金办法，本部原则赞同，惟奖励方法，断不可按包计给，尤不可由本部在华商应缴税款项下抵扣。因按包计给，不问其有无成绩，普通奖励，则纱厂只图多纺，不求精纺，非但不能促纱业进步，失去奖励本意。且统税以华洋各厂，绝对平等待遇为原则，如由本部在统税项下按包抵扣奖励金，是显然歧视外商，必招反感，足以阻碍统税之进行。本部意见，对于奖励问题，似应通盘筹划，拟定适当标准，以纱厂为单位，视其办理成绩如何，分厂酌量补助，以免影响统税。第三项改良棉种，扩广繁植一节，闻已由全国经济委员会棉业统制委员会积极筹划办理。第四项检验各地棉花事项，应由实业部办理。第五项棉纱设所管理一事，卷查湖南省政府为保护该省自设之纱厂，对于外省入境之纱，严加取缔，特设立棉纱管理所一案，本部前据全国华商纱厂联合会请求制止，当以迩来国内纱业不振，并非湘省一厂为然，现在全国经济委员会正在积极统筹救济，务使全国纱业，趋于共存共荣之境，若于此时各自为政，显分畛域，就使湘省一厂暂得苟安，而于全国纱业益将交受其困，办法既失平均，尤与征收统税条例规定已税棉纱得通行各省一节，显有抵触，迭经咨请该省政府转饬取销在案。如果各省纷纷援照湘省办法办理，恐华商纱厂益感营业困难，似非所宜。所有本案核议缘由，是否有当，相应函达查照，请烦转陈为荷。此致

行政院秘书处

财政部长孔祥熙

中华民国二十三年四月十一日

〔国民政府行政院档案〕

14．全国经济委员会等办理关于调查救济申新纺织公司一案有关文件

（1934年7—10月）

（1）行政院致全国经济委员会函（1934年7月3日）

行政院公函　字第一五七七号

查本院第一六七次会议，据实业部陈部长提议案：据上海申新纺织总公司荣宗敬呈称：经济竭蹶，营业困难，吁恳派员调查，迅予救济，拟定暂行方案，提请公决一案。经决议"通过"纪录在卷。除分令财政、实业两部遵照办理外，相应抄同原提案函请查照办理为荷。此致

全国经济委员会

计抄送原提案一件

院长汪兆铭

抄原临时提案

案据上海申新纺织总公司荣宗敬呈称：经济竭蹶，营业困难，吁恳派员调查，迅予救济。查该厂负债已达四千余万元，无担保者约占债额半数，不予救济，恐有倒闭之虞。惟该厂现有纱线各锭六十万枚，职工十一余万，一旦停工，不独影响新兴工业，全国骤增十余万失业工人，即其债额亦足牵动金融，紊乱市面，事态严重，政府亟应设法维持。兹谨拟定暂行方案如下：

一、由行政院函全国经济委员会棉业统制委员会予以维持，勿使停工。

二、令财、实两部并函全国经济委员会派员会同清查及拟具根本救济方案，由政府监督实施。以上方案，是否有当？敬候公决。谨呈

行政院长汪

陈公博提七月三日

中华民国二十三年七月三日

(2) 全国经济委员会致棉业统制委员会笺函（1934年10月3日）

笺函

案准贵会第一三一九号函，以准函准实业部函据无锡纺织厂联合会代电，为调查申新资产似有估短之嫌，嘱即查照见复一案，胪举当时调查情形，复请查照转陈鉴核转复等由。并附送调查实况一份到处。准此。除转陈并函实业部外，相应函复，即希查照，并请将该项调查实况再送一份，以备存查为荷。此致

棉业统制委员会

秘书长秦〇

(3)棉业统制委员会复全国经济委员会函(1934年10月9日)

接准贵处秘字第六七九九号函，以本会所检送之申新纺织公司调查实况，除转陈并函实业部外，复请将该项调查实况再送一份，以备存查等因。准此。相应再行检送一份，即请查照备存为荷。此致

秘书长秦

附调查实况一份

主任委员陈光甫（印）

十月九日

申新纺织公司调查实况

申新纺织总公司因营业不振，请求救济。本会奉命，会同财政、实业两部所派人员予以清查估计，并拟具救济方案，听候政府实施。乃无锡纺织厂联合会听信报纸传言，代电实业部，竟云政府准备将申新等厂收归国营，复诬部会调查员有故意估短之嫌。此案卷牍具在，可资查考，无稽谰言本不足辩，但为明了真象起见，特将调查实况大略纪述于后。

清查估计之由来　查此案原发动于申新总公司荣宗敬氏自身之呈请救济，并函请本会派员调查真相，指示方针，始经实业部拟具提案，送由行政院会议通过。其提案原文如下：

一、由行政院函全国经济委员会棉业统制委员会予以维持，勿使停工。

二、令财实两部并函全国经济委员会派员会同清查及拟具根本救济方案，由政府监督实施。

本会于收到荣氏来函，并奉全国经济委员会函送实业部提案，当即召集全体委员会临时会议议决，推李常务委员升伯前往该公司协助整理，并遵照提案第一项之办法，与金融界协商，勿使停工。复与财部派员沈天疆、丁宇学，实业部派员刘荫茀、李家礼会同清查估计，并由该公司当局同时在场，共同商定估计方法，拟具根本救济方案，函请全国经济委员会鉴核办理。此当时清查估计之实在情形也。

申新失败之重要原因　查申新公司过去情形，一有机会即冒险扩充或稍有盈余，股东官红利即分派净尽，对于公积金之提存、机器厂房之折旧，甚少准备，纵或有之，为数亦嫌过少，且各厂之资产组织不同，其折旧与否亦无一定之标准，其中有极旧之机械，而账略上仍是新机之原价者。夫机械窳旧则其生产效率日趋低落，譬如人之负物，年令渐老，若不递减其负担，则必愈负愈觉吃力，其结果徒使制品之成本增加，对外竞争愈难，实为近代工业经营之大忌。况机械旧则修理换置亦必增多，若无折旧之准备，势必重行举债，债多则息重，息重则又复举债，如是循环不已，终至无法周转而后止。申新公司过失败之原因，此为其最重要之一。

估价之标准　夫维持中国棉业，既为本会之职责，而调查真相又系申新之函请，故受命以后，竞竞从事，不独各事力求公允，且无不从宽估值。查估计该公司财产之对象，约分四类：一曰原动机，二曰纺织机器，三曰房屋，四曰地皮。派赴估价之人皆为专家。如估房屋，则由沪上著名之马腾建筑公司主任建筑师负责估计，不独察其建筑之年令，而且验其购造之材料。如估地皮，则由上海银行地产部派员，以工部局所定各段价格为标准，而参考市价，以酌定之。如估原动机，则根据该公司原有电机工程师之报价，而由各电气专家，参照市价以决之。四者之中独纺织机器估计最难，且其价值最大，故本会技术专员，几全部悉心从事于此，逐部考察，费半月之时日始蒇厥事。及定价时，复几度商酌互参详考，卒以“折旧”“效能”二义定之。折旧者何，系指机器使用年令而言，效能者何，系就现时使用之状况而言，各定分数，再予平均，方始确定其等级，然后依市价核算，而估价以定。如二厂、七厂之机器陈旧，众所共知，然新机较多，平均年令较轻，因以每锭估价在二十二元以上，余如各厂自二十五元迄三十二元者不等，内中尤以八厂为最新，故其估价已超过四十元外。惟第九厂则以创设虽新，而机器则大部份均为盘购三新纱厂之旧物，三新创设四十年，机器已极陈旧，故每锭估计为十七元五角八分四厘，在该公司去年自己估计，每锭仅扯十二元七角，连洋线并线机在内，每锭亦仅扯十五元六角六分，本会以其整理尚好，经专家之调查考虑，提高为十七元五角八分四厘。又如申新当日盘购三新时，除去地皮计全部房屋机器及一切设备购价只规元四十万两，合洋不过五十六万元，世人尽知，迨买成后，申新另将房屋及其他附属设备售出，曾得售价二十余万元，是此项纺织机器只值三十余万元，嗣后另建新屋，并添新纱锭一万余枚，即照新置地皮房屋值三百七十余万元，而新添一万余枚之纱锭，以每锭估值三十五元，计值三十五万元，加以所购三新旧机实价之三十余万元，其他原动设备等约五十万元，四项共计亦只实值四百八十余万元。盖如仅依“折旧”计算，则未免遗其历来修添保全之绩。如仅依“效能”计算，又未免有武断估定之嫌，似此双方兼顾，庶昭公允。

各厂估价之细数　查申新公司共有九个工厂，由旧厂盘购者，占其五，自行创设者，占其四，旧厂如二、七、九厂之机械，皆已陈旧生产之效率甚低，各厂机械之种类又甚复杂，不下八、九种，以年令区别之又可分为二十余种（见机械一览表），最旧者至四十年以上，以如此陈旧而复杂之机械而估价如次表（见估价分析表），就工业经营合理化之地位言之，则本会及有估价过高之嫌。兹另将该公司所有各厂纺织机器之实况，开列于下，以备考核。

申新公司各厂纺织机器之实况

一厂　一厂有纱锭七万二千四百七十六枚，内一部份系瑞士立达新机，工作良好，其他老机虽曾经整理，但生产不高，如英机爱纱礼司及美机沙克劳均有更换大批机件之必要。

布机共有新旧一千五百九十二台。内有英国赫特式新机五百台尚在试装，其余均系旧机，有英日德中四种，内以旧式丰田机占多数，英德次之，中国机又次之。使用年数均在二十年内外，式样陈旧且保全管理欠善，机中磨灭之处甚多，以致出品能率均受影响，非大加修理及改造不可。

二厂　二厂分南北二厂，有纱锭五万六千七百四十四枚，线锭七千九百八十枚，机械复杂，种类繁多，内除二万锭系新添之好华特机外，余均陈旧，非大整理不可，尤以南厂之美机为尤坏，无怪其生产低落也。

三厂　三厂共有纱锭六万五千八百零八枚，美机约占三分之一，英机及瑞士机占三分之二，瑞士立达机系最近添置者，工作情形尚好，生产亦佳，老机之已经整理者约三分之一。

布机共有新旧一千四百八十六台，计分二厂，新厂去年增设有赫特式新布机六百台，式样统一，成绩尚佳，旧厂布机八百八十六台，内有英、日、美三种，其中以英机最旧，日机较新，美机次之，成绩以日机较好，英美机均不甚佳。其中尤以美机为最劣，因构造不良，回转数过少，如欲与他种机械竞争，生产此机非淘汰不可也。

四厂　四厂于去岁毁于火，今年复兴厂房建筑早经完工，新添英机泼来脱二万余锭，系最新式者，另有旧机沙克劳二万余锭，于火后修配而成，共计有纱锭四万一千一百三十枚，全部情形尚佳。

布机共有四百一十台，内中二百七十三台，系日本丰田式，余为英式，前者成绩较佳，后者次之，其他准备各机亦以丰田式占多数，英机次之。但以使用年数不久(八年)，各机状况尚可。

五厂　五厂有纱锭五万四千二百另八枚，线锭壹万一千三百另二枚，分南北两厂机械亦较复杂，工作以英机为佳，细纱已改为大牵伸。查五厂曾经整理，但须改革之点仍多。至其出品，在申新各厂中比较的进步者。

六厂　六厂创办迄今已达十六年，分南北二厂，共计有纱锭七万五千一百另四枚，线锭八千四百枚，并附废纺厂一座，计锭一千六百八十枚，全厂机器除一部份清花机系英国泼来脱公司出品及细纱机四十八部为英国Brooks式外，余皆系美国沙谷劳之机械，各机效能尚不甚劣，闻于厚生末期，曾斥巨资更换机件，及申新接收后，亦略为补添，故在旧厂中尚不失为佼佼者也，全部为大牵伸式各种设备尚佳。

布机共有九百二十台，内有中、德、日、美四种样式，内除日、德、中机共计四百台尚可应用外，其余美机及大隆机共五百二十台，因其式样陈旧，构造不良，能率低微，兼之保全管理不善，机中磨损之处甚多，已不堪应用，如欲与现代工厂竞争者，此机只可当废铁不用耳。

七厂　七厂分新旧二厂，共计纱锭五万六千二百四十八枚，线锭八千四百枚，其机器大都购自英国爱沙礼司，厂有少数沙谷劳粗纱机，年前复购瑞士立达细纱机五千另四十枚，该厂系由收买东方纱厂而来，自接办以后曾具大力加以整理修改，惜仍鲜功效，盖原有机器实太窳劣之故也。

布机共有四百四十八台，又宽幅制毯机十二台，均系英式，其他准备部亦以英机占多数，机械虽旧，然以该厂保全管理得法，且改造部分颇多，故机械磨损之处较少，效能得以维持，成绩尚佳。

八厂　八厂在上海一厂之旁，全部机械系英国泼来脱厂供给，一切布置均甚合宜，所出品质为市上所欢迎。该厂对于保全亦甚注意，但对于运转方面似稍疏忽。以各厂而论，申八之机械设备为最有组织者，此实归功于当初设计之周详，该厂已运转三年，为申新各厂中最有价值之纱厂。

九厂　九厂创设虽新，奈机器则极陈旧，盖系盘购三新纱厂之旧物，共计有纱锭八万另五百五十六枚，线锭一万五千另九十二枚，其中除一部份为好华特新机计一万一千余枚外，余均陈旧，已有四十年之寿命，幸因整理努力工作尚好，惟以机老生产未高、零件添换及应改造之处，则甚多也。

布机共有五百一十五台，均系日本丰田式，因保全尚佳，将其旧机重要部份加以改造，故机械能率勉可维持。其他如准备部之络纱机，因年久磨灭处不少，致锭子摇摆，成绩不佳。其余亦多系日本旧机，不过经该厂自行修理后，尚属可用。

申新第九厂自估数与本会估数之比较　申新公司共计九厂，而以第九厂为最陈旧，故其估价亦最低。惟据该公司去年自估之价，地基建筑固勿论，单就纺织机器而言，其总数仅为一百四十六万八千余元，纺机每锭仅扯十五元六角六分，布机每台扯四百元，而本会对于九厂所估则为一百五十八万五千余元，纺机每锭平均扯价十七元五角八分四厘，是机器总价及每锭估价，本会反比该公司自己估计为宽，计机价总值超出十一万七千余元，锭价每枚超出约二元，至于布机则本会估计每台扯价为三百二十七元六角三分。其所以估低之故，盖以二十余年之老机无论如何修配完好，每台估作三百二十七元，凡属专家当为首肯，今各方函电均以九厂为口实，故再将双方所估九厂数字比较于后，以资考证。

	地　基	建　筑	纺织机器	原　动	合　计
申新自估之价	$1,341,171.95	$2,077,622.38	$1,468,068.41	$535,849.00	$5,422,711.74
本会所估之价	$878,880.00	$1,995,840.00	$1,585,182.50	$455,471.65	$4,915,374.15
估计者	上海银行地产部	马腾建筑工程师	本会技术专员	新通公司电气工程师	相差数 507,337.00

总之，本会立于棉业立场，一切莫不以维护棉业为主旨，绝无偏重任何方面之主张。关于该厂整理方案中，本会注重清理债务、变更组织、改良工务、减轻成本以及停止不规则之营业方法等等，何莫非欲使该厂基础日趋坚固，俾得发展有望，否则不但申新本身将一厥不振，债权人受累无穷，而影响社会经济，其害尤大，全国之整个棉业安知不因申新之颠覆而危殆愈甚。所幸本会所定之各种方案，均由申新公司次第采用，其前途或可有一线之曙光，倘能彻底实施，是固中国棉业之幸，而本会为申新之所调查计划者，亦为不虚掷耳。

申新纺织公司各厂织机种类年令一览表

厂 别	织机制造厂名	制造年份	使用年数	台数	各厂共计台数
申新一厂	Toyoda	1916	18年	149	1,592
	Toyoda	1927	7年	307	
	Henry Liversey	1916	18年	528	
	Gragdon and Monk	1916	18年	95	
	Dah Loong Iron Wks	1925	9年	1	
	Vollemdiche	1916	7年	1	
	Enchu	1927	7年	1	
	Henry Liversey	1934		500	
申新三厂	Crompton and knowles	1903	31年	160	1,486
	Dickinson	1922	12年	702	
	Enchu	1930	4年	24	
	Hathersley	1932	2年	600	
申新四厂	Toyoda	1925	9年	273	410
	White and Son Ltd	1928	6年	137	
申新六厂	Crompton and knowles	1895	39年	498	920
	Toyoda			200	
	China Iron Works			100	
	Vogtandicle			100	
	Dah Loong			22	

续表

申新七厂	Dah Loong	1929	5 年	1	460
	George Keighley	1921	13年	446	
	Sakomoto	1931	3 年	1	
	George keighley	1919	15年	9	
	George keighley	1933	1 年	3	
申新九厂	Toyoda	1914	20年	506	515
	Shanghai Nol Iron-w′ks	1930	4 年	1	
	China Iron Works	1933	1 年	8	
各厂合计					5,383

申新纺织公司各厂纺锭种类年令一览表

厂　　别	纱机制造厂名	制造年份	使用年数	锭数	各厂总共锭数
申新一厂	Rieters	1932	2 年	27,148	72,476
	Asa Lees	1925	9 年	720	
	Asa Lees	1915	19年	12,960	
	Saco-Lowell	1919	15年	25,920	
	Saco-Lowell	1929	5 年	5,728	
申新二厂	Dobson & Barlow	1894	40年	4,992	56,744
	Dobson & Barlow	1929	5 年	4,800	
	Dobson & Barlow	1930	4 年	800	
	Platt Brothers	1907	27年	4,400	
	Platt Brothers	1920	14年	7,600	
	whitin	1917	17年	348	
	whitin	1919	15年	12,876	

续表

	Saco-Lowell	1919	15年	5,184	
	Howard & Bullough	1932	2年	15,744	
申新三厂	Howard & Bullough	1921	13年	18,400	65,808
	Howard & Bullough	1922	12年	12,000	
	Howard & Bullough	1929	5年	6,000	
	Saco-Lowell	1921	13年	20,608	
	Rieters	1932	2年	800	
	Rieters	1933	1年	8,000	
申新四厂	Saco-Lowell	1922	12年	11,136	41,136
	Saco-Lowell			10,000	
	Platt Brothers	1933	1年	20,000	
申新五厂	John Hetherington	1915	19年	12,360	54,208
	John Hetherington	1916	18年	3,780	
	John Hetherington	1926	8年	768	
	John Hetherington	1928	6年	1,260	
	John Hetherington	1929	5年	1,680	
	Saco-Lowell	1922	12年	14,208	
	Saco-Lowell	1928	6年	832	
	Platt Brothers	1929	5年	10,080	
	Rieters	1930	4年	420	
	Rieters	1932	2年	2,100	
	Rieters	1933	1年	6,720	

续表

申新六厂	Saco-Lowell	1917	17年	12,672	75,104
	Saco-Lowell	1918	16年	3,456	
	Saco-Lowell	1919	15年	13,824	
	Saco-Lowell	1920	14年	31,328	
	Brooks & Doxey	1930	4年	11,520	
	Brooks & Doxey	1932	2年	2,304	
申新七厂	Asa Lees	1895	39年	364	56,248
	Asa Lees	1896	38年	17,472	
	Asa Lees	1897	37年	21,840	
	Asa Lees	1907	27年	364	
	Asa Lees	1913	21年	5,600	
	Asa Lees	1914	20年	2,800	
	Asa Lees	1922	12年	1,928	
	Asa Lees	1929	5年	840	
	Rieters	1932	2年	5,040	
申新八厂	Platt Brothers	1930	4年	43,200	
	Platt Brothers	1932	2年	7,200	
申新九厂	Asa Lees	1893	41年	864	80,556
	Howard & Bullough	1893	41年	2,176	
	Howard & Bullough	1932	2年	11,200	
	Dobson & Barlow	1894	40年	38,220	总计
	Dobson & Barlow	1895	39年	23,296	552,680
	Dobson & Barlow	1921	13年	4,800	

申新纺织公司各厂线锭一览表

厂　　别	线机制造厂名	制造年份	使用年数	锭数	各厂共计锭数
申新二厂	Howard & Bullough	1931	3 年	7,980	7,980
申新五厂	John Hetherington	1929	5 年	2,160	12,960
	John Hetherington	1931	3 年	5,760	
	Howard & Bullough	1931	3 年	5,040	
申新六厂	Saco-Lowell	1920	14年	1,260	5,556
	Saco-Lowell	1917	17年	768	
	Saco-Lowell	1927	7 年	272	
	John Hetherington	1915	19年	1,536	
	John Hetherington	1916	18年	1,720	
申新七厂	Howard & Bullough	1931	3 年	8,400	8,400
申新九厂	John Hehterington	1914	20年	2,912	15,092
	Howard & Bullough	1932	2 年	12,180	

申新纺织公司各厂废纺锭一览表

厂　　别	废纺机制造厂名	制造年份	使用年数	锭数	各厂共计锭数
申新六厂	Josephy	1929	5 年	1,680	1,680
申新七厂	Asa Lees	1923	11年	1,944	3,700
	Asa Lees	1924	10年	34	
	Asa Lees	1927	7 年	68	
	Asa Lees	1930	4 年	1,654	

申新公司各厂纺织机器估价分析表（及原动总价）

厂名		纺机锭数或织机台数	每台或每锭时价	每台或每锭估值	估值合计	总计
一厂	纺机	72,476	$41.15	$24.022	$1,741,027.94	
	布机	1,592	325.19	346.43	551,517.19	
八厂	纺机	50,400	46.466	40.651	2,048,830.71	
二厂	纺机	56,744	41.035	22.433	1,271,619.59	
三厂	纺机	65,808	46.90	32.83	2,160,171.29	
	布机	1,486	557.92	432.60	642,894.00	
四厂	纺机	41,136	42.80	29.65	1,219,756.00	
	布机	410	364.39	282.33	115,756.68	
五厂	纺机	54,208	55.47	24.25	1,315,515.67	
六厂	纺机	75,104	44.46	26.56	1,995,139.00	
	布机	920	523.82	184.55	169,778.40	
七厂	纺机	56,248	59.09	22.85	1,285,636.28	
	布机	460	772.25	417.18	191,902.80	
九厂	纺机	80,556	42.448	17.584	1,416,452.60	
	布机	515	556.25	327.63	168,729.90	
各厂共计					16,294,728.05	
各厂原动估值					2,999,555.65	$19,294,283.70

〔国民政府全国经济委员会〕

15. 华商纱厂联合会编：中国棉纺织业统计表

(1934年)

(1)中国历年纱线锭比较表(1919—1933年)　　(1934年制)

中国历年纱线锭比较(以本会历年纱厂一览表为准单位一锭)

年	八	九	一〇	一一	一三	一四	一六	一七	一八	一九	二〇	二一	二二
华商	八八九,〇〇〇	一,七七五,〇〇〇	二,一二四,〇〇〇	二,二二一,〇〇〇	二,一七六,〇〇〇	二,〇四九,〇〇〇	二,〇九九,〇〇〇	二,一八二,〇〇〇	二,三八六,〇〇〇	二,四九九,〇〇〇	二,七三〇,〇〇〇	二,九一〇,〇〇〇	二,八八五,七九六
日商	三三三,〇〇〇	八一二,〇〇〇	八四九,〇〇〇	一,〇七一,〇〇〇	一,二一八,〇〇〇	一,三三二,〇〇〇	一,三八三,〇〇〇	一,五一五,〇〇〇	一,六五二,〇〇〇	一,八二一,〇〇〇	二,〇〇三,〇〇〇	二,〇九六,〇〇〇	二,〇九八,一七六
全国总计	一,四六八,〇〇〇	二,八四三,〇〇〇	三,二三二,〇〇〇	三,五五〇,〇〇〇	三,五八一,〇〇〇	三,五七〇,〇〇〇	三,六八五,〇〇〇	三,八五〇,〇〇〇	四,二〇一,〇〇〇	四,四九八,〇〇〇	四,九〇四,〇〇〇	五,一八九,〇〇〇	三,一七一,六〇〇

（2）中国历年布机比较表(1920—1933年)

（1934年制）

中国历年布机比较（以本会历年纱厂一览表为准单位一台）

年	九	一〇	一一	一三	一四	一六	一七	一九	二〇	二一	二二
华商	七,七四〇	一〇,六四五	一二,四五九	一三,六八九	一三,三七一	一三,四五九	一六,七八七	一五,九五五	二〇,五九九	二一,五五九	二〇,九二六
日商	一,四八六	二,九八六	三,九六九	五,九二五	七,二〇五	一三,九八一	一〇,八九六	一一,四六七	一九,三〇六	一八,二八九	一九,〇一七
全国总计	一一,八七九	一六,二二四	一九,二二八	二三,四七七	二二,九二四	二九,七八八	二九,五八二	二九,三二二	四二,五九六	四二,七三九	四二,八三四

（3）中国历年棉花生产及纺厂销棉统计（1918—1933年）

（1934年制）

中国历年棉花生产及纺厂销棉统计（单位担）（生产据本会及中华棉业统计会历年棉产统计，销棉据本会历年中国销棉统计）

年	七	八	九	一〇	一一	一二	一三	一四	一五	一六	一七	一八	一九	二〇	二一	二二
生产	一〇，二二〇，七七九	九，〇二八，三九〇	六，七五〇，四〇三	五，四二九，二二〇	八，三一〇，三五五	七，一四四，六四二	七，八〇八，八八二	七，五三四，三五一	六，二四三，五八五	六，七二二，一〇八	八，八三九，二七四	七，五八七，〇二一	八，八〇九，五六七	六，三九九，七八〇	八，一〇五，六三七	九，七七四，二〇七
销费					四，六九一，〇〇〇	六，〇三二，〇〇〇	五，八九一，〇〇〇	六，〇三七，〇〇〇	六，五八一，〇〇〇	七，二〇〇，〇〇〇	七，五六〇，〇〇〇	七，三三八，〇〇〇	八，九三九，〇〇〇	八，八六九，〇〇〇	八，九六六，〇〇〇	九，〇九六，〇〇〇

（4）世界各国纱厂纺锭布机用花统计表　（1934年制）

世界各国纱厂纺锭布机用花统计（据万国棉纺织业总联合会报告）

		英国	德国	法国	俄国	意大利	捷克	比利时	西班牙	波兰	瑞士	荷兰	奥大利	瑞典	葡萄牙	芬兰	匈牙利	丹麦	挪威	欧洲共	印度	日本	中国	亚洲共	美国	加拿大	墨西哥	巴西	美洲共	其他	总计
锭子数目	（一九三四年一月）千锭	四七,九五二	九,九三五	一〇,一七〇	九,二〇〇	五,三七八	三,六六八	二,〇九四	二,〇七〇	一,八一九	一,二九六	一,二二八	七五七	五九五	四五一	二七〇	二七四	一〇〇	五八	九七,三一五	九,五七二	八,六四一	四,六四〇	二二,八五三	三〇,九六八	一,二〇九	八三二	二,六九八	三五,七〇七	一,八四三	一五七,七一八
布机台数	（一九三三年十二月底）	五八七,九六四	二二二,五〇〇	一九八,二〇〇	二五〇,〇〇〇	一四六,五〇〇	一〇四,五九一	五四,八〇〇	六六,五八六	三八,六一一	二三,〇九六	五五,九六〇	一三,〇七八	一六,一〇三	一四,二七二	七,二六九	一二,五〇〇	三,九八六	二,九五五	一,八四六,六八〇	一八九,六七八	二七七,三四三	四五,三五四	五一五,四六九	六一三,六三三	二五,四八七	三三,一九七	八一,八九二	七六六,〇六五	一,七五五	一二九,九六九
用花包数	（三二—三三年）	二,二四八,〇〇〇	一,二一二,〇〇〇	一,〇九九,〇〇〇	一,六一三,〇〇〇	八六一,〇〇〇	二八七,〇〇〇	三〇三,〇〇〇	三九六,〇〇〇	二五七,〇〇〇	九〇,〇〇〇	一五六,〇〇〇	八一,〇〇〇	一〇一,〇〇〇	七一,〇〇〇	三一,〇〇〇	七七,〇〇〇	二九,〇〇〇	一一,〇〇〇	八,九二三,〇〇〇	二,六三五,〇〇〇	二,九〇〇,〇〇〇	二,六〇一,〇〇〇	八,一三六,〇〇〇	六,一〇九,〇〇〇	一七四,〇〇〇	一六六,〇〇〇	四五三,〇〇〇	六,九〇二,〇〇〇	三九一,〇〇〇	二四,三五二,〇〇〇

〔国民政府实业部档案〕

16．行政院关于华商纱厂联合会为挽救纺业危机建议标本兼治办法致全国经济委员会公函

（1935年3月26日）

行政院公函　字第七九八号

案据华商纱厂联合会二十四年三月二十日呈，为纺业艰危，急待标本兼治，拟请发行棉业公债五千万元，组设棉业协会，改进一切，俾臻于现代合理化，并请举办低利贷款，限制外棉输入，以纾眉急。等情。据此。除饬交财政实业两部核复外，相应抄同原呈及附件，函请贵会查核见复。此致

全国经济委员会

计抄送原呈及原附棉业协会组织大纲各一件

中华民国二十四年三月廿六日

院　长　汪兆铭

抄原呈

呈为纺业艰危，亟待标本兼治，谨拟办法呈请鉴核施行事。窃以国内棉纺一业，日趋衰败，迩来复遭金融紧缩之影响，情势愈形危迫，停闭之厂已达十家，最近申新七厂复又以被拍卖闻，若不迅予维持，势将整个崩溃，经属会叠经商讨，佥以处此存亡危急之秋，非上下一心，标本兼治，不足以言挽救，目前各厂机件类多陈旧，设备亦嫌窃败，故生产能力低而成本高，欲改进技术必从机件设备着手。惟是需费甚巨，尤非现时各厂财力所能胜任。此外如营运之不合理，管理之未尽如法，非有强有力之健全机关，不足以统筹全局，而起沉疴。因拟请政府筹划巨款，发行棉纺业公债五千万元，督同属会组设棉业协会，主持技术及管理之改进、营运之统制，俾一切均臻于现代合理化。谨拟具协会大

纲，另件附呈，敬乞垂察。惟协会虽为治本要道，然兹事体大，非仓卒所可图成，而当前危机实已迫不及待，非有紧急措施先行治标不可。举其著者，约有两端：一为举办低利贷款，以轻负担，而利营运。缘国内纺厂财力多艰，不特流动所需，仰给借贷，即固定资本亦多恃诸抵押，其利率少者八厘，多者则在一分以上。反观在华日厂，资金既甚丰富，即偶而贷款，利息亦仅三四厘左右，中日比较即此一端，每包棉纱成本相差已有十元、三十数元之巨，欲与日厂竞争，诚有望尘莫及之感，是不得不仰求政府，俯念棉纺为民族基本工业，关系至重，准由中央银行指拨的款减订利率为月息四厘，专为纺厂贷款之用，在表面上似不无损失。然若纺业竟告崩溃，陆续停工，税收势必不减至停顿，而数十万工人之失业与数万万元生产之减少，其影响尤不胜计算，利害轻重无待比较也。其次则为限制棉货之输入。我国纺业感受外竞之压迫者不外两端：一为国内之外厂，二为输入之棉货。前以金价高昂及国内销费不振，棉货进口逐年减少，而关税之叠经提高，尤为阻止外货输入之最大利器，近年纺厂虽在极度艰困之中，犹能勉力挣扎者，实受关税之赐。讵自上年七月进口棉布税既告减低，而金价步跌，外汇激长，物价既低，所收关税，因系关金，又无形减少甚巨，致进口棉布日有增加，预料今后尤无限量。目前纺厂已苦制品之滞销，若再益以外布竞争，势必益形危困。故为维护国内纱布销路，限制外布输入，允宜提高进口布税或特征货币差价税，以免外货倾销之危害。上陈两事均属治标要图，果能分别施行，必足以纾目前之困，若能标本兼治，棉业可望复苏。伏维钧座对于棉业爱护素殷，今兹所陈，务乞俯赐，主张俾能实现，国计民生同蒙福利。所有恳请救济棉业标本兼治办法，理合呈请鉴核施行，实为德便。谨呈

行政院院长汪

附呈棉业协会组织大纲一份

具呈人　华商纱厂联合会

主席委员　郭顺

抄原棉业协会组织大纲

一、组织

甲、由财政部、实业部、棉业统制委员会及华商纱厂联合会为发起人，组织棉业协会。

乙、全国华商纱厂得加入协会为会员。

丙、协会由财政部、实业部、棉业统制委员会、华商纱厂联合会各派人为当然委员。

再由入会之各纱厂推选人为委员，合组委员会为执行最高机关，办理复兴棉业之一切工作，其组织方法另订之。

二、办法

甲、经济的　由政府发行棉纺业公债五千万元作为救济纺业之用，其办法另订之。

乙、技术的　一、改良技术。二、整理设备。三、经营附属工业。四、联合经营及营业合理化。

三、权利与义务

入会各厂得享受上列第二条之各种利益。凡加入协会者，应绝对服从协会之办法执行之。

〔全国经济委员会档案〕

17．全国经济委员会棉业统制委员会关于办理国民党四届五中全会吴敬恒等提请政府切实设法救济全国纺厂案的具体办法（抄件）

（1935年）

〔上略〕兹谨依照原案所列原则四项拟具办法分陈于下：

一、由政府联络金融界，使与全国纱厂互相提携，并实行低利贷款，以济其资本之不足。

按此项办法与本会正在筹备中之棉业信托公司（另附信托公司创设缘起及章程等件）有密切之关系。盖流通各厂金融，减轻各厂利息之负担，本属信托公司目的之一。且政府金融界及全国纱厂之互相提携，尤非藉信托公司为媒介不可。信托公司之业务及功用，已详创设缘起及章程等件中，兹再述促进纺织业资金流通之根本方法如下：

全国纱厂之负债可分下列两类：

（一）厂产抵押借款　此项借款之由来：（甲）创立时资本不足，为付机器、建筑费用，不得不将厂产抵押。（乙）创立时所收股本，除建筑工厂外，平日已缺营运资金，一遇营业亏耗，流通资金全无供给，不得不以厂产抵押，以资周转。（丙）本来资金较足之厂，逢营业获利之年，不但未保留适当之公积金及折旧金，甚至惑于一时之利，举债以事扩充者有之；或以公积金与折旧金拨作扩充资金者有之；或以公积金与折旧金移作发展他种事业之用者有之，故一遇营业不利，惟有出于以厂产抵押之一法。夫经营工业其资本组织不健全，至以工厂产业作抵押，则一切设施自不免捉襟见肘，经营方面自无合理化之可能，甚至经营投机，以图弥补。夫经营投机十有九失，其亏耗数量往往倍徙于正当营业之损失，其负债势必愈积愈重，故截至目前，全国纱厂此类抵押借款之负债额超过其资本之半数者，近百分之五十，超过其资产之总值者占百分之四十，其余百分之十则因资本充足，历来保留适当之公积金与折旧金，即在目下营业极度艰困之时，股东尚可分得股息。反之则其他百分之九十之厂，不但股息无着，即债息亦多不能应付。今整个纺织工业均已陷于绝境，所有投于纺织厂二万万元以上之资本与债款完全不能流通，即全国经济市场无形短少二万万元以上可资流通之筹码，并使全国人民视投资工业为艮途。故为促使已投入纺织业之资金得以流通及恢复，人民对于工业投资之兴会着想，政府金融界及全国纱厂诚有互相提携之必要。然此举头绪甚多，决非单独减轻厂产押款之利息，及一无减轻债务负担可能之资本组织与经营方式之下继续贷予资金所能奏效，且政府与金融界予以减轻利息之帮助，或继续投资，助其周转，必须视其生产效能与经营组织是否能立于竞争之林，以定取舍。故本会所以有棉业信托公司之发起，于合法的条件之下辅助各厂。(一)改正资本组织；(二)发行公司债；(三)指导或代理合理化的经营；(四)采办原料与推销纱布。此举若成，则负债较轻之厂可以立时免除厂产押款利息之负担，而一切改正经营所需之资金，亦不虞无人供给，负债较重之厂，依法须将资本组织变更者，亦得赖以迅速进行，不致有长期停业之虞。以后凡由信托公司依法经理之股票或债票，俱得在市上流通，于国家经济筹码亦不致感受呆滞，金融界与人民对纺织业投资凡由信托公司经手者，因多得一种保障，不致裹足不前。故组织棉业信托公司实为政府金融界及全国纱厂互相提携，使资金流通，促进纺织业有合理的资本组织与减轻负债之良法也。

(二)花纱布营运抵押借款　我国因无规模较大之花纱布运销机关及因运输不便，故全国各厂所需原料往往堆存数月，始足以应所需。即所产纱布亦常堆积数月，无法运销，因之所占银根极巨，无非向金融界所借入，遂使生产费项下之利息部份负担加重，其经营主要之人往往全神贯注于花纱布面与调度银根，疲于应付，以致减少其对于纺织制造部工作之注意。此亦吾国纱厂利息负担加重与经营不能趋向合理化之一因。今欲纠正此点，亦惟有政府金融界及全国纱厂互相提携，以棉业信托公司为中心工具，就产棉及销纱布之各地联络运销，商贩在一个或几个机关之下采购原料，分月供给各厂，而各厂所产纱布亦按照规定之质量出货，随时交由信托公司主持下之运销机关，分运各地。但各厂花纱布之堆积可以减少，利息负担因之减轻，即对于供求状况因有负专责之机关，担任调查各厂，可得更精确之报告，致全力于生产分工合作，然后合理化之纺织工业可望完成。是以信托公司之成立，对于各厂营运资金之流通及贩运之灵便，更有密切之关系。即金融界对于各厂花纱布之营运投资，一变而为对于信托公司花纱布之运销，投资更可获一重要安全之保障。因信托公司对市场之供求状况较各厂更为明了也。各厂之资本组织、经营、技术及原料与产品之贩运，因政府金融界及全国纱厂之互相提携，籍棉业信托公司为工具，逐渐促进合理之需要及方法，已如上述。惟在最初数年，政府应酌量情形，予信托公司以利息上之补助，及由国家银行接济贷款之便利。盖照今日纺织业之形势，倒闭停业者恐将接踵而起，此不但影响国家经济、工人生计，即政府税收所开亦巨。是以本会所建议之大华棉业信托公司渴望政府由中央银行指拨股本二百万元与商股三百万元合作，以期克日成立者也。

二、于可能范围内，酌量提高入口关税，并减低对内税则。

(一)海关进口税　窃以工商幼稚之国家，必须实行保护政策，乃足以扶植自国产业之生存。值此国际经济战争，厉行关税壁垒政策之时，尤须应用关税，以保护本国实业。我国棉业极感国外制品输入之压迫，自国府成立，叠次提高进口关税，进口棉布因之逐年激减，乃二十三年七月公布之海关进口税则，对于棉布减轻税率者，共有四十八种，减率大者，达百分之四十八之多。对于棉花，则增税百分之四十三，从纱业的立场言，减低布税，而增加棉税，实足以助长外货倾销压迫国产之机会，此种税则，实施以来，输入棉布逐减之趋势，乃为之一变，以二十三年全国进口棉布与二十二年同时期比较，上半年六个月本色布为百分之六十七，漂染布为百分之四十三，印花布为百分之三十三，其他棉布为百分之三十，而七月至十月，本色布为百分之六十五，漂染布为百分之五十一，印花布为百分之四十四，其他布为百分之三十二，减税以后，进口漂染布与印花布各增百分之十，而上半年减税，即以此两类布疋为多，是减布税足以促外布之输入。可以证明，值此国内纺织濒危，亟应厉行关税政策，以拒外布倾销，故上年七月减低之棉布税率，应予更改，至少须恢复二十三年七月一日以前之税率，庶足以资维护。其次棉花增税，虽可维持原案，惟政府对于原棉，须尽力推广，务使一、二年内，国内各厂需要，无待外求，则增税虽使制纱成本略为加重，而棉农获利较厚，足以促进国内原棉之产额，增加农村购买力，间接的仍为有裨于纱业也。

（二）棉纱统税　查棉纱统税之制，创自二十年二月。当时立法院议定统税条例，系以二十三支为界，二十三支以下者，谓之粗纱，二十三支以上者，谓之细纱。其税率以一百斤计，粗纱课国币二元七角五分，细纱课国币三元七角五分，每包纱以三百十二斤折算，粗纱实课国币八元五角，细纱实课国币十一元六角三分。实行以来，四年之中，华厂对于现行税制，屡有异议，多数主张改订等级，其理由以为现行税率失之笼统，各厂负担，难得公允，有背课税公平之原则。故华商纱厂联合会呈中央洽电中，称政府为裕国库收入而增税，似应按照征税原理，求其平衡担负，择应增者增，应减者仍应照减。例如四支棉纱，售价在一百元左右，而与一百七八十元之二十支棉纱同列一级，征收八元五角八分之重税，而价值四百余元之六十支细纱，及与价值二百三四十元之三十二支细纱同列一级，征收十一元六角三分之轻税，其负担之不均如此，为求课税负担之公平，故主张重新厘定税率等级，或按现行关税进口棉纱分五级征税。即不过十七支、过十七支不过二十三支、过二十三支不过三十五支，过三十五支不过四十五支，过四十五支等五级，或将十七支以下者，更拆为不过八支，过八支不过十三支，过十三支不过十七支三级，而创为七级之制。如此则更为彻底，应增者增，应减者减，各得其平，而成一合理的税制。如上述税制，或以形势禁格，不能实际，或将现存从量之棉纱统制，改为从价征收，统征百分之五。盖从量税，既不能符合纳税者之负税能力，则从价征税较得其平，尤胜于现在税制也。

本会以为上项主张，政府如能办到，固为得策，否则即将统税税率提高。而因提高所增加之收入，由政府全数拨出，为补助华厂之用，按锭摊派，则华厂仅有增加统税之名，而实际上所加者，则为在华外厂。如其依照原定办法，不论华厂与在华外厂，一律减低，对内税则，则于华厂恐仍无益。

（三）营业税　查华商纱厂直接设立收花销纱之机关，均经财政部明令免征营业税在案。表面上似乎营业税之于华商纱厂应无问题，而实际上华厂纱布所负担之营业税，则较在华外厂为重。因外人在中国内地营业，对于营业税迄未照章纳税。上年全国财政会议，山东财政所即有请设法征收外商营业税，以维华商营业，而裕收入之提案。山东潍县等处，因销售在华外厂纱布之商号，不纳营业税，以致销售华厂纱布之商号，不能竞争，无一存在。今我政府如不能设法征收外商营业税，而为救济棉业起见，遇有此项情事之地方，应一律免征营业税，以维持华厂纱布之销路。倘不早定办法，任令长此延宕，非惟负担不平，有失中外商民一体待遇之旨，其影响于华商纱厂之营业，必更不堪设想。

（四）各省苛捐杂税　查棉纱自施行统税以后，所负担之税率，较之旧税，不啻数倍之多。原期一物一税，通行全国，不再受类似厘金之剥削，无如法久玩生，各省新税，层出不穷。如湖南之有产销税、筑路捐，江西之有产销税，河北之有牙税，四川之有落地税、进口捐、剿赤捐，广东之有统税重征，其他类似厘金之多、负担之重，尤难枚举。应请政府通令各省彻底废除，以救棉业。

三、由政府实行统制为有组织之生产与推销。

按实行统制经济，非官商合作上下一心，集合政府之威权、金融界之财力及纺织业自身有根本觉悟奋斗图成之决心，共同努力，不足以收效果。兹先就棉花纱布生产与推销方面，拟具有组织之办法大纲如下：

(一)有组织之棉花生产与推销　查关于棉产改进事业，已由本会与各省建设所合作举办，其品种之改良、产额之增加，均可日见进步。而推销方面，虽亦有全国棉花产销合作社，着手办理，然收效较缓，未足以应有组织经营之需要。惟将来大华棉业信托公司成立之后，则可就产棉区域，分别设立运销机关，与各厂及各省合作社互相提携，采购原棉，分别供给各厂，则棉花之生产与推销，自可逐渐成为有组织之统制也。

(二)有组织之纱布生产与推销　在求有组织之纱布生产与推销之前，必须先有精确之统计、详细之调查，现本会对于统计、调查两事，均已着手办理，惟因地方广阔，头绪纷繁，尚须继续进行，而下列三点，犹属要着。

甲、各棉纺织厂须根本觉悟，自谋团结，组织强有力之同业公会，俾同业公会得以统制各厂商。

乙、政府对于棉业施政，须有统一之机关，俾产销双方得行有计划之设施，而利进行。

丙、为整理纱布生产机关及为有组织之运销起见，必须政府与人民合作组织极大之金融机关，为其经济上之流通。本会协同金融界所拟组织之大华棉业信托公司，不过为其基础而已。

关于以上三项，未能完全实施以前，宜采取下列各方方案，以作治标之法。

一、不论产销双方，由政府专令各棉厂商，根本觉悟，自谋团结，组织强有力之同业公会或联合会，强制各同业入会，而自行统制。

二、各厂商应将本身状况、出品能力或有何病源弱点等，彻底公开报告，俾有翔实之统计，而便改进。

三、由本会对于各厂，考查成绩，分别奖励，或予以技术上之援助。此项奖励金，拟请由政府在加征统税项下，拨给基金，交由本会处理，以杜外商之抗议。

四、尽速促成由本会协同金融界组织之大华棉业信托公司，以低利资金、专门技术供给于各厂商。

五、由政府拟订各项关于生产之标准分级及检查法等，通令各厂商施行。

六、统制产销方案，当召集全国厂商，互商拟定。但一经拟定以后，即由政府通令各同业公会，遵照施行。

七、运销统制方案中，当有运销统制总处之组织，凡国内水陆运输，关于棉业，皆由本会商请政府，给予优待办法。

八、各省内地人民，嗜尚需要，随时不同，当由本会随时调查，并预算制造成本，分别限知各厂制造应销，此为统制之实施厂家，不得故意违背，或以利薄而不为。

九、倘有不遵公令之厂商，如任意将制品之品质、售价提高降低，以思取巧，而破坏统制者，另订取缔章则，商请政府，通令颁行。

以上乃列举其大纲，各厂生产能悉应各地之需要，则存货既不至堆积，而由散而聚，所有生产费、运销费，无往而不减轻，即成本亦可减少。况再有低利贷金及合理化技术之供给，政府奖励金之辅助等，对于中国棉业之振兴，自可逐渐推进也。至于交易所之买空卖空，彼时即已不成问题，因各厂供求均可平衡，受一定之统制，则投机者无所施其技矣。

四、全国纱厂设置地点，须分配适当，管理及生产方面，须实行科学化与合理化。

查我国纱厂，从前因漫无统计，以致设置地点，分配不当，或则集中少数地区，彼此盲目竞争，自相摧残；或则对于内地市场，全不顾及，以致供求不能相应。今后计划，对于旧厂其机器陈旧不堪改造者，任其天然陶汰；或机器虽已陈旧，地点尚佳，有改造之可能者，由本会促其改组或合并，此系指旧厂而言。至于新厂，其创办之初，必须先向本会登记，经本会审查认为地点适宜，交通便利，原料供给，成品销路，确有把握，不妨碍他厂之营业者，得准其登记，然后方可募集股本，购机建屋。即实业部之准许注册，亦必须以本会曾否准许登记为根据，订定法规，通令全国遵守。至于管理及生产方面，须实行科学化与合理化一节，本会曾经拟定棉纺织厂经营标准(原文另附)，如各厂能于照此标准实行，对于管理及生产方面，虽未必即能达到科学化与合理化之完全目的，然能得到相当之进步，则可断言。再由本会组织技术专家集团，轮流至各厂指导，其出品如何可以改良、产额如何可以增加、工人之能力如何可以提高、新式机械如何可以利用、温湿度如何可以调节、废物如何可以节约、纺织研究机关所发明之新知识应如何利用、工人福利事业之应如何兴办，度其范围之大小，以定适合合理之程度，则管理与生产方面，自可日臻进步，以达科学化与合理化之目的。

以上所陈，谨就管见所及，对于原案所列原则四项拟议之办法大纲，至于实施方针，须待本会在筹办中之大华棉业信托公司成立后，联合实业部各省政府及各同业公会，商订办法，次第举行。〔下略〕

〔国民政府实业部档案〕

18. 大华棉业信托股份有限公司创设缘起及营业计划书草案

(1935年)

创设大华棉业信托股份有限公司缘起

吾国人口四万五千万，衣被所需棉货居多，每年总值虽无精确之统计，然照全国每年产棉总值约四万万元及进口棉花纱布约三万万元，加以国内制造之资约一万五千万元，而除去出口棉花纱布，总额约五千万元，则全国棉货消费之量，约计有八万万元之巨，而棉货进口之漏卮实占二万五千万元。以我国土地气候宜于植棉，劳力工资亦丰且廉，若能作整个计划，大量推广，则不但此二万五千万元之漏卮易于杜塞，且可获大量棉花及棉货之输出。即就日本一国而论，每年所需之原棉已值九万万元之巨，吾国如能供其半数，即有四万余万元之出口可期。倘进而改良制造，推销国外，则雄霸世界棉货市场亦非难事，退亦可与日货在世界棉市中平分秋色，杜我全国每年总贸易额入超六万万元之漏卮也。

去年全国经济委员会鉴于棉业关于国家经济之重要，因有棉业统制委员会之设，使负改良及发展棉业之责。成立以来，关于植棉之推广、技术之研究、人才之培养、产销之调查等各项准备工作，虽已次第举办，然欲求棉产之大量增加、棉厂之组织健全、棉货之合理运销等基本事业，则因区域辽阔，事体繁重，若无充分之权力、资力与人力，实难见成效，是以设施计划不得不有缓急之分。如二十三年份，本会之经费除用于各项准备工作以外，大部均耗之棉产之改良与推广，而杯水车薪仍感不济。幸全国经济委员会对于推广棉产最有希望之陕西等省，其水利工程已在次第进行。最近江苏省政府复有开濬江北新运河之计划，国府对于棉产之改良，如修订取缔搀水搀杂条例及设立棉花掺水掺杂取缔所等，均与本会以莫大之助力，以后本会经费苟不中断，则五年之后，每年增产棉花五百余万担，值洋二万五千万元之计划，其实现诚属可能也。

至纺织制造与棉货贩运二事，若欲促其合理并谋统制，俾得发展者，因限于各种力量之微，殊有无能为力之感，单就国人经营之纺织公司七十家，工场九十二处，纱锭二百七十四万枚，布机二万一千台论，十之八九其经营与组织有下列之诸缺点：

一、经济组织不健全，负债额超过其资本之半数者近百分之五十，负债额超过其全部资产之总值者占百分之四十，其他百分之十亦不过勉能挣扎而已，其债息负担既重，生产成本因以高贵，而售价亦难以低廉。

二、机械设备太陈旧，各厂之急须改善者有百分之七十以上，应完全废弃者，亦有百分之十五左右，其能率既低，生产自少而成本亦重。

三、技术管理落后，全国生产纱布品质十九不及舶来品，或在华外厂诸货优美，因之国货常为外货所压迫，而制品不易畅销，售价随以低落。

四、人事组织不健全，上自经理，下至职工，往往因人设事，不能适才适用，故虚耗物力与人力之处至多，管理腐败，积习难返，因以不能与世界企业合理化工厂，争一日之短长。

五、营业贩卖既无统制，更乏标准，往往假营工业而带投机性质，受莫大之损失于无形，外货随之得以压迫。

六、运输杂税华厂负担每较外厂制品为重，售价因不易与外货相竞争。

七、其他劳工商习事务物料等所有缺点，正复不少，兹不赘述。

反观在华外厂，其中尤以锭数与我华厂相近之日厂论，彼则经济之丰富，公积折旧十九达其资本之倍，机器设备逐年修改，常保新式，而得最高之效率。技术管理，则人才济济，悉合科学方法，而物无虚靡，人无虚设，人事组织，则力破情面，专才是尚。营业贩卖则既有集中之组织，复有统一之标准，加以运输之廉、杂税之轻，一切经营要素无不较我华厂为优，试观下表同一纺二十支纱，每件之成本，其相差竟达二十三元之巨（附表）。

中外纱厂成本比较表（就二十支纱比较）

	项　　目	华　　厂	在华日厂	华厂较重之成本
	工　　资	$10.50	$5.80	+ $4.70
制造费	动　　力	5.50	4.80	+ .70
	机械修配	1.80	.60	1.20
	管　　缮	.40	.40	——
	消 耗 品	1.70	.50	+ 1.20
	包　　装	1.50	1.20	+ .30
	薪　　金	1.20	.60	+ .60
	杂　　费	1.50	.50	+ 1.00
	职工保护费	.20	.50	− .30①
	制造费共计	24.30	14.90	+ 9.40
营业费	运　　输	.20	.20	——
	营　　业	2.50	2.00	+ .50
	杂　　捐 利　　息	15.00	2.70	+ 12.300
	保　　险	.20	.10	+ .10
	杂　　费	1.50	.50	+ 1.00
	营业费共计	19.40	5.50	+ 13.90
	总计成本	43.70	20.40	+ 23.30

注：①原文为—130，实误，应为—.30。

可知华厂之风雨飘摇，而日厂之年事扩充者，盖有故也。故我若不急起直追，则我国棉制造工业势将全灭。此犹以大规模纺织工厂而言也。至各地土布工业影响农村经济至大，以现势论，足可抵制外货之一部分，兼为华纱销费之大本营。而如山东潍县等棉布区域有织机达三万台，年来华纱竞无一缕之销费，天津、汉口等土布区域，则或以资本薄弱、或以运销无方、或以技术幼稚、或以提倡乏人，奄奄一息，呼援无门，危莫如今日之甚者。而各厂所需原棉、所产制品，尤宜速设大规模之运销机关，以补各厂资力之不足，而免外货之侵袭，此皆统制棉业急应举办之事，而力有所未逮。故今欲救济以上种种之危境者，非速谋下述二策力量之集中，作有计划之统制，不足以为功。

一、财力　由政府与金融家联合投资，设立--棉业信托公司，以为改进一切棉业需要投资之机关。

二、技术　集合各种专门技术人才，以从事整个之计划与实施。一方由中央政府及各省省政府充分给与本会以种种政治活动之力，以济财力与人力之穷，然后使棉业可以转危为安，而徐图雄飞。此当前之要着也。故本会认为棉业信托公司之设立，实属设施一切统制与发展计划之母。兹将公司章程、营业计划草拟如后，至希公鉴。

公司章程草案〔略〕

大华棉业信托股份有限公司营业计划书草案

一、营业计划　吾国人口之多，棉货需要之繁，既如缘起中所述，则如何利用原棉、如何增进制造、如何改良贩运，一得一失，关系于国计民生者至切且巨，大华棉业信托公司之设，即欲以技术之集中、资本之联络，而谋救济与发展吾国之棉业者也。惟兹事体大，决非短时期所能求其完全成效，且事属创举，尤少楷模；爰将本公司初步营业计划与范围，开列于后。

1. 关于整理旧厂添设新厂方面者。考吾国已设纺织公司七十家，工场九十二处，纱锭二百七十四万枚，布机二万一千台中，其以营业失败而停工者，各地所在均有本公司得研究其现状与当地之棉业环境，择要投资，代为整理。又为完成全国棉业网起见，择全国棉业可以发展之地筹设新纺织染厂，预计第一步拟整理旧厂十万锭至十五万锭，筹设新厂五万锭。

2。关于代理厂商调查设计及货物之保管、保险等项者。现各银行、各信托公司及各工程处均已举办，惟各限于特性或范围，对以上所列各种事业不能充分发展，本公司于此当联络棉业厂商与金融界，使成一体，直接扶助棉业厂商，间接亦为金融界谋发展。第一步计划列入营业概算中，兹不赘述。

3。关于棉纱布之买卖及代理买卖与运销者。吾国花、纱、布之买卖总值，照缘起中所述为八万五千万元，以如此巨量之买卖，迄未有大规模之组织，以为枢钮，致洋货充斥，而国货反形滞销。吾国棉业衰落，此为主因之一，故本公司举办花、纱、布之买卖及代理买卖与运销，实为当今救济棉业治标之策，当联络全国各机关、各厂商共商进行，以达畅销国货之目的。

二、营业范围

本公司营业范围，定为下列各种：

1。代理花、纱、布抵押、放款及押汇。

2。花、纱、布之买卖及代理买卖。

3。适合现代工业标准之棉纺织染厂厂产抵押放款。

4。棉纺织染厂之经营及委托经营。

5。对花、纱、布产销合作社放款。

6。承受棉纺织染厂股票之发行。

7。代理发行棉业公司债。

8。代理银行、钱庄及其他团体或个人经理棉业放款。

9。其他一切有关棉业之信托及特定业务。

三、营业概算书〔略〕

四、内部组织　本公司内部组织系统列表如下（见附表）〔略〕

五、计划棉业同盟　本公司既以发展吾国棉业为目的，故一俟本公司有经济关系之棉业厂商，达到相当程度时，即以本公司为中心，联合各棉业厂商组织棉业同盟集团，以协助政府完成统制棉业工作。

〔国民政府实业部档案〕

19. 棉业统制委员会关于订定棉纺织厂经营标准致实业部公函

(1935年3月28日)

全国经济委员会棉业统制委员会公函　统字第二一五九号

[illegible]　查我国最大工业厥推棉纺织厂，比年以来，因感种种内忧外患之压迫，纱布市况，愈趋愈下，各厂多数周转不灵，或暂停工，或竟破产，即在开工中者，亦属勉强支持，仍有岌岌不可终日之势。推原其故，盖斯业之在今日，已入于世界竞争漩涡之中，非求减轻成本，不足以言图存。惟欲求成本之减轻，必先谋开支之节省。开支合制造费与营业费而言。数年前日本纺织厂商联合会鉴于斯业竞争之趋势，曾以二十支棉纱为标准，规定每件应需开支为日金十六圆，并宣言非照此规定做到，不足以言生存。自此各厂皆就此范围力加整理，而政府及社会更从旁保护而扶助之，至今其新设纱厂，竟有仅需开支日币十三圆而成二十支纱一件者，以与我华商纱厂相比，约只需三分之一，其成本之轻，实开支节省所由致。本会负统制棉业之责，除积极从根本上另谋补救外，爰订定棉纺织厂经营标准一书，以为各厂从事初步整理之参考资料。惟是指导虽属本会，督促实赖群力，贵部总辖全国实业，登高一呼，收效必宏。除将该经营标准送由华商纱厂联合会，分寄各厂参考外，兹再检奉五十册，即希查照分转各省建设厅及各市政府，对于各纱厂之初步整理，务须依照标准各点，就近督促，

俾在最短期内，求其实现，是所纫感。此致

实业部

附棉纺织厂经营标准五十册

全国华商纱厂所在地一览表一份（另寄）

主任委员陈光甫（印）

中华民国二十四年三月二十八日

〔国民政府实业部档案〕

20．全国经济委员会棉业统制委员会关于外棉加税问题致秦汾笺函

(1935年3月30日)

全国经济委员会棉业统制委员会笺函　统字第二一六七号

案据上海市棉花贩运业同业公会宥代电内称：南京行政院、财政部、实业部、全国经济委员会棉业统制委员会钧鉴：窃吾国自棉业统制以来对于扩充棉田、改良棉种不遗余力，两载之间成效卓著，全国棉商棉农正深欣慰，以为吾国棉产从此可供全国需要，进而再谋国外销场，藉补漏卮而安国本。讵自美国白银政策实施以来，突飞猛进，吾国首先感受白银流出之影响，数月来波及市面，金融发生重大恐慌，有如怒潮澎湃不可遏止，政府救济不遑，工商维持乏术，在此种情况之下，物价惨跌，固属意中事，然其中受害最烈者，要以棉业为甚，因此连带危及全国商业亦至巨。盖以棉花为吾国出产大宗，全国商业多赖以周转，一旦发生重大变化，即有一发牵动全身之虞。就目前统计，国内集中市场存棉约贰百万担，因去冬今春，银根奇紧，贩运商停办，现尚存农村未经售出者，约数百万担，预计供给国内棉纺之需绰有余裕，自遭市面巨变与外棉倾销，价格几至一落千丈，按最近售价与两月前比较，细绒棉花每担约减值贰拾元弱，照实本已跌落三分之一，综合集中市场存棉，照目前售价约计须亏折叁千万元，未来

市价能否保持不再倾泻，尚难臆测。且农村存棉尚多，设市价有跌无涨，将来损失更大，当此百业凋敝、金融枯窘之际，以一最短时期，仅棉花一业蒙此巨大损害，影响于未来商业为何，如有识者莫不惊惧，并诧为空前未有之奇变。尤可痛者，自外棉倾销以来，一般纱厂不思团结，采用国棉，反以竞购外棉，胁制国棉为能事。最近调查各纱厂购进印美棉花约拾万件，金钱流出达贰千万，诚属骇人听闻。伏查自冬迄春，政府在香港伦敦购办白银，原为预防市面恐慌。一方面则希望国人减免购用外货，藉塞漏卮。据报纸所载香港运沪现银约贰百余万元，由伦敦运到者约叁百万元，合计不过五百万元，仅以新近各纱厂购进外棉之数超过购到白银数三倍以上，一面驱使巨额金钱流出，一面促成国棉过剩纱厂业之自杀政策，如此不能不令人痛惜。而虑及我棉业将陷于无法自拔也。或曰此次外棉交易不仅属于国人，日本纱厂亦有购进，此举应认为日本纱厂失计，夫驻在国厂家所倚赖销售出品者仍为驻在国，若不注意销路力予原料上以调剂，舍本逐末，结果必演成出品滞销，自召损失，言之深为可慨。窃以为今日吾国棉业之危殆，已属一发千钧，除请求政府当机立断，迅谋增加外棉进口税，并设法稳定国棉价格，力谋出路外，实无他法可以补救。尝考世界各国防止外货侵入，莫不以税率为壁垒，吾国关税既已自主，非如从前束缚，兹为维护国本计，对于增加外棉进口税率，当可获得友邦谅解，谨电详陈仰恳钧院部会俯念全国棉商濒于破产，迅赐实行增加外棉进口税率，一面设法稳定国棉市价，并力辟将来棉产增加后之出路，庶全国棉业得以昭苏，生产无过剩之虑，农村有新兴之望。临电无任迫切，待命之至。等情，到会。复据河南郑县客商棉商同业公会代电同前情，正核办间，旋据华商纱厂联合会勘日代电内开：南京行政院汪院长、财政部孔部长、实业部陈部长、上海棉业统制委员会陈主任委员钧鉴：今日报载陕、晋、豫棉商旅沪代表及上海市棉花贩运业同业公会藉口外商倾销，呈请增收外棉进口关税，无任骇异。窃世界各国对于原料进口例不征税，我国自去年七月对于进口棉花由每百公斤之三．五关金，骤增至五关金之巨，每包棉纱成本仅此一项，已需念三四元。驯至外国棉制品，因原棉价廉，成本低落，凡我国邻近纱布市场为之侵夺净尽，演成棉贵纱贱现象，华商纱厂几陷于全体崩溃之途，应知纱业崩溃，棉农棉商宁不因销路断绝随之俱尽。此增高关税以期抬高棉价之不合理者一。再查最近国内棉价，虽稍跌落，但比较美印棉价，仍属高昂，以二十六日之价格言，上海标棉每担三十三元六角，同日比较标棉品质优良之美棉密得林现货在纽约售价每担仅合华银三十三元三角，其与标棉品质相近之印度棉白洛去在孟买售价仅合二十九元五角，是美、印棉价均较华棉为低，然美、印农人生活与植棉成本并不低于我国，其棉花俱属出超，亦绝无外棉倾销之压迫，可见棉价之跌落完全为供求关系，凡稍明棉业情形者，类能识之。此托词救济农村、违反世界潮流、以期增高关税、只图私利之不合理者二。最近上海华商各厂因十支、二十支国产棉花，如余姚棉、浦东棉、通州棉等，受去岁亢旱影响，出产不敷应用，稍稍采购印棉，然为数亦极有限，截至近日止，并不满二万包。至细纱原料除购少数政府购存之美棉外，几无不尽量采用国产细绒棉花。凡此皆有事实可考，尤不容砌词耸听者也。务恳钧座俯念纺业垂危不堪，再受摧折，对于棉商无理请求严予驳斥，以维实业而彰公道，无任迫切，待命之至。等情，前来。查洋棉进口税历次增加确已至最高限度，若再加高税率，不啻开放外洋棉织品进口之门户。该联合会所陈尚属实情，棉纺织业衰落已至万分危险境界。推其缘因，不外原料昂，销数滞，况吾国棉市售价并不为低，该棉花贩运同业公会所请，似难照准。据来电称业经分电行政院及实业、财政两部，诚恐淆感观听，相应函请查照，转函行政院为荷。此致

秘书长秦

主任委员陈光甫印

二十四年三月三十日

〔国民政府全国经济委员会〕

21．实业部工业司关于救济全国纱厂案会议程序暨各机关所拟意见节略与各地厂商对于救济纺织业意见稿

(1935年6月3日)

救济全国纱厂案会议程序暨各机关所拟意见节略

一、由政府联络金融界，使与全国纱厂互相提携，并实行低利贷款，以济其资本之不足。

1．棉统委会之意见：

由该会组织一大华棉业信托公司，于合法的条件下，补助各纱厂。(一)改正资本组成。(二)发行公司债。(三)指导或代理合理的经营。(四)采办原料与推销纱布。在该公司成立最初数年，政府酌予补助利息及由国家银行接济贷款等，便利所有。该公司资本总额定为五百万元，由中央银行借拨二百万元，其余三百万元招收商股。

2．华商纱厂联合会意见：

由财、实两部、棉统委会及该会共同发起组织棉业协会，发行棉纺业公债五千万元，为救济纺业治本之用。在此事未实行前，由中央银行借拨的款，以四厘低利贷与纱厂，藉资治标。

二、于可能范围内，酌量提高入口税，并减对内税则。

1．棉统委会意见：

(一) 修正现行进口税则，将所减低之棉布税率至少恢复以前之税率。

(二) 重订棉纱统税税率及等级，或按现行进口棉纱分五级

或创列七级征税，或改为从价统征百分之五之税，或将现时统税率提高，以所增之税收全数拨为补助华厂之用。

（三）凡销售华洋纱布之商号，须一律征收营业税。如对于外商不能设法征税，则应概予免征。

（四）通令各省市彻底废除苛捐杂税。

2．实业部之意见：

（一）对于进口棉布，主张一律增税，由百分之五至十，并已向财政部提出意见。

（二）增加统税税率得增收之全数，拨作奖励华商纱厂之用，为其历来所主张。并于二十二年间咨请财政部酌核施行。

（三）征收营业税及废除苛杂税项与棉统委员会意见同，从略。

3．华商纱厂联合会之意见：

（一）提高进口棉布关税。

（二）征收货币差价税。

三、由政府实行统制，为有组织之生产与推销。

1．棉统委员会之意见：

（一）对于棉花　棉花生产已由该会与各省建设厅合作，从事改进其品质及产额，均见进步。于推销方面，亦有全国棉花产销合作社之组织，惟尚未足以应有组织经营之需要，拟俟大华棉业公司成立后，于产棉区域分别设立运销机关，以资办理原棉之供需。

（二）对于纱布　现已进行调查与统计两事。在治本方面：（1）各棉纺织厂宜根本觉悟，自谋团结，组织强有力之同业公会，以自行统制各商厂。(2)政府对于棉业施政，须有统一机关，俾产销对方得行有计划之设施，而利进行。(3)政府与人民合组极大之金融机关，为其经济上之流通（大华棉业公司仅为其基础而已）。治标方面：(1)拟令各厂商将本身状况、出品能力或有何病源、弱点等，彻底公开报告。(2)考查各厂成绩，分别予以奖励或技术援助，此项奖金即由加征统税项下拨给之。(3)拟定各项关于生产之标准、分级及检查法等。(4)拟定统制产销方案。(5)拟定违反统制处罚章则。(6)实施棉纺织业经营之标准。(7)组织技术专家集团，轮流至各厂指导。

2. 实业部之意见：

本项办法，棉统委会所拟甚属切要，惟其施行步骤，因现时棉业情况已形危急，可不必俟大华棉业信托公司后，始行着手，拟酌提若干项先期施行。但其中主管事项与财、实两部乃棉统委会职掌有关，究应如何？详细规划、分负职责之处，必须切实商洽办理。

3. 华商纺厂联合会之意见：

（一）改良技术。

（二）整理设备。

（三）经营附属工业。

（四）联合经营及营业合理化。

四、全国纱厂设置地点，须分配适当管理。及生产方面，须实行科学化与合理化。

1. 棉统委员会之意见：

（一）对于旧厂机器陈腐不堪改造者，任其天然淘汰，或机器陈旧地点尚佳，有改造之可能者，由本会促其改组或合并。

（二）对于新厂，于创办之初必须先向本会登记，认为合格后，方可募股开设。

（三）实行科学化与合理化一节，经拟定棉纺织厂经营标准。

2. 实业部之意见：

（一）对于纱厂地点分配，现有沪厂，应令设法迁一部分于内地。

（二）对于棉统委会所拟棉纺织厂经营标准，认为尚有斟酌之必要，现就原标准分别签注意见，另行抄附。

各地厂商对于救济纺织业意见：

一、廿年二月华商纱厂联合会呈：拟将棉纱统税按照海关税则按四等征税，即：（一）十七支以下每担征税一元七角五分。（二）过十七支不过二十三支征二元七角五分。（三）过廿三支不过卅五支征三元七角五分。（四）过卅五支不过四十五支征五元七角五分。四十五支以上从价征税。

（注）此案准财部咨复，以开征统税未久，未便遽予变更，俟将来修改税率，酌量采纳。

二、廿年三月江苏内地纺织业同业公会呈：请照麦粉特税成例规定，十七支纱以下为一等，从优给奖，以资补助。

三、廿三年三月华商纱厂联合会湖北分会呈：送救济意见五项中，第二项为将纱布统税一律增高，以奖励名义发还华厂。第五项令饬中央银行，以低利贷款，予金融上以便利。

（注）财部咨复，统税原则赞同，惟奖励办法不可按包计给，普遍办理宜拟定适当标准，分别成绩，酌量补助。并不应由财部于所征税项下抵扣，以免外商藉口。

四、廿三年四月冯炳南呈拟救济国内纺织业，主张：（一）在海关进口税对于洋棉及其他农产品一律征收附加税。（二）就棉花市场征收特税，以为发行公债，建设农村及救济纱业之用。

（注）本案本部曾派员（何炳贤、梅哲之、刘荫茀）会同棉业统制委员会暨纱业厂商代表等开会讨论，但以后如何，无案可查。

五、廿三年七月中国纺织学会呈请政府救济华商纱厂解除困难办法。（一）征收倾销税。（二）增加纱布统税，以所增之数发充华商纱厂救济金。（三）由中央银行提拨一部分资金，低利贷于华商纱厂。

（注）财部咨复（一）、（二）两项为事实所窒碍难行。（三）项经准中行复称，格于条例，碍难办到。

六、廿四年一月华商纱厂联合会呈请，于修正海关进口税则时，将棉布及棉花税率恢复以前旧税则。

七、廿四年二月河南国货厂联合会呈：拟将棉统税分为四级：（一）十七支以下，每百斤征税一元七角五分，十七支至廿三支征二元七角五分，廿三支至卅二支征三元七角五分，卅二支以上征四元七角五分，其六十支以上，仍旧征值百抽五。

（注）财部咨复，此事关系重大，正在研究，俟将来实行修改税率时，酌量采纳办理。

〔国民政府实业部档案〕

22. 实业部等救济全国棉纺织业会议纪录

（1935年6月14日）

救济全国棉纺织业会议纪录

时间　二十四年六月十四日上午九时

地点　实业部

出席代表　财政部沈天疆、全国经济委员会李升伯、实业部刘荫茀、李崇典、许闻天、欧阳仑、刘瑶章。

首由实业部代表刘荫茀报告：前奉院令，交办五中全会议决，由政府救济全国纱厂恐慌推广土布销路一案，经函准全国经济委员会检送棉业统制委员会所拟办法大纲、棉纺织业经营标准及大华棉业信托公司各项章则，并据华商纱厂联合会呈拟挽救纺业艰危标本兼治办法前来，经详加研究，认为此事关系我国棉业整个问题，究应如何斟酌缓急，分别进行，应由有关系部会先行切实协商，特分请经委会及财部核示意见，表示赞同。故订于今日开会讨论，旋即依照原案所列四项原则，逐次提出研讨，并参酌各方意见，决定进行办法。

一、由政府联络金融界，使与全国纱厂互相提携，并实行低利贷款，以济其资本之不足。

吾国纺织事业，确已陷于极度艰危。据最近调查全国纱厂抵押借款之负债额，超过其资本之半数者近百分之五十，超过其资产之总值者占百分之四十，其余百分之十因资本充足，经营得法，此时尚能获利，但不足以挽救本业之颓势。揆厥原因，此项负债之纱厂，一为资本不充足，二为组织不健全，三为设备欠完善。在平时全赖金融机关之贷款，以资挹注，一至市面银根吃紧，即无法应付。迄至近年，金融机关以纱厂负债过巨，对于押款已视为畏途，不愿承办，致酿成目前之绝大危局。所有投资于纺织厂二万万元以上之资本与债款，几完全失其运用之功效。今欲促使该业复兴，政府、金融界及全国纱厂，诚有互相提携之必要。惟其所采取之方法，必须另组织一极大之金融机关，于改进资本组织与经营方式之下，予以减轻利息或继续投资之帮助，始能奏效。经讨论，结果议定下列办法。至华商纱厂联合会所拟发行棉纺业公债五千万元，事实上难以办到，暂毋庸议。

1. 组设大华棉业信托股份有限公司，资本总额定为五百万元，由中央银行拨二百万元作为官股，其余三百万元招收商股(由全国经济委员会办理)。

2. 依法切实改进各纱厂资本组织(由实业部办理)。

3. 每年由国库提拨一百六十万元存放中央银行，为特别补助费，今其以三厘低利息贷与纯粹华资之纱厂，该银行因此项放款所受之损失，即以前项特别补助费弥补之(一切详细办法，由实业、财政部会订之)。

二、于可能范围内酌量提高入口税，并减低对内税则。

查现行进口税则，对于棉类税率比较上届旧税，则率多减轻，值此国际经济竞争、厉行关税保护政策之时，似非所以维护本国棉业之道。至棉纱统税分级过少，课税不均，更有背征税平衡之原理，均宜予以改善，故议定下列办法：

1. 关于棉布进口税率问题，由财政部发交国定税则委员会，参照实业部咨送意见，再行详细研究。

2. 关于棉纱统税税率问题，由财政部从速计划进行。

3. 关于营业税问题，由财政部通咨各省市政府，不分中外籍商号，一律照案办理。

三、由政府实行统制，为有组织之生产与推销。

实行统制经济，应由政府与人民通力合作，集合政府之权力、金融界之财力及各业自身之觉悟与奋斗，共同努力，方足以收实效。此次会议认为本项事业之设施与大华棉业信托公司之设立，具有深切关系，似应俟该公司成立后，逐步进行。其实施方案，则由主管机关随时商酌拟订。惟于实行之际，对于依照法令彻底改善日臻上理之纱厂，宜有相当之奖励，以资倡导。全国经济委员会及实业部同意建议，于政府每年由国库拨款百万元，以为充作奖励金之用。

四、全国纱厂设置地点，须分配适当管理。及生产方面，须实行科学化与合理化。

本项会议结果如下：

1. 纱厂设置地点，请政府授权于实业部，对于以后新设之纱厂，视审查其设置地点是否适宜，以为注册准驳之准则。

2. 实行管理及生产科学化与合理化。全国经济委员会、棉业统制委员会已拟具棉纺织厂经营标准，分送各纱厂试行具报，俟得有结果，再行改正。请通行各省市政府转饬所属纱厂，一律照办。

〔国民政府实业部档案〕

23．全国经济委员会棉业统制委员会关于救济棉业提案

（1935年6月15日）

救济棉业提案

引言

当考我国人口，约计四万四千余万人，总计需用棉货，年近九万万元。又按全国面积，计有三千三百余万方里。宜棉之区，不下十余省，而现有棉田，尚不足四千五百万亩，尽有扩充推广之余地。试就去年之棉货产消情形而言：

一、棉花

1．全国产额一一，二〇一，九九九担，设每担平均作价四十五元，共值五〇四，〇五九，六八九元。

2．国外输入　一，九二五，八三八担　九〇，四五五，九三七元。

3．输出国外　三四六，三六二担　一五，二〇〇，八七九元。

消用棉花合计　一二，七八一，四七五担　五七九，三一四，七四七元。

就中A、国内纱厂用花八，九五五，七六七担，（根据二十二年统计）设每担作价四十五元，计四〇三，〇〇九，五一五元。

B．纱厂以外用花三，八二五，七〇八担，一七六，三〇五，二三二元。

又输入棉花，以印美棉居多，俱供纱厂原料之用，输出棉花，以输往日本者为多，除用纺粗支纱外，大半系供棉胎、棉毛交织及其他特殊用途。

二、纱线

1. 全国纱厂产额　华厂二，七四二，七五四纱绽，一四三，○四二线绽，一，六一六，八○九包。外厂一，九八九，三九二纱绽，二九七，四一二线绽，六五六，○二五包。纱线合计：二，二七二，八三四包，设每包作价二百元，共计七，一八二，一五五担，四五四，五六六，八○○元。

2. 国外输入　八四，七一五担，五，六七六，○二四元。

3. 输出国外　四四九，二六九担，三一，四○○，四一二元。

消用纱线合计：六，八一七，六○一担，四二八，八四二，四一二元。

设由纱成布，酌加工缴二成，共值五一四，六一○，八九四元。

输出棉纱，以在华日厂出品居多，而国内销费之纱线，除小部分由纱厂自用外，大抵供全国染织厂及手工织布之用。

三、布疋及其他棉制品

1. 全国纱厂产额　华厂二○九二六台，九○三九九八七四匹，外厂二一，九○八台，一四，四二五，四五○匹，合计产布二三四六五四三七匹，设每匹作价六元，共计二，一一一，八八九担一四○，七九二，六二二元。

2. 国外输入　三六七四五二担，三○，二一五，二一三元。

3. 输出国外　二七五四八三担，二二，一三五，三○二元。

消用布匹及其他棉制品合计：二，二○三，八五八担，一四八，八七二，五三三元。

就中产额，亦系根据二十二年统计，对于全国染织厂出品及手工纺织纱布，并不计入。

以上花、纱、布三项，仅就统计之可考者，约略估计，依此推算，则全国棉货消费之量：

一、纱厂以外所用棉花估计：三，八二五，七○八担，一七六，三〇五，二三二元。

二、纱厂以外所出布匹及棉制品估计：四七〇五，七一二担，三七三，八一八，二七二元。

三、全国纱厂所出布匹约计：二，一一一，八八九担，一四〇，七九二，六二二元。

四、入超布匹及棉制品约计：九一，九六九担，八，〇七九，九一一元。

合计：一〇，七三五，二七八担，七〇八，九九六，〇三七元。

即以此略约之估计，且值此不景气之时代，全国棉货消费之量，去年犹超过七万万以上，再加之东北四省，及其他染织厂，与手工业，无可稽考之产量，其数当在九万万元至十万万元之间。设一旦农村繁荣，都市殷盛，则棉货消费，更不难超过十万万元，欲谋救济，至少消费须与生产相平衡，方不至徒作洋货倾销之尾闾。如去年一年之间，仅就棉货一项，其入超数字之可考者，除东北外，已不下一万二千六百余万元。漏卮之巨，至足骇人。夫以我国土地之宜、气候之佳、人民之勤、工资之廉，在在俱适合于扩充棉田，增加机锭之条件。果能临之以集中之权力，似不难着着进步，日趋繁盛，非特每年九万万元棉货之消费，足以自供自给，不再见洋货之输入。且棉花产量之增加，不难与美印并驾齐驱，向外推销。如东邻日本，至今尚年需一千二百万担棉花之输入也。至纱布二项，如政府能加以奖励，自亦可以推销国外，与各棉业国相竞争。盖我国现有纺绽每百人尚不足一绽，现有布机，每万人尚不足一台，而邻邦日本，则每百人有纺机九绽，每千人有布机九台。次如印度，亦占百人三绽，千人六台之比例。设以此为例，是我国机绽，大有扩充之必要，一旦扩充之后，纱布势必有大量之生产，推销国外，似非不可能之事。当考我国今日棉业，衰颓之原因，非止一端。有关于棉业本身之缺点者，有由于棉业有关各方之必须联络者，必先明其症结所在，而后施之以特效之药方，始足以挽沉疴而救垂危。否则，头痛医头，脚痛医脚，枝枝节节而为之，其能奏效者几希。谨将我国今日棉业不振之原因，与夫切实救济之方案，胪列于后，以供我政府之采择施行焉。

棉业不振之原因：

一、属于棉业本身之缺点者：

子、关于原棉者：

1．棉花品种不齐，农民且多混植，既乏改良技术，复行作伪搀杂，等级不分，栽培不善，加以病虫为害，故每亩产量减少，品质不良。

2．宜棉之区，荒熟地甚多，增产既无整个计划，管理亦乏统一机关，农民更以经济不裕，贷款无方。或因旱潦成灾，水利不修，交通不便，致为推广之阻碍。

3．各地棉花商行，为数虽多，而资本短小，各自为谋，或者互相倾轧，作不正当之竞争。更以国棉产量不多，尚为外商与投机者操纵，影响市场，良非浅鲜。

丑、关于制造者：

1．机器纺织工场：

甲、经济组织不健全，各厂大多资本短，负债巨，利息高，折旧缺，公积少，成本因之加重。

乙、与各国及国内外厂相比较，机器设备大都陈旧，物料亦多浪费，加以技术欠精，原料欠善，致生产低，消耗大，成本高。

丙、人事组织不善，往往用非其才，致营业制造与经营管理，均未能臻合理化，而收物美价廉之效。

丁、设厂大都集中商埠，未能遍及产棉或销纱之区，又未能联合经营，以谋减轻成本之益。

戊、同业公会，组织不善，未能谋生产与销费之统制。

2. 土布制造事业：

甲. 机户资本薄弱，运销无方。

乙、技术幼稚，制品缺乏标准。

丙、机户间向无组织，各地又无联络。

寅、关于运销者：

1. 运销无大规模之组织，致原料与制品，不能谋统制，各地产销情形，亦乏调查之所，故不易保持其平衡。

2. 厂与商、及商与商之间，颇少联络，难免互相倾轧。

3. 各地花纱布交易市场，及合作社之设立太少，检查未周，取缔未严，交易易生纠纷，难求正确之市价。

4. 纱布商资本不充，运销力薄，投机家乘机垄断，外货乘机倾销。

5. 各种贩运同业公会，组织未臻完善，统制力量甚弱。

6. 运输方法，未能改善，故运输多费手续，而运费及杂费，亦较外厂为高。

二、属于非棉业本身之缺点者：

卯、关于棉业改良机关者：

1. 关于棉业行政，自原料以至运销，缺乏统一管理之机关。此机关若经费不裕，组织不专，则进步亦复迟滞。

2. 花纱布各同业公会、合作社，组织法不严，统制为艰。

3. 植棉与纺织染之教育，推行未广，研究机关亦少，致各项棉业专才，时感缺乏，致推动力弱。

4. 花纱布之检查机关，尚未普遍设立，管理未能统一，人才亦感不齐。

5. 纺织机械制造厂，尚付缺如，故创设棉厂，需要资本甚多。其他附件药品制造厂家亦鲜，虽有数家，其制品犹不能如外货之廉美，致使用者，消耗重大，成本增高。

辰、关于棉业金融者：

1. 大棉业金融机关，未有适当之组织。

2. 银行放款，以金融呆滞，过于慎重。棉业厂商，素因资本短绌，加以连年亏损，货销不旺，致周转欠灵。

3. 各金融机关，吸收存款，利息甚高。投资于政府公债，或其他事业，利息亦甚优厚，致棉业资金，除政府补助外，无由减低利率。故棉货成本，往往较外货之负担为高。

4. 国内各地汇兑，上落颇巨，致营业漫无标准，损失甚大。

5. 外商资本雄厚，重重压迫。

6. 各国汇兑倾销，政府未能彻底统制，贸易为之阻碍，货销为之衰落。

巳、关于水利者：

1. 宜棉之区，或以苦旱，灌溉未能尽兴，或以巨潦，排水未能设施，致棉花增产阻碍甚巨。

2. 治水政策与棉业政策，尚未能有密切之联络。

午、关于交通者：

1. 国内铁路不多，内河常有淤塞，海外航路未辟，运输设备未善，致运输不能敏捷，运费不能减轻。

2. 运销时往往受治安之影响，货运阻滞。

未、关于政治者：

1. 受国际不平等条约之束缚，外人在我国可以自由设厂，未能加以限制，致棉业厂商，受种种不利之影响。

2. 通商互惠条约，尚未能作有利于我国之改订，致保护华厂之法令，无从颁布，贸易不能实行统制。

3. 外厂往往利用治外法权，对于我国法令，阳奉阴违。

申、关于税则者：

1. 关税未能完全自主，棉类税则，不能加以保护。

2. 统税只分二级，不利华厂。

3. 外货侵销我国，对于倾销税，尚未施行。

4. 营业税及各地杂税，国人厂商，较外商负担较重。

酉、关于合作事业者：

1. 原棉生产合作试行未久，范围尚小。

2. 花纱布运销合作，尚未试办。

戌、关于社会方面者：

1. 社会受世界不景气潮流之侵袭，且有外货倾销，现银外溢，农村凋蔽，金融停滞，货价低落，销数减少。

2. 国民多贪便宜，或者竞尚奢华，国布销数，为之减少。

上述种种原因，有属于条约者，有属于金融者，有属于贸易者，有属于政治者，当此国力未充，大都不易立时补救。兹仅就其本身之缺点，与夫政府之较易为力者，拟具办法，条陈如后，至乞公裁。

全国经济委员会棉业统制委员会谨提

念四年六月十五日

〔国民政府资源委员会档案〕

24. 华商纱厂联合会：全国华商纱

(1935年6月)

华商纱厂联合会全国华商纱厂停工减工（将停

地名	厂　　名	完全停工者		将停工者	
		纺锭	布机	纺锭	布机
上海	恒丰纺织新局				
上海	振华纺织厂				
上海	申新第一、八纺织厂				
上海	申新第二纺织厂	56,744			
上海	申新第五纺织厂	56,728			
上海	申新第六纺织厂				
上海	申新第七纺织厂				
上海	申新第九纺织厂				
上海	新裕纺织厂				
上海	统益纺织厂				
上海	恒大纺织厂				
上海	永安第一纺织厂				
上海	永安第二纺织厂				
上海	永安第三纺织厂				
上海	同昌纱厂	11.592			
上海	民生纺织厂	8,516	128		
上海	经纬纺织厂	5,120			

厂停工之纺锭及布机数统计表

将减者包括在内）之纺锭及布机数统计　　　　二四年六月

减工者				将停工者			
纺部		织部		纺部		织部	
减工率	纺锭数	减工率	纺锭数	减工率	纺锭数	减工率	纺锭数
30%	16,546	50%	303				
23%	3,203						
23%	28,261	23%	366				
23%	17,660	23%	212				
23%	12,937	23%	106				
23%	18,528	23%	118				
50%	25,260	50%	202				
23%	15,294						
23%	4,637						
23%	8,777	23%	298				
23%	28,018						
50%	31,532	50%	120				

续表

上 海	上海纺织印染厂	15,000	800		
南 通	大生第二纺织厂	30,800	200		
海 门	大生第三纺织厂	33,180	594		
无 锡	业勤纱厂				
无 锡	振新纺织厂				
无 锡	广勤纺织厂			27,040	76
无 锡	庆丰纺织厂				
无 锡	豫康纺织厂			18,000	
常 熟	利泰第二纺织厂	12,740			
江 阴	利用纺织厂	15,792			
常 州	通成棉毛纺织厂	3,960	52		
天 津	裕元纺织厂	71,424	990		
天 津	恒源纺织厂	35,440	310		
天 津	北洋纺纱厂			26,752	
天 津	宝成第三纺织厂			26,800	
武 昌	湖北纺织官局	90,656	655		
武 昌	汉口第一纺织厂	88,160	1,154		
武 昌	震寰纺织厂	26,336	251		
河 南	豫新纺纱厂	22,344			
河 南	豫丰纺纱厂				
杭 州	三友实业公司				
宁 波	和丰纺织公司	23,200			

续表

23%	3,181						
23%	7,365	23%	57				
				23%	14,306	23%	69
23%	12,983	23%	46				
50%	10,180	50%	361				

续表

芜　湖	裕中纺织公司	18,400				
合　计		626,132锭	5,134台	98,592锭	76台	

全国现有纺锭数　　2,782,936枚

现已停工锭数　　626,132枚

占全国百分率　　22.50%

已停工及已减工锭数870,554枚

占全国百分率　　31.28%

已停已减及将停将减共:983,452枚

占全国百分率　　36.34%

续表

	244,422锭		2,189台		14,306锭		69台

全国现有布机数　　21,757台

现已停工台数　　5,134台

占全国百分率　　23.60%

已停工及已减工台数7,323台

占全国百分率　　33.66%

已停已减及将停将减共7,468台

占全国百分率　　34.32%

〔国民政府实业部档案〕

25. 行政院交办国民党四届六中全会吴敬恒等请迅免棉花进口税提案给实业部训令

（1935年11月26日）

行政院训令　字第六一五二号

令实业部

案奉国民政府二十四年十一月十五日第九零五号训令内开：为令饬事：案奉中央执行委员会二十四年十一月十日处字第七八七号函开：第四届中央执行委员会第六次全体会议准吴敬恒等十委员提议：本国基本工业之棉纺业极度衰落，关系民生至巨，请迅免棉花进口关税，以资救济一案。当以棉纺业为我国重要工业，实有救济之必要，经第三次会议决议，交国民政府转饬主管机关妥筹办理，特录案并检同原提案函达，即希查照。等因。奉此。自应照办，除函复外，合行检发原附提案，令仰该院转饬财政、实业两部妥筹办理。此令。等因。奉此，除分令外，合行抄发原件，令仰该部妥筹办理具报。此令。

计抄发原附提案一件

代理院长孔祥熙

中华民国二十四年十一月廿六日

本国基本工业之棉纺业极度衰落关系民生至巨
请迅免棉花进口关税以资救济案（提17）

吴敬恒等委员提

理由：

我国工业素不发达，其粗具规模而投资逾一万万元以上，与农工商皆有莫大关系，堪称为全国基本工业者，厥惟棉纺织业。年来该业日见消沉，几濒全体崩溃之境。揆厥原由固非一端，而棉花进口关税每百公斤竟至五个金单位，实为重大原因。盖我国棉产本极有限，价格上落不能不以美棉之涨跌为指归，进口关税既重，则与东邻棉纺织厂棉花完全无税者每包棉纱成本相差几达二十元左右。因此，对外贸易几于完全断绝，外人在国内所设之厂，因此不得不竭力减价倾销，以谋出路。国人自杀之厂，财力本极有限，遭此压迫势难自存，不独已投之资本全数拟结，即金融界之贷款亦无不同归呆滞，百业随之萧条，农村愈形凋敝，其关系于国民经济之重大有如此者。若谓增加进口棉花关税，实所以提倡棉产，救济农村，不知目前进口棉花多属高级细绒，我国因受气候、土质及技术各种阻力，尚不易栽植此种原棉，故输入细绒既与国内推广植棉无关，亦无待乎关税之保障也。若谓为增加国库收入计，不得不增加关税。殊不知纱厂崩溃，则每年两千万元棉纱统税势必锐减。况在民国二十一年，每百公斤棉花征收三个半金单位时，外棉输入共达二百二十四万五千四百九十八公担，约收关税七百八十五万九千金单位。自二十三年七月一日增加棉税为每百公斤至五个金单位后，至二十四年六月底止之一年间，输入外棉仅约达八十三万三千一百十九公担，收入只有四百十六万五千金单位，对于国家收入更有绌无盈也。

办法：

综上理由，我国如不欲维持此关系民族极重大之棉纺织业则已，否则对于现行之棉花进口关税，实有特别减轻或全数免除之必要。是否有当？统希
公决。

提案人　吴敬恒
蔡元培
李烈钧
柳亚子
罗家伦

石　瑛
甘乃光
丁超五
洪陆东
李宗黄

〔国民政府实业部档案〕

26．实业财政两部关于办理吴敬恒等提案经过复行政院会呈

（1936年2月19日）

实业财政部会稿

呈1762

案奉钧院二十四年十一月二十六日第六一五二号训令内开："案奉国民政府二十四年十一月十五日第九〇五号训令内开：为令饬事：案奉中央执行委员会二十四年十一月十日处字第七八七号函开：第四届中央执行委员会第六次全体会议准吴敬恒等十委员提议，本国基本工业之棉纺业极度衰落，关系民生至巨，请迅免棉花进口关税，以资救济一案。当以棉纺业为我国重要工业，实有救济之必要，经第三次会议决议，交国民政府转饬主管机关妥筹办理，特录案并检同原提案函达，即希查照。等因。奉此。自应照办，除函复外，合行检发原附提案，令仰该院转饬财政、实业两部妥筹办理。此令。等因。奉此。除分令外，合行抄发原件，令仰该部妥筹办理具报。此令。"等因。并抄发原附提案一件，奉此。查外棉进口关税，照现行税则规定，为每公担五．〇〇金单位，此项税率系自民国二十三年七月起施行，其在民国二十三年七月以前，外棉进口税率，订为每公担三．五〇金单位。就上述两项税率，加以比较，现行外棉关税税率，确系增加甚多，所有用外棉作原料之棉织品，在成本上负担较重，自不免推销之困难。

惟关于外棉进口税率之提高，实与我国近年推广棉田、改良棉种、发展国棉之政策有关。今提高外棉进口税，施行未久，又复减免进口税，鼓励外棉之输入，本部等诚恐此举不惟对于发展国棉政策之进行，有所妨碍，而国内棉市受其震撼，在棉农经济方面，影响亦巨。案经交由国定税则委员会统筹全局，详为研究。兹就减免棉花进口税，原提案所述理由，逐项加以解释，谨为钧院缕析陈之。

一、关于原提案所称进口棉花，多属高级细绒，国内尚不易栽植，提倡棉产，亦无待乎关税之保障一节。按最近中华棉业统计会估计，民国二十四年国棉产额，为八百三十九万担，比较二十三年虽有减少，然较之以往十余年间，平均产额七百数十万担，仍属增加。(参看附表)且就产销情形言，二十三年产额达一千一百二十万担以上，实较常年增加三百数十万担。又外棉进口，二十四年虽较二十三年减少约一百万担，然出口之棉花纱布，合计亦较二十三年减少三十万担以上。如以二十三年国棉产额与棉花消费量加以估计，是年较之常年，实有将近二百万担之剩余。二十四年四月间，上海市棉花贩运业同业公会、上海银行业同业公会暨陕晋豫旅沪棉商代表杨益齐等，曾以上年棉产过剩，市场存棉壅滞，纷纷呈请提高外棉进口税，以资救济。由此可知二十四年国棉产量，虽仅八百数十万担，然以上年存棉合并计算，则国棉之供给量，仍与常年不相上下，当不致有不敷消费之虞。至我国所产棉花，固以纤维粗短者居多，但高级细绒，亦不在少数。近年黄河流域一带棉产、质量两方，均已进步。自外棉进口减少以来，即赖以代用，国内栽植高级细绒棉花，并非不能推广。且进口外棉，亦不尽属高级细绒，在外棉未提高进口税以前，低级美棉及印度棉花，恒占进口棉花之大宗。此项外棉，质低价廉，如减免进口税，将使国棉感受威胁，实有以关税保障之必要。

二、关于原提案所称棉花进口税提高后，税收减少一节。查海关统计，二十二年七月至二十三年六月一年间，进口棉花为一，二八六，七四九公担，按每公担税率三．五〇金单位计算，税收数为四，五〇三，六二二金单位。二十三年七月至二十四年六月间，进口棉花七九〇，二七五公担，按每公担税率五．〇〇金单位计算，税收数为三，九五一，三七五金单位。两相比较，进口税之减少，约在一成左右。按进口税税收之增减，本随进口货量之多寡而定，民国二十三年国棉产量既激增，同时棉花出口反减少，国棉供给过多，外棉减少进口，自属当然之趋势。今外棉进口减少数十万担，而税收仅减少一成，并未受重大影响，实有赖于税率之提高，用资维护。再就统税方面言，据中华棉业统计，二十三年七月至二十四年六月，一年间纱厂用棉共计二，四七八，九八二包，较其前年同期用棉之二，三八三，一四三包，颇有增加，可见棉货统税收入，亦不致因外棉加税，遂有减少。

三、关于原提案所称棉花进口税加高后，棉纱成本太重，不能出口，致洋厂出品，在国内竞销压迫华商纱厂一节。查近年棉货出口，确系减少，惟其主要原因，并非由于外棉之加税，实以各国之提高关税，施行进口限量制度，及外汇之不安定。如为鼓励棉货输出，减少华厂出品，受洋厂出品，在国内竞销之压迫，则救济办法，与其减免外棉进口税，不如对于出口棉货酌退原料外棉进口税。盖施行退税办法，系专对用外棉制成之棉货运销外洋者退税，其在国内销售者，不在退税之列，国内棉产既不致如减免外棉进口税之感受威胁，而外销之棉货，在成本方面，得以轻减，已可免外棉加税之影响。

综上所述，本部等通盘筹划，以为欲谋全国产业之发展，则在兹提倡国棉、改良品质、增加生产，已渐有成效之时，对于现行之外棉进口税率，实有维持之必要。且财政部为谋纺织业之救济，前曾提议改善棉纱统税制度，并施行棉货出洋退税办法，案经中央核定，只以在华洋厂，接洽未能圆满，致原案尚未实行。

惟此案现正由财政部继续磋商，设法使在华洋厂，对于统税问题，得早日就范。此案一经商妥施行，则棉纱统税税级之改订，既有利于华厂出品，而出洋纱布同时复得退还一部份外棉原料税，在国内纺织业方面，即可得相当之救济，似毋庸另行减免外棉进口税，转致妨碍棉产，影响农村经济。奉令前因。理合会同呈复，仰祈钧院鉴察示遵。再本案系由财政部主稿，合并陈明。谨呈
行政院

附表

实业部长吴鼎〇
财政部长孔祥〇

中华民国　年　月　日

最近十年中国棉产统计（单位担）

十三年	七，八〇八，八八二
十四年	七，五三四，三五一
十五年	六，二四三，五八五
十六年	六，七二二，一〇八
十七年	八，八三九，二七四
十八年	七，五八七，〇二一
十九年	八，八〇九，五六七
二十年	六，三九九，七八〇
二十一年	八，一〇五，六三七
二十二年	九，七七四，二〇七
二十三年	一一，二〇一，九九九
二十四年	八，三九一，〇一八

〔国民政府实业部档案〕

27. 棉业统制委员会关于救济申新纱厂方针及救济已停各纱厂计划草案

(1936年)

查申新纱厂自去夏发生资金恐慌以后，各厂营业即分别由各债权者及金融界设法维持，其第二厂系由中国、上海两行维持，第五厂系由中国、上海两行及永丰钱庄维持，此原属暂时办法，希望厂方对于资本组织能逐渐加以改进者。但事实上厂方以亏损过巨，故明知必须整理之事，乃亦无从着手，而棉业之不景气，又依然如故，致营运资金之垫头既毫无着落，而抵押品与营运借款之差额又日见增大，乃于二月一日起暂行停工，迄于十二月十五日止之会计报告有如附表第一、第二两表，即第二厂之差金有五十一万零三百五十三元三角四分，第五厂差金有六十九万五千七百十三元零六分，两共达一百二十万零六千零六十六元四角之巨。上项数目即厂方对于中国、上海等行抵押品不足之数。

申新第五厂会计日报

二十四年十二月十五日　　第一表

抵押金	金额		营运借款	金额	
一、栈存棉花	32.777	53	（甲）已付款项		
二、车存棉花	3,385	20	一、中国银行	266,988	54
三、栈存棉纱	9,672	50	二、上海银行	181,366	28
四、五金用品	32,913	45	总计	448,354	82
五、应收栈租	4,895	10	（乙）应付款项		

续表

			一、物　　料	18,726	71
			二、统　　税	6,512	86
			三、电　　力	7,454	03
			四、保　　险	8,120	98
			五、利　　息	104,020	40
			六、下脚客存	807	32
			总　　计	145,642	30
总　　额	83,643	78	总　　额	593,997	12
差　　额	510,353	34			
合　　计	593,997	12	合　　计	593,997	12

申新第五厂会计日报

二十四年十二月十五日　　第二表

抵押品	金额		营运借款	金额	
一、车存棉花	12,245	40	（甲）已付款项		
二、仓存棉纱	1,967	88	一、中国银行	208,385	41
三、机器另件	47,498	81	二、上海银行	208,153	79
四、五金用品	33,198	14	三、永丰钱庄	212,648	52
				17,108	02
			总　　计	646,295	74
			（乙）应付款项		
			一、物　　料	15,000	00
			二、统　　税	58	12
			三、电　　力	7,010	00
			四、利　　息	121,678	43
			五、下脚客存	581	00

续表

			总　　计	144,327	55
总　　额	94,910	23	总　　额	790,623	29
差　　额	695,713	06			
合　　计	790,623	29	合　　计	790,623	29

申新第五厂固定资产抵押品依据该厂帐簿记载价值

二十四年十一月三十日　　第三表

地　　基	房　　屋	机　　器	器　　具	附　　注
449,553.85	643,640.56	3,235,063.71	15,472.08	

申新第五厂固定资产抵押品依据棉统会估计价值

二十三年六月　　第四表

地　　基	房　　屋	机　　器	器　　具	附　　注
408,571.00	475,060.00	1,490,384.47	15,472.08	器具一项系依照该厂账簿数值

申新第五厂资产负债状况

二十四年十一月三十日　　第六表

流动资产总额		短期负债总额	913,879.80
（依账略）	85,461.65	长期负债总额	2,097,000.00
固定资产总额	2,389,487.55	杂项负债总额	5,455.48
（依棉会估计）		资本总额	1,398,601.40
杂项资产总额	1,219.30		
总资产	2,476,168.50	总负债	4,414,936.68
		减总资产	2,476,168.50
		负债超过资本	1,938,768.18
		减资本总额	1,398,601.40
		净　　损	540,166.78

申新第二厂固定资产抵押品依据该厂账簿记载价值

二十四年十一月三十日　　第三表

地　　基	房　　屋	机　　器	器　　具	附　　注
1,230,331.47	566,386.14	3,486,526.46	13,974.81	

申新第二厂固定资产抵押品依据棉统会估计价值

二十三年六月　　第四表

地　　基	房　　屋	机　　器	器　　具	附　　注
819,200.00	359,780.00	1,424,467.44	13,974.81	器具一项系依照该厂账簿数值

申新第二厂资产负债状况

二十四年十一月三十日　　第五表

资产		负债	
流动资产总额（依账略）	195,708.96	短期负债总额	1,450,165.77
固定资产总额（依棉统会估计）	2,617,422.25	长期负债总额	2,158,860.72
杂项资产总额	7,898.55	杂项负债总额	4,790.00
		资本总额	2,497,902.00
总资产	2,821,029.76	总负债	6,111,718.49
		减总资产	2,821,029.76
		负债超过资产	3,290,688.73
		减资本总额	2,497,902.00
		净值	792,786.73

再查固定资产抵押品，依厂方帐簿所载数目虽如附表第三表，但实际依去夏本会所估计者，仅如附表第四之数，表中数字本年度虽略有变更，然增减相较，大致有减无增。故概计其资产负债状况，有如第五、第六两表之数。即第二厂除充去资本之全数外，尚亏七十九万二千七百八十六元七角三分，第五厂除充去资本之全数外，尚亏五十四万一千六百六十六元七角八分，两共达一百三十三万二千九百五十三元五角一分之巨。依公司法而言，早应清算，惟申新纱厂乃属无限公司，以前经济信用良善之时，当然可以勉强维持，今总公司之资本，亦将完全破产，维持现在运转各厂已非金融界及债权者之帮助不可，焉有余力可以复兴第二、第五两厂，加之债权者各厂各有其抵押权，二、五两厂之债权者

虽大致相同，但鉴于借款差金之日巨，对于银行本身感受放款之危险日深，因以无意轻易投资。

至该两厂之设备，更新陈不一，能率太低，而尤以第二厂为甚。盖其中一部份机器虽不过四五年前之物，但有多数近三十年以前者。第五厂纺纱机亦有四种之多，其旧者亦有二十年以上之历史。当此各厂竞易新机或改善旧机以谋与外厂相竞之时，二、五两厂若不彻底整理，其生产成本自难减低，制品品质何能增高，此对于复工困难之又一原因也。至于组织、管理、技术三项，虽犹待讨论之点甚多，但资本改善、设备更新一有办法，当不难解决。若依照现状而言，则其债息负担之重、生产能率之低，成本增高，谋利为艰，纵有良好之技术者亦何能竞存于棉市极度不振之今日。故政府为维持该两厂及救济失业工人计，在原则上似宜采取下列方针之一。

（一）由政府责成该公司速行将该两厂债务清理或另增资本，以谋早日复工。

（二）由债权者进行拍卖，由承受者负责开工。

（三）由政府指令债权者及公司方面设法委托第三者经营，并侵其负责整理现有设备。

惟查第（一）项办法，虽为经营工厂者应负之责任，然依申新纱厂现状而言，似力有未逮。若照第（二）项办法，亦债权者应加进行之手续。惟申新纱厂乃系无限公司，情形复杂，而在此棉市不振之际，纵行拍卖，是否有人承受，亦属疑问。至第（三）项办法，照目下花纱价格而论，虽仍不易谋利，惟设备如能整理，利息若能减轻，经营如能得人，则亦不难维持，倘国内经济状况一入好转，当然有利可图，而委托第三者经营之条件，乃应取下列之方针：

一、二、五两厂应合并经营。

二、新银团组织（新公司）应备资本一百五十万元，以五十万元为整理两厂设备之用，一百万元作为流动资金或营运资金之垫头。

三、新公司组织成立以后，即由申新纱厂债权者取得公司之同意，双方全权委托该公司早谋复工，并整理设备，对于一切计划经营，均由新公司全权主持。

四、新公司如有盈余，除偿还整理设备费外，作为红利之支配，得以合同规定之。

五、委托经营期限，以代申新清理债务完毕为止。

六、新公司如有亏本时，可由新公司暂垫，于下年度盈余中尽先拨还。

七、制造成本应与棉统会所定经营标准相近。

以上委托经营办法，目下较感困难者，可以承受委托之机关尚感缺乏，政府为处理此等棉业工厂计，应即速成立救济棉厂之中心机关。本会成立之初，原有设立大华棉业信托公司之议，其目的即在于斯。该项草案前经函送实业部，现在已停各纱厂，其总锭数达七十万枚，占全国纱锭四分之一，其中类似申新二、五两厂者甚多，此等工厂，无论依法破产，或由债权者管理，以目下之金融状况观之，若无政府为之助力者，实恐不易复兴，直接国家减收统税年有五百万元以上，将来当有增无减，间接影响于民生之巨，更无从统计，于去夏各纱厂络续停闭之际，本会曾拟有救济草案，兹并附送一册，以供参考。本会甚盼政府对于救济机关能积极成立，则不仅可以承受已停各厂之经营，即救济未停各厂亦有办法，否则虽有良策，终难实现，国计民生实利赖之。

附：救济已停各纱厂计划草案

救济已停各纱厂计划草案

棉业统制委员会技术股

说明

棉纺织工业之在我国，其资本之巨、需要之广、影响于国民经济之大，远非其他企业所可比拟。最近自白银问题发生以后，全国金融极度紧张。水旱灾侵，普遍南北，以致市价狂跌，情态日非，举国惶惶，大有全部奔溃之象。考其由来，固非一朝一夕之故。但在此不景气潮流之中，全国衣被所需，每年犹近八万万元，而入超漏卮，亦何止二万万元之巨。若此唯一民族工业而不救，国计民生，将何以堪。是以前年政府因有本会之设，使负改良发展之责。一年以来，虽积极进行，如植棉之推广、技术之研究、人才之培养、运销之调查等基本工作次第举办，独于救济风雨飘摇之棉纺织厂一项，则以限于财力，尚未能作有效之设施。而最近半年来，停工减工之厂，触目皆是，(附表一表三)。在此重要关头，倘再因循坐视，恐棉业之沦亡，亦即我国民经济崩溃之先声，故不得不速谋挽救之策。

考我棉业之衰落，其经过，与先进资本主义国家不同：非由于生产过剩，亦非由于国外市场之收缩，更非为过度膨胀后应有之反应，盖纯为自身缺陷及不良环境所造成。因我国棉业尚未达自供自给之地步，而剩有甚大发展之余地，故年来棉业虽极艰难，纺锭仍能保持增加之势，尤以在华之外厂为甚，此即其明证也。兹查各棉业国人口与纱绽之比例为：

中国　每百人有纱绽数99枚（包括在华日厂）
　　　每千人有织机数9台（包括在华日厂）
日本　每百人有纱绽数9枚
　　　每千人有织机数9台
英国　每百人有纱绽数117枚
　　　每千人有织机数14台
印度　每百人有纱绽数3枚
　　　每千人有织机数6台
美国　每百人有纱绽数32枚

每千人有织机数 7 台

证以上表，可知我国纺织工厂大有扩充之余地，将来即增加至现在华厂纱锭一倍以上，亦不至过剩。其理甚明。而实际乃华商各厂之停闭者，大都无复兴之力；即在运转中者，亦无不感受维持为艰之苦，其少数出品，更时有滞积之虞。此中症结，盖有下列各点：

一、资本组织不健全　国人经营各纱厂，多数成立于欧战之时，组织既属仓卒，资本亦未募足，加以成立后，恶劣环境赓续而至，乃不得不靠借债以维持，甚至将所有厂中财产早已抵押一空，全赖信用借款以图挣扎者。因此华厂虽欲于技术上设备上谋改良，苦为实力所限，遂使机械陈旧，生产落后；以与在华日厂之逐年改进者较，自不可同日而语矣。

二、营业方法落后　华厂既短于资本，复漫无联络，对于采办原棉、贩卖纱布、品质价格，悉乏标准；商号工厂，各行其是；花纱市价，因之往往不得平衡。而外商之在我国，悉有严密之组织，凡自原料、制造、以至销售，均取密切联络，实行统制，故我国商品，乃时有为其操纵之事实。考日本政府之于棉业，在国内则励行产业合理化，对国外则奖励货品之输出；于必要时更施行低利贷款、或出口保险等，以从事保护。故日本棉业之得雄视全球、威胁世界者，实由政治实业合一动作之结果。据英国经济远东调查团之报告，同样美棉，在大阪之市价竟可低于原产地之纽约，使该团相顾失色。此亦足见日本棉商组织力之强健。以视我国厂商之毫无组织，甚至互相猜忌者，实不堪供外人之一击也。

三、人事组织不健全　我国技术落后，纺织人才缺乏，管理者对于经营原理，亦多无深刻之研究，而厂方引用职员，犹未能完全打破党戚之恶习，凡事务、工务、营业等部，莫不如此；厂务是以为之废弛。至于工人管理，尤乏选择与训练；而工会组织，更不健全，劳资双方因之常起冲突。故往往有新设华厂，其能率犹不若旧有外厂之良者。

四、属于非棉业之本身者　如匪祸天灾，内忧外患，农村破产，金融呆滞，交通不便，运费过高，关税之壁垒不坚，外商之到处设厂等等，皆与棉业有甚大关系，而足以阻碍其发展者。故我国棉业可谓毫无防线。以言救济，本属非易，然以吾国原棉产量之丰，纱布销路之广，若能加以人力作有计划之推进，亦决非无望。

查统税署之报告，全国二十三年度二十二年度，因纱厂减工而减少产额达二，四〇八，八九〇公担，减少税收达一一，九一七，二九五元，(附表二)，仅及二十二年度百分之五。二八。单就华厂而论：二十三年度较二十二年度减少产额一，五四一，二一九公担，减少税收七，三八二，〇二八元；即二十三年度之税收仅及二十二年度之百分之四八．五四。此仅指国家于无形中，因纱厂减工停工而减少之统税一项而论也。至税收以外，影响于国民经济者尤大（附表四），姑不论投资于已停各厂之一万万元左右之固定资金势必完全搁置，即每年约一万六千万元之流动资金，亦将呆滞不动；而直接影响于依棉业为生者，又不知几何。今暂以因停工而失业之直接工人论：依本会调查，约有四五，五八二名；此等工人假定每人每日平均工资为五角，则每日至少减少二二，七九一元可得之工资；以全年三百二十天计，即减少七百二十九万余元之收入；又加以减工各厂之工人工资全年损失亦有八十万元以上；则两项工资共计已有八百十万余元之巨，而此数尚系专指有实数可按者；若间接有关之农工商各业所受之影响，自当数倍于此。际兹安危判分之候，我人奚可不急起而图存耶？谨将救济方案及其预算，陈述如下：

救济方案

棉厂危机及其影响于国家经济之大，已如前述。而复兴之道，时至今日，舍藉国家之力加以援助外，实乏捷径可寻。然事业既大，需费亦巨；分其缓急，可先注全力于已停之厂，而次及在运转中者。自棉业统制委员会成立以后，原有组织棉业信托公司以为救济及改善棉厂之经营，而谋间接统制之拟议；惟从金融问题发生以来，此项工作乃不得不暂告中止。但当此唯一民族工业事态日趋严重之际，职责所在，又何能坐视？因思于棉业信托公司成立以前，亟宜另谋办法，以图挽救。兹谨条陈如后，至希裁夺。

一、在棉业信托公司成立以前，就棉业统制委员会设立纺织工厂救济处，附属于棉统会之下，凡无力复业及将停各厂，俱得请求救济、援助或整理。

一、凡欲请求救济各厂，须由各厂之债权者及股东会共同具名，依照救济处章程提出请求书，由救济处派遣专员详细调查及计划，一经批准，即得筹备进行。其有请求组织或技术上之援助者，亦同。若有认为无法救济或不能依照救济处所拟办法之工厂，则救济处得拒绝其请求。

一、救济处批准救济之各工厂，得由救济处另组机关联合经营之，惟会计则独立。

一、凡加入救济处经营机关之各厂，中途不得退出，其年限并不得少于五年。

一、凡救济处之所批准，而由救济处指定之经营机关所管理之各工厂，得由救济处津贴营运资金利息，每万锭每月洋一千元，及改善设备费用之利息四厘，期限为五年。如有必要，得另由救济处考察情形，酌量延长之。

一、救济处，除代为组织经营机关及补助其利息、监督其进行外，不负盈亏之责。

一、际兹金融紧急之秋，复业经费募集非易，除营运资金由救济处向各商业银行筹应外，其改良设备费用及营运资金垫头，则由救济处酌定数目，以于该公司开工后暂记统税六个月，或如有盈余时，首先归还为条件，请求政府由国家银行暂垫，其利息照市，惟仍由救济处津贴四厘，以轻工厂负担。

一、凡经整理之厂，如经救济处认为基础稳固，得批准其独立经营。

一、救济处之棉厂管理机关，在棉业信托公司成立以后，一切经营工作即全部移交于该公司。

一、救济处，除直接救济各已停未停工厂外，对于一般棉厂组织之改善、技术之推进、营业之联合等，如有请求均可加以援助。

一、救济处之组织系统如下：

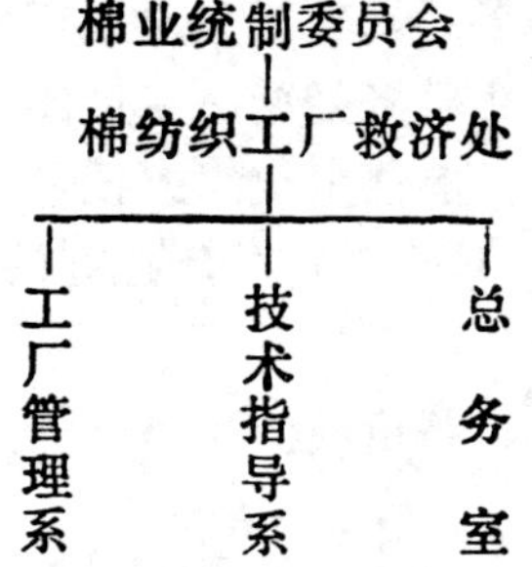

上表，救济处设正副处长各一人，由棉统会常委及技术股股长兼任之；各系室设主任一人，技师、副技师、技术员、办事员各若干人，除由棉统会就现有人员中酌派外，所有不足人员由处长请棉业统制委员会延用之。至将来直接经营各工厂人员，则由救济处处长裁决之。

经费预算〔略〕

结论

上述方案，虽不过以救济现有已停未停各棉厂为目的，然扩而大之，可为全国棉业合理化及棉业贸易工作之基础，同时亦为繁荣农村，复兴经济之先锋。观于上述说明，可以不必赘述；故其出发点虽小，收效之大当在我人意想以上，外人之倡言经济合作者，动以棉业为前提，是盖深知我国国情者也。参照预算一项，政府所耗救济之费，年不过一百万元，倘能实现，则仅以国库增收之统税一项而论，至少亦必在四百八九十万元左右。而金融界因有政府之保护，对于棉业之投资亦可以安心，而不至再使其以有用之财，冻结于金库之中，俾市上流通之筹码，乃得以增加。是又何乐而不为。时至今日，情势危急，祈早图之！

全国棉纺织厂停工厂数一览表（二十四年八月底）表一

区别		厂别　　类别	纱锭数	线锭数	织机台数	工人	出纱线（件）	出布（疋）
全国总数（1）			2,782,936	142,020	21,757	159,237	1,383,857	10,476,339
全国停工数			798,820	31,220	5,374	45,582	416,037	1,827,983
全国百分比（1）			29%	22%	25%	29%	30%	17%
华		华东区总数	417,804	24,604	1,985	24,464	238,108	680,005
华	上海拾厂	上海总数	247,676	24,604	1,535	13,397	129,035	502,789
华	上海拾厂	恒丰纺织新局	55,152		607	3,138	43,843	499,789
华	上海拾厂	振华纱厂	13,928			720	9,600	
华	上海拾厂	申新第二厂	56,744	7,980		2,097	25,129	
华	上海拾厂	申新第五厂	56,728	12,752		2,046	27,239	
华	上海拾厂	恒大纱厂	20,160			946	10,425	

续表

东区	上海拾厂	同昌纱厂	11,592			520		
		协丰纱厂	4,736	1,632		333	3,696	
		民生纺织厂	8,516	240	128	985	4,298	3,000
		经纬纱厂	5,120			312	4,805	
		上海纺织印染公司	15,000	2,000	800	2,300		
	华东区其他各地捌厂	其他各地总数	170,128		450	11,067	109,073	177,216
		大生纺织公司二厂	30,800		200	1,560	25,535	90,700
		大通纺织公司	16,400			997	12,697	
		振新纱厂	32,024		250	1,972	15,552	86,516
		业勤纱厂	13,832			957	11,148	
		利泰一厂	26,572			1,712	15,027	
		利泰二厂	12,740			1,087	10,517	
		和丰纱厂	23,200			1,571	6,799	
		通惠公纺织局	14,560			1,211	11,798	

续表

华中区五厂	华中区总数	223,552		2,060	11,642	86,204	453,389
	湖北纺织官布局（民生兴记）	40,592		655	1,872	2,304	13,920
	湖北纺织官纱局	50,064					
	震寰纺织公司	26,336		251	2,724	22,766	163,476
	裕中纺织厂	18,400			1,244	9,535	
	汉口第一纺织厂	88,160		1,154	5,802	51,599	275,993
华北区五厂	华北区总数	157,464	6,616	1,329	9,476	91,725	694,589
	宝成第三纺织厂	27,056	2,560		1,333	13,029	
	豫新纱厂	22,344			1,588	13,395	
	阜民纺织厂	1,200		30	210		
	裕元纺织厂	71,424	976	990	3,955	42,499	582,734
	恒源纺织厂	35,440	3,080	309	2,390	22,802	111,855

附注：（Ⅰ）根据二十二年份调查所得

（Ⅰ）系全国停工数占二十二年份总数之百分数

民国二十三年度与二十二年度我国国内棉纱

商别	纱别	二十三年度 全年总产量 公担	合计件数（每件188.69公斤）	百分数	全年应征统税额 国币	较二十产量 件数	百分数
总计	合计	2,390,485.03	1,266,885	100	11,782,960.28	1,276,638	50.19
	粗纱		1,035,001	81.70		1,027,635	49.82
	细纱		224,694	17.73		241,080	51.76
	其他		7,190	0.57		7,923	52.43
华厂	合计	1,634,072.49	866,009	100	7,826,780.57	816,799	48.54
	粗纱		787,548	70.94		742,798	48.54
	细纱		77,075	8.90		72,695	48.54
	其他		1,386	0.16		1,306	48.54
日厂	合计	725,289.79	384,382	100	3,809,786.26	438,209	53.27
	粗纱		231,513	60.23		263,934	53.27
	细纱		147,065	38.26		167,658	53.27
	其他		5,804	1.51		6,617	53.27
英厂	合计	31,122.75	16,494	100	146,393.45	21,630	56.74
	粗纱		15,940	96.64		20,903	56.74
	细纱		554	3.36		727	56.74

注 1.本表数字根据财政部税务署统税月报计算。

2.二十三年度各种纱产量，以整理未竣，故根据二十二年度百分比推算。

3.统税粗纱每件8.78元，细纱每件11.625元。

4.“其他”一项并入细纱同级计算。

产量及应征统税额按华商外商比较表（表二）

二年度减少数		二十二年度				
税收		全年总产量			全年应征统税额	
国币	百分数	公担	合计件数（每件188.69公斤）	百分数	国币	
11,917,295.18	50.28	4,799,375.90	2,543,523	100	25,700,255.46	
			2,062,636	31.09		
			465,774	13.31		
			15,113	0.60		
7,382,028.06	48.54	3,175,291.28	1,682,808	100	15,208,808.63	
			1,530,346	90.94		
			149,770	8.90		
			2,692	0.16		
4,343,287.40	53.27	1,552,147.95	822,591	100	8,153,073.66	
			495,447	60.23		
			314,723	38.26		
			12,421	1.51		
191,979.72	56.74	71,936.67	38,124	100	338,373.17	
			36,843	96.64		
			1,381	3.36		

全国棉纺织厂减工厂数一览表(民国二十四年八月底)(表三)

厂别 \ 类别	纱锭数	线锭数	织机台数	每月减工率*纱	每月减工率*布
各厂总计	426,848	31,488	3,747	23.13%	24.48%
纬通纺织有限公司	33,024			21.6%	21.6%
统益纺织有限公司一厂	27,328	13,520		21.6%	21.6%
统益纺织有限公司二厂	39,168			21.6%	21.6%
永安第一纺织厂	38,160		1,298	21.6%	21.6%
永安第二纺织厂	121,816	17,488		21.6%	21.6%
永安第三纺织厂	63,184		240	21.6%	21.6%
申新第三纺织厂	65,808	480	1,486	15%	15%
豫康纺织厂	18,000			50%	50%
三友实业社抗厂	20,360		723	50%	50%

*根据各厂每月实际减工日数计算而得

棉纺织厂停工减工后关系国家经济之影响

直接关于棉纺织业之资金停滞额 （表四）

总　　计	264,160,000.00元	附　　注
固定资产	100,000,000.00元	指停工减工之918,030纱绽及6,291台布机之总设备费而言
流动资产	164,160,000,00元	据停工减工后减少纱产量810,000件布产量2,448,980疋(纱价每件作180元布价每疋作750元）计算而得

棉纺织厂停工减工后关于工人失业之影响

停工二十八厂完全失业工人数	45,582人
减工九厂减工工人总数	22,070人
全年劳力代价（工资）损失	8,109,900元

〔国民政府全国经济委员会档案〕

28．南通棉业视察团童润夫关于南通土布业概况及其改革方案的报告

（1936年6月）

工业最后之成败，在乎有否廉美之原料与广大之市场，而农业最终之目的，必须加工制造以增加其生产之价值。是以研究国民经济者，莫不以农工并重。南通土布虽不过农村副业之一，然以其价廉物美，需要众多，故除自用而外，可以行销全国以抵制输入棉货之一部。其原料则大都仰给于就地，各纱厂直接有关于农工双方之利益者至巨，故为社会一般人士所注意。兹就见闻所及，略述其概况及改革方案如下，以供参考。

南通土布之历史及其分布状况

南通土布历史悠久，无从考其岁月。盖初为农家副业，每一农户几无不置有一、二布机以共自织自著之用，有余则携之出售，习之既久，手艺自精，故能制品精良，大为民众所乐用，于是产量日增，成为乡村唯一之手工业。百余年前，推销由附近各县而至附近各省，远及东四省及南洋等处。从前产量最盛之际，年销二千六百万元以上，近以洋布倾销东北，又复沦陷，土布销路为之锐减。然民二十二全年销数犹达一千七百万元，去年亦近一千万元。尝考南通织布区域有如附图所示，自城西之芦泾港起，东至金乐区，东南至海门，面积达一千七百七十余方里，人口约五十余万人，耕地面积平均每人不足一亩。据调查所得，不赖织布为生者，不过8％；半赖织布为生者，有54％；全赖织布为生者，达38％。在昔土布盛销之年，八口之家温饱有余，近则销路减半，售价低落，农民收入式微，几不足以维持其生活。若不谋改良推广土布之道，坐使此大量生产之民力投闲置散，尤为社会经济莫大之损失。

查南通土布失败之原因：一以东北沦陷，销路断绝；一以洋布倾销，土布势难竞争；一以土布幅面狭小，不合时代之需要；一以染色整理，墨守旧法，外观不佳。南通地方当局有鉴于此，乃于九一八后，在城南南通县立民众教育馆内附设织物工场及染色研究室，用简便方法教授农民以土布之制织及漂染整理之改良，于是有雪耻布及斜文花呢哔叽等之新出品，因其成本低廉，销路甚畅，二十三年此类半改良品之产量，亦值四百余万元。

据余等调查所得，南通熟练工人管理之脚踏机上所产之布疋，其成本并不昂于力织机上所产者，若将脚踏机稍予改良，其品质亦可与力织机所产者相颉颃。故就南通推广家庭织布，实与推广机器纺织业有同样之价值，而利用农闲之劳力，以从事生产，补助农民生计，开农村经济，其效力且较建设工厂为大也。

南通土布产销现状附土布市场

南通土布产销情形，据民二十二年之调查，有如附表（一）所示。又据南通土布市场工作概况所载，则如附表（二）所示。又此番视察所经，虽未有详尽之调查，但其概况可有得而言者。按南通土布有大机布、中机布与小机布之分，大机布幅面二尺二寸，长约八丈市尺，如雪耻布是。中机布幅面一尺八寸，长五丈四尺，但目前出品未全合标准。小机布幅面八寸二分至一尺二寸八分，长一丈六尺至三丈，已不合时代之需要。其所用原料由纱号经售，现在纱号有一百四十八家，其中百分之八十以上为通纱，大抵三十支以下全由大生供给外，外来华纱有申新、利泰及大通、富安等厂出品。惟四十支纱及四十二支线内，亦有日货云。至现有织机，据闻阔幅机在南通及其附近者有三千余台，脚踏机约一万台，小布机及其他手织机约十万台，每台产额，手织机每日约二十五码，阔幅者不过二十码。就中关庄布，为南通东乡所产，幅面一尺三寸半，长五丈五尺以上，每四十疋为一卷，从前年产十五万卷，九一八时已减至八万卷，平时亦不过十万卷，自东北沦陷年年锐减，去年已不足一万卷，其价格全由上海开市决定。他种布疋，如灰胚年产二万卷以内，销行闽、粤、桂及南洋，供衣服用及矿工用。又有蓝青灰布，概在上海染色，其幅面一尺三寸至一尺五寸，长五丈一尺，年产约二千卷，现销哈尔滨等处。此种蓝布由上海染者，用硫化元为地，上罩洋靛青，而当地自染者，全用靛青，虽色泽较差，然甚坚牢，惟销路远不如上海染者。

土布业公会，现有绸布业公会、大尺布业公会及本县布业公会三种。其中会员绸布业以销上海为主，他处较少。大尺布业以销南京、海门等处为主，布业以销江苏北部为大宗。

南通各种土布交易，从前除各布庄在门庄收买外，其余在城南段家坝一带及城东板桥一带，临时搁台收买，大都各自为政，不相联络，品质既不齐一，推销自多障碍。地方当局有鉴于此，乃令各布业公会联合纱厂及纱号集资创设土布市场于城南，方于二十四年十月开幕，从此土布交易咸集于一处。其在市场以外收布者，仅居少数。

土布市场之货价，每天由市场决定，可以完全自由，毫无牵制。惟因店家收布，须领行帖之故，对买户酌收疋头钱，大机布六十文，中机布三十文，小机布十文，但大店亦有不收者。又号家对市场之费用，连检验费在内，有如次表（每疋收费）。

	大机布	中机布	土提布	套胚	口格子	色大布
会员	六厘	四厘	一厘	半厘	二厘	四厘
临时收买者	八厘	五厘	一厘二	一厘二	二厘半	五厘

土布检验机关犹未正式成立，由各收布人自行检验，如遇纠纷，归土布市场检验室评定之。其白布之检验，分水分、浆分、幅、长及密度等，色布之检验，同上。更加颜色之取缔，如提红与伪色等。提红者，用靛青染而上罩红色；伪色者，以粉作地而染色者也。关庄布之检验，全恃经验，可分八级，每级价格相差有五分，上下重量有五分，上下重量由手中估定，每卷四十疋，相差不过一斤。从前最上等之关庄布，经纬纱每寸有一百四十根，工资每疋不过一角至二角，最多三角。但现在因偷工减料，已大非昔比矣。雪耻布发明之初，每疋重量有九十两至一百两，现在至多不过八十余两，少则六十余两，而溼气及浆分反较以前为多，无怪其销路之大减也。

改革方案

今之自动织机，一人能管数十台，日可出布数千码。而南通之土布机日仅织布廿余码，其相去何啻霄壤，如以土布机织与自动布机同样之织物，其成本势必不敌。但若力织机上难织之物，或销路不广，不宜大量生产之布疋，或其他特殊之织物，与自动织机之出品不相抵触者，似不妨仍用土布机织之。而南通土布本为农家副业，工资本自低廉，苟能加以适当之改革，则制织与普通力织机上一部分同等之织物，亦属可能。而改革之道，首在谋经营之合理化。故宜联合纺织学校、大生纱厂、土布市场与布业公会等，另组一联合经营机关，使纺校负技术指导之责，大生负供给原料之责，土布市场从事合作事业，布业公会分担运销工作，如此必能相得益彰。而其办法可分如次之三项。即：

（一）成立土布检查所，杜绝粗制滥造之弊，由纱厂与布业各公会、土布市场出资合办。其不经检查合格之布疋，一律不得买卖。

（二）组设土布产销合作社办理下列事项：

甲、筹办浆纱准备工厂，供给经轴，于会员归大生纱厂筹备，而由土布市场负贷放之责。

乙、筹款督造改良脚踏机，贷给会员或代会员设法改良其旧机，所有资金由合作社设法垫借，归合作社直接或由土布市场及其他运销机关间接负收放之责。

于南通电厂电力可以通达之区，则应同时购置力织机若干台，分批贷与会员，以期制品之改良，而造成单纯织厂之基础。其办法同前。

丙、成立土布试验所，试织各种适宜于土布机之织物，由纺织学校筹办。

丁、成立织工传习所从事技术之训练，可附属于土布市场。

戊、设土布运销部，以谋销路之畅远及研究推销方法之改良，而帮助其经济之流通，可与土布业各公会联合筹办之。

关于以上组织合作社之程序及合作推销之方法等，合作专家李吉辰君，有下列之意见。

一、组织合作之程序

（a）应先择制织土布最繁盛之一区，联合附近之织户组织之，然后逐渐推广及于其他各区。

（b）俟每区产销合作社组织达三个以上时，应即组织一全区

（附表一）

种类 / 布名	每疋长阔		每疋价格		每疋重量	
	长（旧尺）	阔（旧尺）	最低	最高	最轻	最重
白大布	45尺至52尺	12寸至14寸	1.30元	2.70元	32两	66两
双提布	16尺至28尺	$8\frac{1}{2}$寸至12寸	0.45	1.30	9	25
逦土布	23尺至25尺	8寸至8.2寸	0.55	0.90	16	20
长尖布	19尺至20尺余	7寸至7.3寸	0.35	0.55	10	13
提尖布	23尺至24尺	7寸$\frac{5}{6}$分	0.45	0.70	12	16
色大布	46尺至48尺	10.3寸至13寸	1.40	2.60	24	48
1/二色布	28尺至32尺	11寸内外	0.80	1.60	15	30
水沙布	24尺	10.5寸	0.30	0.90	8	24
高巾布	20尺	7.5寸	0.25	0.55	6	12
改良雪耻布	原75尺现60尺外不等	原22寸现20寸至21寸	3.10	3.60	68	80
改良线平布	30码	21寸至22寸	7.00	7.20		规定96
改良条格布	原20码现4丈外不等	原18寸现17寸	1.80	2.80	32	48
附志	上列本色大小布所用原料，多数系十二支纱。其销售方布，亦以品质优良者多销，故优良者约占四分之三，次二支占百分之五十四，十六支占百分之十一，二十支占百最多，十二支等有逐渐减少之势。					

查表（民国二十二年）

用纱支数		年销数量		销路
经纱	纬纱	从前	现在	
IS 12	IS 12	400万疋以上	200万尺	关庄、京庄、县庄、抄庄、灰胚
16	16		110	本省江北各县浙江全省
12	12		250	东台、兴化、如皋、泰县、盐城、阜宁
12	12		80	盐城、阜宁
14	12		70	高邮、宝应、靖江、淮城
14	16		45	江北各县南京，皖、浙两省
16	16		20	同　上
14	14		4	江北各县
14	14		2	同　上
黄白20	黄白20		110	本省江南江北各县，但以申江为大宗，浙江全省。
42/2	42/2		3	本城各洋货店及江北各县
20	20		40	江北各县盐阜兴东为大宗

面，则以上、中货为大宗，次劣之货只有用于包皮布，蓝色布及改良劣者四分之一，年需广纱六万四千件以上。但就用纱支数而论，以十分之三十，十四支及四十二支占百分之五。兹查现在用纱以二十支为

（附表二）　南通土布市场过去

土布名称	过去					
	原有		民二十年以前		销行地	全年营业额
	长	阔	产量	销数		
雪耻布	无	无	无	无	无	无
中机布	无	无	无	无	无	无
白大布	五六	一．四	六百万疋	同左	东北四省浙皖及江北各县	一千四百四十万元
小布	二八	．九	四百万疋	同左	江北各县	二百八十万元
二四提布	二五．五	一．一	一百五十万疋	同左	同上	一百二十万元
三二布	三四	一．一五	五十万疋	同左	浙闽及江北各县	五十万元
双提布	一八	一．	五十万疋	同左	江北各县	二十万元
红边布	二六．五	一．二	十万疋	同左	浙赣等省	九万元
套布	二二	．九	十万疋	同左	江北各县	四万元
色大布	五二	一．一五	七十万疋	同左	浙皖及江北各县	一百四十万元
帐料布	二六	一．一五	十万疋	同左	同上	四万元
其他定机布			二十万疋	同左	同上	十万元
统计全年营业额	二千〇七十七万元					

及现在概况一览表

现在					
现有		民二十年以后		销行地	全年营业额
长	阔	产量	销数		
六〇	二.	六十万至一百万疋	同左	浙皖鄂闽粤赣及江南北各县	三百六十万元
四〇至五〇	一．七	五十万至九十万疋	同左	江北各县	一百四十万元
五〇	一．三	三百万疋	同左	东北四省九一八后每年递减三百万元	七百二十万元
二五．五	．八五	三百万疋	同左	浙皖及江南北各县	二百十万元
二四	一．〇三	一百二十万疋	同左	同上	九十六万元
三〇	一．一	四十万疋	同左	同上	四十万元
一六．五	．九五	四十万疋	同左	同上	十六万元
二六	一．一五	十万疋	同左	浙皖等省及江南各县	九万元
二〇	．八五	十万疋	同左	江北各县	四万元
四〇	一．一	六十万疋	同左	浙皖及江南北各县	一百二十万元
二五	一．一三	十万疋	同左	江南北各县	四万元
		二十万疋	同左	同上	十万元

二千七百二十九万元

联合社。

（c）俟有联合社三个以上之组织成立时，应组织一全县联合社（土布产销合作社——区联合社——县联合社）。

二、合作推销

（a）一般的——应与军队、学校合作，谋白土布之推销。

（b）合作社的——应与各县或各省合作社联络，使每个合作社均担任南通土布推销工作，如此可使南通土布深入各县或各省乡村。

三、关于织户本身者

应将加入合作社之社员，施以合作教育之训练，一方面使其明了合作之意义，一方面使其明了自身地位之重要。

巳、筹设代办部，凡会员所需要之机物料，均可代办，以谋品质之划一，而代价得以较廉。

（三）建设新式机器，漂染印整工场，以求出品之精良，成本之减轻，而迎合市场之需要，本可附属于土布产销合作社俾便统制，惟以需费过巨，而工作不限于土布，故可另行筹设机关。关于本项大生纱厂李升伯君前有详细之计划书，可资举办时之参考也。

上列办法不过举其荦荦大者，果能一一实现，则南通土布业不难保持其久长之存在，而逐渐利用浆纱工场、整理工场、合作社等扩充动力织机，以使副业进而为工业化，利用天然地利，努力农工联系，则不难树立全国棉区纺织事业之模范，而超过过去之繁荣焉。

〔国民政府经济部档案〕

29．行政院及实业部等办理戴传贤等在国民党"五大"提请由政府切实维护棉纺织业案的有关文件

（1936年1—12月）

（1）行政院训令（1月11日）

行政院训令　字第一六八号

令实业部

案奉国民政府二十五年一月六日第二五号训令内开：为令饬事：案奉中央执行委员会二十四年十二月二十四日，敬字第九二九号函：查第五次全国代表大会关于戴委员传贤等二十一人提议，请由政府切实维护棉纺织业一案，经第三次大会决议：一关于棉纺织业之亟待救济交由政府统筹办理。二减轻借款利率及运费。原则通过，交由政府规定实业放款之法定利率及减轻运费办法，转饬主管机关办理在案。检同原提案，函达查照。等因。奉此。自应照办，除函复外，合行抄发原附提案，令仰该院分别筹议办理。此令。等因。奉此。自应遵办，除分行实业、铁道、交通三部外，合行抄发原件，令仰该部会同全国经济委员会棉业统制委员会按照主管范围，分别筹议办理具复。

此令。

计抄发原提案一件

院　长　蒋中正

中华民国廿五年一月十一日

请由政府切实维护棉纺织业解除一切困难案（提案第二十六号）

戴传贤等二十一人提

理由：查棉纺织业为国家民族繁荣之重要工业，民生所系，

税源所出，胥赖乎是。故在列强不仅社会人士重视斯业，即国家立法亦多维护倍至。我国人口共有四亿之众，全国纺锭不足三百万枚，本年停闭、减工者尚占半数以上，较诸日本纺锭一千余万枚，尚在日本发展中，几有霄壤之别。考彼邦所以猛进不已者，固由于技术进步、指导得宜，而运费便宜、贷款息轻(最低二厘)，加以政府之奖励津贴，督促维护，无微不至，故成二十支纱一件，消费不足二十二元。我国纺织业资金不足，借助无由，职工技术幼稚，工资尤多耗费，负税既重，利率又恒须一分，以致成纱一件，消费辄在四十五元以上。故上年五中全会有救济全国纱厂恐慌及推广土布销路之决议，本年六中全会又有免除棉花进口关税，以资救济纺织业之决议。在在均足表示我政府注重纺织工业之至意，惟尚系解除一部分之困难，似犹未尽整个维护之道，用再分述办法，以蕲切实施行。

办法：(一)减轻进口花税一案。虽由六全会决议办理，对于现行纱布特税数量，于纺织厂尚未到达昭苏复兴之时，应由政府议定奖励国人自办纱厂办法，以资救济。

（二）交易所原为调剂供求，平衡物价而设，近则常为外商及投机者操纵，时常拍成花贵纱贱之势，(纱价往往不及原料之成本遑论工费税息）致使工厂成纱一件，常须折蚀一二十元，其有不濒破产者几希，应即速由政府令饬纱布交易所，对于花纱两价之开拍，务须设法保持平衡。如以标花四百二十三斤换算二十支标准纱价，其制造各项费用，(统税在外)不足三十七元时，应即停止开拍，一俟市价恢复相当差额，然后照常开拍，实为维护工厂刻不容缓之图，如能限止卖买，悉凭栈单，尤属根本之办法。

（三）国家改用法币，固属有利工业，应由政府命令规定借贷实业界利率，以四厘为标准，藉轻事业界之负担，而利国货之推销。

（四）其他若运输交通应予特别便利，并以实力扶助人民组

织纱花产销合作事业，皆足扶助纺织事业之发展。是否有当？统希

公决

提案人 戴传贤 蒋作宾 丁超五 陈绍宽 刘纪文 吴忠信 李煜瀛 张学良 冯玉祥 蔡元培 吴敬恒 王祺 陈肇英 孙科 叶秀峰 居正 洪陆东 罗家伦 梁寒操 褚民谊 何应钦

（2）实业部工业司司长刘荫茀签呈（2月6日）

查棉纱棉布，全民衣被所需，我国广土众民，在水旱灾祲、金融紧缩之际，于此项生活所必须之物，每年犹近八万万元，而入超漏卮，亦不下二万万元，似乎我国棉纺织业，可以利赖需要之广，大加扩充。乃年来华商各厂，因本身组织之不健全、营业方法之落后，加以外来之天灾匪患，金融周转不灵，利息负担太重，出货滞销日积等问题，无法解决，停闭者日多，大都无复工之力，即在转运中者，亦无不感受维持为难之苦。据棉业统制委员会最近调查，华商棉纺织厂停工减工后：

关于资金之停滞

1．固定资本一万万元（停减九一八，〇三〇纱锭及六，二九一台布机之总设备费）。

2．流动资产一万六千四百一十六万元（减少纱产量八一〇，〇〇〇件，布产量二，四四八，九八〇疋）。

关于工人之失业

1．停工二十八厂完全失业工人数四五，五八二人。

2．减工九厂减工工人数二二，〇七〇人。

3．停减工人之全年工资损失八，一〇九，九〇〇元。

关于税收之减少

1．全国二十三年度税收，较二十二年度仅及百分之五〇．二

八，减少一一，九一七，二九五元。

2．华厂二十三年度税收，较二十二年度，仅及百分之四八。五四，减少七，三八二，〇二八元。

以上系有实数可按之损失，而间接有关之农工商各业所受之影响，自当数倍于此，故棉纺织业所关于国民经济之巨大，远非其他企业所可比拟。当此唯一民族工业事态日趋严重之际，在政府亟应速谋挽救之策。然事业既大，需费亦巨，分其缓急，可先注全力于已停之厂，而次及在运转中者。本部前奉院令交办五中全会议决：由政府救济全国纱厂恐慌推广土布销路一案，经于二十四年六月间召集财政部暨全国经济委员会开救济全国棉纺织业会议，决定进行办法四项，经由本部依照会议结果，拟具会稿，呈院核行。嗣以最关重要之组设大华棉业信托公司一项，因资本问题，尚须考虑，以故该项会稿，现仍未准财部咨复，暂时搁浅。现奉院令交办第五次全国代表大会，戴委员传贤等提议，请由政府切实维护棉纺织业一案，其决议第一项，关于棉纺织业之亟待救济交由政府统筹办理，系属本部主管范围，应即会商筹办。前准全国经济委员会函复，准本部函请转饬棉业统制委员会查明申新二五两纱厂情形一案，附送拟具救济方法及意见，连同原定救济已停各纱厂计划草案各一份前来，所拟救济方法及意见，以目下金融状况观之，若无政府为之助力，实恐不易复兴，甚盼政府急速成立救济棉业之中心机关，亦即前次会议决定组设大华棉业信托公司之目的。再救济方案之主张，在该公司未成立以前，就棉统会设立纺织工厂救济处，可否采行。似应由本部再行召集财政部棉业统制委员会会议，商决一切办法，是否有当，理合检同前次会议纪录，签请鉴核示遵。谨呈

部长

次长

职刘荫茀谨签印

二月六日

（3）实业部复呈（11月25日）

案查前奉钧院二十五年一月十一日第一六八号训令，奉国民政府训令，奉中央执行委员会函，第五次全国代表大会戴委员传贤等提议，请由政府切实维护棉纺织业一案，经第三次大会决议两项，令仰分别筹议办理。等因。令饬会同棉业统制委员会，按照主管范围，分别筹议办理具复。等因。关于救济全国棉纺织业事项，前奉钧令交办五中全会议决，由政府救济全国纱厂恐慌推广土布销路一案，经于二十四年六月十四日，由本部召集财政部暨全国经济委员会会议，决定进行办法四项，拟会呈钧院核行。只以最关重要之组设大华棉业信托公司一项，因资本问题，财政部尚须考虑，以致停顿。本案与前案办法相同，遂亦未能解决。嗣准财政部咨据冀晋察绥统税局呈报华北纱业危殆情形，请筹拟救济办法，于二十五年九月二十一日，由本部召集外交、财政两部暨棉业统制委员会会议，合并前后各案讨论，佥以挽救棉业一事，为目前急切要图，经决议两项，复由本部咨商财政部办理，一面由棉统会与银行接洽投资，俟有相当结果，再行开会商议进行。该项决议如能实现，全国棉纺织业困难问题，自可得一相当解决。除俟再议决定后，另文呈报外，理合将前后办理大概情形，先行呈复，伏乞鉴核。谨呈

行政院

中华民国　年　月　日

（4）行政院训令（12月23日）

行政院训令　字第7542号

令实业部

案查本年一月间，奉国民政府第二五号训令，以五全大会戴

委员传贤等提请由政府切实维护棉纺织业一案，经决议两项，令仰分别筹议办理等因；当经令饬该部及交通、财政、铁道三部，各就主管范围分别筹议办理，具复在案。兹据该部等先后呈复到院，除令知交通、铁道两部并饬财政部从速设法进行暨汇呈国民政府鉴核外，合行抄发该部等原呈暨交通部原附申新永安等公司专装合同及运价表，令仰知照，并应迅予会商进行为要。此令。

计抄发交通财政铁道三部原呈各一件申新永安等公司专装合同及运价表各一份

代理院长孔祥熙

中华民国二十五年十二月二十三日

抄原呈

查第五次全国代表大会议决维护棉纱纺织业一案，前奉钧院二十五年一月十一日第一六八号训令，饬就主管范围分别筹议办理具复等因；当以原提案办法第四项，有"运输交通应予特别便利"之规定，事关航运，经令饬国营招商局筹议办理，并呈复钧院各在案。兹据该局呈复以棉纱及纺织物交由局轮装运时，如有相当数量者，本局可照申新永安等公司先例，与之订立专装合约，除运输上当相机予以便利外，其运率之减低及货物之装运，均可商酌办理。等情。附呈申新永安等公司专装合同及运价表各二份到部，经加审核所拟优待棉纱纺织业办法，尚无不合，拟准照办。除指令外。理合检同附件一份，备文呈请鉴核。谨呈

行政院

附呈申新永安等公司专装合同及运价表各一份〔略〕

交通部政务次长代理部务俞飞鹏

抄原呈

案奉钧院二十五年一月十一日第一六八号训令开：案奉国民政府二十五年一月六日第二五号训令开，案奉中央执行委员会二

十四年十二月二十四日敬字第九二九号函：查第五次全国代表大会关于戴委员传贤等二十一人提议，请由政府切实维护棉纺织业一案，经第三次大会决议：一、关于棉纺织业之亟待救济，交由政府统筹办理；二、减轻借款利率及运费，原则通过，交由政府规定实业放款之法定利率及减轻运费办法，转饬主管机关办理在案，检同原提案函达查照。等因。奉此。自应照办。除函复外，合行抄发原附提案，令仰该院分别筹议办理。此令。等因。奉此。自应遵办。除分行实业、铁道、交通三部外，合行抄发原件，令仰该部各就主管范围分别筹议办理，具复。等因。附抄发戴委员传贤等提议请由政府切实维护棉纺织业，解除一切困难案一件到部。遵查原提案内本部主管之：(一)减轻进口花税及奖励国人自办之纱厂一节，已由部于上年拟具方案，呈经中央政治会议核定，只因中外纱商尚有怀疑，以致悬案至今尚未贯彻实行，自应力为设法，以期早日照案办理。(二)取缔花纱拍卖价一节，前据上海市总工会请饬纱布交易所对于花纱两价之开拍，务设法保持平衡，必要时，应停止开拍棉花，等情；分电到部，当以花纱开拍，停拍系属实业部主持，会同本部办理，业经函请实业部查照，发抒意见，在案，拟即再函实业部核后，会同办理。(三)规定借贷实业界利率以四厘为准一节，查减低存放利息，以便活泼市面，复兴经济，业经一再令饬上海市银钱业同业公会会同妥议办法呈夺，一俟呈复前来，即当核定施行。奉令。前因。理合具文呈请钧院鉴核转呈。至为公便。谨呈

行政院

财政部部长孔祥熙

抄原呈

案奉钧院本年一月十一日第一六八号训令，略以奉令第五次全国代表大会戴委员传贤等提议，请由政府切实维护棉纺织业一

案，经第三次大会决议：一、关于棉纺织业之亟待救济，交由政府统筹办理；二、减轻借款利率及运费，原则通过，交由政府规定实业放款之法定利率及运费办法，转饬主管机关办理，令仰分别筹议办理等因；合行抄发原件，令仰该部各就主管范围分别筹议办理具复等因。并附原提案一件。奉此。查本部对棉纺织业夙主维护，关于减轻运费一端，奉令后亦迭经办理有案，兹棉纱现行等级，优者列三等，普通列四等；棉线疋头，优等列二等，普通列四等；棉花精细列三等，普通列四等，粗劣列五等。我国出品质地较次，各路极少按优等或精细收费，实际上已按较低等级收费，而棉纱一项，京沪路订有八折特价，棉织疋头京沪订有八折特价，平汉路则普通者按八折收费，优等者按七五折收费。复以棉花一项为纺织品之原料，尤为尽量扶助。如胶济路订有棉花八折特价，出口者更有七折特价，平绥路订有八折特价，正太路普通棉花按五等收费，平汉路订有运汉特价，普通按四等六五折收费。盖原料负担减轻，不啻成品减低成本也。自奉钧令，当经饬据各路核复，均以该项运价，业经尽量减轻，委实无可再减。本部为充分维护纺织业起见，复将各路棉花产销情形通盘研究，核定津浦、京沪、沪杭甬路棉花联运特价，计津浦段内运程在三百公里以内者，减百分之十五，在三百〇一公里至六百公里以内者，减百分之二十，在六百〇一公里及以上者减百分之三十，又将平汉路棉花运汉特价改订，一律按六折收费，业于本年十月一日起施行，所有本部遵令办理维护纺织业减轻运价各缘由，理合具文呈复，伏乞鉴核。谨呈

行政院

铁道部部长张嘉璈

〔国民政府实业部档案〕

30．实业部关于天津华商纱厂的调查实况

（约1936年）

天津华商纱厂一览表　二十四年三月调查

厂名	华新纺织股份有限公司	裕元纺织股份有限公司	恒元纺织股份有限公司	北洋纱厂公记	宝成第二纺织股份有限公司	达生制线厂
厂址	天津河北小于庄	天津海河岸小刘庄	天津河北西窑窑闸口	天津海河挂甲寺村	天津老盐宅地	天津英租界十九号路
资本	二，四二一，九〇〇元 公积金二三一，六六一	五，六〇〇，〇〇〇	四，〇〇〇，〇〇〇 公积金一七二，〇〇〇	三，七〇〇，〇〇〇 添二〇〇，〇〇〇	三，〇〇〇，〇〇〇	二〇〇，〇〇〇
成立年月	民国七年十一月	民国七年四月	民国九年五月	民国十年九月 二十三年五月改组	民国十一年一月	民国二十一年十一月
纱锭	三〇，二七二	七一，三六〇	三五，四四〇	二七，〇五六	二七，〇二八	三，二〇〇 添七〇

线锭		九七六	七八〇 停二，五四〇	一，六四〇	二，五二〇	一，二八〇
布机		一，〇〇〇	一八〇 停一三〇			
工人	一，三二九	三，九四二		一，七九六	一，二二二	一四八

（各厂现状）上列裕元、恒源、宝成三厂共有资本一二，六〇〇，〇〇〇元，占津市纱厂资本总额百分之六九强，纱锭共有一三三，八〇〇枚，占华商锭数百分之七十。此三厂中恒源已停工二年有余，裕元自去年一月十一日起，宝成自同年七月十五日起，先后停工。原因大抵均为历年赔累甚重，负债颇巨（见下表），且缺少流动资本，无法转圜。

三厂负债情形表

厂名	负债额	债权人
裕元	约五，七〇〇，〇〇〇元	中南、金城、盐业及日商大仓洋行大仓借款日金三百三十余万元
恒源	约二，〇〇〇，〇〇〇元	中国、中南、金城、盐业四行
宝成	约九〇〇，〇〇〇	中国、上海商业、浙江兴业三行

裕元自去年四月一日成立清算委员会至十月十九日召集股东大会，报告清算经过。其全部财产据日方债权人估计为二百五十

二万元，尚不足偿付有担保债务，嗣复经请棉业统制委员会估计，仅值一百六十三万余元，更无法清理。本年五月间，日商以有优先收买权，即商由钟渊纺织公司经营，改名为公大第六厂（一、二、三、四厂设沪，五厂设青岛），预定于十月一日正式开工。

恒源于去年七月间由中国、中南、金城、盐业四行组织之信孚公司接办，添新补旧，力加整顿，纱锭数定为三万六千枚，布机六百五十架。

宝成之债权团虽较简单纯，但意见不一致，故自停工之后，迄未开有有何具体办法。近准财政部咨据冀晋察绥区统税局报称，亦已归日商大信洋行承受矣。

至北洋纺纱厂，前因营业不振，迭经董事会议决出让，近由信孚公司以五十八万元承买全部房屋机器，继续营业。

华新纱厂在全国纱业极度不景气中，虽亦同感困难，然因近年数次之紧缩营业，尚称不恶。其出兑日方一事，据阅为公司内部互闹意见，该厂工人曾两次向津市政府社会局呼吁制止，迄无效果。现在日商（钟渊纺织会社）以一百二十万元之代价（日方应有债权全数扣除），承受全部产业，已于本年八月八日下午正式签约（大公报八月十一日载）矣。

达生制线厂为合伙经营，规模较小。惟设备方面俱系新式机器，生产效率较高，生产费用较少，故营业尚堪维持，且出货不多，销售各亦稍易也。

〔国民政府实业部档案〕

31．财政部为救济华北纱业致实业部咨

（1936年8月12日）

财政部咨　税字第29052号

税务署案呈：据冀、晋、察、绥区统税局二十五年七月三十日第一一一六号呈称：查华北纱业近年以来日形凋敝，山西因处

内地，尚能勉强维持，河北各厂率多亏累不堪。本局平日对于华商各厂在法令范围内向均竭力维护，并饬属随时稽察各该厂演变情形，藉资考证。按现在情况，除石家庄大兴纱厂非在通商口岸，天津达生制线厂规模狭小，且系独资经营，天津裕大纱厂早已租与日商，完全日资办理，均照常工作外，唐山华新属于冀东自治会范围，天津裕元、宝成两厂上半年先后停业。裕元厂亏负外债堪巨，无力恢复，业已转让日商钟纺公司，改名为公大六厂，现正整理内部，装修机器、厂屋。宝成纱厂亦亏负中外商人巨额债款，现将全部厂屋、机器投标拍卖，结果被日商大福公司得标购买，正在办理一切手续，均未开工。该裕元、宝成两厂经由日商承受，该商以现在从事整理、装修，尚未产制货品为辞，所有派驻各该厂办事员不许留驻厂内，强令离厂，驻厂员遂于该厂附近地觅办公，俾便监视、接洽，暨侦察其动作，俟装修完竣，仍行迁驻厂内，并警告该商一切均应遵依政府法令办理，所有登记手续务于开业前办妥，方准开机制品。暨非按章完纳统税领照，不得外运行销各事项。此外，如天津华新厂，锭数较各厂为多，历年营业并非不佳，最近经股东会决议停办，让与外商经营。且据报载唐山华新亦有一并出让之消息，天津恒源、北洋两厂本年由中国金城、盐业、中南四银行合资组织诚孚信托公司，管理业已先后复工，但因棉贵纱贱，营业亏累，闻有出让酝酿，果不幸成为事实，则天津各纱厂尽数落于外商之手。且据传闻日商企图垄断华北纱业，拟俟裕元等厂接办完竣后，分期扩充，将纱锭增加三十万，布机增加十万架，藉以压迫华商，华北纱业年来危机隐伏，尤以津埠最为迫切，厂商自身允宜亟加改进，藉图挽救。兹谨将各厂演变情形约略具陈，理合呈请钧署鉴核等情，理合据情呈请鉴核。等情。到部。查华北纱业，危机隐伏，据称天津各纱厂将尽数落于外商之手，情势至为迫切，究应如何设筹以资挽救。事关扶植实业，据呈前情，除函请棉业统制委员会查照外，相应咨

请贵部烦为查照，酌核办理为荷？此咨

实业部

财政部长孔祥熙

中华民国二十五年八月拾贰日

〔国民政府实业部档案〕

32. 山东省政府主席韩复榘关于查考本省各纱厂实际情形致实业部咨

（1936年12月9日）

山东省政府咨　工字第六三七号

案准贵部工字第一七四零四号密咨，嘱转饬建设厅随时查考所属各纱厂之实际情形，及营业状况，设法排除经营上之困难，并劝导各厂商共体时艰，勉力支持，以维护民族工业之生存，仍将办理情形具报。等因。准此。查本省纱厂，原有三家，除鲁丰一家，业因债累停办正在清理外，现在尚有仁丰、成通两家，其所有实际情形，及营业状况，业经饬由建设厅派员分别前往切实查考，据报各厂现在营业情形，均极发达，经营上并无困难。准咨前因。除仍随时注意察查，以资维护外，相应检同派员查考各纱厂实际情形及营业状况等报告，咨请贵部备查为荷？此咨

实业部

附送查考各纱厂报告二份

山东省政府主席韩复榘印

中华民国二十五年十二月九日

济南仁丰纺织公司

（一）设备　查该厂设于济南市北商埠，津浦铁路东，三孔桥迤西，占地百廿亩，共有纱锭一万五千三百八十四枚，为英国名厂，泼拉脱（prqH）出品颇为精良。其工作效率平均以十六支

纱为标准，全部机器每日可出纱四十八大包。另有自动织布机二百四十台，系日本板本式，最新出品每日能织布六百大疋，其染色、整理、压光等机，每日能操作大布一千疋。动力方面，设有一千启罗透平电机一台，自行发电，供给全厂绰有余裕。其纺纱织布染色各机之运转，多采用单独马达，全厂有大小马达百五十余只，锅炉两座，为拔柏葛（Bobcock）式，自动添煤，经济耐用。至锅炉用水，系引自小清河，来源畅旺，品质纯洁，并无损伤锅炉之虞，此为该厂特别优点。盖厂内虽凿井三眼，因系硬水，故备而不用。建筑方面，纺纱厂占房一百三十四间，染色织布两厂占房一百四十一间，办公室职员宿舍及女工宿舍占房七十二间，均设于围墙之内，惟男工宿舍二十二间，设于厂外。所有厂房之建筑，系锯齿形，平房光线充足，空气流通，并有给温及冷风装置，以调节温度。布厂墙基系用空心砖建筑，并以油毛毡及软硬木料为顶，使与厂外温湿隔断，俾利工作。至于消防方面，清花部及花纱仓库皆安装保险莲蓬头，其余各处，亦分别情形，设有水龙头、水龙袋，太平门、太平桶及灭火器、灭火药弹等，尚称周密，所有厂内花纱什物之搬运俱用吊车吊轨，颇为迅速。关于劳工福利方面，凡男女工房均为单独院落，并有铁床被褥之设，寒暖适宜。此外，有消费合作社、医药室、养病室、书报室、娱乐室、茶水室、盥漱室、沐浴室、餐堂等。运动场地址广大，备有各种运动器具，俾工人于工作之暇从事运动，藉以调养其身心。此该厂设备方面之大概情形也（附各厂机器表）。

（二）组织　该厂依照公司法，组织以股东大会为最高权力机关，更由股东大会产生董事会，主持对内对外一切重要事宜。经理由驻厂常务董事兼任，总理全厂一切日常事务；副经理则专司营业。经理之下，设有事务及技术两部，事务部分文书、会计、推销物料、仓库、工账等股，分别负责。技术部设总技师一人，专司纺、织、染三厂工作之联络及原动修械之管理调度，而每厂复设技师一人，分负工务责任，技师以下设考工员，考工员以下分门别类，各设工务员，管理机械之运转、保全及出品事项。此该厂组织方面之大概情形也。

（三）管理　该厂管理在工作时间采用纪律化，而工余则注重情感之融合。工人在厂非遇有重大过失，至万不得已时，绝不轻易革除。良以工人技术之养成，颇非易易，且开革在工人方面，生活前途固然发生恐惶，而工厂方面，亦必同时受莫大之损失。又该厂工人系尽量采用女工，盖因山东女子身体强健，性情和顺，易于管理，是以女工约占百分之八十五。综观全厂职工，因日常感情融洽，故管理上颇能收臂指之效。

（四）营业状况　该厂成立甫经二年，机器新颖，生产效率甚高。济南工资燃料较其他工业区域为低，且山东年产棉花约有二百万担，原料丰富，采运便利，即在本市坐收，亦可敷用。成本既低，自易销售。按山东年销棉纱三十万件，而济南纱厂合计鲁丰、仁丰、成通三家，不过五万余锭，年仅出纱五六万件，供求相差，大相悬殊，故销路极为畅旺。该厂于二十三年开工，半年盈余三万余元。二十四年纱业虽在风雨飘摇之中，南北各厂纷纷赔累倒闭，而该厂年终结算犹有盈余。本年入秋以来，纱价突涨，兼之织、染两厂出品精良，营业发达，可期而待。惟以市面经济紧迫，银根奇紧，债权者百般限制，致交易上不能悉合。机宜往往备受牵制，利益方面恐不能达预期之数也。

（五）全厂财产　该厂财产以建筑及机械占款最多，所有各项详细数目，附载如下：

地基占洋　三万八千零九十三元

纱厂房屋占洋　二十七万零二百四十三元五角七分

织染厂房占洋　二十万七千二百一十四元零九分

器具占洋　一万二千六百十三元五角二分

纱厂机器占洋　六十八万四千三百八十八元二角四分

布厂机器占洋　十五万五千七百三十八元九角五分

染厂机器占洋　十二万一千零十元九角三分

原动机器占洋　十九万五千二百五十一元五角四分

全厂财产总计占洋　一百六十万零八千五百五十三元九角四分

（六）负债额数　该厂原定资本总额为一百五十万元，而实际收到者仅九十二万元。据前表所列固定财产总额已达一百六十余万元，再加营业方面之流动资本四十余万元，较之实收资本超过一百一十余万元，除将厂房屋作抵于交通、上海两银行，借款四十万元外，其余七十万元则全赖货物抵押及信用借款，以资周转。

纱厂机械

机械名称	原动力	制　造　厂	座数	每座生产（全年）	机械价值
拆包开棉喂花送花打棉除尘连合机	电	英国泼拉脱厂	一组	7200000磅	
开棉打棉花卷机	电	同　上	二台	同　上	
三道清花机	电	同　上	二台	同　上	
钢　丝　机	电	同　上	58台	7000000磅	
併　条　机	电	同　上	21节	同　上	
头道粗纱机	电	同　上	6台	6800000磅	
二道粗纱机	电	同　上	12台	同　上	

续表

细 纱 机	电	同 上	36台	17200件	
筒 子 机	电	上海大隆铁工厂	4台	900000磅	
单面摇纱机	电	上海寰球铁工厂	70台	12000件	
双面摇纱机	电	上海寰球铁工厂	16台	5200件	
打小包机	电	上海寰球铁工厂	5台	17200件	
打大包机	电	上海寰球铁工厂	1台	同 上	
纱 头 机	电	英国泼拉脱厂	1台	18000磅	
打皮棍花机	电	英国泼拉脱厂	1台	同 上	

布厂机械

机械名称	原动力	制 造 者	座数	每座生产（全年）	
整 经 机	电	日本远州织机会社	3台	11000000码	
和 浆 箱	电	同 上	6只		
煮 油 桶	电	同 上	1台		
浆 纱 机	电	同 上	1台	10000000码	
穿 扣 机	人力	同 上	4台	220000疋	

续表

卷纬机	电	同上	1台		
自动织机	电	同上	240台	210000疋	
验布机	电	同上	2台	同上	
刮布机	电	同上	1台	同上	
码布机	电	同上	1台	同上	

染厂机械

机械名称	原动力	制造者	座数	每座生产（全年）	机械价值
电热烧毛机	电	日本和歌山铁厂	1台	3600000尺	
绳状水洗机	电	同上	1台	同上	
二吨煮布缸	电	同上	1台	同上	
开布宽洗压平上装烘干机	电	同上	1组	同上	
卷布机	电	同上	1台	同上	
铁染色机	电	同上	7台	1200000尺	
木染色机	电	同上	9台	1600000尺	
丝光机	电	同上	1台	1500000尺	

续表

水洗烘干机	电	同　上	1台	3600000尺	
上浆烘干机	电	同　上	1台	3600000尺	
60′拉宽机	电	同　上	1台	3600000尺	
万能压光机	电	同　上	1台	3600000尺	
码　布　机	电	同　上	1台	3600000尺	
卷　布　机	电	同　上	1台	3600000尺	

济南成通纱厂

（一）设备　该厂设于济南北商埠官扎营，迤北占地百八十亩，计有厂房一百二十六间，办公房三十六间，花纱仓库及男女工房二百六十七间。纱锭一万六千八百枚。若以制造十六支为标准时，每日能出纱五十二大件。动力方面有二千启罗透平发电机一台，英国拔柏葛式自动给煤锅炉一台。各种机械具系单独运转，共有大小马达一百零九部，其修械厂设备极为完全，能自制纺纱机，是其特点。厂房建筑系采用锯齿式，光线均匀，电灯分布亦极合宜，并有暖气管、冷风器、喷雾器之设备，以调节温度及湿度。消防方面，厂内四墙装设水管及大小水龙头，附有帆布管及橡皮管，并有药末灭火器、太平水桶等，悬挂四壁。举凡梁柱及易于引火之处，如混花间、清花间均另装有喷水嘴数排，拟以备急救。至于工人福利、卫生及教育方面，凡工人遇有疾病，则有医院为之诊治。伤者，给救济费；死亡，给抚恤金。日用物品购买时，则有消费合作社之组织。所得工资，则厂方有强迫及自由二种储蓄制度，月息二分，以期养成工人节用之习惯。厂内工人多系女工。其失学者，除授识字课外，并教以刺绣、缝纫、编织等技能。体育方面，则有广大运动场及各种球类。游艺方面，则有各种棋类、收音机、留声机等。洗衣则由厂方雇人代为洗濯，不另取费。澡塘日夜开放，不收费用。男女工人寝室皆系单独院落，并且每室分离，门窗皆挂纱帘黑布，以备工人昼间安息，此该厂设备之大概情形也。兹将各部机器分别列表附后。

（二）组织　该厂以董事会为最高机关。由董事会推举经理、副经理，下设工务、营业二处。其工务处分纺织、铁工、原动、人事四部，管理机械之运转、制品之成色及人事之调度等项。营业处，则分设会计、庶务、文牍、工账、货栈等部，组织严密，运用自如，毫无阻碍，扞隔之弊，是其特点。兹将该厂组织表附后。

（三）管理　在工作时间，工人操作皆按步就班，数年以来，习惯以成。对于考核勤惰，厂方虽不过严，亦不废驰。眠食设备既为合宜，则工人工作兴趣自觉浓厚。其工作之暇，关于教育、游艺、运动诸项，各设专员教授指导，务使增进常识、修养、精力，故劳资双方感情，颇为融洽也。

（四）营业状况　该厂自民国二十二年开办以迄于今，历年皆有盈余。廿二年获利六万八千余元，廿三年获利十万元。惟开办时，适受世界整个不景气之压迫及内地农村破产之影响，艰苦挣扎，颇费经营。本年自入秋以来，营业良好，但华北纱业环境极为险恶。日人拥有绝大经济势力，已在天津收买数厂，致济南厂家无时不感受压迫也。

（五）全厂财产　以机器房屋占款最多。兹分别于下：

地基及房屋　三十二万一千元

纺纱机器　一百一十万三千元

铁工器具　四万八千元

各项货物　三十万零五千元

总计一百八十五万七千元（资产表附后）

（六）负债总数

实收资本　八十一万七千元

银行存款　六十二万八千元（花纱抵押在内）

各项存款　三十二万三千元（预备金十万元在内）

各种折旧及公债　八万九千元

总计一百八十五万七千元（负债表附后）

原	名称	座数	制造者	每座容量	每座每日消耗量	每座价值	备注
动	透平发电机	1座	英国茂纬厂 Metio-Vickeis	2000kw		6,790英磅	
机	锅　炉	1座	英国拔拍葛 Babcocktwikox	3200平方呎传热面积	用煤13吨	3,002英磅	
	马　达	109部	德国AEG公司	2-60H.P.		每部平均国币300.00元	

机	名称	原动力					制造者	座数	每座生产物之数量（全年）	机械之价值	备注
		蒸汽	电力	柴油	水力	人力					
	清花机		每部30匹马力				本厂自造 英国道白生厂 Dobson of Barkw	1部 1部			
	钢丝车		每部1匹马力				英国道克仙厂	64部			
	并条机		每部2匹马力				Biooks of Daxey Biooks of Daxey	6部			
	粗纱机		每部3匹马力				Biooks of Daxey	24部			

续表

	细纱机		每部10匹马力				Biooks of Daxey 本厂自造	28部 4部			
	摇纱机		每1部用1马力				本厂自造	125部			
	打包机		每部用马力1.5				本厂自造	16部			
	喷雾器		30				上海寰球铁工厂	1部			
械	冷风机		25				本厂自制	1部			
	镟床子		4				本厂自制	35部			
	刨床子		2				本厂自制	4部			

资产总额		负债总额	
房屋	321,000元	实收资本	817,000元
机器	1,183,000元	银行存款	628,000元
铁工器具	48,000元	各项存款	323,000元
各项货物	305,000元	各项折旧及公积	89,000元
共计	1,857,000元	共计	1,857,000元

〔国民政府实业部档案〕

33．天津市市长张自忠关于天津各纱厂情形致实业部咨

（1936年12月17日）

天津市政府咨　乙字第399号

案准贵部二十五年十月十六日工字第一七四零四号密咨，以我国棉纺织工业，年来日形衰落，各地厂商呼吁救济，时有所闻，嘱转饬社会局随时查考各纱厂之实际情形，并设法排除经营之困难，同时劝导各商共体时艰，及办理情形转部。等因。准此。当经令饬社会局遵照办理具报去后，兹据该局复称：

“当经逐项咨访，严密调查，按本市纱厂属于国人所有者共为裕大、裕元、宝成、华新、恒源、北洋、达生等七家，实握华北纱业之枢纽。设备之完善、管理之周至，大足与外商所经营者相抗衡，嗣以营业不振，每向外人抵借款项。在握经济权威之外商，亦正欲藉此放款机会，向国内实业界入步，作变象之投资。于是本利相生，愈积愈重，各纱厂遂相率为所束缚，现虽纱价见涨，营业多有起色，然积重难返，业已不可救药，除裕大早于民国十七年以前，因债务关系改归外人管理不计外，其裕元、宝成、华新三家。在此营业好转之今日，终因负债奇重，由债权人日商大仓洋行及公大纱厂分别收买，计裕元现改为公大第六厂。华新以一百二十万元出脱，现改为公大第七厂。宝成则以一百三十万元卖与民十七年以前日商收买之裕大。是现在国人所有者，仅有恒源、北洋、达生三数家而已。然即此三数家，亦因经济束缚而各失其独立性。计恒源于民国二十四年由债权人中国、金城、盐业、中南等四银行合组一诚孚信托公司接管。未久，北洋亦以六十八万元出脱与诚孚，归其所管。命脉丰盈，营业极为畅旺。至达生纱厂虽负有债务，所幸尚无外资，且年来营业好转，颇能维持。迩者更蒙冀察政务委员会蒿目商艰，曲加体恤，令由本局通

知本市银钱业公会转告银行号，此后对于纱厂放款，务须减低利息。金融界对当局此种辅助实业之意义，亦极同情。以今日之政治、经济两立场言之，本市纱厂，在此凋蔽余生，势非加以彻底之维护，不易收挽危图存之速效。本局除一面调查各工厂之实际情况，随时予以协助外，一面严厉制止各工厂再有出脱外商之情事。因消灭一工厂事小，而影响国家企业前途实大，是以厉行统制，尤为维护工业之具体方策，倘一仍旧贯，令其自立挣扎，不予以实质上之接济，终必捉襟见肘，行将有破产之一日，届时即诚孚信托公司卵翼下之恒源，北洋两大厂，亦将不敌外资之袭击，而入没落之途。彼时欲求亡羊补牢之策，恐亦不可得矣。奉令前因，谨将本市纱厂之近况及陆续出脱之原因，胪陈梗概，伏乞核转。”等情。据此。除指令外，相应咨请贵部查照为荷。此咨

实业部

市长张自忠

中华民国二十五年十二月十七日

〔国民政府实业部档案〕

34. 河北省政府主席冯治安关于纺织工业救济情形致实业部咨

（1937年1月26日）

河北省政府咨　秘三字第109号

案查前准贵部咨，以我国纺织工业，日形衰落，嘱饬厅调查各纱厂实际情况，咨转查考。等因。当经令饬建设厅调查具报，并先行咨复在案。兹据建设厅呈复略称：当以本省纱厂现只大兴纱厂一处，经饬据石门工厂监察员查明呈复略称：查大兴纱厂内部组织，分纱、布、毯三厂。纱厂装置纱机一百台，共计三万零一百四十四锭子，布厂装置布机五百台，毯厂装置毯机八台，卫生设备，大致尚可。惟预防火灾之安全设备，诸多简陋。管理方

面，尚能依照工厂法办理。前数年营业，因外货充斥，低价倾销，以致连年亏折。惟自今年以来，营业逐渐发达，尚属有利。该厂负债数额，约百万元左右，财产总值，约一百四十万元。奉令前因。理合将查得该厂实际情形备文呈请鉴核呈转。等情。据此。查关于该厂协助救济一节，准钧府秘书处函转奉冀察政委会令发，救济大兴纱厂办法一案，曾经会同财政厅会函河北省银行派员洽商救济办法，有案。拟俟洽商情形如何，再行呈报，理合先将办理情形呈请鉴核转咨。等情。到府。查大兴纱厂为本省仅存之纺织工业，近以营业衰落，各方咸谋救济。前奉冀察政务委员会令发救济该厂办法，正由本省财政、建设两厅会商省银行进行救济中。据呈前情，除指令外，相应咨请查照为荷。此咨

实业部

主席冯治安

中华民国二十六年一月二十六日

〔国民政府实业部档案〕

35. 实业部等救济华北棉纺织业的有关文件

（1936年10月—1937年2月）

（1）实业部致全国经济委员会公函（1936年10月16日）

实业部公函　工字第17405号

查关于救济华北纱业一案，前经本部函请贵会棉业统制委员会暨财政、外交两部派员会商结果，议定办法两项：（一）华北现存各纱厂由实业部以行政方式，阻止其出让；（二）整理全国棉纺织业依据棉统会所提办法原则，由实业部函商财政部筹拨补助金五百万元，一面由棉统会与银行接洽投资，俟有相当结果，再行开会商议进行。除第一项业已由本部办理外，其第二项办法究应如何进行，相应检同会议纪录，函请贵会查核，见复为荷！此致

全国经济委员会

附送会议纪录一份

部长吴鼎昌

中华民国二十五年十月十六日

实业部救济华北棉纺织业会议纪录

时间　二十五年九月二十一日

地点　实业部

出席代表　俞汝良、刘昌景（财政部），李升伯、唐星海、童润夫、王荫乔（棉业统制委员会），袁子健、孔涤庵（外交部），刘荫茀、李崇典、旷深文、张轶欧、陈郁（实业部）。

主席　刘荫茀

纪录　张政和

主席说明召集会议之意义，并出讨论事项，分法律及事实两点。

棉统会代表李升伯报告华北纱业以往及现在情形，暨棉统会对于该处纱业办理经过，以及现时所拟之计划。略谓：华北纱业之兴办，完全乘欧战时良好之机会，关于资本组织、机器设备以及制造技术等项，起始即未十分注意，故欧战告终，各纱厂之营业颇形不利。自十一年至十五年已入于恐慌时期，当时国内华商纱厂制造交费与日商纱厂相差不远，迨九一八及一二八事变发生以后，日商以抵货关系经多方之努力，并请本国有经验纱业专家来华研究，将制造交费每件由四十二元减至二十八元，即以此所节省之费用，削价与华纱竞销。而本身不健全之华北纱业，首蒙其威胁。十九年至二十三年间情势极为险恶，棉统会成立之初，深以华北纱业崩溃为可虑，曾经详加调查与缜密研讨，以冀有所挽救，同时该处纱商亦认为有切要整理之必要，经商议结果拟定原则数项，即清理旧债，组设新公司，其实施步骤先从裕元着手，对于该厂所欠日商大仓洋行之债款三百三十万元，迭次磋商，允减至二百万日金，依照当时汇率，约合国币一百五十万元，分期偿还，并于二十三年四月间，订有草约，中国债权之二百五十万元亦接洽妥贴。嗣以新旧银行团意见不一致，组织新公司之议无从积极进行。本年初大仓洋行以中国方面未能履行草约，而天津日本驻屯军部复数度严令该洋行催促将债权移交钟渊纺织公司承受。至本年四月，裕元纱厂终以一百七十余万元之代价，出让于钟渊公司。其他日商，如大日本纺织公司筹鉴于华商纱厂卖价之低廉，日驻屯军部之从中支持以及华北改良植棉之丰收等等有利事项，亦锐意扩张其在华势力，竞相收买，因此宝成、华新两厂相继入于日商之手，令今后仍拟赓续收买，从并吞华北纱业之途径，以达到统制我国整个棉业之企图。本年六月，日本棉商在大阪开会议决，日商在上海方面之纱厂暂不与华商纱厂为量的竞争，而从事于织染整理厂之设施。在华北方面，则拟增加新锭三十万枚，其用意所在已属显然。此次棉统会接到实业部召集会议通知之后，曾邀请各专家再三会商筹议办法，认为华北纱厂为我国棉业对外第一道防线，现在此道防线既已无法固守，亟应采取有效办法，防止其再行深入，质言之，即在集中政治、经济、技术三种力量，以整理及发展全国棉纺织事业。其中关于经济一项，去年六月间实业部召集救济全国纱厂会议时，曾依据棉统会之意见议决组织大华棉业信托公司，先收资本五百万元，官商合办，指定由棉统会负责办理。本会曾向金融界接洽，惜以当时市面金融紧缩未能成功。最近以华北纱业之危急，复与事业界及金融界数度洽商，皆以欲谋救济目前纱厂，非仅贷予少数营运保证金，使之苛延残喘，以维现状为满足，必须以实力协助各厂，以资本、设备及技术等彻底之改善，并调整花纱布之产销，并发展整个棉业有关之各项附属事业不可，乃主张成立一大规模之棉纺织工业管理局以办理之，拟定资金三千万元。依照储蓄银行法第七条第三项之规定，由各储蓄银行等，于五年内，每年度各交六百万元作为长期放款，另由政府拨给补助金五百万元作各银行投资之担保，按查国内各银行储蓄金总额逾五万万元，依法以百分之二十为不动产，放款应有一万万元。兹以三分之一数目三千万元对棉业放款，并非不可能，且农本局资金之筹集，亦采取此种办法。如果是项计划能够实现，则纱业一切困难问题，均可迎刃而解决。即最近数年植棉及贩运工作，亦不至被外人利用。至于棉纺织工业管理局组织规程及设施纲要，均已分别草就，当即逐一宣读，是否可行？请各代表详加讨论。

实业部代表张轶欧略谓：棉业整理与金融两者纵有办法，而一般商人缺乏国家观念，如无法律之制裁与政治之督促，难免不受外力之引诱或压迫，发生过去出让不幸事件。

实业部代表陈郁发言：在法律方面，现行公司法对于外商收买本国产业以及本国商人将产业让与外商，均无明文规定，得受限制，纵于事后因呈报迟缓予以处罚，于事实上亦丝毫无补。现在棉统会就整理全国棉业着想，提出组织棉纺织业管理局之议，自属重要。惟于资金之筹集系仿照农本局之办法，而实际上与农本局情形不同，银行界是否愿意投资，不无疑问。

棉统会代表唐星海谓：本席对于此事尚有意见补充。去年六月间会议所决议组织大华棉业信托公司之五百万元，当时如能筹集成立，或不致发生本年华北纱业之险象，此后情形日趋危殆，时机迫切，如再行遗贻，全国棉业将不堪设想。故认为此项计划，亟应积极求其实现。

财政部代表俞汝良谓：财部方面，在会议以前未悉，所提办法之内容，事先未予考虑。各位如认为挽救棉业必须财部担负相当责任，自当在可能范围内赞助之。

棉统会代表李升伯复说明银行对于整理棉业之投资大都表示好感，前此曾有初步接洽，稍具端倪。虽结果如何未可逆料，惟有勉力以为之耳。

讨论至此，各代表佥以挽救棉业一事，为目前急切要图，对于棉统会所提方案，原则上一致赞成，惟应俟分途接洽妥当，然后讨论进行办法，即由主席分为两项，提付表决，如下：

议决：(一）华北现存各纱厂，由实业部以行政方式，防止其出让。

（二）整理全国棉纺织业，依据棉统会所提办法原则，由实业部函商财政部（筹拨补助金五百万元），一面由棉统会与银行接洽投资，俟有相当结果，再行开会商议进行。

（2）实业部致全国经济委员会的公函（1936年12月19日）

实业部公函　工字第18211号

案查关于挽救华北纱业一案，前经本部根据各关系机关会商，议定办法，分别进行。并准贵会秘书处函复，已行知棉业统制委员会速与银行接洽投资，嘱将函商财政部筹拨补助金办理情形见复。等由。在案。兹准财政部本年十二月三日税字第三二八二六号密咨，节开："查华北各纱厂自经日人先后收买，我国棉纺织业前途，确甚危险，棉统会主张亟应采取有效办法，防止其再行深入，提议设局管理，自属正当救济途径，查原计划书内，该管理局资金，定为三千万元，并规定依储蓄银行法第七条第三款，由各储蓄银行分期投资。惟查储蓄银行法第七条第三款：以继续有确实收益之不动产为抵押之放款。原案对于棉业放款，援引上项条文，似有未符。如依照储蓄银行法第七条第八款：以农产物为质之放款之规定，以棉业放款，视同农产物之放款，似尚可行。该局资金三千万元，若由储蓄银行投资营运，事实上系完全商业性质，如能由贵部与棉业统制委员会随时指导，力予维护，似已足尽政府责任。金融界为自身利益计，当能乐于投资，似无再由政府拨款补助之必要。且资金总额共有三千万元之巨，恐亦非五百万元之补助金所能担保。现在国库支绌，五百万元为数非少，实属筹措不易，拟请将政府补助一节，予以删除，以免本部办理困难，缘准前由。相应咨复。即希查照。”等由。准此。相应函请查照。并希将棉业统制委员会与银行接洽投资情形见示为荷。此致
全国经济委员会

部长吴鼎昌

中华民国二十五年十二月十九日

（3）陈光甫致全国经济委员会秘书长秦汾的笺函（1937年2月23日）

全国经济委员会棉业统制委员会笺函　统字第五六六〇号

案准贵处秘字第三三七二二号密函，为准实业部工字一八二一一号函，转财政部函以棉业统制委员会拟设棉纺织工业管理局，由银行投资，政府筹拨补助金，办理挽救华北纱业一案，系完全商营性质，似无再由政府拨款补助必要，且资金总额共有三千万元之巨，恐亦非五百万之补助金所能担保，现在国库支绌，五百万元为数非少，实属筹措不易，拟请将政府补助一节予以删除。等由。嘱查照将与银行接洽投资情形见复，以便转复。等由。准此。查棉纺织业之救济及开发，非先有整个之计划及合理的统制不为功，棉纺织工业管理局之设，即负有上项之使命。然该局之成立，如无经济力为之后援，将亦难为有效之措置。各银行本以营利为目标，如无相当保证，自难强其投资，十数年来，各银行对纺织工业，虽颇有相当之投资，然皆各自为政，不相联属。对于其经营组织，多所隔膜，一方企业本身资力不充，设备管理多有未善，而企业家之意见既殊，利害关系复不一致，每有施设整理及计划，亦多扞格难行，此近年来纺织工业衰败之最大原因，而银行亦感受相当之痛苦者也。本会对于救济及开发斯业所拟之步骤，第一在谋资本之合理化，一方使企业无感觉资力不充之苦，一方使资本得有适宜之用途，不致浪费；第二在谋设备之现代化，

俾品质得以改善，产量可以增加，开支可以节省，以促利润之增益，期损耗之末减；第三在谋人事组织之健全，及技术管理之科学化，俾一可收指臂驱策之效，无运用迟滞阻碍全局之虞，一可以最小劳力，收获最高效率，无疏略不周益增厂累之虑；第四在谋企业之联合化，俾能集中力量应付外来事变，不致因独力难支受各个击破之困阨；第五在谋运销之统制化，俾能完成全国运销网，调节供求，减低运费，防阻外商侵略，再由自供自给，进而开拓对外输出，以完成纺织业不拔之基础。凡此数项，俱属重要，而欲实行此项工作，则非赖有专门机关为之经营、专门人材为之管理不为功，此种机关之组织，虽历年来由本会多次协商，均以未能获有切实之后盾，故迄今尚未能成立，以故去岁华北各厂大部出卖于外商，本会亦无法加以挽救，此至堪痛惜者也。近来市况虽少有转机，但各厂根基，较之去年并无进步，一遇风波，仍复危险堪虞。近来外商复在上海、青岛、天津等地竭力扩充，无有已时，恐至本年年底，在华外厂之锭数，即将驾华厂而上之。今将中外厂商之现状及扩充后之情形表列于次：

纱锭	全国外商	全国华商	共计	布机	全国外商	全国华商	共计
根据纱厂联合会二十五年三月调查（连当时拟添锭台数在内）	二，二〇二，三七二枚	二，九二二，九八一枚	五，一二五，三五三枚		二八，三〇〇台	二五，四九九台	五三，七九九台

续表

天津华厂售与日商后增减	增一九八，四〇七枚	减一九八，四〇七枚			增一，五〇〇台	减一，五〇〇台	
共计	二，四〇〇，七七九枚	二，七二四，五七四枚	五，一二五，三五三枚		二九，八〇〇台	二三，九九九台	五三，七九九台
计划加锭台	六二三，二八五枚以上	暂估一〇〇，〇〇〇枚	七二三，二八五枚		二〇，九三四台	暂估二，〇〇〇台	二二，九三四台
完成后共计	三，〇二四，〇六四枚以上	二，八二四，五七四枚	五，八四八，六三八枚		五〇，七三四台以上	二五，九九九台	七六，七三三台

照上表情形，外商纱锭超过华商二十万枚，布机超过一倍，主客之形既易，我华厂生死之权，更将操纵由人，即此不论，仅就短期内增加七十余万纱锭二万余台布机言之，将来棉货产销数量，如无法使其输出，势必达于饱和点以上，中外各厂竞争，此后自必更趋激烈，品质优良，成本低廉，实为最要之点，此又非有合理的资本、设备、人事管理、技术及联合之力量不为功，若

非及时准备，恐将噬脐莫及。至准备之要着，即首须组织有经济权力之机关，再以政治力及技术为之辅助，方能切实之宏效，本会屡请设立棉纺织工业管理局之计划即由于此。惟政府不以经济力为助，则各银行因无所保障，亦将不愿投资。夫纺织事业如经营合法而稳健，即遇亏损，亦属有限。在目前情形言，更无亏折之理，所以本会拟恳政府方面加以经济援助者，不过促成该局之成立，而为非常时期之准备，此机关设置以后，不仅可以阻止外商工业之侵略，进而对于产销加以策进，亦可谋商业之发展，实属至利之举，准函前由，相应函述补助必要情形，仍请查照转函实业部，转请财政部仍予早日筹拨五百万元之保证金，庶可使各银行安心投资，而得将我国唯一之民族工业加以维护，且逐渐推进以发展国民经济，防止经济侵略，棉业前途，实利赖之。至本会根据上年九月二十一日在实业部会议议决，已迭次与各银行接洽投资。但各银行之意见，皆以视政府保证金是否有着，以作讨论之基础。故此时尚无结果，合并声明。此致

秘书长秦

主任委员陈光甫印

二六年二月廿三日

〔国民政府全国经济委员会档案〕

二、丝纺织业

1. 财政部等为解决上海市丝厂协会请求拨款救济丝厂业的有关文件

（1928年1月16—31日）

（1）国民政府秘书处公函（1月16日）

国民政府秘书处公函　第一六三号

径启者：顷奉常务委员发下上海特别市长张定璠呈转上海市

丝厂协会请求拨款救济情形，请鉴核，令饬财政部指拨关款或指定二五附税余款之一部作为保证，乞指令祇遵，呈一件。又电为各丝厂亏折甚巨，无力支持，拟请指定二五附税项下余款部分为保证，令财政部电致中、交两行会同内地银行团，于阴历年内分任借拨，以资救济，乞电令祇遵，代电一件。奉谕交财政部并案核办。等因。相应检同原副呈暨抄录原代电除函送财政部外，相应函送查照。此致

财政部

上海特别市市长张

计检送原副呈暨抄送原代电各一件

中华民国十七年一月　日

呈。为据情转呈，仰祈鉴核事：案据职府所属农工商局呈称，案据上海丝厂协会委员会呈称：窃本市丝厂营业濒于绝境，厂商无力支持，迫将停业，恳请援例拨款救济，以维国产。除将困难危迫情形开列七条外，若非力谋补救，殊难挽此危局。查民国三年及七年间，吾丝厂业亦曾入此危险状态，均经呈准政府，拨款救济，藉勉维持。乃今之困难及危迫形状远甚于昔，非特难以维持，抑或破产，亦不足以济事。惟有恳乞转呈市长，咨请国民政府财政部转令江海关监督行知税务司，准于海关正税项下，援例借拨关平银一百五十万两，免予计息，以资救济，万一海关借拨为难，不妨转向内地银行团设法，有此中外往例可援，当能俯予照准，除切劝上海各丝厂暂勉支持外，为此据情呈请鉴核施行。等情。据此。查蚕丝为中国大宗出口货，丝市兴衰与全国经济以及农工生计，关系至巨。本市为全国丝业中枢，大小丝厂计达百数。本年各国蚕茧丰收，供过于求，以致丝价一落千丈。日本政府有鉴及此，曾经商同银行拨借免利巨款，并限令缩短制丝期间，俾资救济。在上年份已借拨免利款项计达一万万元，又将一部分之存

丝故意削价出售，所有损失由政府及中央丝商协会补助之，一方笼络外商，不购他国之丝，一方贬价出售，藉以压倒华丝，其政府赞助之力、商人用计之巧，宜其力足以左右世界丝市，而称雄东亚。吾国丝商资金本不雄厚，向以现货息借款项或先期抛诸洋商，藉以周转，一遇金融紧迫，即发生种种危象，加以时局未靖，工潮澎湃，历述痛苦，自非无病之呻吟，职局在该会来呈以前，已有所闻。早经派员调查，继复编制丝厂调查表，分发各丝厂填报，并向银钱业调查受抵押之丝茧数量，原冀集合各方调查之结果，可以见丝厂业衰败之现状，然后为之设法补救，以尽保护工商之职责，今既据呈请救济前来，核与职局所知尚属相符，非由政府迅予拨款救济，断难解除丝商之困。而各丝厂所流通之款，既皆来自银钱两业，设有不测，影响所及岂止本业，或竟波及全市，更属不堪设想。况丝业失败之后，重图振兴，亦非咄嗟能办。明年丝市果一蹶不振，则育蚕农民势必同受打击，徒为日丝造成独占之机会，岂为我政府造产育农之本意。惟查该会所请求之第一点为拨关款救济，现在关款存放尚未收回，海关行政亦岂瓯全，正税收入又闻无余，加以转辗相商，需时必久，转瞬旧历年终帐款皆须结束，即使照拨，恐丝商已不及时雨之需，而将索诸于枯鱼之肆，何况不利于吾者，安知不乘机苛求迫厂商以不能承担之条件，有如民国三年之往事。故国民政府能令财政部指拨关款救济，是以国家之款维持本国实业，固属正办。如或恐办理周折不能立拯丝商于困境，则请国民政府指定二五附税项下余款之一部为保证，由内国银行借款接济，较为便捷易行，厂商即以丝茧提供担保。政府虽为丝业居间保证，仍有厂商确实之担保品在，当不至发生若何危险。似此办法，于维护丝业之中兼寓保全农工生计之意。故虽本年各业同属困难，而独对于丝业谋救济者以此。至各厂丝茧存数，及与银钱两业抵押款项究有几何，以及救济之款实需若干，分配担保如何办理，由职局自当于最短期内切实调查，并俟奉令核准之后，再行会同总商会及该协会妥拟办法，条陈察核。所有本市丝厂协会请求拨款救济情形，呈请核转等情。据此，职府复查属实，理合连同丝厂协会副呈备文呈请钧府鉴核，令饬财政部指拨关款或指定二五附税余款之一部作为保证，以解丝业之倒悬，藉保农工之生计。是否有当，伏乞指令祗遵，实为公便。谨呈

国民政府

附呈丝厂协会副呈一件〔缺〕

中华民国十七年一月九日

（2）财政部复函（1月31日）

径复者：准贵处函开，顷奉常务委员发下上海特别市长张定璠呈转上海市丝厂协会请求拨款救济情形，请鉴核，令饬财政部指拨关款或指定二五附税余款之一部作为保证，乞指令祗遵，呈一件。又各丝厂亏折甚巨，无力支持，拟请指定二五附税项下余款部分为保证，令财政部电致中交两行会同内国银行团，于阴历年内分任借拨，以资救济，乞电令祗遵，代电一件，奉谕交财政部并案核办。等因。相应检同原副呈暨抄录原代电函达查照。等因。准此。查该丝厂协会所称各丝厂亏折甚巨，无力支持，各节尚属实情，自应设法救济，以资维持。除已由部附发抄件，令仰江海关监督，转商税务司，迅就关税项下如数照拨，以维实业外，相应函请贵处查照。此复

国民政府秘书处

国民政府财政部长宋子文（印）

中华民国十七年一月三十一日

〔国民政府档案〕

2. 工商部视察员蒋琪调查苏州无锡丝织棉织厂报告

(1928年7月12日)

苏州　有丝织厂五，棉织厂二。

开源电机丝织厂　电机四十只。

（原料）经纬两种，半为国产，半为外产。有厂丝、土丝、纺纬、绢丝、人造丝、纱线六种。

颜色外产。

（可采）府绸一种甚厚，可作夏令制服。土丝、厂丝、绢丝、交织品。

振亚织物公司　电机三十只，铁机四十只。

（原料）经纬两种同上，但多毛线一种。

颜色外产。

（可采）毛葛一种，丝毛交织品。颜色任意，可用作春夏两季制服，价每尺一元七角，幅阔二尺八寸。

天孙织绸厂　铁机一百只。

（原料）经纬两种，半为国产，半为外产。土丝、厂丝、绢丝、人造丝四种。

颜色外产。

（可采）无。

东吴丝织厂　铁机四十只。

（原料）经纬两种，半国产，半外产。

颜色外产。

（可采）无。

延龄丝织物厂　铁机四十只。

（原料）经纬两种，半为国产，半为外产。厂丝、七里丝、人造丝、毛线、绢线五种。

颜色外产。

（可采）丝哔吱、绢哔吱两种均为丝织品，可作夏令制服。

以上为丝织厂。

公民劝业布厂　木机一百六十只。

（原料）经纬纯用四十二支双古线细纱，日货，人造丝，欧货。

颜色外产。

（可采）六百八十二号深蓝布，六百四十六号蓝布，可作冬季制服。

震丰布厂　木机一百五十只　铁机三十只

（原料）经纬用二十支纱，国产，三十二支纱四十二及六十支线，均日货，人造丝，欧产。

颜色外产。

（可采）一号可作冬令制服，二三四号可作春夏制服。

无锡有纱厂连织布者四，寻常布厂四，规模较大而能制丝光布、丝光线厂一。

申新第三纺织厂　电织机九百，现开五百。

（原料）经纬两种，用八支至三十二支。

颜色外产。

（可采）黑哔吱、褐色哔吱可作冬季制服，色丁布、白番布可作夏令制服。

广勤纺织公司　织机七十二座。

（原料）经纬用十支至十六支纱，本厂。

（可采）均织绒布，无制服之料。

该厂能制四十二支细线，仅为苏锡一家，特所出不多，未足恃也。

庆丰纱织厂　织机二百具。

（原料）经纬两种，用一支至二十支，均该厂所出。

颜色无。

（可采）平布可用作夏季制服，余为白绒。

豫康纺织厂　现仅制纱。

丽华布厂　木机二百二十具。

（原料）经纬用四十二及六十支线，二十支、三十二支、四十支纱均为日货，尚用人造丝，颜料欧产。

（可采）影格哔吱、斜地哔吱、华达呢、斗方呢、回纹呢，均可用作春秋季制服。

光华布厂　木机一百具。

（原料）经纬两种，用四十二支、六十支线，二十支、四十支纱，人造丝均日货及欧货。

颜色欧产。

（可采）华达呢、毛格呢均可作春秋季制服。

劝工布厂　木机一百四十具，铁机二十五具。

（原料）经纬两种，用十六支、二十支、二十六支纱，均无锡出；三十二支、四十二支纱及三十二支、四十二支、五十支、六十支线，均日本货，人造丝欧产。

颜色欧产。

（可采）斜纹呢及哔吱，均可用作春秋制服。

南昌布厂　木机三十具。

（原料）经纬两种，粗纱本地产，细纱线，日本货，人造丝，欧产。

颜色欧产。

（可采）米色斜纹呢可用作春夏制服。

丽新染织厂　汽织机二百具，木机二百具，漂染丝光线及布机全。

（原料）经纬两种，用二十支、三十二支、四十支、四十二支、六十支纱及线，均为外货。

颜色欧产。

（可采）鲤星华达呢及哔叽、天孙花呢、千年葭布、黄斜纹，均可作春秋冬三季制服。

统观各厂丝织，以振亚及开源两厂为最能出多货，而棉织以申新及丽新，两厂设备完全。此四厂者，机力既足，技术优美，所出货可与舶来者竞争。

民国十七年七月十二日　视察员蒋琪

〔国民政府工商部档案〕

3. 上海丝厂协会委员会关于改良蚕丝治标办法致工商部呈

（1929年3月16日）

窃中国厂丝，关系国际贸易，维持社会生计。自日本丝业勃兴，华丝日就衰落，彼日丝能雄踞欧美市场者，说者皆谓其缫制精良，不知丝之原料为茧，茧之良窳，在种仔所出与饲育之方法。日产之茧，绝少双宫、映头、薄皮之类，其故全恃上簇时之维护得法。彼邦售茧者，并将茧之类别，自为区分，其有益于丝市，实非浅鲜。我国育蚕者，向少根本改良观念，挽回积习，诚非旦夕可能，但蚕已成熟，怠忽于上簇前后手续之一转移间，宁非可惜。盖江浙皖三省育蚕上簇之法，类以稻草切扎成把，或排列，或悬挂，随意将蚕抛置，则蚕之聚处，疏密不调，遂有双宫、映头等弊发生，蚕户又混合求售，致令全货减色，在育蚕者实已暗受其耗，而茧商缫厂，同被影响。曾于上年三月间呈由上海市政府前农工商局，请江浙皖三省建设厅饬属改良，无如茧市后询察各处现状，仍无若何成绩，足见该蚕户视为具文，不加注意。本年蚕汛转瞬即届，为此具文呈请，分饬江浙皖三省建设厅训令各县长官，负责督促各市乡镇区，切实奉行，务期各蚕户于本届上簇时，格外注意，安置成熟之蚕，必疏密得宜，勿使二蚕共缠一

处，致成双宫之茧。在售茧时须将双宫、薄皮、映头等自行区别拣出，茧商当分别定价收受，期收改良蚕丝治标之效。谨呈
国民政府行政院工商部

上海丝厂协会委员会谨呈(印)

中华民国十八年三月十六日

〔国民政府工商部档案〕

4. 上海电机丝织厂同业公会为电机丝织营业凋敝请求救济致工商部呈

(1929年10月7日)

具呈人上海电机丝织厂同业公会

会址上海北京路一百号

呈为电机丝织营业凋敝，难以维持，仰祈据情转咨财政部准予依照机制仿洋式货物纳税，以资救济事。窃属会各团体会员为数约有二三十人，均在上海特别市区域以内设立电机丝织厂，专以新式电力机械，用蚕丝、纱线、毛线、人造丝等原料纺织绸、缎、绉、葛等服料用品，行销国内及印度、安南、南洋群岛一带地方，工人、商店依赖敝业以资生活者，直接、间接不下十余万人，对于国民生计关系匪轻。无奈年来所有出品，外遭舶来品之竞争排挤，内受重税之妨碍束缚，以致营业一落千丈，工厂之停业倒闭者前后相接，其中即有勉强支撑维持残局者，亦多奄奄一息，难期振兴。目睹洋货之侵掠，无力与之竞争，此中困难情形自早在部长明鉴之中，无待属会缕述。为今之计，维持敝业即可以维持十余万国民之生计，素仰部长关怀民生，体恤商困，苟有具体救济方法，可以解敝业倒悬之若者，自必乐于批准施行。窃查属会各厂出品，如真假毛葛、花素、印度绸等类，确系仿洋式货物，且又系以电机织造者，当可援照成例，呈请钧部转咨财政部，准予依照机制仿洋式货物纳税办法，于行销国内时，在第一

关卡完纳正税及二五附税各一道外，概免重征，在运销外洋时，概予免征。如此则厂商销货成本不致过重，不仅国内实业振兴有望，即外来商品亦抵制可期。属会非不知此项请求关系国库税收，为数颇巨，苟使营业可以维持，决不敢妄行多渎。惟观于营业实情，国内仿洋式货物，因工厂资本微薄，本已不堪遭洋货之竞争，倘使纳税一端，复与洋货显有出入，万不足以图存，且属会各厂所出货品，其原料本不限于蚕丝一种，有以毛线与蚕丝交织者，即俗所谓真毛葛是也，有以纱线或绢丝与人造丝交织者，即俗所称冲毛葛是也；有以人造丝与蚕丝交织者，即俗称巴黎缎是也，完全人造丝织造者，即俗称新华葛是也。此等出品，其原料除蚕丝以外，均系从外洋输入，已照进口税率纳税，较之径由外洋输入之制成品，其成本已见增加，倘制成之后，在税则上复不能与输入品立于同等地位，则更无图存之可能。再进一步言之，国内棉织、毛织各厂，其出品之系仿洋式者，均得依照机制仿洋式货物纳税，敝业所有出品，其系以棉毛人造丝等交织而成者，倘在税则上不能与国内棉织、毛织等品立于同等地位，则尤无图存之可能，是以凡属交织之仿洋式者，务恳钧部转咨财政部批准，一律依照机制仿洋式货物纳税办法完纳税厘。至于各种丝织品之中有花素、印度绸一种，现在受日货之竞争排剂最为剧烈，亦万不能不恳请批准，一律办理。至于吾国向有之各种纯丝织品，属会为顾全政府税收起见，决不援例呈请，以免烦渎。所有恳请免征厘金及出口税，以资救济缘由，理合具呈，伏乞部长俯鉴下情，迅予据情转咨财政部批准施行。曷胜迫切，待命之至。除另呈财政部外，谨呈

工商部部长孔

具呈人上海电机丝织厂同业公会（印）

中华民国十八年十月七日

〔国民政府工商部档案〕

5. 工商部等办理江浙绸机织联合会请筹设国立人造丝厂的有关文件

(1930年7—8月)

(1) 江浙绸机织联合会给工商部电(7月15日)

快邮代电　机字第二二七九号

首都国民政府行政院工商部长孔钧鉴：窃维自洋商人造丝绸缎输入我国以来，我丝织厂商所造真丝绸缎光彩不敌,相形见绌，销路被夺，莫可抵御，只得迎机利用,改造真丝与人造丝交织品，顿觉漂亮夺目，足可与外货争胜，免蹈危亡。年来人造丝织物范围日广，需要日殷，彼东邻日本遂随地设厂制造人造丝绸缎，以无税运出，行销我华，以与华绸竞争，为数之巨，至足惊人，形成我国最近最大之漏卮。以我国素称贫弱之今日,苟不设法仿制，任其源源吸收，则祸患之来，不堪设想。以华绸捐税之叠床架屋，远过日绸，人造丝之税重价涨，华绸成本高于轻税之日绸。查人造丝之原料，大抵为麻精海藻之类，我国沿海内地岂遂无之。然机械繁杂，制法精奇，一厂之需，动辄千万，此种资力，自非民众所能担负，此应请国府俯准采纳，迅予筹设者也。况现时各地失业民众日多一日，强者挺险，啸聚山林，妨害治安,危及国本，今若由国府创设国立人造丝厂于适宜之地，至少亦可救济少数失业之人，嗣后外货人造丝日少，国货人造丝需要日增，随时增设工厂绸厂，亦因之维持生存，则失业人数自必日渐减少，以至于无此救济民生疾苦,应请国府设厂制造者也。敝会以年来人造丝为我国丝织业不可或缺之原料品，需要之殷日益加甚，届此金贵银贱，外货价值日见增涨，此项巨大漏卮自应迅速设法杜塞，则舍设厂自制外，别无他途,因于六月二十二日两省同业紧急大会时，全体表决，请求国府筹设国立人造丝厂，等因，遵此，理合肃电呈请，务恳钧长俯纳刍荛，恩准施行，俾得挽回绸业之衰败，救济民生之疾苦，国计民生，交受其益。不胜盼切，戴德之至。并祈训示祗遵，至为德便。江浙丝绸机织联合会叩。删。印。

九亩地高墩路

中华民国十九年七月十五日

（2）工业司刘荫茀等签呈（7月28日）

谨签呈者：准工业司移送环字第一二一九九号（江浙丝绸机织联合会为人造丝输入我国，损失巨大，非速筹设国立人造丝厂，不足以塞漏卮，请俯纳刍荛，准予施行由。代电）来文一件，请签示意见。兹谨签注意见如下：

一、查民国十七年海关贸易册人造丝及人造丝织品、人造丝交织品入口额总值海关银二千一百万余两，较十六年入口额约增半倍，较十二年入口额约增十倍，入口额之巨及逐年增加率之大，均属骇人。

二、查人造丝与天然丝之优劣比较

人造丝优点(1)光泽鲜艳(2)价值低廉(3)类节全无(4)品质一律

人造丝劣点(1)手触冷糙(2)条份粗大（3）不耐水（4）易燃烧(5)强力弱(6)保温度小

准此人造丝劣多优少，然以廉而且艳之故，海内风行方兴未艾。

三、查人造丝之用途如次：

（1）织物及交织物(2）编物(3）装饰品(4）组结

而尤以第一用途为广，故我织业界多仰给焉，而为国内天然丝之劲敌。

四、查制造人造丝方法不一，其重要者如次：

甲、纤维素人造丝

(1)硝化法（2）酸化铜安牟尼亚法（3）维司可司法(Viscose)

(4)醋酸纤维素法

乙、蛋白质人造丝

就中以甲项第三法为最通行世界，人造丝工场采此法者，占全体中十分之八，日本有名之帝国及旭两人造丝工场之制造方法亦属之。

五、查人造丝原料大率为棉花及木纤维之帕尔卜(Pulp)，暨各种化学药品，棉花、木材我国富有，惟化学药品，须取之舶来耳。

六、查人造丝制造之程序为(1)使天然纤维溶为液体(化学工业)(2)使溶液中之纤维凝为固体(化学工业与机械工业)。

七、查世界各国人造丝产额如次：民国十六年度　单位万斤

美国　五六二五

意国　二七七五

英国　二七〇〇

德国　二六二五

法国　一四八五

日本　七八七

其他　三九五三

合计　一九九五〇万斤

而是年度世界天然丝产额不过七七二五万斤，相形见绌，趋势可惊。

七、查人造丝价逐年减低，故受消费者之欢迎，观下列美国之统计可见。

年别	占天然丝价之百分比
民国九年	四三%
民国十三年	三一%
民国十六年	二六%

八、查人造丝虽不足以夺我天然丝之销路，然需要之增加率

实远过之。观下列美国之统计可知。

年别	人造丝生产高(万斤)	天然丝消费高(万斤)
民国九年	六六四	二二九九
民国十三年	二九五七	三八四六
民国十五年	五五〇七	四九八一
民国十六年	六八四一	五五五〇

即天然丝虽不因人造丝之增加，而消费减少，且有增加，然其增加率究不及人造丝之大且速。

九、查人造丝制造在欧西始于一八九一年之法国硝化法人造丝工场，亚东之有工场则始于民国二年日本秦逸三氏之米泽市维司可司法人造丝工场，即今帝国人造丝株式会社是也。嗣是工场继起，除供给该国消费外，并输出我国，邻厚我薄，取则代柯。我国不乏原料与专家，正宜迎头赶上去创办工场，亟谋自给。

十、查本部原有国立人造丝厂计划与该会代电所请不谋而合，虽东西洋各工业先进国人造丝厂属于商办性质，我国情势不一，似不妨先谋国立树之风声，当此国币奇绌，待筹经费之际，似宜先事调查舶来品之种类，消费者之用途、市场集散之区、原料产生之处，遴采制造方法，准备技术人才，因此因时决定设厂地点，预划筹备时期，一俟经费有资，即可从容实现国立，厂著成效，商办继起，不患无人以塞漏卮，足操左券。以上所陈，是否有当，尚乞鉴核施行。谨呈

部长

次长

次长

技正刘荫茀(印)

技　正蔡湘(印)

谨呈七、二十八

（3）工商部致国民政府文官处公函（8月11日）

工商部公函（分缮）工字第三二九三号

径复者：顷准大函，以奉主席、院长发下江浙丝绸机织联合会代电，呈请筹设国立人造丝厂一案，奉谕交工商部。等因。检同原代电函达查照。等因。附抄送原代电一件。准此。查此案前据该会径呈到部，业经代电，覆以删代电悉据呈恳创设国立人造丝厂，藉塞漏卮一节，所见甚是，本部前已拟有计划，并定依照下列程序，分期实施。(一)调查原料重要出产地，并规定设厂适宜地点；(二)准备技术人才；(三)设计全厂工程计划及全部预算；(四)筹划设厂资本，现正在着手调查，并筹划办理中。等语，在案。准函。前因。相应函复查照。转陈为荷。此致

国民政府文官处

行政院秘书处

中华民国　年　月　日

〔国民政府工商部档案〕

6．王柳樵等为救济绸业请减免各项捐税致行政院呈

（1930年10月30日）

呈为救济绸业衰颓，要求减免税率，吁请俯赐体察，厘订专章，以维国产，而裕民生事。窃维浙省吴兴素产丝绸，为工商业之中坚，工人之倚以为生活者，逾数十万。比年以来，四郊机械相继停工，各地绸厂时闻消歇，不特数十万工人之生机有陷于绝境之恐慌，即其他工商业亦因而停滞。症结所在，虽机械上科学方法未能与外货炫新斗异，然实由于原料出品节节受重税之束缚，完税有待遇之不均，致成本激高，竞销落后，迫而驱于停业之一途。若坐视不救，则湖地绸机势必消灭无遗。以国家言，产额锐减，税收短绌。以地方言，工人失业，游民遍地，当此湖匪猖獗之时，难免不挺而走险，代表等痛关切肤，情难缄默，以为目前

治标之策，非减免税率，莫由救济。谨为钧长缕晰陈之，湖绸原料，向用本地土丝，自浙省茧行开放，乡民缫丝少而卖茧多，益以连年蚕汛歉收，土丝遂有供不应求之虞。近来输入原料，厥有三种：(一)各省土丝，以苏属之金坛、溧阳，安徽之青阳、木镇，采办较多，自产地至湖州每担纳税一百十一元六角九分，苏浙税占全部百分之六十，湖商殊不胜其偏苦。(二)厂经上海为我国丝市集中地点，故虽内地丝厂，亦运销上海。其质地韧柔、色泽光润者，销洋庄，次则供绸商机用。由沪运湖，须纳税三道，每担计洋六十五元六角。夫丝为茧所制，茧既输捐，一转移间制成，厂经似无重征之可能。此犹就上海厂经而言，若浙省内地厂经运销沪市，照土丝土销税率纳洋十九元二角，再加出口税三十四元，设上海洋庄滞销，运回浙地，似应仍照土丝土销论，退还所纳出口税，乃一经转运，仍须照上海厂经运浙例，节节重纳，病商孰甚。(三)人造丝每箱纳苏浙税四十九元四角四分，浙税占全部百分之六十，如以棉纱交织，可织绸四十疋，每疋须纳税一元二角，已占普通沽价百分之十，此关于丝经原料税率亟求减免者一也。湖商出品分出产税、销场税、通过税三种，就中以产税、销税，湖商负担较重，抑且待遇不均，例如宁缎每斤一角四分，苏缎每斤一角七分，盛绸每斤二角，丹绸论疋每斤仅一角有另，均系产销。并征湖绸则既纳产税，复输销税，每斤须五角有奇，每疋即须二元有奇，与丹绸比相差几四倍，与盛绸比相差亦一倍有奇，其余宁缎苏缎为一与三之比较。尤可异者，上海绸厂完全无税，不独租界，即华界之闵行等处，亦无庸〔用〕纳税，同处统治之下，湖商何以受不平等之待遇。故十年前，上海无一绸机，近今激增至一万六七千架，外人且挟其经济侵略之政策，将有大规模电机租厂之组织，利用无税之机会，吸收中国之绸业，为渊驱鱼，言之寒心。至通过税，含有关税、子口税、附税、出口邮包税，以及到达地进口邮包税五种，货一动，税即随之，使此货到达申地，不得销售，转运乙地，仍须照前五种重纳，即退还原产区，亦不能丝毫豁免，竟有转运数处而所纳捐税已倍蓰于成本者。欲图国产之发展，其可得乎！此关于湖绸出品税率，亟求减免者二也。代表等深知建设万端，需款浩大，何敢轻言减税。顾国计固须筹维，而商艰亦宜体谅，际此裁厘瞬将实现，国民快睹新犹，伏乞钧长本恤商惠工之仁慈，施救弊补偏之德泽，准予令行财政部，将湖商负担税率，参照各地情形，酌量减免，而尤以丝经之苏浙税、出品之销场税，最为湖商所诟病，厘订均等之专章，解除重征之痛苦，务使一物一货经一次纳税，即可通行无阻，庶几货畅其流，民安其业，不特湖地数十万垂毙之工人得以昭苏，即其他工商业亦同深利赖。除分呈国民政府外，理合备文呈请鉴核施行。不胜迫切，待命之至。谨呈

行政院院长

计呈

江浙丝经原料税率表一份〔缺〕

苏浙沪丝织品税率比较表一份〔缺〕

浙江吴兴绸业代表王柳樵　潘润生

丝织业代表李恢伯　冯佐兰

机业代表史淦山　陈世英

中华民国十九年十月二十八日

〔国民政府行政院档案〕

7. 国民政府文官处关于上海市丝厂同业公会为受日货打击请发行苏浙沪厂丝业公债一千万元以资救济致行政院公函

（1930年11月6日）

公函　第六九〇九号

径启者：奉主席交下上海市丝厂同业公会委员会等折呈为中

华国际贸易数量最巨而居于首列者，厥惟厂丝。比年以来，外感日丝竞争之影响，内受工潮起伏之摧残，市价日落，开支日增，本年江浙两省春茧歉收，茧价增高，成本益重，亏折已巨。讵夏秋以来，因受日本厉行打倒华丝政策之压迫，丝价又过度低落，以致酿成危殆情形，仰祈轸念丝业艰危，关系国计民生，令行财政部发行苏浙沪厂丝业公债一千万元，以资救济，并拟具大纲，请鉴核施行一案，奉谕交行政院核议具复。等因。查关于请依照日本救济办法救济上海丝业案，前准中央执行委员会秘书处据情录批，转送过处，当奉饬交贵院核办在案，兹奉前因，相应抄同原呈函达查照，并案核议，见复为荷！此致

行政院

计抄送原呈一件

中华民国十九年十一月六日

节略

谨略者。窃维中华国际贸易数量最巨，而居于首列者，厥维厂丝。尝考海关报告，全年统计出口货值在二万万两以上，关系政府税收社会经济与夫农工生计，其重要可知，即举江浙两省民间恃以为生活者，不知若干万人，顾比年以来，外感日丝竞争之影响，内受工潮起伏之摧残，处处牵制，步步打击，市价日落，开支倍增。益以本年江浙两省春茧歉收，统计产额不足五成，丝厂业因当时茧价增高，成本益重，以致亏折更巨，巨知夏秋以来，丝价逐步低落，每百斤成本在一千二百两以上者，售价则仅九百两弱，焦烂情状匪可言喻，揆厥原因，实系日本厉行经济侵略，以谋打倒华丝。缘丝市衰落，日本同受其困，乃日政府具深远之谋、设维持之策，除前拨免利借款一万万元外，复贷给日金五百万元，专供维持之用，迨至今春又特令国家银行受抵存丝，每担以日金一千二百五十元为率，数达十二万八千包。同时又为美国

市场发生股票风潮，社会金融因之摇动，生丝遂亦滞销，续跌至日金五百六、七十元，乃政府又复提高丝价，收买八万包，此日政府维持日丝打倒华丝之唯一计划也。中国丝业处此强邻压迫之下，茧本丝价又正南辕北辙，若忍痛脱售，则血本尽去，欲待价而沽，则周转为难，结果所至，迁延愈久，元气愈伤，借贷无门，流通乏术，缫成之丝，抵押入栈者数以万计，今且销路几乎全停，情形益险，综计苏浙沪三属丝厂二百余家，设备缫丝车数约共五万余部，什九停业，一筹莫展。其未停者，亦岌岌可危，此中情况，试就银钱两业询之，不难知其底蕴，实为数十年来，未有之奇窘也。伏查民国三年及七年，丝业困顿，无力支持，两度吁恳政府救济。虽在军阀时代，因知丝业于国际贸易地位关系重要，农工生计、社会金融利害深切，非寻常商业可比，奉准在海关正税项下两次拨借的款以拯一时之危。然彼时各丝厂尚未经累年亏折，受意外摧残，已觉捉襟露肘，不易维持，今者内忧外患相逼而来，元气之伤、环境之恶，以较民三、民七时之气象远过十倍，他不俱论，即此存丝搁置押款难偿，已足使社会金融发生绝大恐慌。盖沪市一隅银钱业之为丝茧垫款数，约四千余万两，丝业处兹绝境，若不予以救济，势将灭亡，一旦实现，闭歇影响且及于国际汇兑，其于国课财政亦有牵动，故关系不仅在中国丝业之存亡已也，救济之请实为急不可缓之举，明知政府库藏空虚，挪移匪易，处境诚非日政府之比第，事关华丝存亡，间不容发，惟有仰恳政府于万不得已之可能范围中赐予救济，属会等一再集议。谨筹商借商还之策，以救丝厂垂绝之业，拟请财政部发行苏浙沪厂丝业公债一千万元，交由上海市商会，依照属会等所属三区丝厂应摊券额，由各该同业集团出具印证，分别领发各厂，以资周转。至于归还券价，请自公债发行之日起，即日起息，按期还本，并随本付息，息随本减，其办法责成江海关于生丝出口时，每一百斤征提关平银二十两，以每年出口七万五千担，计之，可还国币二百三十余万元，则六十五个月间可将本利总数约一千二百六十万元陆续还清。照此办法，应于政治、经济上不致受何影响，仰祈轸念丝业艰危，关系民生国计，上体先总理民生主义，准予援例救济，俾延华丝于国际贸易上一线生机，直接维持二百余家丝厂之数十万制丝工人，间接维持江浙两省千百万依蚕桑为活之农民也。此项公债既为苏浙沪厂丝业整个救济，自发行日起，凡在区域以内之厂丝业，不论国籍，不论新旧厂，于厂丝出口时须一律负缴每担关平银二十两之公债基金，至偿清之日为止，恳于发行公债时以部令公布之，俾资循遵。谨将呈请救济拟具办法，再举大纲如下：(一)请发行苏浙沪厂丝业公债一千万元，以救济苏浙沪所属整个对外贸易之厂丝业。(二)请按照关税库券条例制定厂丝业公债条例公布之。(三)请以苏浙沪三属丝厂缫车总额五万余部计算，每车借拨救济公债约票面二百元为标准。(四)请自公债发行日起，凡苏浙沪三属出口厂丝每百觔由江海关征提公债基金关平银二十两，约以六十五个月为偿清期限，交公债基金保管委员会保管之。(五)请核准照整个救济厂丝业及巩固公债基金□本旨，以命令公布，自公债发行日起，凡苏浙沪出口厂丝，不论国籍，不论新厂旧厂一律负缴偿公债基金之责，至偿清日为止。除呈财政部暨工商部外，伏乞鉴核施行。无任迫切待命之至。须至节略者。

无锡县丝厂同业公会委员会
上海市丝厂同业公会委员会谨呈（印）
浙江丝厂联合会筹备委员会

〔国民政府档案〕

8. 全浙公会为华丝受日丝倾轧而衰落特请求减免税捐以资救济致国民政府快邮代电

（1930年11月21日）

国民政府蒋主席钧鉴：自华丝欧销停顿，商辍其业，工失其所，而内地干茧原料因丝市滞销，虽欲贬价求沽，亦若无人问津，故向操丝茧业之号称小康者，不转瞬将为贫穷，丝商至今日实已濒垂绝之境。窃谓本届丝市之衰落，受损失者尚不过属诸丝茧商及与丝厂连带之男妇工人，若长此以往，不谋补救，首蒙其祸，当在干茧原料产地之农民。吾浙为蚕桑最盛区域，岁产茧数百万担，国外金资输入滋巨，一般人民所恃以完租纳赋与仰事俯蓄之资，无不取给于是，一旦利源顿塞，农民生计顿处绝境，若仍改缫土丝，以现在恹恹垂毙之各丝织厂，供过于求，何能为尽量之容纳，农桑腴地顿沦瘠壤，瞻念前途，殊觉不寒而栗。至华丝衰落原因，系受日丝抑价竞售之倾轧。而日丝以有政府补助为后盾，故虽一再跌价尚无损其个人营业，华丝成本较昂，商力尤薄，贬价拆阅，即有破产之虞，致成今日相持僵局。故欲谋华丝之补救，惟有设法减轻成本，拟请钧座俯念蚕桑攸关东南人民生计，令饬财政部详加核议，如蒙将生丝出口税及关于干茧一切正附杂捐，一律咸予豁免，则丝茧前途庶几有豸。盖茧捐免，则原料之价廉；出口税免，则成本尤轻，而定价可贬，而商人仰体政府毅然牺牲国币之德意，将精益求精，以力谋出品之改善，必如是，我华丝仍可与日丝相颉颃，否则今日之现象，实无术可以挽回，而欧美市场恐将不复见华丝之踪影矣。惟以现在国家财政尚未充裕，丝茧捐税为政府巨额收入，遽行请求豁免，未免骇人听闻，不知丝茶向处同等地位，且同为中国出口大宗，政府悯念茶业连年失败，裁免茶叶出口税已历有四年之久，且机制洋货免税早奉财部明令生丝同为机制工艺，援案免税，似尚非过分邀求。幸逢关税自主，裁厘加税实行在迩，正可利用时机另订税则，酌量加增进口税，以资抵补。查进口之各国人造丝及丝织品、毛织品等项，均为攘夺吾国蚕丝之敌货，历年输入有增无减。如将税则特别加重，以之抵补丝茧税捐，当可无虞不足，国库、商情兼筹并顾，且可以保护国产，计无有善于此者。当前此全沪丝厂停闭之时，下会曾电呈工商部请求减免丝茧税捐，并拟有治本治标两法，冀资救济。今则丝茧之危机愈迫，蚕桑之险象环呈，下会为旅沪浙人集合团体，惓怀桑梓，隐忧殊切，而不惮一再哓哓者，为全浙数千万农民请命，固不仅为丝茧业谋救济也。丝茧为吾浙重要国产，农工商皆有直接之关系，救商即以救工，且兼以救农，际此举国喁喁望治之时，吁请涣汗大号，立见施行，迫切电呈，伏祈鉴核。全浙公会叩。马。

中华民国十九年十一月二十一日全浙公会发

〔国民政府档案〕

9. 国民政府行政院等办理救济四川丝业的有关文件

（1930年12月9—26日）

(1) 国民政府文官处公函（1930年12月9日）

公函　第七九四九号

径启者：奉主席发下全国商会联合会呈为川丝衰落，请求拨款救济，并恳免除捐税，以资维持一案。奉谕交行政院。等因。相应抄同原件函达查照。此致

行政院

计抄送原呈一件

中华民国十九年十二月九日

呈　中字第一五号

呈为川丝衰落，请求拨款救济，并恳免除捐税，以资维持事。窃本年十一月二十九日准四川丝商代表李奎安、陈光裕、李惠嘉、吴汲甫、封皋举、李象五、赵寅初、汤伯谋、张星一、杨海峰、余蜀芳、李文林等函开：查蚕丝为我国出口贸易大宗，四川产丝年约在一万四五千担左右，为四川数百万农工养命之源，年来因苛捐杂税，重重剥削，早已不支。近又因日丝抵则，价格低落达于极点，即以最低价格亦难出售，各厂因之纷纷歇业，厂商束手无策，农工坐以待毙，不良分子遂利用此种煽惑农工，扰乱社会，所在皆是，若不及早维持，社会前途何堪设想。代表等特定于十二月二日赴京请愿，痛陈困苦，请援例拨海关款或丝茧公债救济，并请国民政府迅予严令四川军政主官，立即免予丝茧税捐及二十一军在渝新取之江防进口费外用。特函请贵会据情转呈国民政府及财政部、工商部俯允拨款救济，并请先行严令免捐，以资救济，不胜感荷。等由。到会。准此。查丝茧为我国对外贸易之大宗，川丝亦居重要地位，年来因捐税之苛扰，日丝之抵制，丝商与农工直接间接胥受其害，响应于国计民生者实非浅鲜。准函前由。理合具呈钧府察核，恳准迅予令饬免除捐税，拨款救济，以资维持，实为公便。除呈财政部、工商部外，谨呈

国民政府

中华民国全国商会联合会主席林康侯（印）

常务委员苏民生（印）

张棫泉（印）

卢广绩（印）

陈日平（假）

李奎安（印）

彭础立（印）

中华民国十九年十二月二日

（2）四川丝业代表李奎安等呈（12月3日）

呈为请愿事：窃蚕丝为我国出口贸易大宗，四川产丝年在一万四、五千担左右，为川省西南北区农工数百万养命之源，年来川军苛捐杂税重重剥削，丝商早已不支，近又因丝市衰落，存货难销，茧本开支超逾，售价过巨，以致血本亏蚀殆尽，各厂因以纷纷歇业。厂商既束手无策，农工则坐以待毙，不良分子遂利用此种机会煽惑农工，扰乱社会，所在皆是，若不即早设法，前途何堪设想，因此各区丝业特分举代表晋京请愿，痛陈困苦，请援例照拨海关余款及丝茧公债维持进行，并请迅予严令四川军政长官立即免征丝茧税捐及二十一军在重庆所征江防进口等一切各捐，悉予免收，以资救济。代表等以事关民生、地方安危至巨，迫切沥陈，伏乞国民政府俯赐恩准，训令财政部克期施行，庶全民生而杜危机，地方幸甚，丝业幸甚。谨呈

国民政府

四川丝业代表李奎安印　吴汲甫（印）
汤伯谋（押）　赵寅初（印）
李惠嘉（印）　陈光玉（印）
张星一（十）　封皋举（印）
李象五（十）　杨海峰（十）
余蜀芳（印）　李文林（押）

中华民国十九年十二月　日

附呈

谨将川省各军抽收丝茧杂捐，详呈于后：

（一）四川丝业以三台为中心，姑以三台至渝言之，其他各处可以内推。二十九军防区三台县产丝地，每箱丝抽收统捐银币四元，又地方附加及各杂捐六元余。茧以五百斤与丝一箱略同。

（二）离三台二百余里，国军第六师防区，遂宁县所设护商

统一捐，每箱丝抽收银币拾四元五角。茧亦略同，印花在外。

（三）离遂宁二百余里，二十八军第三师合川防区所设联合税收处，每箱丝抽收银币拾玖元，又统捐柒元五角。茧亦略同，印花在外。

（四）离合川二百余里，二十一军防区，磁器口香国寺与重庆相隔咫尺，所设之统税护商、渝北护商、自来水、马路捐、江巴峡防、印花税各种名目，合计每箱丝抽税三十余元，并新设江防进口四元，而统捐柒元五角尚在外。又重庆出口税十三元，万县过道乐捐四元以上。四处防区离产丝地不过七百余里，每箱丝之成本不过六百元，而抽税竟达一百二、三十元。本年出口丝价因日丝抵制，每箱丝骤跌三百余两，折本至巨，苛税尤重，川省丝业其何以堪。为国计民生计，为国贸易计，应请我政府急谋补救，以维一线生机。爰将请愿目的列后：

（一）请特别提前严令川中各将领立即取销各种苛杂税捐，庶成本减轻，方足与日商竞争。

（二）二十一军请拨关余维持丝商一案，务恳准行，并请分拨丝茧公债，以济燃眉之急。

中华民国十九年十二月　日

回批请交上海二马路十五号大川通内天锡生

（3）行政院公函（12月26日）

行政院公函　字第三〇九二号

径启者：案准贵处第七九四九号公函以全国商会联合会呈为川丝衰落，请求拨款救济，并恳免除捐税，以资维持一案，奉谕交院，函达查照。等由。准此。查此案前据四川丝业代表李奎安等呈请到院，业经电饬川省各将领将所征丝茧捐税酌予减免，以恤商艰，并批示知照在案。至所请拨款救济一节，已交财政、实业两部核办矣。准函前由。相应函复查照转陈。此致

国民政府文官处

院　长蒋中正

中华民国十九年十二月二十六日

〔国民政府档案〕

10. 浙江杭嘉湖丝业代表陈翰臣等为丝业衰落请减低税率以维营业致国民政府呈

(1931年1月18日)

呈为沥陈丝业衰落情形，请求量予核减捐率，以维营业，而重民生事。窃浙江出产向以丝为大宗，入民国后，丝业衰落，丝行之倒闭者十居七八。前省长夏至为忧虑，以蚕丝为浙江大利所在，拟分年改良土丝，仿照日本办法，藉资救济，筹设一改良土丝传习所，薄有成效。不料程振钧来长建厅，仇视该传习所，下令取销，致改良绝望，而营土丝业者，感受种种影响，愈觉一落千丈，究其原因，捐率之重，实为致命之伤。谨将情形为钧府缕晰陈之。一，人造丝充斥之影响也。自人造丝搀用以来，机织户均贪用之，而土丝遂少顾问，以土丝价贵而人造丝较廉也。人造丝乃舶来品，自宜加重其进口税，土丝为本省物产，织成绸疋本有绸捐之可征，减轻其捐率，俾得稍稍贬抑其价格，即所以抵制人造丝而杜漏卮。此应请核减丝捐者一也。一，茧行开放之影响也。浙省茧行向有取缔章程，原冀保存绸织物之原料不使缺乏，自开放以来，产茧各县之茧行有增数十家者，有增百余家者，茧量几为茧行吸收殆尽，土丝之出产渐少，土丝之价格渐高，而丝行营业天演为茧行所打倒。识者忧之，谓蚕户竞于售茧而不复缫丝，乡村间日趋于懒之一途，大非社会之福。今欲为补救计，非维持丝业不可。而维持丝业，政府既不能与丝厂同等待遇，惟有减轻捐率，以保丝业一线之生机。此应请核减丝捐者二也。一，绸货滞销之影响也。浙江为丝绸区域，近年捐税两共达一百数十万元，夫丝与绸有连带之关系，必绸畅销而丝销方随之而畅。今绸业外则受洋货之压迫，内则苦捐税之重叠，绸销既滞，丝销自不待言。政府而不欲顾全丝绸业则已，如欲顾全丝绸业，则丝既有捐绸又有捐，本一物也，而捐之不已，其何以堪？根本办法必须于两者之间酌予并减，比如征收其一，庶丝绸业或可稍苏，又丝捐轻而绸疋之成本亦可廉，是减丝捐，即维护绸商之一法。此应请核减丝捐者三也。一，捐税增重之影响也。查前清丝捐定章，运丝每八十斤，捐洋十六元，用丝每百斤，捐洋九元六角，各项附捐亦甚式微，今则运丝每八十斤正捐二十二元，外加附捐二元二角，沪捐三元二角，水利经费一元，共征至二十八元四角。本省用丝每百斤正捐十五元六角，外加附捐一元五角六分，共征至十七元一角六分，比较前清几近加倍，丝商之苦痛达于极点。调查年来状况，蚕熟则仅足纳捐，蚕荒则每多亏倒重捐之累。政府当不至无闻，明知商民不堪负担，当此新定税则之时，何忍不加以考虑。此应请核减丝捐者四也。基上四端，商人为营业计，为民生计，不得不有请于政府。查日本土丝国内运销概免捐税，有时或拨款以资周转。日政府提携丝商何等之厚，我国币藏空虚，尚不足以语此，商人亦略具爱国之心，不敢贸然要求免除丝捐，第减轻之举，政府尚不至实在为难。为此请求钧府体念丝商，核减丝捐。总之，减一分捐税，即培养地方一分元气。且前清厘金为世诟病，政府既毅然实行裁厘，另定税则，必使税率较轻于前清，方合政体。丝商等无任馨香，祷祝之至。谨呈

国民政府主席蒋

具呈人浙江杭嘉湖丝业代表陈翰臣

徐渭臣　庄骥千　沈昕泉

〔国民政府行政院档案〕

11. 实业财政二部关于发行救济丝业公债及治标办法致行政院呈

（1931年1月21日）

为呈请事：案据上海、无锡、浙江丝厂业三团体联合请愿，呈称：以丝市衰落，外销阻滞，外受日丝之压迫，内困茧价之高昂，致三属丝厂十九停业，长此以往，于农工商事业、国际贸易、金融、汇兑以及国课、财政影响甚巨。经属会等一再集议，共筹救济，呈请发行苏、浙、沪救济厂丝业公债一千万元，按照三属丝厂缫车总数五万余辆平均分配。其偿还本息办法，拟自公债发行日起，凡苏、浙、沪出口厂丝，每日斤由江海关附征公债基本金关平银二十两，以每年出口七万五千担计之，约六年内可以偿清。是项附征基金，应组织公债基金保管委员会保管之，并声请系整个救济。凡属出口之丝，一律担任缴还公债基金之责，至偿清之日为止。以正式命令公布之。等情。并续据该各团体请愿代表来部陈述前情，当经部长等先后咨商会同核议，并与向有经验之丝业专家暨上海银钱业领袖祥加讨论。据述华丝衰颓原因，实因欧美成品减销，存货充塞，而日丝又产量激增，遂呈供过于求之现象。华丝承兹供求失平之厄，加以茧劣工昂，成本巨，而价值益落，以言竞销，则日丝价低，每担相差至百数十两不等，致外国市场多数皆舍华而就日，若不设法挽救，则存积之华丝两万五千担，无从疏通，而国外市场势将为日丝所夺，此于国际贸易前途极为危险，将来丝业影响尤巨。该团体等合词呈请救济一案，关系实为紧要，但公债关系国家信用，自应量基金以定额数。至救济之方，原呈仅及治标而未及治本，固未妥善。即就治标而论，其所陈办法尚未免疏漏。经部长等一再核议，以为我国江、浙两省黄白厂丝现在积存约二万五千担，因市价太低，不能出口，如不设法救济，则银行受押款影响，而有周转不灵之虑，厂方受存货过多之累，而新茧上市有不能继续开工之虞，银行周转不灵，则百业将之停顿，丝厂不能继续开工，则工人将为之失业，而农民所有蚕茧亦将不能销售。就对内言，固不能不谋救济，况我国生丝向销美国、法国，其现处地位系与国际间丝业互相竞争，而非与国内丝业互相竞争。故当欧美销场阻滞之际，拟发行公债以谋救济。在国家方面言，系为吾国在国际间维持生丝贸易宝贵之历史，而非有私于丝商；在丝商方面，系为同业在国际间维持生丝贸易之共同地位，非为个人；就对外言，亦殊感有救济之必要。是以发行公债，在政府谓，宜予以赞同而偿还本息，在丝商亦应普遍负担。惟华丝所以不能与日丝竞争，原因虽多，而扼要言之要，不外茧劣、工高、成本过大八字。设不从根本着想，使吾国丝业向茧优、工省减轻成本之途，逐渐竞进，则以后年复一年，救济之财力有限，而需要救济之时无穷。但顾目前殊非长计，爰拟将发行之公债定额为八百万元，以六百万元充补助出口生丝，为救济丝业治标之用，而以二百万元交实业部，延揽专家改良蚕丝，为救济丝业治本之用。至治标办法应行注意五点：（一）发行公债，应延揽金融界及丝业界领袖，秉承财政、实业两部，设立委员会主持办理。（二）救济时期，自二十年一月十六起至五月三十一日止。（三）救济范围，以江浙两省纯粹华商所出之黄白厂丝为限，每厂应受救济之包数，须以该厂车数为准，每车百部得受救济之丝以五拾担为限，如遇有特别情形必须酌量变通时，得由委员会公议，量为通变，但非万不得已时，以不变通为原则。（四）各厂车数及存丝等应由委员会切实调查登记，以凭按照车数规定得受救济之丝量，并按丝牌于其实行出口时，发给应予补助之公债票，但因赎取茧料，并有确实保证者，经委员会调查属实后，各丝厂得向委员会预借公债若干，但其分期借额，每期不得过该厂应受救济总额四分之一，预借以三期为限。（五）在二十年一月十五前，已经上海商品检验局验取公量之生丝，或已经出口商收受而尚未付价之厂丝，不在救济之列。部长等核商之下，意见相同。理合拟具江浙丝业公债条例及还本付息表，敬呈钧院察核。除关于治本办法应交由实业部积极筹划办理，并俟核准后将附征基金由财政部令饬总税务司照征外，其治标办法拟由财政、实业两部组织委员会，根据前述五点妥慎办理，是否有当？伏乞训示只遵。谨呈
行政院

附：江浙丝业公债条例及还本付息表〔略〕

实业部长孔〇〇
财政部长宋〇〇

中华民国二十年一月

〔国民政府档案〕

12．四川丝业代表李奎安等请求政府援例发行公债以救济丝业致国民政府呈

（1931年2月7日）

呈为丝业垂危，援例请发公债事。缘川省丝业凋敝，将及破产，月前赴京请愿，于请免苛捐文内呈请发给公债，旋复续呈困状，请发公债五百万元，以济燃眉，各在案。继奉工商部商字一四四四九号批开：呈悉。查关于援例拨款救济一项，前据重庆总商会来电，业经咨请财政部核办在案。云云。等因。又奉国府文官处文书局五一三号函开：奉主席交下，来呈为痛陈年来川省丝业困苦，援例请发公债及免苛税一案，奉谕交行政院。等因。各在案。今已月余，未见训令。惟据新闻报一月二十六日新闻栏内，江浙公债实已发行八百万元，而川省未及。窃想丝业垂危，全国一体，川中丝业复遭苛税，其苦尤甚于江浙，政府垂念丝

商，维持国际商业，知必一视同仁，不忍偏弃。查川中丝厂大小千余家，新式车位虽仅二万余部，所出之丝除销行内地外，每年出口尚有一万五千余担，其中情形大与江浙不同。按江浙丝厂内部各分厂是厂家，茧是茧家，丝是丝家，必经三方合凑而成丝业，所以摊还公债之手续较难。吾川则凡有一厂，所有厂本、茧本与制丝工本均一家独任，除木机小厂不计外，一汽机丝厂非集足二十万以上之实本，不能举行，是公债发行纲领易得，凡有厂基、机器者，即能责偿若干债，万不至遗误公家也。且川省道途辽远，交通不便，凡制一丝须经半年之久，运至上海停顿待售，又须半年搁置，重资本，大利微，所以营业之家，又非集多数人力不可，乃不幸连遭兵祸剥削，至今外患内忧，朝不保夕，在势已难支持，早应停办。徒以工人生计，欲罢不能。兹幸政府援助赖有生机，国际贸易将不中止，防军见有政府援助或无再苛之心，工厂见有政府奖励，必加奋勉之气，是一举而数善皆备，民生国计交相庆也。迫切陈词，伏祈鉴核，不胜待命之至。谨呈
国民政府

四川丝业代表　李奎安(印)　陈光玉(印)
吴汲甫(印)　封高举(印)　赵寅初(印)
李会嘉(印)　郑玉书　李象舞(印)
汤伯谋

中华民国二十年二月　日

〔国民政府档案〕

13. 国民政府文官处奉转江浙皖丝茧总公所委员会请制止外商在华设厂代电致行政院函

(1931年4月17日)

国民政府文官处公函　字第三〇九七号

径启者：奉主席交下江浙皖丝茧总公所委员会蒸代电，为洋商在华境添设工厂，避免进口税率，华商实业受其倾轧，恳毅然制止，并陈维持华商及防止外商侵略之最要计划，乞赐采纳分别施行一案。奉谕，查案交行政院。等因。查中华国货维持会前经电请，严厉限制外人在华设厂，并增收重税，寓禁于征等情。当奉饬交贵院在案。兹奉前因。相应抄同原代电函达查照。此致
行政院

计抄送代电一件

文官长　古应芬

抄代电一份　八二二八

国民政府蒋主席钧鉴：近来窃闻国外商人纷向华境设厂制造，以期避免进口税率。是向以成货进口侵略我商业者，今乃深入堂奥，纯以资本侵略，喧宾夺主，再接再厉，或就华境原有之厂尽量扩充，或就华商厂址租借利用，或且购地造屋作大规模之工厂，照此现状，任何华商实业皆将受其倾轧，比十九年以前痛苦尤深。即以我丝茧业言之，出口生丝历受东邻之排挤，水深火热，上年所受影响，为祸更烈。况内地茧行为生丝原料根本，如任日商放价揽收，则捣乱市面，攘夺原料，尤为心腹之害。上年茧收歉薄，已形恐慌，覆车之鉴更宜防范，若不设法限制于进口税收，既蒙其害，而华商实业必至一网打尽。应请钧座鉴核，维持华商各业，提交国务会议将洋商在华境添设工厂一案，毅然制止，以杜侵略。（一）通商口岸，外人在民国二十年起添设工厂，须报明中国官厅备案，即由财政部另定外商出厂税税率加等征税，寓禁于征。（一）内地除原有外人工厂外，在二十年分起，一律不准添设。（一）内地商人所有厂基房屋，一律不得租借于外国商人，如假借华商名义，查出发封并科罚业主，以杜媚外。（一）内地开设茧行须由同业保证其确系华商，方许领帖。

如外商假借名义，得随时停止其营业，并究办领帖商人。（一）停止各县财务局所发临时短期茧帖，以止流弊。（按临时茧帖本与颁行之茧行条例显有抵触，上年吴县光福乡发生日商短期收茧，即为临时帖证之害，流弊滋甚，应即制止）以上五项，为维持华商防止外商最要计划，于进口税收入尤有巨大关系，仰祈俯赐采纳，分别施行，国课商业同深庆幸，临电迫切，谨候。令示遵照。江浙皖丝茧总公所委员会主席黄晋绅等叩。蒸。

〔国民政府行政院档案〕

14．行政院关于办理国民会议第六次会议项定荣等提议救济丝茶业等案给实业部训令

（1931年6月23日）

行政院训令　字第三〇〇九号

令实业部

为令行事。案准国民政府文官处第四四八零号函开：准国民会议秘书处函为国民会议第六次会议关于项代表定荣等提议，请切实救济丝茶业一案，当经决议：原则通过，交国民政府酌办。又第八次会议关于陈代表勤士等提议提倡国货以救济丝绸及龙代表光祐等提议发展蚕丝业计划两案，大会认为与切实救济丝茶业案性质相同，应并交国民政府酌办。兹特检同各提案函达，即希查照，转陈为荷！等由。经陈奉提出第二十二次国民政府会议决议，交行政院酌办。等因。相应录案，并抄送同原附提案函达查照办理。等由。计抄送原附提案三件，准此。除函复外，合行抄发原附提案，令仰该部即便遵照，酌核办理。此令。

计抄发原附提案三件〔略〕

院长　蒋中正

中华民国二十年六月二十三日

〔国民政府实业部档案〕

15. 国民党中央秘书处为山东省党务整理委员会请免征灰丝茧绸营业税致行政院公函

（1931年10月1日）

中国国民党中央执行委员会秘书处公函　第一九九六一号

顷奉常务委员交下山东省党务整理委员会呈为：据福山县整委会呈请免征灰丝茧绸营业税，以资维持实业，转请鉴核施行。等情。一案。奉批：交行政院核办。相应抄同原呈函达，即希查照核办为荷！此致

行政院

附抄原呈一件

秘书长　丁惟汾

中华民国二十年十月一日

抄原呈

案据福山县党务整理委员会呈称：案据福山县烟台区绸业同业公会呈称：呈为恳请提倡国货出口对外贸易事业，准予命令免征灰丝茧营业税事。窃以山东灰丝茧绸，（即榨蚕丝所织之绸）乃系家庭工业之出品，又系完全出口行销外国之物，十年前颇称发达，每年烟台出口，为数约在千万元左右，后日本认为有利可图，遂积极侵夺此项实业，即由辽宁一带，以重资采原料（野蚕茧丝辽宁等处为出产地），用机器制造，运销欧美各国，以致烟台绸业顿形衰落，每年出口额数，较前不足三分之一。在民国九年间，经东海关呈请中央政府维持，特准免征国产出口关税在案。五、六年来，二五附加税、货物税、内税以及统捐等税，亦皆对此国际竞争之灰丝茧绸事业，加以维持，免征在案。现在鲁

省营业税，业已设局着手覆查，开征在即。查此等营业税之性质，与前厘金无甚差异。关于灰丝茧绸之营业，按照以前各税俱免之例，似乎亦应免征营业税，以资提倡。即照山东征收营业税条例所列各项征则例表，有花边发纲业,并无茧绸在内，（从前茧绸、花边、发纲三项皆认为系属一种家庭工业，且完全为运销外国之货物，均予免税）或系政府定此税则时，即注重此项国货对外贸易，根本除外，不予征税耶？但未释明。查山东营业税条例第七条规定，免征营业税之各项营业税者，自应遵章缴纳，惟制造灰丝茧绸之实业，具有特殊情形，已如前述，实有免征营业税之必要，即绸之原料，茧与丝两项，亦须免税，方足根本保护此项出口实业，情缘欧美各国政府，对于国货出口之实业，无不竭力扶助，我国以国产之原料，制成熟货出口，完全行销外国之物品，当以鲁省茧绸为最，现在仅由人力资力俱皆薄弱之商民，与日本竞争，此项实业，已就落伍，若政府不再加以扶助，仅就生货熟货俱加以营业税，以高低价，势必一蹶不振，安有发展之希望耶！本会有见及此，理合据历经免税前案，代表同业，将此绸业应请免征营业税之事实理由，具呈鉴核，转请中央特准免征营业税，并请通令全国遵照，以重国货出口，而维对外贸易，庶几此项实业渐有转机，不至愈为衰颓，渐就完全失败也。迫切上陈，不胜待命之至。等情；据此，查该会所称确系实情，当经提交本会第二十一次会议决议，据情递呈中央纪录在案。理合备文呈请钧会鉴核，准予转呈，实为党便。等情；据此，查该项灰丝茧绸，确系家庭工业出品，历经政府免征杂税在案。乃自与日商竞产竞销以来，以资力悬殊，已渐就落伍，倘不特予维持，将来定归更形不振，据呈前情，除指覆外，理合备文呈请鉴核，准予转函免予征收该项茧绸营业税，实为公便。谨呈

中央执行委员会

何思源

中国国民党山东省党务整理委员会常务委员张苇村

韩复榘

〔国民政府行政院档案〕

16. 行政院抄发实业部救济江浙蚕丝业办法提案给江苏浙江省政府训令

（1932年4月4日）

训令　第九三六号

令江苏浙江省政府

为令知事：案据实业部提议救济江浙蚕丝业办法一案，经本院第十八次会议决议：办法原则通过。除由院行知实业部暨浙江江苏省政府外，合行抄发原案提议，令仰该省政府知照。此令

计抄发实业部原案提议一件

院长汪〇〇

实业部部长陈〇〇

中华民国二十一年四月四日

救济江浙蚕丝业办法案

实业部部长陈公博提

一、理由

中国为蚕丝生产之国，蚕丝事业向占极重要地位，每年生丝出口，价值达一万数千万两，居出口货之第二位。近年以来，外受日丝竞争之打击，及世界经济衰落之影响，内以灾害连年，茧量歉收，原料不良，以致蚕丝事业日见衰败，对外贸易，一落千丈。益以本年上海事变，所有江浙两省蚕丝事业遂陷绝境。查浙

江人口约为三千万，其直接依蚕丝事业为生者约一千万人，江苏蚕丝事业之重要，虽略次于浙省，而直接间接依赖斯业者，亦近四十县。是蚕丝业之盛衰，其予江浙两省，关系至为重要，而于国家经济，亦有重大影响，急应设法救济，俾吾国蚕丝事业，免至破产。日前本部林垦署长谭熙鸿参加江浙蚕丝业会议，兹据报告经过，并拟具救济办法，呈请施行前来。查该项办法均为目前切要之图，除由本部直接执行者外，其余涉及税则及发行地方兑换券等项，事属财政范围。是否可行？理合提请

公决施行

二、办法

（一）准予江浙两省政府发行江浙丝茧定期兑换券一千万元，以便收买鲜茧，而利蚕户，至其发行办法及用途限制，俟原则通过后，由实业部会同财政部及江浙两省政府详细规定。

（二）豁免生丝出口税及增加外洋入口人造丝入口税。查华丝出口，每因成本过高，难与外丝竞争销路，而人造丝之输入，转日益增加，亟应利用关税保护政策，庶对内可资提倡，对外可塞漏卮，至增减率之标准，及增加人造丝入口税所得税收之用途，应俟原则通过后，再由实业部与财政部会商订定。

附谭署长熙鸿报告一件

奉派指导及接洽江浙蚕丝业救济事宜经过报告书

谭熙鸿

一、经过

中国为蚕丝生产之国，蚕丝事业尚占极重要地位，每年生丝出口价值达一万数千万两，居出口货之第二位，其有关于国计民生者可知。惟近年以来外受日丝竞争之打击，益以世界经济衰落，生丝出口逐渐减少，内以灾祸连生，茧量歉收，原料不良，价格反而增高，以致制丝事业日见疲乏，改良无术，对外贸易一

落千丈，而吾向负盛誉之丝业，竟因是而有破产之势。本年蚕丝工作之期将近，忽有日军侵犯吾本南之事发生，问题益形严重，蚕丝事业遂陷绝境。本部有见于此，正拟会同各方筹商救济办法，而浙江省政府因地方事业关系，特为召集会议筹商救济，惟以事关重大，电请本部派员指导。熙鸿承部长之命，赴杭出席。兹谨将接洽经过及所拟救济办法约略报告于后：

熙鸿于十三晨离京，当晚抵杭。十四日与曾厅长筹商大概。十五、十六两日开会，十七、十八、十九三日在厅中研究，同时与各方接洽。二十一日曾厅长约同赴沪与厂商、银行界及美国驻沪商务参赞等处接洽，二十六日返杭，二十八日结束所商各种办法，二十九日回京。

二、江浙蚕丝业概要

（一）全国出口丝之大概

十八年份出口丝值一万六千万两，其中江浙占五万四千余包，约值六千万余两，广东占六万四千余包，约值五千万余两，其他川黄灰各经四川、湖北、山东所出者约占三千万余两。

十九年江浙出口较十八年减五分之一，约四万三千余包，广东出口较十八年减四分之一强，约五万包。

二十年江浙出口较十八年减五分之二，约三万二千余包，广东出口较十八年减三分之一强，约四万六千包。

（二）江浙茧产之大概

（甲）浙江省

十八年约产鲜茧一百十万担，计值四千四百万元，内农民自缫土丝者约五分之二，外约有干茧二十二万担，即鲜茧六十六万担，可供丝厂缫出口丝三万六千包，占江浙丝厂原料十分之七。

十九年约减出产五分之一，是年春茧歉收，尚不仅减五分之一，因提倡秋茧，稍可补足。

二十年约减出产五分之二，是年春茧收成本仅十八年三分之一，幸秋茧大增，故全年统计仅较十八年减五分之二。

（乙）江苏省产茧数量较浙江约为三与四之比，惟其中改良种茧，较浙江倍之。

（三）江浙人口与蚕丝有直接关系者之比较

（甲）浙江省蚕丝区域以杭、嘉、湖为最，绍次之，宁又次之。而全省三千万人口，杭、嘉、湖人口中，蚕丝业占三分之一，宁仅占五分之一。统计全省有三分之一之人口，约一千万人与蚕丝有直接关系。

（乙）江苏省蚕丝区域以太湖区域为最，其次则为江北区域（南京与镇江在内），共包括三十九县养蚕农民，自较浙江略少。

（四）江浙丝厂之比较

上海原有丝厂一百零七家，现仅开车二家，且系英商，即怡和。无锡原有丝厂四十九家，现仅开车一家，即永泰分设之兴华厂。浙江原有丝厂二十八家，现仅开车二家，即杭州丝厂与萧山东乡合作丝厂。

（五）出品优劣之比较

全国出口丝之匀度，普通丝厂均在七十五分以下，即向居上等照牌之丝，亦不过八十分。惟现在丝厂亦有能出八十七分以上之匀度，仅浙江二家，即杭州丝厂与萧山东乡合作丝厂，无锡一家，即兴华丝厂。

三、救济办法

（一）救济农民办法

一、减低种价。

二、设法多用改良种。

三、设法收茧。

四、设法压低成本。

五、设法借贷。

（二）救济制种业办法

一、设法推销。

二、减低成本。

三、供给良好原种。

四、规定价格，取缔不规则之竞卖。

（三）收茧办法

一、发行流通券，办法另拟。

二、压低茧价，以能出口之丝价为标准。

（四）救济丝业办法

甲、关于补助存丝出口者

一、豁免生丝出口税。

二、规定最低出口价格，再跌时由政府补助。

三、在价格以下之损失，由丝商及银钱业分担之。

以上详细办法另订。

乙、关于补助丝厂缫制生丝者

一、供给低价原料及减少工资，以达到最低出口价格之标准。

（五）增加人造丝之入口税，以所得款项为救济及改良丝业之用，办法另拟。

（六）改良蚕种及养蚕方法，提倡大规模新式丝厂及制丝方法，请美国专家指导，出口集中，办法另拟。

（七）与美国合作产制销联成一气，复振中国之丝业，办法另拟。

四、结论

总之熙鸿此次奉命赴杭考察各方情形，详细研究，认为救济目下蚕丝业之困难，不外上列各种办法，积极进行，立解倒悬，不惟丝业得以复振，而数千万农民生计因而解决，诚本部当务之急也。惟是否可行？理合将接洽经过及所拟救济办法呈请核示，只遵。谨呈

部长

〔国民政府行政院档案〕

17. 上海市丝厂业同业公会委员会为国际丝价跌落沪市华丝山积新蚕无法消纳请求救济电

（1932年4月27日）

国民政府实业部钧鉴：华丝外销久衰，沪市存货山积，倘不设法疏通，不仅唯一国际贸易阻绝堪虞，而本年新茧产出将更无处消纳，影响农民生计，关系至巨。盖核算存丝、存茧两项，除丝商原有资金折蚀不计外，按照市价与押款之数相比，尚须亏短达规元一千二百万两。故日前各关系方面，假上海中国银行五楼集议，认为维持新茧必同时疏通存货，恳由实业部转请财政部筹拨规元四百万两，以资补助，而利推销。一面免除生丝出口税及公债基金之特税，另于进口税方面酌增抵补在案。惟华丝在欧美市场售价例随日丝为转移，当集议时，华丝每包价尚值规元六百余两，乃现得纽约乾利洋行与日丝成交消息，在花旗交货，每件仅售日金四百四十元，近时日金价每元与华银每两相等，而华丝售出每包尚须负担出口税、特税、附税、码头捐等约元五十两，又运输费用，水脚等约元六十两，实得仅规元三百三十两，较前日集议声请时又差落十分之四以上，危急情形匪可言喻。虽蒙大部考量所请，不图路透电报告日政府，对于日丝鉴及国际贸易地位之重要为有力之维持，拨款五千四百万元促成倾销，已先我而行，救济之策，实不可更缓须臾，否则五十余年国际贸易之华丝，势必从兹中断。瞻念前途，曷胜悚惧。除另电行政院暨财政部外，迫切电呈，仰祈迅赐核准救济，俾挽危机，无任公感之至。上海市丝厂业同业公会委员会叩。感。

中华民国二十一年四月　号　发

〔国民政府行政院档案〕

18. 行政院秘书处为崇裕丝厂因丝价暴落请彻底维持致财实两部笺函

（1932年5月20日）

笺函　第一五六三号

径启者：奉院长谕，据浙江丝厂同业公会崇裕丝厂等呈为丝价暴落，厂商危殆，拟请政府及银钱业丝茧商分任损失，乞迅饬彻底维持，等情。到院。应交实业、财政两部。等因。奉此。除分函财政、实业部暨由院批示外，相应抄同原件函达查照。此致

实业部

财政部

计抄送原呈一件

行政院秘书长诸〇〇

中华民国二十一年五月二十日

呈为丝价暴落，厂商危殆，环请俯赐彻底维持事。窃江浙蚕丝向为我国农产出口大宗，历来丝业虽时有盛衰，然不过商业上寻常之变化，与社会经济农村生产尚无巨大影响。年来国际竞争剧烈，外销衰落日甚一日，形成今日一败涂地之局面，其惨落景象殊有不可思议者。从前国外售价为美金四元一磅，而今已降至每磅一元二角有零，茧价工资及一切开销成本，以今视昔，且已增至一倍以上，合成本售价不啻仅及从前六分之一，经营丝厂业者，其何能幸免于破产之危机。现各厂丝茧堆积如山，亏累日重，债务急迫，继续工作固无此能力，即欲求脱债累，亦均徬徨无计，虽蒙政府明鉴，及此拟定补贴陈丝每担银百两，然杯水车薪仍无以解前途之厄运。第值此国家多事，财政困乏之秋，欲以巨大损失求助政府，不独事实之所困难，抑亦商等之所不敢言而不忍请

者，衡情酌理，如月前部委偕江浙两省建设厅长与银钱业会商维持丝业所定三方贴补之议案，以及最近日本公布补助存丝损失办法，(查日本出售存丝十万八千担，损失一万零五百万元，由政府补助五千五百万，银行一千五百万，丝商三千五百万）均属持平易行之事。现查江浙陈丝约计二万担，每担成本率在一千二百两之谱，核之现时售价，每担五百余两，须实损失六百两以外，总计损失之数，共为一千二百万两。再查陈茧总数共十万担，每担成本，改良种与土种，通扯约为一百八十两，现时售价不逾六十两，每担纯损须一百二十两，总计又为一千二百万两。陈丝陈茧两项并计为二千四百万两。拟请政府银钱业及丝茧商分别任其损失，爰本此旨请定办法如下：

（一）陈丝部分之损失，厂商已负半数，即每担三百两，共计六百万两。陈茧部分之损失，丝茧商已负半数，即每担六十两，共计亦为六百万两，是丝茧两项丝茧商已负损失，总计一千二百万两。

（二）拟请政府明令江、浙两省银钱两业按照上次部厅与银钱业会议分担，原意由银钱业贴补陈丝损失每担一百五十两，共为三百万两，贴补陈茧损失每担三十两，共为三百万两，总计丝茧两项应请银钱两业负担六百万两。

（三）政府补助陈丝，总数已定为四百万两，但每担出口仅只壹百两，拟请再增每担五十两，合为一百五十两。以二万担计，亦不过三百万两。其陈茧部分拟恳另贴每担三十两，计十万担，亦只须三百万两，总计丝茧两项至多不逾六百万两，与原定四百万两仅增二百万两。

如上所陈，在商等自任亏累已达一千二百万两之巨，核之总数已占半额，明知如蚊负山，不胜其重，但为求谅于我政府，求全于银钱业不得不委婉忍痛而为之，而在银钱两业，则与我丝业交往垂及百年，在平时信义素孚，情感尤洽。近五年间我丝业无日不在困苦颠沛之中，然往来款项，仍必罗掘以偿滋息，所得实利已多，即就去年一年论，放款所权子息恐亦不下三五百万，今之所请，未为过甚。若果袖手旁观，则丝业固立时破产，而影响所及，农村衰落、工商凋敝，社会经济感受剧变，试问钱银两业又将何术自全？揆之救人自救之道，当能力持大体。如蒙钧院切实开导，必更易于容纳也。至如政府四百万之补助金，既奉明令，在商等固已感激莫名，何敢再为无厌之求，第救助不及于陈茧办法尚非彻底。盖丝茧商值此危迫之时，实无能力取赎陈茧，陈茧未能缫丝，则陈丝安能肃清，是政府美意亦同虚设。应请政府再增二百万两，并明令银钱业贴补六百万两，庶几得达陈丝陈茧全部解决之途。政府此项补助金，或发行短期库券，或即给发定期兑换券，而以进口人造丝及各种丝织品加税为基金，不出一二年，本利俱可清偿，将来即可腾出税源为改良蚕丝及发展各项实业之用，而国内丝业及丝织业亦得因加税而赖以保全，是一举而三得备也。总之，商等处此情况之下，自身破产曾不足惜，惟为国外贸易计，国内农工生计计，不得不环请钧院俯赐彻底救济，俾商等得以解决过去困难，徐图开工复业，重与世界市场背城借一，以争最后之胜利。而江、浙两省数千万生计攸关之农民与夫二十万嗷嗷待毙之职工，均得有来苏之望，即银、钱两业亦不致受金融阻塞之虞。惨睹丝茧商全局破产之厄，为此迫切陈词。伏祈钧长鉴察，迅赐令饬财政、实业两部核夺施行。至深感戴。谨呈
行政院院长汪

具呈人浙江丝厂同业公会会员
崇裕丝厂
天章丝织厂
祥纶丝厂
双山丝厂
长安丝厂代表陈则忠

久丰丝厂

天成丝厂代表张幼仪

厚生丝厂

秀纶丝厂

模范丝厂

南浔丝厂

梅恒裕丝厂

公利丝厂

利农丝厂

东乡蚕丝合作社社长盛练心

庆云公丝厂经理俞丹屏

本会筹备处暂设上海梅白格路三一三号

中华民国二十一年五月十六日

〔国民政府行政院档案〕

19. 财政实业部等关于发行江浙丝业短期公债以救济丝业的有关文件

(1932年8—9月)

(1) 实业、财政两部给行政院呈(8月10日)

呈为呈请事。查本部等会同议复救济丝业目前原则暨办法一案，业经呈奉钧院决议，分饬遵办在案。兹准江苏浙江两省政府会咨关于案内发行江浙丝业库券二百二十万两一节，经会拟库券条例草案暨还本付息表咨送查核见复等由到部。查上案原定原则中(二)江浙现存厂丝及现存干茧缫成之丝出口时，由政府给予补助金，每担规元一百两暂由银行借垫，以中央补助，取消厘金协款作抵拨发，嗣复议定办法：(一)由江浙两省发行库券二百二十万两，利息年六厘，分四年还清，前项补助金即以库券交付之。现查两省政府咨送之江浙丝业库券条例仍本原案，以中央补助取消厘金协款，指作还本付息基金，所有各条文曾经会议拟定，大致均属相符，自应准予发行，以资救济。理合照缮库券条例草案暨还本付息表备文呈请钧院鉴核。转呈国民政府提交立法院，从速议决公布施行。实为公便。谨呈

行政院院长汪

附呈江浙丝业库券条例草案暨还本付息表各一份　签注四纸〔略〕

实业部长　陈公博

财政部长　宋子文

中华民国二十一年八月十日

（2）行政院致国民党中央政治会议呈（8月26日）

呈为呈请事：案据财政、实业两部会呈称：查本部等会同议复救济丝业目前原则暨办法一案，业经呈奉钧院决议，分饬遵办在案。兹准江苏、浙江两省政府会咨关于案内发行江浙丝业库券二百二十万两一节，经会拟库券条例草案暨还本付息表咨送查核见复等由到部。查上案原定原则中(二)江浙现存厂丝及现存干茧缫成之丝出口时，由政府给予补助金，每担规元一百两，暂由银行借垫，以中央补助，取消厘金协款作抵拨发，嗣复议定办法：（一）由江浙两省发行库券二百二十万两，利息年六厘，分四年还清，前项补助金即以库券交付之。现查两省政府咨送之江浙丝业库券条例，仍本原案以中央补助取消厘金协款，指作还本付息基金，所有各条文曾经会议拟定，大致均属相符，自应准予发行以资救济，理合照缮库券条例草案暨还本付息表，备文呈请鉴核转呈国府，提交立法院，从速议决，公布施行等情到院。当经提出本院第五十七次会议决议，照送立法院纪录在卷。查前据该两部会呈，为遵议救济丝业一案，议定救济目前原则及办法，请鉴核令遵等情，业经本院第二十九次会议决议，分饬遵办在案。兹据

会呈前情，并经院议决议前因，除指令并照案咨送立法院审议外，理合依照立法程序纲领第五条之规定，缮同原附件，并财政、实业两部前呈关于救济丝业一案原呈，备文呈请鉴核，决定原则，实为公便。谨呈

中央政治会议

计缮呈江浙丝业库券条例草案暨还本付息表各一份　又财政实业两部关于救济丝业一案原呈一件

行政院院长汪兆铭

二一、八、二六

实业财政两部呈行政院报告遵令筹议救济丝业发行库券办法请核示文

为会呈事。窃子文前奉院长函开：江浙蚕丝事业日就衰败，各方救济意见约可归纳为下列四点：一、增加人造丝及其织造品入口税，豁免生丝出口税。二、增加税率之全部，在六年之内应拨作保护及改进蚕丝事业之用。三、进口人造丝及其织造品，兹定增税百分之四十，则每年可增收入百万两之谱。四、将上项增收之款作为基金，发行六年短期蚕丝公债五千万元，专为救济及改进蚕丝事业，整理旧有丝业公债及创办人造丝厂等项之用，希速商决，俾便及早施行等因。查本年外寇纷来，时值国难，江浙两省首当其冲。丝茧为两省重要产品，未能周转推销，实系具有特殊情形，自应遵照钧院决定特别补助之意旨，详筹维护办法，经即约集实业部林垦署长谭熙鸿，江苏实业厅长何玉书、浙江建设厅长曾养甫等迭次公同研讨，当以人造丝与天然丝尚非完全竞争品，阻止人造丝增税与否，应与救济丝业问题分为两事。至现时对于丝业之救济，按照原拟方案约可分作治本治标两种，其治本办法条理繁赜，事须从长计议。爰就目前急须救济之问题议定原则如下：

一、生丝出口税及特捐停止征收。

二、江浙现存厂丝及现存干茧缫成之丝出口时，由政府给予补助金，每担规元一百元，此项补助金应分若干期交付，暂由银行借垫，以中央补助取消厘金协款作抵拨发。

三、对于本年新茧收买缫丝押款等手续，应由主管机关（实业部及两省实业建设厅）负责与银行接洽，计划妥善办法，期收实效，旋按上定原则，由实业部林垦署长谭熙鸿约同江苏实业厅长何玉书、浙江建设厅长曾养甫、财政部统税署长谢祺、关务署长张福运，并银钱业、丝茧业各代表详加商讨，除停止征收生丝出口税及特捐，又出洋厂丝补助金每担规元一百两，由中央以补助两者，取消厘金协款项下拨发等事，即按前定原则办理外，该项补助金并应由两省实业厅、建设厅劝导商人仍用于丝商，其关于补助金之交付及收茧押款等事，复经议定下列办法：

一、由江浙两省发行库券二百二十万两，利息年六厘，分四年还清，前项补助金即以库券交付之。

二、江浙金融界开放收茧押款三百万元。

三、江浙金融界对于厂商尽力通融，照向来习惯办法尽力开做丝茧押款至少四百万两。

四、由江浙两省政府通知两省各地商会，转饬银钱丝茧商共同合作，维持民生。

五、原拟组织之整理存丝存茧委员会 及 江 浙 存丝推销委员会，由实业部主持切实进行。关于上述江浙收茧押款等事，并由江苏实业厅、浙江实业厅按照前订各办法进行办理。

依照上项议定各办法规则，现存厂丝既可疏通困难，新收丝茧，亦可周转营业，厂商农民似均得有救济。所有遵议救济丝业一案各缘由，理合会同呈请钧院鉴核，指令祗遵。谨呈
行政院

实业部长陈公博

财政部长宋子文

(3) 行政院第二十九次会议关于救济丝业决议案

一、救济目前原则及实施办法通过，并令江浙两省政府遵照办理。

二、治本办法暨人造丝及其织品加税问题关系重大，仍由实业、财政两部会商妥议办法呈核。

三、山东、四川、广东均为出丝省份，应否一并顾及并着实业、财政两部筹议具复。

(4) 立法院致国民政府呈(9月8日)

为呈请事：案准行政院第二三六号咨开：案据实业、财政两部会呈称：呈为呈请事：查本部等会同议复救济丝业目前原则暨办法一案，业经呈奉钧院决议，分饬遵办在案。兹准江苏、浙江两省政府会咨，关于案内发行江浙丝业库券二百二十万两一节，经会拟库券条例草案暨还本付息表，咨送查核见复等由到部。查上案原定原则中(二)江浙现存厂丝及现存干茧缫成之丝出口时，由政府给予补助金每担规元一百两，暂由银行借垫，以中央补助，取消厘金协款作抵拨发，嗣复议定办法：(一)由江浙两省发行库券二百二十万两，利息年六厘，分四年还清，前项补助金即以库券交付之。现查两省政府咨送之江浙丝业库券条例，仍本原案以中央补助，取消厘金协款，指作还本付息基金，所有各条文曾经会议拟定，大致均属相符，自应准予发行，以资救济，理合照缮库券条例草案暨还本付息表，备文呈请鉴核，转呈国府，提交立法院，从速议决，公布施行等情到院，当经提出本院第五十七次会议决议，照送立法院。查前据该两部会呈为遵议救济丝业一案，议定救济目前原则及办法，请鉴核令遵等情到院，经本院第二十九次会议决议，分饬遵办有案，兹据会呈前情，并经院议决议，前因。除指令并呈请中央政治会议决定原则外，相应抄同原件暨财政、实业两部前呈，关于救济丝业一案原呈，一并咨请查照审议，复准中央政治会议函开本会第三二三次会议决议，准发行民国二十一年江浙丝业库券三百万元，为救济江苏、浙江两省丝茧业之用，指定以财政部拨付江浙两省裁厘协款为基金，交立法院等因，除函国民政府及行政院外，相应函达查照办理各等由。准此。当经令行本院财政委员会审查，去后旋据呈称：遵于本会第八十九次会议提出讨论，逐条修正通过，并以本院通过预算法第二十条之规定，各级政府遇必要时发行库券应于本会计年度内清偿此项库券条例草案，定偿还本息期为四年，应将标题改为民国二十一年江浙丝业短期公债条例。兹谨缮具修正案呈请鉴核，提会公决等情前来，于本年九月三日本院第二百次会议议决，民国二十一年江浙丝业短期公债条例暨还本付息表修正通过，理合录案，并缮具条文及附表，呈请鉴核，公布施行。谨呈
国民政府

计呈民国二十一年江浙丝业短期公债条例暨还本付息表一份

代理立法院院长邵元冲

中华民国二十一年九月八日

民国二十一年江浙丝业短期公债条例暨还本付息表

民国二十一年江浙丝业短期公债条例

第一条　本公债由江苏、浙江两省政府发行，定名为民国二十一年江浙丝业短期公债。

第二条　本公债定额为三百万圆。

第三条　本公债用途为专充救济江苏、浙江两省丝茧业之用。

第四条　本公债年息定为六厘。

第五条　本公债定于民国二十一年十月一日发行。

第六条　本公债按照票面十足发行。

第七条　本公债自民国二十一年十月起，以每年三月三十一日、六月三十日、九月三十日及十二月三十一日为付息之期。

第八条　本公债于民国二十一年十二月三十一日为第一次还本之期，嗣后每三个月还本一次，平均每次还本十六分之一，每年还本四分之一，利随本减，至民国二十五年九月底，本息全数还清。债票之还本，以抽签定之。

前项抽签，于每年三月十五日、六月十五日、九月十五日及十二月十五日，在上海银行公会行之。抽签时，由江苏、浙江两省政府及审计机关各派员一人，上海银行公会及江浙丝茧业各派代表一人，会同监视。

第九条　本会债应付本息基金，指定于财政部拨付江浙两省裁厘协款项下，每三个月照本公债还本付息表应付之数，由财政部指定国货银行拨交本公债基金保管委员会，备付到期本息之用，至偿清为止，不得变更。

第十条　本公债由基金保管委员会办理付息还本事宜，并指定中央银行、中国银行、中国实业银行、交通银行、浙江地方实业银行、江苏银行为经付本息机关。

第十一条　本公债票面分为千圆、百圆两种，均为无记名式。

第十二条　本公债得自由抵押买卖，如江浙两省公务上须缴纳保证金时，得作为担保品。

第十三条　对于本公债有伪造或毁损信用之行为者，由司法机关依法惩办。

第十四条　本条例自公布日施行。

民国二十一年江浙丝业短期公债还本付息表

民国二十一年十月一日发行

债额三百万圆　　年息六厘

年	月	本数（圆）	还本数（圆）	付息数（圆）	还本付息总数（圆）
二十一	十二月底	三，〇〇〇，〇〇〇	一八七，五〇〇	四五，〇〇〇	二三二，五〇〇
二十二	三	二，八一二，五〇〇	同　左	四二，一八八	二二九，六八八
	六	二，六二五，〇〇〇	同　左	三九，三七五	二二六，八七五
	九	二，四三七，五〇〇	同　左	三六，五六三	二二四，〇六三
	十二	二，二五〇，〇〇〇	同　左	三三，七五〇	二二一，二五〇
二十三	三	二，〇六二，五〇〇	同　左	三〇，九三八	二一八，四三八
	六	一，八七五，〇〇〇	同　左	二八，一二五	二一五，六二五

续表

	九	一，六八七，五〇〇	同　　左	二五，三一三	二一二，八一三
	十二	一，五〇〇，〇〇〇	同　　左	二二，五〇〇	二一〇，〇〇〇
二十四	三	一，三一二，五〇〇	同　　左	一九，六八八	二〇七，一八八
	六	一，一二五，〇〇〇	同　　左	一六，八七五	二〇四，三七五
	九	九三七，五〇〇	同　　左	一四，〇六三	二〇一，五六三
	十二	七五〇，〇〇〇	同　　左	一一，二五〇	一九八，七五〇
二十五	三	五六二，五〇〇	同　　左	八，四三八	一九五，九三八
	六	三七五，〇〇〇	同　　左	五，六二五	一九三，一二五
	九	一八七，五〇〇	同　　左	二，八一三	一九〇，三一三
		总　　数	三，〇〇〇，〇〇〇	三八二，五〇四	三，三八二，五〇四

〔国民政府档案〕

20. 实业财政部等会商救济上海丝厂业办法的有关文件

（1933年12月—1934年5月）

（1）中央执行委员会民众运动指导委员会公函（1933年12月21日）

中国国民党中央执行委员会民众运动指导委员会公函　第5459号

径启者：本会近据调查报告：上海各丝厂以受日丝倾销影响，营业不振，原有丝厂五十五家，现已大半停工，只余十五家，即此十五家中，最近恐又有一部分停工，工人失业者日众，共党已计划利用失业工人，以要求复工为名，煽起暴动。等情。据此。查丝业不振，关系国家经济甚巨；且值兹时局紧张之际，失业工人过多，最易受反动煽惑，对于社会治安，隐患堪虞。据报前情，除函上海市政府饬军警机关，预加防范外，相应函请查照，对上海丝业，设法予以救济，以维国家经济，而弭失业原因为荷！此致

实业部

主任委员陈公博

副主任委员王陆一

中华民国二十二年十二月二十一日

（2）上海市政府快邮代电（1933年12月28日）

快邮代电　字第七五二号

南京实业部勋鉴：案据本市第四区缫丝业产工会常务理事陈秀普等呈称：窃属会等男女会员六万余人，向业丝厂为生，年来因丝市不振，厂方一再失败，幸得政府二次援助，勉力维持工作者尚在半数以上，数万工友赖此苟延残喘。讵自本年入秋以来，丝价惨跌，开最低价之新纪录。厂方满拟继续维持，然破产接踵，

辍业停工相继而起，各区勉维残局，工作者已不满十家，环境险恶，非可言喻，长此以往，全市各厂全部停歇已在目前，属会等数万工友势将全部失业，生活无依，尽为饿殍，各工友莫不忧形于色，昕夕徬徨，来会请求设法救济者络绎不绝。属会等睹此现状，不寒而栗，若不亟谋救济，难免挺而走险，关系社会安宁，事非浅鲜。爰经联席会议一致决议，请求钧府电呈行政院暨实业、财政部设法救济，以维工友生计，而宁社会秩序。不胜迫切，待命之至。等情。据此。查所陈丝市不振，厂方无法维持，工人失业，为数众多，确系实情。值兹时局紧张，反动分子乘机利用，尤为可虑。据称前情，亟应设法救济，以维工商而保治安。除电呈行政院迅予核办外，相应据情电达，敬祈察照，迅予核办见复，毋任企祷。上海市政府叩。俭。印。

中华民国二十二年十二月二十八日

（3）实业部咨（1934年1月29日）

实业部咨　劳字第二六七一号

查关于上海市丝厂业相继停工，影响工人失业，业经本部于本月二十六日召集会议，与贵部代表共同讨论，拟定救济办法五项，纪录在卷。相应抄同原议案，咨请查照，见复为荷！此咨

财政部

附议案一份

中华民国　年　月　日

会商救济沪市丝厂业办法案

日期　一月二十六日下午三时

地点　实业部会议厅

出席者　财政部代表董溥铭

　　　　实业部代表张铁君

常宗会

赵光庭

李崇典

主席　实业部代表张铁君

纪录　　　　　　司徒勋

报告事项

实业部代表张铁君报告：本案自各方来文后，本部筹议经过及本日应行会商各点。

实业部代表常宗会、赵光庭、李崇典先后说明本部所拟救济原则五项之理由与数万工人失业情势，迫切应予救济之重要。

财政部代表董溥铭表示在实部所拟救济办法中，关于增加进口税一节，须回部请示后，方可决定。

决议如下：

（一）增加人造丝进口税比例率百分之一百，将所增之税作为改良蚕丝之用。

（二）豁免地方一切蚕茧及厂丝捐税。

（三）由铁、交两部减轻桑苗及丝茧运费。

（四）函请全国经济委员会从速成立丝业统制委员会。

（五）以上四项虽切实可行，但稍嫌迂缓，为迅谋救济失业工人计，拟由上海市政府先行借款及筹划的款或发行公债，予以救济。

附注：此项议案应由实部整理，咨送财政部查照见复。

（4）实业财政两部会呈稿（1934年3月5日）

案准钧院秘书处第二〇号函发据上海市政府代电，转据上海市第四区缫丝业工会呈，为丝市不振，厂方无法维持，工人失业极为可虑，请予设法救济，据情电呈核示一案，奉谕交实业、财政两部会同核办。等因。准此。正核办间，复准钧院秘书处第二一八号函发中央交办上海特别市执行委员会呈，据第四区缫丝业工会呈，以丝价惨跌，厂方维持困难，相继停工，数万工人势将失业，恳予转请设法救济一案，奉谕交实业部暨上海市政府等因到部。

查关于上海市丝厂业相继停工，影响工人失业一案，曾准上海市政府分电到部，业经本部等会同并案核办，并拟定救济办法四项，谨陈于后：

一、豁免地方一切蚕茧及厂丝捐税。

二、由铁道、交通两部减轻桑苗及丝茧运费。

三、请全国经济委员会从速成立丝业统制委员会。

四、以上三项虽切实可行，但仍稍嫌迂缓，为迅谋救济失业工人计，拟由上海市政府先行借款，及筹划的款，或发行公债，予以救济。

准函前因，合将核办情形，会同呈复，所拟各项办法，如果可行，应请钧院分别函令办理。再此呈由实业部主稿，合并陈明。谨呈

行政院

实业部部长陈〇〇

财政部部长孔〇〇

中华民国　年　月　日

（5）行政院密令（1934年5月14日）

行政院密令　字第二六三五号

令实业部

案据铁道部呈复称：案奉钧院密令第一三五三号略开：案查前据上海市政府转据第四区缫丝业产工会呈，以丝市不振，厂方一再失败，工人失业为数众多，请设法救济，以维工友生计等情。兹经饬据实业、财政两部呈拟救济丝业办法四项，尚属可行。其

第二项减轻桑苗及丝茧运费，应即由该部暨交通部切实核减，合行令仰该部遵照办理具报。此令。等因。奉此。查铁路现行运价，生丝列二等，废丝列三等，蚕茧列三等，废茧列四等，蚕子列二等，鲜桑叶列三等，桑苗列五等。所有与丝业有关之货品，除废丝及桑苗两项外，其他各种两年来迭经本部斟酌各项货物与丝业关系之程度，以及铁路之能力，屡次减低等级，比照十九年一月部颁之普通货物分等表原订等级，减至一级或两三级者不等，京沪路丝运特价，向按一等加四倍收费。近年本国丝业因受外丝影响，日趋衰落。本部迭将该路丝运特价核减，初则由一等四倍收费，减为按二等四倍收费，再则取销四倍减为二等收费，又该路蚕茧向按一等收费。该项货物异常轻松，乃按所占体积折合吨位计重，其过磅计重与过尺折重相比，约为一与五之比。为维护国产起见，除将蚕茧迭次由一等减按三等收费外，其计重办法改按过磅实重计算，另照三等不满整车运价加百分之二百五十收费，比较按三等过尺折重办法，已低半倍，亦经本部令行在案。凡此种种措施，具见本部近数年来为救济丝业计，曾经预筹兼顾，将各项货物与本国丝业有关之运价，尽量减轻，现在实难再予核减。惟查鲜桑叶一项，为蚕类惟一之饲养料，前经由二等改为三等收费，兹为扶植丝业暨仰体钧院关怀本国实业起见，再将鲜桑叶一项特别减轻运费，改列为五等。所有本部核减运价救济丝业情形，理合备文呈请鉴察。等情。附呈蚕茧、生丝、桑叶等今昔运价比较表一纸，据此除指令暨函请中央执行委员会秘书处转陈并令饬上海市政府转饬知照及行知财政部外，合行抄发原件，令仰该部知照。此令

计抄发原附运价比较表一纸〔略〕

院　长汪兆铭

中华民国二十三年五月十四日

〔国民政府实业部档案〕

21．蚕丝改良委员会为重庆丝业公会呈请拨川协款以救济丝业致全国经济委员会公函

（1934年3月20日）

案据四川重庆丝业公会主席李奎安呈略称：以川省丝业，年来因丝价逐步惨跌，一蹶不振，陈丝亏损过甚，每担折耗在千元左右，以致无法维持。承督办刘湘批准，以财政部拨补该省一部分协款，自十九年六月分起，迄现在止，每月一万一千元，共计洋约五十万元左右，拨补陈丝损失。乃迭向财政部具领，尚未蒙发，呈恳转催拨给等情。据此，查财政部应拨川省一部分协款，既经该省督办刘湘批准补助陈丝，自应照数拨给，以资救济。据呈前情，相应抄同原呈，函请贵处查核转陈钧会，函请财政部迅予如数照发。此致

全国经济委员会秘书长秦

计抄送原呈一件

主任委员曾养甫（印）

三、二十

抄呈

呈为转请财政部拨发协款欠数，以救丝业危亡由。呈为转请财政部拨还欠款以救丝业危亡事。窃川省丝业年来因丝价逐步惨跌，一蹶不振，陈丝亏损过甚，每担折耗在千元左右，以致无法维持，稍有资力之商人，自认亏折售出外，其万无办法者，尚有丝约三千担。刘湘督办知丝业关系农工生活至巨，一面设立川丝整理委员会，以刘航琛为主席，整理川丝，一面以财政部每月应拨五万元之协款，除由财政部坐扣四川应解盐税洋叁万元，又镑耗九千元外，其余一万一千元，自十九年六月份起已至现在，应

收之数完全拨作补助陈丝经费，以维现状，曾屡次电致财政部陈述在案。并派奎安直接向财政部请领，惟迭次上呈，未蒙批复。查江浙丝业得政府公债及补助费之救济，营业尚称竭蹶，而川商前年请准之丝业公债，既未发行，刘督办以财政部应交付之款，转补陈丝者，亦尚未予发给，则川省丝业，势必更陷绝境。兹幸钧会成立，负改良丝业之责，其议决改良各要案，均属切要之图，则将来丝业之复兴，自有充分之发展。惟陈丝未扫数推销，则新组税额难进行，况此款本在财部预算之中，合计不过五十万元左右，在财部付出为数无多，在丝商得此即受惠无穷。且川省丝商同为国内商人，其事业同为对国外贸易之业务，而川丝商既未如江浙丝业得享受中央丝业公债及补助费之维持利益，则四川应收之款转补陈丝者，亦未蒙拨付川丝商之苦，实有不忍言者。现在川丝商望救之殷，比蹈火溺水者之望救更切，若各厂停歇，对社会安宁影响尤大。用特恳请钧会转请财政部照原案如数拨付，以维丝业而安社会。不胜沾感之至。谨呈

全国丝业改良委员会钧鉴

重庆丝业公会主席李奎安（印）

中华民国二十三年二月二十八日

〔国民政府全国经济委员会档案〕

22．行政院关于财政实业两部会拟挽救江浙蚕丝业根本办法致全国经济委员会公函

（1934年4月10日）

行政院公函　字第八〇〇号

案据财政、实业两部会同呈称：案奉钧院第二二二七号训令内开：查中央救济江浙两省丝业经于二十年二十一年两次发行丝业公债，而丝业之凋敝如故，长此以往，既不能挽回其衰势，亦非中央财力所及，嗣后宜妥筹根本办法，使其本身能自振作，应

由实业、财政两部会同江浙两省政府筹议具报，除分令外，合行令仰遵照。此令。等因。奉此。遵即咨行江浙两省政府开具意见。兹准先后咨复，并附送挽救办法大纲到部。本部等就原办法大纲，酌加删订，拟具挽救江浙蚕丝业根本办法草案。是否可行？理合检同草案，备文呈送鉴核。等情。据此。查贵会之蚕丝改良委员会，业经组织成立，关于蚕丝业之改进，以及减低成本、改良贸易方法等计划，均已着手统筹，并准函知在案。兹据前情，相应抄同原附草案，函请查照；转饬蚕丝改良委员会审核见复，以凭核办。此致

全国经济委员会

计抄送挽救江浙蚕丝业根本办法草案一份

院　长汪兆铭

中华民国二十三年四月十日

挽救江浙蚕丝业根本办法草案

一、桑

甲、奖励新区域之种桑　江浙两省无处不宜蚕桑，其养蚕未发达之区域，亟应奖励农民植桑，俾直接以谋桑叶产量之加多，间接即为蚕丝生产之增进。奖励之道，除由中央制定奖励条例外，目前应由江浙两省政府无偿或低价配给优良桑苗于农民，或于每年省预算项下，列入蚕丝奖励金若干，划出其中之一部分以补助此项费用，同时并奖励苗木之养成，庶桑苗之来源有自。

乙、指导农民改善桑园　改善桑园为经营蚕丝业根本之要图，如改植荒废桑园，普及优良品种，设置专用桑园，设立稚蚕桑园，改良栽培法，改善肥料及防除病虫害等，应由江浙两省政府派所属蚕业技术人员，实地指导。他若自产桑叶养蚕之提倡、桑叶买卖陋习之取缔，亦应切实施行，以期桑园经营合理化之彻底。

二、蚕

甲、取缔农民用不良蚕种　且下江浙两省农民育蚕尚有用自制之土种者，此项土种品质杂驳，病毒繁多，其成绩之恶劣，殊为整个蚕丝业进展之障碍。为彻底改进计，应由江浙两省建设所，督饬各县遇有农民购入土种饲育者，设法禁止，令其购用改良种或由官厅以无价供给之，一面对于制造土种者，逐渐指导，教以新方法，期与制造改良种场之技术相等，而对于制造改良种之场商，亦不可任其藉端居奇，随意提高种价，以图牟利。此种办法，由两省蚕业取缔所总其成。其实施步骤，以分年及分区进行，俾事实上改良种数量不致有供给竭蹶之虞。

乙、指导农民改进养蚕技术　江浙虽为蚕丝发达之区，而农民之养蚕技术仍墨守成法，故步自封，纵使有优良之蚕种，而结果仍归失败，考消毒、催青、饲育、上簇等方法，应由两省建设所分区切实指导，以谋养蚕技术之改进，而收生丝品位向上之效。

丙、推广秋蚕饲育　由江浙两省建设所督同各县建设科切实劝导农民饲育秋蚕，以期利用设备，平均劳力，增进农村经济及增加蚕丝产量。

三、蚕种

甲、统一蚕品种　欲图生丝品位之向上，在于原料茧之改善整理，而原料茧改善整理之根本，在于蚕品种之统一。江浙两省应就现用春秋期品种内之认为成绩优良者，指定数种饲育之，俾丝茧可以统一，一方再尽力试验，以期发现更适当之蚕品种，以便采用。

乙、奖励成绩优良之种场，取缔不合理之种场　凡设备完善、技术精进及出品优良之种场，应由两省建设所拨出蚕丝奖励金一部分补助之。其设备简陋，粗制滥造之制种场，则应照章厉行取缔，以期蚕种业之进展。

四、蚕茧

甲、蚕茧买卖以农民丝厂直接贸易为原则江浙上海一带丝厂所用之茧，往往不能直接购诸农民，常由余茧商从中周转买卖，以致丝厂茧本加大，此后应由江浙两省建设厅制定收茧办法公布。凡欲收茧者，须遵照该项办法办理。

乙、奖励采用新式茧机取缔新设旧式土灶。土灶烘茧常将良茧解舒变劣，缫耆加大，品质低降，此后应奖励改用新式烘茧机，取缔旧式土烘，其办法：

（一）凡农民用合作方式装设新式烘茧机者，得由江浙两省政府予以相当奖励金，（其数目由两省自定）或由两省建设所担保，向银行抵借设备费半数以下之资金。

（二）丝厂商如欲装设或改装新式烘茧机者，亦得呈请本省建设所担保向银行抵借设备费若干。

（三）于收茧时，由建设所派技术人员赴各地指导新式机械烘茧技术。

（四）新设收茧烘茧机关，仍用旧式土灶者，应严于取缔。

五、丝

江浙、上海一带丝厂亏者，原因虽因丝市汇价等一时涨跌关系，但各厂内部经营欠善，技术不精，管理欠当，机械陈旧，等确为根本重要原因。兹将其改进方法述之于次：

甲、制定制丝业取缔条例　由中央制定颁布制丝业取缔条例，取缔一般不良丝厂。

乙、指导丝厂改善经营方式　由江浙两省建设所随时派员赴各厂指导厂商行原料购置、生丝贩卖及其他一切之合理的经营。

丙、奖励改用可以增进品质轻减成本之适当机械　凡丝厂商欲改用新式适当煮茧、缫丝、检验等各种机械者，政府应予以奖励。其办法由丝厂商呈请本省建设所担保，向银行抵借设备费三分之一以下之资金。

丁、指导丝厂改进制丝技术　由两省建设所随时派技术人员指导各厂行合理的机械煮茧，定粒或一粒茧变化之缫丝索绪，整绪、添绪等之合理的操作，丝篗速度改缓，缫丝绪数加增，其他整理检验等技术之应行改进者，均加以指导，以期制造适合等级之优良丝。

戊、指导丝厂施行合理的管理　由两省建设所随时派技术人员指导各厂行工作之合理的督促，员工卫生之注意及其待遇之公平，以谋全厂人员同心戳力，而期事业向荣，劳资同享。

六、生丝贸易

甲、实施官商合作之直接输出及国外宣传华丝贸易向操诸外商之手，间有华商经营者，均因资力薄弱，推销无方，除通运外，余均先后宣告停业，此后应由中央及江浙两省政府与丝厂商、金融界合作，组织华丝推销公司，（总公司设在上海，纽约、里昂、伦敦、印度酌设推销办事处）行华丝之直接输出。现物贩卖同时，调查国外需要情形，市价涨落，报告国内丝厂商，并将华丝优点向国外宣传。

乙、实施生丝检验分级贩卖　华丝向不分级，国外购者每苦无一定之标准，此后各厂所制之丝，送由上海商品检验局行严密检验分级，按其检验等级行生丝现物或期货贩卖，一扫以前专恃期货贩卖之旧习。

七、蚕业合作社

甲、指导人民组织信用合作社　江浙蚕丝业自栽桑养蚕至生丝贸易止，均感金融流转之困难，尤以农村为尤甚，此后应由两省政府派员督饬所属，指导人民组织各种信用合作社，以谋金融之流转，或以事业为范围，如组织栽桑业、养蚕业、种业等各种信用合作，或以区域为范围，如组织某省、某县、某区蚕业信用合作社，此种合作社得呈请本省建设所担保，向银行抵押低利长期款项。

乙、指导人民组织产销运合作社　产销运合作与信用合作，同为目下改进蚕丝业重要之举，此后应由两省建设所督同各县指导人民组织各种产销运合作社或以事业为范围，组织养蚕冷藏、烘茧等生产合作社、种茧丝购买运销合作社或以区域为范围，组织某省、某县、某区产销运合作社。

八、试验研究

蚕丝上各种问题，有待试验研究之处甚多，就目下各机关设备情形，应采分工合作办法，关于蚕桑种等各种试验研究，应由中央农业实验所合众蚕桑改良会，江苏蚕业试验场、扬州原蚕种制造场，江浙农业改良总场蚕桑场担任之。关于茧丝各种试验研究，由中央农业实验所、浙江农业改良总场、杭州丝厂担任之。

九、蚕丝业技术人才之培养及增进

施行以上种种根本改进工作，需要各项技术人才为其实地施行，并须有蚕业技术之农民为其驱使，然则蚕丝业技术人才之培养及增进，确为目前切要之举。其办法如次：

甲、中央设立蚕丝高级技术人员养成所　由中央择定适当地点设立高级专科技术人员养成所，内分养蚕、制丝二科，造就高级技术人才。

乙、江浙两省设立农民蚕业传习所　由江浙两省政府各设一流动的蚕业传习所，传授农民以栽桑、养蚕、制种等必要知识及经验。

丙、设立蚕业研究会　由中央聘请各地蚕丝专家担任蚕丝上各种研究工作，遇必要时，得由中央招集专家开会讨论之。

丁、举办蚕业讲习会　由中央及江浙两省蚕业机关随时在地举办蚕业讲习会，传授农民以简单切要蚕业知识及经验。

十、拟免减茧丝等捐税及运费，以助长蚕丝业之发展

一、拟由江浙两省政府通令所属，酌免地方各种茧丝捐税。

二、拟由铁道、交通两部设法酌减桑苗、丝茧等运费。

十一、蚕丝业之统制

桑蚕种茧丝各种事业，中央及江浙两省政府认为有统制之必要时，得施行各种统制。

〔国民政府全国经济委员会档案〕

23．高沛郇卢作孚等关于四川蚕丝业改良初步经过报告

（1934年）

高沛郇　刘航琛　卢作孚　黄勉旃　合具

1．四川蚕丝业之过去及现在

四川蚕业历史，由来已久，所产之茧，为黄色长圆锥形，酷似山东产之长圆锥形，故其品种，约自当时中原文化中心地之黄河流域传入可无疑义。清末因四川禁烟当局为弥补财政计，遂从事提倡蚕桑，设省立蚕务局及高等蚕业讲习所于成都，并于合川、南充、保宁等县，设置蚕务局，终以经济设备技术等关系，致无成效。又当时曾有白色茧种之输入，现在嘉定、万县附近等处，尚有此项纯种白茧之痕迹，惟数量甚少，质亦恶劣，于四川蚕丝业不足轻重。制丝方法，向极陈旧，其器械大约分为三种：（一）大车；（二）以人力回转之座缫；（三）利用蒸汽及原动机之缫丝车。第（一）（二）二种在嘉定、顺庆等处约有八千余釜，规模约自三十釜至一百釜左右，以协业状态，为季节的劳动，年产丝约三四千担，大都销于云南、印度等处；第三之蒸汽机械缫丝，以一九〇八年潼川创设之意大利式直缫丝厂，为机械制丝之嚆矢。其次则为江北之巘川丝厂，磁器口之天福、同孚等丝厂，相继成立，从来之直缫丝，因四川气候多湿关系，生丝品质不良，因改再缫，得矫正从来直缫丝之缺陷，故络续有增设日本式再缫机之倾向。一九三三年川丝整理委员会之成立，督促四川半数以上之丝厂十一家，组成大华生丝贸易公司于重庆，设办事处于上海及潼川。十月间曾聘请国际蚕丝专家玛利博士及合众蚕丝改良会总技师何尚平，实业部夏道湘诸氏来川考察，当时并由诸氏规划一整理川丝大纲，惟以丝价惨跌，大华公司营业失败而遭停顿。今夏得同业及一般社会人士之呼号，政府拨款补助改组，而得重整旗鼓，今年春由全国经济委员会蚕丝改良会，派遣技术员至川省指导饲

育改良蚕种，颇著成效，(试验成绩见后)将来如能继续努力，则川省蚕丝业之发达可期，而于川省之社会经济民众福利，利莫大焉。

四川周围高山，中央低洼，土现赤色，故日赤沙盆地，气候多湿而温热，似有热带性质，故各项农作物收获甚早。夏季温度最高达百〇五六度，然一经下雨，则温度立降，冬季则在冰点度以下者甚稀，四、五月间最高温度九十度，最低温度五五度，平均七二度，湿度尚在80%左右，(今年春蚕时因匆促弗及记录)惟九、十月间为霉雨期，雨天日数较多，自十一月至翌年二月，阴天日数竟占二分之一，雨天占五分之一，故有蜀犬吠日之谚，自气候观之，对于育蚕尚称适宜，九、十月间为霉雨期，最高湿度90%，最低66.6%，平均80.5%，温度七七六度，故对于饲育秋蚕亦无大碍。

四川生丝生产总额照各方推定，约年产四万担左右，最盛时期年输出约一万五千担，照生产总额推算其价值，以现在价格每担四百元计，约一千六百万元，或最高价时之六千四百万元，平均约四千万元，其中副产品约五百万元，共计四千五百万元。其中十分之一乃至十分之四为工人之工资及其他费用，而十分之九乃至十分之六为农村收入，平均都市与农村收入之比率为三与一之比。而都市中工人大都来自农村，故由蚕丝收入之现金，实为农村周转之一大要素。同时农村中除由耕耘所得之食粮及蔬菜外，其他日常用品均由都市供给，商业因此巨大款项之流通，而为市场繁荣之所繁，故吾人认为四川蚕丝业与四川农村社会，商业经济上有极大之重要性。现在试观四川贸易与四川蚕丝业之关系，如下表：

种类	一九年 万两	%	二十年 万两	%	二十一年 万两	%
丝	一二〇〇	二八．三	九〇〇	二七．三	六〇〇	二六．六
盐	一〇〇	二．四	八〇	二．四	一二〇	五．三
山货	一七〇〇	四〇．一	一四〇〇	四二．四	九〇〇	三九．八
药材	四六〇	一〇．九	三二〇	八．五	三一〇	一三．七
夏布	五〇〇	一五．〇	三二〇	九．七	六〇	二．六
烟叶	一〇〇	二．四	一四〇	四二	一四〇	六．二
纸	一〇〇	二．四	九〇	二．七	七〇	三．一
糖	三〇	〇七	九〇	二．七	六〇	二．六
合计	四，二四〇	一〇〇．〇	三，三〇〇	一，〇〇〇	二，二六〇	二，〇〇〇

注：上列各数字根据重庆中国银行四川月报第四卷第四期二页。

以上各数字，实表示四川贸易价值逐年减少之倾向，究其原因：第一因世界经济恐慌日益尖锐化，国外销路梗塞，第二因各国科学技术进步，农产物生产增加。惟药材一项为四川之特产，故有自第四位升至第三位，反之，夏布因朝鲜输出减少，而自第三位降至第七位，其他变迁不足重轻。但生丝一项始终维持其第二位，且占贸易价值之四分之一强，山货虽占第一位，但其包含之种类甚多，故实际当以生丝占第一位。最近日本缫丝方法进步，整个华丝受其压迫而渐见淘汰，然欲挽救亦非无术，而吾人若能计划周密，上下一致协力，当难逃后来者居上之公例。

2．发展四川蚕丝业之可能性

四川蚕丝业之衰落与社会经济之影响已似上述，兹更进而论其发展之可能性。

第一，现在四川人民之生活程度尚低，每日缫丝工人平均工资在重庆附近约五吊左右，合申洋仅壹角五分，如与江浙比较，则为三与一之比，而潼川、嘉定、顺庆等处尤为低廉，且四川产煤极丰，煤价便宜，每吨仅合申洋八元左右，煤盾〔质〕佳良，比沪上各厂用煤为优，故在其价值方面与上海比较，亦为一与二之比，其他开支，均可比江浙低廉，惟以现在原料、缫丝技术、机械等关系，一日平均产量仅及上海方面之三分之一，幸加工费尚廉，勉强可以维持，如四川原料得以改良、技术水准提高，与上海及江浙方面相等时，则生产费可节省五分之三，可不成问题。

第二，汇兑与上海每百元平均约差十五元，即为一〇〇。一一七之比，在生丝输出贸易上颇为有利。

第三，改良原料之成效。今年春季在巴县、潼川等处试育改良蚕种之成绩，据大华公司技师沈文纬君试验之结果，在茧及茧品盾〔质〕价值上均有极大之增加，如以土种作一〇〇对巴县蔡家场川丝整理委员会蚕业指导所示范育及蚕户育之茧，各价值之指数如下：

茧价值别	对指导所示范育指数	对蚕户育指数	平均
全茧丝长	一四四．〇	一二四．〇	一三四．〇
茧层量	一一六．三	一〇二．一	一〇九．五
一粒茧平均纤度	一七三．七	一六二．六	一六八．一
解舒丝长	二一一．二	一五七．一	一八四．二
匀度	一〇三．七	一〇三．四	一〇三．五
丝量		一三四．九	一一七．五
一时间缫丝量	二〇四．一	一八九．八	一九七．〇

吾人若以茧市场上土种茧之价格作一〇〇比较时，则在潼川改良茧之价格指数为一四一．八，在巴县江北之指数为一六六．六，于此足见改良茧种成效之一般。

第四，统制茧价之先声。现在四川经营缫丝业者，除一部分季节工作之大车及木车扬返外，已能觉悟目前蚕丝业之危机，非经济统制不足以挽救，除无力继续经营及一二盲目者外，已能互相团结纠正从来竞争之错误，故今年在巴县江北方面，对于决定之茧价已能始终维持，目前虽属少数，然吾人不得不视为一统制茧价格之先声。

3．对于试育各品种批评

尤本年（一九三四年）春，由川丝整理委员会向江苏镇江合众蚕丝改良会购得圈制种五千张，及请玛利博士代购散卵种若干，分给重庆附近巴县、江北二县及川北产茧区域之潼川等处，虽仓促从事，结果颇称圆满，兹将巴县蔡家场川丝整理委员会蚕业指导所示范育各品种试育成绩、缫丝成绩、茧及茧品盾〔质〕价值试验列表如下，以作综合之批评，而为今后采择品种之标准。

第一表 示范育饲育成绩表

饲育成绩表

品种	蚁量	收茧量	对茧量一钱或一枚收茧量	双宫及屑茧%	备考
金黄×欧黄	2钱	27斤	$13\cdot\frac{1}{2}$	未选	
欧黄×金黄	2钱	21	$10\cdot\frac{1}{2}$	0	
华六×诸桂	4蛾育	$4\cdot\frac{5}{16}$	$30\cdot\frac{3}{16}$	8.1	
华六×欧十八	4蛾育	$3\cdot\frac{5}{8}$	$25\frac{3}{8}$	6.2	
绫黄×华六	4蛾育	$3\cdot\frac{1}{4}$	$22\frac{3}{4}$	3.0	
华六×绫黄	4蛾育	$5\cdot\frac{3}{4}$	$40\cdot\frac{1}{4}$	3.5	
绫黄×华五	4蛾育	$3\cdot\frac{1}{2}$	$24\cdot\frac{1}{2}$	5.8	
B黄×华五	4蛾育	$3\cdot\frac{1}{4}$	$22\cdot\frac{3}{4}$	5.5	
华五×A黄	4蛾育	$3\cdot\frac{1}{2}$	$24\cdot\frac{1}{2}$	9.2	
欧黄×华五	4蛾育	5.0	35.0	7.2	
A黄×华五	4蛾育	$3\cdot\frac{1}{2}$	$24\cdot\frac{1}{2}$	66	

缫丝成绩表

第二表

品种	鲜茧量	丝量	缫丝时间	一时间缫丝量	一时间缫丝量指数	缫折	百斤茧缫丝量	百斤茧缫丝量指数	备考
金黄×欧黄	42两	4.8	3时205	1,440	110.1	875斤	11.4	96.5	(1)各品种试验系采用十五种转座法。(2)蚕户育改良土种及种系在市场购得而算出尚与实际近似。
欧黄×金黄	42两	4.4	4.00	1,100	85.2	955	10.5	88.9	
华六×诸桂	42两	5.3	3.43	1,300	99.4	793	126	106.7	
华六×欧十八	42两	5.0	3.30	1,428	1,092	840	119	100.8	
绫黄×华六	42两	5.1	3.55	1,300	99.4	824	12.1	102.4	
华六×绫黄	42两	5.4	4.15	1,270	978	778	12.8	108.5	
绫黄×华五	42两	4.6	4.15	1,082	827	913	10.9	92.3	
B黄×华五	42两	4.9	3.25	1,430	109.3	854	11.7	99.1	

续表

华五×A黄	42两	5.1	4.10	1,223	93.2	824	12.1	102.4	任意采取者，其一时间缫丝量等系以解舒指数及茧层步合
欧黄×华五	42两	4.9	3.25	1,432	109.3	857	171	99.1	
A黄×华五	42两	5.1	3.40	1,390	1,062	824	12.1	102.4	
合计或平均	46.2	41.4	41.40	1,368	100.0	845.4	11.8	100.0	
蔡家场改良种	—	—	—	1,216	—	964	10.4	—	
同上土种	—	—	—	641	—	1297	771	—	
以指导所育作		—	—	93.0	—	114.0	88.2	—	
100对蚕户育指数		—	—	49.0		153.3	65.3	—	

茧及茧品质价值试验表　　　　第三表

品种	试验粒数	一粒茧丝长M	解舒率%	茧层步合%	解舒指数	平均纤度(A)	解舒丝长	匀净	品位	外形价值				备考
										最大最小差M	大中心率小%	组织形态	色泽	
金黄×欧黄	50	934	85.86	14.09	113.0	2.48	800	83.0	3	1.00	68.0	细密	不匀	1.本试验之十一品种，系巴县蔡家场川丝整理委员会蚕业指导所示范育对照用之改良种及土种，系由茧市场购入，任意采取者。2.本试验工人技术优良故成绩略好。3.本试验在同孚丝厂以干茧行之。4.平均纤度，以一粒茧丝长及重量算出。5.土种茧之解舒丝长与指导所育指数差52.7对蚕户育
欧黄×金黄	50	1,014	84.74	13.46	12.09	2.44	860	862	2	1.00	68.0	细密	不匀	
华六×诸桂	50	900	78.67	14.27	122.5	254	708	920	1	85	780	细密	色甚白	
华六×欧十八	50	1,040	89.50	14.24	117.5	363	9931	86.0	1	75	77.0	粗疏	黯白	
绫黄×华六	50	934	84.80	14.98	117.0	295	792	840	1	85	79.0	粗疏	匀	
华六×绫黄	50	960	100.00	14.32	118.0	3.12	960	870	1	70	830	粗疏	不匀	
绫黄×华五	50	823	64.67	13.83	1360	3.29	5533	850	2	75	820	略疏	不匀	
华五×A黄	50	974	81.72	14.44	1200	292	796	870	2	90	730	粗疏	不匀	

续表

欧黄×华五	50	949	82.51	1371	1295	3.21	783	850	2	75	750	略疏	匀	差27.0平均纤度对指导所育指数差42.4对蚕户育改良种差360,四川土种茧之缺点莫过于此。
A黄×华五	50	931	66.49	14.85	118.5	405	619	870	2	75	710	粗疏	匀	
B黄×华五	29	894	64.21	14.43	1250	2.99	574	850	2	85	63.3	粗疏	匀	
合计及平均	529	947	8059	1412	121.6	3.06	763	86.11		83	74.2			
蔡家场改良种	50	817	86.13	12.39	1240	2.78	567	860	3					
蔡家场土种	80	657	5495	12.14	137.0	1.71	361	84.0	3					
以指导所育作	改良种	86.3	86.13	87.74	102.0	96.6	743	99.9						
100蚕对户育指数	土种	69.4	68.20	85.17	112.7	57.6	47.3	96.4						

在第一表各品种试育成绩，第一对二十八蛾蚕种一杖之收茧量数字参差较大，须因品种多而饲育人员少，房屋狭窄及就地雇用人员，技术生疏，未免略有混合所致，故未能作为批评之根据，但在各处乡间蚕户对于饲育改良蚕种趣味极浓，尤以今年改良种茧价对土种指数平均为一五四二，故预料明年对于改良种必然欢迎。第二为B黄×华五之死笼茧甚多，今后对于以上二品种之饲育及上簇方面应注意改良。自第二表之一时间缫丝量看时，则以金黄×欧黄为最佳，故解舒指数亦佳(第三表)。其次则为华六×欧十八，B黄×华五，而以绫黄×华五为最劣，其解舒指数与解舒丝长均劣，惟B黄×华五之外形价值缺乏，(第三表)而死笼茧多，金黄×欧黄则缺乏外形价值与定粒能率（即一粒茧纤度过细），从丝量指数上看时，则以华六×绫黄、华六×诸种为最佳，其次则以绫黄×华六、华五×A黄及其反交，而以华六×诸种之色泽匀度最佳(第二表)。在解舒丝长方面，则以华六×绫黄为最佳，次之则为华六×欧十八、欧黄×金黄及其逆交与绫黄×华六，吾人若以全般批评时，白茧则以华六×诸桂为最佳，华六×欧十八次之。黄茧则以华六×绫黄为最佳，绫黄×华六次之，虽该二品种之一时间缫量指数不佳，实则因茧层过厚而煮茧时间不能加长所致耳。A黄×华五与欧黄×华五亦为可取之品种，金黄×欧黄与B黄×华五不是缺乏多丝量之条件，即欠诸外形价值或定粒能率，故今后吾人为蚕品种统制计，除将以上各品种作为试验外，在实际制种方面，当以白茧之华六×诸种及华六×欧十八，黄茧之华六×绫黄及其反交为可采用之品种，同时当现在特太丝流行之际，A黄×华五之一粒茧纤度平均四.〇五但尼尔，亦为可注意之问题。

最后吾人对于今年各品种试验之结果，发现数种现象，须待科学之研究者。(一)第二表中之金黄×欧黄及其逆交之试验结果，在丝量及解舒方面有返对之倾向，A黄×华五及其反交亦有同样之现象，然后二品种最大之差异，即受定粒能率之影响，因A黄×华五之一粒茧平均纤度为四.〇五，而华五×A黄之平均纤度为二.九二，即为一〇〇，七二.一之比，此种现象在蚕品种之雌雄的遗传及其配合上即有研究之价值。(二)今年试育各品种之茧形，略带有似四川在来种之尖圆椭形，或因蚕完在此环境、气候的、饲料的所起的生理上之变化，而值得注意之问题。(三)土种茧之茧层步合与指导所示范育指数仅差一.七三，与蚕户育仅差〇.二五，将来饲育如能改良，或可成为多丝量之品种，以上各品种批评系以第二表为根据，而以第一三表为参考，而第二表与第三表以及第三表自身有部份的不一致现象，系因试验准备时间、处理方法、设备及试验人员缺乏之结果。例如在同一煮茧机及煮茧时间温度中煮厚薄的不匀和解舒不同之茧，其结果必如华六×绫黄等之现象，然欲区别煮茧温度与时间时，在事实上所不许可，殊为遗恨之事实。

4. 今后挽救四川蚕丝业与吾人之要求

今日四川蚕丝业已至完全崩坏状态，今日四川之农村已入于更危险之阶级，今日四川社会已将到达最不安全之程度，然则四川为中国之一部分，四川问题与中央关系之巨大，任何人所不能否认，占四川输出贸易价值四分之一之蚕丝业，农村经济四千几百万元周转所系之蚕丝业，因吾人经济力量所限制而不能加以拯救，试问为父母者之见爱子溺于水而不能援救之痛心为如何，吾人相信中央之对四川，全国经委会蚕丝改良会之对四川蚕丝业，犹父母之对于亲爱之子女临于最危险之境地而无不尽力加以援救者，故吾人敢向经委会蚕丝改良会提出以下之要求。

一、发给二十四年度春蚕种十万张。

二、发给改良制丝机械费五万元。

说明：照浙江办法由全国经济委员会借拨。

三、担保五十万元之金融流通。

说明：照上海金融界习惯约二具呈垫款约拾万元。

注：将来拨种拨款后，可由全经会蚕改会与川省蚕丝当局合组改进川丝设计会，或由蚕改会派员指导监督进行。

以上三点，吾人必信经委会蚕丝改良会能加以切实之援助，此项援助，受其惠者不只蚕丝业已矣，而间接即以援助四川农村经济之复兴，与夫增加四川全社会之安全感，此处须附带叙述者，吾人必须尽力实现去冬来川考察之诸专家规划之计划外，并将以川丝整理委员会之力量，于明年制造改良春秋蚕种十五万张，以解决二十五年度之蚕种问题，以无偿供给农民饲育，以收统制蚕种之效果，而积极使在来之土种，归于自然淘汰。吾人于上述之计划中尤切望蚕丝改良委员会与予精神上及技术上加以指导和助力。

〔国民政府行政院档案〕

24．铁道部关于减低蚕丝运价致全国经济委员会的函

（1935年3月23日）

铁道部公函　业字第六五一号

案准三月十三日贵处秘字第二四一六号公函，以准本会蚕丝改良委员会函请转函财、铁两部，准予分别将桑苗蚕种及丝茧关税豁免，火车运费，照航运成例减半收取，以轻生产成本，而收救济实效等由。除分函外，请查照核办见复。等由。准此。查我国蚕丝事业，本部夙主维护。近年以来，其鲜桑业一项，从前原列二等运价，现已改列五等，所减去之运费，各路有多至百分之六十二，少亦百分之四十，桑苗现亦同样列入五等收费，蚕茧原列一等运价，现改为三等，所减去之运费，各路有多至百分之六十，少亦百分之二十九，废茧原列三等运价，现改列四等，所减去之运费，各路有多至百分之三十五，少亦百分之十八，蚕子原列一等运价加倍，现改列为二等，所减去之运费，各路有多至百

分之七十九，少亦百分之五十七。至生丝一项，京沪路向按一等运价四倍收费，近年初改为二等四倍收费，现在该路及各路又均减改按二等收费，但就京沪路而论，其丝运所减去之运价，已减去百分之八十三，现在只收从前运价百分之十七，核减尤多。本部于蚕丝事业，关于运价一点，业已尽量减轻，以利运输，而期发展。兹准前由，相应函复，即希查照为荷。此致

全国经济委员会秘书处

部长顾孟馀

政务次长曾仲鸣代行

中华民国二十四年三月二十三日

〔国民政府全国经济委员会档案〕

25．曾养甫关于蚕丝改良委员会过去进行事业及将来发展计划致秦汾函

（1935年5月2日）

景阳吾兄秘书长勋鉴：日前本会秘书主任杨孟纪兄在京晋谒崇阶，承询及本会各项事业进行现况及将来发展计划，仰见关注之殷，曷胜纫佩。我国蚕丝事业天赋特厚，历史悠长，久具独霸之势，惟人民墨守陈法，不知改进，遂使日本以新兴之国，仗科学之长，凌驾前驱，垄断丝市，而陷我于垂绝之境，痛愤何如。本会使命即在以科学方法改进一切，期出口大宗生丝，以与日本争夺国际市场。一年以来，按照既定计划，对于植桑、制种、育蚕、烘茧以至制丝诸改进工作，均兼筹并举，重以我国蚕区之广、积习之深，而须从事改进之方面又特多，故万难于最短期间，求达改良之速效。所幸年来对于改良之基础业已树立，循序以进，三年后，对于改良生丝之出口当可增至壹万元之收入，同时本会办理此事，实含有国际竞争之背景，所有各改良工作只能埋头苦干，未便多所宣传，故外间知者甚少，事实如此，想亦早邀洞鉴。

兹既承吾兄注及，特将本会过去进行事业及将来发展计划胪陈大略，另纸缮就，送请鉴察，并希指教，毋任盼祷。专此，即颂勋安！

弟曾养甫拜启

五、二、

附本会之过去及将来一帙

全国经济委员会蚕丝改良委员会之过去及将来

近年我国蚕丝业受日丝倾销与人造丝压迫，致丝价惨落，丝绸厂相继倒闭，蚕农以育蚕劳无所得，亦多掘桑变计，改事他业，迅见四千余年之蚕桑、祖国蚕丝殆将绝迹。夫我国蚕丝事业既具有深长之历史、广厚之基础，至此果将无复兴之望耶，亦绝无筹济之策耶，此直接与间接从事蚕丝事业之数千万人民，亦将任其自生自灭，转辗哀号，于失业之痛苦，国家视若无睹，而不为之设法挽救耶。有识之士细察我国蚕丝衰落之原因，表面上虽由于日丝之倾销及人造丝之压迫，而其所以不能在国际市场与日丝争一日之短长者，实则由我国人于植桑、选种、育蚕、烘茧、缫丝诸技术，均墨守成法，罔知改进，致出口丝不良，不能应市场之需要，而逐渐为日丝所夺也。诚能自植桑以至缫丝，均用科学方法彻底改善，增加生产，减低生产费，一面保存国丝优点，一面求合乎市场需要，则利用我国廉价之人工、低减之成本，以与日丝争衡，未始无复兴之把握。故全国经济委员会爰于二十三年二月有蚕丝改良委员会之组设，本会成立之始，即按照改良计划兼筹并举，截至现时止，为时仅及一年二个月，所进行各事业其可述者，分别缕陈，并将预筹以后积极进行之三年计划及其可规之效，表列于后：

一、植桑事业

二十三年春，选购优良桑苗一百三十万株，无偿分发江浙皖三省农民栽植，使老废桑园更易优种，而改良蚕儿饲育之原料，此举大受蚕农欢迎，所得成效甚佳。故去冬各省请求续发桑苗者，计江、浙、鲁、皖、鄂、川、陕七省，而请求发给之株数竟达三百五十万，因之二十四年春，仍续购优良桑苗一百六十余万株，无偿分配上述七省蚕农栽植。

二、桑树病虫害之研究防治

江浙两省桑虫为害向为各地所未曾注意，致蔓延猖獗，损失极巨。自二十三年冬起，本会即拨款委托浙江昆虫局于江浙两省各蚕区研究防治，以减少虫害损失，而增加生产。

三、制种事业

我国从前各土种，既毒率高不易饲育，而又丝量少缫折高，以之制丝极不经济。而现时所推行之各改良种，又多为江浙各私家制种场所制造，其设备技术多未能尽善。故本会于推行各改良种时，曾设江浙蚕种业指导委员会，加以指导并选拔优良蚕种，同时为根本解决全国蚕品种问题，计特于南京、杭州设立两国营制种场，以冀发展，至民国二十七年能供给全国各蚕区优良品种。二十三年春，南京场垦地五百余亩树桑十八万株，二十四年继续收地千余亩从事扩充，杭州场近两年来已垦地千三百余亩，树桑四十五万株，两场之蚕室、办公室等均先后从事建筑，将来视叶量之增加逐步完成场内各区之蚕室，以期达到原计划之目的。

四、育蚕指导事业

我国蚕农大多不谙合理之技术，对于养蚕极为粗放，即使有优良桑园及优良蚕种，而饲育法不知改良，则收成不丰，而茧质亦不能如预期之优良，缫丝时将大受影响，故育蚕指导殊为必要。本会爰于二十三年在江苏之金坛、浙江之萧山、杭县设置三改良蚕桑模范区，为集中力量之集约指导，同时并于四川、重庆、潼川、安徽全椒及山东临朐与广东顺德等地办有蚕桑指导所，为示范之指导，极具成效。能唤起各蚕农之育蚕改进。本年则以办有成效之各蚕桑模范区交由各该省自办，移此育蚕指导费补助各省政府于各该省未办指导所之蚕区，办理指导事宜，以期推广普及于全国各蚕农，计全年拨款补助育蚕指导者有江、浙、皖、鲁、鄂、川、粤等七省，共十万元。

五、烘茧事业

查土灶烘茧既多耗烘工，而又有损品质，于丝之优良极有关系，故本会设法贷款一部分于各重要蚕桑区，创立新式烘茧机，以力图改良，计已创设者，有江苏之金坛、无锡，共五台，浙江杭县一台，山东临朐一台，其余各地以旧式茧行积习太深，多为地方封建势力所把持，一时不易转变，尚在继续劝导创立中。

六、制丝事业

查复兴我国蚕丝事业，端在出口丝之能推销于国外市场，既有优良蚕茧，使无新式机械暨设备完善之丝厂，而又辅以科学管理，与夫精深技术决不为功。本会爰提创江浙联合丝厂，对于加入各丝厂并分别贷款及租予新式丝车，使其改造内部机械及设备，现加入之丝厂计十有二家，虽已规模略具，而于技术之改进、管理之改良与夫生丝之获益、推销于国外等问题，本会迄未忽视，因特另设立江浙联合丝厂指导委员会，随时加以切实指导，以期能出产高匀度之出口生丝，而推销国外。

七、织绸事业

近年国丝以受日丝及人造丝之压迫，销路日狭，而国内各绸厂商又以市面不景气，希图减轻成本，搀用人造丝，贱价竞销，丝织品粗制滥造，流于纤巧，不能耐久，为人民所不乐用，转而趋向于洋货之哔叽呢绒等，其结果不独影响绸厂商，且间接危及蚕农。本会鉴于国产丝绸之改良与蚕丝事业有密切关系，爰于二十三年委托织绸专家王士强研究新式织绸，使织成丝织之哔叽呢绒等，一以代替舶来品，一以谋生丝之出路，所得结果甚佳。本年因另设织物研究所，专事研究，以期获相当之成功，而指导国内各绸厂商共同仿造，以资推广。

八、训练人才

关于复兴蚕丝事业所需要之人才，约有两种：一为深入农村，为各蚕农育蚕指导之人才，一为制种及制丝之高深技术人才。前者只须身强力健，能具普通之育蚕制种之学识经验及育蚕指导之方法，即可胜任，后者则须根底较深，训练较专，始克胜任。本会为造就前项人才，曾于二十三年春招收来自农村之女士四百名，设立蚕桑指导人员养成所，于第一年加以学理训练，并于蚕期分发各制种场实习，第二年则一面仍加以学理训练，一面则于蚕期分发各地指导所随从实习指导事宜，两年毕业后，即派赴各地指导所担任指导工作。又为造就蚕丝之高级技术人才，亦于本年设立蚕丝高级技术人员训练所，招收高级农工学校毕业生四十名，加以两年之深切训练，始分发本会制种场或国内各丝厂服务。

九、蚕桑试验

本会因国联蚕丝专家玛利博士应聘来华，曾于二十三年在杭州设立蚕桑试验部，从事品种之试验，后以杭地设备不全，而又多湿，不宜此项试验，乃由本会特拨款七万五千元，于本会南京制种场内建筑完备之办公室、蚕室及女生宿舍等，本年四月初，即已完工，将陆续迁入该部，系从事品种之试验及交杂种之研究，以期获得优良新种，以应国内需用，同时并附带训练育蚕指导之人才。

十、蚕丝之调查与宣传

我国蚕丝向乏精确之统计，一般从事蚕丝事业者，对于海外产销情形固茫然无知，即国内丝茧产销情形，亦无切实之认识，供求既未明了，而望能谋蚕丝事业之发展，实为事实所不许。同时本会所进行各项蚕丝事业之改良工作，虽已努力分别实施，而亦有赖于有效之宣传，以资推广。本会有见及此，爰于本年在会内特设调查宣传委员会，一面从事国内外蚕丝事业之调查统计，以时公诸国人；一面将改良蚕丝工作，自制种、育蚕、烘茧、制丝以至织绸，均分别摄制活动影片，于国内各蚕桑区映放；以用作民众蚕桑教育，而谋改良工作之推广，必要时可将是项影片映放于国外，以宣传华丝优点，而谋推广华丝之销路。

以上十项系本会成立后一年来之设施，虽在蚕丝极度衰落环境中难求改进之速效，然以过去经验所显示，所定改良方针并无错误，且对于蚕丝事业之复兴工作确有相当成功。如去岁所选各改良种分发各蚕区饲育，并辅以科学方法之指导，其春蚕鲜茧产量每张种有十分之七，达三十斤以上，虽秋蚕因天气亢旱，各区产量稍有差异，然优者亦与春蚕相等，所产各茧缫折已由六百斤最低者减至三百八十斤，每包生丝之缫工亦由二百八十元减至一百二十元之谱。又以江苏一省而沦，其二十三年所用改良种共一百一十万张，其所产丝为一万四千余担，每担以五百元计算，共价值七百一十余万元，二十四年可用改良种百二十万张，产丝一万六千余担，每担仍以五百元计算，共值八百三十余万元，预算到二十七年可用改良二百四十万张，产丝四千七百余担，共值二千三百余万元。又如浙江一省，二十三年所用改良种八十四万张，产丝一万九百余担，共值五百四十余万元，二十四年即可用改良种一百四十万张，产丝二万二千七百余担，共值一千一百三十余万元，递至二十七年可用改良种三百万张，产丝六万八千五百余担，共值三千四百余万元。若以江、浙、川、鲁、皖、鄂六省合计，二十三年共用改良种一百九十四万张，产丝二万五千余担，共值一千二百六十九万元；二十四年可用改良种二百七十七万五千张，产丝四万一千余担，共值二千万元有奇；二十五年可产丝约七万担，共值三千四百九十余万元；二十六年可产丝十万担，共值五千万元；二十七年可产丝约十四万担，共值七千万元左右。益以广东所产，二十五年可达五千万元，二十六年可达七千余万元，二十七年可达一万万元，此系由本会一年来工作之成效推断，今后三年中可预期之成绩。兹将江、浙、川、鲁、皖、鄂六省自二十三年至二十七年每年所增植之桑树株数，实用改良蚕种张数、干茧产量、丝之缫折、产丝数量以及产丝总值（每担均以五百元计算）列成总表，藉资参阅。

省别	江		苏			浙			
年次	23	24	25	26	27	23	24	25	26
桑树增值（株）	七一〇,〇〇〇	九一〇,〇〇〇	九五〇,〇〇〇	一,一〇〇,〇〇〇	一,五〇〇,〇〇〇	四〇〇,〇〇〇	四三〇,〇〇〇	一,五〇〇,〇〇〇	一,五〇〇,〇〇〇
实用改良蚕种数（张）	一,一〇〇,〇〇〇	一,二〇〇,〇〇〇	一,五〇〇,〇〇〇	二,〇〇〇,〇〇〇	二,四〇〇,〇〇〇	八四〇,〇〇〇	一,四〇〇,〇〇〇	二,一〇〇,〇〇〇	二,六〇〇,〇〇〇
干茧产量（担）	六六,〇〇〇	七五,〇〇〇	一一二,〇〇〇	一四〇,〇〇〇	一七〇,〇〇〇	五〇,四〇〇	一〇〇,〇〇〇	一五〇,〇〇〇	二〇〇,〇〇〇
缫折（斤）	四六〇	四五〇	四二〇	三九〇	三六〇	四六〇	四四〇	四〇〇	三八〇
产丝数量（担）	一四,三四八	一六,六六六	二六,六六六	三五,八九七	四七,二二二	一〇,九五七	二二,七二七	三七,五〇〇	五二,六三二
总价额（每担丝价平均以五百元计算）	七,一七四,〇〇〇	八,三三三,〇〇〇	一三,三三三,〇〇〇	一七,九四八,五〇〇	二三,六一一,〇〇〇	五,四七八,五〇〇	二,三六三,五〇〇	一八,七五〇,〇〇〇	二六,三一六,〇〇〇

江	四		川			山			
27	23	24	25	26	27	23	24	25	26
一,五〇〇,〇〇〇		二,〇〇〇	一五,〇〇〇	五〇,〇〇〇	一〇〇,〇〇〇		三〇,〇〇〇	一〇〇,〇〇〇	五〇〇,〇〇〇
三,〇〇〇,〇〇〇	六,〇〇〇	一五,〇〇〇	三〇,〇〇〇	八〇,〇〇〇	一五〇,〇〇〇		八〇,〇〇〇	一五〇,〇〇〇	二五〇,〇〇〇
二四〇,〇〇〇	三六〇	一,〇〇〇	二,〇〇〇	六,〇〇〇	一一,〇〇〇		五,〇〇〇	一二,〇〇〇	二〇,〇〇〇
三五〇	四六〇	四五〇	四二〇	三九〇	三六〇		四五〇	四二〇	三九〇
六八,五七一	七八	二二二	四七六	一,五三八	三,〇五五		一,一一一	二,六六六	五,一二八
三四,二八五,五〇〇	三九,〇〇〇	一一一,〇〇〇	二三八,〇〇〇	七六九,〇〇〇	一,五二七,五〇〇		五五五,五〇〇	一,三三三,〇〇〇	二,五六四,〇〇〇

东	安		徽			湖			
27	23	24	25	26	27	23	24	25	26
一,〇〇〇,〇〇〇		一〇〇,〇〇〇	一五〇,〇〇〇	二八〇,〇〇〇	五〇〇,〇〇〇		一〇〇,〇〇〇	二〇〇,〇〇〇	五〇〇,〇〇〇
四〇〇,〇〇〇		五〇,〇〇〇	八〇,〇〇〇	一五〇,〇〇〇	三〇〇,〇〇〇		三〇,〇〇〇	六〇,〇〇〇	一〇〇,〇〇〇
三五,〇〇〇		三,五〇〇	六,〇〇〇	一二,〇〇〇	二五,〇〇〇		二,〇〇〇	四,五〇〇	八,〇〇〇
三六〇		四五〇	四二〇	三九〇	三六〇		四五〇	四二〇	三九〇
九,七二二		七七七	一,四二七	三,〇七六	六,九四四		四四四	一,〇七一	二,〇五一
四,八六一,〇〇〇		三八八,五〇〇	七一三,五〇〇	一,五三八,〇〇〇	三,四七二,〇〇〇		二二二,〇〇〇	五三五,五〇〇	一,〇二五,五〇〇

北	合		计			
27	23	24	25	26	27	备注
一,〇〇〇,〇〇〇	一,一一〇,〇〇〇	一,五七二,〇〇〇	二,九一五,〇〇〇	三,九三〇,〇〇〇	五,六〇〇,〇〇〇	广东省尚未列入
一六〇,〇〇〇	一,九四〇,〇〇〇	二,七七五,〇〇〇	三,九二〇,〇〇〇	五,一八〇,〇〇〇	六,四一〇,〇〇〇	
一三,〇〇〇	一一六,七六〇	一八六,五〇〇	二八六,五〇〇	三八六,〇〇〇	四九四,〇〇〇	
三六〇						
三,六一一	二五,三八三	四一,九四七	六九,八〇六	一〇〇,三二二	一三九,一二五	
一,八〇五,五〇〇	一二,六九一,五〇〇	二〇,九七三,五〇〇	三四,九〇三,〇〇〇	五〇,一六一,〇〇〇	六九,五六二,五〇〇	

〔国民政府全国经济委员会档案〕

26. 全国经济委员会蚕丝改良委员会施政成绩报告

（1935年11月1日）

全国经济委员会蚕丝改良委员会施政成绩报告　二十四年十一月一日送

全国经济委员会蚕丝改良委员会施政成绩报告

甲、设施之事项

改进制丝事业

乙、进行经过

生丝在现代为国际贸易品，华丝近年出品，不能随时代前进，难与日义生丝竞胜于欧美消费者之前，故其输出数量由十九万担，减至五万余担，每年由生丝贸易减收一万五千万元以上，因此国内产丝重要区域农工商三界，均呈衰落情势，改进挽救，刻不容缓，蚕丝改良委员会对于制丝之改良，一面从技术上求进步，一面使各厂商互相联合，俾生丝成本得以低廉，出品得以统一优良，以应国际需要。兹将进行经过，分述于后：

一、关于江浙联合丝厂

吾华丝厂，除广东外，以江浙为最多，极盛时曾达二百家。惟各厂规模多小，素无联络，以致产品驳杂，成本不廉，难以应国外之需要，必须设法联络，以收合作之效。爰于廿三年十二月一日召集江浙各厂商，成立江浙联合丝厂，由各厂代表，选举理事五人，受本会之指导，从事管理及技术之改进，所有两省境内丝厂，均得加入合作，订有办法四项：（一）共同收茧；（二）技术合作；（三）管理合作；（四）机械改良。各地请求加入者：计浙省方面，有杭州、庆云、惠纶、开源、纬成鹤记、长安、浔溪等七家丝厂。苏省方面，有革新、永泰、民丰、允大、永盛、隆昌、瑞纶、乾甡等八家丝厂，除长安、浔溪、乾甡三家外，其余十二家，均经核准加入。同时为促进共同经营，技术改进及管理合作之效能起见，成立江浙联合丝厂指导委员会，聘请薛寿萱、薛祖康、吴申伯等十一人为委员，以薛寿萱为主任委员，办理联合丝厂进行事项。

二、关于改进缫丝设备

子、丝车租用　丝厂设备，以丝车为最重要，过去吾华丝厂大都用小籖座缫，或义式旧车，以致产品不合时代需要，非改用现代合理缫车不可。合理的缫丝车，在现代以多诸缓速式为佳，每部丝车，有籖子二三十枚，以一女工管理之，每日出丝之数量，可以增加，而其品质，亦较优于前。惟现在各厂，多用于经济，无力采购，本会为实地提倡起见，特向上海寰球铁工厂订购二十绪缫丝车五百部（寰球式二百部半田式三百部）分组与各丝厂应用，兹将分配情形，及租用办法主要各点列后：

I、各厂租用缫丝车分配表

厂　　名	丝车式	部　　数
惠　　纶	寰　　球	六六
开　　源	寰　　球	三二
纬成鹤记	寰　　球	一〇二
庆　　云	半　　田	一〇八
杭　　州	半　　田	一九二
合　　计		五〇〇

I、租用新式丝车办法

一、租用机械，每年应纳租金，为所购机械全部购价及装置费总额百分之六，内二厘为利息，四厘为折旧。

二、自租用之日起，满足三年后，即将全部购价及装运费总额，除去历年已纳之折旧金额外改为贷款，每隔半年偿还本金四分之一，两年内偿清，利息为年利二厘，于每年偿还本金时，一并结算付清，利随本减，租金或本息有短欠或愆期情事，由保证者负责清偿。

三、租用之机械，在未曾偿清本息以前，仍为本会财产，应由各该厂妥为保管，不得损坏，亦不得在外抵押，如停工日久或中途退出联合丝厂及不遵行本办法者，本会得随时收回所设备之全部机械。

四、在租用期内，厂方如欲将租用机械，购为已有，得照上项办法，加年利二厘，于二年内平均归还。

五、各厂在租用机械购为已有后，仍应受本会之指导。

丑、机械贷款　丝厂机械，除丝车外，尚须改良者甚多，本会曾力为宣传，而各厂商经济力量，殊多未逮，以致遵令自行改良者甚少，本会特再增订扬返车、煮茧机，改善锅炉设备，节省燃煤等之贷款办法，贷款给各厂，以充改善之用。兹将已经贷付各款，及贷款办法主要各点，表列如下：

Ⅰ、扬返车贷款

厂　　名	扬返车部数	贷款数目
纬成鹤记	一二〇部	一，八〇〇元
庆　　云	八〇	一，二〇〇
杭　　州	八〇	一，二〇〇
华　　新	六八	一，〇二〇
永　　盛	六八	一，〇二〇
惠　　纶	四〇	六〇〇
开　　源	二〇	三〇〇
共　　计	四七六	七，一四〇

Ⅰ、煮茧机贷款

厂名	部数	贷款数目
纬成鹤记	一部	一，五〇〇元
庆云	一部	一，五〇〇元
惠纶	一	一，五〇〇元
江苏省立浒墅关女子蚕业学校	一	一，五〇〇元
合计	四	六，〇〇〇元

Ⅱ、节省燃煤设备

厂名	贷款数目
惠纶	二，一〇〇元
开源	二〇〇元
合计	二，三〇〇元

此外尚有浙江省立杭州模范丝厂二万五千元之独立贷款，以为改进该厂设备之用。

Ⅳ、贷款办法

一、此项贷款，年取利息二厘，由请求贷款丝厂之经理及股东代表，负责签订借约，另觅殷实铺保，负责保证，并将贷款购得之机械或设备，全部作抵。

二、自贷款之日起，满足三年后，即开始偿还贷款，每半年还贷款总额四分之一，于两年内还清，惟所有利息，于每次归还贷款时，一并计算付还，利随本减，如还款付息有短欠或愆期情事，由保证者负责清偿。

三、贷款丝厂，于贷款后三年内，如有因故停工日久，或中途退出联合丝厂者，应将贷款本息，赶速一次偿清，其已开始还本，而本息尚未清者，遇有前项情事时，亦照此办理。

四、贷款各厂，在未曾偿清本息时，其添置机械或设备之所有权，完全属于本会，在本息全部偿清后，仍应受本会之指导。

三、关于改进烘茧设备

我国烘茧，向时所用者，均为炭灶柴灶，此种设备，对于杀蛹干茧之程度，不易均匀，常令优良之茧，因烘茧处理而变劣，影响蚕茧缫折及生丝品质颇巨。机械烘茧，用蒸汽间接和缓热力，藉电气风扇以均匀之。故所烘之茧，干燥程度适当而均匀，且燃料节省，烘费减少，以之缫丝，缫折少而品质良，故丝厂如欲缫制成本低廉高匀度之生丝，非用机械烘茧不为功。本会为提倡改良烘茧设备起见，爰于蚕业重要区域，向地方团体或改良之丝厂，分别予以贷款，购置烘茧机，以谋改善。兹将已贷款而设置成立者，分列于后：

贷款机关	台数	贷款数目
金坛蚕桑模范区	四台	一五，〇〇〇元
山东临朐县	一台	五，〇〇〇元
无锡华新丝厂	一台	一〇，〇〇〇元
合计	六台	三〇，〇〇〇元

兹将金坛贷款办法开列于后：

一、全国经济委员会蚕丝改良委员会为提倡机器烘茧起见，在金坛改良蚕桑模范区内，创设新式茧行四所，先行贷给一万五千元，从事建造。

二、此项贷款，年取利息两厘，由模范区茧业委员会全体委员负责，签订借约，金坛县政府连署保证，并以所建之四处新式茧行，全部作抵。

三、还款付息期间分为两期，二十六年十二月及二十七年六月各偿还半数，如有不足或愆期情事，由金坛县政府负责偿还。

四、本借款还清后，所有以贷款设置之烘茧机，仍应受会方之统制。

附记：其他各处贷款办法原则大致与金坛同，从略。

丙、推进成绩

查各丝厂在上年丝价低落之际，屡遭亏折，资本较小者固已倒闭，即资本雄厚者亦均不易维持。江浙联合丝厂成立后，各丝厂纷纷请求加入，颇能切实合作，努力改良。复经本会租与丝车，贷以各款，各项缫丝机械及烘茧设备等，亦渐臻完善，产量增加，出品亦较过去优良。

〔国民政府全国经济委员会档案〕

27. 蚕丝改良会主任委员曾养甫关于我国蚕丝出口及衰落情况致实业部呈

（1936年5月11日）

谨略者。我国蚕丝为出口货大宗，年达二万万元以上，国人之赖以生活者数千万人，年来输出激减，丝业萧条，遂为农村崩溃之要素。虽由于市况之衰落，而人事之不臧亦为重要之阶段。前由全国经济委员会之蚕丝改良委员会努力改良蚕种，益以政府统制社会指导于制种育蚁，显著成效，蚕户渐见信从，而丝业颓运仍无挽救之望，丝厂之停工或倒闭者，日有所闻。除受金融压迫外，工作技术墨守成法，使出品粗劣、成本高昂，欲与意、法、日本货高价廉之成品相竞争，丝业失败乌能倖免。又有任意抛售，而于价昂之后，措不交货，以致信用坠地，外商咸有戒心，坐是种种，一落千丈，殆无挽救之可能。现经集合江浙各丝厂，在蚕丝改良会指导之下组织中华制丝社，将所收之茧委托各厂代缫，一方改良技术，用世界最新之缫茧制丝方法；一方竭力恢复信用，务期外商乐于承购。拟先以一千万元为购茧之款，惟时届初夏，南路已在育蚁，新茧转瞬上箔，亟须迅速进行，而已筹集款项为第一要点，更非有巩固之基金，不克周转灵动。应请俯念丝业关系于民生者至重且大，事迫眉睫，可否先于民国二十六年度财政部拨农本局资本项下拨借蚕丝改良会基金二百万元，俾得收茧押款，即指此项基金为第二担保，庶令银行钱庄安心放款，承拨基金，即于二十六年度始代财部拨交农本局，如有盈余，即缴纳财政部；如有亏折，由财政部补足之。所有制出之丝，拟委托中央信托局代售，以昭核实，不特藉此可集中出口贸易，并可吸收外汇，巩固法币，蚕丝前途固受赐无穷，民生利赖，宁有涯矣。除分呈财政部外，谨呈

实业部

蚕丝改良会主任委员曾养甫谨呈

五月十一日

〔国民政府实业部档案〕

三、面粉工业

1．天津总商会为面粉业受外货压迫及特税影响衰落不堪请求救济的代电

(1929年8月13日)

快邮代电

国民政府主席、行政院院长、财政部部长、工商部部长钧鉴：窃据天津面粉公司同业会函称，案查前奉贵会函转工商部训令，调查国产货物何者应当保育、何者应予奖励，饬即查明列表呈报，以便汇案转咨，设法维持等因。厂会曾将面粉业历受外货压迫及被特税影响，衰落不堪，亟待迅筹保育各情形胪陈颠末，恳予呈请专案维持。旋奉贵会转到工商部第四三六五号批令内开，据呈已悉，仰候汇案核转可也。此批。等因。仰见大部关怀实业，提倡国产之至意理。宜静候，曷敢哓渎？惟敝业现在环境实有喘息垂危，迫不及待之势，用敢再为缕陈，敬请贵会转呈焉。查国家制定税率，必应审视中外情况，熟察各方利害，斟酌轻重，兼筹并顾，未可偏重一隅，至兹窒碍。乃启麦粉特税施行以来，因南北情形不同，利害各异，津埠粉厂受其影响，遂一蹶不振，奄奄至毙。兹将受害详情及拟请救济办法分述如下：(一)天津面粉营业自创设至今，不过十有余年。其中历受不平等条约束缚及连年战事影响，亏蚀倍累，此兴彼仆。统计粉厂八家，截止民国十六年冬间，差幸存立者，独有五家，虽属勉强支持，然尚可苟延残喘。迨去岁麦粉特税颁布之后，当局固以此为裁厘加税，实行关税自主之先声，不独统一税收且寓维持国产之意。殊不知条例之内，将国粉外粉列为同一税率，则实际与所期者恰已适得其反。良以津埠麦粉平日因受外货压迫，即已赔累不堪，自经改定税率之后，国粉不过改厘为税，等于未裁。而外粉因划一统税，反形减轻。盖从前外粉运销我国内地，必须到处纳厘，每袋约计一角六、七分，自实行特税之后，外粉更可通畅行销，而国粉之压迫转益加甚，粉厂之赔累更不能支。故去岁一年之中，津埠粉业受此绝大打击，几至全体败坏，卒至是岁年底竟有四家停歇，现虽尚有一、二公司勉强存立，然亦喘息垂危，暂求支持而已。(二)此次麦粉特税条例规定原料免厘，麦粉征税立意未尝不善，然南麦素有厘金，此次豁免，南省粉厂已获免厘之益。北麦向无厘金，天津粉厂对此原料免厘，实属等诸口惠，且北地麦厂即在南省采购免厘之麦，而核计运费所增，亦与采购北省素无厘金之麦相等。故原料免厘之赐，在北方麦厂可谓始终毫无所得，徒受增加粉税之累。是津厂既不能与洋粉竞争，复不能与申粉抗衡，处此两大之间，岂能尚有立足之地？（三）考世界各国关税原则，莫不减免国产，重征输入，使国内生产日益增加，而外货输入逐渐减少。其于输出国外者，并另予破格奖励。如日本之奖励粉厂，除对外粉向征进口税每袋日金七角外，凡输出之粉，其原料每袋退还原进口税日金一元四角，所有输出成品全数免税。故其国人努力于增制造，因而国内粉业始得与美粉日渐竞争。今我国粉业甫在萌芽，而津埠尤居幼稚地位，设非政府特予维持，破格奖励，势非同归于尽不止。（四）麦粉为民食之大宗，环考欧、美、日本各国，除进口者外，从无征及国产者。我国若不奖掖扶持，使其发展，一任外粉之供给，窃恐长此以往，民生前途之危险，尤有不可胜言者。顾维持之法，最合经济原则者，莫过增加外粉税率，减免国粉特税为适宜之举。倘仍限于国际条约束缚，国粉、外粉名义上必须同率征收时，则不妨增加税率至每袋三、四角，但请对于国粉特予提奖四分之三，庶津埠粉业前途或可稍有存立之望。否则，行见外粉充斥，国产衰微，不特本国实业因而摧残，且恐特税收入亦将日益短绌矣。敝会以上关国计、下系民生，绝非危词耸听，实系迫切待救，敬请贵会准予电陈国民政府、行政院、财政部、工商部，迅筹改善，逾格维持，以资补救。俾津埠不绝如缕之粉厂实业，得以生存，无任迫切感祷之至。等情。据此。查该公会所陈各节，确系实情，值此训政伊始，商民交困，对于实业允宜特别培护，以维国本，而厚民生。兹据前情，除分陈外，理合肃电转请，伏乞钧座部长，俯鉴下情，准予破格维持，用资挽救，无任叩祷。待命之至。天津总商会叩。元。

〔国民政府行政院档案〕

2. 上海市面粉业同业公会等为请减征面粉特税以维面粉业致实业部呈

（1931年7月25日）

呈为洋粉倾销，麦贵粉贱，吁请减征麦粉统税以恤商艰而维民食事。窃查吾国自逊清甲午以后，小麦始征产销税，每石银四分。而面粉则通行全国，概免税厘。至民国十七年七月，始奉部令，小麦免税改征麦粉特税，每包大洋一角。考世界各国小麦、面粉例不征税，但对于外粉进口则征税甚重。当颁布麦粉特税条例时，正北伐告战，建设伊始，商民之表示服从，原冀统一后，政府自动废止，以应世界之潮流，而慰商民之渴望。乃征税以来于今三年，粉商尽义务不可谓不多，而对于外粉至今仍无进口税，听其尽量输入，实行倾销。中国面粉工业尚在幼稚，何力抵抗，且麦粉之征特税，本为抵补麦厘起见。今营业税粮食项下，小麦并未除外，虽征税之性质、名目不同，而实际上等于已恢复以前麦厘状况。查营业税对于粮食只征千分之二、三例，以麦粉每包纳统税一角，即征百分之三，相去奚啻霄壤。况粉号运粉须纳营业税后方准行销，是小麦有税，麦税出厂有税，行销又有税，一物三税矣。一物三税，而谓商民能胜负担乎。现值金价腾贵，五金物料无一不昂，粉厂成本加重，而售价则因外粉之倾销无法抵制，再加统税百分之三，厂商岌岌不可终日，担负困难，国家不得已始征及民食，应请将麦粉统税税率酌予减轻，以示宽大，商业民生均有裨益。一方面对于外粉进口则援各国先例，重征进口税，以塞漏厄。事关粉业切身利害，谒诚呼吁，不胜迫切，待命之至。除分呈行政院、财政部外，谨呈

实业部

上海市面粉厂业同业公会　主席顾履桂

苏浙皖内地机织面粉厂公会　主席李北涛

中华民国二十年七月二十五日

〔国民政府实业部档案〕

3．中华工业总联合会为面粉市价惨跌请求救济致实业部呈

（1934年5月2日）

中华工业总联合会呈　字第　号

呈为面粉市价继续惨跌，请求急济，以维生机事。窃中国机制面粉，两月以前，由市价每袋二元三角跌至二元另五分，开历来未有之记录。揆其原因，有谓供过于求及洋麦跌价，有谓农村破产及购买力虚弱，但事实几经调查与剖判，得考知其价跌之主要原因，则完全系实业受虚业之压迫，中间于跌价之过程中，在交易所市场内，多头筹码，不能与空头轧平，遂造今日一跌不涨之局势。一切详情，业由属会缮具节略，于日前公推钱委员承绪入都面陈，并请钧部于管辖权范围以内，对于面粉交易所为紧急处分。但其时在两星期前，粉价虽跌，每袋尚在二元以上，讵料连日以来，情势更非，每粉一袋，已跌至二元进关，（本月二十七日开价每袋一元九角）合于制造成本二元四角计算，则每出粉一袋，须亏洋五角，且以后市面，仍是看低，不能上涨。粉厂于此情况下，惊惶失措，怨声交加。长此以往，倘政府不为筹维救急，则将于短时期内，全国粉厂可一溃无余，而三十年来国人所经营缔造之粉业，亦将于此永绝其生命。故于目下险恶之情势下，属会认为解决市场之变化，与夫暂时稳定市价二者，实为当今唯一救济之方，亦惟采用此断然政策，方有出路。

钧部权衡在握，谅能体会商艰，顾全国家实业，即为紧急处分也。谨将意见条陈列下：

（一）依据民国二十三年四月二十四日商业司梁上栋司长与属会委员钱承绪交换意见，梁司长表示：救济粉价跌落，须从减少外

粉输入，减轻制造成本及推广销路著手。又刘代部长于本年四月二十八日，于沪发表救济面粉讲话，认为一时无法可施，只有从关税政策上着想。归纳部方意见，是对于货品之涨落，目标仍侧重供过于求，并认外粉巨量输入，国粉销路停滞，因之价跌。殊不知两世纪前之原则，合于今代虚业压迫实业之情况，则可知供需原则，已有多处根本推翻。例如此次面粉之跌价，是月外粉输入，为数甚微，同时市场交易，在上海一埠，达四十九万袋，超过实际粉厂出数，是足征跌价之原因，并非出于销路不广或外粉过多。至若减轻成本一节，以现在情况论，是麦高于粉，原料太昂，成本因之无从减轻，此节应请钧部再事考虑。

(二)梁司长此外复表示，谓既有交易所，当然有多头空头之分，利害相反，若暂停交易，无补实际。至暂定最低交易价格，须调查全国供需情形，方能决定。如定价太低，粉厂吃亏，定价过高，反为外粉倾销之助。伏查交易所组织之目的，于工商业表面上言，固可活动金融，加高货品流动程度，但此仅在国家实业发展时期而言，至遇国家实业衰落，其货品常依一般物价为转移，同时在市场情形，亦只有跌无涨，因此投机家遂利用机会，常做足巨数空头，压低货价，使其不能上涨，世界均属同一情形，我国又何尝独异。故所谓利害相反者，在昔日之情况下，似尚足以保持利害相等，不失平衡，迄于今日，已只见其害，未见其利，故属会前曾主张，定一最低标准价，以维现状者，亦实属万不得已之中，于粉厂与交易所以外，另筹一相当出路。今若一方既不将交易所停止，同时又无其他方法以为挽回，岂不使国家实业，陷于绝境。至若因抬高粉价，反为外粉倾销，谨按事实，外粉进口，所加关税数目，已足维系华粉有余，一时似毋庸虑及此点。

总之，属会对于救济现在粉业问题，看清三点。(一)面粉价跌原因，是虚业膨胀，交易所中空头数额太多，使实品绝无回旋之余地。(二)供需相应原则，对于粉业已消失其效用。(三)今日现况，是麦高粉底，如不救济，短时期内粉厂必陆续停止制造，将酿成粉少麦多，届时麦价亦因之惨跌，影响农村。基于以上论列，以属会管见之所及，主张(一)暂停交易所拍板，以恢复粉厂之卖买权，数月以后，新麦登场，其时原料价底〔低〕,旧有损失，可藉此恢复。(二)如第一节不能实现，则拟参照各国取缔交易所成例，暂定最低标准，稳定市价。(三)最后倘前两条仍有感困难，则拟请援照青岛交易所办法，实货实交，较之做空加增保证金办法，似觉切实而易生效。是否有当？谨乞采择施行，实为德便。

谨呈

实业部

主席委员郭顺(印)

常务委员钱承绪(印)

中华民国二十三年五月二日

〔国民政府实业部档案〕

4. 苏浙皖内地机制面粉厂公会关于救济内地麦粉厂业危机意见致实业部呈

(1934年7月4日)

呈为内地麦粉厂业危机，迫切吁请救济，仰祈鉴核施行事。窃我内地面粉厂自东北沦陷以后，华粉销路已受重大之打击，益以洋粉倾销，农村破产，民众购买力薄弱，销路日益呆滞，以致存粉充斥，粉价惨跌，为空前所未有，粉厂营业之凋敝已与棉纺织厂有同一之现象。属会会员各厂感于前途之危机日益迫切，不得不谋一解决方法，爰于日前召集会议讨论一切。兹谨将议决请求政府救济之事项，为钧部缕晰陈之。

(一)请转咨财政部减免麦粉统税以轻负担也。查民国十七年政府举办麦粉特税，不论何种面粉每包一律征税一角，其时二号面粉每包之价约洋三元，仅合值百抽三之谱，今二号粉价已跌至二元左右，相差至三分之一，而税率仍旧未改，应请以价值为比例，赐予减征。至三号四号面粉，多数为贫民食料，或以为饲养猪鸡之用，其价值较之二号面粉相悬甚多，应请赐予免征或征以轻微之税，以维平民之生计，而轻厂商之负担也。

（二）请转咨交通、铁道两部减轻国产面粉、小麦、麸皮水陆运费，以轻成本而利推销也。窃内地粉厂所用原料，小麦除取材于当地之外，仍须仰给于他方，所制成之面粉、麸皮，因当地人民购买力薄弱，销路呆滞，不得不运至各处，以求售脱。故运费之多寡与成本之轻重，殊有莫大之关系。至于由何处轮船、何处火车运至何处之，小麦、面粉、麸皮各种运费应请如何核减，除由属会自行呈请外，敬乞钧部以救济实业之意，转咨交、铁两部，请其对于粉厂所请核减运费之处，加以优待，则事半功倍，厂商将受惠无穷矣。

（三）请转咨交通、铁道两部对于粉厂所用材料之运费减半实收，以资弥补也。查内地粉厂所用物料大都仰给于上海，如运麦必需之麻袋，装粉装麸所用之白布，用为燃料之煤炭、柴油以及其他各种五金物料，皆非由轮船、火车运往不可，每年此项运费为数不赀。厂商当此营业万分不振之时，只有力求撙节，用敢请求钧部转咨交通、铁道两部，对于厂商所用以上各项物料之运费，减半收取，亦救济粉厂之一道也。

总之，内地粉厂因其设在内地，举凡地方上公益、慈善、教育、公安等费负担上，无一不较上海厂为重，加之金融周转亦无上海之活泼，原动力之费用亦无如上海厂用电之省费，交易所之抛卖期货亦无如上海厂之便利，种种艰困，难以罄述。用敢撮要沥陈，敬乞钧部体恤商艰，赐予救济，临颖无任惶恐，待命之至。

谨呈

实业部部长陈

苏浙皖内地机制面粉厂公会（印）
主席委员卞宗浚（印）

中华民国二十三年七月四日

〔国民政府实业部档案〕

5．李崇典关于调查各地麦粉业情形给实业部呈
（1934年12月11日）

窃崇典于本年七月间奉令略开：

案准财政部咨，以先后分据天津商会、上海市面粉同业公会呈请增加奖励金并三四号粉免税。又据汉口福星第五粉厂、五丰面粉公司呈请增加奖金，每包一分半，暨准河南省政府咨，据建设厅转呈各麦粉厂，拟请增给奖金一分半，咨请核复，各等由。前来。现在各方对于麦粉奖金均有请增之议，虽营业不振或为重大原因，而奖金本身定有差别，亦非划一税制之道，本部再三考量，以为此案似应另觅途径，以谋彻底解决，不能单在奖金增减之枝节问题上着想。就税收而论，原为本部主管范围，若言奖励或救济方面，则纯属贵部所管辖之职权，为双方兼顾及实事求是起见，拟先由两部各派妥员会同分赴各该厂所在地，切实详细调查。究竟粉业衰落原因何在，是否确因税重所致，奖金有无变更之必要，以及救济方法究应如何统筹，俟调查确实拟具意见呈复后，再行派员会商办法等因。自应照办。兹派该员会同财政部派员分赴各该厂所在地，切实详细调查，明确拟具意见，呈复，以凭会商核办。等因。奉此。崇典遵于八月初会同财政部派员曾技正耀薪、杨科员壮飞，分赴蚌埠、徐州、济南、天津、北平、新乡、开封、汉口、南京、镇江、扬州、无锡、上海各粉厂所在地，切实详细调查。迄至十月中旬，始行竣事，返京。所有奉令会同

调查各地麦粉业情形，理合缮具报告，并遵拟意见，连同所制各地粉厂之设备及营业状况一览表、各区麦粉成本及盈亏比较表，调查笔录暨各厂填送工厂调查表说帖节略及其他与麦粉有关各种材料，备文呈报。仰祈鉴核。谨呈

部长

次长

次长

工业司第二科科长李崇典谨呈

附呈各地麦粉厂调查报告一份

中华民国二十三年十二月　日

各地麦粉厂调查报告

查吾国小麦，本甚丰富。而北方人民又完全食面，需用甚多。故面粉工业于我国各工商业中，实占重要地位。在欧战时代，各国粮食需要甚巨，国产面粉，曾行销英、俄、法、日、土耳其等国，一时面粉业大获利益。不徒上海增设面粉厂甚多，即内地通都大埠，亦莫不有面粉厂之设立矣。至欧战告终，各国制造力恢复，外销日减，乃转运售东三省及南洋各地，销场虽较前稍逊，但营业尚称不恶。民国十七年因厘金裁撤，举办特税，面粉每袋征银一角，以资抵补。当时以上海方面，原纳麦厘，改征制粉特税，无大关系。而内地北方向无麦厘，凭空加征统税，增重负担。乃核给奖励金，以资弥补。又以向征麦厘各地情形不同，奖金数目，亦应分别多寡，以调剂之。即对于苏浙皖区江南粉厂给奖金三分半，江北粉厂给奖金四分半，冀鲁豫湘鄂各区均给奖金三分，上海各厂随后亦给奖金一分半。近年以来，外粉倾销剧烈，国粉销路大受打击，而原料小麦又不能充分可供制造，于是粉厂相继歇业。现在开工者，仅九十二厂，其中尚多未开全机者。在上年及今年上半年，各厂纷纷呈部请求救济。考其所述困难情形，沪

厂以现时洋麦进口加税，而向内地买麦，又须加运费及一切收买费用，所制之粉，东省销路断绝，长江方面亦不能推销，至奖金以上海非产麦区，反少于江南江北产麦区域。在税率上既不公平，在成本上影响尤大，要求奖金与内地平等待遇。天津、汉口各厂以洋粉倾销、沪粉压迫，东省热河失陷，销路顿失，即关内津东，亦大受影响，又南麦贱于北麦，平汉、平绥、京沪各路运费大减，内地粉厂较沪厂所感受为困难，沪厂原无奖金，现已加给一分半，内地各厂亦应加给，以示公允。总而言之，虽所受事实上之支配，各有不同，而处境为难，则无二致。崇典于本年八月奉令会同财政部派员曾技正耀薪、杨科员壮飞，根据请求加给奖励金各厂之范围，前往上海、镇江、无锡、扬州、蚌埠、徐州、济南、开封、新乡、汉口、天津及本京等处，各粉厂所在地详细调查。计所参观之麦粉厂，上海十四、镇江一、无锡四、扬州一、蚌埠二、徐州一、济南七、开封三、新乡一、汉口四、北平一、天津五、本京二，共四十六厂。除将各该厂之设备暨营业状况列成一表，并将关于各区麦粉成本及盈亏等项另列一比较表，以便对照易明真相外。兹就调查结果，分别陈之。

一、营业情形

麦价。以天津、北平为最高，次为鲁豫区及江北之蚌埠、徐州。再次为汉口，所用湖北麦，价固不甚高，然麦质混杂、泥土沙砾甚多，必须与河南麦掺用，河南麦来自平汉路，运费尚廉，故麦之成本亦与鲁豫区不相上下。上海与扬州以及江南区麦价最低。天津福星粉厂所开麦价比江南区最高价约高一元，比最低价约高一元半。

面粉成本。据税务署所编二十二年度各区麦粉产销数量之统计，上海各厂年出粉二千四百一十三万六千七百六十九包，江北各厂年出粉三百〇八万四千三百三十六包，鲁豫区各厂年出粉一千一百三十二万四千九百一十四包，湘鄂赣各区年出粉三百一十二万〇一百四十七包，冀晋察绥区年出粉八百九十五万九千一百一十五包。其成本以天津为最高，次为汉口及鲁豫区，上海与江南区较低，以无锡为最低。天津福星厂每包成本比江南区最高者相差六角余，比最低者相差一元左右。

粉价。天津、北平最高，次为汉口及鲁豫区及蚌埠、徐州，以上海江南及江北之扬州为最低，天津、北平每包比江南最高者约差五角。

运费。陆运费昂，水运较廉。上海及江南各厂买麦由津浦路运输。大约在徐州以南，每一百市斤运至上海，需费多至六角。其余约为五角。若沿长江及内河，则普通在三四角以下，至运粉到销场，多系水运。平均每包多则二角上下，少则几分。江北之扬州，既属产麦区，粉厂销场之范围又较近，故粉麦运费均少。蚌埠为麦之集中市场。该处粉厂不需麦之运费。仅付入厂扛力及佣金。惟运粉出售，比江南运费较昂。鲁豫区之济南，运麦范围，在青岛以西，徐州以北，平原以南，高密以东，均系陆路，运费较昂，约自五角至八角。不过济南本地尚有一部份麦可收用，运粉至各销场，平均每包约二角左右。新乡、开封各厂，概用河南境内之麦，到厂交货。新乡之粉销北平及本地，每包粉及同量麸皮之运费，多至四角左右。开封之粉销内地及沿陇海路，远至洛阳潼关等处，运费自亦较高。天津、北平各厂，概出境运麦，且陆运为多。北平由石家庄运麦，每石约需八角，故该区用麦运费最昂，惟面粉运费则较省，盖仅销北平附近地方而已。天津粉销本省及沿北宁路线，运费均轻。汉口各厂所用河南麦经平汉路，运费既廉，本地麦则水运，需费亦少，不过船户沿途掺水及泥土细砂，所受销耗甚大，且码头扛力较他处为昂，粉销湘鄂赣豫各省，除往豫系由平汉路外，余则概由水运，需费亦较少，统计各区麦及面粉，总需运费一项而比较之，以鲁豫区及北平、天津较高，其次为上海，再次为江南、江北及汉口。

销路。上海粉全恃出口，其销路南至闽粤及南洋，北至天津、烟台、大连、青岛、山东、东三省，运输之便，当为各区之冠。惟上海厂多，产量大，且以前辽宁大宗销场，今又丧失，故销路甚形壅滞情形，与上海略同。本京镇江粉销本地及长江各埠，北至天津、烟台，但销路不畅，存货亦多。江北之扬州粉销路尚好，存货无多。蚌埠、徐州粉往年可销西安、洛阳一带，因陕豫连年荒歉，销路颇旺，近年则陕豫麦产丰收，当地自用土法磨粉，故销路锐减。鲁豫区粉多销其本境，存货较少，惟济南以当地设厂已多，故销路亦滞，存货较多。天津、北平粉销路比较最好。汉口粉销路似佳，但仍多存货。

营业状况。固应以粉之成本与其售价之比较定其盈亏，惟于销路与借款利息及其他营业上种种问题，亦有关系。故各地粉厂实在盈亏，与各区粉厂之成本及盈亏比较表所载略有出入。兹据各该厂所报近年营业状况观之，江南各厂虽据成本计算，应有盈余，而去年因洋麦加税，实际受有亏耗。江北扬州，本年上季，亦因其他关系亏五万元。蚌埠、徐州营业不佳。上海各厂，除阜丰稍有盈余外，其余各厂均亏，甚至有亏其原资本额之十分之四者。鲁豫区之济南，盈者一厂，小亏而尚平稳者三厂，实亏者三厂，多者亏其原资本额之五分之一，少者亏其原资本额之十分之一。开封各厂，互有盈亏。新乡厂虽照成本计算略盈，而报税及麦价跌落，去年亏其原资本额之五分之一。天津及汉口两处均大亏。至各厂中尚有特别情形者，蚌埠、信丰粉厂，现宣告停业。据称因近来潼关、洛阳、西安、宁夏等处销路停滞，而运销上海费用又贵，遂不能支持。汉口裕隆、金龙两厂，前以亏累停业，现转租裕隆、源记、金龙、骥记，恢复营业，均为时不久。胜新粉厂于二十一年三月间失慎，全厂被焚，现尚未复业。上海祥新粉厂因资本不足，开支太大，亏累不堪，宣告停业，现由债权人上海银行转租与阜丰公司接办。又上海福新第四、第七厂，因营业不振，亦均已停工。开封、益封厂以机器太旧，出数少而用费多，营业不振，尚在停业添换新机中。此外开工各厂中，有因货不能销，仅开一部分机器缩减生产者。如济南之丰年、汉口之裕隆、源记麦粉厂、济南之成记麦粉厂等等，亦复不少。

二、衰落原因

(甲)各区特别原因

第一，上海江南及汉口各厂，去年为政府于十二月十八日实行外麦加税，而十六日始宣布，各厂在进口税未加以前，所订大宗洋麦，货未运华，但粉则先期在交易所，就彼时麦价计算，面粉价格，卖出远期，及洋麦交货时，忽加进口税，麦价加大，而所售出期粉，价值仍旧，无形中大受损失。又上海各厂，每日所出之粉，约十万包左右，东三省每日能销粉十万包之多，从前全恃该处销售。现在东省沦陷，销路几绝，故各厂存货过多，周转不灵，赔累日巨。

第二，蚌埠、徐州两处厂粉全销境外，而所经过之津浦路运费较昂，去年且受美麦贱价之影响，各处粉价均低，因之销路甚坏。其前数年所恃陕甘之销场，现因该处麦产丰收，不需机粉，亦告停滞，有运出之粉存在该处，任其变坏者。

第三，鲁豫区济南厂数已多，销路除山东本省内，其他如烟台、青岛、天津等处，均为粉厂竞销之场，卖价自不能好。新乡去年因厂内存麦价跌，所出之粉，除纳特税外，又须纳巨额之地方公益、教育、军事等捐，以致难以支持。

第四，天津去年亦因订购洋麦，突加进口税，致遭损失。又因上海、济南各厂之粉，运到北方竞销，大受压迫。

(乙)一般共通原因

第一，属于本身者。(1)国内厂商所集资本，每与所营事业相去悬殊，粉厂自亦不在此例外。查各粉厂所报资本，普通仅足供其设备费，甚至仅足建筑厂屋，而机器则已以厂屋押借而来，至流动资金，完全恃银行借款，甚至所购之麦，及所制之粉，亦在抵押之列，其往来借款总项，往往超过原有资本，且有至倍数者。此项借款，月息普通在一分左右。例如上海华丰粉厂，原资本为五十八万七千余元，而其二十二年度结算支息，达二十一万八千九百余元之多，此等巨额利息，必须在营业收入项下扣除，安得再有盈余之可言。故一值市况稍差，即一蹶不振。(2)工厂设备及营理方法。除上海阜丰厂及福新第八厂，本京大同、汉口、福新第五厂，天津寿丰第二、第三厂，蚌埠宝兴第二厂，济南成丰、新乡通丰等厂，较为完善外，其余各厂或管理不甚得法，或机器未免太旧，又多以工头机器匠负技术及管理之重责，营业自难发达。

第二，属于环境者。(1)年来东三省销路既几阻塞，而内地农村破产，购买力日低，加之洋粉倾销，自本年一月至八月进口数量为二十八万九千二百零八公担，以致市上一般粉价几难偿其成本，而厂内工作又因种种关系，不能中止，存货只有听其日多，资金无法周转，利息赔亏，安得不日益加巨。(2)国内连年匪患，农事亦日衰落，统计最近三年来国产小麦，皆仅足供国内粉厂半载之原料。而上海因运输关系，收买尤感不便，故沪厂所用原料，本麦不过十分之四，余均仰赖英属加拿大、澳洲及美国等处之洋麦接济。本年一月至八月止，洋麦进口总数达四百四十二万八千四百六十八公担（每公担一百公斤），此固由洋麦品质优良，购买手续便利，为吾厂所乐用。而本麦不敷应用，亦属实情。(3)上海在内地收麦，由水路者用民船驳运，除水脚外，凡装麦之麻袋，船户之偷窃，贩客之掺泥加水，起卸之泼散，种种消耗，甚属可观。由陆运者，经京浦路运费甚昂，且有时车辆为军事机关调用，所购之麦无法运出，至亏耗月息，此又为沪厂不用本麦之一原因。至内地各厂就地采麦，固无上述之困难及亏耗，但制出之粉运销他处，因交通不便，运费昂贵，亦感受困难不少。且平汉、平绥、京沪、津浦各路，运价又不相同，而在山东、河北、安徽各厂，担负过重，所受痛苦尤甚。(4)民国十八年开办统税订定税率时，面粉每包价格为三元五角以上，至四元之谱。所缴税银一角，不过合百分之二．五。近来每包粉价跌至二元。现始涨至二元三四角，每包仍须缴银一角，则合百分之五上下，超过原订税时，几至一倍。当此成本加贵，销路不振之际，粉厂又须任此负担，自是益觉为难。据新乡通丰粉厂报告，在未办统税前，每年所缴麦厘，不过一万余元，自改统税后，每年须纳十万元以上，其他各厂亦多同样之申诉。于此可见统税税率，因粉价低落而变重，于粉业衰落亦颇有关系。又所给奖金，最少者一分半，最多者四分半，相差三分之多，未免过于悬殊，此为各方争执之焦点，亦系感受困难之实在原因。

三、救济办法

综合上述各粉厂衰落情形、及其原因观之，该业几有岌岌不可终日之势，虽本年七八月以来，渐有转机。最近又因采办赈粮及导淮兴工，面粉价涨，但其本身弱点既多，环境又复恶劣，际此国际贸易竞争剧烈之秋，何能抵御洋粉之操纵侵略，一时纵似向荣，仍非根本之昭苏，自当究其症结所在，并采纳各方意见，酌拟办法，以资救济。兹条列于后。

一、变通出口粉原料退税办法。

二、变更各区奖金数目或奖励方法。

三、四号粉另列一级，从低征税。

四、陆路运费粉与麦同样减低，并各种一律平等，水路运费亦酌量减轻。

五、取缔麦商掺加泥灰杂质，并订小麦所含泥灰杂质标准，通行各省市，转饬面粉公会，杂粮公会，切实遵行。

六、令各厂改良管理技术，并充实资本。

七、奖劝农村，广种小麦，

八、江苏境内粉厂过多，劝令移设内地及西北各省。

九、实行面粉业统制。

以上所拟办法，第一项理由，系因上海及江南各地粉厂，向恃东三省及南洋销路，如能变更出洋及运东三省粉原料退税办法，以减轻面粉成本，庶几原有市场，可徐图恢复。但本年十一月二十日东三省实行进口面粉加税，每包三角五分，即将行销该处面粉之洋麦，原料退税办法变更，使每包面粉，约可得实洋二角八分，两抵尚属不敷七分之谱。若设不能变更退税办法，则上海及江南各地粉厂前途，更属不堪设想。第二项理由，系根据前述共通衰落原因，属于环境者之第四项情形，如将各区奖金改为一律平等，俾税制划一或另筹奖励良策固佳，否则为谋奖金数目相差较近起见，对于沪厂，因其如用洋麦，洋麦已加进口税，如到内地收购本麦，又须加运费，无论如何，负担实较前增加，其奖励金似可酌予加给。又冀鲁豫湘鄂各区粉厂，用麦虽多取之本地，惟所制之粉，往外运销，运费较重，且天津又受东省失陷，销路阻塞，及洋粉倾销之打击。豫省及汉口等处，历年迭遭匪乱及水灾，粉业尤属艰难，似亦均应酌加奖励金，以资救济。况内地粉厂，既用本麦，于农村经济颇有影响。如对粉厂加以救济，亦间接所以救济农村也。第三项理由，因四号粉专供贫民及苦力购用，售价与一、二号粉相差一元之多，且各厂出数有限，似应另列一级，从轻收税，以惠贫苦。第四项理由，中国交通不便，各种工业均因此不能发达，不独粉业为然。但粉麦两项，质量既重，一出一入，动至数百千里，所担负运费，最为可观。如能陆运各路，一律减费，粉与麦并同样减低，则内地各厂，购麦售粉，俱可获同等利益，水运减费，则沪厂售粉可得实惠，于恢复东省销路，裨益尤多。第五项理由，系因本麦品质不齐，麦商尤其不顾信用，任意掺加杂质。如湖北麦竟掺有泥灰杂质至百分之十五以上之多者。因之厂商多乐用杂质绝少之洋麦，利权外溢，殊可浩叹，自宜设法加以整顿。第六项理由，凡属工业全仗管理与技术，日求进步，方可以最小用费，得最大效率，而国内面厂，多数几无管理之可言，技术亦不甚精，加之资本又复短少，恃借贷以度日，斯亦失败之一种原因，亟应严令督促，以资改进。第七项理由，中国号以农立国，而制粉尚须洋麦，可耻熟甚。能奖励广植小麦，于农村与粉厂，均有利益。第八项理由，现在全国面粉产额，每年为五千九百六十七万〇二百八十三包，而江苏境内各厂，占三千六百二十六万六千三百〇七包，而国内吃面省分，又皆属北方，故宜将江苏境内粉厂，移一部分于内地及西北各省。第九项理由，以现时粉厂之机器能力计算，国内原料，不敷制造，以销场而论，又已成过剩状态，一面固应开辟销路，一面并应查明国内需用面粉若干，各厂能制粉若干，南北分配平均，实行统制。如有实系过剩，即可加以限制，以免贬价竞销，同归于尽。

以上所具报告，在使各地麦粉业实况可以综合比较，故多概括立言，其各地麦粉厂个别情形，则详见附表〔略〕，合并声明。

〔国民政府实业部档案〕

6．财政实业二部会商救济麦粉业的会议记录

（1935年5月23日）

财政、实业部会商救济麦粉业纪录

第一次

时间　二十四年五月二十三日上午十时

地点　财政部税务署会议室

出席者　财政部方星海、实业部李崇典

列席者　财政部周介春、曾耀薪、杨壮飞、翟健雄

主席　方星海　纪录翟健雄

主席报告：

本部与实业部迭据各处麦粉厂商呈请增加奖金及设法救济前来，曾由两部会同派员分赴上海、无锡、镇江、扬州、南京、汉口、开封、新乡、天津、徐州、蚌埠等处各麦粉厂实地调查，兹以各该员将调查详情拟具意见，分别呈报到部，现奉部令，召集会商自应照案，依据各项报告，共同讨论，以便呈候核夺施行。

讨论事项

（甲）关于救济方面者

（一）变通出口麦粉原料退税办法案

决议：原有麦粉出洋退还原料小麦进口税暂行办法第六条规定：退还原料小麦进口税，仅发“小麦纳税证”，限于抵纳小麦进口税之用，对于奖励购用进口小麦厂商向外发展运粉出洋方面确有未尽便利之处，“小麦纳税证”应改作现金，俾资周转，由财政部核办。

（二）恢复东三省销粉市场案

决议：年来国制麦粉不能畅销东三省，以致内地货物供过于求，销路阻塞，应将运销东三省麦粉既被重征，准予退税，以期流通而资调剂，呈由财政部核办。

（三）减轻麦粉运费及使麦粉运输迅速案

决议：麦粉陆路运费应与小麦同等减低，并须各路运价一律；水路运费亦酌量减轻，且尽量改善交通工具，使麦粉运输迅速，应由实业、财政两部会咨铁道、交通两部核办，归实业部主稿。

（四）取缔湖北小麦泥灰杂质及汉口工人陋规案

决议：由实业、财政两部会咨湖北省政府设法取缔，归实业部主稿。

（五）规定检验小麦标准案

决议：各处小麦之贸易，除上海粮食商自定小麦标准外，其他各地商人对于小麦重量、泥土、水份尚无检验标准，厂商采购原料，颇感困难，损失亦巨，应由实业部从速订定小麦检验标准，通行转饬遵照，并得在相当区域酌设小麦市场，以资便利，由实业部核办。

（六）对于新设麦粉厂应加注意案

决议：对于新设麦粉厂应规定最低限度之资本额及设厂区域，嗣后新设麦粉厂呈请登记时，实业部即依此项标准审核，由实业部核办。

（七）实行统制粉业案

决议：由实业、财政两部会函全国经济委员会核办，由实业部主稿。

第二次

时间：同日下午三时

地点及出席列席人员均与第一次同

讨论事项：

（乙）属于奖金方面者

（一）变通各区奖金数目案

决议：麦粉奖金现有办法，名实殊未相符，本应取消十足征收，每年由国库拨出的款若干，交由实业部另行规定奖励办法，实施奖励，方属正办。惟骤予取消，恐予粉商营业影响太巨，应取渐近主义，先将全国奖金分作两种：1．上海一分半；2．其余各处概为三分，暂行试办，至相当时期再行改办统税，由财政部核办。

方星海

李崇典

〔国民政府实业部档案〕

7. 苏浙皖内地机制面粉厂公会为请救济内地面粉厂致实业部呈

（1936年2月5日）

呈为粉厂衰落，经营困难，上年减低奖金，内地小厂尤难立足，仰祈鉴核俯赐转咨财政部，准予酌给津贴，以资救济而纾商艰事。窃我国粉厂年来因外受世界经济恐慌，洋麦、洋粉输入倾销之影响，内受天灾人祸之袭击，以致农村经济崩溃、购买力薄弱。东北市场丧失，销路锐减。内地金融枯竭，市面周转不灵，危机四伏，险象环生。而最感痛苦者莫如今日内地之中小粉厂。其困难原因虽非一端，兹仅将其荦之大者分陈于下：

（一）国产小麦不敷应用，洋麦无法采购。查内地粉厂大都设于临近产麦之区，在厘金未裁时代，都市之厂如至内地购麦，因有麦厘之负担，价目尚难合算。自普遍裁厘之后，内地之麦多数为都市之厂捆载而去，内地厂仅无麦可购。一至原料缺乏之时，都市之厂尚可直接订购洋麦，内地厂因交通不便，运转艰难，无法可购洋麦，不得不出于停机之一途。此内地厂之特别困难者一也。

（二）搁置固定资产，加重制品成本。查都市之厂其原动力方面大都购用电力，不但其费甚轻，而且设备方面可以无须搁置巨本。内地厂因无电力可购，必须备置锅炉、引擎，不但燃料昂贵，且须搁置固定资本，一则加重利息之负担，再则资金不能活动，三则成本加高，即此一端，内地厂面粉每包之成本高于都市之厂二、三分者不足为奇。此内地厂之特别困难者二也。

（三）运输费用较大，制品难以推销。查内地粉厂所用五金物料、袋布、麻袋、煤斤等类，无一不由都市运往，运费税捐负担甚重，即所制成之面粉又因内地农村经济崩溃，购买力薄弱，销路一落千丈，不得不多方设法运销，开支尤大。此内地厂之特别困难者三也。

（四）内地金融枯竭，银行无处通融。查内地粉厂大都资本短绌，在昔金融活泼之时，全赖银行、钱庄之接济，以资周转。今则内地钱庄全体停业，银行放款紧缩，无可通融，即使稍有信用能于贷借，亦属利息甚高。此内地厂特别困难者四也。

（五）资本薄弱，出粉不多。内地粉厂大都资本薄弱，其资本能超过二十五万元以上者寥寥可数，最小之厂其资本仅三、五千元，即三万五万元者亦不在少数。至于每年出粉之数，少者仅一、二千包，而一、二十万包更居其大半，故全年出粉总数统计不满一千万包，以内地五十厂之全年出数，不敌上海阜丰之一厂，其数之微，于此可见。此内地厂之特别困难者五也。

（六）销卖市场缩小。南人食米，北人食面为我国特殊之情形，故我国面粉向以东北销路为大宗，自九一八事变以后，日本先后以武力强占我东北四省，自由设立税关，规定税率，重征中国本部进口之商品，于是向为消纳中国面粉之东北广大市场，尽为日人所独占，今后华北方面亦将大受影响。市场愈小，销路愈微，同业不知团结，彼此跌价竞销，不恤牺牲血本。此内地粉厂之特别困难者六也。

（七）地方负担甚重。内地交通不便，工业式微，间有少数工厂，而地方官厅团体无不视为生利之机关，举凡公益、慈善、教育、治安经费之摊派，无不以工厂为首屈一指，故内地工厂每年此类之负担甚巨。此内地粉厂之特别困难者七也。

综上所述是内地粉厂因有以上种种之困难，平时惨淡经营已难存在。今仅就苏、浙、皖三省而言，其已在停机歇业之厂，有南京之杨子、太昌、高邮之裕亨、海州之海丰等四厂，其因营业亏损加记改组者有清江浦之大丰、泰县之泰来、镇江之贻成、芜湖之益新、蚌埠之信丰、宁波之立丰等六厂，所能勉强支持者仅一、二厂而已。在昔奖金未减之时，粉厂因经营困难尚请求钧部救济之不暇，自上年八日钧部会同财政部为救济麦粉业核减奖金之后，内地全体粉厂无不骤增重大之负担。当此工商凋敝危机日暮之时，大厂挣扎图存尚非易事，小厂势穷力竭俞觉难以支持。今试查全国粉厂，其资本在二十五万元以内，而每年出粉不满一百万包之小厂，总计约在五十家左右（另列详表），此五十厂中其资本少者仅三、四千元，即三万五万元者亦不在少数，至于每年出粉之数，少者仅一、二千包，而一、二十万包者尤居多数，即全年出粉总数亦尚不满一千万包，为全国粉厂一年出粉数六分之一弱，不及上海阜丰厂一家所出之数。此类小厂几于全在内地，在昔奖金未减之时已属左支右绌，难以维持，今每包骤减奖金一分五厘或五厘之多，蒙受重大之打击俞觉不能立足。今惟有仰求钧部俯念内地工商衰落，粉厂经营困难，赐予转咨财政部准将全国粉厂其资本在二十五万元以内，而每年出粉数不足一百万包者，援照民国十八年上海粉厂因本国麦荒、购用洋麦每包津贴法币二分之成案，在国库收入每年虽约减少二十万元，而救济之厂则有五十家之多，亦未始非培养税源之一法，即其他中等粉厂能于酌给津贴尤为感激。临呈无任迫切，待命之至。除呈财政部外，谨呈

实业部部长吴

计呈送各地麦粉厂二十三年份资本额（二十五万元以下者）及产数（全年出粉不满一百万包者）一览表一份。

苏浙皖内地机制面粉厂公会(印)

主　席　委　员　杜　镛(印)

会址　上海爱多亚路中汇银行大楼五楼五一八号

中华民国二十五年二月五日

各地粉厂二十三年份资本额（二十五万元以下者）及产数（全年出粉不满一百万包者）一览表

地名	厂名	资本额	产数	备考
沧县	富利	二〇〇，〇〇〇元	五四，二九九包	
唐山	德成	一一〇，二〇〇	一一六，九八二	
石庄	聚丰	六六，六〇〇	九七，六九九	
邯郸	怡丰	一五〇，〇〇〇	二五四，四四〇	
北平	三阳	六，〇〇〇	九四，一五三	
正定	福义永	九，〇〇〇	一七，三四四	
太原	新记		八一，二一七	附设于电灯厂，无独立资本
大同	大同	一二八，四〇〇	一八，一五一	
临汾	晋益	七六，〇〇〇	一二九，六五五	
榆次	魏榆	七〇，〇〇〇	一五七，四二八	
包头	电气公司	八〇，〇〇〇	五五，二九七	附设于电气厂
归绥	电灯公司		一八三，八三四	附设于电灯厂无独立资本

续表

上海	详新 阜记	一〇〇，〇〇〇	三九三，一五七	
上海	中华	一六〇，〇〇〇	七四六，八四〇	
江阴	民丰	四〇，〇〇〇	四八，七四五	
江阴	贡琳记	八，〇〇〇	二，五二八	
常州	恒丰	二〇〇，〇〇〇	六二一，二四九	
无锡	泰隆	一〇〇，〇〇〇	八六九，三四三	
扬州	扬州	二〇〇，〇〇〇	六八九，〇八〇	
南通	复新		五七一，九八三	
泰县	泰来	二二〇，〇〇〇	九四一，九四九	
淮阴	大丰	三四二，一九八		
灌云	和丰		一三，七九一	
蚌埠	信丰	一〇〇，〇〇〇	一三一，〇六〇	
滁县	大成	二〇，〇〇〇	二九，六八九	
芜湖	益新	二〇〇，〇〇〇	一八三，三六一	

续表

宁　波	立　丰	一五〇，〇〇〇	四七，六〇二	
绍　兴	越　丰	二四，〇〇〇	一五，四六〇	
开　封	天　丰	一五〇，〇〇〇	六九三，九六九	
开　封	益　丰	六〇，〇〇〇	九九，五二五	
郑　州	德　丰	三〇，〇〇〇	一九六，五一四	
安　阳	大和恒	二〇，〇〇〇	二三三，二〇九	
漯　河	大　新	一〇〇，〇〇〇	一九八，三五四	
许　昌	和　合	六〇，〇〇〇	八一，一七六	
六河沟	金聚恒	八〇，〇〇〇		二十三年十一月成立，无产数
济　南	宝　丰	二〇〇，〇〇〇	五八二，八二三	
济　南	茂新四	二五〇，〇〇〇	七三九，九三七	
青　岛	精良面粉	三〇，〇〇〇	一七，四〇四	
潍　县	潍　东	一，二〇〇	七六七	
青　州	天　丰	五，〇〇〇	二，三九七	

续表

青州	永年	五，〇〇〇	二，一〇二	二十三年十月承盘天丰厂
周村	民丰	二〇，〇〇〇	二六，〇五五	现让与大有厂
枣庄	泰丰	五〇，〇〇〇		二十三年十二月成立，无产数
泰安	仁德		二六，五六六	
济宁	济丰	一〇〇，〇〇〇	五四八，三四四	
汉口	裕隆	五〇，〇〇〇	一六〇，八〇二	
汉口	益丰	四，〇〇〇	一，一三五	
汉阳	五丰	二〇〇，〇〇〇	六七八，一二〇	
沙市	正明	五〇，〇〇〇	一七二，四〇九	
沙市	信义	三〇，〇〇〇	一〇七，一三九	
老河口	蔚丰	四〇，〇〇〇	二三，六〇二	
长沙	湖南第一	一六〇，〇〇〇	一八二，八六四	
常德	新新	一〇，〇〇〇	三，三二一	

〔国民政府实业部档案〕

8．苏浙皖内地机制面粉厂公会为请免征洋麦进口税致实业部呈

（1936年11月11日）

呈为粉厂原料小麦渐感不敷，吁请于必要时免征洋麦进口税，并乞届时召集厂商会议，决定采购数量，以维国本，而救农村事。窃维近年以来，国产小麦大都不敷粉厂全年之用，往年洋麦价廉，国外汇兑政府未加统制以前，每恃洋麦以补不足，以致金钱外溢，为数不赀。然至前、去两年，洋麦进口业已逐渐减少，本年国产小麦面积增加，收获丰稔。考其产量，虽无精确之统计，大致可供粉厂十个月之用，即使有所不敷，亦属为数有限，况距新麦登场，方始数月，民间积储为数尚巨，采购洋麦决非其时。今请试言其理，一则我国历年进口货物，向以米、麦、棉花为大宗，现金流出为数甚巨，所幸本年输入减少，农产丰收，社会经济、工业、农村渐有复兴之望，今若于此不急之需，而以高价购入，不但全国金融受其影响，而于政府救济农村之本旨亦相违背，此洋麦进口税如其在目前免征，将不利于国者一也。再则我国农村凋敝已臻极点，今幸得天之助，普庆丰收，政府本救济农村之旨，由各省政府普设农产仓库，更由农民银行专做农产物之押款，使其不受商人之剥削，得售善价，获有相当之羡馀。本年百业渐兴，完全由于农民购买力之增长，其能得此善果，亦完全由于农产物之价格提高。今若骤于此时免征洋麦进口税，洋麦之价一可合划，商民不顾大局，势必争先恐后，相率订购，巨量入超，立可复见，不但金钱损失为害无穷，而国内小麦之市价势必为之压低，其所发生之影响，匪惟政府银行所办，仓库贷款之事业直接受其损害，而明年新麦之市价必将连带下降。此洋麦进口税，如其在目前免征，将不利于农村者二也。尤有陈者，本年国产小麦收成极佳，至其价格之昂贵与夫来源之不旺，

约有下列之数种原因。一则外商购运激动人心，贩商屯积居奇，从中操纵。再则今岁秋收大熟，农民售稻存麦，冀求善价而沽，在未改法币以前，农民售卖农产，喜藏现银，今则纸币不易保存，大都收藏稻麦。日前天气久旱，二麦难于下种，人心恐慌，来源愈少，今甘霖沛降，市价已平，屯积之人固将急于脱手，内地存底，亦必逐渐外销。在此最近数月之间，粉厂原料断无不给之虑，今若骤于此时免征洋麦进口税，则洋麦之巨量输入，扰乱中国市场，将为必然之事实，在厂商饮酖止渴，盲目竞争，其结果必至，至互相残杀。此洋麦进口税若于此时免征，将不利于社会全体者三也。基于上述原因，用敢披沥上陈，敬乞钧部提交全国粮食会议赐予讨论。如果国产小麦确感缺乏，请于必要之时，免征洋麦进口税，并请先期召集全国麦粉厂商会议，决定采购洋麦数量、种类，实行统制，以维国本而救农村。伏乞批示祇遵。除呈财政部外，谨呈

国民政府实业部

具呈人苏浙皖内地机制面粉厂公会

主席委员　杜镛

会址上海爱多亚路一四七号中汇大楼五楼五一八号

中华民国二十五年十一月十一日

附：实业部工业司等签呈

案据苏浙皖内地机制面粉厂公会呈，为本年小麦丰收，近数月间，粉厂原料无不给之虑，目前勿需免征洋麦进口税，请于国产小麦确感缺乏时，免征进口税等情。查近年我国各地面粉厂每年所需小麦数量，据中央农业实验所调查报告，平均每年需小麦四六，三四六，六二一市担，假令我国各面粉厂全用国麦，而不用美麦，其需要量也不过等于国内生产量十分之一，其余十分之九，除少量出口外，均留在农村中作土制面粉之用，足征并非

国麦不敷供给。而各厂所以参用美麦之敝，实因美麦干洁，折耗较小，且等级分明，易于订购。再查本年小麦八月份进口为二〇，一六〇公担，出口为七九，七九九公担，九月份进口为三〇，〇九七公担，出口为一〇四，四〇六公担，数字上可证明小麦有大量之出超。兹据该公会具呈前情，应否咨商财政部主张不可免征洋麦进口税，抑应如何办理之处，理合签请鉴核示遵。谨呈

部长

次长

次长

工业司

农业司谨签

商业司

〔国民政府实业部档案〕

9．中华工业总联合会为请解除粉厂痛苦取缔市场投机致实业部呈

（1936年12月10日）①

中华工业总联合会　字第　号

呈为呈请解除粉厂痛苦，取缔市场投机，以利民食而资保障事。窃查面粉厂之创设，原为调剂民食，但自交易所成立以还，一切卖买之权悉为交易所市场一般投机家所操，纵厂方已无力再为顾问，其间种种流弊，危害厂商信誉成本至深且巨。本年十一月二十一日，属会于召集会员大会之际，上海市机制面粉厂同业公会提出意见，当经议决，据情呈请钧部救济，综其大要约有数端。以麦粉因其有时间性，不可久藏于所交易，近远均可卖买，

① 此为实业部收文日期。

于是卖空买空行为因此发生。一纸栈单在手，不问厂方麦粉之霉烂成块，湿热生变，厂商之信誉，与投机家无关。彼投机者只知牟利，罔顾厂商利害，市面荣枯，任意卖空买空，毫无制限。此外，市上更有囤积者，流乎执栈单，鲜有囤积已成熟货之麦粉，我厂商投偌大之资金，为顾全制品之信誉计，为安定市面计，惟有多方顾虑，相与隐忍。惟麦粉一物，虽为机制熟货，以其有时间性，不宜有远期卖买，即有之，其权当始终直接操诸于厂商，如此关于麦粉销路之畅滞、价格之上落，一本供求之率，供过于求，则价跌销滞；求过于供，则销畅而价涨，厂商之权衡在握，自可未雨绸缪。若间接为投机家或仲买人所操纵，则面粉厂之营业既捉摸无定，更以粉厂之为熟货卖买，失其自然，不能顾及成本，此中盈虚消长，关系粉厂营业殊巨。此皆粉厂方面所主张与建议之大概情形也。查欧西各国咸有交易所之成立，只有生货而无熟货。例如棉花交易所只拍花而不拍纱，粮食交易所则拍麦而不拍粉，此欧西各国交易所之统系也。今中国面粉交易所之组织，操纵熟货，危害民食，实有取缔与改善之需要，以祛除粉业根本之障碍。是否有当？敬请钧部批示祗遵。实为公便。谨呈
实业部部长吴

中华工业总联合会主席委员郭顺（印）

中华民国二十五年十二月　日

〔国民政府实业部档案〕

四、卷烟工业

1. 国民党中央执行委员会等关于救济华商烟草工厂案的有关文件

（1930年5—6月）

（1）国民党中央执行委员会秘书处致国民政府文官处公函

（5月16日）

中国国民党中央执行委员会秘书处公函　第8245号

顷据上海特别市执委会呈：（会八二四五）为转据一区党部呈，为华商烟草工厂时有破产停工之闻，请转呈中央咨国府废除苛税杂捐，并将英美烟公司所纳捐税拨发若干份，补助华商各烟工厂，令一致复业，以维劳工生计。等情。请鉴核施行一案。奉常务委员批：交国民政府。相应抄同原呈，函达查照转陈。此致国民政府文官处

附抄原呈一件

秘书长陈公博

中华民国十九年五月十六日

（抄）

呈为转呈事。案据职会属第一区党部呈称：呈为呈请转呈中央，维护劳工生计，拯救商业失败，以保国家社会安宁事。窃案据所属第二十一分部呈称：呈为维护劳工生计，拯救商业失败，以保国家社会安宁事：属分部近见华商之烟草工厂时有破产停工之闻，而中国企业界推为规模宏大之南洋烟草公司，最近沪厂竟亦停办。查阅该厂停办宣言，因遭金价影响，以致原料高涨，且捐税繁重；受外商之压迫为最大原因，此事或谓我国商人不善经营，以致此耳。然累及数万劳工生计，影响国家社会安宁问题，当奈何。属分部认为难以缄默，经二月九日第十七次全体党员大会，有呈请上级转呈中央咨令国府速行设法救济之决议，而治本之法，请求废除苛税杂捐，使国内工商业均得滋荣繁衍。如临时治标之方，将英美烟公司所纳之捐税拨给若干份，补助华商各烟草工厂损失，并令各厂一致复业，以免劳工生计告绝，与商业续见破产，使国家社会安宁问题可保无虞。事关重大，谨请钧部将情转呈上级党部采纳施行。等情，前来。查得所称各节，事关劳

工生计、实业发展，用敢呈请钧会鉴核，准予转呈，实为党便。等情。据此。查华商烟厂，衰败零落已达极点，该区所陈救济办法尚无不合，若因税收关系不能照办时，似应将华商烟厂之税额豁免或减低，以资救济。爰经职会第十三次会议议决，转呈中央在案。理合备文呈请钧会咨行国府，令饬财部通筹办理。是否有当？仰祈鉴核施行，至感党便。谨呈

中央执行委员会

上海特别市执委会常委范争波

潘公展

吴伯匡

十九、五、十二

（2）行政院复国民政府文官处公函（6月9日）

行政院公函　字第一一九五号

径启者：案查前准贵处第三四一四号公函以中央执行委员会交办上海市执委会转呈，为华商烟草工厂时有破产停工，请废除苛捐杂税，并拨英美烟公司所纳捐税若干份，补助华商各烟工厂，令一致复业一案，奉谕交院，函达查照。等由。准此。当交财政部核办去后，兹据复称：查卷烟一项，自改征统税后，无论何项税捐均已豁免，倘各省不明条例，对于卷烟有重征情事，一经烟商将收据缴送到部，即准如数发还，办理不为不宽，且统税税率，值百抽三十二.五，华洋烟商一律待遇，亦无苛重不均之弊，迩来华商烟厂间有歇业，实系受金价暴涨及工潮影响，原与纳税问题无关，应如何救济，以振工业，不属本部主管范围，经咨请工商部通筹办理有案。又查卷烟统税款收入，业奉国民政府指定为发行库券基金，事关公债信用，未便移用，所请将英美烟公司税款，拨助华商工厂一节，尤难擅准。等情前来。相应函达查照转陈。此致

国民政府文官处

院　长谭延闿

中华民国十九年六月九日

〔国民政府档案〕

2. 上海市商会为华商卷烟厂连受外来压迫请在统税中酌提奖金以资救济的代电

（1931年1月23日）

南京实业部钧鉴：案据上海市华商卷烟厂业同业公会函称：查裁撤国内通过税，改办特种消费税施行大纲第一条四项内载，遇有必须奖励或保育之物品，由部会同商业团体代表另订奖励或保育办法等语。仰见政府俯顺商情实施保育之至意，钦感莫名。查卷烟一业，华商所受之痛苦较诸其他商业迥有不同论省，谓自金价暴涨，税率加重，成本为之增高，营业日形困难，销路因之减色，不知以上两项为烟业界共有之情形。惟洋商经济侵略，实为华商独受之致命伤。盖其资本雄厚，组织完备，华商机器不及其精良，经验不及其丰富，又在内地设厂，运费较省，供给较易，原料大宗运入，成本较轻，调查人员普遍各埠，与各分销往来放帐期间较长，皆非华商短少资本所能仿办。加以基础甚深，获利已久，偶见华商卷烟销数增加，即将其同等之烟，削价竞争，将华商必须之原料放价购存，多数存积，在洋商出其历年盈余而为之，所费不过九牛之一毛，已足制华商死命而有余。长此以往，不筹救济，华商将无立足之地。今我政府注重民生，以解除群众痛苦为职志，如裁撤厘金，以苏民困，加收关税，以维国产，善政迭颁，仁声遐播，华商如在九幽之下得到一线光明。从前言之而无效，不如安于缄默，至今日而犹复不言是重，负我政府爱护商民之一番盛意也。考欧美各国，当商业竞争，国家拨款补助事所恒有，当此全国烟商受外货之侵略，无法抵制，进则无利可图，退则欲罢不能，若不另定奖励暨保护办法，则数十家经营卷烟华厂、十余万服务烟厂之职工瞻望前途，将有风雨飘摇之感。为提倡国货计，为救济民生计，惟有呈请政府切实予以保护，准在征收统税之中酌提若干，以作奖金，庶几我华商烟业得有转机，民生问题亦可局部解决，国家之兴，首重民意，利国福民，在此一举。素仰贵会领袖群商用特函请，转呈国民政府行政院、立法院、财政部暨实业部，力为华商烟厂请命，俾图挽救。等情。据此。窃查华商卷烟厂历受外商竞争之影响，限于资本之短绌，几频于危，所以惨淡经营，一则以维持国货之生存，一则顾念十余万工人之生计，现特种消费税大纲业已颁行，关于第一条第四项奖励保育办法，于平均税赋中寓有维护国产之至意，如能准予在征收统税之中酌提奖金，不特华商业务赖以稍苏，抑亦仰见政府实施保育之仁惠。据陈前情，理合电恳钧部俯赐核议施行，实为德便。上海市商会叩。漾

二十年一月二十三日

〔国民政府行政院档案〕

3．实业部关于核办工商会议救济卷烟业案致财政部咨

（1931年2月16日）

实业部咨　商字第一二二二号

为咨请事。查接管前工商部卷内工商会议会员劳敬修提议救济卷烟业案，经大会议决：通过。查该案为国际贸易竞争剧烈，华商卷烟业倒闭甚多，恳请于应纳捐税中拨回三成，以资救济。所称各节，尚属实在情形，相应抄同原案，咨请贵部核办，并希见复为荷。此咨

财政部

附抄议案一件

部长孔〇〇

中华民国　年　月　日

救济卷烟业案

提案者　劳敬修

为提议事。案奉钧函召集工商会议不以敬修为愚陋，俾与会员之列，仰见周谘，博采葑不遗，莫名钦佩。伏读工商会议提案要点，内开有关于实业救济事项一条。窃以吾国年来漏卮之巨、受害之深，以卷烟业为最。查吾国卷烟销场每年约三万万元，舶品占十分之七、八，国货不过十分之二、三耳，数十年来外溢金钱不可纪极，无论何业未有如斯之巨者，不谋挽救，将见脂竭髓尽。即此一端，已足亡国有余。考吾华卷烟于前清光绪中叶，初有北洋云龙烟草公司，以资本薄弱，不数年为舶品所战倒。嗣有南洋兄弟烟草公司，由海外华侨所盛行，继及国内各行省，为吾国一大实业，藉以稍挽利时，若不急谋救济，将为舶品一网打尽，靡有孑遗。每年三万万之金钱，将尽流海外，连带失业之十数万工人，将同归于尽。故言吾华实业之受害莫此为深，其待救济亦莫此为切也。我政府近来为振兴国内实业起见，于机器仿造洋货，减免捐税，迭有成案。卷烟亦机器仿造洋货之一，以前张裕酿酒公司准免捐税十年，国民制糖公司亦免捐税十年，茶叶近年亦有免税之举，烟酒茶糖同属消耗品，况今日之卷烟已成为挽回利权之竞争品，不能以消耗品目之。伏乞我政府，为此垂危之华人烟厂计，为十数万失业之工人计，为年三万万外溢之利权计，仿张裕酿酒公司等成案，将华人烟厂捐税准免十年。此救济华人烟厂策之上也。如以现时竞争方告结束，政府需用孔殷，一时或未能全行蠲免，则于华人烟厂应纳捐税中拨回三成，给回该厂，为奖励国内实业之资。此策之次也。查民国十六年孙部长任财政总长，施行卷烟统税，公栈制度时，华厂印花按七折完纳，以资鼓励，有例可援。或谓外商以华洋平等为词，恐有藉口，不知东西各国对于进口外货多加重征，于本国货税特为轻减，已成国际惯例。况现外商捐税并无重于华商，而所定税率仍可华洋一律，只于华商所纳捐税内拨回三成，奖励国内实业，为国家自有主权，外人无从干涉也。在国家拨回三成奖励之款，为数无多，而华商得此，商力稍舒，得与外货竞争，其间接为国家挽回利权甚大，且华厂得有生机，营业可期进展，出品日多，完税日众，其所纳税率虽觉稍减，而纳税总额实为有增，于国于商两有裨益，以此为权，颇为外商妬忌。五卅以还，华人烟厂风起泉涌，不下百数十家，方幸国货日兴，漏卮可塞，不谓外商因此益加嫉视，恃其雄厚之资本，跌价竞争，不一年间，此百数十家之华厂，遭其打击，力不能支，先后闭歇者不下百余家，其残余各厂外迫商战之剧烈，内受工潮之起伏、捐税之重繁，已有岌岌不可终日之势。近复以金价暴涨，原料为国产所无，不得不取给海外者，几占十分之六，致成本加昂，较前一倍。成本既增，非特价不能增，因舶品争竞之故，更且日为减跌，以吾卷烟业资本最厚之南洋公司，今春沪厂亦因此停办。在今日吾华卷烟厂已处于山穷水尽之时，而外商益肆其大托辣斯之主义，为经济之侵略，不啻对吾华厂下总攻击，此奄奄一息残余之少数华厂，不知命在何业之十数万工人亦得资生活，于国家地方秩序安宁有莫大之关系。实业之救济，莫此为先。敬修仰承荣命，不敢不勉竭其愚。伏乞俯赐，提出会议公决施行。

〔国民政府实业部档案〕

4．上海市华商卷烟厂业同业公会为请减轻捐税负担致实业部呈

（1932年11月21日）

呈为呈请减轻捐税负担，以奖励国货出口事。案据属会会员民众烟草股份有限公司提案内称：为提议事，查卷烟出口税在去年以前每担不过征税四钱五厘，自去年更改关税，增至值百征七五。吾国工业幼稚，且东西各国厉行关税保护制度，外烟进口征税甚重，故吾国卷烟出口本难与外商竞争，所幸以前出口关税甚轻，尚可谋什一之利。自关税增重，不啻负两重之负担，凡我同业咸叹束手，卷烟出口遂尔一落千丈。查对外工业输出世界各国，无不多方保护，特予免税，即吾国对于仿机制洋货向亦赋以最轻之税，以资保护出口。卷烟本为仿机制洋货之一，且所用烟叶卷纸已征关税，熏烟已征统税，若在保护工业之国，即关税熏烟税亦予照退，今吾国对于卷烟出口，不惟不退已征之原料关税、熏烟税，且复增重出口税，殊与保护实业之旨相违。香港卷烟出口向不征税，故昔日吾国卷烟之可输出国外者，悉为香港烟厂所夺，港澳、南洋群岛向为我国烟业尾闾，现亦以香港烟厂少却一重关税，坐享其利，是何异驱华商以设厂香港南洋也。由此观之，吾业无术，与外商角逐市场，实缘本国关税之束缚。结果政府徒负增税虚名，未收增税实益，且以卷烟输出锐减之故，即烟税、熏烟税、卷纸税亦必从而减退，其损失尤不可以数量计。政府增税，本期裕国，今乃病民而税收不增，果何为耶！吾国统计之学，未讲关税增收，而后卷烟输出，增减几何，尚无显明之数字统计，故当局于此中利害，或尚未明，若吾业则痛苦所在，存亡所关，无不利害洞然，为国家，为自救均不容长安缄默。用特提议，即祈迅速开会讨论，转请财政部关务署暨税则委员会，嗣后卷烟出口免收关税，并将收过原料之关税、熏烟税概予退还，

以资保护。等情。到会。查该会员所陈各节颇有见地，似属可行。除分呈财政部国定税则委员会外，用敢呈请钧部俯念，事关国货输出，影响民生至巨，迅予转咨财政部，准如所请办理，实为德便。谨呈

国民政府实业部

具呈人　上海市华商卷烟厂业同业公会(印)

主　席　委　员　邬　挺　生(印)

会　址　梅白格路祥康里七二号

中华民国二十一年十一月二十一日

〔国民政府实业部档案〕

5．财政部等办理宁波中国韩岭烟厂等请国府收回新定卷烟税率并限期迁地设厂之成命案有关文件

(1934年4—5月)

(1) 中央执行委员会秘书处公函（4月17日）

中国国民党中央执行委员会秘书处公函　书第5404号

顷奉常务委员交下浙江省执行委员会呈为：转据鄞县党部呈请函达国府，收回新定卷烟税率，限地设厂之成命，以维实业，而重民生，祈鉴核施行。等情，一案。奉批：交行政院。相应抄同原呈，并检原附抄呈函达，即希查照核办为荷。此致

行政院

附抄原呈并检原附抄呈各一件

秘书长叶楚伧

中华民国二十三年四月十七日

抄原呈

呈为转呈事：案据鄞县执行委员会呈，以据宁波中国韩岭烟

厂、永安烟厂、立兴烟厂等联合呈请递转钧会，函达国民政府行政院收回新定卷烟税率，限地设厂之成命，以维实业而重民生等情前来。查卷烟为奢侈品之一，政府加重其税率，或有寓征于禁之意。惟际此外货充斥之时，政府对于国货卷烟，似尚宜相机扶挟，以挽漏卮于万一。若再加重税率，则成本既增，取价必昂，欲与舶来品竞销市场，自属困难。又宁波为五口通商之一，人口达八十万以上，若无工厂为之收容，失业游民日益加多，社会秩序愈形紊乱，原呈所称，又无相当理由，除指令外，理合抄附原呈，备文呈送，仰祈钧会鉴核施行，实为党便。谨呈

中央执行委员会

附抄鄞县执行委员会呈请转呈中央收回新定卷烟税率限地设厂之成命原文一件

中国国民党浙江省执行委员会常务委员

方青儒

张　强

罗霞天

抄原呈

案据宁波中国韩岭烟厂、永安烟厂、立兴烟厂等呈称：

呈为呈请事。窃商厂等于二十二年十二月二十六日，接奉宁波统税管理所函开；案奉苏浙皖区统税局第二五二七号训令内略开：案奉部署第三一四〇号训令内开：奉财政部税字第九八九号训令内开：案查本部前以国库支绌，建设大政剿匪军事在在需款，所有现行卷烟、水泥、火柴等项统税税率，允宜分别酌量增订，以裕库收，拟将国制卷烟定为每五万枝售价在三百元以上为第一级，征税壹百六十元，每五万枝售价在三百元以下为第二级，征税八十元，第二级烟最高售价，如非烟厂所在地，准放宽二十元，即每箱除税计算，不得超过三百二十元，第一级最高售价不加限制。

惟增税以后，漏税私烟，较现在势必加多，并应将下开四点次第举办。(一) 设置烟厂拟以沪、津、汉、青四处为限，其他各地不许设置，现有者应限期责令迁移，逾限由政府估价收回。(二)新设烟厂其资本必须在五十万元以上。(三)手工卷烟应加限制，不得再办登记或即予禁绝。(四)责成税警团严缉查禁手工卷烟冒牌漏税等事，无税警驻防地另组设查缉队，认真查缉，提经行政院会议决，通过。并经行政院提出中央政治会议决议，暂行试办，函转国民政府训令行政院转令到部，所有上项新定税率，现均定于本年十二月五日起，行经于支日电令知照在案。除呈报及分行外，合行抄发原提案，令仰该署即便遵照办理等因。关于卷烟加税后，应行举办之取缔漏税私烟四点，自应由各该局所等议定办法，呈复核办，毋稍延误。等因。奉此。自应遵照办理，兹经本局将着手进行办法筹定如下：(一)设置烟厂地点，既奉规定以沪、汉、津、青为限，所有苏浙皖三省统税区域内之现有烟厂，除开设在上海本埠者毋庸置议外，其余设在外埠之烟厂，应限期三个月，一律择地迁移。(二)蚌埠土卷烟均属手工卷制，能否即予禁绝或将已办登记各土烟卷户，酌定限期责令收束，统由蚌埠管理所体察情形，酌议办法，呈局核转。(三)本局所辖三省统税区域之各管理所、查验所该管地方，现在有无税警驻扎，暨有无组设查缉队之必要，应责成各该所各就地方情形详细查明据实呈复，其各查验分所，地方情形，即由各该管所一并查复来局，以凭汇齐转呈核办。除分行外，合行令仰遵照本局指示办法三条，迅将该所应办应查各事，分别妥办查明，呈复核办。等因。奉此。相应录令函请贵厂查照务遵，限三个月内，迁移至指定地点设立，以重功令，并将筹备及遵办情形，克日函复过所，以凭转呈，勿延为荷。等因。奉此。不胜惶骇。查商等先后成立在民国十六年、十七年之间，设厂宁波制销卷烟，同时更有设立者，尚有浙江第一卷烟厂、中国卷烟厂、四明烟厂等数家，迄今多以亏蚀过巨，先后倒闭，而商厂等，亦几经挫折频加改组，幸能勉维现状，正拟相机扩充，本总理农工救国之宗旨，挽将竭漏卮于万一，窃以为区区志愿必蒙政府爱护提倡，乃不谓有限期迁移，不准继续营业之制裁，是诚不解者一也。宁波为五口通商之一，就现时八十万人口计之，为解决民生问题计，则工厂之设立为当务之急，而环顾吾甬规模较大之厂，若通利源榨油厂，若和丰纱厂、若正大火柴厂等不及十家，此外屈指可数者亦不及一、二十家，而近则和丰方改组就绪，而立丰已濒破产，以致失业人数日益繁多，社会现象愈不景气。就卷烟厂而言，浙江第一厂、中国厂、四明厂等，均已先后倒闭，乃并此硕果仅存之工厂，而尤不许开设，是诚不解者二也。查宁属七邑卷烟一项每月进口数达四千箱，虽其中有行销南洋，华成等公司之出品，然皆箱额不多，仅及进口百分之二十而已，此外百分之八十几尽外商出品。商等规模虽小，假能在政府爱护之下，予以充分保障，未必无发展之一日，孰谓今竟加以摧残，岂仅商厂等之不幸，抑亦宁波整个工运之不幸也。是诚不解者三也。商厂等规模既小、资本自绌，溯自年来迭加统税以还，负担綦重，益以采办纸圈必须有现金担保，修理机器必须有充分准备，外货竞买必须有相当抵御，购备原料必须有及时之预储，调剂金融本已捉襟见肘，安有余力以言迁移。况各种机器一经迁移，窃败者即已成为废铁，较新者亦一变而为朽旧，而其拆卸运输之费无论矣。故奉令迁移实无异于强迫解散，不图际此奉行总理遗教，训政方始，开拓内地之实业、提倡国货之声浪高唱入云之时，而竟有是项之命令，是诚不解者四也。若谓卷烟乃属奢侈品，政府之所以如此者，盖亦存有寓征于禁之意，然则其他内地之化妆品、糖果、花边等厂，何未闻有同一迁沪之消息，是诚不解者五也。至谓卷烟系属统税范围因其征额较大，漏税势必较多，则政府出国币立专局，雇用税警，组设查缉队，究有何种意义，抑且更不必订立办法，规定罚则矣。因噎废食即此之谓。

况就宁波一埠言之，即使商厂等遵令迁移，其奈尚有和丰纱厂、正大火柴厂等因无一不属统税范围者，仍须设立专局，以司征收，何独于商厂等必须遵令限期迁移，厚此薄彼，至于此极耶。是诚不解者六也。至于商厂等在昔之所以频遭亏折者，盖除应完统税之外，复有所谓烟酒公卖税，(往年商等日常需用之烟叶，当由沪装甬之后，每百斤更须另纳烟酒公卖税洋四元二角）营业牌照税等等，为数不赀，是以成本不免较昂于沪厂，卒致不克与外商相竞争，而蒙损失。本年以还以熏烟统税业已统一，是项苛税赖以免除，益以内地之各种开支诸如房租工资等等，咸载都会为节省，正欣发展之有望，讵意政府竟有勒令限期迁移之命令，否则即由政府估价收回，是诚不解者七也。总之，如果政府强迫商厂等迁至上海，不仅机械不良，不及如外商，即开支一项，亦非弱小资本如商厂等所能胜任，殊无异增加其成本，不使其继续营业也。用特胪陈事实，吁请贵党部俯念地方创业之维艰，加以切实之救济，并请转详中央党部提请国府行政会议，准予收回成命，俾维营业，以重民生，不胜迫切，屏营之至。等情。前来。据查来呈，所称各节，理由正当，当此奉行总理遗教、开拓内地实业、积极提倡国货之际，政府非维不加保护与奖励，反而以此区区漏税问题，遽令迁移已设之工厂，其与政府提倡国货振兴实业之政策大相背谬，节经提由本会第五〇次委员会议决议：准予转呈。纪录在卷。除复知外，理合备文呈请钧会核转施行，实为党便。谨呈
中国国民党浙江省执行委员会

鄞县执行委员会常务委员方洵(印)

(2) 行政院秘书处笺函（5月11日）

笺函　第二〇六〇号

奉院长谕：北平市商会代电，据宁波商会代电称，奉令各烟厂限三个月内，一律迁至沪、汉、津、青四处一案，实有种种困

难，请一致协助，转请政府收回成命各情，理合据情恳请体察商艰，准予撤销迁移之令一案。应交财政部。等因。相应抄同原代电，函达查照。此致

财政部

计抄送原代电一件

行政院秘书长诸〇〇

中华民国二十三年五月　日

北平市商会快邮代电

南京中央政府行政院钧鉴：兹据宁波商会代电内称：查奉令各烟厂限三个月内一律迁至沪、汉、津、青四处一案，敝会据会员宁波中国韩岭烟厂、永安烟厂等函请，迅电财政部暨统税署收回成命，准免迁移等情。据经提交第十三次执行委员会议决议：（一）据情呈请财政部。（二）通函全国商会协助一致主张。等语。纪录在卷，业于本月敬日呈请财政部文曰：案据宁波中国韩岭烟厂、永安烟厂等函称，窃敝厂等开设甬地历有年所，事缘去年十二月二十六日忽奉宁波分区统税管理所公函，令敝厂等于三个月内一律迁移至沪、汉、津、青四处营业，毋得违延云云。敝厂等闻命之下，皇骇万分，曾经去函据理力争，未得复。近见报载，财部通令，大略谓：纸卷烟为奢侈消耗品，与他种工厂情形不同，原无奖励普设工厂之必要，故令迁移四处，以便集中管理，整顿税收，云云。商等至此，始知政府限令迁厂之理由。夫卷烟为奢侈消耗品，诚属无可讳言。若谓无普设内地之必要，是盲于商情之言也。试就吾甬一地言之，昔年洋烟进口每月在四千箱左右，自敝厂等开设以来，竭力抵制，洋烟逐渐减少，去年竟减至二千余箱，自此次部令增税及限期迁移后数月间，洋烟即突飞猛进，增至三千箱以上，一地之增销如此，其他各埠可想而知。然则烟厂之应普设不应普设，可一言而决，今之为此言者，殆欲为洋烟

推广销路者耶。且酒与化妆品亦奢侈消耗品也，而设厂于内地者亦多矣，未闻政府有集中管理之令，何独于卷烟厂，则欲管理之，此更未能索解者也。商等设厂内地，于救济农村、繁荣地方、抵制洋货均有密切关系，若一经迁地，则机器损坏，数千工人非作饿莩，即流为窃盗，而商人等亦将有破产之虞。迫不得已，惟有仰恳贵会迅予救援，电致财政部暨统税署体念商厂等建设之不易，小民生计之可怜，准免迁移，以安商业而重民生，不胜急切，待命之至。等情。附呈上宁波分区统税管理所函稿一件到会，据经提交属会第十三次执行委员会议讨论，佥以奉令各地烟厂限三个月内一律迁移至沪、汉、津、青四处，原为便于集中管理、整顿税收起见。惟事实上迁厂之举万不可能，诚有如该商厂复宁波分区统税管理所函内所称种种困难情形，若谓因增税而令迁移，在沪、汉、津、青四处设厂应缴税，岂在甬设厂可不缴税乎。若谓卷烟属统税范围，征额较大，漏税较多，则试问设专局、雇税警、组查缉队，有何意义，且更不必订办法、立罚则矣。若谓政费支绌，而欲裁撤管理机关，因而令各厂迁移，则甬地属统税范围者，有面粉、火柴、纺纱各厂，在未闻有迁移之举，独令卷烟厂迁移，此何说耶！若谓卷烟为奢侈消耗品，与他种工厂情形不同，原无奖励普设之必要，然则酒与化妆品独非所谓奢侈消耗品乎，何以设厂于内地者，比比皆是，亦未闻政府有集中管理限令迁厂之令，同一制造奢侈消耗品之工厂，可迁不可迁，此又何说耶！况查宁波洋商卷烟进口，每月恒在四千箱左右，自该烟厂等开设后，洋烟进口逐渐減少，去年已減至二千余箱，乃自奉令增税限期迁厂以来，数月之间，洋烟进口突增至三千箱以上，一地如此，他埠可知，政府此种政策不啻为洋商助其推销之力，诚令人无从索解。即退一步而言，迁厂为非必不可能之举，曾亦思沪、汉、津、青四处，开支之巨、职工之贵，相去数倍，内地厂商经济力量有限，安有余力以事迁移。纵使勉强办到，而此后人地生疏，信用薄弱，亦必至周转无方，终被淘汰而后已。况各种机器一经拆卸，窃败者成废铁，较新者变折旧，其他装拆运输之费，更无论矣。故谓为奉令迁移，直无异强迫解散耳。总之，该商等设厂内地，于救济农村、繁荣地方，抵制洋货均有密切关系，一旦责令迁移，则旧有机器一拆一装，必至损坏无余，不堪复用，数千工人骤告失业，非顿成饿莩，即流为盗贼。而该商等或因损失巨大，难保不有破产之虞。际此奉行总理遗教、开拓内地实业，提倡国货之声浪高唱入云之时，而政府竟有是项之命令，似不足以安营业而重民生。当经决议，据情转呈财政部等语，纪录在卷。据函前情，理合录案呈请钧部俯赐鉴核，准予收回成命，免予迁移，实为公便。等语。寄发在案。查迁移内地烟厂，于救济农村、繁荣地方、抵制洋货，具有绝大关系，而事实上迁移工厂确有种种困难，厂商方面万难遵办。惟此案业经中央政治会议决议暂行试办，迭令催促，势在必行，非合全国商人团体团结一致，据理力争，恐未易变更政府既定之政策，维持地方固有之实业，用特代电贵会请予一致主张，尽力援助，务达撤销迁移之目的，以安商业而重民生。等情。本会经于四月十七日执委会议讨论，佥以烟厂设置一切房产机器，资本甚巨，若使一旦迁移，不但有碍营业，且近摧毁民生，当即一致通过。理合据情代电，伏祈鉴核，体察商艰，准令该省当局撤销迁移之令，以维商业而示体恤。实为恩便。北平市商会叩。敬。

中华民国二十三年四月二十四日

（3）财政部公函（5月25日）

财政部公函　税字第3464号

案准贵处第一八七〇号函内开：奉院长谕：中央交办浙江省执行委员会呈转鄞县党部呈据宁波中国韩岭烟厂等呈请转呈函达国府准予收回新定卷烟税率，限地设厂之成命，俾维实业，以重民生，祈鉴核施行等情一案，应交财政部核办。等因。相应抄同原附抄呈，函达查照。等由。准此。正核复间，复准贵处第二〇六〇号函内开：奉院长谕：北平市商会代电，据宁波商会代电称，奉令各烟厂限三个月内，一律迁至沪、汉、津、青四处一案，实有种种困难，请一致协助，转请政府收回成命各情，理合据情恳请体察商艰，准予撤销迁移之令一案。应交财政部。等因。相应抄同原代电，函达查照。等由。到部。查新定卷烟税率，系经中央政治会议议决试办。目下政府财政支绌，国难严重，剿匪建设，在在需款，自未便轻率变更，该浙江省执行委员会所请收回新定卷烟税率成命一节，应毋庸议。

至规定烟厂集中沪、汉、津、青四处，系为便于管理，整饬税收起见，惟内地已设各烟厂迁移设置，自与其经济及营业有关，本部业经将期限定为三年，以便从容筹备，于本年四月十三日通行各地统税局所知照在案。前此该宁波韩岭等烟厂以迁设为难，联名呈请予以维持前来，即经令行苏浙皖区统税局体察情形，酌核办理。现据该局呈复，所有各该烟厂迁设期限，经已遵照通案，咸准展期三年等情，准函前由，相应一并函复。即希查照转陈为荷！此致

行政院秘书处

部长孔祥熙

中华民国二十三年五月二十五日

〔国民政府行政院档案〕

五、火柴工业

1. 实业部等关于全国火柴同业联合会成立备案的有关文件

(1929年12月—1931年1月)

(1) 全国火柴同业联合会呈(1929年12月28日)

具呈人　中华民国全国火柴同业联合会常务委员会主席刘鸿生　上海江西路七号　年四十二岁　浙江定海

呈为中华民国全国火柴同业联合会成立，理合检同组织大纲、委员名录，恳请鉴核备案，并予批示事。窃以火柴业受外商经济侵略，已有不能维持之势，各厂停工倒闭，前后相望，处兹阽危，亟应联合全国，一致进行，共谋挽救。举凡外货侵害应如何抵抗，国货停销应如何提倡，以及技术之改良，业务之联络，均非集思询谋，无以收通力合作之效，非共任艰巨，无以挽千钧一发之危。前月间在上海成立全国火柴同业联合会，到会代表辽宁、吉林、广东、山东、安徽、江西、浙江、河北、河南、江苏十省五十四厂、六十余人，其因远道不及到会，续来加入者，尚有四川、云南、甘肃等省数厂，试以各省感受痛苦，具有同情，故一经召集代表等，无不毕至也。查各省已组织联合会者，有东三省火柴同业联合会、江苏火柴同业联合会、广东土造火柴行商业公会，皆已办理在先。今中华民国全国火柴同业联合会，幸告成立，范围广大，而依照民法设立社团法人，应先得主管官署之许可，理合检同组织大纲及执监委员名录各一份，恳请鉴核俯准备案，并赐批示，曷胜德感之至。谨呈

工商部

附呈组织大纲及执监委员名录各一份（略）

具呈人　中华民国全国火柴同业联合会常务委员会主席刘鸿生（印）

中华民国十八年十二月二十八日

（2）上海市政府咨（1931年1月6日）

上海市政府咨　字第八〇五号

为咨送事。案据社会局呈称：案据中华民国全国火柴同业联合会主席刘鸿生呈称，为责呈准许登记文件摄影暨组织大纲、会

员录、执监委员录，请求核转等情，计附呈准许登记文件四件暨组织大纲、会员录、执监委员录各二份，据此查该火柴同业联合会于本年四月间，经本市党部批准备案暨本局核准登记各在案。据呈前情，除批示外，理合检同原件各一份，一并备文呈送，仰祈钧长鉴核，并赐转咨实业部准予备案，实为公便。等情。附呈组织大纲、委员录、执监委员录暨文件。据此。除指令外，相应检同原附件咨达。即希察核备案，并祈见复为荷。此致

实业部

附送中华民国全国火柴同业联合会所呈准许登记文件二件暨组织大纲、委员录、执监委员录各一份

市长吴铁城

中华民国二十一年一月六日

中华全国火柴同业联合会组织大纲

中华民国二十一年五月十四日呈准实业部备案

第一章　总则

第一条　中华全国火柴厂因外货侵略日甚，为谋公同利益，除公同痛苦起见，依全国火柴同业代表大会决议，组织中华全国火柴同业联合会。

第二条　本会会所设在上海，视必要情形，得在省会或商埠设本会办事处。

第二章　会员

第三条　本会以华商火柴厂为会员，开会时各派重要职员一人为代表。

第四条　关于火柴之附属事业，其利害确足以影响火柴者（如梗片等厂），经各地火柴厂之介绍亦得加入为准会员，派代表一人出席。

第五条　会员及准会员有缴纳会费及出席大会或答复本会咨

询之义务。

第六条　会员有选举、被选举及提案、发言、表决之权，准委员有提案及发言之权。

第七条　出席代表须中华民国国籍，年在二十五岁以上，无商会法消极限制而为本业之服务者。

第三章　组织

第八条　本会分设下列委员会。

一、执行委员会（常务委员会）。

二、监察委员会。

第九条　执行委员会名额规定为二十一人，监察委员会名额规定为九人，均由代表大会中分次用双记名连举法选举之。连举应满额定委员全数三分之一，常务委员名额规定为七人，由执行委员会投票选举之。再由常务委员互选一人为主席。

第十条　本会设总务、会计、宣传、调查四股，处理会务，由主席提出常务委员会通过聘任。

第四章　会议

第十一条　本会代表大会每二年于十月二十日开会一次，如有特别事件发生，经执委或监委过半数之要求，得临时召集之。

第十二条　执委员每六个月开会一次，日期由常委会定之，并通知监委出席。有特别事件发生，经常委或执委三分之一以上之要求，得临时召集之。

第十三条　常委员每一个月开会一次，如有特别事件发生，得临时召集之。

第十四条　监委员每于执委员开会，由常委会同时召集之，监委会如遇有重大事件发生，经监委过半数之连署，通知总务股，临时召集之。

第十五条　执委会开会时，监委应出席有发言权，无表决权。

第十六条　本会代表大会须有会员过半数各委员会须有委员过半数之出席，方得开会。有出席过半数之同意，方得议决、如可否同数取决于主席。

第五章　任期

第十七条　执监委任期均为二年连举得连任，但以一次为限。

第六章　会计

第十八条　本会以每年七月一日至次年六月三十日为会计年度。

第十九条　常委员于每年度开始，应将上年度决算案及本年度预算案提出执委会通过，送监委会审核后，俟代表大会开会时，提出追认之。

第二十条　会员及准委员应依代表大会之决议，缴纳会费。

第七章　附则

第廿一条　各项办事细则另订之。

第廿二条　本大纲自议决后施行之，并呈请政府备案。

第廿三条　本大纲如有应行更改之外，由代表大会决议修正，呈请备案。

执行委员

苏州鸿生厂代表刘鸿生

杭州光华厂代表赵选青

青岛华北厂代表周子西

广东广东厂代表黄泽庭

营口三明厂代表秦懋卿

辽宁惠临厂代表随赫文

上海荧昌二厂代表陈九如

北平丹华厂代表项镇方

济南振业厂代表陈养恬
宁波正大厂代表林琴香
广东珠光厂代表司徒龙
烟台昌兴厂代表曲星舫
济宁振业厂
南汇中华厂代表陆兆麟
吉林金华厂代表孙子俊
上海荧昌一厂代表朱子谦
临淮淮上厂代表陈子衡
吉林泰丰厂代表宋心齐
九江裕生厂代表全浩如
耀扬昌记厂代表张平山
天津丹华厂代表项镇方

常务委员

苏州鸿生厂代表刘鸿生
北平丹华厂代表项镇方
广东珠光厂代表司徒龙
上海荧昌一厂代表朱子谦
吉林金华厂代表孙子俊
杭州光华厂代表赵选青
南汇中华厂代表陆兆麟

监察委员

营口关东厂
上海上海二厂
营口甡厂代表孙荆堂
上海华北厂代表蔡克明
吉林众志厂代表孙子俊
广东文明厂代表梁焕文

新乡同和裕厂代表陈裕容
上海大华厂代表董俊臣

会员名录

省别	厂名	地址	入会时期
吉林	金华火柴厂	吉林东关团山子	十九年二月廿四日
	众志火柴厂	吉林西关五区界内	同上
辽宁	惠临火柴厂	辽宁大西关	同上
	丹华火柴辽厂	安东六道沟	十八年十二月廿七日
	三明火柴厂	营口青堆子街	十九年二月十七日
	甡甡火柴厂	同上	同上
	关东火柴厂	同上	同上
广	东山火柴厂	广州市东山	十八年十二月廿七日
	文明火柴厂	广州市彩虹桥	同上
	中国火柴厂	广州市河南太平坊	同上
	光大火柴厂	广州市河南鸭墪关	十八年十二月廿七日
	民生火柴厂	南海盐步	十八年十二月廿七日

续表

	西南火柴厂	三水西南埠西甲街	十八年十二月三十日
	广东火柴厂	广州市黄沙西约	十八年十二月廿七日
	光明火柴厂	新会江门火车站	同　上
东	珠光火柴厂	台山新昌埠	同　上
	巧明火柴厂	广州佛山	十八年十二月三十日
	炽昌火柴厂	汕头菴埠陇东市	十九年六月十九日
	东兴火柴厂	澳门连胜马路	十九年十月十七日
省	昌明火柴厂	澳门惠爱路一〇一号	十九年二月七日
	民兴火柴厂	清远城内武安路	十八年十二月廿七日
	大益兴记火柴厂	广州市花埭山村	十九年九月廿四日
	华北火柴厂	青岛利津路十一号	十八年十二月十六日
	振业火柴厂	济南麟祥门外	十八年十二月十六日
山	振业火柴厂	济宁南城八铺	同　上
	振业火柴厂	青岛曹县路	同　上
	胶东增益火柴厂	即墨县城易镇	同　上

续表

东 省	明华火柴厂	青岛市外沧口	同　上
	华鲁火柴厂	青　　岛	同　上
	鲁东火柴厂	青岛峄县路	同　上
	洪泰火柴厂	青岛大沽路卅号	同　上
	济南洪泰火柴厂	管理处同上	二十年一月廿九日
	东益火柴厂	青州车站迤西	十八年十二月十六日
	振东火柴厂	青岛市外金口	同　上
	信昌火柴厂	青岛顺德路七十八号	十九年七月三日
	兴业火柴厂	青岛台东埕口镇八号	十九年十二月十日
	昌兴火柴厂	烟台西沙旺	十九年一月八日
	华盛火柴厂	青岛东镇新民路一号	二十年六月二十四号
	华兴火柴厂	青　　岛	二十年八月十九日
安徽	淮上第一火柴厂	临　淮　关	十九年三月十日
江西	大中华火柴公司 九江裕生厂	九江新坝老马渡	十八年十二月二十日
湖北	大中华火柴公司 汉口炎昌厂	汉口日租界上小路	

续表

浙江	光华火柴厂	杭州清河坊	十八年十二月二十日
	燧昌火柴厂	丽水县望京门	十八年十二月三十日
	正大火柴厂	宁波江北岸老马路	十八年十二月三十日
	光明火柴厂	温州南大街一二七号	十九年八月二十九日
河北	丹华火柴平厂	北平崇外后池	十八年十二月二十七日
	丹华火柴津厂	天津西沽	同　上
	永华火柴厂	交河县泊镇	十九年一月十九日
	北洋火柴厂	天　津	十九年十二月廿三日
	荣昌火柴厂	天　津	二十年五月十二日
河南	同和裕火柴厂	新　乡	十九年一月廿二日
	大中火柴厂	开　封	二十年二月八日
江	大中华公司 上海荧昌厂	上海浦东陆新渡	十八年十二月十二日
	大中华火柴公司 镇江荧昌厂	镇江新河	同　上
	大中华火柴公司 苏州鸿生厂	苏州胥门	十八年十二月三十日
	大中华火柴公司 周浦中华厂	南汇周浦	十八年十二月十日

续表

苏	大华火柴厂	上海浦东六里桥	十九年四月廿六日
	华明火柴厂	上海江湾路体育会馆	十八年十二月十日
	上海和记火柴厂	常州小南门外	十八年十二月三日
	通燧振记火柴厂	南通天生港	二十年一月九日
四川	昌燧火柴厂	合江县南门外观音阁	十九年六月二十三日
广西	梧州火柴厂	梧州三角咀	十九年四月廿八日
山西	金井火柴厂	平　遥　县	十九年一月廿二日
江苏	江北火柴厂	徐州东车站	
山东	惠丰火柴厂	潍县车站	

中华民国二十年八月廿五日　　中华全国火柴同业联合会编

（3）实业部致上海市政府咨（1931年1月25日）

实业部咨　工字第六三一二号

为咨复事。案准贵市政府第八〇五号咨转中华民国全国火柴同业联合会设立准许登记文件摄影片两件暨组织大纲、会员录、执、监委员录等各一份，嘱察核备案，并见复。等由。准此。查所送许可登记各文件影片及组织大纲，核与原请登记时所呈各件相符，自应准予备案，相应复请查照转知为荷。此咨

上海市政府

中华民国　年　月　日

〔国民政府实业部档案〕

2．杭州市光华火柴工会等关于阻止瑞商在沪设厂事致国民政府呈

（1930年6月12日）

呈为外商设火柴厂于中国，实行经济侵略，中华全国数百万火柴工人命危旦夕，不得已特行前来请愿，请求钧府力予救济，以期援助劳工生存事。窃属会等于十八年十一月为瑞典火柴大批运入贬价贱售，侵略日亟，曾经呈请钧府力予设法救济在案。近悉瑞商在上海周家渡地方，收买前日商燧生火柴厂地，扩大范围，购地二三十里，厂内制造全用机器（不用人工）。该商以上海为吾国商业之中心，销运非常便利，设厂于此，就可制吾国火柴业之死命，使吾国突然增多数百万失业工人，国计民生两受其害，其用心之险、侵略之烈，较诸英日帝国主义每远过之。查周家渡地非租界，渠竟敢明目张胆，绝无顾忌，该地行政机关不加干涉，任其妄为，势必至外人相率效尤，在内地纷纷设厂，尔时我火柴工业已首当其冲，尽在消灭之列，恐中国之各国货工厂势亦难以图存，而总理之农工政策从何发展。属会等查得该厂定于八月一日开始工作，目击情形，痛心疾首，工人生命危在旦夕，请求钧府严行设法制止，并通令全国各级党政机关、各团体一律购用国货火柴，抵制外国火柴。又查瑞典火柴商曾于十八年六月间在辽宁省城设厂制造，蒙辽宁省政府牌示，禁止有案，为此恳请查明严行制止，以救济我火柴业数百万劳工于水深火热之中，处此环境，资方有趋于即行消灭之危机，劳工有陷于无以自存之末路，在此生死关头之际，特联合江浙同业，环请钧府遵奉总理遗教，恢复国内实业，解决劳工生活，以期迅予救济及抵制瑞商设厂，

切实办法，否则我劳工为争生存起见，惟有大牺牲而奋斗，叩请钧府力予援助，以杀灭瑞典商在内地设厂之野心。斯不独我火柴业劳工之幸，抑亦国家之大幸也。谨呈

国民政府

杭州市光华火柴工会代表　陈安钧（印）

来桂芳（印）

苏州火柴业工会代表　夏学钧（印）

戚永浩（押）

南汇中华火柴厂职工会代表　陈宝根（印）

于雪如（印）

上海特别市荧昌火柴工会代表陈松耀（印）

朱金书（印）

沈菊生（印）

镇江荧昌火柴工会代表　王富林（十）

常树林

上海梗片业工会第一分会代表周余庆（印）

上海浦东大华火柴厂全体工友代表　徐受之

张国祥（押）

宁波正大火柴厂全体职工代表翁晓庄（印）

中华民国十九年六月十二日

〔国民政府档案〕

8. 全国火柴同业联合会为国产火柴供过于求拟请限制设厂以资救济致实业部呈

（1931年3月4日）

呈为国产火柴供过于求，同业前途岌岌可危，拟请先行限制设厂，以资救济事。窃查吾国火柴厂约有百家左右，现在加入属会者，共计六十厂，此六十厂之产销情形。据属会调查所得，每

年生产力约为八十余万箱（每箱五十罗司），而销数则为六十余万箱，生产过剩，每年当在二十万箱以上，其未加入属会之各厂产销情形，以此例，彼概可推知供过于求，事实业已彰然。若再漫无限制，一任滥设新厂，则生产过剩之害愈演愈烈，势必至全国新旧各厂同归于尽而后已。此为均衡供求，以维持同业之生存，实有不得不请求限制创设新厂者一也。近自统税实行后，对于外国火柴进口税，虽已提高至百分之四十，顾此仅足以抑制外货之输入，至外人在中国境内设厂制造，并未加以若何之限制，诚恐将来外商变换其侵略手段，不自外洋输入，而为在华设厂，其为祸或且什佰倍蓰于今日。此为挽回利权，以防止外人之侵略，尤不得不请求限制创设新厂者二也。年来吾国实业凡百不振，洋货充斥，国货凋残，故各个实业均有待于投资，以图挽救。现在火柴一业，既因过剩，而形成危殆，若再相率投资于此途，势必互相轧轹，同归覆灭，而其他实业，转因资金艰涩，愈形颓靡，其为害有不可胜言者。是以与其投资于火柴业，以致同业之自相残杀，不若投资于其他有利事业，俾各个实业得以依次发展，在投资者，固可预期其收益，在实业界，亦可渐趋于繁荣，而在现有之火柴业又可徐图进展，维持于不敝。此为选择投资，开发产业，以谋整固的发达，而尽资本之利用，亦有不得不请求限制创设新厂者三也。综上三端，则限制创设火柴新厂，无论对内对外，均为今日必要之举，刻不容缓之图。或虑限制设厂，万一需要增多，国产火柴供不应求，恐有垄断之弊，但按之实际殊有未然。益外国火柴既不能禁其输入，则国产火柴自无垄断之可能，至外国火柴，虽一时输入较多，但进口税率既已提高，似于国库亦不无裨补。如果洋货输入过多，或故抬高价，即可由钧部体察情形，令饬原有各厂增加产额，并准添设新厂，则国产之供求，仍可跻于平衡，而外货之输销，自必渐就减少，此实不足为虑。所最可虑者，在此供过于求情形之下，营业浸衰，危机已见，若不亟图补救，则同业之现状，实在无法维持，而外人在华设厂之阴谋，更属无从防制，属会再思维补救之方，惟有限制创设新厂之一法，爰敢略具意见，附陈于下：(一)在上述火柴过剩情形未有变更以前，无论华洋人一律不准创设新厂。(二)现已开工而尚未呈部注册之厂，应严定其注册期限，逾限即不准补请注册。(三)停顿过久之旧厂，其未经呈部注册者，应一律停止注册，如业经呈部注册者，一律限期责令复业。遵限复业之厂，若发见外人投资或收买等情事，应予严厉制止，其逾限仍未复业者，应即依法解散。以上所陈意见，属会询谋佥同为此具呈均部，恳祈鉴核施行，以保实业，不胜感戴之至。谨呈

实业部

具呈人中华民国全国火柴同业联合会

常务委员会主席刘鸿生

上海爱多亚路三十八号三楼

中华民国二十年三月四日

(国民政府实业部档案)

4．财政部检送1932—1934年度上半年度国内华商及外商各火柴厂产销数量及外国火柴输入数量表致实业部咨

(1935年4月26日)

财政部咨　税字第一四九八四号

案准贵部工字第一二零六六号咨开：查国内火柴工厂年来多感不易维持，允宜统筹救济。关于各地火柴产销情形亟应先事调查详确，以便着手办理，除已制就表式分行各省市政府转饬主管厅局填报外，按火柴一项系征收统税货品于各厂产销情形及外货进口数量，贵部当有极详确之记载。拟请转饬税务署将二十一年至二十三年国内华商及外商各火柴厂产销数量，并外国火柴输入

数量，分别详细开示，以资办理。等由，准此，自应照办，兹将二十一年度至二十三年上半年度国内华商及外商各火柴厂产销数量，并外国火柴输入数量，分别开列清表两纸，相应咨送贵部查照办理为荷。此咨

实业部

附送清表两纸

财政部长孔祥熙

中华民国二十四年四月二十六日

各区火柴产销分厂箱数附国外输入箱数

	二十一年度		二十二年度		二十三年上半年度	
	产	销	产	销	产	销
	箱	箱	箱	箱	箱	箱
荣昌	31,496.416	25,690.216	27,425	26,197.316	14,057.316	14,509.416
大华	10,620	10,182.416	7,585.116	8,059.116	3,934.416	3,581.416
中华	28,191.316	28,196.216	21,992	20,285	8,955.216	8,351.416
美光	44,292.116	53,479.516	21,818.316	17,522	15,668	11,590
民生	1,570.516	1,567.216	1,400	1,300.316	1,556.116	651
鸿生	29,129.216	30,652	29,019.216	29,345.416	12,797.316	11,102
镇江荧昌	26,465	22,361	20,598.316	21,822	9,118.416	9,274
通燧	12,625	12,575.316	13,192.216	12,304.316	7,511.516	7,867
淮上	13,033	10,710	9,689.516	9,993	6,515.216	8,334
江北	1,379.216	948	1,334	1,800		
正大	16,239.216	16,128	15,381	15,196.316	8,416.316	7,975.416

续表

燧昌	5,940.316	6,146	2,910.316	2,165.116	441.316	473.116
光明	4,176.416	3,791	712.216	913		323.316
光华	43,520	43,088	34,643.416	33,919.516	16,911.416	10,660.316
华明	8,124.416	7,542	3,065	3,690	1,774.316	1,828
中南	543.116	535	154.516	151	97.416	95
中国	5,827.216	5,385	8,440.516	7,885.116	3,834.416	3,889
大明			3,018	2,640	4,495.216	4,349
内河贸易公司				200		
赣兴	2,666	2,388	3,399.216	3,483	2,313.216	1,996
以上苏浙皖区	285,840.316	281,366	225,780.116	218,873	118,400.116	106,850.516
和丰	7,519	5,840	2,304	2,222	2,385	156
裕生	25,623	28,355	19,618.316	18,885	11,383.116	11,762
楚胜	10,485.516	9,445.516	12,951.116	13,019	6,460.216	6,607
以上湘鄂赣区	43,627.516	40,640.516	34,873.416	34,126	20,228.316	18,525

续表

大中		77				
同和裕	2,124	1,423		723.416		
鲁兴	846.216	240	4,525	5,131	5,129	3,668
昌兴	6,510	9.089	16,178.216	12,590	5,512	7,382
济南洪泰	12,117	14,183	2,716.216	2,318	486.416	932
济南振业	28,980	29,348	33,966	32,482	18,662	17,570
丰源	1,090	1,115.216				
东益	14,027.416	12,856	10,818.216	12,390	8,888.216	7,329
胶州洪泰	7,774.416	8,592.416				
振东	3,489.216	3,336	3,205.416	3,550		440
胶东	10,410	10,486	6,343.216	6,104	1,810	1,478
济宁振业	27,972	27,188	28,442	27,582	22,382	20,544
鲁东	18,415.216	18,526	11,538.216	11,089.416	10,523	9,200
华北	47,655.216	47,536	54,627	54,887.416	37,478	37,404.416

续表

青岛振业	24,808	24,850	28,038	27,586	21,324	21,026
东华	11,097.216	9,757	3,247.216	2,431	86	138
华盛	1,946.416	2,980	5,334.416	5,362	2,450	1,670
信昌	19,820.416	20,386	20,172.216	20,160	13,910	12,738
华鲁	8,020	9,101.416	4,613	4,612.416		
兴业	16,361.416	16,278	14,574	14,592	9,216	7,374
山东	22,397	17,856	18,666	16,884	13,636	12,000
明华	8,371.416	8,285	948.416	1,555.416		104
青岛	43,339.216	36,795	37,743.216	32,600	26,006	20,351
益丰	4,938.416	5,706				
大有	333.416	1,623.416				
德威	5,478.216	4,404		2,324.216	249.216	100
东源	12,781.416	13,226	13,093.216	12,848	7,026.216	5,800
同济	2,416	72.416				

续表

惠丰	4,990	4,932	2,939.216	2,866	1,267.216	1,246
海浜	1,928.416	1,828	2,043.416	2,103	1,438.216	1,251
国际	582.216	601			219.216	186
民生	254	332		180		
中亚	594	508	1,385	864.216	1,002	1,180
福来	344	292	658	537	439.416	428
鲁西	1,712.216	1,892	3,742.216	3,688	1,861.416	1,770
大明	80.416	68.216	127	138.216	12.416	
炽昌厚			2,267.216	1,346	1,357.416	1,862
敬业			2,687.416	2,102	3,164	2,346
华洋					2,611	2,120
益华					2,132.416	1,374
鲁安					382	132
以上鲁豫区	371,595	365,770.216	334,641.216	323,649.216	220,663	201,143.416

续表

丹华	天津	20,018	12,049	36,512.416	42,736	17,816	91.286
北洋	天津	12,558	6,588	17,560	24,860	8,396	7,693
荣昌	天津	5,422	4,802	11,834	12,354	3,406	1,590
三友	天津	268	304	2,530	2,051	485	676
中华	天津	294	250	1,342	2,028	2,954	2,906
大生	天津	92	100	4,052	3,954	2,040	2,036
丹华	北平	16,257	12,986	29,764	33,641	16,914.416	12,579.416
永华	泊头	8,170	10,224	23,352	25,778	11,752	8,818
荣昌	新绛	1,181	1,475	2,393	2,436	893.416	1,312
燮和	新绛	547.316	1,127	2,007	2,722	2,275	1,810
昆仑	汾阳	3,000	3,594	3,976	6,330	1,416.416	1,666.416
西北	阳曲					4,064	3,154
		（以上数产系该区二十一年下半年度产销箱数，上半年度缺）					

续表

以上冀晋察绥区	67,807.316	53,494	135,392.416	158,890	72,413	63,527.216
建　　华	617.116	555.516		57.216		5.316
大　　中			7.316			
以上福州分区	617.116	555.516	7.316	57.216		
苏浙皖区	534.116	534.116	74	74	27.516	27.516
湘鄂赣区					140.416	140.416
鲁　豫　区	748.518	748.518	162	162	3	3
冀晋察绥区			3.316	3.316	18.216	18.216
福州分区	902.518	902.518	154.416	154.416	182.516	182.516
以上国外输入	2,185.518	2,185.518	394.116	394.116	372.416	372.416

〔国民政府实业部档案〕

5. 参谋本部为检获日人报告日华火柴同业统制协议原文致实业部密函

（1935年7月9日）

参谋本部密函　贰字第一九四号

兹检获日人报告关于日华火柴同业统制协议事之原文一件。相应函请查照参考为荷。此致

实业部

附原文一件共三十页

中华民国二十四年七月九日

密件

上海江西路一八〇号都成饭店612号室植田贤次郎致日本东京麹町逼丸内三丁园日华实业协会儿玉谦次、油谷恭一

敬启者，得奉派遣，谢谢。鄙人五月十五日由神户出发，十二日到上海，与中国方面交涉。共于五月廿三日由上海出发，廿四日到青岛，与阪根总领事、中日当业者，会见交涉。适北省事件发生，与矶谷少将、梅津司令官、酒井参谋长、仪我大佐、喜多大佐等，各位会见，蒙赐指教。六月十三日由天津出发，（中国方面陈伯藩、徐致一、刘清洪六月六日由天津归沪）同日到北平，与若杉参事官，清水、高桥武官及中国火柴业者会见。十三日复由北平返天津，（三时间与土肥原、喜多、酒井各武官、永井副领事会面）与喜多大佐赴济南，十四日到着与西田总领事、中日火柴业者、花谷武官会晤。十四日夜行，十五日到青岛，在总领事馆与中日当业者会面，在当地开在华日本火柴联合会，作成调查报告。（另纸）二十三日由青岛出发，二十四日到上海。在上海会见有吉大使堀田一等书记官，横竹、岩开商务官、矶谷少将、佐藤少将，仰受指教。关于本件正与中国方面（刘鸿生、徐致一、

陈伯藩等）研究进行中。此渐足探试中国当业者之诚意。

与砂糖之中村铁司氏会见。砂糖在破坏反对工作。火柴今正在洽商，渐见具体的中日经济提携，开中日经济提携之头绪。但仍在奋斗，此后尚乞赐教。前途如何？再行续报。

尊处所注意之点，祈不时指教，希及时珍摄为荷。

住丰阳旅馆，不便活动，自七月一日移西洋人旅馆。

中日同业者在青岛协议事项

一、植田贤次郎、陈伯藩、徐致一各氏来青

植田贤次郎、陈伯藩两人五月廿四日海路来青，徐致一（通译刘清洪同伴）廿三日陆路来青，陈氏廿九日由海路，其他全部卅一日夜由陆路，赴天津。

二、右诸人来青之目的

植田贤次郎为日本人侧代表，参加中国火柴全国统制准备工作，根据中国侧之希望，五月十二日着沪，调查所请统制案之内容，但以中国侧无充分之准备，又指出与北方中国同业之连络了解，未有充分证明之书类，兼为调查日本同业者根据地之北方（青岛、天津）事情，及采询其意见，因以来青

徐致一氏因植田氏所指摘，为弥补中国侧南北连络之不备，并调查北方之事情，欲对于统制数量分配上得一结论。至植田氏与徐氏分路来青者，因中国南方同业者早一日会见北方中国同业者，可有所策商。又陈氏与植田氏同行者，殆因陈氏为本事渡日，已有种种接洽之关系。然徐颇警戒陈，特使刘为自己之通译，殆故使刘同行之策。廿九日陈称有紧急要事先去，徐留之不听，可知其对于徐之反感矣。

三、同行者滞留青岛中之大势

（甲）徐称全国同业会之决议，依据过去三年间统税局调查之数字，极力欲使承认江南二六（江浙皖区并江西湖北湖南）、鲁豫三五（山东河南）、华北一三（河北山西察哈尔绥远）之比例，

为统制数量之比率，而日本对中国之比，则以山东省内之地方问题，欲出于回避之态度。

（乙）北方中国同业，以加入于全国同业会之关系，表面上被束缚于其决议，然不欲完全承认上项提案，为欲增加其比率，图与日本侧连合，一面预想中日比率颇难决定，南方同业对于日本侧不表示诚意，又恐将依中国官宪命令断行统制，且经彼等组成之山东合作社，因南方同业来青，陷于停顿之状态，悬念前途，唯漠然抱不安之念，何事不决。然经种种接谈之结果，以为欲救现在火柴业之穷状，自觉有行本统制案之必要；欲行统制，认有使日本侧参加之必要；欲日本侧参加，不可不承认优待比率，此在原则上总表示赞成。然至其分配数量，则极力保持有利于自己，要求南方将山东增二成至三成，而一面对日本侧，不定优待比率，但表示容再考虑。

（丙）日本侧以旁观的态度，参会中国南北两方之折冲，到底无所归宿，其间南北各本其立场，来与日本侧谈判，在此间日本侧主张之点：

A、为真正实行中日经济提携，须将由过去之排日不平等之待遇所生日本同业者之立场，正当回复。

B、因此在数量之比率，先应斟酌之，若仅称全国火柴联合会之决议，律以最近三年间之统税局数字，全缺诚意。

C、假使达于数字之协定，然其统制机关之构成及运用，若不公正不彻底，则日本侧不得参加，此亦应先行声明。

在A及B诸事由内，如铁路运费之差别，依实行统制，其差别应消除，虽有徐反复说明，然此等铁路运费差别，系依中国北方侧之策动而实现之者，故北方侧对于明示数字的改正过去之不平等，颇有难色，最后承认某程度改正。南方侧诚意之程度虽不明，然欲事成，故承认此项改正，求其要求数，又一律表示有增产减产情形时，认日本侧优先的立场，（例如增产时以山东省增加分之半数划归日本侧减产时一般适用减少率之二分之一）就以上，日本侧对于南方虽有示以数字之根据，但依后述之理由，尚未得结论，然中国侧南方北方，在表面上已承认日本侧主张之精神，则为此次所得之效果。

又就统制机关，则以应由大家研究，为搪塞之词，其实似无预备，唯日本侧主张，山东省之机关，虽为全国统制之一部，然得一方面自治的运用，（此点中国北方侧同意见）在大体南方侧亦承认其精神，再进一步准备工作，充分容日本侧之主张，尤以山东省之机关运用，允充分考虑日本人之立场，至吐外交的辞令。

四、南方侧以徒延时日，不能达于其希望之结论，颇致不满，且引为焦虑。然日本侧宁以充分说服南北两方承认其主张，始为称意。且根本的统制机关构成运用资金等，现在既无从决定，则今日已无变更前进之必要，兼由总领事馆有同上主旨之注意，故以调查天津事情后，再在上海商谈为理由，暂停会谈。

五、日本侧之数字如次：

A、大正十一年交还山东当时之状态

公司数　九　工厂数　一一　中日比率

日本侧台数一一六　生产数六四，二〇〇吨（一二〇〇打）六

中国侧台数七五　生产数四二，八〇〇吨（一二〇〇打）四

统　计　一九一　生产数一〇七，〇〇〇吨（一二〇〇打）一〇

B、昭和十年现在

日本侧机械台数一二八台　生产数三六，〇〇〇吨（一，二〇〇打）

中国侧机械台数二八四台　生产数一一二四，〇〇〇吨（一，二〇〇打）

计　机械台数四一二台　生产数一七〇，〇〇〇吨（一，二〇〇打）

C、在过去日本侧之最高记录昭和三年度济南事变当时

青岛火柴二九，九八六吨（一，二〇〇打）即五九，九七二吨（六〇〇打）

华洋火柴一四，四四九吨（一，二〇〇打）即二八，八九八吨（六〇〇打）

山东火柴二五，〇〇〇吨（一，二〇〇打）即五〇，〇〇〇吨（六〇〇打）

计　　　六九，四三五吨（一，二〇〇打）即一三八，八七〇吨（六〇〇打）

约言之　七〇，〇〇〇吨（一，二〇〇打）即一四〇，〇〇〇吨（六〇〇打）

根据以上数字之计算方法虽多，而最简明者，则依盛行排日之昭和三年济南事变当时之实数，改正其不平等待遇，如增二成则为八万四千吨。

又如维持大正十一年之比率原状，则为一三二，六〇〇吨，即退让至极点，将大正十一年之比六对四，仅为四对六，亦为八六，〇〇〇吨，以此纪录，讨议数字。

六、同行各人出发后之事

日本侧由总领事馆发电于本省，待其回电，俟河北省调查中之植田氏归青之后，共建在华日本火柴联合会之对策。

一方中国北方侧于合作社运动，颇形沮丧，似由社会局督促其成立实行，最近有省政府使建设局派监督官之消息。

在青岛中日火柴业协议列席者

自昭和十年五月廿四日至卅一日之八日间

日本侧　　　　　　植田贤次郎

　青岛磷寸株式会社　　川清一

　　　　　　　　　　　丰岛三

　山东火柴工厂　　矢合秀胜

　　　　　　　　　可儿一夫

华洋磷寸株式会社　　宇田川一次郎

东华火柴工厂　　狩野正义

益丰火柴工厂　　缺席

中国侧

南方代表　陈伯藩　徐致一　刘清洪

山东侧　振华火柴工厂　吴心斋

华北火柴工厂　周子西

东源火柴工厂　王渭川

兴业火柴工厂　曲建堂

在青岛中日同业者之进行与植田贤次郎六月十五日到青岛后之动作

一、接植田氏十四日抵济南之通知，泷川清一、丰岛慎三两氏，赴济南商谈其后之状态。在济南植田氏参观济南各火柴工厂，随征关于统制之意见，均以为统制若公正行之，则参加有利。

一、植田氏十五日抵青岛，即接见中日当业者来访，征求各人关于统制之意见。山东中国同业方面，研究前次讨论事项，对于比率基准，虽有异论，然希望统制早日实行。日本侧以为如能实行完全之统制，亦希望参加之。

一、植田氏因征集在华日本火柴联合会之意见，电促天津之金山、吉田两氏来青，金山氏代表来青，联合协议数次，作成下之腹案，并决议植田氏为日本侧关于全中国火柴统制之代表。

在天津中日同业者之协议事项

天津中日火柴业者之商谈要领

昭和十年六月三日四日五日六日之四日间

日本侧　　　　植田贤次郎

天津中华　　　　金田喜八郎

天津中华　　　　中川光信

天津三友　　　　吉田胜雄

中国侧

南方上海大中华　陈伯藩、徐致一、刘清洪

北方北平丹华　　张新吾、项镇方

泊头永华　张兼镜、张璨如、王端三

天津大生　　　　高美臣

会议席上讨论对于统制实施参加与否，结局成立下之谈话。

一、中国侧南方代表主张实行统制时，各自之生产分配数量，以过去统税局调查之生产额为标准。

二、中国侧北方代表赞成南方代表之上项主张，同意参加统制。

三、日本侧关于生产额分配，如中国侧能考虑因排日工作日本侧所受之阻害发展及无税贩卖额，则不妨容纳中国侧之上项主张，参加之。

四、中国侧容纳日本侧之上项意见。

五、于是日本侧主张分配数量，决定一年十万箱。

六、中国侧对于日本侧之上项主张，以为要求过大，希望协议的让步，望日本侧考虑。

七、日本侧要求关于统制之组织、章程、施行细则之制定，与日本侧代表者充分协议，中国侧容认之。

昭和十年六月八日植田汇集天津同业者之统制条件

中日商定要领之外，如能在下记条件之下，完全运用统制计划，认为中日双方同业者之利益，赞成参加之。但下之条件，为今后统制计划进行之际，提示于中国侧者。

一、期对待中日人公平，要有足以保护日本人营业者之利益，为充分之保障。

A、以日本人担任统税机关最高干部之一员。

B、日本人火柴者利害有关事项之取决，一切须前项最高干部之日本人同意。

C、统制机关之必要部门，配置日本人职员，俾该机关之公正经营。

二、考虑日本人火柴业者现有之利益，及因以前排日工作阻害发展之程度，定统制分配量，但将来统制机关之贩卖数量有增减时，其增减额依前记分配量按分之。

三、火柴工场因为统制取集中于大都市之方针。(确实取缔俾制造能力经济的实施之)

四、现存工厂之扩张及新设工厂一切不许。

五、关于统税之改正，统制法规之制定及改废，政府先谘询于统制机关。

六、统制须及于现行统税之全区域。

七、统制纳入期限，每月末结束后二个月缴纳。

八、将来统税额不加增现在税额以上。

日本侧参加统制之条件

昭和十年六月□日植田汇集在华日本火柴同业联合会之参加统制条件

一、统制机关须对于日本同业者公平，且为足以保证利益之充分保障。例如：

（甲）统制机关最高干部为日美华三名，非全员一致，不得决事。

（乙）统置机关之重要部门，须并置有相当权限之日本人职员。

（丙）统制机关之各种职务分任，务详细且严正定之，以各课员不兼任其他职务为原则。

二、各区域分局之施行细则，可因其区域之实情决定之。

（甲）各区域之干部及主要部门主持人，须以其区域内同业者充当之。人员之配置，依据前项之精神。

（乙）各工场所买之价值，须依商票附价格之等级。

（丙）依全国统制案决定之规约，如各分局不合实情，得随时改正，实行之。

三、原则上，统制机关以生产贩卖之统制为目的的，不以统制机关本体收益为目的。

（甲）统制机关之卖出实在收入，减除买入价格，即所得收益，不得超过一定限度，限以必要之经费及保留为不时之准备金之程度。

（乙）统制实施后，应于每一定期间内，调查各区域之实在成绩，以为生产分配之增减及买出价值之加减，依照实情，平均调节之。

四、统制以及于现在实施统税全区域为原则，对于不得施行统制区域之贩卖，须承认免税或退还纳税。

五、统税署对于火柴统税之征收，由统制机关代为征收。

（甲）统税署派员驻统制机关，监督火柴之统税征收。

（乙）统制机关对于统税署负担纳税之义务，其收入期间，每月末结束，三个月缴付。

（丙）关于统税之改正，统税法规之改废，政府先谘询统制机关，得其同意。

（丁）于各工场并置统制机关监视员及统税局驻员，监视之。

六、今后中央政府发布命令及推行政策，于火柴产业有直接间接影响者，须谘询统制机关，且要得其同意。

七、中央政府及地方官宪，批准统制机关所定之统制规约，对于违反统制规约者之处罚，由统制机关执行之。

再者如统制机关有申请时，中央政府及地方官宪，须运用行政权及司法权，与统制机关协力，执行对于违反规约者之处罚。

八、商标使用各工厂现在所用者，但各工厂所用商标，须限定其种类。

九、为确实取缔，俾经济的行其制造能力，采集中大都市之方针，因此各工厂合并合同，得认许生产数量之通融，但须得最高干部之许可。

十、输出火柴在统制外。

十一、现在工场设备，一切不许扩张或新设，又休业工厂非经统制机关许可，不得再开。

十二、买收各区域工厂之火柴原价，以各区域一定原价为标准决定之，不因技术经营之优劣及原料购入之巧拙，而认原价有差额。

十三、对于制品主要原料材料药品之调合，定一定之规格，施行检查。

十四、硝磺局之护照，由统制机关代发给之。

十五、统制机关会计，须依预算、决算之制度，交附各工厂。

十六、实行统制以前各工厂内所作制品，不由统制机关买收。

十七、凡用统税局数字，概从民国二十三年六月以前之数字。

日本侧对于生产分配问题之态度

一、根据统税局之数字，以决定中国侧之数量，日本侧无异议。

苏浙皖区及河北省之中国侧，既决定下之主旨。

鲁豫区中国侧要求稍为增额，若在中国侧全体可认可之程度增加，则亦无异议。

但此时日本侧第一基本数（后述）亦应以同率增加。

	中国侧	日本侧
苏浙皖区	二七三，〇〇〇箱	
鲁豫区	二六四，〇〇〇箱	七〇，〇〇〇
河北区	一二〇，〇〇〇箱	八，〇〇〇
合　计	六五七，〇〇〇箱	七八，〇〇〇

二、日本侧要求之生产额，以统税局之数字为第一基本数，另依排日及铁路运费差别等之不平等待遇，致贩卖上受阻害，应补充此受阻害之数量。据此情形，附加公平之数量。（称为第二基本数）

第二基本数案

第一案

（甲）在山东省六〇〇打拾万箱（如第一基本数七万箱则合计为拾七万箱）

（乙）要求在河北省含第一基本数为六〇〇打拾万箱（第一基本数八千箱，第二基本数九万二千箱）

上理由在山东省为如所已述者，在河北省系日本侧无税数与有税数之合计。

第二案

据机械台数之比，第一案之理由，最为正当。然以互让之精神，讨议因过去排日不平等所生数字的变化，就现状之实数为基础，今后中日平等且公平，用现存之机械比率，亦为一法。

（甲）山东省据鲁青合作社提示之数字，机械台数中国侧二六七台，日本侧一二八台，则中日之比为二.〇八对一，即对于中国贰拾六万四千箱，日本最低约拾贰万七千箱，（六〇〇打）则第一基本数七万箱，第二基本数为五万七千箱，结果要求第一案之五成七为第二基本数。

（乙）河北省中国侧台数一五九台，既承认分配额为拾贰万箱，而日本侧台数为七五台，则其比为二.一〇对一，然填补因以前运费差别及排日工作所受阻碍及损害，既与中国洽商已容认上之原则，日本侧总分配数，要求七万四千箱。

昭和十年六月廿日

在华日本磷寸同业联合会

青岛磷寸株式会社社长龙川清一

山东火柴工厂矢合秀胜

华洋磷寸株式会社宇田川贤次郎

东华火柴工厂狩野正义

中华磷寸株式会社金山喜八郎

〔国民政府实业部档案〕

6．实业部等关于火柴业同业组织产销联营社试办五年案的有关文件

（1936年2—6月）

（1）财政部致实业部咨（2月7日）

财政部咨　税字第23342号

案据二十五年一月二十一日中华全国火柴同业联合会呈称：呈为我国火柴工业情势日危，损及国库，欲图根本救济，端在停止新厂设立与限制旧厂产额同时切实办理，谨陈下情，仰祈俯赐咨请实业部迅予通令施行事。窃查国内火柴工业因历来工厂数与生产数漫无限制，供过于求，货价惨跌，全体亏累，崩溃在即。而弁髦商业道德者，藉偷税以资维持，国库商本两受其害。本会为斯业集团，灼见真情，一再呼吁，上年复连续召集会议，并与各方同业交换意见，佥谓停止新厂设立与限制旧厂产额，须同时并进，方克有济。谨拟方案，分列甲乙两项，乙项联合各厂组织中华全国火柴产销联营社一节，经已呈奉钧部核准筹设，曷胜欣幸。至令饬修改各点，容再另文呈报。惟是旧厂尚须紧缩，新厂势难再增。就世界大势言，各国自生产过剩发生经济恐慌以来，莫不研究产销平准方法，以求安定。就国家税源言，销路有着，即不至走私，若削本争销，则穷斯滥矣。私货愈多，正货愈缩，税率虽重，亦属无济于事。就国民经济言，我国数十年来，惨淡经营，规模粗具之华商火柴工业，尚占全国生产总额七成以上，不于此时予以扶植，一任新厂旧厂混战厮杀，徒为进口火柴及志

在侵略之外厂倾挤消灭，宁非痛事。就劳工生计而言，国人所设火柴厂均用手工，需人特多，全国总计直接间接工作者达数十万人，此辈非俟工厂得以自存，其生计断难稳定，影响所及，至堪忧虑。且联营社仅系联营联系机关，将来火柴箱额之分配及价格之上落，均需呈经政府核准，与一般商业不同，即就消费人负担而言，亦决不至发生流弊也。故停止新厂设立一事，无论就何方面观察，均为斯业时根本切要之图。本会瞻念前途，垂涕而道，除检同挽救方案及联营社章程等件呈请实业部鉴核，迅予通令所属一体制止设立火柴新厂，其已经奉准设计而久未开办者，亦一概予以查明撤销，以救斯业而维国本外，理合备文呈请钧部俯赐咨请实业部迅予查照施行，以收联营实效，至感德便。"等情。据此，查本部前为整顿税收及救济火柴工业起见，业经核准该火柴产销联营社先行筹设在案，此次该会所请限制设立新厂，以冀产销平衡一节，察核尚属实情，对于统税方面，亦无窒碍。惟工厂注册，系属贵部主管，嗣后如有请设火柴工厂，可否予以限制注册之处，相应咨请贵部查照，即希酌核办理见复，至纫公谊。此咨。

实业部

财政部长　孔祥熙

中华民国二十五年二月七日

(2) 全国火柴同业联合会呈（3月9日）

窃本会前以我国火柴工业情势日危，根本救济端在停止新厂设立与限制旧厂产额同时切实办理，经于本年一月二十一日呈送中华全国火柴产销联营社章程草案及挽救国内火柴工业具体方案，恳请钧部核准办理，并通令所属一体制止设立火柴新厂，以救斯业而维国本在案。嗣奉商字第四一六四四号钧批，略以所拟设立火柴产销联营社实为一种事实上公同救济之办法，姑准试办五年，并准由政府限制本国厂商添设新厂，以示保障，至其他国之厂商，亦应设法取得限制之保证，饬切实洽办具报，并将联营社章程及挽救方案附件同意书遵照指饬修改各点改正具报。等因。奉此。仰见钧部垂悯商艰，切实维护之至意，殊深钦感。惟此项消息一经传播，一般投机分子，势必乘机开设新厂，或将久已闭歇之厂重新开制，若不即予通令防止，产销恐将益形悬殊，不但联营进行诸多窒碍，抑恐有负钧部停设新厂以示保障之德意。至于其他国之厂商，除前已由本会与关系较重之日方订有同意书以资保证者外，现在仰承钧旨，与其他方面仍在切实洽办。如蒙迅赐明令限制添设新厂，则本会对于洽办方面，益得资以促成，以仰副钧部实事求是之至意。奉批前因，除进行筹备联营并分呈财政部外，理合遵批改正联营社章程及挽救方案附件同意书并连同挽救方案一并补呈。敬乞迅予通令制止设立火柴新厂，以杜流弊而资维护，不胜迫切，待命之至！

再查联营社章程第四条“全国火柴工业”六字，前奉财政部批示，饬改为“加入本社火柴工厂”字样，又章程第三十九条“二成”二字饬改为“若干”字样，嗣经本会详陈缘由，请予维护原文，以利进行，业奉财政部三月三日税字第八七六五号批令，准予维持原文在案（批文另纸抄附），合并陈明。统祈俯赐鉴核准予备案实施，无任德感！谨呈

实业部

附呈：

（1）中华全国火柴产销联营社章程

（2）挽救国内火柴工业具体方案附件三件

（3）财政部税字第八七六五号批文抄件

具呈人：中华全国火柴同业联合会常务委员会主席刘鸿生。上海四川路三十三号五楼。年四十九岁，浙江定海人。

中华民国二十五年三月九日

(1) 中华全国火柴产销联营社章程

第一章　总则

第一条　本社系中华民国全国火柴同业联合会（简称中华火柴同业会）所发起，为国内火柴工业自谋救济，联合经营全国火柴产销事宜之管理机关，定名为中华全国火柴产销联营社，由中华火柴同业会呈请政府核准设立之。

第二条　本社以力谋全国火柴产销之平衡及售价之稳定，并随时呈请政府予以切实充分之保障，俾国内全体火柴工业均能获得相当利益为宗旨，除前项规定外，如遇事实许可，并得另行举办与火柴业有关之各项合作事项，以期由共存而达共荣之境地。但举办前须另案呈请政府核准。

第三条　本社对于中华火柴同业会为发起本社及巩固本社，依本社宗旨与其他同业团体所订同意条件，均继续承认其效力。

第四条　本社为控制全国火柴产销数量，得呈请政府特许本社为全国火柴工业请领硝磺及统税印花之承转机关。

第五条　本社设总社于上海市，设分社支社于国内适宜各地。

前项适宜各地属于分社者，由总社议定之；属于支社者，由分社提请，总社审定之。

第二章　社员

第六条　凡已经财政部税务署核准登记之国内火柴工业，以其制造数量及营业事宜交由本社照章支配管理者，均得加入本社为社员，但应由本社理事会审议通过。

第七条　社员及社员出品，除本章程另有规定外，其它一切待遇均属一律平等。

第八条　凡不归支配管理之事项，仍由社员自行负责办理，概与本社无涉。

第九条　社员加入本社概以厂为单位，遇有应派代表时，以每厂一人为限。

第十条　社员生产数量由本社依照中华火柴同业会议定办法及该会与其他同业团体所订同意条件编制生产比率，以资支配。

前项生产比率须呈请政府核准备案，以昭郑重。

第十一条　社员对于本社所编生产比率，如有异议，得向本社理事会声请纠正，理事会须于一个月内解决之。如逾期未能解决，该社员得向政府呈请审核决定。但在理事会未经解决及本社未奉政府核定以前，本社得仍按原定比率支配一切权利义务。

第十二条　社员对于本社所派驻厂稽核人员不得拒绝，并须随时予以充分之便利。

第十三条　社员非经本社同意，不得径自请领硝磺护照及统税印花。

第十四条　社员应遵守本社一切章则及理事会一切合法决议。

第十五条　社员除自行解散或丧失制造权利外，无论有何理由不得请求退社。但遇本社有违反章程及同意条件之行为时，不在此限。

第十六条　社员有违反本章程第十四条之行为时，本社理事会得随时予以相当之惩戒。其情节过重者，并得以有效方法，取消其制造火柴之权利。

第三章　组织及职权

第十七条　总社设总社理事会，额定理事九人，由中华火柴同业会负责当局与各地同业领袖商推人选，聘任主持本社一切事宜。

第十八条　分社设分社理事会，额定理事五人至七人，由中华火柴同业会负责当局与分社所在地同业领袖商推人选，提请总社核定聘任，秉承总社理事会之意旨，主持分社一切事宜。

第十九条　总社设总社监事三人，准用本章程第十七条之规定选任之，列席总社理事会，监察本社一切事宜。

第二十条　分社设分社监事一人至三人，准用本章程第十八条之规定选任之，列席分社理事会，秉承总社监事之意旨，监察分社一切事宜。

第二十一条　总社理事互选一人为总社理事长，主持总社理事会一切事务，并互选常务理事三人，商明理事长，会同处理本社一切事务。分社理事互选一人为分社理事长，主持分社理事会一切事务，并互选常务理事一人至三人，商明理事长会同处理分社一切事务。

总、分社理事会，得各聘任秘书一人，办理会务。

第二十二条　总社设总经理一人，秉承常务理事之指示，支配本社一切事务，并将经办重要事项随时报告常务理事。设副总经理一人至二人，襄助总经理办理前述支配及报告等事项，并于总经理缺席时，代行职权。

总经理及副总经理均由总社常务理事商明理事长，提请理事会聘任之。

第二十三条　分社设经理、副经理各一人，由分社理事会提请总社聘任之，经理秉承总社之意旨，支配分社一切事务，并将经办重要事项，随时报告总社及分社常务理事。副经理襄助经理办理前述支配及报告等事项，并于经理缺席时，代行职权。

第二十四条　支社设主任一人，由分社经理提请分社理事会，转请总社聘任，秉承分社之意旨，办理支社一切事务。

第二十五条　总社分社得各设秘书处及运销、会计、文书、技术四科，处、科各设主任一人，总社处、科主任由总经理提请总社理事会聘任之。

第二十六条　理事任期定为二年，监事任期定为一年，均得连推连任。

第二十七条　总社理事会及分社理事会得以事实必要，设各项专门委员会。

第二十八条　总社秘书处及各科之组织及职权由总经理提请总社理事会核定之。分社秘书处及各科之组织及职权由经理提请总社核定之。

第二十九条　支社之组织及职权由分社提请总社核定之。

第四章　会议

第三十条　本社每年举行社员大会一次，必要时得召集临时会。

第三十一条　总分社理事会每星期开会一次，必要时得召集临时会。

第三十二条　社员大会之决议以出席权数过半数之同意行之。理事会之决议，以过半数之出席及出席人四分之三以上之同意行之。

第三十三条　社员大会之决议如与总社理事会之主张不能一致时，总社理事会得声请复议，如仍不能一致，由总社理事会与中华火柴同业会协商办法解决之。

第三十四条　社员大会之表决权，依生产比率计算；理事会之表决权，按每人一权计算。

第三十五条　社员大会及理事会均以理事长为主席。

第三十六条　会议细则，由理事会定之。

第五章　资金及会计

第三十七条　本社周转资金定为国币伍百万元，由社员依照生产比率于本社所定期限内缴纳之。

第三十八条　社员无力缴纳周转资金，得请求其他有力社员代为缴纳，但其应得利益须一并让与出资社员。

第三十九条　社员出品交由本社发卖，由本社呈请政府核准，设立评价委员会，依出品成本（此项成本系指一切原料、工资、制造费用、管理费用及各项折旧等而言，营业费用不得再算）另加利益二成（此项利益包括股息及借款利息），作为买价付给社员，再由评价委员会加算一切支出及应得利益，规定售价，行销各地。评价委员会章程，应另定之。

第四十条　前条买价、售价及本社各项支出预算，由总社理事会审定后，呈报政府备案。

第四十一条　本社遇有盈余，应尽先提存公积一成。

第四十二条　本社遇有盈余，对于社员所缴周转资金，得给予利息，但以按年八厘为限。

第四十三条　本社遇有盈余，对于理监事及经理以上之职员，得酌致报酬，其他职员得酌给奖励金，概不发给花红。

前项理监事之报酬数目，由社员大会决定之，其余数目由总社理事会决定之。

第四十四条　本社遇有盈余，除提存公积给予利息外，以百分之二十报效政府，作为缉私等费之用，其余发给报酬及奖励金，并按照资金派给出资社员。

第四十五条　本社遇有亏耗，仍归社员按照出资比率分别负担，由本社在出资社员应得货款下扣算之。

第四十六条　本社以每年一月一日至十二月三十一日为会计年度，并于每六个月结算一次。

第六章　附则

第四十七条　本章程发生疑义时，以总社理事会为最高解释机关，理事会不能表决适当解释或其解释不能使对方满意时，由本社与中华火柴同业会另觅途径解决之。

第四十八条　本章程应有章程及未尽事宜，由总社理事会议定之。

第四十九条　本章程遇有修改之必要时，经总社理事会议决后，由中华火柴同业会呈请政府核准施行。

第五十条　本章程由中华火柴同业会呈请政府核准施行。

（2）挽救国内火柴工业具体方案

纲要：

一、限制生产。

谨按我国火柴工业，因其生产能力远在全国需销总量以上，故时时有生产过剩之厄。经营其事者，虽明知跌价竞销不足以度危厄，顾为周转所关，只得饮鸩止渴。倘能限定各厂产额，使其无由倾轧，斯业立可转危为安。用是列限制生产为纲要之一。

二、取缔私货。

谨按漏税火柴自统税加征以来，日见充斥，凡属纳税火柴非将卖价惨跌，决无并销之望。且一地有私货，不仅当地正货受其侵害，即在异地之正货，亦必因私货售价过低，转辗波及而无法维持其市价。用是列取缔私货为纲要之二。

三、集中发卖。

谨按限制生产与取缔私货，皆为消极方面之挽救工作，故在积极方面尚须有一集中发卖之组织，使各厂出品均须依率行销，同升同降，方足以尽挽救之功，否则各厂生产虽经限有定额，然在定额以内依然有竞销可能，无形中仍难免倾轧之患。用是列集中发卖为纲要之三。

方法

一、限制生产之方法。

（甲）应首先阻止新厂设立。

谨按第一纲要已明言生产能力远在需销总量以上，欲使生产能力不再增加，自非停设新厂不可。且为防止投机分子乘机赶设起见，尤宜于实施挽救以前，首先通令全国予以阻止，其办法可得而述者，大致如下：

（子）对于本国人民由中央政府通令各地主管官署，凡各该地方无论有无火柴工厂，非经政府特予核准者，不得设立新厂。

已经歇业之厂，亦须于事前呈准税务署，方得复工。

（丑）对于外国人民似宜分别办理：

（一）凡该国人民在中国向无火柴工厂者，由外交部将我国火柴生产过剩及跌价竞销之情形，以劝告口吻通告各该国使领，请其转知各该国人民，如向中国投资，幸勿开设此种工厂，以免损人自损。

（二）凡该国人民在中国已设有火柴工厂者，除由外交部同样劝告各该国使领，并声明对于已设之厂加入集中发卖机关者，决与华厂同等待遇，共存共荣外，再由华商同业团体与各该国在华同业团体成立谅解，由该团体尽力向其本国政府恳求协助（见附件一）。

（乙）应将现有各厂之生产能力及其生产数额分别予以限制。

谨按现有生产能力既属已成事实，自不必强使缩减，唯查明各厂确实现状，不准其再增产力，则为一必要之限制。对于各厂此后生产数额，亦宜依照过去销数，分别核定，以期供求平衡，其与核定产额有关各点，并分述于后：

（子）核定各厂产额，应以行销国内之火柴为限。凡行销国外者，宜任其自由制造（唯需另定监督办法），以示对于出口货物特予鼓励之意。

（丑）核定各厂产额，应由税务署依照署方过去记录核定之。本会关于此层，前经所叠次会议议定办法（见联营社章程第十条），兹谨开陈要略（见附件三），以供参考。其核定之平均数，除下列二项规定外，均不得以其本厂特殊情形，要求优待。

（一）任何一厂因其核定产额为数过少，不能维持其生存者，得照章请求救济（见联营社章程第十一条）。

（二）凡中国同业团体所认为确有特殊情形之在华外厂，业经订有同意条件者，其产额得以同意条件核定之。

二、取缔私货之方法

（甲）应由政府将现行缉私办法，从种种方面加以补救。

谨按现行缉私办法，对于缉获私货之充赏等费，全恃拍卖私货，以资挹注。在税署方面，固属照章办理，第由商人视之，则以此项私货一经拍卖，即属化私为正，公然以贱价行销于市，实足制正货之死命。政府对于正货既课以重税，倘能切实维护正货，自可年增税收数百万元，似不应以吝惜充赏等费，而不将私货焚毁。兹将管见所及各点略述如下：

（子）增加缉私经费，并将下列四项予以规定。

（一）凡经税务署缉获之私货，应由税务署函邀火柴集中发卖机关，派员眼同焚毁，其所需一应充赏等费统在缉私经费项下拨付之。

（二）凡经海关缉获之私货，应由海关函邀税务署及火柴集中发卖机关，派员眼同焚毁，其所需一应充赏等费，由缉私经费项下拨付之。

（三）私货既经焚毁，其所需充赏等费，应依所漏税额推算之。

（四）无论税务署或海关缉私人员，应请优其待遇，如有不称职者，火柴集中发卖机关得随时呈请撤惩，以昭炯戒。

（丑）从根本上减少私货偷漏之机会，可分二项分述如下：

（一）火柴统税印花宜改为每小盒或每包粘贴一枚，如此不但私货偷漏较难，且可向贩卖商人施以检查。

（二）各厂所需火柴统税印花及硝磺护照，由集中发卖机关代为负责承转（见联营社章程第四条），藉以确知各厂产销数量而增进稽核之功效。

（乙）应由商人帮同设法，藉收官商合作之效。

（子）由集中发卖机关，加派驻厂稽核人员互相监视（见联营社章程第十五条）。

（丑）由华商同业团体与洋商同业团体成立谅解，随时共同设法补救之（见附件一）。

三、集中发卖之方法。

组织中华全国火柴产销联营社，集中管理各厂产销事宜。

谨按联营社之具体办法，均经载明章程，其有章程内未便规定者，亦经另订同意书（见附件一、二），以资依据，故在本方案内不再列举。仅将其应行补充各点分述如下：

（子）各厂火柴品质不同，其成本自难一律。倘有争执，由税务署指派署员，并函聘火柴业公正人士合组审议会审定之。

（丑）各厂存货多寡不一，各厂对于脱售方法如有争执，亦应由前项审议会议定办法，以资遵行。

挽救国内火柴工业具体方案之附件一

中日火柴制造同业协商火柴统制问题之同意书

中华全国火柴同业联合会、在华日本磷寸同业联合会为谋火柴产销平衡及售价稳定起见，双方愿以公平原则合力进行火柴统制或其他救济方式，以期达到共存共荣之目的。兹将双方业经商定各点开列于后：

甲、关于生产比率者

一、华厂照税务署记录（即自统税开办日起，至民国二十三年六月底止之平均数）。日商加入统税，可于税署记录外，特予总加拾万零壹千柒百拾肆单箱（此项数目目下照青岛各日厂伍万贰千单箱，天津各日厂肆万玖千柒百拾肆单箱分配）。

二、税署记录之平均数，中外各厂应依照同一方法计算。

三、民国二十三年七月以后开设之厂，其生产数量由税务署按照各该厂所有记录计算之。

乙、关于进行步骤者

一、双方签订此项同意书后，应即各推全权代表商议此项统制机关（或其他名义）之组织章程，及其必要之附则或附件。

二、前项组织章程等经双方商定后，应再合邀美商全权代表商取同意。

三、中外同业全权代表将前述同意事项制成方案后，由中华全国火柴同业联合会出面，呈请中国政府予以批准。该合奉到批准后，即邀集有关各方组织机关，积极进行。

丙、关于其他方面者

一、加入统制后之中外各厂，应随时共同努力，请求其本国政府予以正当及必要之扶助。

二、加入统制后之中外各厂，不得藉租界及其他任何理由或情势，破坏本统制（或其他名称）之规程及利益，即将来另有中外人等作同样破坏企图时，亦须共同尽力应付。

三、中国政府对于所呈方案，如认为有修改之必要时，由中华全国火柴同业联合会邀集中外同业全权代表，举行会议解决之。

四、加入统制后之中外各厂及其出品之一切待遇（如运费及纳税等待遇），必须一律平等，无论如何不得有中外歧视之行为。

以上各项均经双方同意，合立同意书中日文各六份，为执为证。

签定同意书者

中国方面

中华全国火柴同业联合会常务委员会

主席　刘鸿生

常务委员：上海荧昌厂代表　陈九如

青岛兴业厂代表　曲建堂

九江裕生厂代表　林兆棠

上海大华厂代表　高崧甫

北平丹华厂代表　黄润书

青岛华北厂代表　江一山

苏州鸿生厂代表　耿晓波

选定统制委员：北平丹华厂代表

项激云

苏州鸿生厂代表　刘鸿生

九江裕生厂代表　徐致一

济南东源厂代表　王渭川

上海大华厂代表　高崧甫

杭州光华厂代表　赵迭育

日本方面：

在华日本磷寸同业联合会代表：

植田贤次郎

代表　丰岛慎三

见证人　　陈伯藩

植田贤次郎

金山喜八郎

中华民国二十四年七月二十六日

挽救国内火柴工业具体方案之附件二

中华民国全国火柴同业联合会全权代表与在华日本磷寸同业联合会全权代表商定中华全国火柴产销联营社总社各种事项之同意书

兹将本同意书所商定各点列举于后

一、总社理事额定九人

华厂六人，经商定人选如下：刘鸿生君（并经商定拟推为理事长）、张新吾君、徐致一君（并经商定拟推为常务理事）、项激云君（并经商定拟推为常务理事）、吴心齐君、王渭川君

日厂二人，经商定人选如下：

植田贤次郎君（并经商定拟推为常务理事）、泷川清一君

尚余理事空额一名，归美商美内团推派人选。

二、总社监事额定三人

华厂二人经商定人选如下：

陈伯漭君、何世锠君

日厂一人经商定人选如下：

小林忠雄君

三、总社理事会举行决议时应注意之点：

总社理事会之决议，照章须得出席理事四分之三以上同意，但华方理事至少须有三人，日方理事至少须有一人表示同意，方为有效。

四、对于其他方面应行谅解之点：

甲、总社常务理事三人，日方须占一席。如遇改选，并须由前任者推举适当日人当选。

乙、总社总经理须由华人充任，并经商定首任由徐致一君兼任。

丙、总社副总经理二人，并经商定一人由总经理推荐，一人由植田先生兼任，或由植田先生推举适当日人充任，襄助总经理办理一应事务，对于总经理处各项文件，得为副署。

丁、日方照前项有一人充任副总经理，并得再推荐一人为查账员。

戊、其他一切均依业经商定之章程办理。

上开各点，均经双方同意，合立中日文同意书各五份，分执为证。

签定同意书者

中国方面

中华全国火柴同业联合会常务委员会

主席　刘鸿生

同会所推统制委员

九江裕生厂代表　徐致一

北平丹华厂代表　项激云
杭州光华厂代表　陈选青
济南东源厂代表　王渭川
上海大华厂代表　高崧甫
苏州鸿生厂代表　耿晓波

日本方面

在华日本磷寸同业联合会代表

植田贤次郎

见证人　刘清洪

中华民国二十四年九月二十六日

挽救国内火柴工业具体方案之附件三

谨将本会历次会议所议定之各厂生产比率办法分别开列于后，以供参考。

一、全国火柴统制大纲第三条"规定，生产数额以统税实行以来至二十二年十二月四日止，官方所记各厂产额之平均数为标准。"谨按此大纲系二十二年十二月间本会第二届第二次执行委员会所议决，并经二十三年五月间提请全国经济委员会第一次全体委员会议讨论决议，交常务委员核办。

二、火柴联合营业大纲第二条甲项"自二十年七月一日起至二十二年十一月三十日止，其过去生产数量，已有官方记载足资依据者，即就官方所记载之数量，依其日期之长短求出每年或每月之平均数，定为各厂每年或每月应销箱额。"谨按此大纲系二十三年二月间本会苏、浙、皖、闽、湘、鄂、赣七省会员厂会议所议决，本年长江各省同业所组织之火柴制造同业联合办事处，其加入各同业销额之分配，即系以上项决议案为蓝本。

三、中日火柴制造同业协商火柴统制问题同意书甲项"关于生产比率者"第一款"华厂照税务署记录（即自统税开办日起至二十三年六月底止之平均数)”。谨按此同意书，系本年七月间本会常务委员暨选定统制委员与在华日本磷寸同业联合会代表所签定。其华厂生产比率办法，则由本会上述两种委员会联席会议所议定，征得日方代表同意，列入同意书者，故拟定联营社章程草案，特于第十条载明此项决定办法，以为华厂支配生产比率之准据。

以上所列三案关于各厂产额分配办法，均系议定，以税务署过去记录为标准，虽议案字句与起讫时日，因会议性质及时期关系未能尽知，而依据上项标准议定分配办法则毫无异致。唯第三案既经列入中日同意书，则此办理联营编制生产比率，可否即以第三案为标准，敬候主管官署之核定。

(3) 刘鸿生致吴鼎昌函（3月13日）

达公部长钧鉴：上月间踵谒崇阶，承殷殷垂教，至深感幸。令女公子在津于归，鸿生事后始悉，未及登堂恭贺，歉疚靡似。近维政躬康豫，勋业式昭，至深忭颂。关于挽救火柴工业一案，荷蒙垂悯艰危，核准试办联营五年，同时准予限制添设新厂以资保障，德意高厚，凡属同业同深感戴。所有指饬将联营社章程及挽救方案同意书改正各点，业经遵于本月九日另行改正，备文补呈，并乞迅予通令制止设立火柴新厂，以杜流弊，而资维护，计邀钧察。惟查前次钧批有“其他国之厂商亦应取得限制之保证”及“关于方案中限制设立新厂(丑)款(一)、(二)两项分别通告各国使领馆各节，已咨请外交部酌核办理”两点，其第二点经向外交部叩询意见，似对于普遍通告一层，以通商条约关系，拟暂取静观态度，将来必要时，分别应付，较为便利（前者财政部施行统税时，亦系采取如此态度，当时虽未免有所疑虑，而终得顺利进行，可为显明之例证)。故欲于此时取得各国普遍之保证，在外交上实有困难。至于在华外商洽办保证一层，按现在外商在吾国经营火柴工业者，仅有日、美两国商人，日商工厂较多，关系较重，经已与该国在华日本磷寸同业会订立同意书，以资保证。最近日商有拟在青岛设立火柴新厂者，均经该国驻在领事馆阻止，是前项保证已有事实证明，将来自不至发生问题。美商只有美光一厂，产额不多，关系较轻。年来为维持销数起见，已与江浙等省华厂结有相当合作关系，对于加入联营一节，原则上甚表赞同，仅在权限及利益上尚有若干争持，目下正在切实洽商，不久当可妥贴。但该厂系属于瑞典公司，对于美国只有注册关系，故谨表示可保证瑞典公司不再在华设厂，而未便向美领馆有所请求，故美光厂所能保证者，与在华日厂殊不相同，此系事实问题，亦属无可奈何。所幸联营社章程第四条业奉财政部批令，准予维持原文（政府特许本社为全国火柴工业请领硝磺护照及统税印花之承转机关），联营社有此根据，以资控制，即使果有外商乘机设厂，亦可另筹补救办法。故目下最重要之关键，不在防止外商设厂，而在阻止国内投机分子之乘机捣乱，若不即予通令取缔，不但现有之厂商疑虑莫释，难望其踊跃参加。而新厂纷设之后，产销数量益形悬绝，联营前途至为可虑，万一枝节横生，转恐有负钧座垂悯救助之盛意。且在外商方面，以中国停设新厂，尚未见有明令洽商办理，亦恐多所疑阻而引起问题。鸿生环顾实情，熟权利害，用敢不避冒渎，呈恳钧部迅予通令制止设立火柴新厂（久停之厂乘机复活，亦须加以禁止）。设或钧部通令停设新厂以后，发现外商不能守信而联营社复无法另筹补救时，则钧部权衡所在，自可随时取消限制，甚至解散联营亦无不可。同业均属夙明大义，届时断不至使政府有所为难也。事关联营成败，特再备函陈恳，敬祈钧座俯赐鉴察，迅予玉成，俾联营得以早日进行，实深感幸。临颖曷胜迫切待命之至。专肃不尽，敬请勋安。伏维霁照不宣。

刘鸿生谨上

中华民国廿五年三月十三日

(4) 实业部批文（3月28日）

实业部批　工字第一五二七六号

具呈人：中华全国火柴同业联合会

二十五年三月九日呈一件，为遵批修正中华全国火柴产销联营社章程及挽救国内火柴工业具体方案附件同意书，连同挽救方案，呈请鉴核备案，并恳迅予通令制止设立火柴新厂，以杜流弊而资维护由。

呈及附件，均悉。准予在试办五年期内，照原呈挽救方案停止设立新火柴厂及限制恢复火柴厂。除检同该联营社章程，通咨各省市政府，查照转饬主管官署遵照，自即日起，将该管区域内现有正在制造之各火柴厂，应限期饬令依照工厂登记规则登记，专案呈转备案。其已停歇之厂，应依照本部所订工厂停闭调查表填报备查，以后该管区域内不得设立新火柴厂，并应限制恢复旧火柴厂。除呈请行政院备案及分咨外交部、财政部查照外，仰即联合会全国中外厂商，依照章程方案及附件订定各条款切实办理，并催饬各厂商从速登记为要。附件存。此批。

(5) 工业、商业司签呈（4月28日）

谨签呈者，查关于特准全国火柴业组织产销联营社试办五年一案，前经呈请行政院备案，嗣准行政院秘书处函，以奉院长谕，本案应交外交、实业、财政三部迅速会商议复等因，转函查照到部，经签奉核准，派商业司长、工业司长出席等因，遵经分咨外交、财政两部，定于本月二十八日上午九时，在本部开会，请查照派员出席在案。本日外交部派国际司科长袁子健，财政部派税务署科长方星海来部会议，职等亦遵派出席，经详加讨论决定议案三项，并商定呈复行政院，文由本部主稿，除呈复文另拟呈请核判外，理合将开会经过情形，并检同会议记录一份签请鉴核。谨呈

部长

次长

次长

附会议记录一份

附：

外交、财政、实业三部关于火柴联营社会议

时间：民国二十五年四月二十八日

地点：实业部

出席者：方星海（财政部代表）、袁子健（外交部代表）、欧阳仑（实业部代表）、张轶欧（实业部代表）。

九时开会。

主席：张轶欧。

纪录：周爱梧。

报告事项：

一、主席报告开会意义。

讨论事项：

一、关于设立新厂之限制案。

决议：新厂一概不准设立，但在实业部核准设立联营社咨行各省市文发出半个月以内请求设立新厂，其厂屋机器已设备完全者，得由部通知联营社自行处理。

二、关于恢复旧厂之限制案。

决议：凡歇业已久无统税记录可考者，不准复工。但其所有厂屋机器，得由财政部税务署通知联营社自行处理。

三、关于通知各国使领劝告各该国侨商嗣后勿再设立火柴新厂案。

决议：在国内有火柴利益之外商，已由联营设自行洽商就绪。外交部代表主张此时不必通知各国使领，俟有问题发生，再由外交部相机应付。

（6）实业财政外交三部会呈稿（6月17日）

案准钧院秘书处四月九日第二五九四号笺函开：奉院长谕：实业部呈以救济全国火柴业，特准该业组织产销联营社试办五年，在试办期内停止设立新厂及恢复旧厂，除咨行各省市政府查照转饬遵办外，检同章程方案等件请鉴核备案等情到院，应交外交、实业、财政三部迅速会商议复。等因。除分函外，相应函达查照。等由。查此案前据中华全国火柴同业联合会，以国内火柴工业情势日危，损及国库，拟具中华全国火柴产销联营社章程及挽救国内火柴工业具体方案及附件，分呈本财政部暨本实业部，请求核准设立联营社以资救济等情。本财政部为整顿税收及救济火柴工业起见，准予先行筹设，并以嗣后关于限设火柴新厂一节，咨请实业部酌核办理，本实业部因即准予试办五年，在试办期内停止设立新厂及限制恢复旧厂。惟该社设立后，外商如有新厂设立，此项办法本实业部仍可随时取消，批饬遵照。当经检同该联营社章程方案及附件呈请鉴核备案，并咨请外交、财政两部查照协助，暨各省市政府转饬遵办各在案。准函前由，经于四月二十八日由本部等派员会议详加讨论，当以该联营社之组织既系出诸该同业大多数公意，而外商又加入合作，于税收方面亦无窒碍，尚不失为一种救济办法，一致认为可行，并于停设新厂，限复旧厂，通知各国使领，劝告外商各节，决定办法三项：

一、关于设立新厂之限制案。决议：新厂一概不准设立，但在实业部核准设立联营社咨行各省市文发出半个月以内，请求设立新厂，其厂屋机器已设备完全者，得由部通知联营社自行处理。

二、关于恢复旧厂之限制案。决议：凡歇业已久，无统税记录可考者，不准复工。但其所有厂屋机器得由财政部税务署通知联营社处理。

三、关于通知各国使领劝告各该国侨商嗣后勿再设立新厂案。决议：在国内有火柴利益之外商，已由联营社自行洽商就绪。外交部代表主张此时不必通知各国使领，俟有问题发生，再由外交部相机应付。

以上所议事项，本部等复核当属可行。理合将会商缘由会衔具文呈复，仰祈签核，准予备案，指令祇遵，实为公便。谨呈
行政院

财政部部长孔〇〇
外交部部长张　〇
实业部部长吴〇〇

〔国民政府实业部档案〕

7. 广东省政府为不加入联营社致财政部咨

（1937年2月6日）

广东省政府咨　建字第948号

现据本府建设厅二十六年一月三十日呈称：案奉钧府本年一月十六日建字第四二一号训令，以准财政部咨据中华全国火柴同业联合会呈，以我国火柴工业情势日危，税收日绌，具呈挽救具体方案及中华全国火柴产销联营社章程草案请核准，以解倒悬，而保税源一案。除原文有案邀免冗叙外，后开：合行令仰即便知照。等因。奉此。遵经分别令行广州市土造火柴行同业公会暨潮梅土制火柴业联合办事处知照，在案。现据该同业公会主席陈尔卓本年一月二十三日呈略称：窃查关于中华全国火柴联合会主席刘鸿生所组织中华全国火柴产销联营社一事，在敝会所属各会员厂，虽然均属中华全国火柴联合会会员份子，不特始终未曾接过通知参加函讯，且经敝会函询，亦只据函复称：刻拟举办同业联营，惟环顾情实，暂时只能从长江及冀鲁等四区先行试办。华南方面

情形不同，且早已有救济办法，拟俟上述各区办有成效，另行召集华南同业洽商合作办法。又称：承示粤省火柴同业函索联营章程等云，藉悉种切。查此项联营暂时限于一定区域，粤省情形不同，似难照同一章程办理，将来进行合作，须派员亲往该省协商。等语。（上述摘录句语两原函均各影三份附呈）是中华全国火柴联合会之组织中华全国火柴产销联营社，完全划出我华南华资火柴厂商在外，该社章案如何限制火柴厂商，绝对与我华南华资火柴厂商无涉，今忽奉均厅训令前因，循环往复，莫析奥义，细寻现奉转开：财政部二十六年一月十二日税五字第三四一二七号原咨文内有：嗣据该社来呈，编送各区各厂生产比率总附各表，并加说明请鉴核备案等情。又有：究竟此次该社编送各厂生产比率各表之支配标准，是否妥当，自非详加审核，量予纠正，不足以示公允。各等句。是则该社在筹备当中，系先向各区各厂取得生产率编表呈核，在财政部亦考虑其支配，郑重审核，终得平允之数，始为该社成立之基础。今我粤省各华资火柴厂商始终未尝接准该社通知，调取生产率编呈，而财、实两部于郑重审核中，亦舍华南火柴厂商而不顾，可见在中华全国火柴产销联营社筹备中，及财、实两部审核施行中，均早已剔除我粤省华资火柴厂商于范围之外也。又查原咨文内有：本部与实业部业经据以上议决各案，将该社呈送编制生产比率计算总表分别改正，并摘录此次会议经过情形，暨应行纠正各点，呈奉行政院指令，准予备案，在案，等句。又可见最终之核准，亦系剔除我粤省华资火柴厂商于范围之外也。又查原咨文内有：兹经核准展期至二十六年一月二十日以前，限令各华商火柴厂一律入社，该社应于一月三十一日以前汇齐，分报实业部及本部查考。如至二月一日尚未经入社者，即应按原定办法办理，不再宽假。等句。关于此节，亦非我粤华资火柴厂商能奉行，良以奉令之日，已是逾限之时，而况现在时在月杪，仍未接该社或中华全国火柴联合会通知参加，在我粤华资火柴厂商，迄今仍未知该社核准之章则何若，主持何人，社址何处，与及应具何种权利，其内容与我粤省适宜与否，一概不得而知，纵欲入社，亦断非可能之事。而况我粤华资火柴厂几占全国华资火柴厂五分二之数，本非可以等闲视之，果预计必须吾粤同业加入者，尽可如上述来函所云，派员前来洽商。今不出此，是无预于我粤矣。又政府方面，施行法令原有分别省份远近，计期奉行之规定。今财部亦未尝计及行文到粤，已失限期之效能。于此，尤可见在该社及财部均无使我粤火柴厂必须参加该社之真意，此所以奉令之下，循环往复，而莫析其奥义者也。矧查该社组织之主旨，无非为救济火柴业之倒悬而已。惟是粤省各华资火柴厂商，固然早经自行结合互约限制生产，行之数年．成效卓著。嗣复于二十四年三月间奉钧厅举行粤省各火柴厂登记，以备统制救济在案。及至去年底敝会所属各会员厂，复经筹备粤省火柴联合推销处，于本年一月一日成立，以适应粤省火柴商情，而资改善救济，当经呈报钧厅备案，又在案。是则粤省火柴厂商迭经一再筹划，改善救济之法，迄今已极完善。本与该社密呈所称，以解倒悬之主旨相同，且我粤方自举行产销限制以来，均属情趋一致，和衷共济，前途幸福，可立而待。然照原咨文所开，该社经过情形，各厂异议纷持，指控有案。其意见不融洽，本身不健全尤可概见，是我粤方更属无庸华此方面越俎代庖，在粤省方面再设立分社之必要，何况南北商情不同，环境各异，因势利导，惟自身始能解决。政治推行，尚且分别审度情势，商情复杂，岂能仅以一小部份商人所拟定之章则，便能强全国商厂以进行耶。抑再查该社所拟章则，绝未邀请粤方火柴商厂参加讨论，更无签字承认，究竟该社章则何项适宜于粤方，何项与粤方有抵触，均无商议研讨之余地。我粤方既始终未得参预其事，今该社忽密呈令饬，又焉能甘于盲从附和。今若是该社以救济为号召者，实以摧残同业为手段也。然则于国计民生又何取焉。奉令前因。理合备文呈报均厅察核办理，实为公便。等情。附呈中华全国火柴同业联合会笺函影片三份，共六张。据此。案查前奉钧府二十五年四月二十一日建字第一一四三号训令，以准实业部咨关于火柴厂限期登记一案，附发原送停闭工厂调查表，抄发全国火柴联营社章程，饬将前办火柴厂登记，查明议复再夺，等因。当经将查议情形呈复核夺，又在案。兹查该公会所呈各节，具有理由，是刘鸿生等所组火柴产销联营社既未准粤省厂商参预于前，自难强令加入于后。除指复外，理合据情连同原缴影片，备文呈请钧府察核，伏乞分别转咨财政部暨实业部核明办理，仍候指令祗遵。计呈原缴中华全国火柴同业联合会笺函影片三份共六张。等情。据此。案查前准贵部二十五年三月二十八日工字第一五二七一号咨送全国火柴联营社章程及工厂停闭调查表过府，当经饬据建设厅呈复，关于制造火柴厂限期登记，已由厅先行举办。至调查火柴厂停闭，极难得其详确。等情。据情咨复在案。嗣准财政部二十六年一月十二日税字第三四一二七号咨，以关于中华全国华商火柴厂应加入联营社展限至二十六年一月二十日以前，如至二月一日尚有未经入社者，即应按照原定办法办理等由，亦经令行建设厅知照，又在案。兹据前情，除令复及分咨财政部外，相应检同原缴笺函影片一份，咨请贵部查照核办见复为荷。此致

实业部

计咨送原缴中华全国火柴同业联合会笺函影片一份共贰张

〔略〕

主席黄慕松

中华民国二十六年二月六日

〔国民政府实业部档案〕

六、制糖工业

1. 上海市糖业同业公会为请财政部缓施糖类新税则致实业部呈

（1932年4月20日）

呈为请愿恳求救济，咨请财政部缓施糖类新税则，以恤商艰，仰祈鉴准事。窃上月十五日江海关布告奉财政部令，于四月一日起改定进口糖税，并以旋光测验法为分类标准，属会员以斯项新税则既重且繁，迭将困苦实情陈请财部缓施，改善在案。本月一日奉到财部批示，以新税虽有增加，尚较法、美、日本等国不逮远甚，旋光测验标准分类，确为公平正确，所请碍难照准。等情。属会会员惶恐莫知所措，伏以吾国糖税虽较欧美等国为轻，而情形亦与列邦迥乎不同。夫国家征税必求适合国情，方于国计民生两无窒碍，法美等国糖税之高，因其糖产足供需要，不得不增重关税为堡垒，以遏止外糖之输入。故其税虽高，实有利于民生。吾国则不然，盖国糖反粤、闽、川、赣略有所产，年来各该省区兵匪扰攘，农辍于野，种蔗之地，日益减缩，早不足供其一隅之用。糖为调味之品，事实上乃平民所必需，用途之广，无异于盐，国糖既供不敷求，不得不仰给外糖，以调剂其需要，若亦施以重税，徒增民生艰困。糖税在五年前，白糖每担仅关平银三钱二分，数载以来，迭增无已，至二十年份，已高至关金二元九角，去秋复附征赈税，连码头捐等约合规银达四两外，若新税实施，又须增加一倍，合现时货值，竟重征至百三十以上。任何货物无此重税，糖商何辜独遭苛征。当此灾祲荐至，外祸频仍，纵益国库，其如民力已敝何。再就属会会员言，在一月二十八日前，向各洋行订定二三月份渣华等糖，为数约五十万担。当沪战起后，上海市商会为使外商同受战事打击，促进其抑暴决心计，通告各业缓装定货，属会会员奉命照办。比者斯项缓装之糖，不久势须次第运沪，洋行定货规例，向归外税，属会会员转售客帮，素系连税在内，属会贸易性质为贩运行商，一方买进，一方卖出，此中被增之税，实属无从取偿。糖货贩运，为利至薄，平时所获，仅物值千分之五，处此战乱余生凋敝已极，无力负此意外惊人税损，奚待明言。设必强之完纳新税，无异立置于死途。夫以是项之缓装定货，乃激于爱国义愤，国家何忍而为增税之机，且今政府以社会经济濒于破产，方筹救济之不遑，更何忍转使糖商破产歇业。至改旋光测验法为鉴定糖类分级标准，立意虽善，但施之吾国，实犹非宜。盖我国科学落后，商民缺乏科学知识，国人道德亦尚未充，验关员之是否操守自持，又所疑问。洋糖进口，虽同一商标货品，而其质每多参差，例如，此数包测为九十八度，彼数包则仅九十六七度，其间关金相悬，达七八角之多，以同一货品税级之相差若是，将以每包测验耶，抑选包测验耶，此中纠纷，起之无穷，倘测验者择其最高度数为准，足使糖商妄受无数税损，甚或以其权能，并知糖商之不能鉴别测验，而为聚敛之径，则糖商之被累，殆更无可胜言，欲益适反，定在意中。凡此所陈，俱系实情。属会会员苟可勉遵，何至有所烦喋，实乃频年颠连，已极萧索，处兹时艰，益觉困难，奄奄一息，不绝若缕。伏念钧部维护工商素所在怀，用敢呻吟呼吁，以图残喘苟延。敬祈鉴此下忱，咨请财政部对新颁糖税缓施改善，以纾民生，而维糖商垂毙之业务，则仰沐鸿恩，实无既涘。除向财政部请愿外，谨此呈请，仰祈鉴准。不胜惶悚，待命之至。谨呈

实业部部长陈

上海市糖业同业公会

代表郑泽南（印）

贺渭勋（印）

中华民国二十一年四月二十日

〔国民政府实业部档案〕

2. 实业部工业司司长刘荫茀关于恢复国民糖厂意见的签呈

（1934年7月24日）

谨签呈者：查自国外机制糖输入我国以来，我国人工制糖遂一蹶不振。近年来糖之销量与日俱增，外糖进口岁约一万万元，是以国内制糖企业亟有提倡兴办之必要。国民制糖公司本为我国唯一大规模之机制糖厂，徒以经营不善，以致中途停顿，至为可惜。前工商部曾积极设法整理，冀图维护我国制糖企业之一线生机。惟整理经年，卒无结果。兹沪上糖商郑泽南呈请由政府发行公债，恢复该厂，而以进口之洋糖附征税为其基金，此项全国糖商所缴之附征税五年后，仍由糖商凭条换取股单，以取之于糖商者，而仍予之糖商。意固甚善，惟似有不能不考虑者数点。兹分陈如下：

（一）该公司之现状——该公司之现状言，可分为设备与纠纷。

（甲）设备　查该公司之机件及各项工程，据前工商部技监徐善祥及李、白二工程师之考查，认为缺点之处甚多。其后工商部试炼精糖时，虽曾略予补充，惟计算将来各正式开机炼糖，则须立即添置各种机器及设备，需洋约五十万元，此项应添置之新设备费用，当然为恢复该厂时所必不可少。至其原有之机器设备，据李、白工程师之考察，俱系德国所通用，以精炼甜菜者，并非专为精炼蔗糖及制炼各种软糖之机器，且因该厂以前停工时，未经如法清理，故已日就窃败。至民国十八年间，前工商部炼糖时，曾一度洗刷，惟距今又相隔数年。此数年中，其保管之情形若何？是否尚未锈坏残缺？现在之效率如何？俱不得而知。观夫该厂自停工后迄于前工商部炼糖时，其锈坏残缺情形，自不能谓，自前工商部炼糖以后截至现在，尚全然完好，是以在前工商部整理时，所估计将来应添置之新设备费用数目在现在是否尚须增加，尚属问题。至于该厂厂基不合、交通之不便，将来如恢复业务，恐亦不能适用。

（乙）纠纷　查该公司之停顿，固由于经营之不善，然总协理之私心自用亦为一种不能否认之事实。最初该公司与益中银团所订立之借款合同，总协理未征得股东及董事会之同意。自公司失败以后，总协理马玉山、严直方始终避不见面，所有该公司帐册证据俱属残缺不全。前工商部整理处虽积极设法整理，结果亦只不过就帐论帐，未能证明其是否确实，此种内部之纠纷，至今尚为悬案。至其对外之债务，据前工商部整理处之报告，除益中银团代还一部分外，欠人者约十一万余元（据潘序伦会计师报告，其旧欠约银三十三万元，内中有十七万，可与应收款项相抵，一小部分可以剔除，所余者，约十三、四万元，惟借款一项积欠多年，应付利息为数不小，尚无法计算确数），其应付益中银团之本息，总共为一〇二万三千余元。（按此项本息，系自十五年十月至十八年八月底止，如截至现在计算利息，当然尚不止此数）关于负益中银团之债务，前工商部整理处，曾一再设法秉公处理，惟银团始终未曾承认。故该公司自失败以后之情形，实已陷于极紊乱之状态。现在政府纵即如数为其偿清所负益中银团之债务，取得其厂基、房屋、机器及全部生财之使用权，然其他之纠纷，是否可不发生问题，而影响及于将来之业务，殊属疑问。综观以上各点，可知欲恢复该厂业务，首先即需以一笔巨款为其偿债及添置机件、设备之用，而其机器之陈旧，本身之纠纷，复如此，故现在政府以五百万元之巨资，恢复该厂，是否值得，诚有考虑之必要。

（二）征收附税问题——观察以往之事实，关于此项征收附征税之事件，财政部大都不肯应允，恐此种洋糖进口附征税，财政部能否办到，似有问题。

（三）关于本国制糖工业根本问题——将来我国欲图兴办糖业，似宜彻底设厂，自行制糖。查本部前曾一度与古巴糖业托辣斯议订合同，合办糖厂，嗣因古巴国内政变影响，至未成为事实。国民制糖厂只为一种炼糖厂，将来是否应另觅途径，以求设厂制糖自给，似宜统盘筹划。

以上数点，系就国民制糖厂本身及郑泽南之建议各点，研究似有郑重考虑之必要。惟国内糖商如愿意自动恢复该厂，政府方面似可予以赞助。所陈各点，是否有当？理合签请鉴核示遵。谨呈
部长
次长　涛
次长　刘维炽（印）

职刘荫茀呈（印）

七、廿四

〔国民政府实业部档案〕

3．上海市商会为希望政府早日实施统制糖货计划致实业部呈

（1935年2月19日）

呈为呈请事：本月十九日，据糖业同业公会函称：自洋糖倾销以来，利权外溢，岁以万万，在入超数中占第二位。敝会处身其间，是以深切忧虑，故对复兴国糖运动，无时不尽其力。迺者广东省政府设厂制糖。锐意振兴，诚为国货声中之极好现象。惟既有所产，应有所销，非合作不足以促发展，非团结不能以言合作。爰经敝会发起由全体会员依照现行公司法，组织上海糖业合作股份有限公司，为推销国糖机关，以厚力量而利复兴，资本三十万元，一次收足，业经开始营业。除依法另请主管官署登记外，敝会又闻财、实两部有统制糖货之计划，不禁额手称庆，甚望政府能及早施行，则国糖前途，深可利赖。敝业之合作公司，为直

接实销机关，彼时愿就力之所及，供其前驱，努力推销，以尽天职，使国糖复兴得早观厥成。对于此点，尤乞贵会据情代呈财、实两部，俯予鉴核为幸等语到会。查粤省振兴蔗糖，设厂精炼，将逐渐为大规模之推进。沪市为商货集散总汇，各省转输要枢，得该合作公司资助推销，诚为国糖复兴机会。惟外糖势力业已深植市场，而魄力又极雄厚，非由国家集中力量，施以有组织、有系统之计划，辅导其成，亦恐不易角逐市场，得操胜算。该公会所请将统制糖货计划早日实施一层，不为无见。理合据情呈请钧部鉴核，俯准施行。实为公便。谨呈

实业部

上海市商会主席委员俞佐廷（印）

常务委员徐寄庼（印）

金润庠

陈蔗青（印）

柯干臣（印）

中华民国二十四年二月十九日

〔国民政府实业部档案〕

4. 广州市糖商为维持粤省糖业统制致国民政府快邮代电

（1936年8月5日）

快邮代电

国民政府主席林钧鉴：窃查政府之统制经济，即所以由国家预定有计划之组织管理生产与分配，以求产业之合理化者也。吾粤糖业在政府未施行统制以前，日常所用之糖皆舶来品，是尚年中金钱外溢，难以估计。而彼私枭之徒，复以厚利昏心，罔顾国民生计，利用洋糖成本低廉遂予走私者以营私之机会，因而私糖搀销为数极巨，纯正糖商及无业可营，门堪罗雀。吾粤糖业至此

衰颓极矣。幸自民国廿三年间，政府施行糖业统制，使疲惫之市场得以稍苏其困乏，而农村经济在极度崩溃之下，亦惟赖此而复苏。缘一般农民既鉴于前时经营蚕丝之失败，图利维难，而皆转植甘蔗以谋生路，现计全省蔗田不下数万顷。苟一旦撤销统制，是何异将此辈靠出卖劳力生产原料来度活之蔗农尽沉沦于饥饿线之下。此糖业统制之裨益农村而不应撤销者一。查糖业施行统制而后各属均设有代理商暨零沽店，因有缴存保证金及短额扣罚之利害关系，自己固然不敢销用私糖，而于所辖区内尤不得不尽力防范私糖搀销，以免影响销额。私枭既多受一度查缉，偷运自多感一重困难，私运既少，库收自裕，抑且销路无多，私运之风因而可戢，事实如此，非固饰词。此糖业统制之裨益糖商而不应撤销者二。再查吾粤现已设立糖厂多间，关于一切机器之购置、建筑之费用，均已耗去不赀，假令统制撤销，洋糖自必乘时侵入，夺取土糖原有市场取为之代，此时各厂势将停顿，生产事业必全部陷于停滞，则前此公家所投之资本，固属掷诸虚牝，而各厂工人不下盈万，恐必随同失业，无以维其生徒，使社会加多闲荡之群，殊与政府积极救济失业人民之初衷相背。凡此种种，均为统制利益之荦荦大端，施行两载成绩斐然，一般正当糖商咸认为有百利而无一害。乃连日报章所载，竟有香港糖商多人呈请撤销，在彼等为其营业前途计，无怪其然，独惜其昧于糖业统制之重要性与乎关系国计民生之重大，似尚嫌其未能顾及，在维护其一部分糖商利益之理，虽属可原，而伤害国家发展实业之情难恕。试观在现世界经济衰落期中，各国所采取之策略亦多将世界贸易之路线转移，如用“归农运动”以图安插失业工人，使加增国内农业生产以替代一部分之输入，以谋自给自足。今吾国内正值经济衰落之秋，多用一文洋货，即伤残一分国力。今吾人实应对此国内仅有之蔗糖专业力图扩充，使渐渐不须仰给外人，以减少一部利权外溢，充实自身力量，进一步争取经济上之平等自由。同时，现下国际风云变幻靡定，假在战争期间，对于食粮统制尤为要图，苟令发生经济封锁之时，亦可避免敌人严重之威胁，香港糖商或静极思动，徒顾目前营业计，未肯权衡其利害，遂以撤销统制为唯一要求耳。基上原因，所述糖业统制其利如此，其害如彼。况我国为一农业国，今糖业正有机会得以抬头，方爱护维持之不暇，更何忍加以摧残。商等经营糖业，又历多年，不惟个人切身问题，抑亦关乎国家利害正义所在，缄默难安，用特电呈察核，俯赐维持统制原案继续施行，糖业前途实深利赖。临电不胜迫切待命之至。

广州市糖商　祥安德　裕安　祥和　祥盛隆　祥记　有合大隆公司　广来号　同德　祐记号　广享号　协成号　广信广丰　丰泰号　昌泰号　广泰号　祐安　广安号

各属糖商　慎安隆　同兴　昭隆泰　何顺泰　洪安　嘉隆和泰　信兴隆　其泰　理栈　永安　巨丰　华珍　生昌泰　义和祥　阜民　慎安　常丰　义生　成利公司　祥发　万合　祥源厚安　荣生公司　悦安　利兴公司　利昌　信义　利商　昌兴利发　合和　荣利　利生　叩。歌。印。

〔国民政府档案〕

5. 广州糖面业同业公会为请撤销粤省糖业统制致国民政府快邮代电

（1936年8月10日）

快邮代电

国民政府林主席钧鉴：窃思吾粤苦于苛政久矣，横征暴敛尤以为未足，复假借统制糖业为名，专卖渔利为实，不啻夺民之食，陷农工商于绝境。回溯自民廿三年施行糖业统制以来，划区分销，乃抬价垄断，复禁止改造冰白片糖以至工人失业，由是各地之农工商团体函电呼吁，经报章所载，屡见不鲜。兹就其事实可考者，敬为陈之。(一) 民廿四年七月间，广来东成等号，由东莞运来土糖入市，被其藉口化验土糖，指为洋糖掺杂，动辄处罚，是其藉名统制而压抑土糖，致令农商交困，视业糖为畏途。此应撤销统制者一。(二) 去年八月，产物经理处布告实行土糖登记，停止转运，听候收买，显属夺民之利，农商鼓噪，是其藉名统制而摧残农商。此应撤销统制者二。以上弊端，曾经各界呼吁，幸蒙省参议会暨民营实业委员会等会议议决，转达省政府明令撤销。此虽暂安于一时，讵计不得逞，旋又拟设土糖贸易场，无非压抑蔗农，以利其专卖，迨由敝会及各地农工商团体分呈政府，始予缓行。此乃事实具在，彰彰可考。然处于陈氏铁蹄之下，徒唤奈何。今幸陈氏下野，统一告成，中央有整理粤政之举，对此粤省独有统制糖业之秕政，当必早日铲除，以慰民望。敝会同人如重见天日，正深庆幸，用是一致呼吁，昨经具呈钧座，恳予明令撤销，俾苏涸鲋。殊料八月三日，报载有祥安德等为其个人之权利，不惜摧残农商，竟然丧心病狂，通电拥护统制糖业，复伪造六十余家之名义，欺瞒政府，此种含血喷人，暸若观火。原无辩论之价值，诚恐淆乱观听，故召集全体会议，佥谓该祥安德等所指广州市糖商六十余家，断未必我正式糖商，盖敝会所属共有八十余家，现已签盖撤销统制者，已有八十家，可知其冒伪名义，希图耸听者也。至云施行糖业统制以来，成绩昭著，洋糖渐绝之一语，今就据第一蔗糖营造场报告书，系由廿三年十二月开始榨制，而糖业专卖始于廿三年六月一日施行统制，招商营运，每月包销五万担，广东全省分为十大营运商，试问当时所售之粗砂糖，系土制乎，抑完税之洋糖乎。试查粤海关是时有无此洋糖之税收否，可知当时所专卖之糖，全属瞒税，洋糖不攻自破，以此瞒税之洋糖，贬价倾销，更复挂羊头而卖狗肉，所谓洋糖渐绝者，其谁信之。是藉统制之名行其私运之实。国税受其损失，固不待言，驯致原日以蔗糖谋生之农工商，皆束手待毙，舆论沸腾，尚得谓之裨益农村耶。今者政令统一，缉私自应严厉，关税当能完整，即而洋糖关税每担已有二十二元，似此壁垒高筑，足以维护土糖而有余，试观土产米麦，近日之勃兴可为明证，万不能有形同专卖之统制秕政存在，重苦民生。况处此廉明政府之治下，更不宜因有官营而对于民营事业，妄加压迫。敝会为公共利益计，为民生前途计，难安缄默，用是陈请伏恳主持正义，迅予撤销统制糖业，以苏民困，实深利赖。广州市糖面业同业公会主席冯拔卿，暨全体糖商同叩。灰。印。

联盖店章于下〔略〕

〔国民政府档案〕

6. 国民政府文官处为广东绥靖公署主任余汉谋等电请维护国产糖业致行政院公函

（1936年11月26日）

公函　第七二〇〇号

径启者：奉主席交下广东绥靖公署主任余汉谋、广东省政府主席黄慕松敬未电陈：近日路透社电传，日本糖业协会与荷属印度糖业协会对于糖业贸易，成立谅解，其协定内容五项，直欲扑灭我国新兴之制糖工业。粤省设有糖厂六所，粗具规模，感痛尤切，恳严加注意，予以防止，并拟具办法七项，乞备予采纳，以维国产糖业一案。奉谕："交行政院"。等因。除查原电已据分陈，不另抄送外，相应函达查照。此致

行政院

中华民国二十五年十一月　日

敬未电原文（1936年11月24日）

广州

南京。中央党部国民政府主席林、行政院院长蒋、立法院院

长孙均鉴：外交部张部长、财政部孔部长、实业部吴部长勋鉴：密。近日路透社电传日本糖业协会与荷属印度糖业协会，经数度会议后，对于糖业贸易已成立谅解，其协定内容有：(一)荷属印度糖业协会参加日本对华之食糖输出，但双方可免不必要之竞争。(二)规定糖价。(三)双方合作以期独占中国市场。(四)日本糖业协会允向日政府请愿，促其速与中国谈判，减低糖税。(五)因日本精糖输出于中国者已见增加，日本糖业协会已允增加输入爪哇糖产之数量，等语。查该项纪载虽甚简略，然侵略者之野心、手段之毒辣，直欲扑灭我国新兴之制糖工业，居心叵测，诚堪痛恨。粤省设有糖厂六所，粗具规模，方在惨淡经营，尤感切肤之痛，敢恳政府严加注意，设法予以防止。职署府体察情形，拟请(1)立将糖税提高，如一时未能实施，亦应保持现有税率，勿令减低。(2)施行有效方法遏制走私。(3)对国糖事业予以实际奖励。(4)国产糖之运销全国，应予以更大之便利。(5)国产糖之转口税，即予取销。(6)各铁路及国营轮船公司应予国产糖以特低之运费。(7)向谋独占我市场以外之产区接洽互惠，购入食糖，敬乞俯予采纳，以维国产糖业。是否有当，仍恳电示。广东绥靖公署主任余汉谋、广东省政府主席黄慕松叩。敬未。印。

〔国民政府档案〕

7. 实业部等审查广东省糖业统制的有关文件

(1937年2—5月)

(1) 广东省政府致实业部咨(2月25日)

广东省政府咨　工字第3497号

现据建设厅厅长刘维炽本年二月十七日呈称：省营工业管理处案呈，据省营产物经理处二十六年二月十二日呈称：案奉钧处本年一月十五日总字第二一一号训令饬将关于改善糖业统制一案，实业部来咨请求各节详细拟议具复，并将职处组织与糖业缉私各项规程及其他一切与本案有关之单行法规各抄一份呈缴，以凭转呈等因。奉此。自应遵照。窃以此次广东省政府决议修正通过之改善广东糖业统制办法，洵已兼筹并顾。查该办法在施行手续上，虽略加改善，但与统制原案主旨尚无违背。回溯本省实施糖业统制行将三年，已往事实可为借鉴。兹就其将来对于官方及农工商之利害关系约略陈之，其于官方：则本省糖业在多年统制之下，已有相当之进展，现在所有糖厂投资既巨，获利亦深，其他省营新兴工业难于获利，半藉其所得盈余，以为挹注。继续统制，使舶来糖无从倾销，糖厂不致根本动摇，非独全部省营工业得资维护，即对于本省建设计划亦有深切关系。其于农方：则在此世界不景气之下，农产品既价贱难售，惟糖业因统制关系，已逐渐抬头，植蔗自制土糖，或售给糖厂，尚可获利，蔗之销路，固可无虞，无资复可向糖厂借款。故糖业统制，对于救济农村实为切要之图。其于工方：则省营糖厂，既具有大规模生产之设备，依照统制计划进行，前途未可限量，需用工人，当与时俱增。同时土糖亦必因统制而趋向复兴之途，全省各属民营蔗厂糖寮，势必日见增加，为失业群众新辟一广大出路。其于商方：则在统制之下糖市不为洋商垄断操纵，得免意外损失，复因公开推销，凡属商人经当地糖业公会或商会证明，缴具伍百元保证金者，皆得为糖业登记商领证营运，无大商压抑小商流弊。此就利的方面言之，有如上述。若撤销统制，自由营运，以粤省形势之特异，港口之纷歧，枭风之披猖，虽有税关辟垒，恐将无以遏止私糖之偷运。省营糖厂固因不堪打击而终至崩溃，即农民视为可以获利之植蔗制糖事业，亦以洋糖攙夺市场，而回复未统制以前之状态。其藉制糖为活之工人，难免不因糖业没落而沦于失业之悲境。至以糖为业之商人，既难以势雄力厚，有组织有计划之洋商私枭为敌，自必望风披靡，惨败不起，为害实非浅鲜。奉令前因，理合抄同职处组织大纲、糖业营运取缔暂行规则、糖品运销规则、糖品缉私及给奖章程及广东省政府颁布之修正取缔私糖。扶植上糖而救济农村大纲案，备文呈复察核。再附呈章则，间有与改善办法不符，但在未有新订章则颁行以前，凡旧章则之与改善办法不相抵触者，依然有效，继续办理，合并陈明。等情前来。查此案前奉钧府本年一月五日审字第一零一六号训令及本年一月十三日工字第二二三六号训令，准实业部咨请将糖业统制案核议及补送有关法规等见复，以资汇办一案，令仰遵照，并案办理具报，以凭核转。等因。奉此。当经发交省营工业管理处转行省营产物经理处并案迅速遵办具复在案。兹据呈前情，除该处组织大纲现正依据省营工业组织大纲修订，拟请暂缓检送外，理合备文连同糖业营运取缔暂行规则、糖品运销规则、糖品缉私及给奖章程及省府颁布修正取缔私糖扶植土糖大纲案、修正改善广东糖业统制办法各一份，呈复钧府察核，俯赐转咨，实为公便。等情。附呈糖业营运取缔暂行规则、糖品运销规则、糖品缉私及给奖章程及省府颁布修正取缔私糖扶植土糖大纲案、修正改善广东糖业统制办法各一份。据此，查此案前准贵部先后咨请将糖业统制案核议，并将有关法规汇送，业经转行建设厅并案，迅速妥办并咨复在案。兹据前情，相应将原缴各件抄送，咨请查照为荷。此致

实业部

计抄送糖业营运取缔暂行规则、糖品运销规则、糖品缉私及给奖章程及省府颁布修正取缔私糖扶植土糖大纲案，修正改善广东糖业统制办法各一份。

主席黄慕松

中华民国廿六年二月廿五日

广东糖业营运取缔暂行规则

第一条　广东省政府为统制全省糖业保障正式蔗糖、杜绝私

糖起见，特订立本规则办理之。

第二条　凡本省民营炼糖厂或糖寮，均须向广东省营产物经理处（以下简称经理处）申请登记，领证，方得设立，其设立在前者，亦须于本规则公布之日起一个月内补行登记，领证。如未经登记领证者，其所制糖品不得出厂运销。

第三条　凡本省糖业营运商均须向经理处或所属各分处或发证办事处申请登记，领取糖业营运准许证方得设立。其设立在前者，亦须补行登记领证。前项所称之糖业营运商，系指以买卖土糖、舶来糖或省营糖为营业之商号而言。

第四条　凡本省民营糖厂或糖寮运出之土糖，须先向经理处或所属各分处或发证办事处领取本省糖出厂许可证，方得出厂。如厂寮所在地未有上述之机关者，暂准由该厂寮缮备发货单，连同糖品起运或经过或到达地点，如有上述之机关时，仍须补行申请领证。

第五条　凡本省民营糖厂或糖寮所制之土糖,不得掺杂洋糖，如有违犯，按照下列各款处罚。

（一）掺杂洋糖百分之三十以下者，初次警告，再犯得处以该糖价值百分之三十以下之罚款。

（二）掺杂洋糖超过百分之三十未满百分之七十者得按照该糖价值比例科罚。

（三）掺杂洋糖百分之七十以上者，全数没收。

第六条　凡本省民营土糖经输运出厂，由糖业营运商再行运销时，应由该商缮备发货单同原出厂许可证及原发货单，向经理处或各分处或发证办事处查明销号，给发运销证。连同糖品起运，以凭查核。如该糖业营运商所在地并无前项所述之机关时，得暂由该商自行缮备发货单，连同糖品起运。

第七条　凡舶来糖入口，须由该糖业营运商向经理处领取入口许可证，方准入口，并须将该糖贮入证内所指定之公仓，取回存仓单据。

第八条　经领许可证之舶来糖，存贮公仓时，由公仓将该证缴销发回存仓单据，交该糖业营运商收执。如该糖运销时，由该商向公仓申请领取运销证及附记证，方得提运。

第九条　凡省营蔗糖品运销商（以下简称运销商）运销省营糖品，应依照广东省营产物经理处省营糖品运销规则之规定，其糖品运销规则，由经理处另定之。

第十条　凡国内各省之土制糖品，如输入本省时，须持有该省主管机关之证明书，方得运入，运销时并应遵守本规则第四、第五、第六各条之规定。

第十一条　糖业营运商之进销糖品，须设簿登记之。其簿据得由经理处随时派员检查。

如糖业营运商之属于运销商及大零沽店，其所用糖品进沽货簿，均须向经理处领用。

第十二条　糖业营运商如沽糖在五斤以上，须缮具发货单交给买受人。

第十三条　凡糖业营运商运输糖品出省外者，须由该商先向经理处或所属分处或发证办事处领取糖品出省证，方得报关出口。

第十四条　凡糖业营运商之属于小零沽店者，每次沽售省营糖品不得多过五百斤，其所存省营糖品不得多过一千斤。大零沽店每次沽售糖品不得少过五百斤，但因特殊情形，经经理处核准者不在此限。

第十五条　凡糖业营运商之属于改造店者，其所存省营糖品不得多过一千斤，但因特殊情形经经理处核准者不在此限。

第十六条　凡舶来糖改造之糖品（如改造成糖霜、糖粉、方糖、均白糖、糖浆、糖水等类），其数量超过三百斤者，仍须存贮公仓，运销时依照第七、第十三条办理。

第十七条　凡违犯本规则之规定或所运销糖品与所持证照单

据不符或涂改所领证照者，均作私运论。

第十八条　凡犯私运者，除依照广东全省水陆缉私总处章程将私糖没收充公外，并得按其情节之轻重，科以下列之罚金。

（一）初犯者按照所获之私糖价值十倍以下处罚。

（二）再犯者按照所获之私糖价值二十倍以下处罚。

（三）三犯者按照所获之私糖价值三十倍以下处罚。

若犯私运三次以上者，除照前项处罚外，并拘解省府予以刑罚。

第十九条　糖业营运商或非糖业营运商如买受私糖者，其处罚与私运论。

第廿条　凡私运之处罚及私糖之变卖，概由经理处办理，其缉私充赏章程另定之。

第廿一条　经理处得随时派员协同缉私总处，切实稽查检验，以杜私运。

第廿二条　本规则所定各种证照，其格式均由经理处订定之。

第廿三条　本规则如有未尽事宜，得呈请核定修正之。

第廿四条　本规则自公布之日施行。

修正改善广东糖业统制办法

（一）公开推销　凡属本省糖业商人持有糖业公会证明文件者（由糖业公会之区域或该地商会证明之），均得到广东省营产物经理处登记，缴纳保证金五百元，领取糖业营运证为广东糖业登记商。

（二）糖业登记商运销糖品，不限区域，不限家数，用示普及。

（三）糖业登记商得直接向省营产物经理处购买机制蔗糖运销，惟每家每次出货至少以三十包为度。

（四）糖业登记商出货时，由经理处发给省营糖品发货证，注年月日、货物重量、运往地点，随货运销，以杜流弊。

（五）省营机制蔗糖不敷供给时，糖业登记商得购进洋糖，以应急需。但进口时，须先向经理处报名，卖店名称、糖品种类、价格数量，领取进口许可证，始得完纳关税。

（六）洋糖入口许可证，每担酌收工业建设费一元。

（七）糖业登记商，如欲兼营糖业改造商改造冰糖、均白糖、片糖等，须另缴保证金二百元，领取改造牌照。

（八）本办法施行后，如政府认为未尽妥善时，得随时改订之。

（九）本省糖业缉私办法另订之。

（2）实业部农商工三司会呈稿（4月10日）

查粤省糖业统制一案，上年七月间，迭据该省商民纷请撤销或维持来部。当以该项统制利害如何，本部无案可稽，但在粤省行之已久，官方投资尤多，若骤令撤销，事实上恐多障碍，经咨请粤省府依据官方与农工商兼筹并顾之原则，详细核议，连同一切有关之单行法规，并复查核。又以此案关系税收，经咨请财政部将该项统制与税务之利害关系及如何救济之处，一并核复。当年十一月间，准粤省府咨送修正改善糖业统制办法到部，经以该项办法条文简单，仍属无从查核，经即复请查明补送一切有关法规，以凭查核各在案。兹准咨送本案有关之各项章则到部，职司等会同查核，以为糖业为粤省特有之重要工业，既有省款投资关系，复为蔗农及制运工商之生计所系，且其统制目的，在抵制洋糖，扶植土糖。就政策言，于国家经济不无裨益。核其所送章则，对于蔗农利益尚能顾及，惟于蔗产之改良推广、土糖之改善等事项，原章则尚有未能周密之处，自不妨复请粤省府加以修正补充，以期尽善。独是关于处刑科罚部分，既多与法律抵触，且有侵犯司法独立之嫌。业经参事厅审核明白，本案可否开明本部审核意见，迳呈行政院核示办理，理合检同原咨附各件暨旧卷，签请核

示遵行。谨呈

部长

次长

次长

计呈原咨一件附件五件签注五份旧卷一宗〔略〕

商业司司长张轶欧

农业司司长徐廷瑚

工业司司长刘荫茀　欧阳仑代

二六、四、一〇

（3）实业部致行政院呈（5月5日）

案准广东省政府二十六年二月二十五日工字第三四九七号咨开：现据建设厅厅长刘维炽呈称省营工业管理处案呈，云云。照原咨抄至，相应将原缴各件抄送咨请查照。等由。附抄送糖业营运取缔暂行规则等件。准此。查此案上年八月间，迭据该省农场糖商先后分别呈请撤销统制及维持统制来部，复准钧院秘书处函送该省各糖商呈件，录谕交办各等由，当以该项糖业统制关系重大，经汇案咨请广东省政府，依据官方与农工商兼筹并顾之原则，详细核议见复，以凭核办，并将办理情形于当年十一月三日，以工字第一七六八六号公函，复请钧院秘书处查照转陈。嗣准广东省政府咨送修正改善广东糖业统制办法到部，经以原办法条文简单，无从查核咨复，仍请查照本部前咨，所提原则详细核议见复，并将与该案有关之一切单行法规，一并补送汇核各在案。兹准咨复。据厅核议情形，并检送各项章则前来，所称该项统制系属抵制外糖倾销，于蔗农及工商均属有利，如果撤销统制，将无以遏止私糖之偷运，蔗农及制运工商，均受影响，为害匪浅。各节。似该项统制，尚能应实际之需要。查糖业为粤省特有之重要工业，既有省款投资关系，复为蔗农及制运工商之生计所系，且其统制目的，系为抵制洋糖以扶植土糖。就政策言，于国家经济不无裨益，核其所送章则，对于蔗农利益尚能顾及。惟于蔗产之改良推广、土糖之改善等事项，尚有未能周密之处，自不妨由部指示修正。惟查所订关于掺杂洋糖及无证私运之处刑科罚各条，经核明抵触法律，并侵犯司法独立，殊为失当。准咨前由，究竟该项糖业统制应否准予继续施行，抑如何令饬修正，俾于法律事实而无妨碍之处，关系重要，本部未便擅专，理合抄同本部审核意见及原抄送各项章则，呈请鉴核，令示祇遵。谨呈
行政院

计抄呈审核意见二份

糖业营运取缔暂行规则、糖品运销规则、糖品缉私及给奖章程、修正取缔私糖扶植土糖大纲案、修正改善广东糖业统制办法各一份

实业部部长吴〇〇

审核意见

一、关于事实部份

查上年广东商民纷纷呈请取销糖或维持糖业统制来部，综据其理由，在请求取销方面，略谓粤政府以统制糖业为名，剥夺民生为实。藉口设立省营糖厂，实则以兵舰运返洋糖，抗税渔利，复设处专卖，使全省糖商失其自由营运之能力。又谓植蔗农民被其压制，复禁止商民土制各种糖类，遂致以蔗糖营生之农工商皆被其一网打尽。又谓自统制设立以来，竟向爪哇、香港购买高力度二十四号车糖，几达百万包，试问漏卮往何而挽？又谓省营糖厂附近三十里农民所种之蔗，不准卖与外人，亦不准自制土糖，迫令农民贱价沽与糖厂，每担连运费只给回价值银七毫，不敷血本，各等语。在主张维持方面，则以推行统制可以防止走私及裨益农村为词。兹根据所送各项章则审核如次：关于省当局违法营

私一节，实非统制本身之弊，盖行之不得其人。现在粤局早经更新，此事已成过去。所云压制农民、禁止土制糖类一节，兹查所附章则，对于土制糖类尚留有余地，决无一网打尽之虞。向爪哇、香港购糖一节，该项糖类当系制炼精糖之粗糖供作省营糖厂原料，似无不当。压制省营糖厂附近之蔗农一节，所举各点，此次所附章则未见规定，据推测或系事实，将来亦恐不免其不准三十里内产蔗卖与外人及不准制糖，尚非苛虐，惟糖厂收买之代价过低，确于农民有害，此点应饬改善。关于统制足以取缔走私一节，广东为滨海之区，洋糖走私之风素盛，此项糖业统制，行已数年，究竟成效如何？固无法悬揣，第就来咨所附章则观之，对于取缔私糖已甚注意。如私糖如原封截获，当易处理，如经改装伪充，或以之掺入土糖，则难以识别，必有正确方法证明，方免有误认情事。前者琼崖土糖运沪，曾以被海关认为掺杂洋糖处罚引起纠纷，似于处罚伪充土糖掺杂洋糖办法，甚有周密考虑必要。救济农村一节，取缔私糖以维护本国制糖事业基础于蔗农自有间接利益，惟于蔗产之改良推广、土法制糖之改善（土法制糖原料甚不经济)、蔗农资金之补助、蔗农利益之维护（不压低售价)，当须有相当办法，方可符合救济农村之旨。

总之，统制一事，原应由中央确定政策办理，惟粤省为糖业发达之区，且糖业统制行亦数年，似可准其继续办理，除上述改善诸点外，尚有对于外省糖类输入不当限制过严及推销商人似应以本国籍为准，不必限本省商人，以符商人营业自由之旨，而免经济割据之嫌。

二、关于法律部份

原送糖业营业取缔暂行规则第五条、第十八条、第二十条，均与法规制定标准法抵触，第二十条更侵犯司法独立。

该省省营产物经理处糖品缉私及给奖章程根本抵触法规，制定标准法又侵犯司法独立。

原送修正取缔私糖、扶植土糖而救济农村办法大纲案，与工商同业公会法及法规制定标准法均有抵触，且侵犯司法独立，至于省政府单行规程而有三年以上、七年以下徒刑之规定尤属不合。

广东省营产物经理处糖品运销规则〔略〕

广东省营产物经理处糖品缉私及给奖章程〔略〕

本府议决修正取缔私糖以扶植土糖而救济农村办法大纲案〔略〕

（4）行政院秘书处致实业部函（5月14日）

查第七十二号

本院前据贵部呈为广东糖业统制，应否继续施行，并转送该省糖业营运取缔暂行规则、糖品运销规则、糖品缉私及给奖章程、修正取缔私糖扶植土糖大纲、修正改善广东糖业统制办法，请核示一案，经提出第三一二次院会决议：统制原则应予维持，实施办法及各项章则，召集财政、实业两部审查，并邀司法行政部参加。兹定于五月二十日（星期四）上午九时，在本院前楼第一审查室开会，除分函外，相应录案函达查照。此致

实业部

行政院秘书长翁文灏

魏道明代

中华民国二十六年五月十四日

（5）广东实施糖业统制案审查会议记录（5月20日）

广东实施糖业统制案审查会议记录

一、地址：行政院第一审查室

二、时间：二十六年五月二十日上午九时

三、出席：实业部　陈郁　欧阳仑

财政部　梁敬錞

司法行政部　刘镇中

行政院　岑德彰

四、纪录：吴琨熙

五、审查意见：查广东实施糖业统制，业经院会核定"统制原则，应予维持"。兹谨就统制方法及其章则，加以审查，拟具意见如下：

一、实施统制，应以全国利益为前题，不可取本省自足经济之办法。

二、统制办法，目的既在扶植土糖，抵制外糖，则除舶来糖之外，凡民营糖、省营糖与外省糖，应不分畛域，规定同一之待遇。

三、私糖搀杂或改装，用以伪充土糖，鉴别至为不易，应于章则中作周密之规定，以杜流弊。

四、输入外糖领取入口证办法，不甚妥善，应于可能范围内，由糖业公会组织一总购买机关，统一向外商购糖。

五、民营及省营糖厂，应尽先采用国产原料。

六、省营糖厂对于蔗农，不得压制，章则中应有明白改善之规定。

七、凡属本国之糖业商人，应均可领证营运，不得仅限于广东商民。

八、糖业商领证登记，应报告财政部食糖管理运销委员会驻粤办事处备查。

九、关于私运罚则部份，应依照国民政府二十五年七月四日公布之惩治偷漏关税暂行条例，妥为规定。

十、缉私给奖章程，应查照二十五年财政部所订关海缉获私货给奖办法，妥为规定。

十一、统制章则，对于食糖管理运销大纲及稽查进口货物运销暂行章程，应予顾到。

十二、糖商组织公会，应依照工商同业工会法办理。

以上各点，拟请令饬广东省政府遵照，将各项章则重行修订呈院，再付审查。又该省糖业统制，系由广东省营工业管理处所属之省营产物经理处主持办理，此项机关之设立，尚未经中央核准，拟请并饬迅将组织章程呈院审核。

又此外实业部为统筹全国糖业产销分配，价格调节，并促进其发展起见，拟成立一全国糖业监理委员会，附属于实业部，拟具组织大纲，请并予审查，特并案提出，应否将所拟大纲，再交实业、财政两部审查，并候院会核定。

附实业部所拟全国糖业监理委员会组织大纲草案

全国糖业监理委员会组织大纲草案

一、本委员会以统筹全国糖业产销分配价格，调节并促进其发展为任务。

二、本委员会附设于实业部。

三、本委员会设委员长一人，副委员长一人，委员若干人，秘书一人，事务员二人至五人。

委员长、副委员长由实业部部长及常务次长兼任。

委员以实业部工业、商业、农业三司司长及各产糖区之省政府代表、糖业厂家代表各一人充之，并得由实业部部长指派或聘任专家若干人。

秘书、事务员，由本委员会派充。

四、各糖厂应将购买原料及制造成品计划，于每营业年度开始前二月(每年十月中)，送交本委员会备核。必要时，得由本委员会决定方针，变更其计划，送由实业部采择，饬令遵行。

各糖厂在年度中变更其计划时，亦按照前项手续办理之。

五、各糖厂制品之销路及价格，应按月送交本委员会备查。必要时，本委员会得按照实际情形规定标准，送由实业部采择，饬令遵行。

六、本委员会对于政府政策及全国糖业厂家之营业方针，得向实业部提出意见。

七、本委员会遇有糖业厂家在营业上不遵命令，扰乱市面，应行制止者，应拟具办法，送由实业部核办。

八、本委员会每年十一月中在南京开定期会议一次。必要时，得由委员长召集临时会议。

会议事件并有决议时，送由实业部采择施行；不并决议时，得分录意见，送由实业部核夺。

会议章程，另定之。

九、本组织大纲自公布之日施行。

〔国民政府实业部档案〕

8．实业财政等部关于扶植国产糖厂的有关文件

（1937年4月21日—5月7日）

（1）财政部致实业部密咨（4月21日）

财政部密咨　第37370号

案准咨开：据广西糖厂代表黄旭初等密呈请补助炼糖每担三元一案，咨请核复，等由。查事关振兴实业，扶植国产糖厂，本部亦表同情，惟所称每年炼糖数量十六万九千吨，未必过多，实际上必难达到。且原送炼糖标准计算书自称炼糖一担亏洋二元五角三分，则国库补助最多之额，自亦只能以其所亏者为限，并应酌定补助期限，以策其速求自立。拟将每年炼糖补助额定为最多一百万担，每担补助国币二元五角，暂以二年为补助期间。惟事关动支国币，似应提请行政院会议公决。兹拟就提案稿，一并送请查照。如荷赞同，即希见复，以凭会衔办理为荷。此密咨

实业部

附提案稿二份

财政部长孔祥熙

政务次长邹琳代拆代行

中华民国二十六年四月廿一日

密提案

为机制国糖厂提炼原糖，请予补助一案，请公决事。案据广西糖厂代表黄旭初、广东糖厂代表刘维炽、山东溥益糖厂代表袁良等呈，略称：吾国目前机制国糖厂，只两广有七厂用甘蔗制糖；山东溥益一厂，则用甜菜。因限于甘蔗、甜菜收获时期，故一年之中，工作不及百日。现拟于榨制甘蔗、甜菜期间以外，购入爪哇原糖，加以提炼。合八厂机器能力，日能炼糖八百四十五吨，以全年工作二百天计，共可炼糖十六万九千吨。以免机器生锈，及停工时应耗管理费用，惟提炼原糖，每担须亏二元五角三分，拟请援英、日各国补助先例，每担补助三元，工业既可发达，农村亦可救济，而原糖进口数量既加，关税亦可激增，国计民生，均有裨益。等情。查食糖为人生日用需要品，吾国只因种植制造，均尚幼稚，致糖品几全仰给外国。据最近三年海关贸易统计，每年进口糖估值实达三千万元左右，居入超品中之重要地位。漏卮之巨，实可惊人。近年食糖进口税则提高，国内土糖以及机制糖厂，始逐渐发达。计粤省现有机制糖厂六所，资本共为二千二百余万元，分设于揭阳、新造、市头、顺德、惠阳、东莞等处，种蔗地亩，达四万五千余亩。广西糖厂位于该省之贵县地方，资本为二百万元，种蔗面积为四千余亩，此七厂均因两粤气候较暖，宜于用蔗，且均系官办。鲁厂（即溥益糖厂）则设于济南，资本二百五十万元，系属商办，因北方天寒，宜于种植甜菜，其种植面积为五千亩，均置有新式机器，计合八厂机器能力，每日可炼糖八百四十五吨。粤桂各厂二十五年产糖数量均较二十四年增加四分之一。东莞、市头糖质最佳，堪与洋糖相伯仲，溥益糖厂虽迭经战事，损失不赀，而年来努力经营，蒸蒸日上，产品较二十四年加增约二分之一，此数厂均为吾国仅有之机器新式糖厂，既日有进步，似宜更加以奖掖。

且查制糖原料，无论为甘蔗、甜菜，均受气候天然限制，故每年于榨制之余，必当提炼原糖，以资周转。此在先进各国固皆不免，但原糖购价，较诸精糖，每担相距仅一、二角，进口税则既属相同，加以转运、提炼、折旧、人工、煤炭等费，据专家估计，每担平均恒在二元四、五角之谱，故若国家不予补助，则原糖提炼事业必至无人问津，而各机制糖厂，亦必逐渐亏蚀，以至于停顿倒闭地步。明知此种炼糖，不过为加工制造，究非完全国产。但值此糖业幼稚，正在过渡时期，则适应当前环境，不能不因时制宜，以免陷于绝地。查提倡制糖事业，本实业部早经计划，且以利用外来原料自行设厂制炼之治标办法为入手步骤，并曾拟议奖励人民办理。兹据该厂等来呈，核与原定计划相合，自应仰体院长扶植工商业至意，详加考虑。惟呈中所称，全年可炼糖十六万九千吨一节，既系指八厂开足马力，年以二百天为提炼工作时期，而机器马力不可镇日开足，以防危险，且每年除榨制甘蔗或甜菜日期外，只有一百天或一百五十天可以炼糖，(因机器常须折卸修洗，即该厂等原呈，亦称或为一百五十天也)故其数量自应核减。又所呈送之炼糖标准计算书内，自称炼厂一担，亏洋二元五角三分，而据专家复核，则于成本之加，加以管理监督费用，亦只及二元四、五角。虽日后糖价低落，所亏或将稍高，而目前总不至亏耗三元之多。且补助炼糖既为过渡办法，亦应酌定期限，以促进该厂等于短期中亟求自立。

兹经会同商酌，拟请将补助该厂等全年炼糖额核减为一百万担（如不及百万担时，应按实炼厂数目计算），并将原请每担补助三元之数，减为二元五角，计每年最多只补助二百五十万元（不及原请额四分之一），暂以两年为补助期间。庶于奖进工业之中，兼寓慎重库币之意。至关于监督分配等事，统系本案核定后，分饬主管员司，切实督察，依法管理，以期周密。是否有当？理合抄同原呈及原附件，密请公决。再本财政部于二十四、二十五年间，因两广糖业亟待扶持，且彼时该两省环境特殊，故曾准其购入原糖，广东在四十五万公担以内，广西在十万公担以内，得半税记帐，计已记帐运入二十二万余公担，欠税二百余万元。倘此后照案续运，尚有三十二万余公担，半税记帐尚需三百余万元。现本案如蒙核定，则记帐原案，自应予以撤消。合并声明。

实业部部长吴鼎昌
提案人财政部部长孔祥熙
政务次长邹琳代

呈为恳请扶植机制国货糖业，特予补助，以期发展，而杜漏卮事。窃查吾国目前机制国货糖厂，只有广东之新造、顺德、市头、揭阳、惠阳、东莞，及广西之贵县、山东之溥益制糖厂等，共计八厂。其两广之七厂，系以甘蔗为原料，而山东之溥益，则以甜菜为原料。当此私货充斥，外糖倾销至烈之时，该八厂等因限于原料收获时期之故，仅能于每年冬季开始制造，至春即止，一年之中，工作不及百日余，均停息，因此不特出品无多，难言抵制，即对于本身最重要之业务，如改良甘蔗、甜菜等之种植、专门人才之作育、正当业务之扩充等计划，亦均无力更谋进展，故各厂虽皆成立有年，大量投资一考其实，莫不在困苦挣扎之中，似此情形，而欲望吾国糖业之振兴，以与外货相角逐，自难期待，坐令外糖进口日增，每年漏卮愈巨、金钱之流出，将不知伊于胡底。是以本厂等苦心焦思，以为宜利用八厂机制之能力，使于无甘蔗、甜菜可供制造之停工时期，购入爪哇原糖，加以制炼，作业日期定为二百天或一百五十天，籍此增加糖产，抵制外糖。一面待以改良原料，谋国糖根本之发展。合八厂机器之力，每日能炼原糖八百四十五吨，以全年工作二百天计算，共可提炼原糖十六万九千吨。惟所需原糖须购自爪哇古巴等处，价值既昂，运费又巨。而每一担更须完纳海关税及附加税十三元三角有奇，再加制造等费，故提炼原糖百斤，至少须亏两元五、六角。若将来糖价低落，所亏更不止此。故粤、桂糖厂年来购入原糖，均请准暂按半税记帐，以示扶植。此项欠税，若久假不归，则损及国币；若日后清偿，则糖厂仍是亏蚀；若请特予优待减轻关税，又恐牵惹外交。是以思维再四，以为两全之道，惟有请援英、日各国补助该国糖厂先例，每担特予补助国币三元，俾得尽量制炼，则不特各厂于停工期内，可省裁减员工之烦，免机器生锈之虞，而其所裨益于国计民生者，实至重大。兹请分别陈之。

（一）内政方面　各厂全年开工，则失业工人自可减少，而兼以繁荣农村。

（一）实业方面　糖厂日益发达，国糖产量增进，可以自给自足。

（一）交通铁道方面　譬如十六万九千吨之原糖运往两广、山东，制炼成精糖后，分运转销各埠，则较之洋糖由沪运销各埠者，轮路方面，均可多得往返之运费，其数极巨。

（一）教育方面　可藉以实际训练制糖人才员工，经验与学识并进。

（一）财政方面　按八厂机器能力，全年能购用十六万九千吨原料糖，供其制炼，迨炼成出售时，政府纵每担补助三元，支出之数，亦不过一千零十四万元。查二十五年海关报告书，全年进口洋糖共约十五万八千吨，计仅收关税三千四百七十余万元。二十四年亦仅收二千七百六十七万元。现此项计划如蒙采纳，则专视本厂等所购原糖税款一项而言，已有三千七、八百元。若再加以每年进口固有之太古、日本、爪哇之糖类进口税则，糖税之激增，总至一、二千万元上。如渭十六万九千吨之数，系仅就本厂等每年炼糖最高额而言，恐实际上不能达此数。不知政府补助既系按担计算，则炼糖之量既少补助费，自亦随之递减。否则华北走私日益猖厥，长此以往，此后糖税恐将更形短绌，倘本厂等之请求，果能见诸实事，则以后之糖关税，必较二十五年之三千四百七十余万元，为有增无减，可以断言也。

依据上述所扶助各糖厂者，尤其小而所以杜漏卮，裕收入惠农工，广作育者，其效用实大。在各厂方面，仍须力行整顿厂务，改良农事，储备人才，添设新厂，冀以后可以自给自足，进而为巨量之输出，此本厂所苦心焦思，为吾国糖业前途计，而欲有所贡献者也。为此附具各厂机制能力表及炼糖标准预算书，合词仰恳补助。夙仰钧部裕国阜民，提倡实业，用特披沥直陈，敬乞俯允所请。在各厂制炼期内，政府可派员驻厂监视，所制之糖，经驻厂员签字后，即许持向国库支付现款，以昭核实，而资便利。再各厂所购原糖，既照章一律完纳关税，与裁厘加税原案并无抵触。而补助本国工商业乃另为一事，与税则无干，各国均有先例可援，外交上自更无问题，合并陈明。除分呈实业部外，谨密呈财政部

附呈各厂机制能力表及炼糖标准预算各一件

山东溥益糖厂代表袁文钦

寓上海辣斐德路一二八八号

广西糖厂代表黄旭初

广东市头、新造、揭阳、顺德糖厂代表刘维织

广东东莞惠阳糖厂代表黄江泉

各厂每日制炼原糖能力表

新造　一百吨

市头　一百吨

顺德　二百二十五吨

揭阳　五十吨

惠阳　一百吨

东莞　一百吨

广西　五十吨

溥益　一百二十吨

以上共计每日可制炼糖八百四十五吨，作业日期以二百天，共计为十六万九千吨。

每日一百吨制炼糖标准预算书

十四号原糖海口交货，每旧担荷币三盾八十仙荷汇五三。二五，计国币七。一五元，此行市照现在粗砂白每担四盾推算。

进口税十四号原糖进口税每百公斤八。八〇金单位，加附税十分之一，共计九。六八金单位@二。二八元，计二二。〇七元，每担计一三。三三元，即每担原糖海口交货二〇。四八元，原糖由海口运至制造厂，每担平均〇。五元，故原糖厂内交货每担二〇。九八元。

支出项下

（甲）原糖一〇〇公吨，即一六五三担，二〇。九八元，计三四六七九。九四元。

（乙）制造费

详细列下：

（一）煤	五〇吨@	一八〇〇元	九〇〇。〇元
（二）石灰石	一六吨@	二。〇〇元	三二。〇元
（三）焦炭	二吨@	三〇。〇〇元	六〇。〇元
（四）硫黄	三〇〇斤@	〇。二〇元	四〇。〇元
（五）机器油	一〇〇磅@	〇。一一元	一一。〇元
（六）汽缸油	四〇磅@	〇。一八元	七。二元
（七）电机油	一〇磅@	〇。三二元	三。二元
（八）黄牛油	六磅@	〇。二五元	一。五元
（九）棉纱	六磅@	〇。一二元	〇。七二元

（十）滤布　三磅@　　　一．五〇元　　　四．五元

（十一）蒲包一一六三套@〇．一七元　　一九七．七一元

（十二）藤条四六五斤@　〇．二〇元　　九三．〇元

（十三）工资　　　　　　　　　　　　　一二〇．〇元

（十四）管理费　　　　　　　　　　　　四〇〇．〇元

（丙）营设费每担一．四元，一五七〇．三五担，计二，一九八．四九元。

（丁）利息　　　　　　　　　　　　六四〇．〇〇元

共计支出　　　　　　　　　三九，三八九．二六元

收入项下

制炼糖按原糖百分之九十五计算，原糖一六五三担，可出精糖一五七〇．三五担。

一号糖百分之四十八，计七九三．四四担@二二．五计一七八五二．四元。

二号糖百分二十六，计四二九．七八担@二二三，计九五八四．〇九四元。

三号糖百分之十六，计二六四．四八担@二二．一，计五八四五．〇〇八元。

四号糖百分之五，计八二．六五担@二一．九，计一八一〇．〇三五元

共计制品收　　　　　　　　三五〇九一五三七元

附注：制品行市照上海东八号现市二三．〇〇元，减低五角。

废蜜百分之七，计一一五．七一担@一．〇〇，一一五．七一元。

合计收入　　　　　　　　　三五二〇七．二四七元

收支相抵净亏洋　　　　　　四一八二．〇一三元

折合每制炼原料糖一旧担须亏洋二元五角三分，但此数系以目前市价为根据，一旦实行，则进口之洋糖必跌价以相竞争，亏

折之数，当不止此。

（2）行政院给实业部训令（5月4日）

行政院训令　字第五—2549号

令实业部

本院第三一一次会议，据该部会同财政部提议，补助机制国糖厂提炼原糖办法，请公决一案。经决议：原则通过，数量交财政、实业两部商定。除分行外，合行令仰该部知照。此令。

中华民国廿六年五月四日

院长蒋中正

外交部部长王宠惠代

（3）实业、财政两部致行政院密报告（5月7日）

密报告

为报告事：奉钧院五—2549号令开：本院第三一一次会议，云云，照叙。合行令仰该部知照，此令。等因。兹经两部会同商定，拟将补助各该厂炼糖总数定为三百万担，第一年一百二十万担，第二年一百八十万担，以二年为限，以示提倡。并由财政部按照粤厂先例，派员驻厂切实稽核，以昭核实。理合缮具报告，敬候鉴核。谨密呈

行政院

中华民国二十六年五月七日

〔国民政府实业部档案〕

七、水泥工业

1. 实业部关于工商会议提议设立国产水泥公司案致各省政府咨

(1931年3月)

实业部咨　工字第八〇〇号

为咨行事：查去岁全国工商会议，江苏省政府、贵省政府提议，拟请设立国产水泥公司以供建设之需一案，当经大会议决：先设法维持民营各厂，俾增加发达或联合营业，以杜倾轧而厚实力，纪录在卷。查由国家设立规模宏大水泥公司，际兹财政支绌，一时似未易筹办，而先就现有各厂联络营业，以厚实力，藉谋生产之增加，自属目前救济办法。相应根据议决案，并附抄原提案一件，咨请贵省政府查照办理为荷。除分咨外，此咨

江苏、广东、河北、湖北、山东，各省政府

附抄原提案一件

中华民国二十年三月　日

工商会议提案

拟请设立国产水泥公司以供建设之需案

提案者　江苏省政府

理由

现值建设时期，各省所需水泥为数至巨。查中国水泥厂之设，仅唐山、广东、龙华、龙潭、大冶、太湖、山东七厂，而广东、大冶、太湖各厂均因时局影响，先后停顿，现存唐山启新洋灰厂，年产约一百八十万桶，龙潭中国水泥公司年产八十余万桶，龙华上海水泥公司年产四十余万桶，青岛山东水泥公司年产数万桶，合计每年出产能力不过三百余万桶，较之各国每年水泥产额，美国一万七千万桶，德国四千七百余万桶，英国二千四百余万桶，

日本二千余万桶，相差之远，岂可以道里计，况当建设伊始，如铁路、市政、水道、电杆等等需要，以言国产供宁应求。先总理实业计划，主张以二万万元兴办水泥事业，概以此也。本此理由，拟请由中央择原料丰富交通便利之最适当地设一规模宏大之国产水泥公司，以应未来之需。为防止外货竞争起见，对于舶来水泥举行屯并税，以谋抵制，所有办法，列举如次：

一、先将现有各厂联络合并，改为官督商办。概唐山、龙潭、龙华各水泥公司，近因外货压迫及有互竞争，均有不能支持之势，故非政府收归官商合办，统一销路，划一市价，势难维持现状。

二、调查广东士敏土厂及大冶启新公司无锡太湖公司，速令恢复营业，就原有规模，由政府扩充新股，因势利导，便收速效。

三、现在南洋华侨各受所在地政府之排斥，复鉴于祖国产业之衰落，均有投资兴办国内实业之趋向，政府宜利用时机，吸收华侨资本，调查国内水泥原料最丰之地，设一规模宏大之水泥公司，利广而用宏，此事诚轻而易举也。

四、各厂合并，其资产仍为独立，以免纠纷。不过联合营业，于产额之调剂可免无谓之竞争，一面力求改良，减低成本，俾收良好之效果。

五、增加外货进口税。关税自主之后，对于外货输入，自可视国内之需要与否而增减税律。水泥一项，我国既图振兴国产，则对于外货入口，亦实有增税之必要。查日本水泥进口，每桶收日金九角，我国现只收银二钱四分三厘，相差几至二倍。故为关税收益并防止竞争计，我国对于外货进口，亦应改为关银七钱左右，以示平允。

六、举行水泥屯并税，以防外货之竞争。查日本水泥在其本国每桶售银四两〇六分，运至中国，每桶须加关税运费一两一钱七分，似须售价五两二钱以上，方合沽本，乃其售价为二两八钱二分。此种贬价出售，在美国谓之屯并政策，是以本国剩余货物，故意贬价输往他国，用以摧残他国之实业。各国政府对于此种含有屯并性质之货物，均有另征屯并税之规定，以资救济。概屯并税不受海关税率之束缚，现查日本水泥每年输入仅六十万桶，然国产水泥所受打击，已属不少，若非预设此种税目，将来我国大举建设需要增加，徒为外货造机会，国货水泥将无立足之余地矣。

以上各节，是否可行，敬祈公决。

〔国民政府实业部档案〕

2．河北省政府主席王树常关于调查水泥工厂致实业部的咨

（1931年7月29日）

河北省政府咨　字第761号

为咨行事：案查前准贵部咨以全国工商会议江苏省政府提议，设立水泥公司一案，咨请联络现有各厂以厚实力等因。准此。当经令行实业厅天津市政府查核办理在案。兹据实业厅呈称：查本省水泥工厂只有唐山启新洋灰公司一处，欲与他省工厂联络，以厚实力，自应先将该厂内容调查清楚，以为入手办法，当将应行调查事项开列清单，并抄同原案，令行唐山工厂监察员郭绍裔前赴启新洋灰公司详细调查，去后。兹据该员将调查事项开列清单，并检同该公司章程呈报前来，理合照抄清单连同章程呈请核转施行，等情。附呈启新洋灰公司内容清单一件，章程一本到府。除指令外，相应检同章程，抄具清单，咨请查照办理为荷。此咨

实业部

计检送章程一本

抄送清单一件

主席王树常

中华民国二十年七月廿九日

启新洋灰公司调查事项清单

一、组织章程

附呈重订章程一册

一、历年营业状况

查民国十五六年均因铁路乏车，运输阻滞，不能齐销，遂致亏耗。十八九年营业微有盈余，惟二十年统税实行，成本加重甚巨，此后营业如何，尚无把握。

一、历年出产额

约八十万至一百七八十万桶。

一、制造方法

先将棉石碾成碎块，以化学成分掺加沙土运送磨内，碾成细粉，送入大窑，烧成灰块，再将灰块内加石膏少许，用提运斗送入球磨及长磨内，磨成细粉，即成洋灰。

一、资本额

股额一千四百万元，先招一千三百零八万一千九百八十元。

一、公司股东姓名

姓名烦多，难以备举，曾经造册送实业部。

一、销路

运销东三省、河北、山东、江苏、福建、浙江、广东等省，有时销至南洋群岛。

一、原料之来源

唐山左近

一、其他可供查考之资料

无

启新洋灰股份有限公司重订章程〔略〕

〔国民政府实业部档案〕

3. 实业等部办理中华水泥厂请撤销广东省水泥统制案有关文件

(1934年9月—1937年4月)

(1) 中华水泥厂联合会致实业部呈(1934年9月6日)

呈为广东省政府厉行水泥统制办法，禁用各牌水泥，吁恳咨请取消，以昭公允事：

窃水泥为建筑必需之品，往昔国中未能自制，以致舶来之品，充斥市场。自前清季年，始有天津启新洋灰公司之马牌洋灰，及所管华记湖北水泥厂之塔牌水泥，近数年来又有华商上海水泥公司之象牌水泥、龙潭中国水泥公司之泰山牌水泥，及广州西村水泥厂之五羊牌水泥；同为国产水泥，一经完纳统税，例得通行全国，一任人民自由购用，即在属会会员各公司，方相约一致对外，互相提携，力戒同室操戈，授外人以渔翁之利。乃本年七月，据报载广东省政府饬由建厅拟具水泥统制办法，凡机关建筑及人民建筑达万元以上者，必须用五羊牌士敏土，其未经准许入口之水泥，概不准在省内行销；一面对于各牌水泥，即一律停给入口允许证。历据各会员公司分销商人以此后无法推销，纷纷转报前来。伏念世界各国，苟属订有商约之国，其货品转运进口，但能照纳关税，亦无不准销售之理。何况广东一省，同隶中华民国，且为革命发源之地，开全国风气之先，乃除省营五羊牌外，对于马牌等水泥，一概不准销售，似此歧视国货，贻笑外人，似出情理之外。经此限制，嗣后马牌等水泥，皆将绝迹于广东市场，与财政部统一税政，大部提倡实业之意，未免背道而驰，而于中央统税收入，影响亦巨。查该省建厅原文，以舶来货品原料恶劣，价格低贱，影响五羊牌推销甚大为言，未尝不持之有故；但不能将国产他牌水泥，一概以未经化验及格，含糊抹煞。如为保护五羊牌销场起见，应奖令推销全国，不应限于广东一隅，而粤中人民自由购用之权，亦不应完全剥夺，坐令五羊牌水泥，以无比较而少进步，为发展省营事业起见，似亦非计。况化验是否及格，不能托诸空言，马牌、塔牌、象牌、泰山牌水泥，皆历经专家化验，成色优良，较之欧洲各国最高之货，毫无逊色，久有定评，尽可由大部调取该省五羊牌水泥，连同属会会员各公司各牌水泥，由中央一体重行化验，详加比较。如或未能及格，即他省亦当在禁销之列，岂独广东一省；如其并无不及格处，则广东与各省，同属中华民国，五羊牌与马牌等，同为国货，岂容故为歧视。且按照统税条例，一经完纳统税，即准行销全国，概不重征其他税捐。而马牌等水泥运往广东，每桶须另缴大学捐国币九角，长途电话费四角五分，并须领取进口允许证，较之五羊牌，已未能一视同仁，属会会员各公司向来一致服从，未敢异议，对于广东省政府，实已委曲求全，格外报效，今又限制销售，使无复推销余地。广东省政府此项现行办法，倘中央漠然坐视，有同默许，万一各省相率效尤，则国中实业、中央税收，岂不同归于尽，关系重大，思之寒心，迫不得已，惟有吁请大部转咨广东省政府即日取消水泥统制办法，以昭公允。如恐货品成色不符，有碍建筑，应请大部调取全国国产各牌水泥，遴选专家，汇总化验，揭示全国，庶为正办。若仅就一省之中，横加限制，非但有碍实业之发展，亦复有伤政体之统一，属会会员各公司局天蹐地，呼吁无门，不得不仰赖中央之救济。除分呈财政部外，理合呈请钧部俯准转咨，实为公便。再广州西村士敏土厂，因系官办，并未加入属会团体，合并陈明。谨呈

实业部部长陈

具呈人　中华水泥厂联合会印

住址　上海四川路三十三号

中华民国二十三年九月六日

（2）广东省政府致实业部咨（1934年10月4日）

广东省政府咨　建字第3692号

案准贵部工字第一零六一三号咨，以据中华水泥厂联合会呈请转咨取销水泥统制办法一案，抄附原呈，嘱将水泥统制办法检送核办，等由。案查前据本省国货推销处呈称：现据职处士敏土部主任何仲明签呈称：窃查广东士敏土业，自政府经营后，发展迅速，成绩斐然，然年来社会不景气，建筑日渐减少，加以外货伺机倾销，私运日多，五羊牌士敏土之销售数量，不无影响，基此种种原因，非速谋补救实行统制政策不可。然就士敏土业之既往及现在情形观察，亦可断定统制实行之期已届，况西村士敏土厂不久新机安装完竣，出土倍增，斯时情形必更为复杂。若统制实施，推销方面，自然较易，而对于倾销与私运，抬价与垄断，取缔防止更易为力也。本部负士敏土推销全责，职务所在，对于根本改善办法，时刻在研究中，兹经长期考虑，特拟具根本办法纲要。又根据所议根本办法，详拟统制章则，以备采纳施行。等情，据此。查所称各节，尚属实情，所拟根本办法纲要，及统制章则，亦属可行，兹据前情，理合备文连同该统制士敏土章则等，呈缴钧府察核，恳予提出省务会议通过施行，实为公便。等情，附呈统制士敏土章则一本，到府。业经提出本府第六届委员会，第三二零次会议议决：交胡李两委员审查。嗣准胡李两委员将该章则分别修正签后，复经提出本府第六届委员会，第三二五次会议议决：准照修正备案，暨录案令饬遵办，并着布告周知，各在案。兹准前由，相应将本案办理经过情形，并抄录修正统制士敏土章则一本，随文送达，烦为查照，足纫公谊。此咨

实业部

附抄送修正统制士敏土章则一本〔略〕

主席林云陔（印）

中华民国二十三年十月四日

（3）财政实业二部致行政院会呈稿（1934年12月22日）

案查前据中华水泥厂联合会分呈，以广东省政府厉行水泥统制办法，禁用各牌水泥，销售困难，恳予咨请取消，以昭公允。当经分别咨请广东省政府饬厅查明办理，暨检送该项水泥统制办法，以凭核办，并批示在案。嗣准广东省政府咨到修正统制士敏土章则一本，经会同审核该章则内容，显系以排挤其他各省市国产水泥在粤行销为主旨。查国人经营工业，其出品自可销行全国，任何省市不能有所歧视，况既经国家征收统税之后，更不得施以禁阻或限制。该省所订各项章则，对于非该省所产水泥，概视为舶来品，施以禁阻，并指为私泥私运，加以缉捕及处罚。此种办法，严以一省为范围，既违统税定章，且碍国内工业之发展。理合抄同中华水泥厂联合会原呈，暨广东省政府原咨，并修正统制士敏土章则一本，会同呈请钧院鉴核，令饬广东省政府从速取消该项办法，以维国产水泥在国内自由营运之原则，实为公便。谨呈

行政院

计抄呈中华水泥厂联合会原呈一件〔略〕

广东省政府原咨一件〔略〕

修正统制士敏土章则一本〔略〕

财政部长孔〇〇

实业部长陈〇〇

中华民国　年　月　日

（4）行政院给实业部训令（1936年11月10日）

行政院训令　字第六六七四号

令实业部

案据中华水泥工业联合会呈请令饬广东省政府撤销统制水泥

办法，并制止非法扣留入境水泥以维实业而昭统一等情。据此。除令饬广东省政府将该办法从速取销并迅将扣留入境水泥放行暨批示外，合行抄发原呈，令仰知照。此令。

计抄发原呈一件

中华民国二十五年十一月十日

院　长蒋中正

抄原呈

呈为吁恳令饬广东省政府撤消水泥统制办法并制止非法扣留入境水泥，以维实业而昭统一事。窃自水泥统税条例公布实行以来，所有国产水泥依法均得于完纳统税后运销全国，通行无阻。惟广东前省政府近数年来自为风气，始则于国产水泥入境任意重征，嗣复变本加厉，制定水泥统制办法，对于运粤之各牌国产水泥，禁止人民自由购用，及商号自由运销，前经中华水泥厂联合会呈明实业部，蒙于去年一月间会同财政部呈奉钧院令饬粤省取消是项统制在案。乃广东前省政府弁髦法令，抗不遵行，似此倒行逆施，无非为偏袒该省所营西村水泥厂起见。该厂既免附捐，亦无统税，凭藉官方，垄断市场，属会各会员公司呻吟于粤省专制威力之下，痛苦实深，今幸蒙承中央政府澄清粤省政治，派员整理该省财政，前项苛捐特例，自当首在撤废之列。属会爰于本年八月间分呈财政、实业部暨广东省政府，请将粤省前订水泥统制办法及大学捐、电话捐一体撤销，俾国产水泥得与省营水泥，于中央法治之下享受同等待遇。嗣奉九月十一日财政部税字第一零七一四号批开：呈悉，应候咨请广东省政府转饬建设、财政两厅分别将水泥统制办法及大学捐、电话捐克日取消，以符税制，仰即知照，此批。等因。方幸数年所受非法摧残之痛苦得以解除。乃接奉九月三日广东省政府审字第一六五号批开：呈悉，仰候令行建设厅查明议复，再行核夺，此批。等因，奉令之下，正滋惶惑，不料近又据运销水泥商人汕头通安公司报称：最近由津沪运至该地之国产水泥一万八千包，广东省营产物经理处以无入境许可证，电令汕头分处扣留，现奉分处令饬遵照商人依法运销水泥，横被扣留，殊难甘受，且攸关血本，务祈代为申请放行，等语。夫属会所请者乃已奉钧院去年令饬该省遵行取消，复经最近财政部咨请饬行之案，广东省政府当无查核歧议之余地。今统制办法施行如故，而省营产物经理处复以未经领得许可证，擅运入口为词，辄将依法行销之国货，横施干涉，任意扣留，不特运销商人无端被阻，突受意外损失，即属会各公司出品因遭受排斥，仍将无法推销，其影响中央政令之统一统税之收入，尤非浅鲜，弊害所及，何堪设想。再查广东省营西村厂出品，多系就地行销，无长途辗转运输之损失，是其优越地位，决非由他处输入之水泥所能与之颉颃。纵使该省取消统制苛例，未曾不能保持其特殊之地位，则又何必使该项苛例不即彻底革除，而令商民完税之货品，毫无保障，国家政令之推行失其效用，属会各公司频年受各地不景气之影响，出品滞销，艰苦万状，若复格于苛例，货不畅流，益将难于维持。为此，迫不得已，披沥上陈，吁恳钧院令行粤省饬遵中央法令，迅予撤消水泥统制办法，并制止该省非法扣留入境水泥，以维实业，而昭统一。不胜屏营，待命之至。谨呈
行政院院长蒋

具呈人中华水泥工业联合会
上海江西路四〇六号三一八号房

（5）行政院秘书长翁文灏致实业部函（1937年3月13日）

本院据广东省政府呈复，奉令取销水泥统制办法，兹拟具办法两项：（一）对外不声明取销统制；（二）对内实行取销局部统制。庶于维护国产水泥，及防止外泥倾销，两有兼顾，请鉴核示遵等情一案。奉院长谕：交实业、财政两部核复。等因。除分函外，

相应抄同原呈，函达查照。此致

实业部

计抄送原呈一件

行政院秘书长翁文灏(印)

抄原呈

案据广东建设厅厅长刘维炽本年二月十六日呈称：省营工业管理处案呈据省营产物经理处二十六年二月九日呈称：为呈复事，现奉钧处二十五年十二月三十一日总字第一五八号训令开，奉建厅发下，奉广东省政府本年十二月十六日审字第二九八二号训令开：准实业部咨复请饬厅查遵撤销水泥统制，院令核议办法暨对于入境水泥所征之大学捐等项一并撤销。一案，并奉审字第五三八号训令开：准实业部咨转上海中华水泥工业联合会，请撤销粤省水泥统制案。各等因，分令到厅。查此案前奉广东省政府本年十一月二十一日审字第一六七二号训令，到厅，经由厅令饬该处于本年十二月五日呈复，以汕头分处扣留通安公司等之水泥，经已放行，等情。正核办间，复奉令前因，在部院以前饬取销水泥统制之令，与咨送提议书，仍主维持原案未符，更恐其他各省起而效尤。而在本省士敏土统制办法推行已历两年，近日产量行将增加，就目前状况及应付将来趋势，一旦外货涌入，供过于求，价格从而低落，营业上受重大之影响，似不能不仍予继续维持。惟事关国内经济与本省士敏土统制根本问题有极大关系，亟应由该处会同将先后指饬事理，并案悉心拟议，详细呈复，以凭核转，除分令外，合将现奉训令两件抄发，令仰该处即便遵照，此令。等因，计抄发。现奉训令两件，奉此遵查广东省营工业出品，以士敏土为大宗，前以外泥倾销影响，未能发展，为设法补救，使生产、销费两足相抵起见，乃不得不于二十三年实施水泥统制之策。施行以来，本省水泥前此饱受外泥侵销之困苦，渐告昭苏，未始非省营工业前途之福。然综加检核，西村士敏土厂，每年产额约八十五万桶，销额约六十万桶至七十万桶，供求比较，尚难适合。现查新机完成在即，每月产额可望增加三万六千桶，全年产额统计有一百三十万桶，即使省内承销商人全数销足八十六万桶，尚余四十余万桶，仍须尽量设法推销，似此生产过剩，端赖政府迅予设法维持，若任令国外水泥来粤倾销，则省营水泥之崩溃，益将不可收拾，即国内水泥无限制来粤竞销，贬价争夺市场，亦必至两败俱伤，欲求两全，只有与国内水泥工业联合会妥商合作之方，互相谅解，始克有济。兹谨将其主要理由分陈如此：(一)本省省营水泥，每桶定价九元，伸合大洋为六元，如运赴上海，须加运费大洋七角五分，合为六元七角五分。本国水泥公司水泥在沪售价为大洋六元八角左右，相差不远，各不相侵，价自稳定。如一旦取销统制，则外泥及国产各牌水泥势必纷纷入口削价竞销，省营水泥销额受此影响，当然日见减少。彼时欲图补救，除在本省跌价外，其唯一之出路，只有跌价，向沪、津、汉等处倾销，以求生存。则沪、津、汉等处水泥市价，自必暴跌，其结果徒为外泥造机会，固非政府复兴本国工业之本意，亦非华北、华中各水泥厂所愿闻。此不能不请维持者一。(二)数年来，香港、澳门、青洲水泥厂，以日泥每麻包售港币一元，向港澳倾销，曾经一度停闭，倘本省实行撤销水泥统制，香港、澳门、青洲水泥厂必将筹备，全部复工，同时日泥、海防泥亦必利用运输便利，货价低廉，大举向本省倾销，省营水泥固有首当其冲，而国产水泥来粤推销之计划，仍无法实现，最后省营水泥及国产水泥必两受其害，而为外泥所打倒。此不能不请维持者二。(三)本省统制施行期内，国产水泥虽同受限制，仍可改向别省推销，原不必限于粤省。惟在粤省言之，国产水泥则取销统制，于外泥则仍予禁阻，外商自必藉口要求同等待遇，故熟思审处，利害相权，仍不得不对外维持统制字样，庶可杜绝外泥之入境倾销，对内则采取合作办法，以求互相协调。此不能不请维持者三。(四)统制办法最近各国多有行之，有绝对施行统制者，有相对施行统制者。苏联在施行第一、第二期五年计划时，即施行绝对统制政策之国家。最近英国对于其殖民地之某一部，认为易受外货侵略，于经济发生影响，即对于某一部份货物之输入，施行统制。如英国本为棉织品之先进国，现以日本棉织品价格低廉，即对于棉织品施行统制，以防止日货之侵入倾销，最为显著。在列强方面，国力雄厚，虽有他国之反对，亦所不顾，吾国则因受不平等条约之束缚，虽有种种不利于吾国之条款，与事实然亦无可如何。今本省施行水泥统制政策，行之已有年所，结果非惟无害于民，且有益于国计民生者极大，似应继续维持，未便加以废止。此不能不请维持者四。基上理由，可知本省水泥统制纯为对外贸易政策，维护省营工业，并无垄断之意，设法维持自不容缓。所有本省未能撤销统制缘由，历经呈报省政府建设厅，并经奉令饬知，维持统制办法业予提交省务会议议决通过，有案。奉令前因。除与国内中华水泥工业联合会会商，采合作办法，于最近期内酌运若干万桶，来粤推销，使对于国产水泥无形取销统制，以资救济外，理合备文呈请察核，迅赐呈请建设厅转呈广东省政府，分别呈咨行政院及实业、财政两部，仍准维持原案，免予撤销，并向中华水泥工业联合会明白解释，俾省营工业赖以维持，国产水泥不致同归于尽。是否有当，并乞鉴核，示遵。等情。前来。查此案前奉钧府令饬到厅，当经转行遵照，拟复有案，嗣奉钧府二十六年一月十五日工字第三三四号训令，除原文有案邀免冗叙外，后开：合行令仰该厅，即便遵照办理，具报，此令。等因。亦经交由省营工业管理处并案办理，有案。现据呈复各节尚属实情。查职厅对于本省施行之水泥统制办法，迭请暂予维持者，实有不得已之苦衷。因在未有比较妥善及良好办法以前，若不仍予继续施行统制政策，则不但广东省营水泥将受外泥倾销打倒，而一切甫在萌芽之省营工业，亦将为其冲破而崩溃。故前请求实业部召开全国水泥产销会议，以作根本解决者，实为研究国产水泥之应如何合作，分配市场，以作全力对外之计划。盖亦深悉局部统制，实非根本办法，必须集合全国之力量，以为应付，方有效果也。惟此种建议未蒙实业部采纳，仍令即行取销统制，自应遵照办理。惟因防止外货倾销关系，不得不酌予变通，庶于遵重中央政令之中，仍寓维持省营工业之意。兹经悉心拟议，对此重要问题，拟分两个步骤办理，谨陈如下：(一)对外不声明取销统制。(二)对内实行取销统制。因对外关系未便正式声明取销统制，仅言改善统制，以期杜绝外泥之倾销。至关于国内水泥，因均同属国产，自应采取通力合作办法，使国泥省泥均可在粤销售。为实现此种主张，现已令饬省营产物经理处，即与上海国产水泥负责方面，切实磋商合作办法，将广东现时士敏土销场一部份让与上海方面国产水泥，同时，倘将来广东水泥因完成第三套机器，产量增加，有过剩时，亦可分运一部分至沪销售，以资调剂，而免双方均受损失。根据最近水泥市价报告，香港、青洲水泥公司自倒闭后，苦无特别机会，不易复起。法国、安南水泥因成本过重，未能入口运沪竞销，更无可能。则目前劲敌，惟有日泥而已。为防止日泥倾销起见，除利用改善统制名义，以作抵制策略之外，更无其他良好办法。似此一方筹划国产水泥入口采用合作办法，作事实上取销局部之水泥统制，于中央政令既无违背，同时对于外货倾销，亦可防止，不但省营工业前途赖以维持，而国产水泥亦可藉资调剂，不致陷于同归于尽之途。所拟是否有当，理合备文呈复钧府鉴核俯赐，据情转呈行政院察核，指令祇遵。再关于国内水泥合作办法，现正积极商洽中，至承销一案，业已另案核议，合并陈明。等情。据此。查水泥统制一案，前由本府建设厅提议改善意见，业经本府会议通过，并咨请实业部召开全国水泥产销会议，以作根本解决，并经分别令行建设厅，并呈报有案。旋奉钧院指令饬遵。照前令，将水泥统制办法取销，以维政令。复经令行建设厅遵照办理，具报，又在案。兹据前情，查核所拟办法确系为应付环境，维护省营产物起见，除指复外，理合备文转呈钧院察核。指令祗遵，实为公便。谨呈

行政院

广东省政府委员兼主席黄慕松

(6) 实业部致财政部密咨（1937年4月3号）

实业部咨

案准行政院秘书处第一二五四号密函，以广东省政府拟具取销水泥统制办法两项：(一)对外不声明取销统制。(二)对内实行取销局部统制一案，录谕交办，抄同原呈，函达查照。等由，附抄原呈一件，准此，查此案前经抄同中华水泥厂联合会原呈，暨广东省政府原咨，并修正统制士敏土章则，会同贵部呈请行政院令饬取消，二十四年一月，奉行政院指令开：已令饬广东省政府从速取销水泥统制办法，饬即知照等因。二十五年八月间，复据中华水泥工业联合会呈请转咨广东省政府遵照中央法令，将水泥统制办法及对于外省输粤水泥所征之大学捐、电话捐一体明令撤销等情，到部。又经咨请广东省政府遵照院令办理，并将大学捐、电话捐，迅速撤销。二十五年十一月间，准广东省政府咨，以据建设厅提议，粤省士敏土统制办法，亟应维持，经提出省政府委员会会议通过，抄同原提议书，咨请查照等由。本部当以与行政院前饬取销水泥统制之令未符，更恐其他各省起而效尤，则将来粤省输出物品，亦将难于畅流，请饬厅遵照院令核议办法，并将对于入境水泥所征之大学捐、电话捐，一并撤销，以符功令等语，去后。二十五年十二月间，准广东省政府咨，已令行建设厅拟议呈复，再行办理，等由，各在案。兹准行政院秘书处密函，抄送广东省政府原呈到部，查原呈内所陈，对外未便正式声明取销统

制，仅言改善统制，以期杜绝外泥之倾销，对内则与上海中华水泥工业联合会商采合作办法，是该省已愿遵照院令办理，其所拟具上列两种办法，兼筹并顾，似尚可行。惟该两种办法，究与统税有无障碍之处，不能不先事商讨，以维税则。相应抄附原呈一份，咨请查照，应否再行会同呈请行政院核示，令饬广东省政府依照该两种办法进行，或贵部另有其他处置意见，统希核复为荷。此咨

财政部

计咨送抄原呈一份〔略〕

中华民国　年　月　日

〔国民政府实业部档案〕

4．启新洋灰有限公司关于水泥价格涨落产销实况致实业部呈

（1937年1月5日）

谨略者：查各种商品价格，端由供求之消长，以及直接间接按各物价暨转运费并货币汇兑等价格综合而成。若物价运费等均不能有适宜之标准，则其商品制销之价格，势必失其立足之根据。此乃自然之理，无待赘言。窃观陶桂林呈诉中国水泥公司及商公司投机涨价，请予限期平价，以资警戒一案。查陶桂林系属营造业，以商情而言，营造业与水泥业各以时势需要，谋取合法之利益，立场不同，环境各异，自无辨驳之必要。惟其原呈中有涉及复兴建设国防建筑两语，诚恐淆惑听闻，谨将近数年来水泥价涨落实况，及商公司对于公家建设国防建筑使用水泥，廉价供给各情形，以及关于水泥装袋材料价格陡涨实况，节要胪陈，仰恳鉴核，如下：

一、查六年以来水泥价格涨落实况统计如下表（下表系根据上海门市定价）。

最近六年之水泥价格统计表

	最高		最低	
	(统税在外)			
	桶	包	桶	包
20年	$6.51	$5.88	$5.74	$5.04
21年	$6.15	$5.96	$6.37	$5.68
22年	$6.30	$5.70	$6.25	$5.10
23年	$6.25	$5.25	$5.90	$4.55
24年	$5.90	$4.65	$5.00	$2.80
25年	$5.90	$5.10	$4.60	$3.80

查上表二十五年最高价格与二十年至二十三年最低价格相仿，目下之价格比较已往六年之平均价格，仍为低廉，至二十四年下半年价格徒跌，乃系短期间之特殊情形。盖彼时各厂均感滞销，互相竞跌，忍痛牺牲。(廿四年冬中国、启新两厂均因滞销，停窑减工，迄今均未能开足机力）在昨年启新公司股票价值惨跌之四折以下,(附检天津永盛洋行一九三六年七月三十一日之股票行市单备察）即受上年削本低价之影响，何能长久支持？不得已，始由各厂协商，逐渐恢复旧价，以维各厂之生存。大部维护工商业不遗余力，必不愿见各厂之彼此倾轧，而至于停顿倒闭也。

二、供给公家铁路及国防用灰售价无不较市价特别低廉，略记如下：

陇海铁路购灰每铁桶合洋叁元玖角叁分，税在外，约比目下市价每桶低一元二角余。(民二订有长期合同）铁道部用灰合同，因交货地点不同，略有高低，约计为每桶约四元六七角,税在外，比目下市价约低一元二角。

浙赣路每桶五元九角，统税一元二角在内，比目下市价低一元二角。

连云港、浦口等处国防用灰经中央信托局订购，每桶五元七角二分，统税一元二角在内，比目下市价低一元四角。而塘沽至连云湾，今年水脚每吨由二元五角涨至四元，外加驳费每吨二元（每吨约合六桶）余。塘沽至浦口水脚每吨由三元二角涨至四元一二角。此外陇海、津浦路又有装卸费，每吨约一元二角，均归商家担负。

又各铁路多年旧欠商公司货款，如津浦、陇海、平汉、平绥等路，由十数万元至数万元不等，事逾二十年，概不计息。最近始商定减折或分年清偿办法种种，不惜牺牲热心贡献。事实具在，彼陶桂林妄加责难，何能厚诬事实也。

三、今年物价一般上升，而水泥所用材料尤为特甚。兹举较显著者如下：

（甲）装灰之铁桶皮，二十五年三月所订者，每吨价英金捌镑一先令八便士，同年十二月所订者美金六十八元，约合英金十四镑，计涨百分之七十四。附两次订货定单各一份。

（乙）装水泥之小麻袋，二十四年底所订者，每只合洋二角一分九。最近同一商行之报价单为每只四角二分，计涨价百分之九十二。附定单及报价单各一份。

（丙）石膏去年价每吨十九元四角，今年因正太、平汉两路滞运，急购鄂省石膏，价每吨二十八元，余计涨价百分之四十五。附抄原订合同及最近购价计算单。

其余一切五金油料轮运费等均普遍涨价，由百分之二十至三十，均未计算在内。倘大部能将有关水泥制本之物价，恢复以前之旧价，则水泥价格亦可酌量抑低。若照现在物价上升之趋势，水泥价仍非步涨不可，此尤毋庸讳言者也。

四、查去年八月间，商公司运水泥至汕头销售，忽被粤省物产经理处所扣，虽奉有行政院令饬予放行，扣货业已数月，仍未解放。该经理处通知须具结，声明不再去灰，其已扣之灰售价亦不得低于五羊牌，方准放行。查汕头市价每桶洋玖元，陶桂林所呈平价各节，何置粤省，独以高价销售于不论，而偏责商公司以低价销售，而犹须再减，事之不平，孰过于此？如陶桂林所拟平价，钧部认为合理，似应先从粤省进行，方足以昭大公。

五、查近年水泥全国销额不过三百四十余万桶（统税署有案可稽），而近年国产各厂总产力为四百三十五万余桶。二十六年即升至七百三十五万桶（附调查表），是水泥生产已感过剩，供过于求。如非成本过重者，价格自将看落。查上海英租界工部局近招标购灰，日本水泥商所投标价，每两袋合一桶计为国币七元三角余。启新、中国合作投标价为每桶六元三角，比日灰竟低一元，足证水泥生产正感巨量过剩，商公司等断无操纵居奇之可能，而上举标价廉于外灰远甚，更无投机居奇之事。彼陶桂林诬称各节，毫无根据，何待详辨？谨略。

附全国水泥产量调查表一纸

天津永盛洋行行市单一纸〔略〕

铁桶皮订单二份〔略〕

麻袋订单一份报价单一份〔略〕

照抄石膏合同一份计算单一纸〔略〕

启新洋灰有限公司谨肃

二十六年一月五日

全国水泥产量调查表　　（单位桶）

省别	公司名称	原有产量	新增产量	附注
河北省	启新	1,700,000		
山西省	西北实业公司		150,000	二十四年冬间完成本年开工
山东省	致敬		150,000	原有规模甚小订购新机日出五百桶

江苏省	中　　国	900,000	450,000	安装新机本年冬间完成
江苏省	华　　商	550,000		
江苏省	江　　南		1,500,000	现正安装机器明春开工
湖北省	华　　记	300,000		
四川省	重　　庆		300,000	现正建厂安装机器
广东省	西　　村	900,000	450,000	现正购机安装
总　　计		4,350,000	3,000,000	新旧产量合计7,350,000

〔国民政府实业部档案〕

八、化学工业

1. 徐善祥关于天津永利制碱公司及其塘沽工厂的调查报告①

（1929年11月30日）

查永利制碱公司发轫于民国六年，七年十一月开创立会，初仅集资四十万元。试办后，经精密研究，知小办出品成本太高，万难生存，故陆续扩张，现已有资本二百万元。曾于六年十月呈准前北京财政部盐务署免除原料盐税，九年九月在前北京农商部注册，十二年四月经前北京财政部暨前税务处核准，免除制品厘税，同年五月，经前国务会议议决，将免税及特许各案备案，复

① 徐善祥时任工商部技监，1929年11月被指派为调查专员赴永利制碱公司调查。

于十八年四月呈由本部咨商财政部，按照前例办理免税。同年八月，并由本部核准注册，并颁发公司注册第三类第一一五号执照有案（参观公司公牍摘要附件一及各届股东会报告书附件二），其中管理当事，多笃学健强之专门家。此次实地调查，见其全厂技术管理两方主任以至职工，各皆勤奋将事，有条不紊，制出之纯碱，洁白精良，视舶来品有过之无不及。谨将调查所得，分条报告如下：

一、概况

该公司工厂，位于北宁铁路塘沽车站旁，由天津乘车东行一点可到，前临海河，凡国内外往来船只，靡不停泊于此，交通之便，迥异寻常。厂基占地三百余亩，系向久大精盐公司租借，另有自设铁路支线，与海河码头及车站连贯，厂屋均用洋灰钢骨建造，高耸十层。制造用水，一部分由前门取自海河，一部分由自流井汲用。其废水则由屋后放出大海。所需原料，如灰石煤焦，运自唐山，盐斤取自附近盐田，偶有不足，由汉沽运补，相距亦近。北方气候寒季较多，极适于制碱工业，诚国内绝胜区域也。（参观全厂平面图附件三）

该厂所有之机器，其最初一部分购自外洋，后经厂中工程师苦心研究，凡国内自能制造者，皆由设计处绘图投标承造。计目下自制之机器，已占全厂机器十分之四五，造价低于外货，运费亦可省却，不可谓非技术上之进步也。

该厂创办时，曾聘用美国工程师一人，已于一年前返美。目下技术方面，完全由东西留学生及国内学校毕业生任之，经十年之研究，经验颇富，已无借才异国之必要矣。

二、组织及管理

该公司之组织，以总经理一人综理一切事务，下分营业、厂务二部，其事权之系统，另详附表。（参观职务系统表附件四）

除总经理一人外，营业部现有职员八人，月支薪金七百四十元。厂务部有职员六十四人，月支薪金四千八百七十三元，工人五百七十七名，月支工资八千二百四十九元四角五分，计职员职工全体共六百五十人，月支薪工一万三千八百六十二元四角五分。（参观履历及薪工表附件五）

该厂职员大半系留学生及国内毕业生，均勤苦耐劳，所支薪水，仅足以维持生活。如厂长侯德榜，学识经验，均甚丰富，每月仅支二百五十元（前美国工程师在厂时，年支一万美金，旅费在外）。总经理范锐，自开办至今，未支分文酬劳。其苦心孤诣，有足多者。

该厂新订管理规则一百条，对于厂方之训练及工人之利益，均能顾到。工人宿舍，颇合卫生原则，餐室甚清洁，有一角及五分饭票二种，工人得自由买票，以最廉之价，购取面包，宿舍内并附有讲堂，以为晚间初习功课之用。此外附设医院、浴室、储蓄部及消费合作社等，组织上均甚完密。（参观该厂管理规则附件六）

三、制造情形

用苏尔维新法以制碱，在中国实以该厂为第一。（参观纯碱制造程序附件七）日本自明治维新，即陆续创设碱厂，迄今硕果仅存者，惟一旭玻璃公司附设之碱厂，年产约二万吨而已，此知制碱业之技术艰深，成功匪易。永利开制之初，闻亦曾经过重大困难，如每日产量初只十余吨，今已增至五六十吨，前制出之品，色黄质劣，与现今所制者，有天壤之别。兹将最初之出品与调查时所检之碱，分析之，列表于下：

何日制出	炭酸纳	重炭酸纳	盐	不溶解物质	养化铁
十三年三月八日	六五·七二	二五·六二	七·四七		一·二六
十八年十一月二十五日	九九·二四	无	○·六五	○·○五	几无

附注：以上二种碱样，携回部中存查。

现出之货，只为轻碱一种，每袋一百斤，将来烘燥部设备增加，拟并制重碱，每袋一百五十斤至二百斤，既可省麻袋，且所占地位较小，运费亦可略为减少也。

厂中工作，分为三班，每班八小时，川流不息，各部各班之工作，均有极详细之报告，填入表格，(参观附件八）此等事均以工人任之，可征该厂工人之经验及智识，均甚充足也。

原动力由锅炉四具供给，共计一千二百五十马力，发电机能供给五百启罗华特电力，除永利本厂实用三百启罗华特外，余电供给路灯及久大精盐公司之用。

该厂新到机器一批，约值国币八九万元，目下正在装置，其中主要者为发电机及压迫机等，大半系该厂设计绘图，向外洋定购者。

统观工厂全部，似技术上已具相当之经验，制造上亦有相当之成绩，盖已超过试验时间，而入实行时期矣。

四、成本计算

该公司成本计算，列为专科，表册比较精详，十七，十八两年份逐月报告，均经详细调阅，谨摘录重要项目另表附呈。(参观成本计算报告附件九）

查十七年及本年上半年之产量，每日约出四十三吨，俟新到之机器装置完全，预计每日产量可增至六十至七十吨。

产量既小，则成本自不能不大，十七年上半年每担成本为四元一角五分，十七年七月起至本年九月底止，因原料翔贵，工价增高，纯碱成本亦随之增加，计平均每担需四元三角五分。

细核该厂两年来逐月之报告，产量与成本二者大致相等，无大差池，此可征其制造技术，已达到平稳之程度。

又据该厂计算，如此次扩张案可以实现，纯碱产量增加，并添制各物品之后，全体成本可望减低百分之五。

五、营业状况

该厂自十四年出货开始营业，其每年营业总额如下表：

年度		十四年七月至十六年十二月	十七年	十八年一月至九月
产额		三二五，九八四担	二四三，二四八担	一八七，二〇七担
日本销额	数量	九四，五三一担	九六，七七六担	一〇五，九〇八担
	售价	三九三，二三六.九六元	三八六，四四四.〇一元	四五四，〇二八.九一元
	平均单价	四，一六〇元	三，九九三元	四，二八七元
国内销额	数量	一七三，三八九担	一一二，七一五担	一〇五，五九八担
	售价	八六三，〇三一.五九元	五八八，六二三.九九元	五六五，九〇五.八七元
	平均单价	四，九七八元	五，二二二元	五，二六四元
总销额		二六七，九二〇担	二〇九，四九一担	二一二，五〇六担
本年国内每担最高卖价		五.〇〇	六.〇〇	五.八〇
本年国内每担最低卖价		四.〇五	五.〇〇	五.〇〇

按最低价每担四元零五分，在十六年四、五、六、七、八、九月份，其时与英商卜内门未订包销日本合约，故微有竞争，后经双方调和，始复原价。此节关系极重，实可注意。

又按运销日本之货，系照日本之市价出售，虽公司方面略有吃亏，然因欲弭卜内门之竞争，不得已而售之。惟日本定货时预交现款，故于公司经济方面不无小补。

六、财产状态

估计该厂财产为此次调查重大目的之一，到厂时先就全厂设备约略估计大概，即令提出十七年度及本年截至九月三十日止之借贷对照表及损益对照表、财产目录各一份，经其会计部主任签字为据，以便将来核对细目。又查该公司从前资本，全数用于制造设备；检查帐目，尚无浪费及不正当用途。谨将财产细表另件附呈（参观附件十）。

按借贷表中有未摊还创办费及试验费二项，约计九十万元。查制碱工业技术较深，且各厂咸各守秘密，其中一切机件厂屋设备，皆须自行创造，与寻常面粉、纺纱等厂向有现成机械图样，可资购用者，确有不同。永利经十年间长期试验，全厂机件除锅电机及炭酸机系购自美国外，余皆该厂自制，此项研究试验费用，乃碱业之基本，历年所积图案，极有价值，实可视为碱厂之资产，与寻常费用不同。该公司列入未摊还创办费及试验费，俟公司有余利时，尽先摊还，尚非绝无根据。

又查贷借对照表内资产项下第一行财产二百二十七万余元，系未经折旧之原价，故负债项下列入折旧十四万五千余元，以定财产之价值，此与寻常簿记程式，虽略有不同，然结果则无稍异，折旧之率，系根据使用年限计算，亦尚合理（如炭酸机一号锅炉等估计可用十五年，则每年折旧十五分之一，真空机等估计可用十年，则每年折旧十分之一，余仿此）。

该公司因开办时缺乏经验，以极小之资本，企图极大之工业，根基不固，屡濒于危，目下虽招足二百万元，然仍不能不扩张之势，故历年来增加设备甚多，积欠银行商店之款截至本年九月底止，已达一百六十万元，两项相抵，表面上似全厂只值四十万元，惟此系商店破产实行清理时之看法，似未便概括一切，因该公司已由试验时期而达成熟时期，危险已过，后望无穷，只须经济略裕，能保持现在之地位，则不数年后，必能转败为胜。(理由详后)且厂中房屋机器，连试验创办等费，计算尚值三百万元之谱，存货尚不计焉。

七、目下困难之原因

据实地调查所得，并综合在事人员之口述及记录等等，察其目下困难之原因，除普通一般工业所同者外，其特别原因，有如下述：

一、成本太贵　其原因最重要者：

（甲）所用盐斤虽经免税，但盐价较英美几贵二十倍，且海盐品质恶劣，不能与英美矿盐相衡。

（乙）出产每日五六十吨，实嫌太少。

（丙）银行利息过高。

（丁）资本太少，不能利用纯碱改制别种价昂物品，坐失其利。

（戊）原料及制品之税率运费，均太贵（参观原料税率及制品运费表附件十一）。

二、外力压迫　该公司前曾有与外商联合之拟议，其所持之目的，就积极言，为探究其技术之蕴奥；就消极言，为消弭其过甚之压迫。据永利当事人之口述，其压迫手段至精密而刻薄。如该公司初出货时，卜内门恃其财力之雄厚，将其在中国之碱，一再跌价，几使永利不能支持，不得已而请其经理日本代销，以弭竞争，此其一例。又如免除原料盐税一案，盐务署深知该公司苦心所在。最近又根据原案予以原盐免税，继续五年，以示保护。而稽核所英人则无时不欲乘机推翻，近日忽谓该公司获利甚厚，呈请财政部取消业经核定原盐继续免税五年之案，该公司正在力争，此又一例也。

三、社会淡漠　我国民众对于重要之基本工业，尚缺乏相当之认识与谅解，一任永利苦志困斗，不与以真实扶助，甚且百方阻挠之。闻当事人之精神时间，消耗于无谓之应付者甚多，此殆吾国一般实业之所不免。唯永利所负太重，独力恐难久持，一旦精神涣散，迫而停业，则吾国碱业一线之曙光，又将成为泡影，甚可惜也。

八、扩张之计划

此次该公司拟将资本总额扩张至五百万元，除旧有商股二百万元外，决再招商股一百万元，并拟恳政府加入公股二百万元。查其用途，略如下表：

资本总额拟定五，〇〇〇，〇〇〇元

官股二，〇〇〇，〇〇〇元

商股三，〇〇〇，〇〇〇元{ 旧商股二，〇〇〇，〇〇〇元；新招商股一，〇〇〇，〇〇〇元 }

三百万元中拟以一百六十万元还债，一百四十万元扩张。预计扩张纯碱日产一二〇吨（系合人口数2/3）（参观附件十二）二五〇，〇〇〇元

添制洁碱日产一〇吨……………………………五〇，〇〇〇元

添制烧碱日产一五吨…………………………二〇〇，〇〇〇元

一〇〇〇式锅炉及各种机械…………………一五〇，〇〇〇元

地皮……………………………………………一五〇，〇〇〇元

盐田石山………………………………………一五〇，〇〇〇元

建筑需要房舍……………………………………五〇，〇〇〇元

流动资本………………………………………四〇〇，〇〇〇元

共计……一，四〇〇，〇〇〇元

其所以必须扩张者，则有二故：（一）增加产额，减轻成本。（二）减少重利借款，以轻公司之担负也。

结论

就此次观察所得，似下列诸点，颇关重要，应请特别注意：

（一）永利公司发起人以极小之资本，企图极大之事业，固未免率尔操觚，然其冒险之精神，实可嘉尚。

（二）该公司对于制碱工业，现已确有把握，技术上已由试验而达于成熟时期。

（三）原料盐必须完全免税，否则无论官办商办均难支持。（查制碱一担，需粗盐二担半，即照工业盐每担二角抽税，每担须增五角，成本未免太贵）

（四）该厂由官商合办后，关于税厘运费问题，比较上容易解决。

（五）就该公司之基础，尽量扩充，俾达每日一百二十吨之产额，则每年赢余不在少数，不数年后，必能偿还旧债，经济独立。（按目下每担纯碱成本约需银四元三角四分，扩张之后，至少可减至四元一角二分，加代销店佣金一角八分，合共成本四元三角，照本日之纯碱市价十八年十一月三十日为五元八角，每担可得净利一元五角，以每天一百二十吨，每年工作三百六十天计算，计每年可赢余一百零八万八千六百四十元。若以资本五百万元计算，年利可得二分余，即充其量而折半之，亦在年利一分以上。）

（六）该公司改组时，必须与久大精盐公司划清界限，完全独立。

查永利发起人及股东半为久大之股东，故两公司目前颇能合作。如永利未有基地与码头，全向久大借用，款项亦常资挹注（本年九月底止，永利尚欠久大银四十七万元），惟如此办法，依赖过甚，将来办事上牵制必多，似非长久之计也。

（七）改组后宜贯注全神于纯碱部分，尽量扩张之。副产品除少数之烧碱及洁碱必须附带制造外，其他宜一概从缓。

该厂为国内唯一之制碱工厂，目下燃眉之急，不在管理与技术上之困难，而在资本太少不敷周转，万一因债务关系，迫而停业，人才星散，机器锈坏，我国碱业前途将受一极大打击。本部以提倡基本工业为前提，已成之厂，若难维持，未成之厂，更无把握，似宜亟予永利以援助，俾得维持原状，充分发展也。兹据行政会议通过之原则，谨拟具体办法数条，以备采择。

（一）将该公司改为官商合办，另订章程，依官股商股之比例，规定两方所占董事及监察之额数。

（二）官股二百万元，分两期拨付，第一期由财政部酌给公债一百万元，于公司改组时即行拨付，第二期官股，于改组后二年内陆续拨足。

（三）商股一百万元，责成该公司于改组前完全招足。

（四）改组后分咨财政、交通、铁道各部于公司成立年限之内，将原料盐及制品完全免税免厘，灰石煤焦等原料酌予减税，原料及制品之运费，酌量核减。

（五）公司每年赢余超过一定额数时，政府得酌抽营业税若干，以补税饷之歉收。

（六）新公司之组织及旧公司人员之去留，由新董事会酌定之。

附呈关于永利制碱公司之文件

一、公牍摘要〔略〕

二、各届股东会议事录及报告书〔略〕

三、工厂平面图〔略〕

四、职务系统表〔略〕

五、职员及工人履历薪工表〔略〕

六、永利工厂管理规则〔略〕

七、纯碱制造程序表〔略〕

八、制造报告表格十四种〔略〕

九、成本计算报告〔略〕

十、公司财产贷借及损益表〔略〕

十一、运费及税率表〔略〕

十二、纯碱部分扩张时应添之设备表〔略〕

技监徐善祥报告（印）

中华民国十八年十一月三十日

〔国民政府实业部档案〕

2. 工商部等核办天津永利制碱公司申请添募外股加入官股及发行公司债等有关文件

(1929年10月—1930年9月)

(1) 范旭东致工商部呈一（1929年10月2日）

具呈人天津永利制碱公司总经理范旭东

住天津法租界廿壹号路

为添募外股，扩张产量，以固事业根本，恳予批准并转商财政部优予特许事。窃公司创办用盐制碱于今十二年，穷探世界六十年之秘藏，立亚洲独一无二之伟大，虽艰苦遍尝，窃幸于民生国誉克尽棉薄，私衷窃慰耳。春间承钧部商请财政部延长免除原料及制品厘税期限，深赖维持。惜兹业性质特殊，嘉惠宏施，其危殆仍未全免。谨再为钧部条举之，伏祈鉴察。

碱业之重要及其性质

碱与酸相对待，为一切化学工业之基本原料。上自制造军火以及日常用品，凡经化学作用者，无一不需碱。因其为原料，故卖价低廉，制造厂非大量生产，不能维持。全世界每年约产四百万吨，仅有三十八家公司，一共四十九所工厂。此中有三十二厂自成一系统，资本技术互相共同，绝守秘密。由此可知制碱工业性质之特异，而永利尚有其特别难处。

永利之危机

制法系独立心裁，迂回曲折，比先进碱厂自不免逊色。资本太小，产量无多，故成本加重。原料价贵，英国原盐一吨，值价不过华币二角五分内外，我国长芦盐最低每吨非四元内外莫办。银行利息高，周转不易。社会同情者少，故无以集资。交通不便，运费奇昂，由英国运纯碱一吨来华，仅与由天津运往汉口之运费相等。无保护关税，不堪外货之压迫。现在之危机，即能与外商妥协，两不竞争则生，否则立毙。

救济方法

唯一前提，即在如何扩张产量，并避免竞争。因此公司最近与世界最大碱业之英商卜内门公司彼此联合，其条件如次：

一、改组旧公司，另由中英合股组织新公司，继续营业。

二、新公司华股占百分之五十二，英股占百分之四十八。

三、新公司遵中国公司条例，呈请工商部注册，为中国股份有限公司。

四、新公司以董事会为最高干部，其董事长一职由华人任之。

前项合股大纲，已得双方同意。至股本总额，当候钧部批准，且将旧公司财产清算后，再行呈报。惟股本加大，责任亦随之加大，事业性质，初不因股本加大完全改善，非得政府优予特许，根本势难稳固。

应请政府特许之条项

一、新公司总分厂所用原料，应请免税免厘三十年。

按公司所用原料，以盐为根本。本年春间，承准展长免税期限五年。惟兹事规模较大，举措不易，故恳再行展长。此外，如灰石、焦炭、煤斤等，现本无厘税。合并声明。

二、公司总分厂制品，应请免税免厘三十年。

按公司制品，现在承免厘税尚能支持，新添资本后，拟先完成全部分碱厂出品，纯碱之外，如洁碱、烧碱、矽碱、漂白粉皆属创造，非得政府长期特许，难期发达。

三、距公司总分厂一百华里以内，三十年内不得再设同一营业工厂。

按现在塘沽总厂，已有特典。惟请将将来拟设之分厂，受同一待遇。

中国物资丰富，当今急务在如何整理，以供世用，化学工业实其关键。所难者，我国技术资本两不如人，创办一事，费力多而成功少，时不我待，应起直追。伏思先总理有利用外资，开发我富源之垂训，最近政府又有在不妨碍国权范围内，许民间吸收外资之拟议，用恳俯念公司处境之艰难，俯予批准立案，并转商财政部优予特许，以期克日成立新公司，不胜企祷。谨呈
国民政府工商部

范旭东具（印）

保人：久大精盐公司

中华民国十八年十月　日

（2）范旭东致工商部呈二（10月8日）

具呈人天津永利制碱公司总经理范旭东

为请加入官股以资提倡而固事业根本事。窃公司处势危殆，迭呈恳予维持，历奉批示，优奖有加，至为铭感。本月二日，呈批示准募收外股，其目的不为谋公司经济之转圜，且借中外合作，得穷技术之奥妙，而消弭营业竞争之危机，计邀鉴及。惟碱业为基本工业之一，政府于中外合作方针，尚待考量审慎，不厌精详，则决定恐需时日。去冬均部曾有国立酸碱工业之计划，当时公司条陈改由政府特别保护，仍以民营为得策，蒙批嘉奖在案。现值公司急待扩张之际，如中外合办，一刻不能成立，只得留待将来再议，拟恳钧部加入官股若干，以资提倡。在钧部可实现官营之成议，而公司因政府之提倡，社会观感当必奋兴，事业前途，无难转危为安矣。一举数善，宜若可行。至于加股详细条项，即恳指派专员与公司讨究，不难立就。公司所希望者，惟在为中国维

持发达此基本工业一事，与钧部提倡奖进之精神完全一致，初无何等差别。设公司目的专在谋利，岂能容忍过去十二年间之苦劳而不辞耶？祗候批示，不胜切祷。谨呈

国民政府工商部部长、次长

范旭东谨呈（印）

中华民国十八年十月　日

（2）工商部致行政院秘书处函稿（1929年10月14日）

工商部公函

径启者：本部拟具酌拨国家股款，加入永利碱业公司作为公股，实现基本工业议案一件，提请行政会议公决，相应检送议案，函请查照，即希列入明日议事日程，至纫公谊。此致

行政院秘书处

计附议案三十份、清折一扣

中华民国十八年十月

附：提议拟拨国家股款加入永利碱业公司作为公股实现基本工业提请公决案

为提议事：案查本部迭据永利制碱公司呈称：以该公司制碱原料所用盐斤，虽经免税，而国产粗盐，比各国矿盐价高或至二十倍，加之技术艰深，且又受外货竞争，处势危殆，恳予破除成利，加以维持，酌免原料出品税厘，减轻国家交通机关运费，使社会观感为之奋兴，事业前途无难转危为安。等情。到部。查碱为化学工业基本原料之一，自制造军火以迄日常用品之工业，皆所必需，关系国计民生至为密切。故觇国势者，辄视其产量及销数之多寡，以定其国内工业之盛衰。我国化学工业尚在萌芽时期，一切日用所需，致多仰给于外人，其原由虽至复杂，而必需碱类原料不能供给自如，亦其障碍之主要原因。永利制碱公司开办已

历十余年，资本二百万，集国中优秀技术专家，劳苦工作，始获成功，出品精良，颇为外人所赞赏。近来每年产额达二万余吨，虽不足比较英美各碱厂，而经理其事者，苦心研求，业务工程方面已积有经验。且该厂设在塘沽，利用长芦过剩之盐以为原料，前临北宁铁路，后接该厂自营盐滩，于原料及制品之采运，均极便利，所置机械房屋亦粗具规模。乃以资本寡而产量小，原料贵而成本昂，与外货相衡，已难操胜算，而外商又挟其最新之技术，雄厚之资本，以与竞争，处势极危。如不亟筹维护之策，则十余年国内苦心经营之碱业，前途必归消灭。前本部建议兴办基本工业案内有国立碱类工厂计划，诚以独立国家应如有独立碱厂，提倡工业，尤以此为基本要图。惟并办之初，资本匪易筹措，人才尤难熟练，而勘度厂址，订购机械，均应有相当之研究，更苦未易着手。兹据该厂呈请减免运费税厘以轻成本各节，本部详加考虑，国营碱厂一时既难筹办，不如藉该厂固有之基础，酌拨国家股款，以图扩充。一面量予减免运费税厘，以期减轻成本，俾国人观感兴起，乐于投资，不难添增巨额商股，从此资力可以雄厚，营业亦易发展，以资抵制外商之垄断，而植国内工业之始基，实一举而数善皆备。所有拟请准筹公款，加入永利碱业公司作为公股，实现基本工业缘由，理合提案，敬乞公决。

清折一扣〔缺〕

（3）工商部给范旭东训令（10月22日）

工商部训令

令永利制碱公司总经理范旭东

为令知事：前据该公司呈请加入官股并减免运费税厘，以资提倡而固事业根本。等情。到部。当经拟具议案，提请行政会议公决并批示各在案。兹奉行政院第三五一七号训令内开：查本院第四十一次会议，据该部长提议，拟拨国家股款加入永利碱业公司作为公股，实现基本工业一案，经决议原则通过，应加入国家股款多少及如何减免运费税厘，由工商部拟具详细办法呈核，合行令仰该部即便遵照办理。此令。等因。奉此。合行令仰知照。此令

中华民国十八年十月　日

（4）工商部致行政院呈（12月26日）

呈为遵拟永利制碱公司加入国家股份及减免运费税厘办法，仰祈鉴核事。窃奉钧院第三五一七号训令开：查本院第四十一次会议，据该部长提议，拟拨国家股款，加入永利碱业公司作为公股，实现基本工业一案，经决议原则通过，但加入国家股款多少及如何减免运费税厘，由工商部拟具详细办法呈核，合行令仰该部即便遵照办理。此令。等因。奉此。当以永利制碱公司加入国家股款应先查明该公司财产状况及制造营业情形入手，即便委派本部技监徐善祥前往该公司详细调查去后，兹据复称：该公司位于北宁铁路塘沽车站附近，前临海河，交通便利，厂屋均用洋灰钢骨建造，机器有十分之四、五由厂中工程师设计构造。技术及事务人员，全系东西留学生及国内学校毕业生，经验颇富，且均勤劳耐苦。厂内职工管理规则，甚为完密。每日制碱初只十余吨，近两年来已增至四十余吨，俟新机到后，可增至六、七十吨。出品亦甚精良。目下最感困难者，以原料所用盐斤较英、美盐价几贵二十倍，原料税率及制品运费均过昂贵，且限于资本，致产量无多，并不能利用纯碱改制别种价昂物品，又时向银行借款，利率甚高。有此种之原因，遂使出品成本太贵，外商恃其雄厚之财力、精娴之技术，时加迫压。而国人对于此等重要工业，尚缺乏相当之认识与谅解，不予以真实扶助，该公司独立恐难持久。一但迫而停业，则吾国碱业一线之曙光，将成泡影，甚可惜也。等情。并附该公司财产目录、贷借损益各表及各项图册等前来。查

碱为化学工业基本原料，只以技术艰深，资本浩大，而利益微薄，故各国胥赖政府特殊保育，始克完成。本部前拟兴办基本工业案内，本有国营碱类工厂计划，并在六年训政时期工作表内，列入第一年应以筹备事项。惟该项工业所需资本甚巨，技术更觉艰深，时间颇难筹备，兹就永利制碱公司加入公股合办，着手较易。而该公司值此危急之秋，又有亟待扶持之必要。惟察核所呈本年九月三十日止贷借对照表，结存房屋机器等财产二百十二万九千八百二十九元零，尚未切实勘估，其他借贷款项，是否实在，亦未详细证明。至于试验创办各费，约占九十万元零，应如何处置方为适当，尚需派员核实估量，以定核公司固有资产。一面拟添加股本三百万元，由国家筹拨二百万元，以作公股，并另筹商股约一百万元，务期与原有商股合成三百万元，连同官商股款共合成五百万元为主，庶资力稍厚，产量增加，营业较易发展。并以碱厂事业艰巨，未必于短时期内，即收效果，因定公司存立期间为三十年，俾有回转余地。惟制碱原料以盐为大宗，而国产粗盐比各国矿盐价高几至二十倍。虽该公司开办以来，所有原料制品准免税利，然仍因技术、利息、工人各种问题，成本尚嫌过昂，仍未能与外货竞争。考查海关贸易册，各项碱类进口逐年增加，近岁进口总值将近一千万元，外人碱商骎骎以托辣斯势力垄断吾国碱业，非集全力以图补救，不仅为国家无穷之漏卮，且永为工业进步之障碍。拟将原料暨重要应用物料如粗盐、灰石、焦煤等及取出制品如纯碱、洁碱、苛性碱、矽酸碱等，在公司存立期间三十年内，概以免征税利，并将原料及制品，经过国营运输机关，按照洋货次一等核收运费，俾轻成本，以资抵制外货，而植工业始基。仍饬将公股所获赢利缴解国库，作为国营事业之收入。除关于本部筹集国家股款办法及切实估计公司固有财产手续，并公司新旧各股权限分配方法妥为拟定另行呈请核示外，所有遵令拟具加入永利制碱公司公股数目及减免运费税厘各办法，理合具文

呈请鉴核施行。谨呈

行政院

工商部长孔〇〇

中华民国十八年十二月　日

(5) 行政院给工商部训令 (1930年2月10日)

行政院训令

令工商部

为令行事。案查前据该部呈拟加入永利制碱公司公股数目及减免运费税厘办法，请鉴核施行。等情。到院。当经提出本院第五十一次会议决议照办，并指令知照，一面分令财政、铁道两部遵照办理在案。兹据财政部呈复内称：查永利公司制碱原料用盐免税期间，曾准自十六年七月十一日起续展三年，截止十九年七月届满，其所出制品前准免税五年。嗣据该公司呈请展免，复经本部核准，续免五年，截止二十四年八月为止，业已由部通令遵照。现在此项基本工业已经工商部呈准拨加国家股份，其拟呈办法内对于该公司应用物料，如灰石、焦灰等土货，亦与原料粗盐同列入免征之内，并另以公司存立期间三十年内为免征税厘年限，既奉钧院议照办，此系为兴办基本工业特定保育办法，自应遵照办理。惟上项新订减免税厘办法，当以国家股款加入之时为开始执行之期，应请钧院转饬工商部，俟将国家股款加入后，随时通知本部，以便转饬实行，俾符原案。奉令前因，理合具文呈复，仰祈鉴核施行。等情前来。除指令外，合行令仰该部即便查照办理。此令

院长谭延闿

中华民国十九年二月十日

（6）行政院给工商部训令（2月13日）

行政院训令

令工商部

为令知事：案查前据该部呈为遵拟永利制碱公司加入国家股份及减免运费税厘办法一案到院，经本院第五十一次会议决议照办，当即分令财政、铁道两部遵照办理在案。兹据铁道部复称，此案遵即由部分令各路局及东北交通委员会一体遵照，各在案。现据胶济路来电，以永利公司原料及出品运费，无可再低，可否免予列入通饬之处，乞核示遵。等情。谨按钧院训令内所开：该公司原料为粗盐、灰石、焦煤三种（焦煤如系指焦炭则只一种，如指焦炭及煤，则应分作两种），出品为纯碱、洁碱、苛性碱、矽酸碱四种。查铁路货物分等表内，粗盐及普通食盐，系四等，而精盐（外国进口之盐多系精盐）系三等，灰石系六等，煤亦系六等，焦炭则为五等，除粗盐原系较进口盐低一等，与原令符合，灰石及煤已经列为最低之等，减无可减外，其有问题者仅焦炭一项。查焦炭系用煤炼成，约需煤两吨，方可炼成焦炭一吨，故焦炭之价值，总在煤价两倍以上，职部因焦炭为各工厂需用之燃料，故定为五等，已属最低。若单独核准公司改为六等，与煤相同，似有背货等原则，且非事理之平。再查该公司出品之碱（即梳打Soda）四种，虽未列举于铁路货物，但分等表内，对于梳打及梳打未已有规定，凡进口及外国制造者列四等，凡国产列五等，故亦与钧院原令符合。所有职部审议永利制碱公司原料及出品减等运输，及焦炭未减至六等各情形，理合具文呈复，仰祈鉴核，指令祇遵。等情，据此，除指令外，合行令仰该部知照。此令。

院长谭延闿

中华民国十九年二月十三日

（7）工商部致财政部咨（6月12日）

工商部咨

为咨请事：案据永利制碱公司呈称：窃公司倡办基本化学工业，前后蒙派员详查工作营业及经过情形，提交行政会议通过，准由国家参加公股二百万元，并拟发行兴业公债，拨交股款各在案。惟公司自去年一来，即因金融窘困，难以支持，其时虽有吸收国外资金之拟议，蒙钧部渥加奖励，并决议改入官股。公司鉴于环境及自身现状，非急进无以图存。先后与外订购机器，陆续到厂，现一部业经装置，唯公股尚未拨付，旧欠百万余元，偿期已难再展，而各洋行机款到期，以及因扩充增加各款，均须现金支付，以故产额虽遂见增加，而金融愈形紧密。公司进行又未容一日或缓，拟恳钧部先将业经决定之免收原料税厘确定三十年一案商同财政部呈请行政会议公布，仍决于本年六月一日起实行。在公股一时未能确定交付日期以前，由公司自向国内银行商发公司债票，藉资周转，冀支危局。一俟公股交下，即将银行款项还清，债票收回，用符合办原案。等情。据此。查该公司制造纯碱，本属国内基本化学工业之一，东亚唯此一厂，出品亦属优良，前以扩充甚急，负债颇巨，且因母金太少，成本值重，不堪外货之压迫，呈请增招外股。本部查基本工业，关系于国计民生者，均属至巨，当然不宜将其命脉操之外人之手。又查前岁本部建议政府兴办九种基本工商业，奉准原案内本有创立国营碱厂之计划。惟此种工业技术艰深，即令由国家经营，尚须经相当时期之试验。该公司对于制碱方法，已经过十年以上之研究，其制品业已销行日本等处，此项事业，实有保育维持之必要。故去岁即不准其增加外股，以免发生弊害，并提请行政院于第四十一次会议议决，加入官股，复于第五十一次会议议决，将加入公股数目规定为二百万元，并准分令减免运费税厘各在案。嗣该公司因需款迫切，迭次催请如期加入公股并确定免税期间。节经据情咨请贵部速拨的款如期加入，以符原案，尚未准咨复过部。兹据屡呈困难前来，本应依照原案，仍请贵部迅筹的款，拨付官股，以资维持。惟值此国步多艰，公币支绌之际，倘最近期内不能拨交公股，则该公司所请自向国内银行商发公司债票，仍指定以公股偿还一节，比较外股自少危害，且可暂纾目前财政困难，展缓公股交付时期，为一时补救计，似尚可行。此后实交公股，就近岁国家财政状况而论，势仍需分步进行，拟请即由贵部酌察情形，会同本部分别规定时间、数目，呈报定案，以减困难。至请于本年六月一日起开始免税等语，查该公司制碱原料用盐，历年均经免税，限止本年七月满期，去岁合办之议未发生以前，经本部咨准贵部咨字第三三七九号咨复核准，由本年七月十日满限之日起，延长五年。后据该公司呈报，此案复经撤消，惟本部未准贵部咨照有案。其实制碱事业，核与特种工业奖励法第一条甲项规定相合，即令全属民营，依鼓励法第二条三、四两项鼓励方法，其材料、出品两项，原有准免或减免若干年之可能，不过此次公商合办案内，规定公司存立期限为三十年，比之普通民营事业免税期间，自属加长。查此案已于本年二月奉行政院第二二号训令，转据贵部核议同意，呈复照办。惟拟请自公股实行加入之日为始等语，本部查现时国产粗盐价格，较之英美贵者或至二十倍以上。若不免税，以价廉用薄之基本工业原料，而耗费过昂之成本，无论公股加入与否，此种事业断难存在。现在公股即不能如数交，惟有一面规定分期实交公股办法，一面宣布自七月一日起，将合办原案确定实行，使其享受合办免税原案之待遇。事实上，即以所募公司债款，代替公股，暂济急需，将来此项公司债票，即由规定分期交付之公股，负责偿还，似较为两全之道。否则公股失期，已使该公司业务上发生困难。倘不将原案确定免税施行，亦将无期延缓，不但与两次院议维持原案及鼓励法规定均有未合之处，即与贵部呈复行政院所设保育基本工业之办法亦不相符。相应根据咨请查照，会同呈报，决定以七月一日为开始实施合办日期，一切依照原案进行，并请即由贵部饬知所属，准许永利公司所用原料工业盐，在合办期内全部免税。仍请专案拟定分期交付公股时期数额，咨复本部，转饬该公司遵照。在公股未实交以前，即听其自拟发行公司债票办法，呈由本部核准定案，至纫公谊。此咨

财政部

中华民国十九年六月　日

（8）财政部致工商部公函（8月20日）

财政部公函

径启者：查永利制碱公司呈请拨付公股，在公股未拨以前，由该公司发行公司债票，并以公股作抵一事，前准贵部来咨，嗣复准交到节略一件嘱为核办到部。查此项公股为数至二百万元，当此军事进展，饷需迫切，此项公股一时自难议及拨付办法。至发行公司债，如能暂由该公司自行另筹还本付息基金，自可照办。所有公股款项，俟将来库储稍裕，再行设法筹拨，以纾财力。相应函达贵部查照，即希转知该公司遵照为荷。此致

工商部

财政部长宋子文

中华民国十九年八月廿日

（9）范旭东致工商部呈（9月6日）

具呈人永利制碱公司总经理范旭东

呈为依法募集公司债暂代公股附呈募债章程，恳予备案，以利进行事：窃公司于本年六月三日呈请募集公司债以代公股，复于八月六日续将办理情形呈报，并恳提呈行政院备案，早荷垂鉴。公司于上月三十日下午二时，在天津本公司召集股东紧急会，会前曾将去年行政院核准加入公股及减免税厘运费各重要案件择要

印成专册，分送股东察阅。开会时，并将公股未实交以前拟募公司债二百万元暂代，不得已暂将扩张工程之预算缩小一部，以符支用各节，付会表决。查当日到场股东及委托代表共计一万一千六百八十四股，合六千七百零七权，已超过半数以上，照章开会，讨论发行公司债二百万元，以代公股，全体一致表决赞成，此案遂以成立，其募债章程当经议决，由董事会全权办理。兹遵公司法第四章第七节各条之规定，经议决募集公司债章程计十八条，谨另纸缮呈钧鉴。伏祈备案批示祗遵，无任感企。谨呈

工商部

永利制碱公司总经理范旭东(印)

附呈发行公司债章程草案及还本付息表各一件

中华民国十九年九月六日

一、永利制碱公司发行公司债章程草案

第一条　永利公司为增加产额，整理债务起见，经民国十九年八月三十日股东会议议决，募集公司债，并委托银行经理发行，定名曰永利债券。

第二条　此项债券总额为国币二百万元。

第三条　此项债券按票面定额九八收款。

第四条　此项债券概为不记名式，凭券还本付息，如有毁失，概不挂失补给。

第五条　此项债券票额分为万元、千元两种。

第六条　此项债券逐张编列号数，附印息票，由公司董事长、总经理署名盖章，并加盖图记，以昭信守。

第七条　此项债券定为月息一分，自发行日起，每半年付息一次。

第八条　此项债券定为八年还清，自发行日起，其最初二年只付利息，自　年　月起每届六个月期满，按另表用抽签法还本

一次。至　年　月还清。惟公司业务发展，收入较多时，得提前加签还本，但须于三个月前公告之。

第八条　公司应自此项债券发行日起至　年　月止，按照还本付息表，每月提拨现金交存经理银行，作为基金，备付本息。

第十条　此项债券以公司全部房地产、机器、原料、出品及附属财产为担保品，公司应造具详细财产目录，连同保险单，交存经理银行收执。

第十一条　经理银行得推荐一人为公司会计部长，遵照公司章程，执行会计职务。

第十二条　此项债券还本付息，由公司委托经理银行代为支付，其每届还本付息日期，由公司于抽签后即时公告之。

第十三条　此项债券在有效期间内，得以代缴本公司保证金，所有本公司及附属机关均应一律收受。

第十四条　公司如违背本章程时，经理银行为保护持券人利益起见，得随时向公司交涉，并得将所有担保品自由处分，不足时公司应补足之。

第十五条　中签债券应将原券连同附带未到期息票凭，向经理银行支取本金，其附带息票，如有短少，应在本金内扣除。

第十六条　中签债券经过三年后，如不向经理银行支取，为结束计，所有债券本金连同息票，应即取销作废。

第十七条　此项债券经理合同，另行商定之。

第十八条　本章程未尽事宜，应适用公司法之规定。

二、永利制碱公司发行公司债还清本息表〔略〕

(10) 财政部致工商部咨（9月9日）

财政部咨

为咨复事：案准贵部第二九七零号来咨，以永利制碱公司须款甚急，实有亟赖拨助之处，嘱迅筹的款，如期拨给公股，俾资进行。正核办间，又准第三二九号来咨，以永利制碱公司呈请先将业经决定之免收原料税厘确定三十年一案，商同呈请行政会议公布实行，在公股未能一时确定交付日期以前，由公司自向银行商发公司债票，藉资周转，一俟公股交下，即将银行款项会清，债票收回，等情。咨请查照，会同呈报决定以七月一日为开始实施合办日期，一切依照原案进行，并请饬知所属，准许永利公司所用原料工业盐，在合办期内，全部免税，仍请专案拟定分期交付公股时期、数额，咨复转饬遵照。在公股未实施以前，即听其自拟发行公司债票办法，呈部核准定案。各等由。准此。查本案关于准许永利公司原料用盐全部免税一节，本部核明该公司前准免税期间，截止本年七月十日，即届期满，自应按照奉准保育原案，准予自本年七月十一日起，续行免税，至该公司存立期间三十年限满为止，以资奖励。业于七月十日电令盐务稽核总所转电长芦分所遵办，并经本部盐务署训令该公司知照各在案。用盐原料免税期间，既经确定，则会同呈报之手续，自可俟全案各问题悉数商定解决后，再行办理，现时似可从缓。至拟定交付公股时期、数额以及准许该公司发行债票各节，当此军事进展，需饷迫切，此项股款数至二百万元，一时实难议及拨付办法，如果该公司对于发行公司债票，能由公司暂时自行另筹还本付息基金，则发行债票一事，自可照办。所有公股款项，容俟库储稍裕，再行设法筹拨，以纾财力。相应咨复，即希查核办理为荷。此咨

工商部

财政部长宋子文

中华民国十九年九月九日

〔国民政府实业部档案〕

3．财政实业二部为永利化学工业公司兴办硫酸铔厂请保息免税事致行政院会呈

（1936年7月16日）

财政实业部会呈　公第二三二七号

案查永利制碱公司（现改永利化学工业公司）因承办硫酸铔厂，请求维持。曾由本实业部于二十三年十月二十七日呈奉钧院于十一月三日召集实业、财政、铁道三部开会审查，结果对于原请四项：（一）该厂制品，除硫酸硝酸外，准免转口出口税十年，核减原料及成品运费，铁道部原有运输特价办法，应准援例办理。（二）该公司发行公司债券五百五十万元，请由政府保息七厘，以五年为限一节，原则通过，于必要时，由实业、财政两部商订拨还保息垫款办法，呈院决定。（三）该厂系工厂性质，所有采购机器及建筑钢料，碍难豁免出口关税。（四）赶筑浦镇至铔厂间支路，应由铁道部派员查勘后，再行呈院核定。报经钧院第一八五次会议，决议："照审查意见通过"令知遵照。等因。在案。

上年十二月间，本财政部据该公司董事长周诒春总经理范锐密呈称："为承办硫酸铔厂，建造工程行将告成，请迅赐维护，以竟全功。（一）公司兴办硫酸铔厂资本，其一部分五百五十万元，系由银团息借而来，（按硫酸铔厂系照制碱公司股本五百五十万元数额，另向中国、上海、金城、浙江兴业、中南等五银行订借五百五十万元，为创设硫酸铔厂资金，周息七厘，俟硫酸铔厂出货营业时，照数发行公司债，由五银行十足收买。）其利息每年三十八万五千元，原指碱厂收益支付，近来碱价低落，实在无力负担，应请准予保息五年。（二）公司所缴机器及建筑钢料进口税，约四十万元，务恳以奖励形式，如数返还，以补助不足资金之一部份。（三）本厂制品，计有合成安摩尼亚、硫酸、硫酸铔、

合成硝酸、硝酸铔、硝酸石灰、硝酸钠等，原料则有硫磺、烟煤、焦炭等，恳予仍按公司碱厂成例，从出货之日起算，确定免除一切税款三十年，以杜外货倾销之危险。"等情。当查原请三项，除第二项碍难照准外，其第三项将制品及原料免税三十年一节，该公司制品，前请免税者，计安摩尼亚等六种，经院议决定，除硫酸硝酸外，准免出口转口税十年，此次增列硝酸纳一种，似可一并予以免税，并准予展长为三十年，以示提倡化学基本工业，优予奖励之意。该厂所用原料，烟煤、焦炭，现就矿征收矿产税，海关不复征转口税，毋庸议免，硫磺似亦可准予免征转口税三十年，但以国产为限。至第一项所请将该公司债券由政府代为保息五年一节，既经院议通过原则，自应拟订拨还保息垫款办法，此项保息，并应俟公司债券发行后，付息届期，公司收益不敷拨付时，始能由国库垫付，以符原案，而昭核实。兹经本部等会同拟就"财政部垫拨永利化学工业公司保息及公司拨还保息垫款办法"计十一条，是否可行？谨遵照原案，先行呈请决定，所有拟准该公司制品展长免税期限，暨加入硝酸钠、国产硫磺两种，并拟订垫款保息拨还保息办法缘由，理合备文呈请钧院鉴核。谨呈

行政院院长蒋

计附呈财政部垫拨永利化学工业公司保息及公司拨还保息垫款办法一份

财政部部长孔〇〇

实业部部长吴〇〇

中华民国二十五年七月　日

财政部垫拨永利化学工业公司保息及公司拨还保息垫款办法

一、永利化学工业公司(以下省称公司)兴办硫酸铔厂，呈准发行公司债券额法币五百五十万元，以拨还所欠银团资本借款，依行政院第一八五次会议决议，由政府保息七厘，以五年为限。

二、公司债券息金，每年法币三十八万五千元，应由公司就碱价赢余及营业余利，尽先悉数按期照付。如碱价赢余营业余利不敷拨付当期债息时，公司方得呈请财政部具领保息金，由部按照不敷数目垫拨足额，并由财政部咨报实业部。

公司碱价之涨落及销数，应按月造具详表，呈送实业部、财政部查核。

三、公司停止业务时，不得呈领保息金。

四、公司违背法令或发生特殊情形时，实业、财政两部得会商停止保息，并呈报行政院。

五、财政部垫拨之保息金，公司应自第六年起每年按照已领总额摊还十分之一，迳缴财政部核收，并由财政部咨报实业部。

六、公司自第六年起获有赢余时，除照办法五摊还十分之一外，应尽先加成摊还政府垫拨之保息金，其加成数目由财政部咨商实业部核定之。

七、公司在未还清政府垫拨保息金前，其赢余除照办法五摊还十分之一，及办法六由财政部咨商实业部核定加成摊还数目外，如尚有余时，方得分派官红利。

八、公司每年须将营业情况呈报实业部、财政部查核。

九、公司业务及账薄，实业、财政两部得随时分别检查及纠正，并于检查后互相咨报。

十、公司解散或破产时，所欠保息金，实业部、财政部有优先清偿权。

十一、本办法由实业、财政两部会同商订，自呈奉行政院核准之日起施行。

〔国民政府实业部档案〕

九、煤铁业

1．国煤发展委员会关于国煤兴利除弊事致国民政府呈

（1928年6月8日）

具陈述节略人国煤发展委员会，为煤权外丧，煤利外溢，急宜挽倒塞漏，以厚国本事。

窃煤为世界一切物质进化之原动力，凡有知识，莫不共知，委员会忝在煤商，深明利害，谨分节陈述如次：

一、中国富于矿产，而贫于资力，斯以为患，其所置宝于地，而日事告穷者，其患也莫甚。煤为中国唯一之矿产，提倡开采不乏闻人，然多因资力不及而中却失败者，历历可数。昔时政府既失资助之行，又无维护之力，反乃授刃于人，戕我生命，稽原罪戾，实昔时政府所致。迩年交通及工厂繁兴，就上海一埠论之，每年输销约达三百万吨，计值不下五千万元。推及全国，试以至少之数比较，仅加两倍，已丧失一万五千万元，再三年，至少每年须增加三分之一，渐至二万万元以上之丧失。

二、日俄战后，日本攫抚顺煤矿以去，自是而后，遂尽量取我宝藏之所有，以益其富，而健其力，乃至养成其侵略之急切野心。五三之痛，虽为自腐，而其原渐实由于平日也。今我同胞，共愤其残暴而无力以抗御，譬之沉病之躯，伤损之痛，知所不免。然一息尚存，不容少懈，一方求救于医，一方急须奋勉。即此奋勉之道，宜万众一心，上下一致，始克有济。今欲挽回煤权煤利，在商民应负知行之责，在政府应负提倡保护及豁免捐税便利交通之责。

三、今商民既知其利害，因起而行挽回之道，故有大中华运销国煤合作公司之组织。其宗旨，先以协助原有国民纯资开采之各煤矿公司，尽量开采运输而销卖之；其次，则渐进于巨量之启

发用心，如诚属急务，惟一般人之心理有左列患失之顾虑：

虑政府忽于煤之利害不予注意，一也。

虑政府不予保护，即保护之，又恐蹈前时恶习，须甚多之金钱为运动费，二也。

虑政府不予令火车常川运送，即运送之，又恐蹈前时恶习，每调拨车辆，要需索额外巨费，不予额外巨费，便故意留难，三也。

虑政府对运输国煤不予特殊之优待，如煤类特税及经过处所之杂捐即或予准则，其部属官吏仍有藉端留难之事，四也。

上列顾虑四点，苟能一一解除，更加以周密之奖激保障，则大中华合作公司之实现，自在指顾间。则今日以前所丧失之权利，期于今日以后逐渐挽回，经国大计，胥是赖之。

四、我国同胞，对五三惨案，先作经济绝交之抵抗，雷厉风行，惟恐疎漏。然煤之权利，丧于日人，实为巨大，若于此巨大之丧失不谋挽救，是犹逃生而死也。夫煤权既操诸日人之手，彼又狠然以重兵侵我鲁省，设一旦断我煤斤，则我之轮车工厂，将何所恃以活动乎，是岂我故作危言，以动观听耶。盖事势如棋，黑白分明，不容不作如是着也。

右举节略，利害互见，为今大计，急宜举其利而除其害，著为国令，以资激劝，政府有振作之实，斯国民无趦趄之状，开诚布公，一洗污濁，庶国权民生之大计，豁然并举，国之利也，民之福也，煤商同人与有荣焉。谨陈固陋，统祈钧裁，准予协助，至为公便。谨呈

国民政府

国煤发展委员会

附大纲草案、宣传品各二件〔略〕

中华民国十七年六月八日

〔国民政府档案〕

2. 实业部关于预防煤荒四项办法的提案①

（1931年10月5日）

为提议事：暴日无故占领东省，我国现虽静候国际联合会为公理之裁判，然或不能得直，仍须诉之武力。当此外交紧迫之际，国家应作种种预备，以防万一。查煤炭一项，国内因运输困难，通都大埠平时多仰给于日人，若日煤一旦断绝，则各地工场势将停工，影响治安，何堪设想。本部为思患预防未雨绸缪计，拟具办法四项，以免将来燃料缺乏，临时束手。

一、查国内各主要煤矿，尚有相当存煤，应即广拨车辆运至各要埠屯积，并酌运矿用材料，以备缓急。现在运煤应与军运之重要视同一律，即日实行。

二、各埠屯积之煤，应由国家银行依其数量支给相当押款，俟售出时归还，以免各矿资本周转不灵。

三、应令各矿所在地地方政府及驻该地维持治安之军队，竭力保护矿山之安全，使其无所顾虑，尽量开采。

四、应令各主要煤矿极力增加生产，凡柴煤、烟煤、焦炭之属，一体重视。

上列各项不独为紧急救济所应尔，即平时提倡国货，藉塞漏卮之际，亦为扼要之图。除第四项全属本部主管范围，拟即通饬各矿遵照外，事关国家大计，是否可行？敬请

公决

实业部长孔〇〇

中华民国二十年十月 日

〔国民政府实业部档案〕

---

① 此提案经行政院第四十二次“国务会议”决议“照办”。

3. 实业部为救济长江流域煤荒致行政院呈

（1931年10月27日）

呈为救济长江流域煤荒召集会议，敬祈鉴核备案事。查十九年度，外煤输入我国约为二百四十六万七千余吨，其中日煤占一百三十一万八千余吨，连抚顺煤，计入长江一带年销日煤约二百万吨以上，即每日约销日煤六千吨，今当提倡国煤藉塞漏卮之际，亟应增加国煤生产，去其各种障碍，备资抵补。本部前为紧急救济煤荒起见，曾拟具四项办法，经钧院第四十二次国务会议决议照办，并令饬铁道、财政、军政等部，各就主管范围，切实遵照办理，在案。惟头绪纷繁，非集思广益，不足以策进行而收实效。本部现拟克日召集有关系各矿商及各主管部，并金融界领袖，专就救济长江流域煤荒共同讨论，以求贯彻。除将办理情形随时呈报外，理合抄具增加国煤生产节略一份，呈请鉴核备案。谨呈
行政院

附增加国煤生产节略一份

实业部部长孔祥熙

中华民国二十年十月二十七日

附：增加国煤生产节略

查民国十九年，外煤输入我国之数量共为二，四六七，〇四二吨，其中日本煤占一，三一八，六五九吨，为最多数，次则为安南煤，输入之数亦有五十余万吨，上述日煤销用于扬子江一带者，有一，一二〇，〇〇〇吨之多，若再将抚顺煤加入，则日煤之销售于扬子江区域者，年达二百万吨以上，即每天销售六千吨。今者日兵在东北发生暴行事件，举国人民同声愤慨，力谋抵制日货，则扬子江一带，年销二百万吨之日煤亟须另谋补充，方免工商业发生影响，且转瞬严冬将届，销煤尤旺，苟来源缺乏，必致酿成恐慌。补充日煤之策，一在增加国内现有煤矿产额，二在开

办新煤矿，三在多购安南煤，苟前二项能积极进行，第三项即无关重要，我国产煤本可自给，因连年战争，运输阻滞，而车辆又时虞缺乏，致煤斤不能畅销，产额因而减低，日煤遂乘机而入。今者抵制日煤固以扩充产量开办新矿为要素，而对于疏通铁路运输，尤为切要之举。最近上海煤业公会曾呈请政府召集全国煤业会议，已由本部邀请铁道、交通两部会商，当议决先征集全国产煤运煤各商意见，说明困难之点与救济办法。为今之计，急宜由本部通盘筹算，定一采煤供煤方案，分别进行。窃维长江沿岸煤矿希望有限，今欲救济长江一带用煤，自以从津浦，平汉沿线各矿运送为便，且最适宜。兹将该两路沿线及长江沿岸可以扩充产量之现有各煤矿情形略述于后：

（一）平汉路沿线煤矿

六河沟煤矿公司在河南安阳县观台村，距平汉路之丰乐镇车站十八公里，有宽轨直接矿厂，民国十三年曾产煤五十九万五千吨，按该矿产煤能力，每日可达二千五百吨，近年因战争影响，车辆缺乏，其煤能运达汉口者甚少，现国内战争已息，闻该矿最近出煤每天可达一千八百吨，若增加每日产量至二千五百吨，除平时销售数量外，即每天溢出一千五百吨为救济日煤之用。

磁县怡立煤矿，西距平汉路之马头镇车站四十里，有自修轻便铁路运煤。民国十五年该矿产煤二十三万吨，即每天七百余吨，十六年因会匪互閧房产，被焚损失甚巨，尚未恢复旧观，不难乘此时机，回复原有产量，则每天出煤五百吨当非难事。

磁县中和煤矿，东距平汉路光禄站三十里有小铁路通至车站。民国十七年产量七万二千四百吨，如加意整顿，每天当能出煤三百吨。

（二）津浦路沿线煤矿

中兴煤矿于民国十四年产煤八十二万二千吨，即每天出煤约计二千五百吨，十四年后军事频繁，运输梗阻，产量日减，如车辆余裕，产量可增至每天二千五百吨。该矿之煤平时已供给长江一带，除去原销数量外，兹估其每天溢额产量为五百吨。

华东煤矿，即以前之贾家汪煤矿，近年因时局影响，办理不善，今正积极进行，据该矿负责人员称三四月后，每天产煤可增至六百吨云。

淮南大通煤矿。淮南煤田距津浦路之蚌埠站一百三十里，有淮河可通，现建设委员会正在该处积极开办，日出煤一百吨左右，预计嗣后每逾一月，每天可多出百吨，故数月以后，每天可出四五百吨。又大通煤矿在淮河南田家庵子，每天可出煤二百吨，运销当地及蚌埠各处，每天如增加产额，至二百吨当属可能。

（三）沿长江两岸煤矿

安徽贵池县馒头山煤矿，向由官办，日产只数十万，成绩不良，现已另行组织，踊跃进行，于五六月后每日可达三四百吨云。

宣城县水东官矿平日产煤最多，时可至一百数十万，自十七年发生火灾后，损失甚巨，进展不力，现如能增开井窿，则每天出煤三四百吨，亦非难事。

江西鄱乐煤矿公司，其矿区在鄱阳乐平两县，境内面积甚广，现在仅开采乐平县之鸣山区设备尚属完备，惟受匪祸及战争影响，运输停顿，每日产煤仅有二百吨左右。如匪焰歛息营业恢复，工程主持得人，则每天可出煤五百吨。

兹统计以上各矿增加产量后，除去近年原有运销数量外，其溢产可以补充日煤，销用于长江沪汉各地之吨数，可为列表如下：

路　　线	矿　名	每日总产量（吨）	除去平时销运数量而能补充日煤之数（吨）
平　　汉	六河沟	二千五百	一千五百
	怡　立	五百	四百
	中　和	三百	二百

续表

津　　浦	中　兴	二千五百	五百
	华　东	五百	四百
	汇　南	五百	四百
	大　通	三百	一百
沿长江两岸	馒头山	四百	三百
	水　东	四百	三百
	鄱　乐	五百	四百
共　　计		八千四百	四千五百

从上表观之，如所列各矿能恢复旧观或稍加扩充，每日即可溢出煤斤四千五百吨。换言之，即每天需用六千吨之日煤，内可以溢产国煤四千五百吨补充之。惟此事煤商知者甚少，应由本部召集以上各关系煤矿负责人员从长计议，讨论切实办法，筹商运输，指定车辆，统力合作必能有济，其余每日一千五百吨补充之，法有以下数端：

一、购红旗煤

去年我国购用安南煤计五十余万吨，价廉质美，不让日煤，若与商方妥筹增加海运力量，输入多量之红旗煤为暂时救济，当无不可。

二、恢复萍乡煤矿

萍乡煤矿在最盛时期，曾每日出煤三千余吨，后因汉冶萍公司经济困难，遂致停工。民国十八年起，由江西省政府出款维持，每日仅出煤五六百吨，若政府能加助资本，恢复大部分工作，则日出千五百吨之煤，必非难事。

三、（甲）开办雷家沟煤矿

上次本部所拟钢铁计划，即预定由雷家沟煤矿供给煤焦原料，值兹煤荒之际，正可将雷家沟煤矿先行开采，既可试探该矿质量实在情形，又可将所探之煤救济煤斤缺乏，俟该矿办有成效，得有一定把握，即以筹设钢铁厂秩序井然，且属一举两得。

（乙）兴办大汶口及宁阳煤矿

山东大汶口煤田，距津浦铁路大汶口站六十里，该处煤矿甚多，因交通不便，尚未开发，现仅有禹村煤矿一处，进行开掘。又磁阳县之磁窑村距津浦路南驿站仅十二里，大汶口东站十五里，太平站八里，该处煤矿现开办者有华丰公司，每日产煤仅数十吨以上。两处煤田若能商请铁道部赶修支路，则开采该处煤矿必如雨后春笋，有勃兴之机也。

（丙）兴办磁县官矿

磁县官矿矿区，广宽计七百八十三方里，占有河北磁县及河南武安两县，煤田现尚未进行开采，只有小窑十数处，用土法采煤，若中央政府与冀豫两省政府筹备开办，未始非提倡一绝好产煤机会也。

结论　综上所述，欲补充长江一带每天六千吨之日煤，并非难事，惟须速行，召集有关系各矿商及政府机关金融领袖，将上述办法共同讨论决定运输车辆各问题，使津浦平汉两路南半段各煤矿恢复原有状态，每日溢产四千五百吨，其余一千五百吨则可按上述第三项甲乙丙三种办法补充，必绰绰有余也。

〔国民政府行政院档案〕

4. 国煤救济委员会为报送章程备案致实业部呈

（1931年12月21日）

呈为呈请事。窃敝会遵照钧部召集之救济长江煤业会议议决案成立，并于十二月四日由钧部召集成立大会，曾经讨论通过敝会章程十八条，并经选出锡恩为正委员长，晋及博渊为副委员长，处理会务。现会所设在上海爱多亚路三十八号三楼。理合将敝会成立情形，检同章程壹份，备文呈报，仰祈鉴核备案。实为公便。

谨呈

部长孔

附呈国煤救济委员会章程壹份

国煤救济委员会委员长赵锡恩（印）

副委员长李　晋（印）

副委员长胡博渊（印）

中华民国二十年十二月二十一日

国煤救济委员会章程

二十年十二月四日在实业部开成立大会通过

第一条　本会根据实业部召集之救济长江煤业会议议决案成立，定名为国煤救济委员会，以执行大会议决各案，促进煤矿业产销运合作而利工业民主为宗旨。

第二条　本会委员以实业部、铁道部、交通部、军政部、财政部及煤矿业产销运三方面商人所选定代表组织之。

第三条　本会委员名额定为二十一人至二十三人，由实业部、铁道部各派二人，交通部、军政部、财政部各派一人，煤矿业产销运三方面由实业部指定十四人至十六人。

第四条　本会设委员长一人，副委员长二人，由委员公推之。

第五条　本会分设计、经济、生产、运输、推销五组，由各委员分别担任。

第六条　本会一切通常事务由正副委员长主持之。

第七条　本会每两星期开会一次，如遇特别事项，得由委员长或委员五人以上之请求，召集临时会议。

第八条　本会一切议决事项，遇必要时，应分别呈请各关系主管机关核准施行。

第九条　煤矿业产销运各公司如遇困难事项，可向本会陈说，由会议决分别办理。

第十条　本会对外一切事项须经会议议决后执行。

第十一条　本会得聘请专家若干人办理各组专门事项。

第十二条　本会置秘书二人，掌理文牍事项。

第十三条　本会各组得酌设组员及书记若干人。

第十四条　本会经费由煤矿业煤业分别摊派。

第十五条　本会会址设在上海。

第十六条　本会办事细则另定之。

第十七条　本章程如有未尽事宜，得由本会大会议决，修改呈报实业部核准备案。

第十八条　本章程自呈准日施行。

〔国民政府实业部档案〕

5. 财政部关于进口日煤及抚顺煤之产销实际情况报告

(1932年)

进口日煤及抚顺煤之产销实际情况报告

财政部

查外煤运销我国已历有年所，近年进口总量年达二百三四十万吨，而以日煤为大宗，常占进口总量百分之五十以上。自上年九月起，日煤进口始大减少(参阅附表一)，惟因该国内工商凋敝，煤觔销路有限，售价逐步下落(参阅附表二)，加以近半年来，日汇之步跌，故日煤在华市价(银市价)益趋下跌，销路因之转佳。本年六月份进口数量几达三万吨，较前数月已有显著之增加，但其在沪售价与其在本国之趸售价格尚属无多出入。至于日资经营之抚顺煤矿，近年产额年约七百万吨，其销售于东省境内者，年约三百万吨，行销于华北者约十余万吨，行销于华南者，则年有一百十余万吨，余则运销于日本、朝鲜、台湾、太平洋群岛等处（参阅附表三），惟每年不及销售之剩余数量，亦常有数十万吨。十九二十年度之剩余数量竟达一百二十万吨。去年九月以来，东省及关内销路因时局关系均大受打击，目下虽尚无确数可稽，其待沽数量至少在二百万吨左右，殆可断言。最近抚顺煤运销日本，又遭该国煤商反对，销日数量，本年仅限一百六十五万吨，其在日本市场，既不能发展，转而竭力推销于华南、华北，自意中事。最近抚顺煤在沪市价较前数月每吨均跌去规元一两左右。就沪埠而论，自停战协定成立后，经理日煤及抚顺煤之日商，即竭力设法推广销路，予承销者以定货，不付款结帐，不限期之种种便利，故承销日煤，不但不须垫款，且可无本经营，贩销华煤，则仍须先付定洋或做押汇承销条件，既判若霄壤，销售数目自大相悬殊，况日煤市价，又较国煤为廉乎。据调查沪埠七月中末两旬，日煤（包括抚顺煤）到有七万余吨，已脱售者达四万余吨，未到之定货尚有十余万吨。此进口日煤及抚顺煤之产销实际情况也。至最近日煤进口数量及最近一年日煤在东京、上海趸售市价，暨近年抚顺煤运销及剩余数量．另列表以备参考。

〔国民政府行政院档案〕

6．河北省实业厅关于召集救济煤业会议并转报各煤矿产销情况呈

（1932年3月2日）

呈为呈请鉴核示遵事。查前奉钧部矿字第二二四六号训令内开：查预防煤荒一案，前经本部拟具四项办法，呈由行政院令行各主管部及各省市政府等，各就主管范围切实遵照办理，并由本部于十月元日代电该厅将第四项办法：极力增加生产，凡柴煤烟煤焦炭之属一体重视一节，迅饬该省各煤矿公司遵照办理，在案。本部复以迩来外煤进口甚少，各地煤荒堪虞，非增加车辆，多备

（一）最近一年日煤在东京及上海趸售市价比较表(单位吨)

	东京		上海	东京		上海	每月平均日汇（日金百元合规元）
	上等九州煤趸集市价		头等杵岛烟煤块趸售市价	北海煤屑趸售市价		头等煤屑(新红屑)趸售市价	
	日金	规元	规元	日金	规元	规元	
二十年七月	一七.八〇	二九.〇五	一七.五五〇	一四.〇〇	二二.八五	一三.一八	一六三.二五
八月	一七.八〇	二九.九九	一七.五〇〇	一四.〇〇	二三.五九	一三.〇〇	一六八.五〇
九月	一七.八〇	二九.四五	一七.一二五	一四.〇〇	二三.一七	一二.八五	一六五.五〇
十月	一三.五〇	二一.一九	一七.二〇〇	八.〇〇	一二.五六	一二.九〇	一五七.〇〇
十一月	一三.六五	二〇.六一	一七.五五〇	八.一五	一二.二一	一三.二五	一五一.〇〇
十二月	一三.六五	一七.六〇	一七.六〇〇	八.二〇	一〇.五七	一三.一三	一二九.〇〇
二十一年一月	一三.五〇	一五.二五	一七.五〇〇	八.〇〇	九.〇四	一二.八五	一一三.〇〇
二月	一四.〇〇	一五.一二	——	八.〇〇	八.六四	——	一〇八.〇〇

续表

三月	一四.〇〇	一三.八〇	一六.七五〇	八.一〇	八.一〇	一二.三三	九九.〇〇
四月	一四.〇〇	一四.九四	一六.一二五	八.二〇	八.七五	一二.一〇	一〇六.七五
五月	一四.〇〇	一四.八五	一五.六二五	八.二〇	八.七〇	一一.九五	一〇六.一二
六月	一三.九〇	一四.五三	一五.一二五	八.一〇	八.四六	一一.六三	一〇四.五〇
七月	一三.八〇	一三.一一	一四.〇〇	八.〇〇	七.六〇	一〇.六三	九五.〇〇

（二）近年抚顺煤运销及剩余数量表（单位千吨）

年度	运销数量及地点				剩余数量
上年四月至次年三月	东省（南满路在内）	华南	华北	日本、朝鲜、台湾、太平洋群岛	
十五—十六	三，〇四五	九二一	二二一	二，〇五七	四六七
十六—十七	三，三二六	九一七	一八〇	二，三〇四	五六一
十七—十八	三，五四一	九六七	一七一	二，四九五	六五二
十八—十九	三，四九二	一，一〇二	一六七	二，五二五	七八〇
十九—二十	三，〇六七	一，一九四	一四七	二，三〇三	一，一九〇

（三）近月抚顺煤与同类国煤在沪趸售市价比较表（每吨规元）

	煤屑统煤				抚顺烟煤块（二等）
	抚顺煤屑号	中兴屑	抚顺统煤头等	中兴统	
二十年七月	一二．七五	一四．六五	一三．五五	一五．二〇	一二．七八
八月	一二．五五	一四．五〇	一三．三三	一五．〇〇	一二．五八
九月	一二．三五	一四．一三	一三．〇八	一四．六三	一二．三五
十月	一二．二五	一四．二五	一三．三三	一四．二五	一二．四五
十一月	一二．五〇	一三．八八	一四．二五	一三．八八	一二．九〇
十二月	一二．五〇	一三．五〇	一四．八八	一三．六三	一三．三八
二十一年一月	一二．一三	一三．二五	一四．七五	一三．五〇	一三．八八
三月	一一．八三	一三．二五	一四．一三	一三．四五	一三．三八
四月	一一．五八	一三．二五	一三．八八	一一．五〇	一三．〇五
五月	一一．三三	一三．〇八	一三．三八	一三．三八	一二．六三
六月	一〇．六三	一三．〇〇	一二．八八	一三．〇〇	一二．一三
七月	九．八八	一二．五八	一二．三八	一二．六三	一一．二五

航轮，转运国煤，不足以资救济。而国人所办煤矿率多，资本微薄，更须减轻运费，藉资鼓励，曾历与交通、铁道两部切实磋商。兹准交通部咨复，已令行招商局总管理处并上海航政局航业公会等会商办法，并准铁道部先后函咨，关于增加车辆一节，拟将津浦、平汉两路之南北段机车酌为分配，专运煤斤。关于减轻运费一节，已呈请行政院备案，将所有本年五月一日以后各路加价案所增煤斤运费一项，自十一月一日起，一律暂行停止三个月。等因。到部。是此后国煤已可畅运。合亟令仰该厅迅饬该省各煤矿公司遵照前令，极力增加生产，毋庸顾虑为要。此令。等因。奉此。查本省各大煤矿公司近年以来，因销路迟滞，多未尽量开采，现在国内需煤甚多，自应极力增加生产，以兴地利，而救煤荒。本厅为促进矿业发展起见，特定于上年十二月十六日上午十时邀集各大煤矿公司在本厅开会，俾策进行。是日出席者有开滦矿务局代表罗旭超、井陉矿务局代表贾文滔、长城煤矿公司代表刘明甫、怡立、正丰两煤矿公司代表顾水如、中和煤矿公司代表董翼之、柳江煤矿公司代表王宪卿、六河沟台寨分矿代表朱行中。当经开会讨论，计议决事项三件：(一)本厅提议增加生产救济煤荒案决议，由厅通令各矿先将各该矿产量情形及运销各数目，并应如何支配车辆详细核计，呈报核办。(二)中和、正丰、六河沟、怡立、井陉等矿代表提议，以平汉路运费太重，营业困难，为提倡增加生产起见，应请援用从前平汉运煤专价成案，每吨按六八二五纳费，以轻负担。并由各矿代表提议，北宁路运煤运费每吨按一．三五缴纳，已属较重。近又闻有不日加价消息，拟请对于运煤仍按原定运费，勿再加价，以恤商艰案。决议：由厅呈请实业部转咨铁道部，查核饬遵。(三)各矿代表提议，近年来矿产税率较前加重，担负为难，除开滦有特殊情形不计外，拟请按矿业法实行纳税，并免除一切杂捐、杂税案。决议由厅呈请实业部核示遵行。等因。纪录在案。旋经本厅拟订调查表式分发各矿详细查填，去后。兹据各该矿分别填具送请核办，前来，查阅所填产量及运销情形，并应需火车及缺乏车辆各数目尚属实在，究应如何设法维持，俾资增加生产之处，理合汇列调查表一纸，备文呈请钧部鉴核，分别转咨指令，以便饬遵。实为公便。谨呈

实业部

计呈送调查表一纸

〔国民政府实业部档案〕

7. 实业部等审议中华民国矿业联合会请加重倾销税以救济国煤案的有关文件

(1932年7月—1933年3月)

(1) 中华民国矿业联合会呈(1932年7月13日)

呈为日煤巨量倾售，国产滞销堪虞，亟应援例加重倾销煤税，以资救济而维国煤事。窃查我国煤矿储藏丰富，以供自用，本绰有余裕。惟近年以来频遭摧残，致运输淹滞，成本颇重，外煤遂乘机输入，其数量有二，四六七，〇四二吨之多，其中日煤占一，三一八，六五九吨为最多数，若再将抚顺煤加入，则只扬子江流域一带已有年达二百万吨以上。推原其故，厥惟日煤成本既轻，运价又低，查日煤在本国口岸装船每吨成本祇日金四元，加以海上运费一元，其抵沪成本仅日金五元，以目前汇率计算约合银四两六钱五分，再加进口税银一两三钱八分，暨码头费银六钱，亦不过六两六钱三分。至于抚顺煤，其成本较此更轻，此后如日金续跌，其价格将更低落。而国煤以产费过重，运价又高，沪上售价有高至十二、三两者，故日煤销路自上海停战协定后，重形活动，到货亦见旺盛。据调查所得，现在日煤存于该国口岸待运者有二百五十余万吨之多，其存在抚顺者亦有一百余万吨，势将陆续运出，力事倾销，则其影响国煤前途何堪设想！用特备文呈请钧部转商财政部援例加重倾销煤税，以资救济，而维国产，实

河北省调查煤矿产量及运销情况一览表

公司或矿局名称	矿区所在地	每日产量数目	预计每日能增加产量若干	销场处所及数目	每日共销售若干	应需火车辆数、系由何处所辖及有无缺乏困难情形	备考
怡立煤矿公司	磁县西佐村	现在每日产煤八百吨	如果路局能以充分接济机车车辆，每日尚能增加千吨左右。	销行平汉沿路各站及滏阳河一带，销数多寡不等，以路局车辆运输能否充分便利及滏阳河能否随时开闸为转移，因前数年路既未拨给车辆及专用机车，而河路开闸又受种种限制，故销行甚滞。	现在每月共销一万吨左右。	平时应需机车三、四部，车皮二千余吨，现仅有二十年十二月十七日由平汉路局所拨给之机车一部，车皮八百吨，故极感困难，尚须向路局交涉，仍得拨给机车车皮二、三列，始能维持目前营业也。	

续表

开滦矿务总局	在河北省沿北宁铁路之唐山、马家沟、林西赵各庄及唐家庄	现在约一万七千吨	矿区工人因政局无定，群情不安，故纪律异常不佳。照目前之情况，欲使包工向别处招募工人，实为事实所难能，且除为工人所限一时不克增加产量外，各矿所存之煤为数甚巨，倘长此不能运尽，实无法使之增产。查各矿存煤约共六十五万吨，如得充分之车辆人事运输，均可即时销售也。	本局之煤大都由铁路、运河及内河转运，在华北一带销售、亦有大宗煤斤运销于上海及扬子流域，并有少数运至香港及广州，现在每年销数约五百万吨。	每月之销数增减颇巨，大都随分配之能力为转移。例如华北一带春秋两季销售最多，因彼时分配有内河之转运较为便利也。至扬子各埠之煤市亦以夏季数月为销售最旺时期，由于彼时长江水涨所致。	按照本局与北宁路局订定之租买合同，至民国二十四年十二月三十一日期满，本局以载重四十吨之煤车六百辆及干线机车十八辆供给路局使用，同时该局以上述车辆专运本局煤斤，但此项车辆每年仅敷转运四百万吨之谱。因在此数目以外之煤斤，本局尚需恃北宁铁路加拨车辆以资运输，无如历年来因该路车辆缺乏，以及不克按期加拨规定车辆，实为本局营业发展上之一极大困难。假如路局能担保供给车辆历久不变，则本局尚可设法将每年所出之煤增至七百万吨，并可从容销售也。

续表

华商柳江煤矿铁路股份有限公司	河北省临榆县柳江村	全年平均每日产六百五十吨	每日能增产一百五十吨。	上海及长江沿线年约十五万吨，其余在北宁沿线及本地土销。	每月平均一万七千吨左右。	多由秦皇岛出口陆运，由北宁车运往沿线。近因时局关系，船只缺乏，车皮短少，运率增长，营业甚感困难，存煤甚多。
六河沟煤矿公司台寨分矿	河北省磁县台寨	每日约产五百吨至一千吨	每日至多增至一千五百吨。	平汉沿线一带。	每月约销一万吨至三万吨。	应需平汉车辆，现因车辆极感缺乏，运销至为困难。
正丰煤矿公司	河北省井陉县风山	二千吨	二千八百吨。	平汉北段一千五百吨，津沽各处一千八百吨，汉口一千五百吨。	十四万四千吨。	平汉线北段六列，平汉线由石家庄至汉口十列，及南段各站北宁线由石家庄至津沽三列。

续表

河北井陉矿务局	井陉县横涧镇	二千二百吨	八百吨。	石庄北至北平沿线三万吨，石庄南至汉口沿线一万吨，津塘段二万吨，自用路用一万吨。	共七万吨。	津塘用北宁联运现尚充用，船运出口甚为不便，平汉路运极感困难，恳请钧厅设法代筹，多拨车皮。
长城煤矿公司	临榆县上庄坨等地方	四百吨	二百吨。	上海及长江一带关外、天津。	一万五千吨。	北宁路秦皇岛站运销天津及关外缺乏车辆。

续表

中和公司	磁县峰峯村	五百吨	五百吨增至一千吨。	峯峰村窑场零销，又平汉路光禄车站敝公司分局零整均销。倘有火车不足整列者可运销南至彰德府各站，北至顺德府各站。如有整列车即可运往汉口、北平及天津出口均可，现在运价业已划一，如有车皮各地皆可运销无阻也。	现在因无车皮，仅算零销约计五千吨左右。	敝公司在平汉路线车辆应归平汉局所辖，应需车辆至少以二十吨计算，二十五个车随一机车，如能按产煤数量拨给车辆尤为适当。近三年间实受无车皮之困难，营业致受莫大之损失。	

为公便。谨呈

实业部部长陈

中华民国矿业联合会

中华民国二十一年七月十三日

(2) 国煤救济委员会呈（1932年8月25日）

呈为呈报事。窃查外煤巨量进口，力图倾销，妨害国煤，关系至巨。当经敝会召集全体委员开紧急会议，对于外煤倾销垄断各情形，细为讨论，详加调查，藉谋补救之方，以拒侵略之害。兹据派员调查报告所称，日煤价低之原因，自经抵制仇货后，上海及长江一带日煤装往，几有绝迹之势，因之日本各矿区产煤均无相当去处，存煤雍积，虽九洲矿业联合会迭次开会集议减少产额，仍有货满之患，故日本产销两方不得不以最贱之价，向各方接洽，以求出路。且该国自重复禁金出口，日汇屡松，旋于六、七月间落风更甚，此间华商鉴于成本低廉，有利可图，遂不顾国家一切，相率争先恐后，向各洋行大批定购，计六月下旬至七月初旬之间，各方订定合同数达十余万吨之多。兼以日轮运华之水脚大减，凡做日煤各行号遂皆乘机装运，各码头堆栈到货几如潮涌，市场充满，大有供过于求，价格抵〔低〕廉，销数愈旺，此日煤之恢复昔日原状，可见一斑。查往时日商各大洋行与华商交易，除特约承销之各号外，余均须现银交易，在此倾销计划时期，日商放给华商之货，不但不收现款，且俟销方收到客户之款后，再行解给，故华商无本亦得营业而获厚利，受此引人入彀办法，故煤商不顾一切，凡营国煤者莫不大亏其本。揆厥原因，国产各矿运输欠便，成本极重，价格又贵，推销不无较难。凡采办国煤者必须现银交易，更有货未装来，先付几成定银，或做押汇装货，在在需款，各销方不无受经济上之影响，或遇银根紧急、周转不灵之际，而产销两方交受其困。今之日煤实行倾销策略，既得销方之接应，又为用户之欢迎，国煤前途，何堪思议！拟以根本救济，分为治本治标，惟治本之法，首以发展产量、便利运输、减轻成本，获利须微，与外煤认真竞争，长期抵抗。而治标之法，应由政府迅速议定一种洋货倾销税，如国际条约限制，不能实行，改为外煤运入内地，均得征收特种营业税，此系加诸销煤商号，即可于中制止，使不采购外煤，而国煤所纳之税，并以奖励法发还，似此比较，可以无形消灭外货，非特挽回莫大之漏卮，即国煤生存，发旺税源，逐渐增加，俱可计之。等情，到会，理合录呈鉴核俯赐施行，实为公便。谨呈

实业部部长陈

副委员长李晋（印）

国煤救济委员会委员长赵锡恩（印）

副委员长胡博渊（印）

中华民国二十一年八月二十五日

（3）中华民国矿业联合会呈（1932年9月3日）

具呈人中华民国矿业联合会　　住址上海爱多亚路三十八号

呈为日煤倾销，市价惨跌，事机迫切，矿业垂危，恳请俯念商艰，转咨铁道部迅赐特减临时运价，并根据上年商运会议决议原则，召开矿产运输委员会，公开讨论厘订低廉运费，以资救济，仰祈鉴核事。案查本会以日煤巨量倾售，国煤销路呆滞，呈请铁道部根据商运会议四项原则，厘订低廉运费，以资救济一案。奉铁道部批：内开呈悉。查铁路与普通营业机关性质相同，铁路运价正如普通营业机关货品之售价，为成本所构成，不能随意低减，例于国煤售价成本之构成，简略分析之，计有（一）矿场出产成本；（二）矿至铁路运费及装卸费；（三）铁路运费；（四）码头费上栈费销场上搬运费；（五）税捐；（六）水路运费；（七）经手佣金；（八）商人利益等，此八项构成之成本，虽因管理及经营之良窳有多寡

之分，然售货绝不能任意减轻在成本以下，铁路运价成本之构成分子，虽不同，然其有成本则一绝不能减低至成本以下，否则铁路所恃以维持经营者，必至亏累不堪。况铁路为公共运输机关，对于价贱如煤斤不能负担多量运价之日用必需品，已订定最低之等级及最轻之运价，此项运价已至最低之限度，不能再减。来呈谓国煤向因运价过高，不足与外煤竞争，又谓国煤滞销，原因固多，而其主因实因运价仍高，有碍推销，等语。所谓国煤不足与外煤竞争者，自指售价而言，国煤售价成本所构成分子已如上述，种类甚多，铁路运价仅占其构成分子之一，实居极少部分。所谓因运价过高一语，倘该会构成分子一一分析，则知运价过高一语，断非事实。所谓国煤滞销原因固多，然此项原因倘一一分析，则其滞销主因在于其他之成本过高，而非运价过高。又来呈所谓日煤各节情形不同，一系海运，一系陆运，然亦有可资借镜者，所称日煤成本既轻一语，不知已否与国煤相比例，倘国煤之成本能与日煤成本同样减轻，则运价必不为高矣。关于抚顺煤倾销，国煤不能竞争一事，内容复杂，原因甚多，自应通盘筹划，并非减低煤斤运价可以济事。如来呈所谓国煤即牺牲成本，亦不足与竞争，然则铁路方面即牺牲煤斤运价，亦未必能增加国煤竞争之能力，断断可见。总之，我国煤业衰落，自有其衰落之原因，非减轻小部分铁路运价所能救济。现时日煤倾销，其价格与国产煤斤相差极远，可资救济国煤之道，不在减轻运费，而在各矿自行改良经营开采及其他可以节省之费用，现行运价已极低廉，所请重定最低煤斤运价一节，应毋庸议，合行批示，仰即知照，并转饬各矿悉心研究，切实核减国煤成本，俾与外煤竞争，本部有厚望焉。此批。等因；奉此，铁道部对于国煤售价成本之构成，分析详明，具征核计之精确，顾本会尚有不能已于言：(一)矿场出产成本，关系资产折旧、职工薪资、机器设备、产量数额等四项资产折旧，原属固定，不能任意削减。职工薪资，照社会生活程度状况，亦系有增而无减，各国皆然。比年工运方兴，工资日增，工作效率日低，应付工潮疲于奔命，何能减低工资，致增劳资纠纷。机器设备，吾国各矿因资本不充或不免有因陋就简之处，然欲求改良，须先筹资金，且非仓卒所能为力。至产量数额，当然产额愈多，成本愈轻，然亦必先集巨资，方能扩充设备。且各矿产煤大都恃铁路转运，比年以来，铁路运输时见停顿，车辆逐年减少，故即欲增加产量，对于能否运达市场，在矿商漫无把握。此就矿场成本一项而论也。(二)矿至铁路运费及装卸费，除已通铁路各矿外，其他用人力或牲畜运输者，用费均属工资一类，不能骤减。(四)码头费、上栈费、销场上搬运费等项，大都管理之权，不属矿商，且此类工资近年以工潮迭起，一再增加，决非矿商所敢言减。(六)水路运费各矿无自有轮只，运费须视市面之供求为准。(七)经手佣金日煤倾销正以重利诱经手商号，矿商欲于此时再减经手煤号之佣金，更不啻作茧自缚。(八)商人利益矿商丁〔于〕兹非常市面，保本尚难，敢言利益。综观以上情形，铁道部所开国煤售价成本之构成各点，或资力不足，或权非所属，一时实无从再减，至(三)(五)两项，所开税捐及铁路运费，是尤仰望于政府之予以救济耳。惟商人营业计算盈亏，在平时对于售价并不处处坚持不能减至成本以下，而在求均数之不致亏蚀。就目下情势而言，所幸冀者在减轻赔累得以勉强持久，静待市场转好。至于铁路运费成本，据本会所知，每年统计有收入总数，客货运收入总数，吨公里、客公里及客列车总数，而每吨公里成本，至于每等货、每吨公里成本各为若干，更无由计算。即使煤介运费，果减在成本以下，而铁路亏累似尚有待于专家之精密统计，不断定为绝无伸缩之余地也。现在为矿业竞敌者，厥为抚顺煤，除在当地缴纳极微之矿产税及极微之出口税外，进口并不征税，抚顺煤运至上海，缔合其各项成本，约在日金八圆三十四钱上下。近据调查所得确有证据者，其在沪以日金七元五十钱之价格出售，是亦已贬本。目下日汇惨跌，折合华银不过五两五钱，尚闻有暗盘售日金五元六十钱者，似此价格，国煤各矿实难与竞争。且查抚顺之煤，在东北向垄断市面，售价高至每吨日金十二元以上，其以近销所获之利，以补远销之亏。兹闻日人已有计划再贬价至日金五元，来沪倾销之说，此项计划如果实现，则吾国各矿大多将在淘汰之列，瞻念前途，不寒而慄，呼吁救济，职是之故。铁道部之意，倘国煤成本能与日煤同样减轻，则虽运费稍昂，亦属无妨。等因，然查抚顺矿场，出产成本仅日金二元六十四钱，国煤成本揆诸事实，决不能若是之低。不特此也，吾国矿商尚有种种意外之耗费，为日方所无者。例如，萑苻遍地，矿商虽缴纳各项捐税，而不得国家适当之保护，自设警备，年费巨款。此其一也。沿途偷窃之风甚炽，铁路不能保护矿商，必自雇多数夫役，向铁路购买客票，沿途押运，耗费既多，而偷窃尚不能尽免。此其二也。环境不良，社会视办矿为利薮，施以巧取豪夺之方者，在在皆是。此其三也。运费以外，路局正式公布之各项费用，如调车费、额外费、枕木费等名目。此其四也。凡此种种，矿商所费不在少数，而成本却因之增加，铁道部以为运费在售价内仅占一小部分，无足轻重。然查山西口泉之煤，运至塘沽，须远费在十元以上，井陉六河沟之煤到汉，运费亦达七元，实已非售价成本之一小部分矣。窃维铁路之规定运价，向照货物能负担之力为标准，各国皆然。试问今日各煤矿照目下市况，能否担负规定之运价,此应请大部详加考核者也。煤为凡百工业之母,矿商遇此非常艰难时期，舍请政府救济，其道莫由。且矿之与路实属辅车相依，试观各路统计，每年煤之运量占货运总额百分之几，煤运收入占全年货运总收入百分之几,即知路矿实有共存共荣之势。故纵使铁路系属商办，对于矿业艰难，亦必不漠视，而更况国营事业对于商困原有救济之义务，一旦矿业破产,则铁路所受影响至巨，决非寻常所言，亏累已也。所有上列缘由，言出至诚，并非危词耸听。除另文呈请大部，转咨财政部暂免或减征一切捐税，并分呈铁道部外，理合备文呈请鉴核，转咨铁道部迅赐核定防止日煤倾销临时特减之运价，一面召开矿产运输委员会，公开讨论煤斤运费，以救垂危之矿业。实为公便。谨呈

实业部部长陈

中华民国矿业联合会谨呈

理事长李晋(印)

副理事长张仲平(印)

中华民国二十一年九月三日

(4) 国煤救济委员会代电(1932年10月 3 日)

国煤救济委员会快邮代电　国字第一五五号

南京实业部陈部长勋鉴：窃吾国九一八事变以还，而自日军侵沪以后，市面益觉萧条，金融愈形枯竭，若不各方集全力以御侮，势必坐以待毙而已。自经沪案协定，日货又行复活，种种陷害，无所不用其极。查国煤一项，自经日煤进口跌价倾销，遂至一落千丈。若不极谋制止，实与国计民生关系至巨。拟请大部在东北伪组织未经取销及失地未经收复以前，所有抚顺之煤、鞍山之铁及本溪湖之煤铁，一概拒绝进口，并令海关不准该项运船卸载或饬其原船退回。否则，由该处海关指定之堆栈，暂行卸存，须俟东北各处失地收回，主权恢复以后，方可放行。此系国家应有权衡，尚宜相当处置，藉谋国产之复活，培养国家之元气。特电密陈，伏祈鉴核施行，并乞示遵，无任企祷。国煤救济委员会委员长赵锡恩，副委员长李晋、胡博渊叩。江。

中华民国二十一年十月三日

(5) 国煤救济委员会等密呈（1932年10月 6 日）

呈为外煤倾销，危及国产，影响全国金融，恳请迅赐令行拒

绝进口，以固国本事。窃维自九一八东北被占及一二八沪变以来，全国民众激于义愤，群起抵制仇货，冀以消极的经济绝交，促他方之觉悟。我矿煤一业不仅遭兹时变，且为防患未然，遂有大部召集国煤救济委员会之组织，除由各矿商力自撙节，图轻成本，并计划增加产额，以应供需外，复经政府令行各路局统筹煤运办法。迄今国煤运存沿江沿海各口岸而不能推销者，计达数万，以至数十万吨之巨。乃仇方鉴于抵制之烈，不惜一再贬价诱胁兜售，近更巨量倾销，蓄志侵略。凡在若松出口运来上海及广东一带者，其售价概较运往彼国各处之煤，每吨减低日金一元五十钱，运费由该政府补助，转输各口，又有武装轮舰为之庇护，其批售发货又复不收价款，包办保送，威胁利诱，无所不至。受其蛊惑者犹非少数。遂使各口岸国煤屯积不销，各矿商多已陷于周转不灵之危险。若无能见速效之办法，以资抵制，诚恐因滞销而停采停运，矿业废于一旦，失业遍田野，而仇方之经济侵略尤足以扰乱金融，全国经济组织必至溃决，其祸患将不知伊于胡底。此应呈请鉴核者也。窃以救济之道，唯有拒绝劣煤进口之一法，庶无知商贩不再受其蛊惑。即或我政府为顾全国际关系起见，对于劣煤尽可加重其进口税及倾销税，而于抚顺煤及鞍山铁概予拒绝进口，并令行海关不准该项运船卸载或饬其原船退回。否则由到达地点海关指定之堆栈暂行卸存，俟东北事件解决后，再予放行，以示区别，而资抵制，亦可收同样之效果。如是则根源既绝，仇方即无法施其鬼蜮伎俩，一面奖励各矿增加产量，统筹救济，以弭国内之隐患，而作有效之抵制。伏思国内各矿，以其成本之关系，自不能单独责以减低其售价，保护实业，原属一国自主之权衡，各国已有先例，行之著效。今处非常事变，我政府宜以断然之手段，施行紧急之政策。危机所伏，关系国本，不容漠视。经职会集合全国商会联合会及矿业联合会集议，询谋佥同，用特联合陈情，伏乞迅赐采行，以维国本，全国幸甚，矿业

幸甚。临呈不胜迫切，待命之至。除呈行政院及分呈财政部外，谨呈

实业部

国煤救济委员会委员长赵锡恩

中华民国全国商会联合会主席林康侯

中华民国矿业联合会理事长李晋

上海爱多亚路三十八号

中华民国二十一年十月六日

(6) 财政、实业、外交三部会呈稿（1932年12月10日）

呈

呈为会衔密呈事。案准钧院秘书处第三六〇一号函开：奉谕据上海国煤救济委员会代电，以国煤一项，自日煤进口跌价倾销，遂致一落千丈，请在东北伪组织未经取销及失地未经收复前，拒绝抚顺等处煤铁进口等情一案，应交财政、实业、外交三部会同核议具复，抄同原件函达查照。正拟商办间，又续准第三六五〇号函开，兹复据国煤救济委员会、全国商会联合会、矿业联合会会同密呈前情到院，奉谕仍交三部议复，函达查照，各等因。查此事财政部前据上海国煤救济委员会径呈到部，当以抚顺等矿所产煤铁系由日人依据条约投资经营，现时东三省事件正在外交进行中，所拟将上项煤铁拒绝进口一节，事涉政治问题，碍难准予照办。至行销各埠之抚顺煤，向来多由大连转运，在从前抚顺煤所征之转口税，为数固微，惟目前新定征税办法，其由大连运入各通商口岸之抚顺煤，应照进口税则征税，每吨应缴〇.八九金单位，约合关平银一两，较之前征转口税每吨仅关平银一钱者，已增税甚多，当可限制抚顺煤之大宗侵销。其倾销税一项，依照原订倾销税法之规定，应将倾销情形调查确实后，经由立法程序，方可实施，等语，电复在案。奉谕前因，复经咨商研

讨，外交部、实业部对于拒绝抚顺等煤铁进口，亦认为不免窒碍，应于关税方面力谋抵制，与财政部所复国煤救济委员会之意见相同，原来关税以外，本已公布倾销税法，专为保护我国实业，而设近来该项进口煤既有倾销之嫌，则运用上项税法，以谋遏制，当为情势上所需要，除由实业部、财政部依据倾销税法规定，以速组织倾销货物审查委员会，调查审议，以利进行外，理合将遵议情形，会衔密呈，仰祈钧院鉴核。再，此案系由财政部主稿，合并陈明。谨呈

行政院

外交部长罗○○

实业部长陈○○

财政部长宋○○

中华民国二十一年十二月十日

(7) 倾销货物审查委员会呈（1933年3月21日）

为呈复事。案奉财政部令关字第四九六八号内开：准实业部咨开，据中华民国矿业联合会呈，为外煤倾销，国煤将置绝地，恳迅予征收倾销税一节，请查核办理见复，等因。合行抄发原咨暨附表，令仰该会审查具复，以凭核办。此令。等因。附抄件到会，遵即饬员调查日煤及抚顺煤售价情形，并将该矿业联合会原呈附表中，尚有疑义暨应行补充各点，开列条问，函询该会去后，兹据该会逐条答复，并附在沪倾销之日煤一览表一份，函送前来，详加审查，该矿业联合会原呈所称外煤倾销一节，实属不为无因，惟现时征课外煤倾销税，亦颇多困难之点。谨分陈如下：

一、日本煤　查我国进口日煤以前年在一百三四十万吨之谱，最近两年进口锐减，民国二十年仅八十余万吨，去岁更减为四十万吨。近年日本国内工商凋敝，煤觔销路亦大形减少，加以抚顺

煤存货太多，又转往日本国内抢售，因之该国存煤数量逐年加多。从前日本煤之生产额年约三千万吨，消费额年在二千八百万吨左右，年终存货至多不过一百数十万吨，去年该国生产额减为二千一百万吨，消费额减为二千万吨，存货增为二百五十万吨，存货既多，售价步跌，该国煤业对此曾经研究种种救济办法。例如（一）限制抚顺煤运入数量；（二）限制各矿出产数量及（三）共同贩卖等。其（一）（二）两种办法完全属于消极的一方面，并已实行数年，而对于遏止煤价下落及减少存货两事，终未克收实效。至共同贩卖，则网罗各大矿商合组一昭和石炭株式会社，实行协定销路及存煤之保管、转卖，并输出等事。该株式会社最近始行开办，此事造端重大，能否收效，尚未可知。调查现时日煤在该国内市场及在上海市场上之售价情形，仍属异常紊乱，其主要原因，即由于存货太多、销路阻滞之故。其一般资力较薄之煤业，既无术以通融资金，遂竞以贱价抛售存煤，即其实行对外倾销亦早已成为公开之秘密，该国报章杂志对此亦并不稍讳。此次矿业联合会所提在沪倾销之日煤一览表，系就日煤在上海码头交货价格中，除去关税运费等项，再与其在该国内之趸售价格相比较，核与现行倾销货物税法第二条第一项规定相符。惟实行征收日煤倾销税，其中困难颇多，盖现行倾销货物税法第五条有“倾销货物税之税率以第二条所规定计算之货价差额为准”之规定。兹查现时各种日煤在上海之售价较其在该国内市场之售价差数多寡甚相悬殊，即就矿业联合会所指在沪倾销之各种日煤而言，差数最大者为日金三．〇八圆（池野末煤），最小者仅〇．八八圆（神田块煤）。故若就其实在货价差额核定倾销税率，则其税率亦当为日金〇．八八圆至三．〇八圆，高低不一，此种高低不一之差别税率，在其他普通商品或属可行。至于煤觔，其货品本身上或包装上，原无显明之商标或记号，足资识别，采用此种差别税率，则本应征收较高税率之货品，难保其不冒充牌号，避重就轻，甚至另改名称，希图免征。其结果则倾销税率，竟等于虚设。假使不根据其实在货价差额，而于其差额最高最低之间酌定一种单一税率，则此种税率既非其实在差额，显与上述倾销货物税法之规定不符，商人有所藉口，势必徒兹纠纷。此征收日煤倾销税之困难情形也。

二、抚顺煤　查抚顺煤产额年约七百余万吨，其销售于东三省境内者，年约三百余万吨，（南满铁路自用者在内）行销于华北者，年约十余万吨，行销于华南者，年约一百二十万吨，行销于日本者，年约一百八十余万吨，余则运销于朝鲜、台湾、南洋群岛等处及供轮船之用。近年东省及华南、华北销路，因时局关系，均大受打击，其日本销路，又遭该国煤业反对，限制输入数量，因之抚顺煤存货数量，逐年加增，该矿营业利益亦形锐减，民国二十年度，总收入五千二百万圆，比民国十八年度少三千余万圆，是年所获净利一万六千余圆，比民国十八年度竟少一千二百余万圆。该矿为疏通存货计，曾于是年四月将煤价大加削减，计碎煤每吨减低一圆，块煤减低二圆，末煤减低一圆七十钱，而削价之后，仍属无济于事，去年十一月二十四日，又削减售价，即块煤减低五十钱，碎煤减低七十钱，末煤减低一圆。此次矿业联合会原呈附表所开抚顺末煤售价核与当时该矿定价相符，以沈阳、大连两处，抚顺煤之售价与其在上海市场上之售价相比较，其为故意倾销，尤无疑义，惟征收抚顺煤倾销税颇亦困难。盖从前抚顺煤运销国内各埠，征收转口税，系根据宣统三年四月日本驻奉总领事与奉天交涉员所定之抚顺烟台煤矿章程，每吨征关平银一钱，自去年政府对于东三省货物改定征税办法以后，海关将东三省运来之煤觔悉照进口税则征税，每吨征〇.八九金单位，但此种办法，原系以现时由东三省运来之煤觔，是否为本国土货，无从辨别为理由，而与视同外国货者有异。今若明定为征收抚顺煤倾销税，纵令在外交上不别生枝节，而将东省货物明视为非本国土货，转有违悖东三省仍为中国领土之意，似于政治关系亦极为重大。此征收抚顺煤倾销税之困难情形也。

综上所述，日煤以售价差额关系、抚顺煤以产地在我国领土范围以内之关系，均不便征收倾销税。本会以为现时防止外煤倾销似可从提高进口税率入手。且据该矿业联合会来函，亦称日煤虽几无一不在沪倾销，而其倾销程度尤以抚顺为烈，如照海关现时办法，提高进口税率，则抚顺煤亦可包括在内，故与其对于日煤及抚顺煤征收倾销税，不如增加进口煤税。所有奉令审查中华民国矿业联合会呈请征收外煤倾销税一案缘由，除呈复财政部外，理合具文呈请钧部鉴核。谨呈

实业部长陈

倾销货物审查委员会主席委员沈叔玉（印）

中华民国二十二年三月十一日

(8) 财政部密咨（1933年3月29日）

财政部密咨　关字第6572号

为密咨事。关于中华民国矿业联合会呈请加征外煤倾销税一案，前准大咨，当经令交倾销货物审查委员会审查。兹据该会具复，并称分呈贵部有案，原文不再赘叙，本部复加查核，该会所陈日本煤与抚顺煤征收倾销税困难情形，均属实在，原拟提高进口税率办法，抚顺亦可包括在内，亦尚妥适。除已由部令行国定税则委员会参酌贸易情况，妥拟进口煤新税率，呈候察核办理外，相应密咨贵部查照为荷！此咨

实业部

财政部长宋子文

中华民国二十二年三月二十九日

〔国民政府实业部档案〕

8. 实业部等处理拒绝抚顺煤鞍山铁进口的有关文件

(1932年10—12月)

(1) 国煤救济委员会呈（10月6日）

呈为外煤倾销危及国产，影响全国金融，恳请迅赐令行拒绝进口，以固国本事。窃维自九一八东北被占，及一二八沪变以来，全国民众激于义愤，群起抵制仇货，冀以消极的经济绝交促他方之觉悟。我矿煤一业不仅遭兹时变，且为防患未然，遂有实业部召集国煤救济委员会之组织，除由各矿商力自撙节，图轻成本，并计划增加产额以应供需外，复经政府令行各路局统筹煤运办法，迄今国煤运存沿江沿海各口岸而不能推销者，计达数万以至数十万吨之巨。乃仇方鉴于抵制之烈，不惜一再贬价诱胁兜售，近更巨量倾销，蓄志侵略。凡在若松出口运来上海及广东一带者，其售价概较运往彼国各处之煤每吨减低日金一元五十钱，运费由该政府补助，转输各口。又有武装轮舰为之庇护，其批售发货又复不收价款，包办保送，威胁利诱，无所不至，受其蛊惑者犹非少数，遂使各口岸国煤囤积不销。各矿商多已陷于周转不灵之危境，若无能见速效之办法，以资抵制，诚恐因滞销而停采停运，矿业废于一旦，失业遍于田野，而仇方之经济侵略，尤足以扰乱金融，全国经济组织必至溃决，其祸患将不知伊于胡底，此应呈请鉴核者也。窃以救济之道，唯有拒绝劣煤进口之一法，庶无知商贩，不再受其蛊惑，即或我政府为顾全国际关系起见；对于劣煤尽可加重其进口税及倾销税，而于抚顺煤及鞍山铁，概予拒绝进口，并令行海关不准该项运船卸载，或饬其原船退回，否则由到达地点海关指定之堆栈暂行卸存，俟东北事件解决后，再予放行，以示区别，而资限制，亦可收同样之效果。如是则根源既绝，仇方即无法施其鬼蜮伎俩，一面奖励各矿，增加产量，统筹救济，以弭国内之隐患，而作有效之抵制，伏思国内各矿以其成本之关系，自不能单独责以减低其售价，保护实业，原属一国自主之权衡，各国已有先例，行之著效。今处非常事变，我政府宜以断然之手段，施行紧急之政策，危机所伏，关系国本，不容漠视，经敝会集合全国商会联合会及矿业联合会集议，询谋佥同，用特联合陈情，伏乞迅赐采行，以维国本，全国幸甚，矿业幸甚，临呈不胜迫切，待命之至。除分呈财政、实业部外，谨呈

行政院

国煤救济委员会委员长赵锡恩

中华民国全国商会联合会主席林康侯

中华民国矿业联合会理事长李　晋

中华民国二十一年十月六日

(2) 实业部密呈 (12月10日)

呈为会衔密呈事。案准钧院秘书处第三六〇一号函开：奉谕：据上海国煤救济委员会代电，以国煤一项自日煤进口，跌价倾销，遂致一落千丈，请在东北伪组织未经取销及失地未经收复前拒绝抚顺等处煤铁进口，等情一案，应交财政、实业、外交三部会同核议具复，抄同原件，函达查照。正拟商办间，又续准第三六五〇号函开，兹复据国煤救济委员会全国商会联合会矿业联合会会同密呈前情到院，奉谕仍交三部议复函达查照各等因查此事财政部前据上海国煤救济委员会径呈到部，当以抚顺等矿所产煤铁系由日人依据条约投资经营，现时东三省事件正在外交进行中，所拟将上项煤铁拒绝进口一节，事涉政治问题，碍难准予照办。至行销各埠之抚顺煤，向来多由大连转运，在从前抚顺煤所征之转口税为数固微。惟目前新定征税办法，其由大连运入各通商口岸之抚顺煤，应照进口税则征税，每吨应缴〇．八九金单位，

约合关平银一两，较之前征转口税每吨仅关平银一钱者，已增税甚多，当可限制抚顺煤之大宗侵销。其倾销税一项，依照原订倾销税法之规定，应将倾销情形调查确实后，经由立法程序，方可实施等语，电复在案。奉谕前因，复经咨商研讨外交部、实业部，对于拒绝抚顺等煤铁进口，认为应先于关税方面力谋抵制或施行倾销税。查倾销税法专为保护我国实业而设，近来该项进口煤既有倾销之嫌，则运用上项税法，以谋遏制，当为情势上所需要，除由实业部、财政部依据倾销税法规定，从速组织倾销货物审查委员会，调查审议以利进行外，理合将遵议情形会衔密呈，仰祈钧院鉴核。再，此案系由财政部主稿，合并陈明。谨呈
行政院

外交部长罗文干
实业部长陈公博
财政部长宋子文

中华民国二十一年十二月十日

〔国民政府行政院档案〕

9. 实业部办理救济国煤经过及救济国煤会议记录

（1933年11月10日）

实业部办理救济国煤经过

自九一八以后救济国煤一案各关系部均有相当之努力，本部除主管范围内应行办理者均已分别办理外，并曾召集各关系部、各煤矿业团体、各大煤矿及金融界等代表开会，共同商议救济方案。兹特将各项办理经过略述如下：

一、关于外煤倾销事项，即与财政部会商征收倾销税。本年三月，据倾销货物审查委员会呈报，以“日煤”在上海之售价较在其国内售价最大者差至日金三。〇八元，最小者差至〇。八八

元，如采差别税率，结果恐等于应设如采单一税率，又与倾销税法不合，故征收日煤倾销税甚为困难。又以"抚顺煤"虽属倾销，惟征收倾销税则恐外交上别生枝节，且将东省出产视为非本国土货，有违东三省仍为中国领土之意，故征倾销税亦属困难。该会主张与其征收倾销税，不如增加进口税。财政部以该会所呈尚属妥适，已令固定税则委员会妥拟进口煤新税率。六月十六日奉行政院密令，以奉中央政治会议密函，为取缔日煤倾销一案，应由本部召集各业代表及专家研究，饬遵照办理。

二、关于减轻成本事项，前已由本部通令各省厅转饬各矿遵照。

三、关于疏通路运事项，业经本部咨请铁道部增拨车辆，转运煤斤。本年六月，并曾召集会议拟将各路破损车辆修理，专为转运煤斤之用。

四、关于减免税捐事项，行政院曾通令各省市及财政部除法定税捐外，不得额外加征煤税。本年六月据矿商代表请咨行各省市政府，对于煤斤杂捐，切实核减或免除，复经本部据情转请查照办理，嗣准各省市府先后咨复，均已转饬遵办。至减轻正税一节，前准财政部咨对于矿产税税率，未便再行核减。

五、关于铁路运费事项，节经本部咨请铁道部核减。

六、关于军人扣留煤车事项，前经咨请军政部制止，嗣准军政部咨复，已通饬遵照。

七、关于煤业公债事项，前经救济长江煤业会议议决发行，节经本部咨请财政部核办，并由国煤救济委员会将此项公债条例拟定，现尚在财政部审核中。

八、关于煤矿劳资纠纷事项，曾函请中央党部通饬各级党部及工会，力为消弭。

九、关于各矿安全事项，节经分别咨请军政部转饬各处驻军，随时严密保护。

会议救济国煤各案

一、厉行关税保护政策，征收外煤倾销税。

二、减轻成本（如经营费闸采费矿厂至车站运费装卸费码头费等）。

三、疏通路运使运煤车辆不感缺乏。

四、谋各煤矿业团结使力自振拔。

五、取缔各矿垄断行为。

六、免除非法捐税，并减轻矿产税。

七、减轻铁路轮船运费。

会议救济国煤记录

开会时间　二十二年十一月十日

地点　实业部大礼堂

出席者　军政部代表冯炽中　交通部代表黄仁浩　铁道部代表孙多荻　财政部代表曹树藩　外交部代表方文政　实业部代表刘维炽黄金涛胡博渊王钟

列席者　国煤救济委员会代表章祜

主席　刘维炽

主席宣布开会，开会如仪。

主席　致开会词（文见下面）

刘次长开会词记（略）

本日召集诸位，商议救济国煤。救济国煤一端，各关系部早有相当研究与进行，一切经过情形，各部均甚明了。兹将简单报告，现在国煤问题，日益严重，与政局自有多少关连。基本工业如煤铁，国内本自富有，但铁徒供给外人，煤则运销困难。本部对于救济国煤，素甚注意，惟因环境牵涉太多，往往虽有办法，未能实行。救济国煤问题：一在维护国煤，一在防止外煤倾销。维护一项，在本部职权内所应为者，均已分别办理。外煤倾销，以日煤为最。倾销如不防止，则国煤推销，将无办法。此事须大家合作，一方政府固应设法，他一方面在商人本身亦须努力。防止倾销，除征倾销税外，则为关税问题。中日关税品目互惠协定，本年五月，业已满期，日煤进口税率，我国已可自由伸缩。现在吾人应努力办去，择一比较能行者办之。议事单所别各案，仅就本部意见所及，诸君如有妥善办法，请尽情贡献。政府已有办法，然后再邀商人集议，切实为成本之减轻，上下合作，庶于事实有补云云。

主席　请列席章代表报告国煤救济委员会工作

章祜

现在将国煤救济委员会过去工作略为报告。大略可分三时期。一、委员会成立时期。二、外煤倾销时期。三、本年五月以后。在各时期中煤业变迁甚剧，自九一八惨案发生，预防煤荒，各方均甚出力，国煤运沪源源不绝，此时不独外煤绝迹，即国煤亦有供过于求之势。此为第一时期。第二时期则为日本煤及抚顺煤向沪汉等埠倾销，此时商人及政府或奔走呼号，或返复商洽，除拟征倾销税或增进口关税外，并由各矿力为抵制。其抵制最力者为开滦，次为津浦沿线各矿，次为平绥路各矿，再次则为胶济路各矿。现在关税业经增加，外煤与国煤价格相差颇少，惟开滦煤独执国中牛耳，各小矿均岌岌可危。此为第三时期。故现在谈救济国煤最重要者为大矿与小矿、近矿与远矿之调剂问题。国内各小矿数约七百，供给内销煤斤年约二百八十万吨，供给各铁路者八十万吨，如各小矿为大矿所打倒，则(一)铁路用煤、(二)当地人民用煤，(三)各矿之职工及间接赖以生活者，必立即发生问题。故政府为矿商计，为人民生活计、为地方治安计，当使各矿互相维系。大矿与小矿、近矿与远矿共同生存，平均发展，此为刻下最要问题。从前沪上年销煤斤二百四十万吨，现在已增至三百六十万吨，惟沪上工厂大都对于国煤不甚信任，以国煤每因政治关系，时有时无，不能源源接济，故吾人欲抵制外煤，抵制，开滦煤工作非常重大，非极力将国煤整顿不可。

孙多葰

国煤向不敷用，现欲抵制外煤，将更不敷，以北票、抚顺等煤矿似已变为外煤，故刻下最要问题应研究如何发展。国煤铁路方面近来对于六河沟之煤已全部运出，共约七十余万吨，中兴公司之煤，亦已全部输运，铁道部对于此项运输早有特别注意，运煤车辆为铁路本身问题。旧车之修理、新车之添购，必尽其力之所及。至于运费，实已再无可减。

曹树藩

外煤纳税问题：(一)加进口税，(二)增倾销税。倾销税因有种种困难，不便实行，因日煤倾销以抚顺煤为多，吾人不能不认东三省仍为我国领土，即不能认抚顺煤为外煤，抚顺煤既未能认为外煤，又未便听其倾销，故财政部定一变通办法，增加进口税。我国从前与日人所定抚顺烟台煤矿章程，对于抚顺煤每吨只能征关平银一钱，自去岁对东三省货物改定税率后，所有东省煤斤由大连转口者，每吨改征〇．八九金单位之进口税，本年五月二十二日，外煤进口税又改征一．八金单位，与从前较约增加一倍，此项新税率既已实行，故本年七、八月日煤进口与去年七、八月日煤进口数量比较已形减少，是增加关税予外煤倾销已收相当效果，似不必再行加税。至财政部对于矿产税依法纳百分之五，已征产税者，免征转口税，有谓国煤，另有其他非法税捐者，如能指出何地有何种非法征收，财政部必力为制止。

黄金涛

开滦煤须设法使其依照矿业法缴纳矿产税。

章祜

所谓国煤乃指平汉、津浦、胶济、平绥各路沿线之煤而言，应如何维持，使日益发达，政府应熟筹之。

孙多葰

各路沿线煤斤成本甚高，依照现在外煤所纳关税，国煤仍不能与之争衡，财政部似应考虑，再将外煤关税增加。自本年十二月一号起，各路对国煤运价，内销以九折收费，出口以八折收费，故铁道部在运价方面无不力求核减，惟运价无论如何减低，恐仍不能与开滦煤竞争，至车辆因军事损失，无法收回，应如何增加车辆。铁道部自负责筹设。

黄仁浩

轮运除招商局外，全为民营。对民营船只如责其特别减轻运价，恐不可能，招商局已负债七百万，现开行船只只二十余艘如运价再减，恐无法维持。

主席

各位意见均甚切实，铁道部对于运费望再加研究疏通路运，如添购煤车等，亦希于可能范围内酌量进行，交通部对于轮运有何妥善方法，亦请再加考虑。矿产税亦望财政部酌予核减，若依价征百分之三似较公平。

曹树藩

矿产税非本人主管，俟回部报告再行从长计议。

章祜

从前我国煤斤年有出口，现在不独无出口反有外煤进口，政府是否应有此项政策。各路运输以煤为最多，如无煤运，则铁路成本更属不了，故应彼此兼顾，大家合作，政府如有一定政策，则铁路成本之如何？国库税收之如何？均不能计较。又各矿颇多浪费，实业部似应将各矿会计统一，实业部如有一定政策，为矿商煤福利，要如何便可如何。

主席

章代表所谈实为根本问题，如实行保护政策，则不能斤斤为盈亏之计较。在外国轮船运输者时不收运费，并有由政府与以津贴者，政策使然也。故对于国煤征税及运费能减一分即减一分，在商人方面亦须自谋出路，不得因有政府帮忙，遂不自为成本之核减。

章祜

矿税及运输如何，为国家政策问题，此外第一步应从减轻成本下手，故第二案应首先办理。

主席

第二案由本部负责督促，矿商方面切实办理，第四案为矿商本身问题，第五案应由本部负责取缔。

孙多炎

抚顺煤拟应暂以外煤看待，应考虑再加关税或征倾销税，国煤成本应切实核减，开滦煤成本每吨只一元七毛，国煤则自三元至五元不等，为数太巨，救济国煤自应由政府方面、商人方面双管齐下。

方文政

倾销税可否再行决定征收，如征倾销税，外交上似无问题，外部方面必力为应付。

曹树藩

关税增加则物价必高，所担负者仍为我国人民。此问题并不简单，欲增若干即可增若干，须顾及国人之担负。

冯炽中

章君对于救济国煤成竹在胸，请不必顾忌，对于大小远近各矿，究应如何调剂，请以书面提出，以便下次开会决定。

主席

请各位回部对于各问题再行考虑，提出书面意见，于本月内再集会商议。

（遂宣布散会）

〔国民政府实业部档案〕

10．河北省实业厅陈报召集救济煤业会议情况呈

（1934年8月8日）

窃查本厅前以矿业兴衰，于国计民生关系至巨。本省近年以来，煤业凋敝已达极点，若不速筹救济，殊不足以资整顿而谋发展，当经召集各煤矿代表于本年七月四、五两日，在本厅开会研究救济煤业办法。届时出席者计有正丰煤矿公司代表窦梦麒、聂华庭，柳江煤矿公司代表郑颂华，德源煤矿代表张兆甲，民兴煤矿代表张雨享，中央煤矿公司代表周奉璋，六河沟台寨分矿代表朱英，临城矿务局代表王兆咸，开滦矿务局代表顾振、娄裕寿、夏孙岳等。当即按照各矿所提案件，并本厅所提救济煤业大纲及各矿应行整理事项两案分别计论，均经议决纪录各在案。除查照议决各案，分别办理并报经省政府委员会议决备案外，理合将本厅召开救济煤业会议情形，并检同提案及会议记录呈请签核备案。谨呈

实业部部长陈

计呈送提案一本会议纪录两份

河北省实业厅厅长　史靖寰（印）

各铁路之运价较昂拟请分别核减

以维矿业案〔略〕

案由

拟请核减各路煤斤运费以资救济案

理由

近以我国农村萧条，经济破产，不惟煤业低落，甚至无法销售。间有承销地段又以运费超过煤价二、三倍以上，本利悬殊，运输维艰，是以国煤不能与外煤竞争，有由来也。

办法

拟由大会呈请实业厅转呈铁道部，令饬各路迅即减轻煤斤运费，以资救济，而挽利权。

提案人　河北省临城矿务局

拟请政府制止各县市派摊印花税款并规定平汉运输煤焦与各路同等待遇办法俾抒商困而维民生案

理由

凡国家之兴衰，因果各有不同，但欲国富强，则非有统一政策不足为功，尤以财政统一为主，故国家为行使职权，便利分设各种机关，统辖所属执行职务，因职务之不同，对于各主管机关之收入或开支亦各异。如财政机关以收入为主，倘有不足，应即彻底考查所以不足之原因，而设法整理之，但不能因根本无款可收时，非使人民摊缴不可。如近数年来，百业凋敝，影响印花税款收入甚巨，而经售印花者，非但不知设法提倡振兴办法，竟有借口征收不足比较，为保个人地位按月强派，非购若干不可，若到期无力付款，动辄坐索，不问商民能否担负。又因印花票上皆有各县市之戳记，无法转移，使之出脱，一经派收，势必愈积愈多，乃将有限血本变成无用废纸，依此类推，各种票券莫不皆然，长此以往民不堪扰，国亦不国。如教育为培养人材，绝无以所收学费视为国家收入者。又海陆空军为保国卫民而设，更无借此为谋收入者。至实业部系为提倡发达工商唯一机关，不但无利益可取，有时且不免设法筹款奖励、补助、津贴之事。所以国家规定预算必须详慎考虑，始克收事半功倍之效。再以铁道部论，虽系营业性质，推原各国建设水陆交通之主旨，概为使全国物产流通，直接有益于国民之经济，间接可增进各种之收入，或者推销海外吸收外国之金钱，或者能以国产代替舶来，以挽利权，而杜漏卮，实为图谋富国裕民之良策。有时专以便利海外商民，使民营船只开往各国，但因所收运费不敷开销，政府尚有补助津贴之惯例，故于国内人民尤以不使受困为本。所以铁路有发达提倡物产畅销之特能，更有维持民生、消灭隐患之能力，果使物产发达，人民生活有赖，任何隐患亦必无形消弭，铁路职权如此重大，自应责成使之发展。且铁路国有之原则系为便利物产流通，发展国民经济，并非专为收入若干商货票款而设者，应考各路经过地方之物产，随时设法提倡使之流通全国或运输海外，庶合本旨。中国当物产落后之际，除赖天产外，可谓毫无制造物产可言，现仅有者不过少数苟延之煤而已。因自十五年战事发生，路政主权旁落，当局者不谙路政为何物，复于十六年将平汉各矿所有运费专价取消，令按普通运价缴纳，现款突加增至一、二倍不等，成本过重无法运销，无形乃将各矿营养封锁。至十七年又将各矿运价分为四等，轻重不同，直到二十年三月始经铁道部召集全国商运会议，乃将此案提出讨论，经由大会通过以后，任何路线待遇同等，货物不得有歧异。运费复于五月在汉口经平汉路局召集商运谘询会议，又将此案提出议决，实行一种新三十二款之运价，至是年双十节始奉部令批准实行，结果较旧三十二款仅于远途运费稍有低减，近距离处较比各矿从前专价仍极昂贵，且值外煤倾销，虽落价在成本以下，仍然不能竟售，遂又请减。现虽蒙准对于出口煤按八折、内地九折收费办法，而较十五年前相差多矣。若与其他各路运价及种种待遇相较，一切相形见拙，因念自各矿专价运费取消后影响全国煤焦，损失不下数万万元，而路方进款非但未能增收，且仅锐减为数甚巨。如平汉路各矿远在内地，虽与他路各矿享受同一待遇，尚属不能比拟。况又格外增加何能存在，宁不处于天演淘汰地位。更兼近来物料、工资腾贵甚多，而工作时间及星期并种种之放假日又无形增加，无限担负，其售价仅较十五年前跌落十分之二、三，两相合计艰困可知。现各矿所求者，仅能与各路待遇各矿一律平等，庶可勉强图存活。至铁路因种种原因亏损固巨，但不应使少数之运商及办实业者担负之，必须另筹妥善补救之策，方为公允也。

办法

现各矿对于所派印花拟请通令各县一律禁止摊派，以维国家税法信用价值，且免商民意外损失。至对平汉煤焦运价及运输关于矿业需要物料、机件，不敢妄冀非分，祗请政府规定能与各路享受平等待遇办法，想政府对于同属国民经营矿业，自不应有偏重歧视观念。如津浦待遇，中兴之运价每吨每公里五厘五毫，北宁待遇，开滦每吨每公里约系六厘二毫五待遇，北票系六厘，惟往来运输材料、机件，亦按六厘计算，独平汉路各矿所受之待遇殊不相同，即使恢复十五年前每吨每公里六厘八毫二丝之运价，已属较重，但求能按此较重价格办理各矿，即极感激，若能与各路一律待遇，则尤感矣。是否有当？敬希

公决！

提案人　怡立矿务公司总经理杨以俭

河北井陉矿务局提案

案由

为本矿负担过巨营业凋敝请设法

减轻矿税及运费用示维持俾谋发

展由

理由

查本矿为华北国矿之一，煤质成份亦较优于他矿，祗以捐税太高，运费过重，致成本增加，销路疲滞。以矿税言，较附近之开滦已加重倍徙，按开滦每月出煤约在百万吨左右，向例照五十万吨报纳，就中十五万吨每吨系按一钱银子纳税，下余三十五万吨，每吨仅纳一百六十八文，统计该矿矿税，平均每吨不超过四分。以视本矿每吨缴纳现洋三角，其轩轾实不可以道里计。且开

滦自用煤斤向不纳税，而本矿每吨尚需纳税八分，尤属偏枯。盖自民国十八年间，奉省令改定煤税新案，当时各矿一致抗争，开滦反对尤甚，本矿为省有营业，当然维护省令，但全部营业尚有外股四分之一，彼时德商坚持异议，是以拟定预解税款办法，以示变通，每月由本矿缴款一万零九十元七角二分作为报效税厘，统俾开滦矿税解决后再行请结，原冀此项问题早日解决，则本矿自不至重受苦累，无如数载以还，迁延不决，本矿直接负担既重，而间接所蒙影响尤深且巨。又查本矿与平汉、正太两路运费起于清末，迄今三十余载，在最初时与平汉订有互惠成案，煤斤运费每吨为六厘八二五，正太专价每吨为六厘二一五，迨至民国十七年，平汉路局改订运费三十二款，将专价取消，按七折纳费，已属增高。乃行之未久，旋改新三十二款十足收费，比照专价时代每吨运费增高三元七角，成本因而加重，销路顿蒙影响。平汉运费增加未久，正太路复奉部令于本年一月一日起，取消专价，改按平汉路新三十二款收价。本矿业务幼稚，何堪当此重负！几经交涉，舌敝唇焦，铁部始准将平汉路出口煤斤减为八折，限期将届无俾事实。正太路每公里每吨按一分二厘收费，外加调车费三厘二七三，每吨每公里合运费一分五厘以上，约计全年多增运费二十余万元。现以出口煤斤计算，由正太路南河头站运至塘沽行销，每吨运费即五元四角九分六厘，其各路装卸费尚不在内，而开滦中兴各矿，运费较本矿均低，北宁、津浦等各路运费，亦较平汉、正太为廉，同属国有铁路，运价轩轻殊失公允。年来本矿受矿税及运费束缚、外煤倾销影响，营业凋敝已达极点，若不设法救济则前途不堪设想矣。

办法

关于矿税，拟请设法早日解决悬案。运费拟请转请核减，俾得减轻负担而谋发展，如何之处，用特提请

公决！

提案人　河北井陉矿务局

六合沟煤矿公司提案二

案由

本年四月八日奉磁县县政府四月五日清字第四四四号训令，为前奉厅令，就上忙应征田赋筹垫半数经已勉凑万元，呈解在案。此次复电令严催派员守提，势不获已，爰召集临时会议，当经决议，援照前案，先由财政局三公司两商会筹借二万元，立解县府，以凭转解，俟田赋征起，即行归还该公司，应筹借四千元着于五日内解府等因。查矿长正在筹付工资，尚无准备之际，磁县政府复有应征忙银，预借垫付四千元之举，实难以应付，当经敝矿呈复请予豁免去后，旋奉清字第二五四号指令，仍嘱遵照前令筹措送府等因。

理由

敝公司承历年凋敝之余，经济困难已达极点，近虽力图整顿，拓展营业，然以所有财力维持矿厂生产尚感困难。故于预征忙银之垫款，诚无力垫付。

办法　兹值贵厅召集会议，谨将上项情形据实上陈，恳祈转陈省府俯念矿业困难情形，转饬磁县政府对于敝矿预借忙银垫款唯予豁免，不胜感祷，是否有当？敬乞

公决

提案人　六合沟煤矿公司

台寨分矿李晋

杂捐繁重恳设法减轻案

理由

近年政府屡有维护矿业，免征一切杂捐之功令，但事实上各项杂捐依然如故，其名目虽系担负地方之经费，或补助公益之事，

而性质则与杂捐无异。商业公司虽与地方有应尽之义务，如为能力所及固乐为捐助，无如商矿连年赔累，几于不能维持。而所负各捐，除地方临时摊派者不计外，每月尚纳固定各捐款九百一十元，实有难以负担者，谨请除警捐、保卫队捐等项外，其余各项分别减捐以轻负担。

办法

谨请

钧厅据情分饬各该县政府，石家庄地方将属矿井陉县附加捐每月二百五十元，获鹿县煤捐每月一百五十元，石家庄煤车捐每月四百元分别酌减，以轻负担。

提案人　正丰煤矿公司

六合沟煤矿公司提案一

案由

敝矿矿区界跨豫冀两省，地处平汉路之要冲。近年来，战事迭起，军队彼往此来，任意索饷，损失不赀，加以就此商会之摊款，或由省府之训令，或经军队之要求，此种担负重重不计外，尚有地方固定之团体，实为永久勒捐之机关，每逢营业停顿，一时周转不灵势必坐等勒索，甚至恫吓威逼，殊失国家维持实业之本旨。应请严加取缔。

理由

近年以来煤业凋敝已达极点，如再不将苛捐一律免除，则成本不能减轻，营业何能发展？

办法

拟请贵厅转饬磁县政府，并转河南省政府饬令安阳县政府，按照附单通知各机关及各团体，准予免除各项捐款，俟敝矿营业发达时，在可能范围内，自由酌认以维矿业，是否有当？敬乞公决。

提案人　六河沟煤矿公司

台寨分矿李晋

附各项捐款名称接受机关及团体

并二十二年总捐实额单

各项捐款名称接受机关及团体关二十二年总捐实额单

(1) 磁县保卫团补助费三千五百三十六元三角三分。

(2) 磁县十二支团补助费一千元。

(3) 台寨民团津贴七十二元。

(4) 申家庄公所渡口津贴五十七元。

(5) 磁县自制费七百元。

(6) 磁县教育局补助费二千五百元。

(7) 磁县建设局津贴二百四十元。

(8) 岳城通俗讲演所津贴三百元。

(9) 磁县救济院补助费五十元。

(10)磁县地方善后经理处摊款五百元。

(11)磁县财务局维持高军摊款一千零四十九元六角四分。

(12)磁县联合运动会捐款三百元。

以上属于磁县共计洋一万零三百零四元九角七分。

(13)安阳保卫团津贴二千八百四十元。

(14)观台警卫队津贴八百五十五元。

(15)观台里公所摊款一百七十八元四角。

(16)观台公安局补助费一千三百三十五元。

(17)安阳教育局补助费六百元。

(18)安阳牙税局补助费一百五十元。

(19)彰德中学补助费三百元。

(20)观台小学补助费一千元。

(21)丰乐镇公立小学津贴五百元。

(22)安阳民团训练班补助费二百三十三元。

(23)安阳第八区教导队摊款三百元。

(24)安阳商会摊款一百元。

(25)观台戒烟所捐款一百六十三元五角九分。

以上属于安阳县共计八千四百五十四元九角九分。

以上二十五项系二十二年度捐款，共计洋一万八千七百五十九元九角六分。

现征矿产税过重请核减征收案

理由

依民国三年矿业条例，矿产税税率为千分之十五，河北省商办各矿以障于外人所办之矿，迄未按照条例征收，然亦不过每吨征银一钱，约合一角五分。嗣于十八年六月省政府为统一税收，将统税、杂税归并正税之内，每吨征收洋三角。正丰煤矿即照交三角，而其他各矿有遵照交纳者，有请准仍按一角五分交纳，余作暂记者，其在当时销售有按八分或四分纳税者。而官购煤斤及自用之煤有照纳税款者，有免税者。同样河北省政府管辖之下，而税率轻重悬殊，办法参差不一。迨十九年政府公布之矿业法，产煤率税率为百分之二，嗣由财政部改为百分之五，按各矿产税税率应以矿场所在地售价为标准，以正丰公司矿场售价论约在二元数角之谱，最高之价亦不过三元，纵以最高之价三元科税，按百分之五计每吨仅须纳税一角五分而已。乃矿税征收处不问事实，因正丰公司向纳三角，遂于税单内强行批价每吨六元，以期适合税率，而于向纳一角五分者之各矿，则批价三元，殊与政府所定矿产税之标准不符。且各矿现交之税款亦属过重，难以担负，拟请核减征收。

办法：

拟请钧厅据情转请统税处，将河北省各烟煤矿之矿产税税率运销他处者，按每吨一角五分征收，其当地销售者按每吨八分一津征收，自用煤及官用煤一律免征税款。

提案人　正丰煤矿公司

为煤税奇重不堪负担，恳按部章按售价值百分之五征收，以维矿业而符税章，请公决案

理由

敝矿所产之煤，因品质低劣，不能供作机器燃料之需，只可为家常日用柴煤，故不能外运，纯赖矿区附近各乡村农民自行来矿购买，故其售价亦甚低廉，每吨仅卖洋一元七角四分七厘。查矿业法第九十三条规定，矿产税按矿区附近市场之平均价格值百抽五等语，则敝矿之市场与价格自应以矿区附近之乡村为标准无疑。乃前准石家庄矿税征收分处发给之矿产品完税照，竟每吨估价为六元，且注以由石家庄起运之字样。夫按值百抽五与所估之价计算，致每吨须纳税洋三角，再以与敝矿实售价格计算，则反应纳税洋八分七厘四，似此任意估价、课税，则其所估之数与征取之税率，均超过实在者两倍半有余，深堪引为切肤之痛，不但敝矿无力负荷如此重税，且该矿税分处于事实上以及税章亦均显属不符，此应提请核减之理由一。

再就税政原则上而论，税率既重，则成本因之而高，售价自昂不易销售，则销路自然减少，产量即不能多出，而税收乃受其影响，是求盈反绌。倘税率减轻则成本因之而低，售价必小，销路乃得丰畅，产量自可多出，税收乃得增加，是减之未见其害，而矿商且无特别奇重之负累，庶乎有发展之途径，此应提请准减之理由二。

况频年农村经济破产，人民购买力薄弱，与敝矿实有相互密切之关系，虽曾一再减价而销路迄无转机，然以血本所限减无可减。自复工以来，而犹亏累不赀，其困创之情实属岌岌，将有不可支持之势，此在政府培植实业计划及救济民生上，应提请核减

之理由三。

办法

恳请钧厅将敝矿提请按照实售价值百分之五征收税率之原案，准予据情转呈实业、财政部核准施行。

提案人　井陉县民兴煤矿

拟请政府对于地方一切杂捐及军队供应各款并保卫团捐等一律严令禁止并定惩罚规章以解商民倒悬之苦案

理由

凡商民对于国家纳税系属应尽之义务，而国家保护商民亦系应尽之责任，权利义务相互为用，稍有偏重即为不平。各矿自开办以来，对于国家应纳之税，无不遵章奉交。奈自近十数年来，因政局变迁影响商民甚大，除种种不堪纷扰外，其最大之痛苦，莫甚于假借政权实行便利私图之举。国家征收各税皆有专例，逾此范围横征暴敛，是为扰民，为任何国家所不许者。我国因政局屡变，国库空虚，发行种种公债，声明准作纳税交款之用，以示调剂之意。但至募足时，所有准予通用之声明概不发生效力，商民持之如同废纸。金钱丧失事小，但使人民对于国家及地方长官之信仰未免完全丧失，所关甚大。自古以来凡稍有政治观念，重视国家存亡，保持人民信仰者，莫不以丧失民心为惧，况民国以民意为依旧，对此尤当格外注意，凡不良之政象传染甚速，上行下效相习成风。所痛苦者惟有商民，如利用军队接防换防便与土劣勾结合谋，措辞派款，欢迎、欢送种种名目不一而足，任意定数，是否报销不得而知，且每此换防皆须预备一份便用之物，如盆、碗、碟、筷、桌椅、家具、床铺等项摊派之款，动辄每矿数千。至平定后，又因所发军用米面粗不堪食，亦由各矿按月派款，为数尤巨。再如地方发现土匪时，初不过问，及至扰乱不堪无法掩饰时，始设法剿办，或遇土匪过境时，皆为向商民筹款最好机会。果能防患未然，遇事皆有准备，不但商民不致受匪扰害，且亦不致摊此意外巨款，受此重大损失。以上各情发生时，果因权力不及，临时无法抵抗，非如此不能以免其患，向属有词可借。惟自创办新政以来，地方上逐渐添设之机关，并无基金，底款亦由商民摊派。新政日繁，用度无限。试问商民有何能力受此永无限量之担负？按商民之状况已属不能自活，如再使之担负日增尤所难堪。长此以往，势必使富者贫，而贫者或死或匪，终至不可收拾而已。现在各矿所担临时各种特别摊派，各款核计每年已经超过应交国家正税数倍不止，实属无力担负。再如保卫团捐于民国十六年军事时期，军队退却、地方官私自逃走、警察涣散，磁县全境适在两军缓冲区域之内，所有地方行政主权概被天门会匪操纵。后地方秩序恢复时，正在纷扰之际，为安抚会匪之心，乃以有权势之匪众成立一种自卫团体，意在临时利用，免其扰乱，俟平静后再行裁汰，定名为保卫团，并以地方有名士绅参加，赋有管束之权。不料日久不但不能裁撤，反多利用为个人之后援，并且赖之以为生活，借以夸耀乡里，操纵一切。后因本省分区，各县添设保卫团，其内幕如何姑不具论，以表面而言，国家之军队不为少数，虽因器械不良无力对外，但以之保卫商民，可谓绰有余裕，又何必增此毫无实力之保卫机关。若云恐军队保护不力而设，则军队有军令军法，上有长官层层节制，如云不能保护，若使商民赖此无军令无军法又无相当人能以约束之乌合之众以为保障，殊与国家之体会攸关。至于若辈之行为如何？保护商民之力量如何？事实具在，人所共知，无待赘述。商民既不能享受实惠，而增如此重大负担已属不堪，刻又拟再扩充两大队，原有者商民已不堪其苦，如再加增，其痛苦与担负自更难于应付。可以断言，当此生活艰难、民穷财尽之时，首以减轻商民痛苦为重，对于种种自由增加、毫无限制之苛捐，似非尽量减免不足以苏艰困也。

办法

当此商民处于水深火热之中，政府急图减轻苛捐杂税之时，无论为国家或为人民计，概应仰体政府爱民之心，对此意外担负分当分别尽量减免，以解商民倒悬之苦，且可借以消弭隐患。各矿或能徐图恢复，以免终行破产，但兹事体大，非由政府各令禁止，期在必行，并定严厉惩罚规则，不足以收圆满之效。是否有当？敬希公决。

提案人　怡立煤矿公司

总经理杨以俭

〔以下均略〕

〔国民政府实业部档案〕

11．杨公兆董纶：中国煤业现况

(1934年)

中国煤业现况

第一章　生产

第一节　区系之划分

我国煤产近年增加颇速，据实业部之统计，民二十全国产煤27,214,673吨，价值226,787,766元，实为全国矿产品中之最重要者。其储藏量据北平地质调查所最近之估计，全国已调查之二十五省区，共得248,287兆吨，内调查较详省份二十三，共得236,287兆吨，如与世界各国之储量相比较，堪居第三位，约占世界总储量十七分之一，美国六分之一，坎拿大三分之一，不失为远东储煤最富之国也。惟全国煤田分布既广，矿厂散在各地，详细调查一时尚未普遍，此篇仅就中国本部交通利便各省区情形陈述如下：

为便利说明各地煤斤之供求状况起见，兹将本部各省划分为若干区域。惟因欲表示煤斤现在分配之情势，故此项区域不必强求其与现在之行政区域相符合，其划分之要点如下。

各省产煤地点依其所属煤田及地质煤质之异同，可分为若干生产区。又，各销费地则依其自然的分布、煤源流动关系及各矿销售范围可分为若干销费区。更将各生产区或消费区视为一整个的单位，各作一核心，就其有供求关系者作一流动线，以连贯之，则得各省煤斤流动之分配网（见第三图①），其详情请参照第三章。

如就上述之分配网，依其流动系统而考察之，则本部各省大致可分为六个区系（第一图），但西南及西北各省区，以地居腹部，交通不便，所产之煤概供当地烧用，与外部发生供求关系者尚少，兹暂剔出不计，次将各区系异同之点比较如下：

项别 区系	交通系统	主要相同点	与其他区系不同点
	北宁平绥沿线津浦线北段烟威沿海地带	(1) 位置在中国本部北端 (2) 开滦临榆等矿煤产大部运销东南沿海各省区，大同煤亦为塘沽主要之出口煤。 (3) 北平津沽消费每年各在百万吨左右。	津浦线在沧州以南及平汉沿线一带无开滦煤及大同煤之销场。
2	津浦线（沧州以南）陇海线（商丘以东）胶济全线	(1) 生产区距水口较近运往市场尚属便利。 (2) 仅有中级之消费都市，如青岛及济南。	本区煤未能伸入北部之第一区系及腹部之第三区系。

① 此图均略。

续表

3	平汉线（定兴至信阳间）陇海线（商丘以西）正太道清全线 冀南鲁西卫河及运河流域	(1) 生产区距离水口较远，仅能于平汉线南北两端占一部分之销场，海道运出数量极少。 (2) 本区消费散漫而不集中。	对他区有运出，由他区运入者极少。
4	湘鄂南浔全线平汉线（信阳以南)长江中段 汉江湘江赣江流域	(1) 本区自产煤在市场上占有相当势力。 (2) 以武汉为消费中心。	本区煤仅有柴煤一项运销长江下游。
5	京沪沪杭甬沿线 长江下游 杭江线	(1) 为外煤与国煤竞争之市场。 (2) 消费浩繁，生产贫弱，煤源须仰给于外来。 (3) 上海为消费中心。	工业消费数目最巨。
6	广韶广九全线 东南沿海地带	(1) 为外煤占优势之市场。 (2) 以广州为消费中心。	僻处东南自成一区域。

第二节　各区储煤量

（一）第一区系　所属生产区，东自开平、柳江诸煤田起，中经房山、宛平、宣化、大同诸煤田，西迄绥远大青山煤田止，论地质时代多属于石炭侏罗二纪，质量俱佳，除柳江、宛平、房山外，所产溉属烟煤，而开滦尤为中国煤矿之巨擘。

（二）第二区系　由冀鲁平原经胶济沿线如章邱、淄川、博山、坊子及津浦沿线如莱芜、磁窑、峄县、贾汪、烈山诸煤田，均为本区主要之产地，其地质时代属石炭二叠纪，除烈山外，所产多属烟煤，以地处沿海，现在大部皆用新法开采。

（三）第三区系　包有冀晋豫三省诸煤田，其中最重要者有太行山西部及东麓诸煤田。前者位于山西东部，地质属石炭二叠纪，所产无烟煤，质地最佳，驰名中外。后者沿太行山东麓冀晋两省之交界，有南北走向之石炭纪煤系，连续不断，我国北方重要煤矿，如磁县、安阳、修武、井陉，皆位于此。

（四）第四区系　湘、鄂、皖、赣诸省之煤田属之。本区域中，烟煤无烟煤俱有，其重要者则为侏罗纪之萍乡煤田及石炭二叠纪之鄱乐煤田，其中萍乡煤宜炼冶金焦。

（五）第五区系　江浙诸煤田，如长兴、贵池、宣城诸煤田属之，质量均不甚佳。惟石炭二叠纪之长兴比较重要。

（六）第六区系　包括闽粤两省诸煤田，现在开采者有北江之富国煤矿，地质属二叠纪，所产大部系无烟煤。

上述六区系中，第一、二、三区诸煤田，储量丰富，质地优美，现为我国重要煤矿分布之地。第四、五、六区，则以天赋较薄，煤质略逊，虽以其地近需要市场，而煤矿业尚未十分发达。兹将各区储煤量及重要煤矿名称等项，表列如下：

区系	煤　田	煤质记号	煤田储量（兆吨）	重要煤矿	矿区面积（公亩）	各矿储量（兆吨）
第一区系	开平P1-1	BC—Bm	690	开滦矿务局	2,000,000	690
	临榆P1-2	AB—A1		柳江煤矿公司 长城煤矿公司 其他	52,500 53,490 47,404	6
			182	共计	153,394	

续表

	宛平房山 P1-3	Al		中英煤矿公司	56,873	5.5
		Am		宏福窑	2,968	1.2
		Ah,Bh		齐堂煤矿公司	645,114	250
		AB,Ah		兴宝煤矿公司		
		AhAm Bh		其他	753,048	
			848	共计	1,458,003	
	宣化、怀来 张北P1-4	Bl		宝兴煤矿公司	19,943	2
		Bl		厚丰煤矿公司	8,281	3.5
		BC—Bh		天兴煤矿公司	20,432	3.5
				其他	92,172	
			56	共计	140,828	
	蔚县阳原广灵	Bl	898	各土矿	10,546	
	大同怀仁左 云右玉朔县 P1-6	Bm		晋北矿务局	180,186	98
		Bm		保晋分公司	90,774	20
		Bm		同宝煤矿公司	56,732	10
				其他	87,185	
			9,602	共计	414,877	
	绥远大青山 P1-7	Bm		濮南矿业公司	47,070	3
		Ah,Bm		其他		
			214	共计	47,070	
第二区系	章邱PⅡ-1	AB		天源煤矿公司	68,922	8
		Ah		旭华煤矿公司	98,890	50
		Am—Al		官庄煤矿	12,860	
				其他	157,802	
			260	共计	338,474	
	淄川博山 PⅡ-2	Al—Am		鲁大公司 华坞炭矿	4,180,000	384
		AB				
		AB—Bh		悦昇煤矿	91,534	30
		Am—Bh		博东煤矿公司	33,100	33
				华东煤矿公司	35,250	10
				其他	465,360	
			890	共计	4,805,244	

续表

	坊子PⅠ-3	Bm	52	鲁大公司	5,280,000	1
	宁阳、泰安 新泰、莱芜 蒙阴PⅠ-4	Bc Bl—Bm	240	华丰煤矿公司 华宝煤矿公司 新泰煤矿 其他 共计	27,219 53,103 22,847 128,886 232,055	21 20
	峄费临郯 PⅠ-5	Bm	190	中兴煤矿公司 费郯各土矿 共计	1,051,633 76,962 1,128,595	20
	贾汪PⅠ-6	Bc	130	华东煤矿公司	150,442	100
	烈山PⅠ-7	Bh Al	35	烈山煤矿公司	59,067	38.1
	舜耕山 PⅠ-8	Bc—Bl Bl	135	淮南煤矿局 大通煤矿公司 共计	277,282 33,024 310,306	27 34
第三区系	井陉PⅡ-1	Bm Bm—Bh	221	井陉矿务局 正丰煤矿公司 其他 共计	113,504 93,347 18,162 225,013	450 146.6
	太行山东麓 PⅡ-2	Bl Bh Bm AB—Bh	4,006	临城矿务局 怡立煤矿公司 中和煤矿公司 六河沟煤矿公司 其他 共计	537,477 77,531 24,893 128,022 269,767 1,037,690	450 100 22.5

续表

	修武博爱 PⅢ-3	Al—Am		中福煤矿公司	2,195,748	630
		Al—Am		民有及民治煤矿公司	3,560	3
			1,232	共计	2,199,308	
	正太中段阳泉寿阳一带 PⅢ-4	Al		平定保晋煤矿公司	141,277	105.5
		AB		寿阳保晋煤矿公司	15,121	2
		Am		建昌煤矿公司	10,114	4.8
		Am		平记煤厂	60,621	46.7
		AB		银山煤厂	6,145	7.2
				其他		
			8,788	共计	233,278	
	太原西山 PⅢ-5	AB		柄园煤矿公司	215	0.2
				玉成煤矿公司	1,174	0.5
				同和煤矿公司	109	0.4
				其他		
			8,137	共计	1,498	
	豫西陇海沿线PⅢ-6	Bm		民生煤矿公司	30,321	12
		Bc		豫庆煤矿公司	28,201	6.5
				其他	75,728	
			1,803	共计	150,741	
	禹密汝宝南召PⅢ-7	AB—Bh		三峰煤矿	19,763	
				济众煤矿	32,815	
				其他	145,852	
			1,747	共计	198,430	
共计			25,934		4,045,958	1,659.9
第四区系	嘉鱼蒲圻 PⅣ-1		100	各小矿	1,516	
	湘西沅澧流域PⅣ-2			各土矿		

续表

	湖南中南部 PⅣ-3		416	各土矿		
	湖南资水流域PⅣ-4		80	各土矿		
	醴陵湘乡 PⅣ-5	BC—B1		石门口煤矿	88,524	6.5
	浏阳一带 PⅣ-5		605	其他 共计	 88,524	
	萍乡PⅣ-6	B1	320	萍乡煤矿 其他 共计	1,672,151	30.6 1,672,511
	江西中部 PⅣ-7		50.9	各土矿		
	鄱阳乐平馀干PⅣ-8	BC	80	鄱乐煤矿公司 其他 共计	86,335 86,335	16.8
	大冶PⅣ-9	A1 AB AB	30	富华煤矿公司 富源煤矿公司 利华煤矿公司 其他 共计	46,672 42,751 48,444 29,941 167,808	2 4.2 5.9
共计			2.140		2,016,334	66
第五区系	贵池PⅤ-1	A1	30	协记煤矿公司 其他 共计	111,810 13,539 125,349	3

续表

	宣城PⅤ-2	Bm	30	水东煤矿公司 其他 共计	81,330 81,330	8.3
	长兴PⅤ-3	Bl	31	长兴煤矿公司	292,960	24
共计			91		499,639	35.3
第六区系	曲江PⅣ-1	AB、A1、Bm	73	富国煤矿公司		45
	闽粤赣边境PⅣ-2					
共计			73			45
总计			42,660		23,090,832	3,675

阅上表得知六区系储量共计42,660兆吨，内烟煤共31,255兆吨，无烟煤共11,405兆吨。

第三节 重要企业

（一）第一区系　本区系重要煤矿：（甲）开滦矿务局，为开平矿务有限公司（英国）及滦州矿务有限公司（中国），于民国元年合并而成，共有唐山、林西、马家沟、赵各庄及唐家庄五矿，现在该公司资产总额已达六千四百万元，所产均系烟煤，每日产额最大可达二万七千吨，但近年以受工潮及军事影响，平均每日仅出一万七千吨。又该矿历年产量以十九年度为最巨，曾达5,541,802吨。（乙）柳江及长城两矿，均在临榆附近开采，所产为上等无烟煤，行销津沪各地。柳江资本一百四十万元，每日产额可达一千二百吨，前因销路不振，已减至四五百吨。最近复兴泰记煤矿发生矿区纠纷，正在系争之中。长城为齐燮元等创办，资本原定八十万元，惟其投资总额已达一百六十万元，该矿产额最多时，亦达八百吨，但自榆关事变发生以来，即行停办，至今尚未复工。(丙)大同煤区以晋北、保晋、同宝三矿为最大，所产均系上等烟煤，极宜军舰轮舶烧用。三矿现有设备，每日产煤可达四千吨以上，惟以平绥路缺乏车辆，刻仅日出一千二百吨，现由三矿合组大同矿业公司，统制运销业务。(丁)北平西山煤田，分布于宛平、房山两县境内，所产概属硬质无烟煤，行销平津一带。规模最大者为门头沟中英煤矿，系中英合办事业，资本一百五十万元，每日产额一千五百吨。(戊)宣化煤田，粗具规模之矿，有宝兴、天兴两家。内宝兴交通较便，但其煤质较次，天兴所产系极佳之半烟煤，俗称蓄火炭，销路曾远达日本，惜以交通不便，营业尚未发达。

（二）第二区系　本区系重要煤矿：(甲)在胶济沿线者有五，鲁大公司系中日合办事业，所领之淄川、坊子两矿区，面积共计九四六平方公里，资本总额一千万元，已收二百五十万元。此外尚欠日政府五百万元，系接管淄川、坊子、金岭镇三矿之代价。该公司直营之淄川炭矿，每日出煤约二千吨，坊子各租矿共约三百吨，惟淄矿近因井水暴发，坑内大部被淹，现已暂行停止。南定华坞炭矿纯系日资经营，资本一百二十五万元，矿区系向鲁大租来，每日产额约二百吨。悦昇公司为胶济沿线国资经营最大之煤矿，西河矿区大部归英所有，每日产量一千吨，资本一百五十万元。博东公司拥有黑山方面最完整之矿区，煤质极佳，最宜炼焦，该矿系中日合办，资本一百五十万元，每日出煤约三百吨。旭华公司亦系中日合办，资本二十万元，所领之天尊院矿区为章邱煤田中之最佳者。(乙)在津浦沿线者有七，中以中兴之规模为最大，资本收足七百五十万元，每日产额可达四千五百吨，现为国资经营最大之煤矿。华东系由贾旺公司改组而成，其最大股东为刘鸿生君，该矿自改组以来，营业尚佳，每日产额已增至七百吨。惟其煤质较逊，不足与中兴、大通、淮南等矿相颉颃。大通、淮南两矿矿区均在安徽舜耕山。大通兴办较久，根基极固，连年营业均获厚利。淮南系于十八年由建设委员会创办，至今不过数年，成效业已大著，最近该矿兴筑淮南铁路，由矿厂直达长江，正在进行之中。烈山为津浦沿线唯一之柴煤矿，但自改为官商合办后，以缺乏周转资金及其他关系，营业较前大减，刻仅勉强维持开工，近闻有由华侨投资之说，倘能实现，诚一幸事。此外华丰华宝两矿，自创办以来，均有二、三十年之历史，惜以缺乏资金，设备简陋，尚未脱去土窑之色彩也。

（三）第三区系　重要煤矿：（甲）平汉北段各矿，如六河沟、怡立、中和、临城等矿，所产概属烟煤，六河沟产量最巨，每日一千六百吨，资本总额六百万元，已缴四，七五六，六〇〇元，惟因历年营业亏累，积欠银行债款甚巨，现由银行团派员驻矿监督财政。怡立、中和两矿均在河北磁县开采，当民十三、四年间，营业极盛，但在十五年以后，因时局不靖，会匪骚扰，两矿所受损失极重，现在怡立营业已渐次恢复原状，中和仍无办法，暂由员工维持工作。临城自十八年起由河北省政府派员接办，石固大井已逐渐整理就绪，现在每日产量可达五百吨。（乙）正太沿线煤业可分为东、中、西三段述之，东段大矿有井陉及正丰两家，井陉系中德合办事业，资本四百五十万元，德股占四分之一，正丰系矿商段骏良所经营，两矿均用新法开采，所产系上等烟煤，适于炼焦。现井陉在石家庄设有新式炼焦厂，兼制副产品。中段产煤最旺之地，在阳泉站附近，所产系山西大砟，煤质之佳，驰名中外，较具规模之矿有保晋、建昌、平记、广懋数家，就中保晋开办最早，以困于财力，历年营业不甚顺利，其余多系兼用新法开采之小矿，产额均不甚多。西段粗具规模之矿，在阳曲附近者有银山、民生两家，均属改良土窑，所产有烟煤或半烟煤，仅供本地住户烧用，产额亦极有限。(丙)中福煤矿系于二十二年五月由中原公司与福公司联合而成，福公司纯系英国资本，总额1,242,822磅，于前清光绪末年获得河南修武县一带煤田开采权，即在焦作附近凿井采煤，于民国十二、三年间，出煤极旺，获利甚厚，迨十四年五卅惨案发生，该矿工人全体罢工，直至中福联合以后，始能恢复工作。中原系由焦作附近之中州、明德、豫泰三土窑合组而成，嗣复加入公股约一百万元，在民国四年曾与福公司合组福中总公司，协定分采合销制，后因福公司停工，福中遂无形消灭，最近始复与福公司联合营业。(丁)陇海路沿线煤矿不多，粗具规模者有民生、新安、豫庆三矿，所产均属低级烟煤或半烟煤，品质较逊，销路极窄，现在民生每日出煤二百吨，专恃陇海路搀用其煤，始能勉强维持现状。新安以历年亏累极重，工作兴辍无常，在开采时每日不过出煤百吨，豫庆情形亦略相仿云。

(四)第四区系　重要煤矿有四：(甲)萍乡煤矿开办最早，规模宏大，前后投资约一千万元，最盛时代每日产额达三千吨，惟自汉阳、大冶两铁厂相继停工以来，煤焦销路顿减，加以矿厂迭受赤匪侵扰，所受损失极重。现在该矿由江西省政府派员管理，每日出煤六百吨，暂维员工生计而已。(乙)醴陵石门口煤矿，原系土窑，民十九由湖南建设厅接办，计收买旧井及铺设轻便路等，已费去五十万元，现在每日出煤约二百吨。(丙)鄱乐煤矿先遭匪扰，继以水患，虽于二十一年恢复工作，然其营业已迥不如前，现仅每日出煤一百余吨。(丁)大冶柴煤矿最重要者有富源、富华、利华三家，中仅富源曾获巨利，现在三矿产量每日可达一千二百吨。

(五)第五区系　重要煤矿有二：(甲)长兴煤矿前经建设委员会接收整理，颇有起色，每日产额已达四百吨，惟现仍交还商办。(乙)贵池柴煤矿现在每日出煤一百五十吨，惜以质地欠佳，销场不广。

（六）第六区系　重要煤矿现仅广东曲江之富国煤矿一处，系于民十九由煤商谭礼庭创办，资本一百万元，修筑轻便路二十五里，民二十二年复增资为二百五十万元，现在每日出煤五百吨，大部运销广州市内，已为该市主要煤源之一。

上述各矿其资本在五百万元以上者，计有开滦、中兴、中福、鲁大、正丰、萍矿、齐堂、七矿，资本在一百万元以上者，计有井陉、六河沟、怡立、长兴、富国、柳江、中英、晋北、保晋、同宝、华坞、博东、华东、烈山、淮南、大通、建昌、鄱乐十八家，其余资本自数万元至五六千万元者，尚有二十余处。兹将各矿最近之资本数目及其生产能力列表如下。

区系	煤田	煤矿名称	资本性质	资本额（元）	最大生产能力（年度吨数）	每吨所需资本（元）
第一区系	开平PⅠ-1	开滦矿务局	中英合资	开平 2,844,000镑 滦州 14,000,000元	7,000,000	6.1
	临榆PⅠ-2	柳江煤矿公司	国资商办	1,400,000	350,000	4.0
		长城煤矿公司	同上	1,600,000	—	
		其他				
		共计		3,000,000	350,000	
	宛平房山PⅠ-3	中英煤矿公司	中英合资	1,500,000	400,000	3.6
		宏福窑	国资商办	200,000	100,000	
		齐堂煤矿公司	国资官商合办	9,000,000	—	2.0
		兴宝煤矿公司	国资商办	260,000		—
		其他				
		共计		10,960,000		

续表

	宣化怀来张北PⅠ-4	宝兴煤矿公司	国资商办	157,750	100,000	1.6
		厚丰煤矿公司	同上	57,100	50,000	1.1
		天兴煤矿公司	同上	45,100	60,000	0.8
		其他				
		共计		259,950	110,000	
	蔚县阳原广灵PⅠ-5	各土矿				
	大同怀仁左云右玉朔县PⅠ-6	晋北矿务局	国资官商合办	1,500,000	900,000	1.7
		保晋分公司	国资商办	1,060,000	200,000	5.3
		同宝煤矿公司	同上	1,500,000	90,000	16
		其他				
		共计		4,060,000	1,190,000	
	绥远大青山PⅠ-7	漠南矿业公司	国资商办	40,000		
		其他				
		共计		40,000		
共计				60,759,950	9,250,000	
第二区系	章邱PⅠ-1	天源煤矿公司	国资商办	600,000		2.5
		旭华煤矿公司	中日合办	200,000	80,000	
		官庄煤矿			30,000	
		其他				
		共计		800,000	110,000	
	淄川博山PⅠ-2	鲁大公司	中日合资	7,500,000	1,000,000	7.5
		华坞炭矿	日资	1,250,000	120,000	10.4
		悦昇煤矿	国资商办	1,500,000	300,000	3
		博东煤矿公司	中日合资	1,500,000	150,000	10
		华东煤矿公司	国资商办	100,000	—	
		其他				
		共计		11,850,000	1,570,000	
	坊子PⅠ-3	鲁大公司				

续表

	宁阳泰安新泰莱芜蒙阴 PⅠ-4	华丰煤矿公司	国资商办	300,000	90,000	3.3
		华宝煤矿公司	同上	196,000	60,000	2.3
		新泰煤矿				
		其他				
		共计		496,000	150,000	
	峄费邮郯 PⅠ-5	中兴煤矿公司	国资商办	7,500,000	1,600,000	5.2
		费郯各土矿				
		共计		7,500,000	1,600,000	
	贾汪PⅠ-6	华东煤矿公司	国资商办	1,600,000	250,000	6.4
	烈山PⅠ-7	烈山煤矿公司	国资官商合办	1,500,000	160,000	9.4
	舜耕山 PⅠ-8	淮南煤矿局	国营	1,646,138	250,000	6.6
		大通煤矿公司	国资商办	1,400,000	180,000	7.8
		共计		3,046,138	430,000	
共计				26,792,138	4,390,000	
第三区系	井陉PⅡ-1	井陉矿务局	中德合办	4,500,000	1,100,000	4.1
		正丰煤矿公司	国资商办	6,600,000	1,000,000	6.6
		其他				
		共计		11,100,000		
	太行山东麓 PⅡ-2	临城矿务局	省营	不详	300,000	
		怡立煤矿公司	国资商办	4,800,000	500,000	9.6
		中和煤矿公司	同上	600,000	200,000	3
		六河沟煤矿公司	同上	4,750,000	700,000	6.8
		其他				
		共计			1,700,000	

续表

	修武博爱 PⅡ-3	中福煤矿公司	中英合办	中原 3,500,000元 福公司 1,242,822磅	300,000	
		民有及民治煤矿公司				
		共计		15,928,220	1,600,000	
	正太中段阳泉寿阳一带 PⅡ-4	平定保晋煤矿公司	国资商办 同上	2,863,641	1,000,000	2.9
		寿阳保晋煤矿公司	同上	274,747	50,000	5.5
		建昌煤矿公司		1,200,000	100,000	12
		平记煤厂	同上	96,000	90,000	1.6
		银山煤厂		60,000	60,000	1
		其他				
		共计		4,494,388	1,300,000	
	太原西山 PⅡ-5	柄园煤矿公司	国资商办	12,000	20,000	
		玉成煤矿公司	同上	29,000	20,000	
		同和煤矿公司	同上	7,000	10,000	
		其他				
		共计		48,000	50,000	
	豫西陇海沿线PⅡ-6	民生煤矿公司	国资商办	已收250,000	120,000	2.1
		新安煤矿公司	同上	已收250,000	150,000	1.7
		豫庆煤矿公司	同上		30,000	
		其他				
		共计		500,000	300,000	
	禹密汝宝南召PⅡ-7	三峰煤矿	国资商办	东峰120,000		
		济众煤矿	同上	600,000		
		其他				
		共计		720,000		
共计				42,940,608	7,050,000	
第四区系	嘉鱼蒲 PⅣ-1	各小矿				
	湘西沅澧流域PⅣ-2	各土矿				

续表

	湖南中南部PⅣ-3	各土矿				
	湖南资水流域PⅣ-4	各土矿				
	醴陵湘乡浏阳一带PⅣ-5	石门口煤矿 其他 共计	省营	500,000 500,000	80,000 80,000	6.3
	萍乡PⅣ-6	萍乡煤矿 其他 共计	省营	10,957,154 10,957,154	250,000 250,000	44
	江西中部PⅣ-7	各土矿				
	鄱阳乐平馀干PⅣ-8	鄱乐煤矿公司 其他 共计	国资商办	1,400,000 1,400,000	60,000 60,000	23.4
	大冶PⅣ-9	富华煤矿公司 富源煤矿公司 利华煤矿公司 其他 共计	国资商办 同上 同上	560,000 280,000 500,000 1,340,000	120,000 200,000 60,000 380,000	4.7 1.4 0.8
共计				14,197,154	770,000	
第五区系	贵池PⅤ-1	协记煤矿公司 其他 共计	国资商办	250,000 250,000	90,000 90,000	2.8
	宣城PⅤ-2	永东煤矿公司 其他 共计	国资商办			

续表

	长兴PⅤ-3	长兴煤矿公司	国资商办	3,000,000	200,000	15
共计				3,250,000	290,000	
第六区系	曲江PⅥ-1	富国煤矿公司	国资商办	2,500,000	150,000	16.6
	闽粤赣边境PⅥ-2					
共计				2,500,000	150,000	
总计				150,439,850	21,900,000	

详阅上表得知，我国煤矿之资本来源，可分为三类：(一)完全国资如中兴等矿是。(二)中外合办如开滦等矿是。(三)纯粹由外资经营之矿，如华坞炭矿是。兹按资本种类，将各重要煤矿之资本列总表比较如下：

资本总类	洋数	百分率	附注
国资	99,346,630	66.04	
英资	41,618,220	27.66	英金每磅以十元计
日资	8,350,000	5.55	
德资	1,125,000	0.75	

次将各矿之矿区面积及储煤量比较如下：

资本种类	矿区面积(公亩)	矿区百分率	储煤量(兆吨)	储量百分率
中央	4,252,621	18.42	1,325.5	36.07
中日	9,591,990	41.54	468	12.73
中德	113,504	0.49	120	3.27
国资	9,132,717	39.15	1,761.5	47.93
合计	23,090,832	100.00	3,675	100.00

由以上两表可知，我国重要煤矿有外资关系者，现虽仅有七处，但其资本额约占总数三分之一，储量占二分之一，矿区面积竟占三分之二。于此亦可概见外资煤矿在我国矿业界所占地位之优越也。

再就各矿之生产能力而言，现有各重要煤矿多因销路停滞或其他特殊原因，未能达到其生产设备之最大限度。例如开滦煤矿每日最大生产能力为27,000吨，刻以工潮及销路关系，每日产额平均仅17,400吨。又如大同，晋北三矿，生产能力可达四千吨以上，现以平绥路车辆不足，每日三矿共出一千一百吨，均其显著之例也。兹将各大矿二十二年产额及其最大生产能力，列表比较如下：

区系	二十二年产额（吨）	最大生产能力(每年吨)	生产率
I	5,066,428	9,250,000	54.8
II	2,918,858	4,390,000	67.9
III	3,637,799	7,050,000	51.6
IV	603,140	770,000	78.3
V	267,771	290,000	92.3
VI	86,939	150,000	58.0
总计	12,643,935	21,900,000	57.7

总计六区系各大矿，民二二共产煤12,643,935吨，其最大生产能力每年约达21,900,000吨，平均生产率约为百分之五八。如按各区系分别言之，第二、四、五区各矿因邻近销煤市场，需要较多，故其生产率较高，平均为百分之七〇，其余生产率较差，仅约百分之五四而已。

第四节　矿工

（一）工制　工作制度各矿均因地而异，种类至繁，大别之可分为外工、里工两种。直接受公司雇佣者为里工，多系具有一种技艺之工人，如机械工人及坑内把头等类属之，工资多属月给制，待遇较优。外工归包工人管理，与公司多无直接关系，坑内采煤搬运及地面选炭等工属之，待遇较差，但其人数最多。又各矿工人工作时间，里工大都自八小时至十二小时，外工在新式煤矿与上略同。但在晋绥及淄博等地土窑，每班有工作二十四小时者，是谓大班制。

包工方法分（一）大包工，由包工头向公司包作工程，工人归包工头雇用，工资由其自定，公司对包工头为包工制，包工头对工人则为日工制，利害均归工头承当，现在开滦、中兴等类大矿，多采用此制。(二)包工制由工人合伙承包，但举代表任接洽事务之责，一切财政公开，有利均分，亏本分摊，此制为最近推行之法。如鲁大、井陉、中兴（一部分）等矿多采用之。(三)合组公司制，为最近开滦所试行者，系由公司与工人合组公司，承包工程，利害共同分担。(四)包采制，由包工头包办一切工程，公司仅处于监督地位，所出之煤或由矿厂以每吨若干收货，或由包工头直接销售，再与公司按成劈账。如山东坊子各矿之包大柜，及山西大同土窑之人伙柜等，均属此类。

（二）工作效率　据本会之调查，各矿井下工率平均数为0.5吨，总工率平均数为0.32吨。如分区考察各矿之工率时，其数字如下：

区　　系	Ⅰ	Ⅱ	Ⅲ	Ⅳ	Ⅴ	总平均
井下工率（吨）	0.61	0.52	0.69	0.34	0.32	0.50
总工率（吨）	0.39	0.35	0.43	0.24	0.19	0.32

大致第一、第二两区系所属各矿，煤量丰富，施工简易，故其工率较高，第四、第五两区系各矿，天赋较薄，工程繁杂，故其工率最低。而第二区各矿情形，则在两者之间，其工率略与总平均数相当。兹将各重要煤矿最近工人数目及工率列表如下：

区　　系	矿　　名	工人数	工作效率	
			井　　下	全　　体
第一区系	开　　滦	里工12,681 外工22,366	0.58	0.39
	柳　　江	952	1.00	0.49
	中　　英	2,640	0.80	0.60
	宏福窑	250	0.53	0.36
	晋　　北	2,392	0.36	0.29
	保　　晋	750	0.47	0.31
	同　　宝	220	—	0.50
	莫　　南	300	—	0.33
	宝　　兴	630	0.50	0.30
	天　　兴	300	0.63	0.33
	平均数		0.61	0.39

续表

第二区系	中兴	里工 968 外工 5,978	0.67	0.45
	华宝	238	0.50	0.24
	华丰	581	0.58	0.35
	烈山	1,360	0.40	0.30
	大通	1,292	0.60	0.40
	淮南	1,582	0.36	0.31
	鲁大（洪山）	里工 951 外工 3,853	0.72	0.46
	华坞	730	0.30	0.27
	悦升	里工 250 外工 1,075	0.72	0.46
	博东	685	0.49	0.29
	旭华	442	0.50	—
	平均数		0.52	0.35
第三区系	中福	里工 1,976 外工 7,992	0.60	0.25
	民有	500	—	0.40
	民生	500	0.80	0.36
	豫庆	200	—	0.50
	井陉	里工 1,400 外工 2,600	0.83	0.53
	正丰	1,860	0.66	0.45
	保晋（平定）	2,106	0.55	0.43
	建昌	300	—	0.39
	平记	268	0.52	0.39

续表

	保晋（寿阳）	233	0.72	0.47
	银山（阳曲）	80	0.73	0.50
	华兴（孝义）	439	—	0.50
	六河沟	里工 2,250 外工 1,652	0.60	0.41
	怡立	约 2,000	—	0.50
	中和	约 1,000	—	0.40
	临城	约 900	0.85	0.32
	平均数		0.69	0.48
第四区系	萍矿	2,427	—	0.20
	石门口	554	0.27	0.18
	鄱乐	692	0.33	0.22
	富华	1,180	0.28	0.26
	富源	1,490	0.34	0.28
	利华	450	0.50	0.33
	秭归（正大）	100	—	0.20
	平均数		0.34	0.24
第五区系	长兴	3,200	0.31	0.17
	馒头山协记	720	0.33	0.21
	平均数		0.32	0.19

阅上表得知，总工率在0.5吨以上者，仅有井陉、华东、中英、怡立及其他三数小矿，而产煤较多之中兴、开滦、六河沟、中福等矿之平均工率多在0.45至0.25吨之间，如与欧美各国之每工三、四吨者相较，颇有逊色。但我国各矿井下工作，多偏重人工，今后倘能增加机械设备，并于工人方面加以整顿，则各矿之总工率尚有提高之希望。次将世界各国近年总工率列下以资参考：

年份(吨) 国名	一九一三 (欧战前)	一九二〇 (好景气时代)	一九二七	一九三一
美国	3.68	3.30	3.59	4.00
英国	•1.03	0.76	1.10	1.10
德国（普鲁士）	+0.93	+0.59	1.16	1.44
法国	0.70	0.53	0.59	不详
比利时	0.54	0.48	0.55	不详
日本	`0.53	0.36	0.58	0.73
附注	•一九一四年份　+示鲁尔炭田平均数			

（三）工资　各矿矿工种类极多，工资高低区区不一。兹据开滦矿务局之调查，将各矿主要工作之工资数目列如下：

中国各大煤矿工资比较表——按洋元以每小时记

		开滦	晋北	中英	井陉	正丰	临城	怡立	六河沟	鲁大	博山	中兴	华东
采煤	最高	0.081	0.106	0.113	0.101	0.075	0.065	包工	0.078	0.051	0.058	不详	0.088
	平均	0.073	0.045	(0.101)	0.073	0.074	0.052	0.050	0.073	0.048	(0.050)	不详	0.060
	最低	0.073	0.028	0.088	0.038	0.050	0.044		0.050	0.042	0.042	0.068	0.040
井下推车	最高	0.086	0.094	0.075			0.063					不详	
	平均	0.073	0.045	(0.069)			0.048					不详	
	最低	0.066	0.028	0.063			0.040					0.054	
地面推车	最高	0.066	—	0.075			0.063					不详	
	平均	0.066	0.030	(0.069)			0.048					不详	
	最低	0.058	—	0.063			0.040					0.064	
装车	最高	0.068					0.050						0.061
	平均	0.066					(0.044)						0.050
	最低	0.066					0.028						0.038

		开滦	晋北	中英	井陉	正丰	临城	怡立	六河沟	鲁大	博山	中兴	华东
打石	最高	0.176						包工					
	平均	0.097						0.056					
	最低	0.083											
木工	最高	0.115			0.093		—	包工					0.133
	平均	0.089			0.069		0.060	0.050					0.056
	最低	0.080			0.063								0.040
土工	最高	0.101			0.069		—	包工	0.056	0.063			
	平均	0.095			0.044		0.060	0.077	0.036				
	最低	0.085			0.038		—		0.035				
开水车	最高	0.096					0.063						
	平均	0.079					0.056						
	最低	0.064					—						

		开滦	晋北	中英	井陉	正丰	临城	怡立	六河沟	鲁大	博山	中兴	华东
开绞车	最高	0.145					0.138	0.222					
	平均	0.106					0.125	不详					
	最低	0.080					0.069	不详					
锅炉房	最高	0.117	0.046			0.116		0.054					
	平均	0.076	0.042			0.056		0.042					
	最低	0.067	0.033			0.031		0.029					
机匠	最高	0.208	0.140	0.200	0.166	0.178	0.117	0.156	0.222		0.169	0.304	0.150
	平均	0.123	0.090	(0.140)	0.060	0.070	0.070	0.067	0.067				0.069
	最低	0.092	0.040	0.080	0.023	0.050	0.050	0.026	0.039		0.038	0.088	0.045
电匠	最高	0.186	0.140		0.104	0.179			0.167			0.388	
	平均	0.103	0.070		0.040	0.063			0.72				
	最低	0.076	0.040		0.033	0.053			0.044			0.066	

		开滦	晋北	中英	井陉	正丰	临城	怡立	六河沟	鲁大	博山	中兴	华东
铁路工人	最高	0.107			0.052				0.067			0.250	
	平均	0.063			0.038				0.048			0.055	
	最低	0.058			0.031				0.048			0.040	
每年假日		8	12	不详	不详	不详	不详	不详	不详	不详	不详	不详	不详
		✝X	▼		X∅	X						X	X

附记：

括弧内所载之数不甚精确。

假期及花红

X放假照发工资，工作者给双金。

✝花红每人之成份，以一年内工作日数为比例，最多等于一个月之工资。

∅工作每年满六个月者，加给年终奖励金。

☒每月工作满十五日者，加给工资一日。

矿厂开支实以工资为大宗。兹据本会调查所得，将各矿每采煤一吨所需之工资列表如下：

区　　系	矿　　名	每吨工资	矿厂成本（每吨元）	每吨工资占矿山成本%
第一区系	开　　滦	约1.25	2.90	43
	柳　　江	1.99	4.19	47
	中　　英	1.00	2.50	40
	宏 福 窑	1.50	2.50	60
	晋　　北	0.93	2.69	35
	保　　晋	1.42	2.96	48
	同　　宝	1.43	3.65	39
	漢　　南	约1.50	2.00	75
	宝　　兴	1.24	3.00	41
	天　　兴	1.48	2.56	58
	平 均 数	1.37	2.90	47
第二区系	中　　兴	1.51	3.81	40
	华　　宝	约2.75	6.20	44
	华　　丰	约1.55	5.00	31
	华　　东	1.05	2.49	42
	烈　　山	约1.69	4.50	38
	大　　通	1.48	3.40	44
	淮　　南	1.61	3.71	43

续表

	鲁大（洪山）	约2.00	3.70	54
	华　坞	约2.00	4.50	44
	悦　升	1.99	3.46	58
	博　东	约1.40	4.27	33
	旭　华	约2.00	3.80	53
	平均数	1.75	4.07	43
第三区系	中　福	约1.32	3.48	38
	民　有	不详	1.60	—
	民　生	约1.00	3.50	29
	豫　庆	—	3.00	—
	井　陉	1.25	3.25	38
	正　丰	约1.02	2.89	37
	保晋（平定）	1.09	2.51	43
	建　昌	1.00	1.73	58
	平　记	1.15	1.53	75
	保晋（寿阳）	0.91	2.19	42
	银山（阳曲）	0.73	1.24	59
	华兴（孝义）	1.45	2.23	65
	六河沟	1.60	6.50	25
	怡　立	1.95	4.90	40
	中　和	不详	—	—
	临　城	1.13	3.51	32

续表

	平均数	1.20	2.94	41
第四区系	萍矿	约2.50	7.20	33
	石门口	2.70	4.95	55
	鄱乐	4.95	12.76	39
	富华	2.20	5.64	39
	富源	3.17	7.72	41
	利华	1.50	6.00	25
	秭归(正大)	1.77	3.92	45
	平均数	2.68	6.88	39
第五区系	长兴	3.87	8.16	47
	馒头山协记	3.00	6.30	48
	平均数	3.44	7.23	48

由上表得知，每吨所需工资以第三区各矿为特廉，每吨约需一元二角，第一、第二两区次之，自一元四角至一元八角不等，第四、第五两区又次之，自二元七角至三元五角不等。此各重要煤矿工人情形之大概也。

第五节　各区产额

（一）近五年产额　据本会调查之结果，六区煤产十九年份共计14,124,615吨，至二十二年份则增至18,655,118吨，四年间之增加率，约为百分之三二。其详数兹列表如下：

区系	煤田	煤矿名称	产量（吨）				
			十九年	二十年	二十一年	二十二年	二十三年估计量
第一区系	开平PⅠ-1	开滦矿务局	5,327,337	5,356,000	5,205,169	4,283,999	4,350,000
	临榆PⅠ-2	柳江煤矿公司	222,613	230,108	172,598	151,780	150,000
		长城煤矿公司	150,000	160,000	100,000	—	—
		其他					
		共计	372,613	390,108	272,598	151,780	150,000
	宛平房山PⅠ-3	中英煤矿公司	160,000	106,605	221,000	316,000	400,000
		宏福窑		—	—	18,123	
		齐堂煤矿公司		—	—	—	
		兴宝煤矿公司		—		—	
		其他	620,000	610,000	650,000	700,000	
		共计	780,000	716,605	871,000	1,034,123	400,000

续表

宣化怀来张北PⅠ-4	宝兴煤矿公司	30,000	44,200	38,900	44,400	50,000
	厚丰煤矿公司	—	3,166	4,510	5,320	
	天兴煤矿公司	27,360	30,000	23,211	23,744	
	其他	70,000	70,000	70,000	84,541	
	共计	127,360	147,366	136,621	158,005	50,000
蔚县阳原广灵PⅠ-5	各土矿	80,000	80,000	80,000	80,000	
大同怀仁左云右玉朔县PⅠ-6	晋北矿务局	109,092	108,178	242,750	123,538	280,000
	保晋分公司	91,102	108,898	120,811	74,096	90,000
	同宝煤矿公司	80,000	48,515	39,736	25,428	30,000
	其他	300,000	404,649	403,297	400,000	
	共计	580,194	670,240	806,594	623,062	400,000

续表

	绥远大青山P I -7	滇南矿业公司	64,200	38,000	19,900	33,920	
		其他		69,000	75,500	72,080	
		共计	64,200	107,000	95,400	106,000	
共计			7,331,704	7,467,319	7,467,382	6,436,969	5,350,000
第二区系	章邱P Ⅱ -1	天源煤矿公司	—	—	—	—	—
		旭华煤矿公司	85,200	63,005	50,000	41,209	60,000
		官庄煤矿	—	—	—	3,088	
		其他	7,870	38,933	60,600	133,859	
		共计	93,070	101,938	110,600	178,156	60,000

续表

淄川博山 PⅠ-2	鲁大公司	363,967	498,726	541,185	550,480	610,000
	华坞炭矿	28,396	48,909	14,644	46,261	60,000
	悦昇煤矿	46,996	105,088	180,726	238,594	400,000
	博东煤矿公司	72,202	86,508	55,338	72,785	140,000
	华东煤矿公司	25,090	31,400	43,140	52,200	50,000
	其他	959,557	1,316,254	1,081,711	1,153,969	
	共计	1,496,208	2,086,885	1,916,744	2,114,289	1,260,000
坊子PⅠ-3	鲁大公司	55,320	77,050	102,913	107,929	110,000
宁阳泰安新泰莱芜蒙阴 PⅠ-4	华丰煤矿公司	41,438	68,700	82,026	95,771	60,000
	华宝煤矿公司	9,200	11,150	33,393	25,053	
	新裕煤矿	13,000	6,500	29,588	27,800	
	其他			5,000	8,000	
	共计	63,638	86,350	150,007	156,624	60,000

续表

峄费临郯 P Ⅰ-5	中兴煤矿公司	355,502	754,858	975,416	1,132,544	1,400,000
	费郯各土矿	6,000	5,000	12,074	16,295	
	共计	361,502	759,858	987,490	1,148,839	1,400,000
贾汪P Ⅰ-6	华东煤矿公司	30,000	88,338	109,865	219,733	230,000
烈山P Ⅰ-7	烈山煤矿公司	12,260	50,359	72,398	125,646	100,000
舜耕山 P Ⅰ-8	淮南煤矿局	—	30,995	66,973	191,645	220,000
	大通煤矿公司	65,000	95,000	105,069	186,849	230,000
	共计	65,000	125,995	172,042	378,494	450,000
共计		2,176,998	3,376,773	3,622,059	4,429,710	3,670,000

续表

第三区系	井陉PⅡ-1	井陉矿务局	472,738	608,197	685,902	664,778	700,000
		正井煤矿公司	183,360	328,326	321,382	302,694	300,000
		其他					
		共计	656,098	936,523	1,007,284	967,472	1,000,000
	太行山东麓PⅡ-2	临城矿务局	—	21,629	59,690	100,826	150,000
		怡立煤矿公司	131,795	102,652	136,200	140,048	300,000
		中和煤矿公司	5,000	1,200	10,839	38,808	100,000
		六河沟煤矿公司	256,470	505,355	699,438	519,401	500,000
		其他	207,275	257,400	352,000	495,980	
		共计	600,540	888,236	1,258,167	1,295,063	1,050,000
	修武博爱PⅡ-3	中福煤矿公司	269,318	848,401	866,179	1,138,697	900,000
		民有及民治煤矿公司	—	—	81,000	180,000	100,000
		共计	269,318	848,401	947,179	1,[illegible]8,697	1,000,000

续表

正太中段阳泉寿阳一带 PⅡ-4	平定保晋煤矿公司	234,309	295,990	303,813	298,603	300,000
	寿阳保晋煤矿公司	11,699	14,983	30,446	13,300	25,000
	建为煤矿公司	77,670	43,149	45,957	47,779	50,000
	平记煤厂	43,731	39,216	46,858	45,711	50,000
	银山煤厂	18,000	18,445	16,035	15,117	
	其他	600,000	600,000	600,000	600,000	
	共计	985,407	1,011,783	1,043,109	1,020,510	425,000
太原西山 PⅡ-5	桃园煤矿公司	—	19,821	12,058	13,000	
	玉成煤矿公司	6,000	7,000	8,000	9,120	
	同和煤矿公司	7,000	6,250	7,150	5,402	
	其他	60,000	60,000	60,000	60,000	
	共计	73,000	93,071	87,208	87,522	

续表

	豫西陇海沿线PⅢ-6	民生煤矿公司	32,000	48,000	75,000	72,500	75,000
		新安煤矿公司	12,000	5,000	3,000	7,000	
		豫庆煤矿公司	22,800	25,000	30,000	25,015	
		其他	61,800	262,280	342,590	399,630	
		共计	128,600	340,280	450,590	504,145	75,000
	禹密汝宝南召PⅢ-7	三峰煤矿	60,000	60,000	60,000	60,000	60,000
		济众煤矿	7,200	6,480	—	—	
		其他	78,000	203,120	369,040	310,880	
		共计	145,200	269,600	429,040	370,880	60,000
共计			2,858,165	4,387,894	5,222,577	5,564,289	3,610,000
第四区系	嘉鱼蒲圻PⅣ-1	各小矿	35,000	30,000	30,000	30,000	
	湘西沅澧流域PⅣ-2	各土矿	80,000	80,000	80,000	80,000	

续表

湖南中南部PⅣ-3	各土矿	500,000	500,000	500,000	500,000	
湖南资水流域PⅣ-4	各土矿	260,000	260,000	260,000	260,000	
醴陵湘乡一带PⅣ-5	石门口煤矿	22,011	30,208	36,577	46,786	50,000
	其他	100,000	100,000	100,000	100,000	
	共计	122,011	130,208	136,577	146,786	50,000
萍乡PⅣ-6	萍乡煤矿	147,946	163,154	192,115	172,874	180,000
	其他	100,000	100,000	100,000	100,000	
	共计	247,946	263,154	292,115	272,874	180,000
江西中部PⅣ-7	各土矿	100,000	100,000	100,000	100,000	
鄱阳乐平余干PⅣ-8	鄱乐煤矿公司	23,200	—	18,530	52,583	50,000
	共计	23,200	—	18,530	52,583	50,000

续表

	大冶PⅣ-9	富华煤矿公司	—	46,800	57,500	85,400	350,000
		富源煤矿公司	120,000	100,000	120,000	131,497	
		利华煤矿公司	10,000	10,000	10,000	100,000	
		其他					
		共计	130,000	156,800	187,500	316,897	350,000
共计			1,498,157	1,520,162	1,604,722	1,759,140	630,000
第五区系	贵池PⅤ-1	协记煤矿公司	—	2,202	48,169	69,985	50,000
		其他	50,000	50,000	50,000	50,000	
		共计	50,000	52,202	98,169	119,985	50,000
	宣城PⅤ-2	水东煤矿公司	24,418	8,082	9,651	300	
		共计	24,418	8,082	9,651	300	
	长兴PⅤ-3	长兴煤矿公司	123,173	178,708	196,573	197,786	200,000

续表

共计			197,591	238,992	304,393	318,071	250,000
第六区系	曲江PⅥ-1	富国煤矿公司	2,000	4,000	82,000	86,939	100,000
		其他	10,000	10,000	10,000	10,000	
		共计	12,000	14,000	92,000	96,939	100,000
	闽粤赣边境PⅥ-2		50,000	50,000	50,000	50,000	
共计			62,000	64,000	142,000	146,939	100,000
总计			14,124,615	17,055,140	18,363,133	18,655,118	13,610,000

（二）各产地别之比较　兹就各区产额分别言之。（一）第一区系以开滦减少生产，大同煤运不畅，二二年份产量比较十九年份减少百分之一〇。（二）第二、第三区系各矿，以近年内地平靖路运畅通，且各矿位置大都距离市场不远，故竞事增加产额，统计二二年份所产，约为十九年份之二倍。（三）第四区系以鄱乐复工大冶扩充设备，第五区系以长兴协记增加产额，两区总产额均见增加。兹将近五年各区系总产额比较如下：

煤别	区系＼年份	十九年	二十年	二十一年	二十二年	二十三年（大矿估计量）
烟煤	第一区系	6,179,091	6,360,606	6,323,784	5,251,066	4,800,000
	第二区系	2,071,668	3,224,476	3,439,061	4,125,908	3,510,000
	第三区系	1,603,438	2,527,710	3,232,289	3,225,082	2,185,000
	第四区系	1,368,157	1,363,362	1,417,222	1,442,243	280,000
	第五区系	147,591	186,790	206,224	198,086	200,000
	第六区系	12,000	14,000	92,000	96,939	100,000
	计	11,381,945	13,676,944	14,710,580	14,339,324	11,075,000
无烟煤	第一区系	1,152,613	1,106,713	1,143,598	1,185,903	550,000
	第二区系	105,330	152,297	182,998	303,802	160,000
	第三区系	1,254,727	1,860,184	1,990,288	2,339,207	1,425,000
	第四区系	130,000	156,800	187,500	316,897	350,000
	第五区系	50,000	52,202	98,169	119,985	50,000
	第六区系	50,000	50,000	50,000	50,000	—
	计	2,742,670	3,378,196	3,652,553	4,315,794	2,535,000
总计		14,124,615	17,055,140	18,363,133	18,655,118	13,610,000

以上乃最近数年烟煤及无烟煤之产额。至于焦炭一项，因近年需要无多，焦业颇见衰退，约计每年各地所产，不过十五、六

万吨。其提取副产品者，仅井陉一家，用新法炼焦者，不过井陉、萍矿、东和、悦昇数处而已。

（三）资本别之比较　次就近年国资经营与中外合资各矿之产额，加以比较，则知国资煤矿年产在五万吨以上者之总产额增进最速，民22所产约为民19之二倍，其产额在五万吨以下者之增加率，则为百分之三二。至中外合资各矿之总产额，仅稍见增加而已。其详数兹比较如下。

资别＼吨数及百分比＼年份		十九年	二十年	二十一年	二十二年	二十三年
中外合资煤矿	吨数	6,779,158	7,616,351	7,639,417	7,114,209	7,220,000
	百分比	100＼48.0	112＼44.7	113＼41.6	105＼38.1	107＼
国资大矿（年产五万吨以上）	吨数	2,863,337	4,061,020	5,165,557	5,609,907	6,390,000
	百分比	100＼203	142＼23.8	180＼28.1	196＼30.1	223＼
国资小矿及土窑	吨数	4,482,120	5,377,769	5,558,159	5,931,002	不详
	百分比	100＼31.7	120＼31.5	124＼30.3	132＼31.8	＼
总计	吨数	14,124,615	17,055,140	18,363,133	18,655,118	13,610,000
	百分比	100＼100	121＼100	130＼100	132＼100	＼

于此可见，国资新式煤矿近年已渐呈发展之现象，中外合资煤矿则因连年受工潮或其他之打击，大半处于逆境之中，但其总产额仍占六区系总数百分之三八。

第二章　生产

第一节　出口

据海关报告，我国近年出口煤斤每年约三四百万吨，价值三千余万海关两，其中大部系由东北各港输出，约占总数什之七、八。但自九一八事变以后，东北各关陆续被日军武力接收，最近二、三年海关贸易册所载，仅系本部各港之纪录，每年出口之煤不过六七十万吨，中以由秦皇岛出口者为最巨，约占总数百分之七八，青岛次之，约占百分之一〇。输往地点以日为最巨，约占总量百分之七五，次为香港，约占百分之一五。兹将民十五以降国煤出口情形（连船用煤）列表如下。

第二节　进口

进口煤以日本、安南为大宗，进口地点以沿海及长江流域为主。近年进口数量逐渐减少，十五年份约达三百万吨，至二十三年已减至一百余万吨。盖因国内煤业渐形发达，对于外煤已有相当的战斗力，及因关税提高，一部之进口煤不免受其限制所致。兹将民十五以降外煤进口情形列表如下。

第三节　主要之进口煤

（一）日本煤　日本国内之主要产地约分四区：一为九州北部之筑丰唐津三池诸炭田；二为本州西南端山口县之宇部大岭等地；三为本州东部之福岛茨城县属诸炭田；四为北海道之石狩一带。每年产额九州约二千万吨，北海道六、七百万吨，其余二区共约五百万吨，此外，朝鲜年产一百万吨，台湾一百六十万吨，南桦太六十万吨，总计年约三千五百万吨。兹将最近五年日本内地石炭产额列表如下：

民十九年	31,376,213吨
二十年	27,987,271吨
二十一年	28,053,375吨
二十二年	32,523,741吨

（甲）出口煤（港别）

区域	港别 \ 吨数 \ 年份	十五年	十六年	十七年	十八年	十九年	二十年	二十一年	二十二年	二十三年
东北各港	大连	2,079,944	2,514,813	2,494,020	2,770,027	2,228,342	2,372,954	1,314,941	—	—
	牛庄	53,970	60,055	56,770	53,590	155,675	290,625	1,314,941	—	—
	安东	314,456	386,974	376,173	362,356	355,481	293,629	187,820	—	—
	其他	20	—	—	25	247	624	309	—	—
	共计	2,448,390	2,961,842	2,926,963	3,186,298	2,739,745	2,957,832	1,628,614	—	—
华北各港	秦皇岛	393,650	843,800	758,282	653,248	565,564	373,400	339,475	449,294	690,814
	胶州	51,332	116,742	114,340	185,190	104,202	150,962	86,596	63,367	74,347
	天津	42,436	22,000	9,830	20,611	34,132	59,681	24,542	24,097	12,857

续表

	其他	—	—	—	20	20	15	—	65	25
	共计	487,418	982,542	882,452	859,069	703,918	584,058	450,613	536,823	778,070
长江各港	汉口	404	—	—	250	30	65	87	—	—
	南京	16,700	—	—	—	—	—	—	—	13,119
	上海	71,760	60,923	73,921	75,346	60,475	35,467	35,855	35,891	20,510
	其他	—	20	—	—	15	18	—	—	—
	共计	88,864	60,943	73,921	75,596	60,520	35,550	35,942	35,891	33,629
华南各港	汕头	—	—	60	115	810	4,305	87	210	30
	广州	59,766	5,076	586	1,773	188	42	272	374	234

续表

	其他	238	3,624	1,276	430	—	1,236	54	31	33
	共计	60,004	8,700	1,922	2,316	998	5,583	413	615	297
总计		3,084,722	4,014,027	3,885,258	4,123,281	3,505,181	3,853,023	2,115,582	573,329	811,996

（乙）出口煤（输往地点）

输往地点 \ 吨数 \ 年份		十五年	十六年	十七年	十八年	十九年	二十年	二十一年	二十二年	二十三年
日本	日本	2,024,532	2,609,993	2,625,308	3,496,186	2,931,523	2,858,097	1,707,652	433,492	569,270
	台湾朝鲜	438,339	605,415	548,111	—	—	—	—	—	139,166
	共计	2,462,871	3,215,408	3,173,419	3,496,186	2,931,523	2,858,097	1,707,652	433,492	708,436

续表

英国	英国	34,401	45,569	42,209	43,583	21,558	43,115	26,673	6,577	52
	香港	169,461	367,481	275,069	187,222	214,169	360,717	232,483	81,870	47,686
	新加坡	10,692	4,496	9,770	7,790	9,755	17,633	—	—	1,583
	其他	—	3,090	685	2,052	6,480	1,160	—	—	—
	共计	214,554	420,646	327,733	231,647	251,962	422,625	259,156	88,447	49,321
美国	美国	49,610	45,730	48,541	39,080	15,491	16,515	8,479	2,725	1,261
	菲列滨	201,200	205,229	196,530	230,426	207,547	154,267	62,952	7,661	1,477
	共计	250,810	250,959	245,071	269,506	223,038	170,782	71,431	10,386	2,738

续表

法国	法国	20,085	17,803	17,075	24,167	7,680	3,900	—	—	1,709
	安南	21,507	4,596	6,320	3,560	5,083	1,975	—	—	1,062
	共计	41,592	22,399	23,395	27,727	12,763	5,875	—	—	2,772
其他	德国	34,547	47,606	50,833	40,986	31,998	43,509	19,050	11,111	16,000
	苏联	1,967	5,771	8,103	11,900	11,309	13,370	—	—	2,112
	坎拿大	—	8,655	2,643	2,790	280	—	—	—	9,070
	澳洲	—	1,150	—	550	680	6,464	—	—	955
	荷印	4,218	10,245	13,588	13,440	1,415	2,350	—	—	11,035
	暹逻	25,197	690	1,339	—	1,100	—	—	—	—

续表

比国	2,269	—	4,977	8,405	6,380	1,400	—	—	—
其他	46,696	30,508	34,157	20,144	32,733	58,551	58,293	29,893	9,556
共计	114,894	104,625	115,640	88,215	85,893	125,644	77,343	41,004	48,728
总　计	3,084,722	4,014,027	3,885,258	433,281	3,505,181	3,583,023	2,115,582	573,329	811,996

（甲）进口煤（港别）

区域	港别 ＼ 年份 ＼ 吨数	民国十五年	十六年	十七年	十八年	十九年	二十年	二十一年	二十二年	二十三年
东北各港	哈尔滨	137,947	153,222	189,897	105,925	343,557	186,324	17,999	无记录	无记录
	其他	1,683	837	1,879	2,000	664	5,453	1,585	同上	同上
	计	139,630	154,059	191,776	107,925	344,221	191,777	19,584	同上	同上

续表

华北各港	天津	1,401	—	3,703	85	—	—	1,621	2,785	75
	胶州	32,505	11,942	11,092	3,469	35,547	2,500	15,158	46,370	14,214
	烟台	2,164	—	—	—	—	—	—	60,450	41,955
	其他	—	—	—	—	—	2	3,068	32,864	37,820
	计	36,070	11,942	14,795	3,734	35,547	2,502	19,847	142,469	104,064
长江各港	汉口	110,726	91,122	137,672	121,261	85,145	43,238	35,407	42,322	2,836
	九江	7,106	2,000	—	—	3,200	—	—	1,850	—
	芜湖	19,523	4,749	5,389	10,492	7,341	10,035	6,650	3,003	4,714
	南京	22,611	23,003	49,382	68,777	82,281	62,310	11,726	16,667	5,646

续表

					106,572	103,066	85,218	51,494	36,950	18,332
	上海	1,725,381	1,289,384	1,323,349	1,232,353	1,161,457	928,768	628,427	1,199,698	607,846
	计	1,995,856	1,540,025	1,616,983	1,539,455	1,442,490	1,129,569	733,704	1,300,490	639,374
东南沿海各港	宁波	12,058	11,757	26,639	21,793	16,628	8,784	8,366	9,585	10,140
	福州	24,652	29,794	26,008	17,084	30,996	25,258	26,931	22,500	20,689
	厦门	25,952	19,723	14,527	16,940	23,957	30,631	32,387	31,459	29,201
	汕头	96,646	101,943	100,824	124,493	126,041	89,461	92,036	64,158	42,348
	广州	619,313	304,278	261,735	312,542	330,764	256,587	348,984	267,260	137,654
	九龙	9,289	126,110	158,151	118,665	100,583	129,144	97,137	73,290	30,353

续表

	拱北	13,798	42,886	48,273	45,293	46,936	44,048	34,762	28,463	20,407
	其他	19,969	32,332	25,399	21,391	23,201	19,752	9,311	8,829	4,264
	计	821,677	668,823	661,556	678,201	699,106	603,665	649,914	505,544	295,056
总 计		2,993,233	2,374,849	2,485,110	2,329,315	2,521,364	1,927,513	1,423,049	1,948,503	1,038,494

（乙）进口煤（国别）

年份 吨数 国别	十五年	十六年	十七年	十八年	十九年	二十年	二十一年	二十二年	二十三年
日本（台湾在内）	2,356,672	1,603,406	1,497,546	1,320,620	1,319,024	947,645	427,138	573,926	321,602
安南	375,240	405,592	452,904	598,201	581,744	527,067	475,318	474,238	269,359
爪哇	37,894	18,819	57,600	76,875	83,543	67,479	125,686	115,702	71,685

续表

印　度	—	—	18,725	33,272	17,153	13,727	211,739	164,650	63,310
香　港	73,378	182,630	255,051	187,087	166,637	175,042	57,546	18,627	3,602
俄　国	142,474	153,709	190,697	106,788	343,560	186,334	39,196	—	—
其　他	7,575	10,693	12,587	6,472	9,706	10,224	86,426	601,360	308,936
共　计	2,993,233	2,374,849	2,485,110	2,329,315	2,521,367	1,927,518	1,423,049	1,948,503	1,038,494

二十三年　33,061,960吨（本年系重要煤矿产额）

日本煤原为该国重要输出物之一，在我国沿海及南洋等地占有相当之势力。但自民十二以来，已转为入超，嗣后逐年增加，及至客岁入超额竟及二百九余万吨。兹根据日本大藏省主税局统计将近三年日煤输出及外煤输入数量列下。

（甲）日煤输出吨数

国名＼年份	民19	民20	民21	民22	民23
中华民国	1,323,753	833,545	453,160	546,554	252,124
香港	367,717	312,812	424,719	548,317	373,882
海峡殖民地	202,755	158,473	212,140	219,120	233,530
菲律宾	144,938	145,006	159,662	160,640	148,957
西比利亚	—	—	21,445	29,563	31,370
安南	25,400	24,892	16,320	12,860	18,123
荷印	12,712	11,633	16,663	6,000	—
关东租借地	—	—	15,850	3,200	—
其他	53,550	53,700	46,012	9,282	12,049
合计	2,130,825	1,540,061	1,365,971	1,535,536	1,070,035

（乙）外煤输入吨数

年份 国名	民19	民20	民21	民22	民23
关东租借地	1,696,188	1,765,616	1,792,499	2,443,092	2,713,169
中华民国	456,306	357,250	416,735	360,124	542,651
安南	418,264	447,150	348,650	462,659	540,955
西比利亚	—	—	113,536	171,971	198,368
其他	121,926	122,530	1,802	2,857	1,363
合计	2,692,684	2,692,546	2,672,222	3,440,703	3,996,306

输入煤之主要者，烟煤为抚顺煤及开平煤，无烟煤为安南之鸿基煤。盖因抚顺炭价格低廉，烧火简易，适合锅炉烧用，开平炭宜于炼焦，为制铁必需之原料，鸿基煤则为极佳之家庭燃料，均有其特殊之用途故也。

据日本石炭矿业联合会之统计，日本内地用煤量（不连矿厂门市及各殖民地消费量），在民国十八年至二十年间，平均每年不过二千五百万吨之谱。但自东北事变发生以后，日本积极备战，军需工业盛极一时，用煤数量连年增加不已，客岁竟增至三千五百万吨，为该国历年用煤之最高纪录。近年日煤出口数量减少，其主要原因殆在于此。兹将最近日本内地用煤量列下：

民19年　25,727,000吨

民20年　24,643,000吨

民21年　25,207,000吨

民22年　31,637,000吨

民23年　35,208,000吨

日煤成本，据日本商工省矿山局之调查，民20九州炭之矿山成本每吨平均5.50圆，全国平均5.30圆。次将日煤运沪之成本列下。

矿名	所在地	矿山成本（日元）	至海港运费（日元）	装卸费（日元）	至上海运费（日元）	至上海总成本	附注
三池	九州	5.00	0.25	0.25	1.90	7.40	进口税上海码头起卸费不在内
松浦	九州	3.15	0.25	0.65	1.90	5.95	
松岛	九州	5.25	0.35	1.10	1.75	8.45	
杵岛	九州	4.60	0.50	0.65	2.00	7.75	
鯰田	九州	5.20	0.97	0.50	1.75	8.42	
田川	九州	4.10	1.24	0.50	1.75	7.59	
高尾	九州	4.15	0.46	0.50	1.75	6.86	
元山	山口县	3.70	—	0.50	2.20	6.40	
空知	北海道	4.50	3.10	0.50	3.70	11,80	
唐松	北海道	4.00	3.00	0.50	3.70	2.20	
夕张	北海道	4.50	2.60	0.50	3.70	2.30	
基隆	台湾	3.50	0.50	0.50	1.20	5.70	

可知日煤运沪之成本，除北海道诸炭外，其余均不甚大。我国关税近年虽已提高，但日金跌价则日益加甚（日煤在沪市价与日汇涨落关系见第二图）（略），将来日煤倘有剩余，似仍有向我国作大量输入之可能也。

（二）抚顺煤　抚顺煤矿完全系日人经营之产业，所产之煤大部运销我国沿海等地，其性质实与日煤无异，兹特述之。抚顺煤之贩卖向归南满铁道会社商事部掌管，凡运销外埠之煤，于到达大官屯站后，即移交商事部办理，其下分为三系统。

（甲）地销炭　凡东三省、朝鲜等地所销者，均谓地销炭，在主要城市如大连、沈阳等处均设贩卖事务所，直接贩卖之。小城市则由贩卖所经指定商人之手，转交各地需要者。惟在吉林、哈尔滨两市则由委托卖店办理。

（乙）输出炭　凡输入日本、台湾、桦太各地之煤，均由抚顺炭贩卖会社经营，该会社资本三百万元，由满铁、三井及三菱共同出资，依商事部所定之方针从事营业。又运至我国沿海各港及南洋群岛者，则经由下列各公司之手。

三井物产株式会社　烟台、上海、汉口、香港、广东、马尼剌、海防、新加坡方面。

三菱商事株式会社　同上（但除烟台）

南昌洋行　青岛

泰顺洋行　威海卫附近

炽昌厚　龙口方面

（丙）船用炭　对于船用炭，商事部随时与船主或其代理人结年度契约或临时契约，供给所要之煤炭。

抚顺炭之营业方针，除满铁社用（自用）之外，以地销为本位，有余则供给船用，更有余裕之时，则行输出。其历年营业之变迁颇有足资研究者。兹将历年产销概况列表如下。

抚顺炭历年产额及销数表（单位吨）

	年度	产量	地销	社用	船用炭	输入日本	运销中国及南洋	输入朝鲜	计
第一次石炭过剩时代	光绪三四年	490,720	130,091	275,603	16,684	1,861	18,569	205	443,013
	宣统元年	693,091	218,017	299,282	123,796	2,687	120,505	39,761	714,048
	二年	899,192	301,484	66,376	49,660	9,270	228,144	71,100	946,034
	三年	325,400	397,560	382,451	64,032	35,050	165,427	5,015	1,049,536
	民国元年	1,471,127	475,873	354,079	131,250	124,558	285,824	140,926	1,512,530
	二年	2,179,202	494,326	443,329	182,284	406,429	520,530	225,999	2,272,891
	三年	2,149,815	539,236	481,706	226,751	317,776	339,247	208,015	2,112,831
	四年	2,162,575	622,315	484,290	186,267	149,629	332,414	247,586	2,022,501
	五年	2,044,409	714,950	462,732	181,834	169,878	422,875	291,155	2,243,424

续表

第一次石炭不足时代	六年	2,311,445	790,389	635,415	161,151	182,884	280,106	344,140	2,344,145
	七年	2,521,164	925,549	901,915	135,964	159,296	180,321	397,955	2,701,000
	八年	2,762,674	1,024,701	1,146,412	83,725	114,489	81,392	358,710	2,809,429
	九年	3,162,745	821,712	989,966	185,567	74,992	105,948	318,683	2,496,868
—	一〇年	2,771,808	998,642	834,371	429,680	296,099	326,239	335,084	3,220,115
第二次石炭过剩时代	一一年	3,828,400	1,109,737	764,441	745,355	621,264	543,913	388,697	4,173,407
	一二年	4,954,200	1,418,255	841,885	679,877	942,981	585,085	391,781	4,859,864
	一三年	5,592,100	1,459,270	1,016,903	593,441	1,187,060	856,156	340,151	5,452,981
	一四年	5,751,873	1,511,452	943,441	630,162	1,249,612	1,139,038	323,162	5,796,867

续表

	一五年	6,847,460	1,670,063	1,049,564	623,275	1,453,734	1,364,693	1,262,672	6,524,001
	一六年	6,958,860	1,818,380	1,119,974	703,125	1,697,221	1,282,947	407,903	7,029,550
	一七年	7,197,747	2,002,882	1,106,156	711,207	1,859,225	1,323,801	436,308	7,439,579
	十八年	7,292,661	1,922,837	1,187,675	705,226	1,897,610	1,488,075	397,360	7,598,783
	十九年	6,867,057	1,599,544	1,058,749	548,594	1,750,169	1,515,280	370,211	6,842,547
	二十年	6,133,270	1,373,617	925,185	661,463	1,868,469	1,540,149	314,644	6,683,527
第二次石炭不足时代	二十一年	5,853,155	1,939,206	989,277	784,566	1,835,616	997,045	343,688	6,889,420
	二十二年	7,060,584	2,837,242	640,739	868,485	2,397,292	736,199	403,707	7,883,664
	二十三年	7,500,000							

阅上表可知，自九一八事变以后，抚顺煤在东三省及日本方面之需要日益增加，同时我国进口关又复提高，(每吨 征1.8金单位）遂致一时曾超过一百五十万吨之输出市场竟减至半数以下。但日方刻已将原与抚顺炭对抗之东北各矿实行接管，一旦整理就绪，东省煤产势将骤增，届时抚顺炭被迫势将仍向本部各港，寻觅出路也。

（三）鸿基煤　安南主要煤田均在东京区域中部安南及老过等地，中以东京区内沿亚龙湾一带之无烟煤田为最重要，共分鸿基东特鲁（Dong-Trieu)及开堡三区，储藏量共达12,000兆吨，无烟煤产量在民国二年不过四十余万吨，及至十九年已增至一八九万。至烟煤及褐炭之产量在民二殆无产出，至十九年亦仅七万余吨。其最近五年之产额兹列下：

年份＼产量（吨）	无烟煤	烟煤	褐炭	共计
民国十五年	1,246,632	38,029	5,598	1,290,259
十六年	1,444,903	38,652	7,151	1,490,706
十七年	1,916,670	34,413	15,472	1,966,655
十八年	1,902,419	38,891	30,713	1,972,023
十九年	1,890,000	48,000	28,000	1,966,000

主要煤矿有东京煤矿公司、东京无烟煤公司及东特鲁公司三处，均系法人经营。十九年份三矿产额约占总数百分之八三。

安南烟煤全数供给国内消费，其无烟煤则专恃运销海外，每年输出量实占总产额十分之六、七，其中输入我国者年约五十余万吨，占第一位，输入日本者次之，年约四十余万吨，运销香港者又次之，年约十五、六万吨。至输入其他各国，则为数寥寥无几。客岁我国提高无烟煤进口税率（每吨征二。八金单位），鸿基煤颇受影响，该煤全年进口量不过二十七万吨，已减至平时之半。惟最近政府与法国改订越南商约，复将无烟煤进口税率减轻，每吨改征〇。八九金单位，是今后之鸿基煤仍将大举侵入我国沿海各地也。

第三章　销费

第一节　概况

我国本部各省区，可划为四十七消费区，（划分标准见第一章）每年消费总额约二千二百万吨。此类销费区如就其供求关系而言，可归为两大类。第一类系属于自给性质者，计二十区，大都位于腹地各省区，需用之煤，概由当地供给，产量纵有多余，但以交通不便，并无输出可能，每年用煤总计仅约四百万吨，占全国用煤总数百分之十七。

第二类共有二十七消费区，大都位于沿海沿江或内地交通比较便利各省区，此类消费区或属生产有余，必需向外发展，以求出路，或属需要过多而产出有限，势须仰给于外来。其间之供求关系，颇称复杂，特划分为六大区系以说明之。每年消费总量约达一千八百万吨，实占全国总数百分之八十三。兹将全国煤斤分配状况，绘为第三图，并将各消费区情形列表如下。

类别	区系	消费区图号	地域	22年消费量（万吨）	占全国百分率
第一类	中国西北部	CA-1	甘肃西部及青海	7.2	
		CA-2	宁夏及甘绥边境	4.8	

续表

		CA-3	山西西部及陕西北部	14.8	6.6
		CA-4	山西代崞宁武静乐一带	17.1	
		CA-5	山西中南部	70.0	
		CA-6	陕甘边境	3.1	
		CA-7	陕西中部及豫晋边境	18.7	
		CA-8	陕西东南部	6.8	
	中国西南部	CB-1	湖北西部	4.1	10.1
		CB-2	广西北部	6.2	
		CB-3	四川东部	12.9	
		CB-4	重庆及嘉陵江流域	45.7	
		CB-5	四川成都北部	4.3	
		CB-6	四川岷江及沱江流域	59.3	
		CB-7	贵州及川滇边境	67.8	
		CB-8	云南北部	3.3	
		CB-9	滇越铁路沿线	15.5	
第二类	第一区系	CⅠ-1	河北东北部	88.9	19.0
		CⅠ-2	津沽及津浦北段	140.6	
		CⅠ-3	北平及河北西北部	120.8	
		CⅠ-4	平绥线中段	45.8	
		CⅠ-5	绥远西部	7.6	
		CⅠ-6	山东勃海沿岸	6.4	

续表

第二区系	CⅡ-1	山东中北部	190.0	11.7
	CⅡ-2	山东南部及江苏北部	38.9	
	CⅡ-3	安徽中北部	20.9	
	CⅡ-4	山东蒙阴临沂区域	3.7	
第三区系	CⅢ-1	河北中部	100.0	20.0
	CⅢ-2	山西境内正太沿线	45.2	
	CⅢ-3	豫北冀南鲁西	200.0	
	CⅢ-4	河南西部	50.0	
	CⅢ-5	河南中南部	38.0	
第四区系	CⅣ-1	襄河上流	1.0	9.6
	CⅣ-2	湖北中东部	97.2	
	CⅣ-3	株萍沿线及湖南中北部	45.9	
	CⅣ-4	赣北及皖西	6.2	
	CⅣ-5	湖南西部	5.9	
	CⅣ-6	湖南南部	45.5	
	CⅣ-7	江西中部及浙闽边境	6.4	
第五区系	CⅤ-1	安徽东南部及江苏中部	48.9	18.8
	CⅤ-2	江苏东南部及浙江北部	359.6	
第六区系	CⅥ-1	温州	3	
	CⅥ-2	福州	5.5	

续表

		CⅦ-3	厦门	5.8	
		CⅦ-4	潮汕	13.8	
		CⅦ-5	广东中部	62.8	
		CⅦ-6	闽粤赣边境	3.1	
总	计			2,166.3	100.00

第二节 各区消费量

兹根据22年消费量，将第二类各区消费概况分述如下：

（一）第一区系 共有消费区六，北宁、平绥两路沿线及山东渤海沿岸一带均属之，消费量年约四百十万吨，占全国消费量百分之十九，而以北平、津沽为其集散中心，津沽区工业发达，年销一百四十万吨，北平区为历代建都之所，人口稠密，消费以家用为主，数量约一百二十万吨。河北省东北区为开滦矿场所在地，唐山并设有北宁路机厂及搪瓷、水泥等工厂，需用煤觔极多，每年消费量约达九十万吨。此外平绥路中段、绥远西部及山东渤海沿岸，每年共约消费六十万吨。

消费来源由本区系自产者，约占消费量百分之八十九，惟开滦、柳江所产之煤，大部运销长江及东南沿海各埠。大同煤质地特佳，每年运销国内外各埠者亦近十万吨。房山煤运销保定一带者，亦约五万吨，合计运出总量约三百二十万吨，占本区系产额百分之五十。

由其他区系运来之煤，每年约有四十余万吨，占消费量百分之十。除津浦线北段有第二区系煤侵入约达一万吨外，其余悉由平汉路运来。盖因平津为华北之销煤中心，塘沽又为海运港口，势不能不为太行山各矿留一席地也。至于进口煤仅于山东渤海沿岸，年有五六万吨之输入，只占消费量百分之一。

（二）第二区系　计有消费区四，河北沧州以南之津浦沿线、胶济全线、陇海线，自商邱以东皆属之，消费量共计二百五十余万吨，约占全国消费量百分之十二。胶济沿线区，小矿林立，两端为青岛、济南二大都市，消费年约六十万吨，胶济路用煤亦达二十万吨，故本区消费总量达一百九十万，数目最巨。鲁南苏北区每年消费约三十九万吨，皖省中北区年仅二十万吨，盖区内并无重要工业都市，徒恃铁路为其最大用户。至山东蒙阴沂水区，每年消费仅约四万吨，原系自给区域，为便利起见，特划入本区系内。

消费来源由本区系自产者占百分之九十七，盖本区系所属各区，均有余煤运出，计由青岛出口者年约四十万吨，由浦口出口者约一百万吨，此外尚有转运津浦北段及陇海西段者，合计共约一百五十万吨，占本区系产额百分之三十四。

由其他区系运来之煤，计有中福白煤，在陇海东段，年销约二万吨。又在津浦北段及青岛，亦有少量开滦煤之侵入、每年不及一万吨。至于进口煤，每年约五万余吨，占消费额百分之二，但仅限于青岛一埠，其转运海州赣榆等地者，年仅千余吨。盖因青岛日人工厂较多，均喜采购日煤或抚顺煤故也。

（三）第三区系　包括消费区五，凡平汉线自保定以至信阳、正太及道清全线，陇海线自商邱以西及鲁省西部，运河及卫河流域皆属之，消费量计四百三十余万吨，合全国消费量百分之二十。惟消费性质散漫而不集中，用途以家用为主，铁路消费年约三十万吨。山西境内正太沿线区消费量约四十五万吨，其中太原平定各占十万吨。河北中西部区年约一百万吨，石家庄当转运之要冲，每年过境煤焦约一百五十万吨，保定为通津沽水运之捷径，煤焦由此卸车者年约三十万吨，但该两地本身之消费量则殊有限。此外豫北冀南鲁西区，消费量年约二百万吨，河南西部区及中南部区，每年消费共约九十万吨。

消费来源由本区系自产者，占百分之九十九，又于平汉线南北段及陇海东段，亦均有煤斤运出，北去平汉者年约四十余万吨，南下汉口者，亦近三十万吨，由陇海东运者约二万吨，合计运出量年约七十万吨，占产额百分之十二。

煤源之由其他区系运到者，保定一带有房山煤，年约五万吨，陇海线东境及鲁西一带，则有中兴及华东煤，年约一万吨。

（四）第四区系　包括消费区七，湖南全省、湖北中东部、江西中北部及安徽西境皆属之，消费量年约二百余万吨，占全国总数百分之十、而以武汉区为主要市场，年消费约九十七万吨，湘南区为土矿集中地，湘中及株萍沿线为省会及铁路交通便利之所，故该二区消费量年各四十五万吨。湘西赣中两区，产额虽多，但以深居腹地，赣北及皖西区，则以地方偏狭，消费无多，故三区用煤，年各六万吨左右。至于襄河上游，每年消量仅约一万吨，为数最少。

消费来源由本区系自产者，年约一百七十万吨，占消费量百分之八十四，其余仰给于外来者，仅限于武汉、九江一带，大冶柴煤且年有八、九万吨，运销长江下游及东南沿海各埠。中福白煤过境运销长江下游者，亦有三万吨。

由其他区系运到之煤，计平汉路各矿年约十五万吨，系以开滦为主干，其中进口煤仅二、三万吨。

（五）第五区系　计有消费区二，凡安徽东南部、江苏中南部及浙江北部均属之，消费量年约四百余万吨，占全国总数百分之十九。本区内工业发达，运输浩繁。上海一埠消费，已独占三百万吨，其他都市年在二十万吨者，有南京及无锡，在十万吨者，有镇江及武进，在五万吨者，有杭州、芜湖、南通、宁波等埠，而本区轮船铁路所需，为数已达一百万吨。

消费来源属于自产者，仅占百分之五，除长兴年产二十万吨，贵池馒头山年产六万吨外，全部仰给于外来，每年由海道运来者约三百万吨，由津浦路运来者约一百万吨，由长江上游运来者约十万吨，又中兴、大冶等煤，由此转运东南沿海各埠者，年约五万吨。

海道来源可更分为四项：(一）属于第一区系之开滦、柳江及大同煤共一百六十万吨，内开滦占百分之八十五，柳江占百分之十二，大同占百分之三。(二）属于第二区系之淄博煤约二十四万吨。(三)属于第三区系之山西白煤约八万吨，井陉临城等烟煤约一万吨。(四）进口煤约一百万吨，其中日煤及抚顺煤占百分之八十，安南白煤占百分之二十。

（六）第六区系　计有消费区六，凡东南沿海各埠及广东中部皆属之，消费量年约九十万吨，占全国总数百分之四，而以广东中部之消费量为最巨，年约六十余万吨，潮汕区次之，年约十四万吨，厦门、福州两区共计十一、二万吨，闽、粤、赣边境年约三万吨，温州年仅三千吨。

消费来源由本区系自产者，仅广东、曲江一带，年产约十余万吨，占本区消费量百分之十一，外来煤属于第一区系之开滦煤，约二十八万吨，合消费量百分之三十二，第二区系之淄博及中兴煤约五万吨，占百分之六。外煤进口者约四十四万吨，占百分之五十一，其中日本、抚顺、荷印等烟煤占三十二万吨，安南白煤占十二万吨。

（七）22年份各区过剩煤　次据前述各节将22年份六区系煤斤生产及消费数量比较如下：

区系	生产区	22年生产量	消费区	22年消费量	富余或不足
Ⅰ	PⅠ-1	428.4	CⅠ-1	88.9	
	PⅠ-2	15.2	CⅠ-2	140.6	
	PⅠ-3	103.4	CⅠ-3	120.8	
	PⅠ-4	15.8	CⅠ-4	45.8	
	PⅠ-5	8.0	CⅠ-5	7.6	
	PⅠ-6	62.3	CⅠ-6	6.4	
	PⅠ-7	10.6			
	计	643.7	计	410.1	(+)233.6
Ⅱ	PⅡ-1	17.8	CⅡ-1	190.0	
	PⅡ-2	211.4	CⅡ-2	38.9	
	PⅡ-3	10.8	CⅡ-3	20.9	
	PⅡ-4	15.7	CⅡ-4	3.7	
	PⅡ-5	114.9			
	PⅡ-6	22.0			
	PⅡ-7	12.6			
	PⅡ-8	37.8			
	计	443.0		253.5	(+)189.5
Ⅲ	PⅢ-5	8.8	CⅢ-1	100.0	
	PⅢ-4	102.0	CⅢ-2	45.2	
	PⅢ-2	129.5	CⅢ-3	200.0	
	PⅢ-3	131.9	CⅢ-4	50.0	

续表

	PⅢ-1	96.7	CⅢ-5	38.0	
	PⅢ-6	50.4			
	PⅢ-7	37.1			
	计	556.4	计	433.2	(+)123.2
Ⅳ	PⅣ-1	3.0			
	PⅣ-2	8.0	CⅣ-1	1.0	
	PⅣ-3	50.0	CⅣ-2	97.2	
	PⅣ-4	26.0	CⅣ-3	45.9	
	PⅣ-5	14.7	CⅣ-4	6.2	
	PⅣ-6	27.3	CⅣ-5	5.9	
	PⅣ-7	10.0	CⅣ-6	45.5	
	PⅣ-8	5.3	CⅣ-7	6.4	
	PⅣ-9	31.7			
	计	176.0	计	208.1	(－) 32.1
Ⅴ	PⅤ-1	12.0	CⅤ-1	48.9	
	PⅤ-2	—	CⅤ-2	359.6	
	PⅤ-3	19.8			
	计	31.8	计	408.5	(－)376.7
Ⅵ	PⅥ-1	9.7	CⅥ-1	0.3	
	PⅥ-2	5.0	CⅥ-2	5.5	

续表

			CⅦ-3	5.8	
			CⅦ-4	13.8	
			CⅦ-5	62.8	
			CⅦ-6	3.1	
	计	14.7	计	91.3	(－) 76.6
计		1,865.6		1,804.7	
国煤出口				57.3	
外煤进口		194.9			
总计		2,060.5		1,862.0	(＋)198.5

由上表得知22年国煤过剩量约达二百万吨，但该年外煤进口量亦约二百万吨，如能设法抵制外煤进口或奖励国煤出口，则国内煤斤之需应，似不难达于平衡之境也。

第三节　各大煤市销费量

上海、天津、北平、武汉、广州五大都市，为我国工业比较发达之区，每年消费煤斤共约七百万吨，占全国总消费量三分之一以上，实为国内之主要销煤中心，就中北平市内销费，以家用为主，年销一百万吨。惟以缺乏统计，其详细情形此处暂附省略，其余四市消费概况，兹分述如后。

（一）上海　历年销数尚未调查完毕，此处暂就该市近年运到量加以比较，除民21年因沪战稍受影响外，最近数年消费量大致相仿，约在三百万吨以上。惟各煤在市场上之地位，已大见变动，大致合资煤仍维持原数，年销一百二、三十万吨，占沪市总数百分之四十一，外煤销场减退最速，已自一百四十万吨降至五十余万吨，仅占数百分之十八，其减销之数，完全由国煤所代替，客岁销量实达一百三十万吨，占总数百分之四十，其详细数字兹列下：

资别	煤名 \ 吨数 \ 年份	二十年	二十一年	二十二年	二十三年
国资	大同	32,986	80,487	33,810	87,910
	博山	226,063	136,081	247,967	367,801
	中兴	29,655	98,535	313,613	375,588
	华东	3,200	39,600	48,500	88,627
	大通淮南	——	——	82,050	109,746
	临榆	140,019	109,126	97,518	82,815
	阳泉	35,574	51,044	61,433	108,165
	烈山	——	——	8,750	7,285
	馒头山	——	——	——	5,251
	大冶	——	——	36,540	45,442
	其他	2,946	——	6,550	14,300

续表

	计	470,443	514,873	936,731	1,292,930
	百分比	14.43	18.45	28.26	40.60
中外合资	开滦	1,283,971	1,266,932	1,117,841	1,132,308
	井陉	30,801	27,114	4,720	2,610
	鲁大	39,925	34,224	72,684	166,781
	中英	3,558	4,370	5,007	2,688
	中福	3,000	10,450	25,837	15,750
	计	1,361,255	1,343,090	1,226,089	1,320,137
	百分比	41.76	48.12	36.99	41.45
外资	抚顺	610,230	361,572	429,870	176,600
	日本	614,953	369,173	520,458	255,054
	俄国	——	23,249	——	——
	安南	185,249	178,890	201,406	133,857
	计	1,428,207	932,884	1,151,734	571,721
	百分比	43.81	33.43	34.75	17.95
总计		3,259,905	2,790,847	3,314,554	3,184,788

（二）天津　该市销场向以国煤及合资煤为主，尤以开滦煤

最占优势，年销八十万吨，占该市总销量百分之八〇。惟近年销数稍见减退，有渐被国煤侵蚀之趋势，其详情列下。

近四年天津煤斤运到吨数表

资别	煤别 \ 吨数 \ 年份	二十年	二十一年	二十二年	二十三年
国资	正丰	——	——	26,727	45,899
	临城	——	——	4,835	6,174
	大同	46,660	85,505	13,215	13,710
	门头沟·	1,745	——	107,890	173,995
	房山	460	——	61,760	7,754
	山西阳泉	25,970	9,040	42,350	56,165
	其他	3,340	1,090	——	——
	计	78,175	95,635	256,777	303,697
	百分比	7.56	8.92	24.14	28.10
	开滦	800,789	898,128	684,759	601,580
	井陉	139,385	66,259	121,945	175,607

续表

中外合资	中福	15,110	12,530	—	—
	计	955,284	976,917	806,704	777,187
	百分比	92.44	91.08	75.86	71.90
总计		1,033,459	1,072,552	1,063,481	1,080,884

附注 •中英煤运到数量不详，本表门煤全部暂列国资项下。

（三）武汉　武汉煤业情形，本会已有详细之调查，大致该市销费年约八十万吨，惟近年消费稍见减少，因受长江水灾及内地工商事不振之影响故也。惟输入该市之外煤在二十年尚达二十万吨者已渐绝迹，该年输入之三千余吨日煤，仅为日商所采购，于市场上并无关系也。其详数兹列下。

近五年汉口煤焦销数表

资别	年份/吨数/煤别	十九年	二十年	二十一年	二十二年	二十三年
国	六河沟	—	20,000	60,000	109,000	105,557
	正丰	—	2,500	25,000	—	19,812
	磁县临城	—	500	23,682	35,964	68,278
	萍乡醴陵	109,000	120,000	136,600	129,000	110,089

续表

资	湖南烟煤	44,000	65,000	74,000	66,200	46,120
	大冶	120,000	109,500	106,000	104,000	99,500
	湖南无烟煤	213,000	180,000	162,000	163,000	105,200
	其他	22,000	34,500	39,000	3,000	8,590
	计	508,000	532,000	626,282	610,164	563,146
	百分比	61.35	69.67	73.38	75.56	71.58
中外合资	开滦	120,000	65,558	69,218	101,821	118,074
	井陉	——	2,000	3,000	31,540	36,035
	中福	——	14,000	37,000	40,000	66,224
	计	120,000	81,558	109,218	173,361	220,333
	百分比	14.49	10.68	12.80	21.47	28.01
外资	日本	60,000	50,000	40,000	14,000	3,250
	抚顺	140,000	100,000	78,000	10,000	——
	计	200,000	150,000	118,000	24,000	3,250
	百分比	24.15	19.64	13.83	2.97	0.41
总计		828,000	763,558	853,500	807,525	786,729

（四）广州　每年消费量约达六十万吨，外煤销量原占百分之八一，但最近数年该煤所占之地盘，已渐为国煤及合资煤夺回一部分，其详情列下。

近四年广州煤斤运到吨数表

资别	煤别 ＼ 吨数 ＼ 年份	二十年	二十一年	二十二年	二十三年
国资	博山	——	——	8,515	24,519
	中兴	——	——	8,690	3,001
	淮南	——	——	——	1,430
	北江	25,340	73,654	80,220	145,175
	其他	2,810	19,064	5,951	3,600
	计	28,150	92,718	103,376	177,725
	百分比	4.74	15.69	16.91	31.41
中外合资	开滦	81,278	132,530	207,150	224,449
	井陉	——	——	——	3,970
	计	81,278	132,530	207,150	228,419

续表

	百分比	13.69	22.43	38.88	40.43
外资	抚顺	185,522	——	——	——
	日本台湾	83,449	——	——	——
	安南	105,738	104,201	71,756	38,381
	荷印	72,335	119,647	107,054	75,243
	印度	37,281	141,700	122,115	45,167
	计	484,325	365,548	300,925	158,791
	百分比	81.57	61.87	49.21	28.11
总计		593,753	590,796	611,451	564,935

综上所述，近年国内各大都市销煤之趋势，有二共同之点：(一)消费数量以各地工商事业不振，大致均呈减缩或勉维原状之现象。(二)外煤销数近年减退极速，合资煤之销场大致仍维持原有之地位，而外煤所让出之市场，则均为国煤所占领，此最近各处报告所以有国煤好转之说也。

第四章　成本及煤价

第一节　矿厂成本

关于采煤成本，因各矿会计科目，区区不一，且以事关营业秘密，调查最感困难，兹仅就所得材料比较详细各矿，分陈如下：

（一）中兴煤矿　仅采煤处成本完全公开，其最近二年数目如下：

项目 年份	每吨外工采煤费(元)	每吨棚木费(元)	采煤处成本(元)
二十年	1,142	0.486	2,471
二十一年	1,143	0.421	2,236

至于矿山成本等，因公司严守秘密，详数无从探知。惟据本会调查估计，该矿二十一年份，矿厂成本约为3.81元，总成本为5.16元。

（二）淮南煤矿　为津浦沿线新开办之矿，其成本一项，自二十一年七月起，始有统计，兹将该矿最近两年度（自每年七月至翌年六月底为一年度）成本数目列下。

费别	详数 \ 年度	二十一年度		二十二年度	
		开支数	每吨成本	开支数	每吨成本
矿山成本	井内采煤费	222,021.21	1.861	319,157.26	1.665
	井内扩充费	57,319.88	0.481	78,307.33	0.409
	地面工程费	67,998.01	0.570	84,045.15	0.439
	矿山管理费	109,212.36	0.915	133,855.80	0.698
	税　　捐	3,995.41	0.034	33,541.29	0.175

续表

	资产折旧及摊提开办费	29,825.20	0.250	61,672.61	0.322
总公司费用	购料委员会及其他	7,800.00	0.065	24,270	0.127
	各煤厂经费	——	——	51,230.45	0.266
总成本		498,172.07	4.176	786,079.89	4.101
产量（吨）		119,300.81		191,664.53	

（三）贾旺华东煤矿　二十二年份成本至柳泉为止，每吨仅合2.50元，为津浦线各矿中之最轻者。考其原因有四：(1) 无冗员；(2) 矿井浅；(3) 煤层整齐；(4) 煤质松。兹将该矿近两年成本列下：

年份 项目 月别	二十一年			二十二年		
	产量（吨）	开支数目（元）	每吨成本（元）	产量（吨）	开支数目（元）	每吨成本（元）
一月	16,471.52	65,392.83	3.96	14,615.70	38,986.33	2.66
二月	1,665.68	36,407.68	21.85	18,329.32	44,603.42	2.43
三月	2,211.69	20,981.23	9.48	20,237.68	49,304.08	2.44
四月	4,048.01	23,645.75	5.84	19,042.67	46,154.21	2.42
五月	5,208.00	29,623.63	5.69	19,506.00	23,727.09	2.24

续表

六　月	6,339.33	33,226.46	5.25	16,149.66	42,079.93	2.61
七　月	10,274.68	36,997.10	3.60	16,519.68	44,417.07	2.69
八　月	11,620.71	35,570.41	3.06	5,093.00	44,728.88	2.96
九　月	12,267.06	39,277.27	3.20	19,276.30	44,159.96	2.45
十　月	13,455.38	38,904.62	2.90	20,926.99	50,334.48	2.41
十一月	13,122.33	39,452.77	3.01	23,590.53	50,707.91	2.15
十二月	13,176.33	40,578.68	3.07	16,445.22	46,484.08	2.83
总　计	109,860.73	440,158.43	—	219,732.75	548,687.44	—
每吨成本平均	—	—	4.01	—	—	2.49

（四）悦昇煤矿　民八由丁敬臣创办，民十三西昆路竣工，民二十一合并马道地矿区，于是西河煤田尽入掌握，现为胶济沿线国人经营最大之煤矿。其最近三年之成本如下：

项目 \ 成本（元） \ 年份		二十年		二十一年		二十二年	
		洋　数	每吨成本	洋　数	每吨成本	洋　数	每吨成本
矿山成本	采　煤	371,967.96	2.38	339,715.50	2.52	471,854.20	2.38
	材　料	176,606.63	1.13	169,557.75	1.26	214,118.71	1.08

续表

总公司费 营业	229,044.91	1.47	212,996.23	1.58	275,578.72	1.39
总公司费 装卸	104,713.67	0.67	79,536.57	0.59	113,507.10	0.57
总成本	882,333.17	5.65	801,806.05	5.95	1,075,058.73	5.42
出煤吨数	156,289		134,808		198,258	

（五）中福煤矿　中原公司最近与福公司联合营业，其成本数目尚未得有报告。兹仅将中原最近数年之情形列下：

	年份 费别	二十年	二十一年	二十二年 (一月至五月)	二十二年 九月份
	采煤费	1.382	1.440	1.323	中福两厂平均2.164
	筛煤费	0.150	0.154	0.144	0.370
	运煤费	0.133	0.142	0.143	
	装煤费	0.071	0.079	0.078	
	间接费	0.650	0.760	0.886	0.900
	合计	2.386	2.575	2.574	3.434
总公司费(元)	总务费	0.404	0.380	0.305	1.300
	营业费	0.351	0.292	0.354	
	教育费	0.224	0.293	0.270	
	准备费	0.167	0.142	0.046	
	董事会经费	0.111	0.155	0.170	
	合计	1.257	1.262	1.145	1.300
总成本		3.643	3.837	3.719	4.734

（六）六河沟煤矿　为平汉沿线第一大矿，惜以缺乏周转资金，历年负债甚重，每吨成本平均须负担借款利息一元五、六角，以致近年经营极感困难，兹将该矿最近三年成本列下：

项别		二十年		二十一年		二十二年	
年份 成本（元）		洋数	每吨成本	洋数	每吨成本	洋数	每吨成本
矿山成本	采煤费	1,573,617.94	3.255	1,896,868.75	2.737	1,815,300.53	3.536
	营业费	530,626.42	1.097	720,900.49	1.040	721,880.51	1.406
	利息	798,069.58	1.651	654,908.54	0.945	797,748.16	1.554
总公司费用	总公司开支	144,389.92	0.298	155,144.75	0.224	232,266.50	0.452
	董事会用费	11,018.95	0.023	27,122.39	0.040	21,519.31	0.042
总成本		3,057,722.81	6.324	3,454,944.92	4.986	3,588,715.01	6.990
出煤吨数		483,450.65		692,901.94		513,361.08	

（七）怡立煤矿　于民国十六、七年间，因会匪互斗，厂屋付于一炬，所遭损失达七十余万元。惟近年该矿营业已见转机，产量每日亦增至一千吨前后。其最近三年成本列表如下：

项目 \ 成本(元) \ 年份		二十年		二十一年		二十二年	
		洋数	每吨成本	洋数	每吨成本	洋数	每吨成本
采煤成本	采煤费	195,040	1.90	258,800	1.90	273,100	1.95
	事务费	318,200	3.10	414,050	3.04	413,140	2.95
	总公司用费	25,670	0.25	27,240	0.20	28,000	0.20
	合计	538,910	5.25	700,090	5.14	714,240	5.10
出煤吨数		102,653		136,200		140,048	

（八）开滦及鲁大　为国内最重要之中外合资煤矿，沿海各港煤市大半被其操纵。惟两矿对于采煤成本均严守秘密，不肯告人，仅据可靠方面调查，开滦二十一年度采煤成本约为二元九角，鲁大全年度成本约为三元七角。

（九）柳江煤矿　井口成本普通约为一．八五元，矿厂成本近数年来均在四元前后。兹将该矿最近三年运到秦皇岛之成本列下：

费别(元) \ 年度	经常费	采煤费	每吨成本
二十年	1.553	2.417	3.970
二十一年	1.360	2.358	3.718
二十二年	2.580	1.614	4.194

（一〇）晋北矿务局　二十年八月以前，尚在工程时期，自二十年九月以后，始正式出煤，其采煤成本，计二十二年份共支经费332,062.99元，共出煤123,538吨，每吨成本合洋2.69元，内直接采煤费1.16元，间接采煤费0.53元，总务费1.00元。

（十一）井陉矿务局　二十一年度（二十一年十月至二十二年九月）产煤706,081吨，全年开支2,291,123元，每吨成本合3.25元（南河头车站成本），其详情如下：

项　　目	开支总数(元)	出煤吨数	每吨成本(元)
采煤费	1,011,511.30	706,081.35	1.4326
总务费	595,914.93		0.8440
运输费	372,494.48		0.5276
营业费	177,896.02		0.2519
税　捐	26,765.84		0.0379
公益费	106,540.43		0.1509
总　计	2,291,123.10	706,081.35	3.2449

（十二）正丰煤矿　二十年度到石家庄成本为3.99元。其最近情形因公司不愿公布，仅有估计数目，兹比较如下：

年度 项目	二十年	二十一年
采煤费	每吨(元)1.65	(元)1.65
管理及事务费	1.10	1.24
运至石家庄费用	0.73	0.73
石家庄分销费用	0.51	0.58
总计	3.99	4.20
出煤吨数	347,059吨	279,540吨

（十三）保晋公司　平定总矿共有四厂，均在阳泉站附近，大同分公司则在口泉站附近。其成本详情如下：

（甲）平定总矿（二十二年份）

项目 \ 厂别		第一矿厂	第二矿厂	第三矿厂	第四矿厂	各厂平均
各厂成本	采煤费	1.409	1.383	1.368	1.569	1.420
	总务费	0.314	0.317	0.444	0.410	0.358
总公司费用		0.730	0.730	0.730	0.730	0.730
采煤成本		2.453	2.430	2.542	2.709	2.508
出煤吨数		98,207.92	82,698.34	58,748.76	47,302.84	286,957.86（共计）

（乙）大同分公司（二十年至二十二年）

项目 \ 年份 成本（元）		二十年		二十一年		二十二年	
		洋数	每吨成本	洋数	每吨成本	洋数	每吨成本
矿山成本	事务费	69,405.07	0.637	98,946.55	0.819	90,904.76	1.227
	营业费	109,097.05	1.002	82,122.32	0.680	64,703.29	0.873
	采煤费	246,286.50	2.262	279,021.36	2.309	128,574.94	1.736
	共计	424,788.62	3.901	460,090.23	3.808	284,182.99	3.836
出煤吨数		108,901		120,838		74,096	

（十四）长兴煤矿　二十二年份共出煤197,786吨，共支工料洋1,221,668.33元，平均采煤费6.18元，此外应加

事务所薪金矿警　　每吨0.84元

银团借款利息　　0.22元

银团特定利益　　0.35元

矿区税　　0.08元

矿产税　　0.25元

轻便铁路运费　　0.24元

总计至五里桥煤栈成本　　8.16元

（十五）鄱乐煤矿　二十三年一月至四月共出煤8,488吨，共支经费108,290元，每吨成本（至河栈成本）合洋12.76元。惟该矿近年迭遭匪患，且又缺乏资金，以致经营极感困难。如果将来办理顺手，每吨河栈成本可望减至七元前后也。

（十六）富源煤矿　二十二年份共出煤131,497吨，其成本（至江边）如下：

项目	每吨成本(元)	附注
薪金	0.46	职员薪水矿师红利夫马费三项
工资	3.17	
木料	0.91	
机电料	0.50	
烟煤	0.85	
砖瓦	0.16	
医药抚恤	0.08	
利息捐税租金	1.07	
杂支	0.52	
共计	7.72	

第二节　煤焦运价

煤斤由产地运至市场，必须依赖铁路或轮船，运费一项亦为市场成本一主要之开支也。兹将各路运煤特价及轮船运费概述如下：

（一）津浦线　津浦沿线大矿运煤至浦口站之协定运价如下：

煤别＼车别＼项目		起运站	公里数	每吨运费（元）		规定折扣	每吨每公里运费（元）
中兴煤焦	整车	枣庄	439	专价	2.6340		0.0060
	专车				2.2000	按整车八四扣	0.0050
华东煤	整车	柳泉	362	特价	3.2262	按定价5.377元六扣	0.0089
	整列车				2.1508	按定价四扣	0.0059
烈山煤	整车	符离集	277	特价	3.0415	按定价4.345元七扣	0.0110
	整列车				2.1723	按定价五扣	0.0078
淮南煤 烈山煤	整车	蚌埠	176	特价	2.3112	按定价2.889元八扣	0.0131
	整列车				1.7334	按定价六扣	0.0098

（二）胶济线　运煤特价（一）出口特价，凡由各产煤站运煤至大港码头出口者，不分距离，煤每吨收费2.52元，焦每吨2.88元。（二）限定地点特价，凡向东运煤至胶州以东各站者，其计费距离，按起运站至胶州站间之里程计算。（三）该路现对出口煤暂

按八折收费，内销煤按九折收费。兹将鲁大、悦昇、博东三矿运至沿线大站之运价列下：

起运站 / 距离及运价 / 到达站	洪山（鲁大）			大昆仑（悦昇）			博山（博东）		
	公里数	现收运费(元)	每吨每公里运费(元)	公里数	现收运费(元)	每吨每公里运费(元)	公里数	现收运费(元)	每吨每公里运费(元)
青岛	331	3.64	0.01100	335	3.65	0.01090	345	3.71	0.01075
大港码头	331	2.02	0.00610	335	2.02	0.00603	345	2.02	0.00586
潍县	137	2.67	0.01949	141	2.72	0.01929	151	2.83	0.01874
济南	143	2.75	0.01923	147	2.78	0.01891	157	2.89	0.01841

（三）道清线　运煤价率种种不一，兹将中福煤矿运煤至沿线大站及汉口之现行特价列下：

起站 / 项别 / 讫站	李河			李封		
	公里数	运价(元)	每吨每公里运费(元)	公里数	运价(元)	每吨每公里运费(元)
道口	124	1.96	0.01581	137	2.14	0.01560
道口码头	127	2.00	0.01575	139	2.60	0.01560
新乡新站	57	0.94	0.01649	69	1.13	0.01640
汉口	(道清)57 (平汉)594	0.94 4.75	0.00874	(道清)57 (平汉)594	1.13 4.75	0.00903

（四）平汉线　平汉现行煤斤运价，系二十年十月公布，名新三十二款，嗣以矿商力请减价，复改出口煤按八扣计算，不出口煤按九扣计算，南运汉口，北运丰台（嗣加北平）者，以出口论，兹将六河沟、怡立、临城三矿运煤至沿线大站之运费列下：

起站 / 项别 / 讫站	丰乐镇(六河沟)			马头镇(怡立)			临城		
	公里数	运价(元)	每吨每公里运费(元)	公里数	运价(元)	每吨每公里运费(元)	公里数	运价(元)	每吨每公里运费(元)
北平	493	4.28	0.00868	458	4.12	0.00900	351	3.55	0.01011
丰台	482	4.23	0.00878	447	4.07	0.00911	340	3.48	0.01024
保定南关	354	4.01	0.01133	319	3.77	0.01182	212	3.02	0.01425
新乡	121	2.16	0.01785	156	2.50	0.01603	297	3.61	0.01216
郑州	201	2.95	0.01468	236	3.19	0.01352	377	4.17	0.01106
汉口	715	5.31	0.00743	750	5.47	0.00729	891	6.00	0.00673

（五）北宁线　开滦五矿位于北宁路古冶、开平、唐山三站附近，均有支线与干线相通，其最重要之运输目的地为秦皇岛、塘沽、天津三站，秦皇岛为开滦出口海港，北宁线自唐山起至秦皇岛止，筑有双轨，即为开滦而设，开滦煤焦除运往秦皇岛及塘沽者，路局减收百分之十外，其他均按该路现行运价核收。兹将由古冶至沿线大矿之运价列下：

站　名	公里数	运　价　(元)	
		每　吨	每吨每公里
北　平	295	4.234	0.01435
天津总站	159	2.361	0.01485
塘　沽	111	1.504	0.01355
秦皇岛	114	1.543	0.01354

（六）平绥线　该路运煤特价：（一）晋煤出口特价，凡由口泉、平旺、大同三站运煤至丰台转北宁线至塘沽出口者，每吨三元七角。（二）门煤特价，凡由门头沟运煤至丰台及北平环城各站者，每吨一元一角五分（中英矿另收支线费每吨0.45元），其余均为内销整车专价，收费多寡不等。兹将口泉煤运至沿线各大站之运费列下：

站　名	公里数	运价（元）	
		每吨	每吨每公里
绥远	306	4.71	0.01539
张家口	202	3.78	0.01871
北平西直门	389	5.46	0.01404
丰台	403	(内销)5.58 (出口)3.70	0.01385
天津东站	(平绥)403 (北宁)121	(平绥)5.58 (北宁)1.37	0.01326
塘沽	(平绥)403 (北宁)165	(平绥)3.70 (北宁)1.65	0.00942

（七）正太线　自二十三年七月一日起，该路改订煤焦运价，烟煤每吨每公里收洋一分二厘，硬煤每吨每公里收洋二分。兹将沿线大矿运费至平津、汉口等地之运价列下。

起站 / 项别 / 讫站	南河头(井陉)			凤山(正丰)			阳泉(保晋)		
	公里数	运价(元)	每吨每公里运费(元)	公里数	运费(元)	每吨每公里运费(元)	公里数	运费(元)	每吨每公里运费(元)
石家庄	44	0.528	0.01200	58	0.752	0.01297	121	2.420	0.02000
保定南关	(正太) 44 (平汉) 38	0.528 2.326	0.01568	(正太) 58 (平汉)138	0.752 2.336	0.01570	(正太)121 (平汉)138	2.420 2.326	0.01832
北平	(正太) 44 (平汉)277	0.528 3.088	0.01126	(正太) 58 (平汉)277	0.752 3.088	0.01146	(正太)121 (平汉)277	2.420 3.088	0.01384
天津东站	(正太) 44 (平汉)266 (北宁)121	0.528 3.020 1.490	0.01169	(正太) 58 (平汉)366 (北宁)121	0.752 3.020 1.480	0.01180	(正太)121 (平汉)266 (北宁)121	2.420 3.020 1.400	0.01346
塘沽	(正太) 44 (平汉)266 (北宁)165	0.528 3.020 1.800	0.01126	(正太) 58 (平汉)266 (北宁)165	0.752 3.020 1.790	0.01137	(正太)121 (平汉)266 (北宁)165	2.420 3.020 1.680	0.01290
汉口	(正太) 44 (平汉)931	0.528 6.126	0.00682	(正太) 58 (平汉)931	0.752 6.126	0.00695	(正太)121 (平汉)931	2.420 6.126	0.00812

（八）湘鄂线　该路因与水道平行，为竞争营业起见，有长途短途之分，凡运抵武昌之煤，概作长途论。兹将萍矿及石门口煤斤运价，比较如下：

起站 / 项别 / 讫站	安源（萍矿）			醴陵（石门口）		
	公里数	运费（元）	每吨每公里运费（元）	公里数	运费（元）	每吨每公里运费（元）
株州南站	90	2.5200	0.0280	45	1.2604	0.0280
长沙南站	137	2.7655	0.0202	92	1.6318	0.0177
新　　河	145	2.8501	0.0197	100	1.7165	0.0172
武昌鲇鱼	499	4.5954	0.0092	454	3.9474	0.0087

（九）轮船运费　水路运费不若铁路之有一定，多因装运时期及人事关系而有不同，往往相差竟至数倍之巨。兹据本会调查，将各商埠间水脚之概数列下：

航　　　线	每吨运费(元)
浦口至上海	1.00
青岛至上海	1.60——1.80
海州至上海	3.00
汉口至上海	1.80——3.00
塘沽至上海	2.20——2.40
秦皇岛至上海	1.50——1.80
秦皇岛至汉口	3.50
秦皇岛至大坂	1.65
青岛至日本各港	2.00——3.00

第三节　各煤至市场之成本

各矿煤斤运至市场，除前述之成本及运费外，尚有种种零星费用，兹据本会调查所得，将各矿煤觔至上海、天津、汉口三市之最低成本列下。

（甲）至上海成本

煤矿	至起运站成本	铁路运费（至水口）	水脚	杂费	合计	市价(元)(23年11月)
开滦	2.90	1.54	1.50	1.20	7.14	特号屑12.00
大同	2.69	5.35	2.30	2.02	12.36	混煤 15.25
井陉	3.25	5.35	2.30	1.58	12.48	统 11.25
正丰	2.89	5.56	2.30	2.24	12.99	——
鲁大	3.70	2.02	1.70	2.29	9.71	粉灰 9.15
悦昇	3.46	2.02	1.70	3.15	10.33	统 10.50
博东	5.77	2.02	1.70	3.10	12.59	——
中兴	3.81	2.20	1.00	2.09	9.10	统 13.70
华东	2.49	2.15	1.00	2.52	8.16	统 9.65
淮南	5.01	1.73	1.00	2.21	9.95	统 9.50
大通	4.40	1.73	1.00	2.27	9.40	统 9.60
长兴	8.16	——	1.40	0.80	10.36	统 9.60
柳江	4.19	——	1.80	2.80	8.79	头号 15.00
中英	2.50	3.77	2.30	1.86	10.43	15.75

续表

房山	3.84	2.96	2.30	1.61	10.71	—
中福	3.43	5.69	2.00	2.77	13.89	头号 18.75
烈山	6.34	2.17	1.00	2.86	12.37	—
富华	5.64	—	1.80	1.20	8.64	
富源	7.72	—	1.80	1.05	10.57	0.30
利华	6.00	—	1.80	1.30	9.10	
协记	6.29	—	2.50	1.00	9.79	—
保晋	2.51	7.12	2.30	2.97	14.90	块 1.700

（乙）至天津成本

煤矿	至起运站成本	铁路运费(至水口)	杂费	合计	市价(元)(24年一月份)
开滦	2.90	2.36	0.44	5.70	统7.50
大同	2.69	6.95	0.63	10.27	统10.50
井陉	3.25	5.04	0.14	8.43	统 8.40
正丰	2.89	5.25	0.80	8.94	—
临城	3.51	4.95	0.45	8.91	统 8.40

续表

怡立	4.90	5.39	0.52	10.81	—
六河沟	6.50	5.51	0.23	12.24	—
中英	2.50	3.39	0.47	6.36	末8.30
房山	3.84	2.58	0.10	6.52	末8.30
保晋	2.51	6.84	1.53	10.88	块11.80

（丙）至汉口成本

煤矿	至起运站成本	铁路运费（至水口）	水脚	杂费	合　计	市价（元）（24年一月份）
开滦	2.90	1.54	3.50	1.65	9.59	一号统12.50
大同	2.69	5.35	4.50	2.02	14.56	—
井陉	3.25	6.65	—	0.94	10.84	统12.20
正丰	2.89	6.88	—	0.81	10.58	统11.80
临城	3.51	6.00	—	0.68	10.19	统11.50
怡立	4.90	5.47	—	0.72	11.09	统10.50
六河沟	6.50	5.31	—	0.43	12.24	统12.00

续表

鲁大	3.70	2.02	4.00	2.29	12.01	——
悦昇	3.46	2.02	4.00	3.15	12.63	——
博东	5.77	2.02	4.00	3.10	14.89	——
中兴	3.81	2.20	2.00	2.09	1.010	——
石门口	4.95	3.95	——	0.84	9.74	统10.50
萍矿	6.00	4.60	——	0.51	11.11	洗统10.00
中福	3.43	5.69	——	0.65	9.77	一号17.50
富华	5.64	——	1.60	1.20	8.44	8.50
富源	7.72	——	1.60	1.05	10.37	9.00
利华	6.00	——	1.60	1.30	8.90	8.50

阅以上三表，得知（一）至上海成本，以开滦煤为最廉，每吨为7.14元，次为华东、柳江、富华、鲁大、中兴、淮南、大通、利华、协记诸煤，均在八元至十元之间，其余则在十元以上。（二）至天津成本，亦以开滦煤为最廉，每吨五元七角，中英、房山、井陉、临城诸煤次之，在七、八元之间，大同煤及阳泉白煤，则在十元以上。（三）至汉口者，大冶柴煤成本最轻，每吨在九元以内，开滦煤及中福煤次之，每吨约九元五、六角，其余诸煤，均在十元以上。

但上列数目，均系最低成本，此外如各矿之总公司费、经销佣金、运输亏耗及特项开支（如路局黑费等），尚不在内，如将此项费用计入，则上列成本恐至少须增加百分之二十，倘与三市最近之煤价（见前表）相对照，则知除开滦、中兴、大同、柳江、中福、中英数矿之外，其余诸煤之市价，殆无不低至成本以下，于此亦可概见我国煤业最近之不景气也。

第四节　近年煤价之变迁

煤价之涨落为经营煤业者所最为关心之事，而与国计民生亦有重大之关系，惟上海、天津、汉口三市，销费数量既巨，煤炭种类又极繁多，故详察此三市煤价之消长，足以测知全国煤业之大势。兹根据上海货价季刊、天津南开经济季刊及本会武汉煤业调查报告，将沪、津、汉三市近年煤价统计，列表如下。

项别 / 年份	每							吨
	上				海			
	烟		煤			白	煤	
	开滦一号屑	中兴统	悦昇统	抚顺一号屑	杵岛块	山西块	柳江头号块	海丰C
民国十四年	10.43				15.87	33.20		25.80
民国十五年	9.95				17.38	27.40		23.38
十六年	11.95			14.34	20.19	27.56	12.82	24.68
十七年	11.13		13.72	12.96	16.89	27.49	13.56	24.73
十八年	9.95	18.99	11.78		17.94	27.34	16.15	24.78
十九年	11.04	18.65	14.40	14.30	21.70	26.29	18.25	25.16
二十年	13.80	20.27	16.97	17.19	25.50	25.86	25.24	31.05
二十一年	12.49	17.21	14.75	14.15	20.47	23.95	21.71	29.40
二十二年	11.32	14.35	14.49	12.44	17.80	20.65	17.76	25.36
二十三年	9.87	13.70	11.87	12.92	16.05	17.12	14.83	23.00

市价									
天津			汉口						
烟煤	白煤		烟煤				白煤		
开滦一号屑	门头沟屑	阳泉大砟	开滦一号屑	六河沟统	萍乡统	抚顺统	中福	大冶	湖南柴煤
8.50	9.50	15.00							
9.00	11.00	17.00							
9.00	10.00	19.00							
9.58	13.14	28.32							
8.76	12.96	21.80	15.30		14.50	16.33		14.34	15.00
8.46	11.57	19.27	15.67		15.33	16.83		13.63	16.27
9.89	9.56	18.98	17.42	20.50	16.75	19.60	25.00	12.75	15.42
9.33	8.05	17.22	16.71	18.33	14.71		23.42	11.75	14.33
8.43	8.11	17.20	13.58	14.00	12.17		21.42	10.75	14.00
7.20	8.27	12.17	11.63	12.88	10.81		19.67	9.65	10.90

年份 \ 项别	物价							
	上海							
	烟煤					白煤		
	开滦一号屑	中兴统	悦昇统	抚顺一号屑	杵岛块	山西块	柳江头号块	海丰C
民国十四年	76				62	128		83
十五年	72				68	106		75
十六年	87			83	79	107	51	79
十七年	81		81	75	66	106	54	80
十八年	72	94	69		70	106	64	80
十九年	80	92	85	83	85	102	72	81
二十年	100	100	100	100	100	100	100	100
二十一年	91	85	87	82	80	93	86	95
二十二年	82	71	86	72	70	80	70	82
二十三年	71	68	70	75	63	66	59	74

指数												
	天津				汉口							
	烟煤	白煤			烟煤				白煤			
上海趸售物价	开滦一号屑	门头沟屑	阳泉大砟	华北批发物价	开滦一号屑	六河沟屑	萍乡统	抚顺统	中福	大冶柴煤	南湖柴煤	汉口批发物价
78.4	86	99	79	—								—
78.9	91	115	90	81.6								—
82.4	91	105	100	84.1								—
80.3	97	138	148	88.1								—
82.5	89	136	115	90.6	88		87	83		113	97	—
90.6	86	123	102	94.5	90		91	86		107	106	87.3
10.0	100	100	100	100	100	100	100	100	100	100	100	100
88.7	94	84	91	92.1	96	89	88		94	92	93	98.2
81.9	85	85	91	82.1	78	68	73		86	84	91	86.4
76.6	73	86	64	74.9	67	63	65		79	76	71	77.5

由上表及附图（第四至第六图[①]）可知三市煤价，自民国十四年至二十年，均呈上腾之趋势。烟煤于二十年达最高峰，嗣即开始下降，每年约低减百分之十，无烟煤之步调大致略同。惟上海十四年份之山西块煤价、天津十七年份之白煤价及武汉十八年份之大冶柴煤价，均较二十年份为高，殆因彼时内战频仍，运输阻梗，以致晋豫白煤来货稀少之故，此乃局部现象，与煤业大体无关。惟近年煤价既迭告跌落，全国煤业所蒙之打击至为深刻，试考其所以致此之由来，殆以下述三项，为其主要之原因。

（一）国内外经济凋敝之影响　查世界经济恐慌，系开始于一九二九年，在最初两年，我国因受银价大跌之影响，较诸他国，尚占在有利之地位，故彼时国外贸易，较能获利，而国内产业亦能保持常态。迨一九三一年九月起，英、日、美等国，相继放弃金本位后，中国货币因受其变化，逐渐增值，同时东北事变、水旱灾荒，接踵而至。上年复受美国白银政策之影响，于是农村之病态加深，都市之工商不振，国民购买力既经低减，煤斤销路当无独佳之理。故就国内经济大势而言，煤价下降，乃自然之趋势，而将近年煤价消长之趋势，与三市批发物价总指数（见前表）相比较，亦觉大致相符也。

（二）日煤倾销之影响　日本煤为输入我国最主要之外煤，其售价之高低，实足以左右各地之煤价。当东北事变以后，日本对华贸易突衰，该国工商事业颇受打击，于是存煤山积，无法推销，彼时适值日币贬值，于是日方乘此机会，在二十一年中，向我国大事倾销，不计成本，蓄意破坏。如元山块煤在上海码头交货，每吨原售银八.七五两，沪战之后，竟突减至四两，于是国煤大受打击，二十一年份市价平均竟跌去二、三元之巨，现虽事属过去，但国煤所受之痛创，至今尚未能恢复也。

---

① 图略。

（三）国煤内部倾轧之影响　更就第五表，将三市煤价与批发物价之指数，一加比较，则知最近两年煤价跌落之程度，实甚于物价，盖因国内需要既渐见减退，于是各矿为谋本身之出路计，不惜群相跌价，以资竞争。如中兴煤近年在上海贬价之程度，实胜于开滦煤，故其销数已自九万余吨（二十一年份）突增至三十七万余吨（二十三年份），而开滦煤之销数，则反见减少，同样事实亦得于汉口方面之六河沟见之。此虽在自由经济下应有之现象，但同业长此自相倾轧，终非我国煤业界之福也。

〔国民政府资源委员会档案〕

12. 实业外交等部办理减轻越煤进口税问题的有关文件

(1935年5—8月)

(1) 行政院秘书处致实业部函（5月15日）

奉院长谕：据汉口市煤业同业公会等呈，为安南煤进口税率，有减低消息，谨陈不能减轻理由，请维持原订税率，以保国煤。又据山西平定煤商业同业公会及山西平定全县煤矿事务公所等电同前情各一案，应并交实业部酌复。等因。相应抄同原件，函达查照。此致

实业部

计抄送原呈一件原代电二件

行政院秘书长褚民谊(印)

中华民国二十四年五月十五日

抄代电

南京行政院汪院长钧鉴：顷据报载政府与法国修改安南商约，有拟将进口煤税每吨关金二元九角减为九角之说，果尔，则此逅安南煤进口势必骤增，国内白煤销路势必被安南煤排挤，直接断

绝数万矿工之生活问题，减少路政之收入。况我国为关税自主国家，对于煤税收入不应减轻。为此恳请钧院维持旧税，保护国煤，不胜待命之至。山西平定全县煤矿事务公所主任王大成。江。叩。

抄原呈

窃查中法越约中，关于煤之入口税问题，前经属会等电恳政府拒绝减税，并乞酌量增加，以保国矿。嗣奉外交部批令，解释法方并无减税之提议，属会等方幸关税保持原态，国矿差可支撑。不料近日报章又有安南煤进口税率减至九毫关金之消息，属会等以命脉所关，群情惶惑，于上月宥日电呈钧院，恳予坚决主持，保留原订税率，惟以事体重大，寸楮难穷。谨再将切要利害关系，为钧座披沥陈之。

一、照国内煤业市场需要与供给之情势，不宜减轻外煤进口税率，以摧残国内矿业也。方今我国关税收回自主，对于进口税率之增减，自应观察国内市场需要与供给之情势，以为伸缩。查我国白煤如湘、鄂、晋、豫、皖等省产量，为数甚巨，市场充斥，已有供过于求之势。值此煤价疲滞、矿业不振之时，政府为防止外煤之侵略，保护国矿之生存计，对于外煤进口，只能酌量增税，何能减税？

一、金价跌落，外煤成本已轻，不宜再减关税，以陷国煤于绝境也。查红崎煤原税率关金二元九角，照以前关金换算率一元九角至二元计算，约合华币五元八角，现在关金已跌至一元六角，只合国币四元六角四分，即不减税，无形中，已减去一元一角六分，倘果减为关金九毫，仅合国币一元四角四分，按以前比较，实减去国币四元三角六分，况该煤运华成本，照从前金价约合国币五元五角。现时金价跌落，其成本自亦随之而低降，如以关税九毫计算，再加运费二元数角，其来华总成本，不过国币八元左右。回顾国煤方面，无论如何改进技术，减轻成本，但运至沿江各省埠，仍须拾元上下，成本轻重之间，已有差异，且以该煤品质之优，较我煤品高二三元，成本愈轻，更可尽量倾销，似此情形，国煤何能立足？

一、照现时国煤产销情形，不宜减轻外煤税率，致丧失国煤整个之销场也。依据现在国煤之产销情形而论，如中福方面，每年产量达一百万吨，因恃有关税之保障，始惭能将块煤推销下游，而末煤仍无法推销。至于大冶三矿，投资近六百万元，每年所产白煤屑，达五十万吨以上，除鄂销十余万吨外，其余均以苏、浙、闽、粤为唯一销场，现因金价跌落，外煤成本扯轻，已有不能支持之势，设再受外煤减税之压迫，则华南市场，中福与大冶三矿之煤，势将完全绝迹，微特属会各矿等之大宗资本牺牲，数万工人失业，而国内其他煤矿如湘、皖、晋等省，所产巨量白煤，而将受同等影响，究其终极，不至国内煤矿整个破产不止！

一、世界关税壁垒森严，不宜自抉藩篱，致启多方之觊觎。现值关税自主权收回未久，政府正宜沉着审慎，以杜外人窥伺之心。倘此次曲徇法方减税之请求，先例一开，势必有接踵而至者。白煤之摧残，固无论已，独不虑烟煤亦将受其波及乎？

综上所述，均属事实扼要之点，亦即矿业存亡之机，伏念我政府奋发图强，对于国内矿业，方提倡扶植之不暇，何忍将已着成效者，拱手以供他人之蚕蚀。且外煤倾销，现金外溢，于国家整个经济问题，关系尤重。属会等情急势迫，痛切剥肤，只得合词吁恳钧院统筹全局，轸恤商艰，拒绝法方无理之请求，达到维持原税之目的，为矿业留一线生机，为国家养一分之气，俾属会等得以仰沐鸿庥，免遭破碎沉沦之惨痛，民生国计，实利赖之。不胜激切，待命之至！谨呈

行政院院长汪

汉口市煤业公会　河南中福煤矿公司

大冶富源煤矿公司　大冶富华煤矿公司
大冶利华煤矿公司

(2) 外交部致实业部咨（7月31日）

外交部咨　欧字第七二六九号

案奉行政院第三八二四号训令内开：中法规定越南及中国边省关系专约及关于甲乙两附表之议定书，业经立法院议决可以批准。但同时向中央建议二事：(一)令行主管机关对于国产白煤之销路，速筹有效救济办法，俾不致因越南白煤之减税而受影响；(二)于交涉修改滇越铁路章程及路警章程时，应注意五要点，除令饬实业部对于国产白煤之销路，会同铁道部速筹有效救济办法，虽院核夺外，仰该部于交涉修改滇越铁路章程及路警章程时，应注意立法院建议各点。等因，奉此，查关于救济国产白煤问题，前经本部分咨财政、铁道、交通三部，请其将关于国产无烟白煤之一切税捐（如矿产税）及国产无烟白煤运费，在可能范围内酌量核减，并于本年五月十日，咨请贵部妥筹维护国煤之其他有效办法各在案。现中法越南专约，已由中法两国政府于本月二十二日正式公布实行，是救济国产白煤问题，亟应设法解决。除呈复外，相应再行咨请贵部查核办理，并希见复，以资接洽为荷！此咨

实业部

兼署外交部长汪兆铭

中华民国二十四年七月三十一日

(3) 财政部致实业部咨（8月17日）

财政部咨　关字第18256号

案准外交部来咨：以据大冶富源煤矿公司等请免国产无烟白煤出口税，是否可行？咨请核办见复。等因。准此。查国煤运销外洋，照现行出口税则规定，每公吨计征国币五角二分，该项税

率对于无烟白煤、烟煤，本属一律适用。惟向来我国出口之煤，均系烟煤，并无无烟白煤出口。此次大冶富源煤矿公司等请豁免无烟白煤出口税，既系以越南无烟白煤照越约在减税之列，欲藉豁免出口税之优惠，使国产无烟白煤在外洋谋取销路，以资救济，是具有特殊情形。本部为便利矿业，对于此项救济计划之实现起见，原请免征无烟白煤出口税一节，应特予照准。兹由本部规定，凡报运出洋之白煤，其燃率在五成以上者，自本年八月十六日起，全国海关概应准予免税出口，俾利外销。除呈报行政院备案，并饬总税务司遵照办理，暨咨复外交部外，相应咨请贵部查照为荷！此咨

实业部

财政部长孔祥熙

〔国民政府实业部档案〕

13．实业部关于救济国煤事项办理经过的报告

（1935年10月）

（一）自九一八国难发生后本部与关系部筹商救济国煤情形办理经过

吾国煤矿业因金融枯竭，运输不便，发展已极困难，益以外煤贬价倾销，复受市面不景气之影响，国内煤业几至无以立足。在民国十九年度，外煤输入已达二百四十六万七千余吨，而日煤输入，连抚顺煤在内，占一百三十一万八千余吨，长江一带年销日煤约二百万吨以上，即每日约销日煤六千吨，漏卮之大，诚可惊异。九一八国难发生以后，本部深虞国煤生产薄弱，无以应时局之需要，于是有救济长江流域煤荒煤业会议。复以各路局车辆缺乏，无以便利煤运，于是更有修车运煤会议，订立修理机车车辆办法，复于二十二年十一月十日召集国内重要煤商矿业专家、金融界领袖及有关系各部，开救济国煤会议。去年上半年度又派本

部专门委员及国煤救济委员会委员前赴平汉、平绥、正太、道清、陇海各路，调查沿路线煤矿，所有关于各矿内部组织工程、设备、运输概况及营业各情形，以期制定方案根本解决。惟兹事与各部主管范围均具有密切关系，如各煤商呈请发行煤业公债，以资救济一案，迭经本部与财政部磋商，尚无成议。又如各煤商，因运费过昂，不足以减轻成本，一再呼吁呈求核减一案，亦迭经本部与铁道部妥商，尚无具体办法，此案仍在继续接洽中。

（二）自越约公布后本部与关系部筹商救济国产无烟白煤情形办理经过

煤在该约有效期间，应依照二十一年税则缴纳进口税，是越产无烟煤之输入，又处于优越地位。叠据各煤商呈请，以该约一经实行，越煤进口税向纳关金二。八九者，现只纳关金〇.八九，减轻之数为关金二元，约合国币三元有余，不啻予国煤以重大之打击。查安南无烟煤输入我国者，有鸿基（一作红崎）、海丰两种，就民国二十三年度之数量统计，由上海输入者约为一三八，〇〇〇公吨，由广州输入者，约为一三二，〇〇〇公吨。最近三年（由民国二十一年至二十三年）每年输入总数量恒在四十八万公吨左右，惟在二十三年度骤减为二十六、七万公吨左右。推原其故，实由关税增加所致，而国内无烟煤产量又年有增加，亦一重大原因。我国年需无烟煤平均数量约一百五十万吨，而河南中福，山西保晋、建昌，河北门头沟、房山各矿产量，实逾此数，几可自给。惟越产无烟煤既得轻税之保障，即不难向我国尽量倾销，国煤自不免大受影响。此案叠奉行政院秘书处据各煤商请求救济，并准外交部来咨，请将关于国产无烟白煤之一切税捐，如矿产税及运费在可能范围内酌量核减，并妥筹维护国煤之其他有效办法，业经本部分咨财政、铁道两部，亦正在接洽中。

进行计划　此案关于国产无烟白煤之一切税捐，如矿产税及运费，应如何核减及另筹其他有效办法，以资救济。本部准财政部来咨，以自本年八月十六日起，全国无烟白煤出口准予免税出口，惟国煤运销外洋向系烟煤，依照现行出口税则规定，每公吨计征国币五角二分，此项无烟白煤向无输出，虽准免税出口，在煤商方面自属无甚裨益，现复据各矿商呈请，明令豁免矿产税前来，是项产税向由财政部估定售价，征收税率百分之五，依照矿业法按照矿产物价格纳百分之二至百分之十之规定，本有伸缩余地，现定税率不免过高，为抵制外煤并提倡国煤向外发展起见，无论白煤烟煤，如将是项产税一律免除，另于每年营业所得赢余项下酌定征收最低税率。在此国煤极度不景气之秋，亦属政府断然应取之办法，欧美日本各国每遇煤业失败之际，或拨款救济，或蠲免一切税费，或特许奖励，本属惯见之事，尽有先例可援。至各矿商请核减运费，我国铁路本为国营事业，自不能专就路局一方营业之盈虚为言，且各路运费亦殊不一致，附呈运费表一纸，以明概况，至各国煤运取费虽各有不同，要皆以保护奖进为宗旨，另附英文说明，以资比对。此案前据中华民国矿业联合会迭次呈求，并公推中兴、开滦、保晋、大通、六河沟五矿代表钱新之、顾湛然、白云轩、朱用龢、王儒堂等来部接洽，迄无解决办法，似应再与财政、铁道两部切实会同继续进行。

（三）本部与乔治麦克班公司订立矿业借款合同情形办理经过

本部前次依据救济国煤会议提案向财政部迭次磋商，发行煤业公债二千万元，只以担保品未能切实指定，且于其他公债不无影响，未能实现，而各煤业公司以营业衰落，吁请设法救济，纷至沓来，又属刻不容缓之图。经与英商乔治麦克班公司往返磋商，经数月之久，始告就绪，业由本部与该公司双方拟订矿业借款合同，于本年八月一日正式签字，并经呈准行政院转奉中央政治会议议决通过有案。此项借款本部居于介绍保证地位，由公司直接分贷与国内各矿，其总额为中国银币一千万元，年息八厘，以本部每年所得六十万元之矿区税收入为担保，合同有效期为三十年。在此国煤不振之时，外煤输入，最近三年由民国二十一年至二十三年，每年仍有一百余万吨之数，价值恒在国币一千万元以上。为力图发展国煤起见，此项借款得以调剂金融、补救垂危之煤业，如运用得宜，各矿产量三数年后，必可缴增，成本亦可减轻，既足以抵制外煤之侵入，且可徐图向国外推销，于矿业前途殊关重要。现已由本部呈奉行政院核准设立矿业金融调剂委员会，聘任委员及技术专门人员专司其事。计前后各矿遵章呈请拨款救济者约有二十处，其请求数额几达二千万元之数，而国内重要各煤矿，如齐堂煤矿为华北最广大之煤田，煤质优良，所产烟煤宜于炼焦，适合钢铁厂之用，即其附产无烟煤亦较山西阳泉煤质为佳，该矿停办已久，亟应先行拨款救济。至各矿呈请借款案，均经先后交会审查，俟该会派员调查审定报部后，再行核办。

进行计划　此案合同业经双方签订，并由本部呈准组织矿业金融调剂委员会，报部有案，自当依照原案规定各项赓续进行。

二十四年十月

〔国民政府实业部档案〕

14. 实业部拟煤业联合销售办法草案

（1936年6月）

实业部煤业联合销售办法草案

查我国煤矿储量尚称丰富，开发已有年，所投资数目亦巨，其营业之盛衰，本部极为关怀，前曾通令各大矿业公司将业务上困难各点详细陈述，以便设法扶助。兹据各煤矿厂先后呈报困难情形，其症结所在，皆不外运输、捐税与竞销三种问题，关于运输一项，业经咨准铁道部改定平汉沿线各矿煤焦运输特价于本年三月十五日实行，较之前定运价已属减轻，其他各路运费之酌减，当不难陆续商洽。关于矿产税一项亦经咨请财政部审核在案，本部详细研究各煤矿营业所感之困难，其属于运费税捐者不过枝叶问题，而售于销售倾轧者，乃为根本要点。例如粤省江北所产之白煤，推销及于京沪，而湖北白煤又复南销汕头，河北烟煤纡道销于汉口，而平绥烟煤又复远道销于沪市，各矿不相为谋，其所支之运费与推销费自属不甚经济，故宜自行团结商定销售区域，不相侵犯，再以余额尽量推销于港粤，并注意输出于国外。查外国烟煤进口税率为一.八金单位，有此保护各矿自可专心内销，不虞外煤之竞争，如内销再加以合作，则营业自能稳定，兹由本部召集国内主要煤矿公司各派负责代表，于六月一日到京开一煤业会议，督促各公司自行团结，组成联合售销机关，而由本部指派监督为之指导，依据国内主要销煤市场划分区域，着手之初可择一区或数区先行试办，迨办有成效再行推及各区。该机关之主旨一在解除国内销路之竞争，一在增加国外输出之力量。本部对于煤矿联合运销拟有办法五条，兹特开列于后，希各矿先行研究，而为开会时讨论之基础。

一、就产煤地点运输情形分划销售区域。

我国重要煤矿多在黄河以北，而主要销煤区域则在长江下游及沿海各省，华北之煤运销于华中华南，恒以用费过大，不能与外煤及华中华南各煤矿相抗衡，于是形成产煤富裕之区，无相当之销路，而销煤最多之区无可恃之供给或供给数量不能就缓急情形，而得合理之分配，为求国内煤业合理化计，应以京、沪、青岛、津沽、武汉、闽厦、汕粤等要埠为中心，从最近或最便利之煤矿，运煤供给之，质地特佳之煤，则应鼓励其运销于闽粤及海外各市场，以期腾出内地市场，由腹地各矿供给之，分配如能均匀，则各矿即能就固定市场于运输淡月内尽量运煤，专心营业，不致互相倾轧，两败俱伤，平时即有固定之销路，一旦有事，自无煤荒之虞。

二、按每一区域内各煤已占有之市场，分配各矿之销量。

上述销售区域既经划定，煤业联合机关即须根据津、沪、京、汉、闽、粤等沿江沿海各市场前年实用之煤量为本年预算销量之标准，分配各矿在各该市场之销售量，其分配办法亦以各该矿煤在该市场每年售出之数量为标准，并酌留销煤额百分之五，以供尚未加入联合团体小矿及有特殊情形之大矿销煤余量，以资调剂。至运量之限定，则以运到天津、塘沽、秦皇岛、青岛、保定、南关、汉口、海州、浦口、大港码头、武昌各栈之数为标准，随时由联合售销机关与各路局商妥运输数量，以兼顾各铁路运输效率为目的，依此办法，即可预防同业之竞争，并可长期稳定各市煤价。

三、分别煤类等级，规定公平市价。

查津、沪、汉三大都市经售各煤，若就其成本与现在售价一加比较，则知除一、二煤矿因资本较厚，交通较便，每吨可获少许利润外，多数几无利可图，再加经销营业等费，益觉难于支持，故维护之道，应由联合机关，就各煤之发热量及其化验成分，推算各煤价格之比率，更依烟煤、无烟煤块末之区别及当地物价之涨落，每季制成各煤之标准价目表，呈由本部核定后，售价即依此为标准，不得自由变更。

四、联合销售力量，防遏外煤倾销。

凡在国内之煤矿，不问国资或中外合资所经营，均应平等待遇，联合销售之后竞争之对象，应以外煤为限，如遇外煤向国内倾销时，即可团结抵御而无恐矣。

五、节省竞争费用，补助国煤出口。

年来各地煤业，因竞售而跌价已成事实，无可讳言，假如煤价因此跌减一元，则各矿在津、沪、汉三大市场之损失，年达五百万元，皆为竞争之牺牲。又各矿为争拨车辆所支之费用暨为争夺销畅，给与经销人之佣金及看磅烧火等费多者每吨竟及一元，少者亦有数角，各煤矿联合售销之后，省去竞争费用，对于出口煤价尽可削减，外销数量既增，则产煤过剩之事，即无足虑矣。

〔国民政府实业部档案〕

15. 实业部矿业司司长程义法关于我国铁矿业状况的签呈

（1936年10月26日）

谨查我国铁矿产地，分布极不均匀，总计储量虽有十二万万吨，内中三分之二，均在东北四省，其在扬子江流域者，不过一万万吨。为将来钢铁业计，对于沿江各省之铁矿，自应分别优劣，以保留为宗旨。惟查长江下游各铁矿，因交通便利，采运较易，自前清为汉阳铁厂开采大冶铁矿起，以至民国十五年止，经人民设权领照者，共有三十七起，(详第二表）内中实行开采者，为汉冶萍、裕繁、宝兴、福利民、益华五公司之铁矿及湖北省办之象鼻山铁矿，历年以来，除少数铁砂供给汉阳、六河沟及大冶炼炉外，其多数均系输出，售之日本。此外，如江西九江之城门山，安徽当涂之钟山孤山等处，虽经人民领照，既无长期之开采，亦未批准售砂，此矿业法颁布以前之情形也。迨该法于民国十九年颁布以后，因有第九条之规定，“铁矿应归国营，由国家自行开采，如无自行探采之必要时，得出租探采，但承租人以中华民国人为限。”在农矿部主管矿业时期，于长江下游一带，划定国营铁矿区八处外，并曾以二区出租于人。自本部成立以来，对于铁矿，凡属长江下游交通便利地方质量较佳者，次第增设国营矿区五处，专为预备国营钢铁厂日后之用，(详第一表）去年奉行政院令，规定苏、皖、赣、鄂、湘五省境内铁矿，不再准许人民承租。又因叠接军事机关咨称：前向农矿部承租铁矿之商人，多属资本薄弱；具有勾结外商行为。本部为妥慎计，已将租约次第取销。本年四月，本部奉院令拟定取缔铁砂出口办法，先从考核入手，对于北京农商部及农矿部批准各公司之售砂合同，在装运出口时，须先取得本部出口许可证，方得报关装船，数月以来，稽考虽已便利，统制尚未着手。今后整顿之道，应将历来办法，予以变更，分陈如下：

一、限制数量。自北京农商部以至农矿部，二十年来对于铁砂出口之核准，向以矿商呈报售砂合同为根据，吨数既巨，年期漫无限制，例如裕繁售砂合同于民国五年批准，其期限为四十年，每日以一千吨为度。福利民售砂合同，数量为九十万吨，于民国七年批准，嗣经农矿部核准展期，延长将二十年。宝兴售砂合同，数量为一百万吨，于民国十八年批准，年限亦极宽长，（详第三表）在矿商当时之心理，因批准之不易，故意多报吨数，以免续请之为难，在政府则一经批准之后，再无限制之方。至汉冶萍公司出口数量，往昔办法，每年祗经财政部核准，饬知海关放行。又如湖北省办之象鼻山官矿，其售砂合同，亦向不报部，此为各铁矿输出情形也。各矿唯一目的，在于营利，其每年输出额，苟无军事、工潮或抵制影响者，数量每随日本之需要而加增。（其数字详附表）至于日本所需铁砂之来源，依据民国二十三年之调查，购之于吾国者，约占百分之五十，其他供给地为南洋、柔佛、澳洲、朝鲜各处。以今日国际形势论，禁止铁砂之输出，事实上或有所不能。而各该铁矿或因债务牵制，或因投资关系，勒令停工亦属为难，设厂自炼尤非易办。顾全事实，惟有对于每年输出额，定一标准，分配于向来输出之各矿。查去年输出额为一百三十二万余吨，依据最近数月之报单推测，今年之出口额，必不少于去年之数，再不加以限制，则输出额将渐次增加，日后本国钢铁企业发展之时，将有缺乏优良铁砂之虑！此后政策，应以逐渐减少输出为目标，着手之始，可否暂以一百二十万吨为此后每年输出额之最高限度。于每年批准各矿出口额时，尽力核减其数量，以期逐渐将每年出口总数减至一百万吨，以顾全国内之需要。

二、分配吨数。各矿产额以后既须减少，如何分配，似应顾全下列事实。

1. 汉冶萍及裕繁公司积欠外债甚巨，在能清理之前，其准许额，拟比去年输出实数略为减少。

2. 其他如象鼻山官矿及福利民、宝兴、益华三公司之准许额，应以维持各该矿之最低限度为标准，令由各该矿缮具说帖，呈由本部核夺。

3. 此外如有余额，可以酌量分给于早经设权之其他各矿，如振冶等公司，亦以最低限度为标准。

三、国营矿区。自农矿部以至现在，国营铁矿区依法划定，共有十五处，内有十三处均在沿江各省，已详前表，依据质量之优劣，分为甲乙两等，内中甲等矿区：如苏之凤凰山，皖之铜官山，鄂之灵乡各山西山雷山，从未出租于人，此后自应继续保留，以备日后钢铁企业之用。至于乙等矿区内：如皖省繁昌墓齐山等处，曾由农矿部出租，嗣于十九年撤销者，此等铁矿，其质量虽不丰富，但如准许出租，每处年产量亦可达十万吨。值此已开铁矿之产量，业已超过需要，对于沿江流域之国营铁矿区，不问优劣，似应规定一律暂不出租，以免人民枉投资本，而无销额之困难。

四、处理方针。输出铁矿，向取放任主义，买方又大抵为东邻一国，各铁矿公司或则欠债累累，欲罢不能，或因投资已巨，减缩为难，限制过严，易起外交纠纷，着手之始，宜顾全事实，以期行之无阻，一年之后，再依国际贸易情形，而定额数之增减。关于铁砂输出事项，自为本部主管，惟因军事机关，常有其他意见，可否呈报行政院备案？抑应呈请召集有关部会，详加讨论，再决方针之处？理合签请批示祗遵。谨呈

部长、次长

附表四纸

职程义法谨呈(印)

二十五年十月二十六日

长江下游国营铁矿矿区

等级	省别	县别	所在地名	面积(公亩)	设权年月	储量(吨)
甲	江苏	铜山	利国驿王家营	2,423.80	十九年十一月(农矿部)	丁格兰估计 3,000,000
甲	江苏	江宁	凤凰山	22,381.00	二十一年九月(实业部)	朱庭祜估计 2,400,000
乙	浙江	余杭	东北乡闲林埠圣塘岭	329.00	二十五年九月(实业部)	中央地质研究所调查无开采价值
甲	安徽	铜陵	铜官山小铜官山大鹅山宝山	21,918.57	二十四年四月(实业部)	谢家荣等估计 4,891,000
乙	安徽	铜陵	叶山冲	31,791.92	十九年十一月(农矿部)	丁格兰调查量不多或堪一采
乙	安徽	繁昌	孤山东三里墓齐山	2,114.76	十九年十一月(农矿部)	谢家荣等调查无开采价值
乙	安徽	繁昌	东乡一区孤山一带	3,514.13	十九年十一月(农矿部)	谢家荣等估计 360,000
乙	安徽	繁昌	东乡孤山南三里大小铜山	10,229.76	十九年十一月(农矿部)	谢家荣等估计 288,000
乙	安徽	繁昌	东乡孤山南七里甄山	1,666.25	十九年十一月(农矿部)	谢家荣等调查无开采价值

一览表　　（第一表）

矿质成分		设备
Fe 55% P 0.06%	SiO_2 5.64－18.66% s 0.10－0.63%	无
Fe 49% P 0.29%	SiO_2 18.84% s 0.05%	无
不详		无
Fe 67.34－54.34% P 0.15－微量	SiO_2 11.30－1.21% s 0.142－0.02%	前英公司已筑一大道至五里亭
Fe 54.93% P 0.037%	SiO_2 8.52% s 微量	无
不详		无
Fe 60.28% P 0.051%	SiO_2 7.2% s 0.054%	无
不详		无
不详		无

续表

乙	安徽	繁昌	西二区三四都横岭冲砦帽岭善峰山等处	6,420.48	十九年十一月（农矿部）	谢家荣等调查量小不值开采
甲	湖北	鄂城	灵　乡	24,521.20	二十五年六月（实业部）	丁格兰估计6,342,100
乙	湖北	阳新	五湖镇尖节乡龙口源鸡笼山寇山堡等处	10,140.00	十九年十一月（农矿部）	不　详
甲	湖北	鄂城	西山雷山	9,699.47	二十五年十月（实业部）	丁格兰估计10,200,000

注　甲为质量较富交通较便之矿区　乙为次等矿区

质　　劣	无
Fe 63.75－56.67%　SiO_2 16.12－5.79% P 0.070－0.16%　S 0.006%－微量	无
不　　详	
Fe 60.0－51.4%　SiO_2 24.71－14.05% P 0.29－0.14%　S 0.036%－微量	

省别	县别	所在地名	矿业权者	面积（公亩）	发照年月
安徽	繁昌	桃冲长龙山	裕繁公司 霍守华	8,993.59	五年四月
安徽	繁昌	西北乡赵冲朱山涝山	昌华公司	5,017.07	十九年十二月 （即换照期）
安徽	当涂	东乡扇面山	利民公司 徐国安	2,322.43	五年二月 十九年十二月换照
安徽	当涂	东乡妹子山	利民公司 徐国安	983.04	五年二月 十九年十二月换照
安徽	当涂	东乡小凹山	利民公司 徐国安	1,615.87	五年二月 十九年十二月换照
安徽	当涂	归善乡高村栲栲山	利民公司 徐国安	3,563.52	五年二月 十九年十二月换照
安徽	当涂	北乡南山	利民公司 徐国安	2,912.25	五年五月 十九年十二月换照
安徽	当涂	北乡二三区交界戴山	利民公司 徐国安	737.28	五年二月 十九年十二月换照
安徽	当涂	四区常稔圩小孤山	福民公司 徐国安	565.24	五年五月 十九年十二月换照

矿区一览表　（第二表）

储量（吨）	矿质成分	设备
3,877,400	Fe51.89－57.79%　$sio_2$17.09－18.34% P 0.018－0.036%　s 0.014－微量	自荻港至桃冲筑有使用机车之铁路八公里由桃冲至矿地均敷有小铁路
400,000	略同	
谢家荣等推测现无开采价值	Fe64.0%	
丁格兰调查分布殊狭	Fe63.27% P0.181%	
728,000	与大凹山略同	
甚微	质劣	投资宝兴益华所筑之铁路十八年自筑黄天坳至南山支路
2,520,000	Fe62.40－59.75%　sio_2 5.58－3.76% P 0.15－0.3%　s 0.12－0.89%	
无开采价值	Fe30.5%	
2,160,000	Fe52.20%　$sio_2$22.57% P0.23%　s 0.04%	

续表

安徽	当涂	二区东山	宝兴公司 章兆奎	1,523.71	五年四月 十九年十二月换照
安徽	当涂	二区凹山黄铅山	宝兴公司 章兆奎	3,520.51	五年四月 十九年十二月换照
安徽	当涂	二区平砚冈	宝兴公司 章兆奎	1,665.00	五年四月 十九年十二月换照
安徽	当涂	二区碾屋山	益华公司 倪幼丹	264.19	十年三月
安徽	当涂	东北乡伺塘屯之龙虎山小安山	益华公司 倪幼丹	5,280.77	十二年十一月
安徽	当涂	北乡二三区巧山栲栲山	倪炳文	3,704.83	七年十月
安徽	当涂	北乡二区大马山小马山黄梅山	倪炳文	2,930.69	七年十月
安徽	当涂	北乡三区蝦蟆山	王欽庵	3,248.95	七年十月
安徽	当涂	北乡二区代山老虎山	宁资恳	1,757.18	七年十月
安徽	当涂	北乡罗蒉山	刘兆麟	3,594.24	八年二月

700,000	Fe62.20－54.49%　$sio_2$9.55－7.07% P 0.740－0.012%　s 0.25－0.005%	与益华公司筑有自马鞍山至潘家屯铁路又自筑有黄天坳至大凹山及查封至东山各支路又自平砚冈至茅家桥筑轻便铁路约四里
2,684,000	Fe64.09－55.04%　$sio_2$11.51－6.33% P0.68－0.45%　s 0.29－0.04%	
采尽		
该公司详细探勘结果不佳得矿石一万四千余吨		
平地上采尽平地下十五公尺 2,298,000	Fe57.33－54.62%　$sio_2$6.70－4.40% P0.238－0.094%	
		无
		无
		无
无开采价值	Fe30.5%	无
50,000	Fe57.28%　$sio_2$10.96% P0.42%　s0.07%	与马鞍山相接筑有轻便铁路

续表

安徽	当涂	南乡钓鱼山钟山和睦山姑山观音庵前后	振治公司方聘商	5,068.62	五年十二月
安徽	怀宁	大丰乡黄土山等处	张伯衍	3,693.77	七年十一月
浙江	长兴	至德区四十庄北大坞土王洞	周庆云	5,732.23	八年一月
浙江	长兴	陈桥村地方白乌区一百十二庄白龙洞山	周庆云	441.75	八年六月
浙江	长兴	至德区李家港蜜蜂洞又名铁弓山	陆伯鸿	1,432.17	九年三月
江苏	丹徒	西乡十三都七丈坑山	金鑫公司张维庸	6,572.85	八年六月
江西	永新	西乡四十都钱象山大屋里逃凹顶彭家形固家山溪武冲	刘荃荪	9,652.22	七年八月
江西	永新	西乡四十都乌石山跳第叶坡观音形蛇形龙家山	屠冠	12,779.52	七年八月
江西	安福	北乡连岭村烟坑岭螺形山	傅孟平	6,558.11	十年四月
江西	九江	仙居乡城门山	仙居公司王揖唐	4,982.97	八年三月

1,625,000	Fe61.17－46.79%　sio$_2$30.32－7.59% P0.322－0.05%　s 0.070－0.123%	
量 微		
量 微		无
量 微		无
量 微		无
量 微		无
1,200,000	Fc50%以上	无
1,800,000	Fe50%以上	无
200,000		
9,239,000	Fe63.03－29.05%　sio$_2$25.98－47.83% P0.18－0.349%　s 0.98－0.001%	

续表

江西	瑞昌	北乡铜岭山	扬子机器公司金还	1,403.96	七年十月
湖北	宜都	南乡文萃写经寺东北广坡燕儿窝	湖北官矿公署	22,941.70	九年一月
湖北	宜都	南乡文萃写经寺西南张家脑李家山等处	湖北官矿公署	11,999.85	九年一月
湖北	大冶	北乡铁山堡象鼻山龟山东方堡老鼠尾鲟鱼地鲃	湖北官矿公署	1,456.13	七年四月
湖北	大冶	东方堡尖山	湖北官矿公署	417.79	七年四月
湖北	大冶	申明堡峰烈山	湖北官矿公署	1,535.51	八年五月
湖北	大冶	申明堡大岩山	湖北官矿公署	709.32	八年五月
湖北	大冶		汉冶萍公司		

580,000	Fe56.13－50.50%　sio$_2$9.75－8.24% P 0.205－0.104%　s 0.070－0.040%	无
3,467,214	Fe62.29－55.78%	
4,262,232	Fe58.95－56.70%	
四区共计 2,835,000		自矿地至江边之石灰窑筑有铁路二十六公里
		有象鼻山运矿铁道经其旁
19,262,000		

皖鄂两省铁矿产销情形

省　别	公司名称	领采区地名	总面积(公亩)	总储量(吨)
安　徽	福利民公司	小　姑　山		
安　徽	福利民公司	南　　山		
安　徽	福利民公司	扇　面　山		
安　徽	福利民公司	妹　子　山	12,699.63	4,264,000
安　徽	福利民公司	小　凹　山		
安　徽	福利民公司	桍　桍　山		
安　徽	福利民公司	载　　山		
安　徽	昌华公司	朱山涝山	5,017.07	400,000
安　徽	宝兴公司	东　　山		
安　徽	宝兴公司	凹山黄铅山	6,709.22	3,384,000*
安　徽	宝兴公司	平　砚　冈		
安　徽	裕繁公司	桃冲长龙山	8,993.59	3,877,400*

一览表　　（第三表）

以前核准售砂数量(吨)	已运售数量(吨)	备　考
900,000	672,865 (十九年十月至二十五年八月止)	运售数量其中18,911.80吨系借用益华公司所产矿石运出
每年以30,000为限	153,245.40 (十七年至二十四年)	该区将采尽所产矿石售与裕繁公司
1,000,000	489,340 (十八年至二十五年八月止)	
每日不得过1,000吨民五年一月起四十年为限	260,340 (二十四年至二十五年八月止)	据合同之年限以采尽为止

续表

安徽	益华公司	碾物山	5,544.96	2,298,000
安徽	益华公司	龙虎山小安山		
湖北	省公矿	象鼻山	39,060.30	2,835,000
湖北	省公矿	峰烈山		
湖北	省公矿	大岩山		
湖北	省公矿	尖山		
湖北	省公矿	广坡燕窝山		
湖北	省公矿	李家山张家山罗家脑		
湖北	汉冶萍公司	大冶		

注 附有·者为最近谢家荣等之更正估计储量

(1) 50,000 (2)250,000	(1)49,075 (至二十五年九月止) (2) 6,394 (至二十五年七月止)	
只有历次售给铁砂借款之合同向由财政部核准本年售砂额600,000 吨 曾于二十四年十一月又呈由财政部核准	591,292.61 (二十四年至二十五年八月止) 362,759.52公吨	二十四年以前交砂5,669,956.56吨生铁809,479.69吨

铁矿砂输出吨数表

年　别	输出数量公吨	备　考
民国十七年	九一三，一〇二	
十八年	九六七，一五四	
十九年	八三八，三八八	
二十年	五八六，六九〇	九一八辽宁事变后地方工人一部自动停工以后产额减少。
二十一年	五五二，八一二	一二八上海事变后外轮运砂无形中感受障碍并受工潮影响。
二十二年	五八五，五四九	同　上
二十三年	八五七，五六六	工潮平息运输无阻故产额恢复。
二十四年	一，三一六，〇四五	各矿采运安定国外购砂各厂增设炼炉需要增加故输出额顿增。

〔国民政府实业部档案〕

16. 实业部关于办理限制铁砂出口经过及今后预定计划致行政院密呈

(1937年1月21日)

窃查限制铁砂出口一案，于上年四月间，遵拟办法呈奉指令照准后，遵即分别依照该办法第四、第五、第六各项制定铁砂出口许可证，发交现有铁砂出口之湖北、安徽两省管理铁砂出口机关，限于上年七月一日起实行，并检同许可证样张咨准财政部转发各关遵照在案。其关于各铁矿每月铁砂出口数量，复经咨准财政部转饬各关按月列表呈报，并将二十四年及二十五年上半年各月分出口数量，分别补报亦在案。故自上年七月起，各铁矿运砂出口，始有相当限制。而最近数年中之出口数量，亦始有约略统计，此关于限制铁砂出口办法施行后，本部着手整理之经过也。惟是各铁矿前此与外人所订售砂合同，或仅有年限而未确定数量者，如裕繁公司与日人所订售砂合同是也。又或因借款关系，涉及售砂，债务日积日深，不得不从铁砂取偿，如汉冶萍公司与日人所订借款合同是也。此类售砂公司，如仅限令领证报运，而不限制其数量与产地，势必至相率尽量运出。或藉原有合同代他矿运砂出口，核与限制办法之本旨，实有未符；且查民国十七年至二十三年，每年铁砂出口额最高者不过九十余万吨，二十四年骤增至一百三十余万吨，循是以往，难免不逐年增加。本部考虑再四，惟有对于每年售砂数量，预加限制，明定标准，此后各铁矿原订售砂合同，未经确定每年售砂数量者，一律以二十三、二十四、二十五三年中售砂之平均数量，为本年售砂数量之标准，不得再有增加，并不得收买他矿铁砂报运，以昭核实。现据汉冶萍公司呈报，自二十三年起至二十五年底止，共售砂一百五十四万四千一百三十英吨，核与海关已经呈送之月报表，大致尚符，其平均数量为每年售砂五十一万四千七百一十英吨，即作为该公司本年售砂之最高数量，其余核准售砂有案之裕繁、宝兴、福利民等公司，亦自应就其历年售砂平均数量，为同样之限制。又益华公司铁砂，前此系由汉冶萍、宝兴、福利民等公司代运出口，殊有未合，嗣后应由本部依照上项标准，随时核定。至湖北象鼻山铁矿，原系省营事业，其原案内并经声明设炉自炼，与汉冶萍、裕繁各商矿公司已与外人订有售砂合同及负有债务关系者，情形迥有不同，且中央钢铁厂所需原料，势须取给该矿，该矿现在铁砂，除供给国内炼厂外，其对外售砂，自应尽量设法减少，以仅足维持该矿现状为度，拟即由本部咨商湖北省政府转饬该矿分别遵照。似此办理，庶已经核准售砂有案各铁矿，得渐入于收束之途径。未经核准售砂之铁矿，得留备国家将来之需要，亦即为上项限制办法内应有之步骤。所有本部办理限制铁砂出口经过，及今后预定计划，理合分别叙明，呈请鉴核令遵。如蒙核准，并乞函达军事委员会、参谋本部及令知有关各部知照，至为公便。谨呈

行政院

实业部部长吴〇〇

中华民国　年　月　日

〔国民政府实业部档案〕

十、有色金属工业

1．刘子贞等为请取消赣南钨矿委商包办办法改归地方公办致行政院呈

（1929年5月）

呈为江西建设厅周代厅长贯虹背党违法食言，遂非强将赣南钨矿长期委商包办，遗害地方，公恳饬令取销商包，准归地方公办事。缘赣南钨矿为天然特产，民国五、六年间发现以来，曾由地方人士遵照矿业条例呈请给照开采，嗣因北京农商、陆军两部

互争管辖，相持未决，以致人民请求之案无形停顿，矿照迄今尚未颁下。当时赣省军阀利用机会，设立钨矿专局，凡商人向该局纳款，领得特许证，即可收砂运销。营此业者不止十余家，从无一人可以垄断操纵，对于矿山挖取，仍准地方人民自由，亦未加以限制。迨党军入赣，建设厅图利济公司包税之便，假整理矿业为名，擅予该公司包办，订期一年。自该公司包办后，垄断压迫，抑勒价格，种种非法，无所不用其极，地方工人终日勤劳不得一饱，甚至大庾、安远等县皆出有压迫诬陷等重大案件。而该公司独享异常厚利，约计其数，令人可惊，无非剥夺榨取地方劳工血汗之资。上年刘副师长士毅曾有漾电上省政府，尽情揭出，同时地方民众亦有请求收回地方自办之提议，只以该公司包办已逾半载，包期不久届满，故不得不忍痛须臾，因犹冀官厅将有改良办法也。乃周代厅长代职伊始，即注重赣南钨矿，(周未代现职以前，曾与利济公司竞争包办赣南钨矿未遂，有案可稽。)不惟无改善办法，且变本加厉，更有延长五年，委商包办之计，赣南旅省人士闻之，群相惊骇。盖以利济公司包办一年，地方受害已甚，再延五年，害更何堪？遂于二月八日召集同乡大会讨论，结果一致主张请求收回地方自办，否认委商包办，当推定代表十七人于二月九日向建设厅请愿，蒙周代厅长亲自接见，概允不予商办，准归地方自办，并限期两月，拟定具体办法呈核，但应缴保证金贰万贰千元，及利济包办期满，三月一日起应缴税款，则须十日内有确切答复。代表等深为感慰，以为赣南劫后灾黎，尚有一线生机之望。除一面函电交驰，并推代表回赣南地方接洽筹备外，一面仍以书面于二月十八日（即十日期内）呈请建设厅批示，确定地方公办，以便负担缴款，接办一切责任。在案。讵周代厅长既未明白批示，又未俟两月期满，竟不惜食言而肥，欺民背信，遽以预定变相包办之整理钨矿方案，朦提一七八次省务会议通过，并予建兴公司包办，巧其名曰委托代营，以包办为省营，改国税为收益。夫收益为营业红利，税款乃国家正供，性质不同，何容相混？况营业红利，因营业有盈亏，而红利则不能预定，如非包办，即税收多寡亦难预定额数，今定为五年，以累进法共缴款项壹百柒拾五万元，谓非包办而何。更就五年代营契约论，实际营业仍系收砂转运，并非正式开采，乃属贩商行为，商人以赚钱为目的，有何整理矿业之可言，证以过去之利济公司，尤显而易见。乃周代厅长巧立名目，藉为掩饰，方案内更订发给采砂凭证办法，以为束缚工人之具，种种措施，专为少数资本家设计，置地方劳工多数民众一切利害于不顾，用意所在，莫测高深。代表等念桑梓之痛苦，愤周代厅长之欺骗，爰于三月四日，又呈请省政府要求覆议，取消商包，仍准地方公办在案。不料周代厅长神通广大，竟又运用江西省政府有所谓文字第二三九四号之指令，洋洋千数百言，妄肆官威，答非所问，甚至涉及案外，满纸谩骂，大有欲加之罪，何患无辞之概。如此压迫，在军阀时代，亦罕闻罕见，不谓青天白日之下之政府，竟复尔尔。官厅之体统何在？人民之权利何存？伏思先总理革命数十年，均以贯彻三民主义为目的，而尤以民生主义为归宿点，故其手定之党纲、政纲，关于此点规划独详。如节制资本，扶助农工以及建国大纲第十一条，更为显明切要。代表等受同乡之委托，请求将赣南钨矿收回地方自办，反对委商包办，正所以遵奉总理遗教，为地方民众谋利益及一般农工求解放。而该指令内颠倒是非，反谓为曲引党义，部落思想，岂周代厅长夺取地方矿产及多数民众之利权，竟任少数奸商操纵垄断，即认为合理合法乎？再就指令内谓：到期不能缴款，责缴，且待设法等语，尤属有乖事实，自系周代厅长一面之词。盖二月十八日（即十日限内），代表等曾经具呈请求批示，确定地方公办，即所以表示负责缴款，在未确定以前，究以何名义缴款，而官厅又以何名义受收，既未批示，更又从何责缴，即周代厅长当日提出委托建兴公司包办之先，未闻该公司曾已缴款，亦未闻照依惯例，经过验资程序。况除此十日期限外，尚有两月期限，乃对地方请求即置不理，明未逾期，反责到期不能缴款。对于建兴公司则优越待遇，凭空定包办之案，似此同案异办，究竟为私为公，试问周代厅长其何以自解？赣南钨矿矿山大都属于民业，原有矿业条例，曾经中央明令继续有效，在矿权业权未经合法手续确定以前，周代厅长擅行处分，实已违犯法令，且措施乖谬，欺压民众，迳行委托商办，尤为背弃党义。代表等痛切剥肤，难安缄默，谨将赣南钨矿经过情形连同刘副师旅漾电及原呈批词，钞粘具呈钧院察核，伏乞俯念赣南十七属数百万民生凋敝，无法救济，迅即饬令江西省政府建设厅，取消建兴公司包办赣南钨矿案，仍准归回地方公办，以维党义，而顺舆情。不胜迫切，待命之至。至详细计划、具体办法，仍俟批准后，再行具呈，再赣南十七属已推出代表，正式组织赣南地方钨矿公司筹备处，以为维持矿工之过渡办法，合并呈明。除呈农矿部国民政府外，谨呈

建设委员会

行政院院长

附抄刘副师长上省政府漾电一件　省政府批示一件　原上省政府建设厅呈文两件　建设厅整理方案一件〔略〕

江西赣南旅省同乡会谨呈

会址南昌上谕亭大庾试馆

赣县代表刘子贞

雩都代表葛　庄

信丰代表张绮山　赴乡

兴国代表萧大鸿

龙南代表廖克迁

安远代表钟自燕

会昌代表李华钦

寻邬代表蓝振亚

定南代表曾庆馀

虔南代表林栋材

大庾代表赖天球

南康代表朱举定

上犹代表陈鸿藻

崇义代表黄子英　因公返籍

宁都代表魏曼倩

瑞金代表刘保康

石城代表熊彦乡

铺保

中华民国十八年五月　日

〔国民政府行政院档案〕

2．广东省政府为修正广东官商专营钨矿对外贸易合办规约致行政院秘书处公函

（1930年12月29日）

广东省政府公函　建字第二六五号

径复者。案准贵处本年十一月二十七日来函，关于广州金属矿业同业公会筹备员徐军雁等电诉，胡俊以侨业公司名义向建设厅缔约，专营粤省钨矿贸易出口事宜，企图垄断，请饬制止一案。奉兼院长谕交府抄同原电一件，函达查照。等由。准此。案查前据侨业公司胡俊及广州金属矿商同业公会徐军雁等先后呈，拟专营本省钨矿对外贸易，请予核示施行到府。当经令行建设厅并案审拟，详复察夺，旋据该厅呈复审核拟议情形，连同修正合办规约，请提会公决等情，业经提出本府第五届委员会第一二六次会议议决，再修正通过，饬即遵照办理，并着分饬该行商一体遵照，各在案。兹准前由，特将本案办理经过情形，抄同建设厅原提议

书一件，再修正广东官商专营钨矿对外贸易合办规约一份，复请查照，并祈转呈鉴核是荷。此致

行政院秘书处

附抄送建设厅原提议书一件再修正广东官商专营钨矿对外贸易合办规约一份

委员会主席　陈铭枢

中华民国十九年十二月二十九日

建设厅提议书

提议：遵令审核侨业公司胡俊、广州金属矿商同业公会徐军雁等先后呈，拟专营本省钨矿对外贸易一案，谨将拟议情形，连同修正合办规约提请公决案。案奉钧府训令建字第一六四九号内开：为令饬事：现据广州金属矿商同业公会筹备委员徐军雁等及全体钨矿商代表陈秋安等呈，拟创办广东钨矿贸易合作社各缘由，缮具章程一份，恳予察核，批准施行。并据全体钨矿商代表陈秋安等具请愿书一件，为商等为解除工商痛苦，统一对外贸易起见，业经缮具钨矿贸易合作社章程，呈请批准施行。近有侨业公司商人胡俊建议于广东建协会，创办专营钨矿，甚至建兴兼营，或竟成为事实，工商靡为孑遗，联恳俯赐维持。各等情。前来。卷查建兴公司兼营粤省钨矿案，业于上年十月间提出本府第五届委员会第十九次会议议决，将案撤销并分饬遵行有案。兹查该商等呈缴合作社章程，核与日前建兴公司兼营简章，多有相类之处，究竟所议办法及原章各条与现行法令有无抵触，与钨矿同业利害关系若何，现在有无举办之必要，应由该厅悉心审拟复夺，除分别批示暨徐军雁等原呈及章程已据声叙，分呈有案，毋庸抄发外，合将陈秋安等请愿书抄发，令仰该厅长迅即并案，悉心审核，详拟具复，以凭察夺，毋延。此令。等因。并抄发陈秋安等请愿书

一件。奉此。正拟核复间，复奉钧府训令建字第一八九四号，据侨业公司筹备处代表胡俊状称，陈秋安等剽袭计划，强词挣争，缕陈是非真相，并附具章程等件，请察核分别准斥，以昭公道，而召来兹。等情。饬查明前案，切实核议具复，以凭核夺。各等因。奉此。自应遵照办理。查职厅于本年十月间，先据广东建设协进会筹备委员会转呈侨业公司胡俊条陈，专营本省钨矿对外贸易办法，并附缴修正官商合办规约，请予察核，前来。续据徐军雁、陈秋安等亦以前情，呈拟组设钨矿对外贸易合作社，拟具章程，分呈来厅，职厅当经详细审查，各该商等所拟约章，列举专营办法，多系大同小异，惟其中尚有未尽妥协之处，细核两方请求专营目的，均为统一钨矿对外贸易，避免洋商操纵垄断起见，其主旨既属相同，自宜着令通力合作，平均集资举办，以免纷争，经将合办规约未尽妥协各点，指令建设协进会筹备委员会，转饬侨业公司胡俊妥为修正，呈核并召集两方，到会协商办理，并分别批饬遵照，各在案。嗣复据钨商王宠佑以挣争钨业，藉便私图等情，具控徐军雁等请予察核，迅赐批准侨业公司呈请专营一案，以促实现而策效果来厅，复经令饬建协会筹备委员会迅即召集徐军雁、胡俊等妥议合办，又在案。现据该筹委会遵将合办规约分别修正，呈缴前来，职厅复加考查钨矿一物，原为制炼上等钢铁必需之品，对于军事国防关系綦重。我国钨矿出产，据调查所得，约占世界产额百分之七、八十，其各省产量除江西外，即以本省出产为最多，现在各国需要钨量即有加无已，其洋市价格自宜常得其平，不应骤然低跌。惜经营此业者多属小本商人，全无团结能力，致对外贸易恒被洋商操纵。查该矿洋市价格，去年冬间，每百斤尝售至港币七十余元，嗣后即日形低跌，至本年三、四月时，每百斤低至港币三十元之谱，职厅当时为维持钨业起见，曾通饬各矿商联同囤积，非起至四十五元以上，即不可沽出。未几又即继长增高起至四五十元。讵近月以来，各矿商以团体涣散，间有贬价贱售，价格又复锐跌，致营业者损失不少。似此观察，可见本省矿商如确能联络，一致合力对外，自可避免洋商之任意垄断，受其影响，故为根本挽救钨业失败计，实有统一对外之必要。现建设协进会筹备委员会转呈遵令，修正钨矿专营官商合办规约，既经容纳原日钨矿商工砂贩占股半数，合资经营，复核其中胪列规章，对于订定收砂价格及保留原有商贩，采挖、提炼、运输等自由业作各办法，均与前被撤销之建兴公司专营章程不同，使由此切实进行对外，既可收统一出口，避免操纵效果，对内复无压抑工商垄断专利流弊，于维持钨矿对外贸易，似属不无裨补。缘奉前因，理合将职厅办理本案经过，暨审核拟议各情形，连同修正合办规约及矿商王宠佑抄呈各一件，提出讨论，是否可行？敬候公决！

计附建协会转呈修正官商合办钨矿对外贸易规约一份矿商王宠佑抄呈一件

提议人广东省政府委员兼建设厅厅长邓彦华

广东官商专营钨矿对外贸易合办规约“修定正本”

第一条　为求钨矿对外贸易统一，保障矿工商利益，增加公币，及发展国内经济起见，成立本官商合办专营钨矿对外贸易组合（以下简称本组合），直属广东建设厅管辖。

第二条　本组合由广东建设厅（以下简称官方）与以华侨为中心之侨业公司及本省经营钨矿业务人“即第三条所指有开采钨矿权之工商及收贩钨矿砂之砂贩”（二者以下简称商方）组织之。

第三条　本组合股本总额粤币贰百万元，由商方

（甲）侨业公司之一方，限于本规约签定后壹个月内招集有本国国籍人民认占百分之五十分。（乙）本省有开采钨矿矿权之商工及收贩钨矿矿砂之砂贩，合组之一方，认占百分之五十分，均于认股后十日内交足半数股银，凡认股者，均于本组合管理局

成立时，将姓名、年籍、职业，在管理局登记。

商方之两方，如有一方不能于限内认交股银或认交不足时，得由他方认交，以补其缺额。

官方只享受本规约第十四条所规定之盈利，免投股本。

股本总额收足半数时，本组合即宣布成立开办，开办后如有续收股本之必要时，即续收未收之半数股本，收足股本总额后，倘仍有加备资款之必要时，应由商方担任按揭或附充，但不得参入洋商资本及向洋商按揭。

第四条　本省钨矿出口，由本组合统一专营之。

第五条　本省钨矿商，除本省钨矿矿物出口须归本组合统一专营外，其他采挖、提炼、买卖、运输等全部业务，本组合绝对保留其自由业作。

第六条　本组合统一专营期间，以三个周年为限，期满时得由官商两方同意保留，但遇钨矿有产量激增，剩余过多或被其他物品代其效用，失却需要地位或重大变故，遮断采运等不可抗力之变化时，商方得呈请退办。

第七条　本组合存在期间，各面不得有妨碍本组合之法，益遇有前项妨碍时，广东建设厅应依本规约负责保障之；如保障不力，因而致令本组合损失时，商方得呈请退办。

第八条　本组合所定收砂价值，先以本组合成立开办前三十六个月，广州钨砂出口，每月最高最低之平均售价总数平均每担价值为（底价），又以本组合开办之前一个月内，洋商成盘各次买价，申合本省各口岸实值之平均数为每担(市价)，复依本条下列之五项标准定为本组合于下一个月内，在本省各口岸收砂，每担之(收价)，嗣后每一阅月依照上开方法更定（收价）一次，每次提前一个月，将某月日起止（收价）登载广州民国日报公布，并分电本省各口岸之收砂机关，除依期悬牌门首布告外，并登当地指定报纸，公布其核定（收价）之五项标准，如下列：

（甲）市价低过底价时，仍以底价为收价。（例如底价为每担四十元，市价虽不及四十元，或低至如民国十七年每月均价二十六元二角，甚至不及此数时，收价仍为四十元。）

（乙）市价超过底价一元至十元时，先以甲项收价为底，再加入超过数量之十分之七为收价。（例如甲项收价为四十元，本项超过底价之数为十元，则收价为四十七元，超过一元至九元，类推。）

（丙）市价超过乙项一元至十元时，（即超过底价二十一元至三十元）先以丙项收价为底，再将加入超过丙项数量之十分之五为收价。（例如丙项收价为五十三元，本项超过丙项之数为十元，则收价为五十八元，超过一元至九元，类推。）

（戊）市价涨至每担七十元以上时，本组合仍照丁项核定之收价收砂。惟是时所收之砂，均应分别登记给据，俟将该砂卖出时，所得七十元以外之净利，以十分之五凭所给原据发还砂主。（例如该砂卖出时所得之价为八十元，则所得超出七十元外之净利十元，应以五元凭据发还砂主，余类推。）

本条所称底价、市价、收价，虽以港币计算，但港币之计算，仍照开办时金磅汇价为标准，如遇金磅汇价涨落过于定率十分之一时，按照换算。（例如开办时金磅汇价为每光令值港币八角，即以此值为定率，嗣后遇金汇提高值至八角八分以上，是即涨过定率十分之一，金汇降落值至七角二分以下，是即落过十分之一，当按照申缩港币数目。）

本条所称市价，系以前一个月洋商各次成盘买价之平均数为准，如该月份洋商并无成盘或成盘次数少于前一个月三分之二时，即以前一个月份之市价为该月份之市价。

本条所称核定收价系以一个月为有效期间，如当收砂期内陡遇国际钨市剧变，涨落逾度过落，则收砂者受亏；过涨则交砂者受亏，殊非两利之道，倘涨落之价过于核定收价百分之一十五分时，即照所涨落之市价更定是月收价，于三日内依公布方式公布之。惟落价时无论落至如何程度，仍依本条甲项之规定办理。

钨砂成色以含钨质不少过百分之六十五，锡质不超过百分之一。五，砒霜不超过千分之二为定率，其有超过或不及，因而增减价款，与原砂价格不符，应将全价押留一成，保证待接厂商收货。验证之日清结此等事项，悉依国际贸易惯例办理，但自收货日起至六十天，厂商收货验证仍未到达，亦须即予清结。

第九条　本组合为利便业务进行之必要，得分设广东钨矿管理局（以下简称管理局）及其附属机关，并另设广东钨矿营业行（以下简称营业行）及其附属店所。

第十条　营业行为谋对外国洋商直接交易减少转折间之分利起见，得在外国相当商埠设立分行或代理人。

第十一条　本组合资财为对外竞争命脉，因慎重保管起见，特采会计独立制度，设立会计处，所有一切资财货物由处独立经营，任何机关或本组合官方只有稽核之权，不得处分其财物。

第十二条　为增进对外信用起见，管理局聘定化验师，特设化验处负责化验，其成分与第八条第五项所规定之成分有无超过或不及时，并给照证明之。如有其他合法机关必须检验者，该化验处得会同检验之。至所受验矿商，对于该处检验成分有不服时，得呈请建设厅复验，每次收货化验须于十日内办毕给证。

第十三条　本组合为倡导商人投资官商合作事业，由官方特予商方以破格待遇，所有用人行政权责完全赋予商方，除由商方选出局长一人，荐请广东建设厅委任，另由官方特派专司监察稽核职务专员二人外，不再荐派任何人员。

第十四条　本组合除公告买入价本及额定税捐佣息，并商本一分周息暨第九条所准设机关一切费用等项外，所得纯利以一成奖给职工后，按百分支配，以二十分为官方，红股盈利一十分，缴建设厅办理发展钨矿建设事业，七十分为商方股本盈利，每周年一结。如商方实获盈利超过已交股本总额十分之四时，其所超过数量即以十分之五，再缴呈建设厅办理直接利益钨矿矿工之建设。

本组合如有亏折时，全由商方担负，官方概不摊偿。

第十五条　省内除核定钨矿正当税捐外，任何机关不得额外征收。如有上项情事，由建设厅负责制止之。

第十六条　本组合成立时，由广东建设厅特别印制钨矿出口运照，专发本组合领用，并分别呈函令告机关及商民，非有本项运照，不得输运钨矿出口。

第十七条　本组合设备机械及建筑物暨其他应用物品，于期满停办，或期内退办，接续办理者，如愿承顶时，应由建设厅、本组合及接办者三方各派一人，组织评价委员会，评定价值承顶之。

第十八条　本组合在期内管存矿砂至期满后，尽得于五个月内继续出口营业，任何方面不得藉口期满加以拘束，并不得先在期内责令停止任何业务；期内退办时，其管存经办期间矿砂之继续出口营业同。

第十九条　本规约于建设厅呈奉省政府省务会议决议公布时，发生效力。

第二十条　本规约呈奉核准时，应缮备贰份，官商两方共同签印，各执一份，以资信守。

第二十一条　本规约未备事宜得随时修改，呈请省政府核定。

〔国民政府行政院档案〕

3．实业部报送整理江西广东两省钨矿提案致行政院秘书处公函

（1931年2月23日）

实业部公函　矿字第248号

径启者：兹送上整理江西、广东两省钨矿提案一件，即希查照转陈，列入本月二十四日国务会议议事日程为荷。此致

行政院秘书处

附议案一件

部长　孔祥熙

中华民国二十年二月二十三日

整理全国钨矿业办法①

为提议事：窃查钨矿一项，世界产地较少，而在钢铁及电气各种事业范围内，实又需量较多。我国对于钢铁、电气等事业现正积极规划，其具有连带关系之钨矿业，亦自应同时准备，始免顾此失彼。至于地方私采运销，并须依法严行限制，藉以留备将来之用。兹查我国钨矿，在民国初年相继发现于江西、广东、湖南、河北各省，当时即经北京政府定为国营。乃近年以来，江西建设厅建议该省政府将赣南各属钨矿一律划归省营，招商代办，经前农矿部令饬依法办理，去后，近又改为设局抛砂办法，复经本部令饬取销，乃该厅先后呈复，均支吾其词，迄未遵令办理，并请将前农矿部所划该省钨矿三区原案取销，仍归省营，此关于江西钨矿业之现状也。又广东钨矿，前由该省建设厅仿照江西办法招商代办，经前农矿部令饬取消，近复组织钨矿对外贸易团体，卒因权利分配迭起争执，呈控不休。此广东钨矿业之现状也。

综核该两省钨矿业实际情形，无非一任人民私采，从而收砂渔利，概置法律于不顾。此其紊乱矿政之点。至收矿商人大半与外人预订契约，藉以流通资本，而砂价一切遂为外人所操纵。此其有损矿利之点。且各地钨矿，经土人就地面翻挖后，其较深之处，遂难继续施工，此尤为不合矿业经济。本部负有监督指导之

① 本案经国民政府行政院同月二十四日第十四次国务会议通过。

责，应即依法取缔，切实整理，除前农矿部所划赣省钨矿三区应仍维持原案，留备国家将来需要外，所有赣省现时设局抛砂办法似应限其即时取销。粤省钨矿业对外贸易之组织，亦应先行依法取得矿业权，不得故纵私采，凭空收砂。嗣后该两省钨矿无论政府经营或私人经营，均应依法划区领照。如仍藉口省营问题，或假名团体组织，违法进行，本部为整饬矿政，保护矿利起见，不得不加以严重取缔。拟即商同财政部电令各关，对于钨砂出口非持有本部护照，不得放行。事关整理国内特种矿业所有。以上限制办法是否可行？敬候公决。

提案人实业部长孔祥熙

〔国民政府行政院档案〕

4. 工商访问局报送锑矿调查报告致实业部呈

（1931年6月18日）

呈为呈复事。案查接管卷内奉钧部矿字第四四二号训令内开：查吾国锑矿为矿产出口大宗之一，世界各国亦多仰给于此，于国家利源对外贸易关系甚重，所有全国每年出口量数及国内外各种价格比较暨各地销场情形，亟待查明。合行令仰该局按照上列各项，分别详查列表具报为要。此令。等因。奉经函托熟悉锑矿情形之仁昌公司代为调查，并指示调查范围去后，日久未据复到，爰复派员潘曾荫、陈望泰另行调查。兹据该二员缮具报告呈复前来，经加复核，尚称详赡。理合抄缮全份，呈请鉴核。谨呈

部长孔

附呈锑矿调查报告一份

局长郭秉文（印）

中华民国二十年六月十八日

年次	纯锑		生
	吨数	价值（关两）	吨数
元年	一三、三〇八	一〇八四、六二〇	——
二年	一二、八一七	九四二、五一九	——
三年	一九、三二一	一、三八七、四一一	——
四年	五、九五五	二、七五八、七九五	一五、四〇四
五年	一〇、三〇二	六、九一二、一四四	一一、七七九
六年	一四、五八二	三、七一四、三二一	一九、八一五
七年	一四、一四九	二、一一七、九一六	六七七
八年	六、一〇八	五四一、四六五	二、一〇一
九年	九、五六八	七九三、七三三	四、四八三
十年	一二、四六一	一、〇一六、一七六	二、四九三

锑	锑砂		总数
价值（关两）	吨数	价值（关两）	
——	二、〇二二	八四、五〇八	吨数 一五、三三〇 关两一、一六九、一二八
——	四、二七九	一四九、九九一	一七、〇九六 一、〇九二、六一〇
——	四、八九〇	一五五、八一六	二四、二一一 一、五四三、二二七
一、九〇八、〇三八	一、六四四	一三三、九一二	二三、〇〇三 四、八〇〇、七四五
四、九一一、三五九	一、五七四	一、三八三、二四三	三三、六五五 一三、二〇六、七四六
二、三四六、八四一	三、七九七	二三七、七〇二	三八、一九四 六、二九八、八六四
一一九、八二〇	四七二	二一、八一〇	一五、二九八 二、二五九、五四六
七三、九三三	五七〇	三〇、六〇〇	八、七七九 六四五、九九八
二六六、八二四	一、三三〇	六八、四八八	一五、三八一 一、一二九、〇三五
一一七、五六五	一、一五八	四六、〇二七	一六、一一二 一、一七九、七六八

续表

十一年	一一、九六一	一、二二三、八三〇	一、五七八
十二年	一一、四九〇	一、七九四、八〇〇	二、八八〇
十三年	一〇、五二三	一、〇二六、四五四	一、八六二
十四年	一六、七三八	四、二五八、五三一	二、七一〇
十五年	一七、七九二	五、七三二、六五四	三、一八五
十六年	一五、五五七	四、一一五、二六八	二、三〇五
十七年	一六、一九五	三、三〇八、九九〇	三、一二八
十八年	一九、七四六	三、七二二、四二二	三、八三五

七八、五五三	一、八一四	八一、七四八	一五、三五三 一、三八四、一三一
二九一、五五四	二、〇一七	一五六、九一六	一六、三八七 二、二四三、二七〇
一七七、二九四	五六五	六一、五九九	一二、九五〇 一、二六五、三四七
四四九、二七〇	二、〇七〇	三〇七、六四七	二一、五一八 五、〇一五、四四八
六一一、七九六	——	——	二〇、九七七 六、三四四、四五〇
三八〇、九八七	——	——	一七、八六二 四、四九六、二五五
四九七、五四六	——	——	一九、三二三 三、八〇六、五三六
五〇三、五七五	——	——	二三、五八一 四、二二五、九九七

锑矿调查报告

锑之出口数量国内外之价格暨各地销场情形：

一、中国每年锑产出口数量

我国锑产出口至海外者，为纯锑、生锑、锑砂三项，出口数量以民国六年为最多，共计三万余吨，价值六百余万两，民国五年锑之出口数量虽不及六年之多，而其价值则远过之，三项合计，共值一千三百余万两。盖适值欧战时代，锑在军事上用途最广。至于纯锑出口数量，以民国十八年为最多，是年出口生锑及锑砂已减少至三千余吨，因营锑业者已逐渐改炼纯锑故也。兹将我国历年锑产出口于国外之吨位及价值列表示之。（见第670～673页）

二、国内外锑价之比较：

中国出产之锑，在世界锑市场中占最要之位置，因其他任何国家之锑产量均不及中国之多，欧战期中，锑之用量最大，锑价日涨，战事告终，锑价暴跌，国内之锑市场在湖南长沙，锑之国外市场为纽约、伦敦。锑价之涨跌，视长沙市场储锑之多寡与纽约、伦敦市场需锑之缓急为依归。惟近来生活程度日高，锑矿之成本日昂，但欧美之锑价反较从前为跌，致一般业锑者大有不可终日之势。爰就最近四年国内外纯锑价格列表于后，以资比较。

年度＼价格	长沙市场		纽约市场		伦敦市场	
	最高价	最低价	最高价	最低价	最高价	最低价
十七年	每吨 二六四、〇〇两	二四〇、〇〇	每磅 九分美金	七三七五	每吨 ——	——
十八年	二四二、〇〇	二一七、〇〇	七、三七五	六、三七五	三四、一〇磅	二七、一五
十九年	二七二、〇〇	二二六、〇〇	六、五〇〇	四、七五〇	二五、一七六	二一、一二六
二十年	三六九、〇〇	二七〇、〇〇	五、一二五	四、一二五	二四、	一九、五

一、纯锑

年份	英国	瑞典	德国	荷兰
九年	担 二六、八〇九 两 一三四、二一一	— —	一一、一七〇 五四、六九九	五八八 二、八七九
十年	一七、一五五 八三、八四七	— —	一七、七四九 八五、九九四	六〇五 二、九三一
十一年	四二、二〇四 二二五、九七五	— —	四一、九三三 二一八、五八四	五八八 二、九二二
十二年	四三、三三八 二七六、六〇三	— —	二九、〇〇〇 一八八、四九二	二、二五一 一四、一四三
十三年	六二、四五一 六四三、八六二	八四 七五九	二〇、四八九 二〇九、五四九	七五六 七、四五九
十四年	五九、七六二 八九二、二九七	八四 九八四	三二、六九八 四七一、五二九	二、〇三三 三〇、二七〇
十五年	五一、八六九 九七九、八四〇	— —	二一、一六〇 三九一、五九七	一一、二七三 二一六、〇一七
十六年	三九、〇八九 六一八、四二〇	— —	二七、三〇〇 四三七、一九一	二一、七九七 三三八、五四〇
十七年	五七、八五八 七〇三、九六四	一六八 一、九九六	一五、〇四六 一八四、九六六	一三、〇九二 一六一、四七〇
十八年	九五、三七六 一、〇七一、〇〇三	四〇三 四、五四七	三二、一九八 三六四、六六六	一一、一七一 一二五、六〇二

法国	日本	美国	其他共计
三、五四五 一七、三六〇	七、二四一 三五、六六四	一〇七、七二一 五二七、九三一	一六〇、八一五 七九三、七三三
——	二〇、八三一 一〇一、〇三九	一五一、一九四 七三三、一四〇	二〇九、四三四 一、〇一六、一七六
三、六八九 一八、三三四	一四、〇六五 六九、八五七	九二、七四八 四六一、九〇八	二〇一、〇三一 一、〇二六、四五四
一、一八六 七、四五二	七、三〇八 四六、五六三	一〇七、三六四 六七三、四六二	一九三、一一二 一、二二三、八三〇
六、一四九 六三、七九九	一一、三九二 一一三、五七八	七〇、一七五 七〇一、九〇四	一七六、八五二 一、七九四、八〇〇
二一、五八八 三三二、二六八	一七、〇八〇 二五五、九三三	一三一、七九九 二、〇五〇、八六三	二八一、三一二 四、二五八、五三一
三七、二〇八 六四三、二〇九	二九、〇五三 五八三、八六五	一四二、一九五 二、七九一、〇六八	二九九、〇三三 五、七三二、六五四
一六、一一八 二五一、三三四	二八、三七八 四八四、九八六	一三二、九六八 一、九四一、五三二	二六一、三五六 四、一一五、二六八
二九、二二七 三五九、八三六	三一、三三八 三九七、〇八七	一一五、二七〇 一、三九四、二三一	二七二、〇八四 三、三〇八、九九〇
一八、一四二 二〇二、二六六	二七、二一五 三〇四、三五六	一三二、五二五 一、四八四、八二二	三三一、七四一 三、七二二、四二二

二、生锑

年份	英国	瑞典	德国
九年	担二二、六八〇 两八一、一三九	—— ——	五八八 二、一〇四
十年	三、六一〇 一〇、一七三	—— ——	七、九六三 二二、五四九
十一年	二、五八六 七、一七三	—— ——	一〇、四五一 三一、三九二
十二年	八、五六九 四九、六五七	—— ——	一八、四九八 一〇六、八五七
十三年	一〇、二四〇 五八、二七〇	—— ——	九、七四四 五五、三五六
十四年	七、一〇八 七一、七〇四	—— ——	一三、八三七 一四三、三八三
十五年	八、二九九 九六、〇四九	—— ——	九、二三三 一〇三、四七二
十六年	二、〇一六 一九、六七六	一、三四四 一三、一一八	六、六一八 六五、一二五
十七年	五、九九四 五六、一一九	三、五二八 三四、二八二	一五、二一五 一四四、八四七
十八年	三、八七五 二九、八三七	六、七二〇 五一、五一八	一一、七六〇 八九、七五〇

荷兰	法国	日本	美国	其他共计
—— ——	四、八七二 一七、五一一	三、七八〇 一三、二〇三	四〇、〇六八 一四三、三七一	七五、三四一 二六六、八二四
—— ——	一、七〇二 四、七九七	六、〇九五 一六，九七五	二一、二五一 五九、八八八	四一、九〇三 一一七、五六五
—— ——	三、一九二 八、九七〇	一、六一三 四、五三三	八、七九五 二六、二四九	二六、五二一 七八、五五三
六七二 四、三〇七	三、九四八 二五、三〇七	二、七二二 一六、七五八	一三、〇八二 八三、九〇六	四八、四〇六 二九一、五五四
—— ——	四、四三五 二五、〇〇七	二、一〇〇 一一、七八一	四、三四三 二四、四七二	三一、二九一 一七七、二九四
—— ——	一二、三二八 一二四、三〇六	七三九 八、四九三	一〇，一一七 八七、九九三	四五、三九七 四四九、二七〇
四二〇 四、四六六	七、四六八 八八、〇七〇	一、二九七 一五、〇四五	二四、六五一 二八〇、六七二	五三、五三四 六一一、七九六
一、四二八 一四、三二五	一三、六六一 一三五、四一九	三八二 三、七四二	一二、七六五 一二四、五八六	三八、七二三 三八〇、九八七
一、〇八九 一〇、三一七	一二、六七二 一二一、四〇八	一、九〇〇 一七、七八二	八、二三〇 七七、〇六二	五二、五五二 四九七、五四六
—— ——	五、八二八 四五、二一八	三、二〇五 二五、六二四	二九、四二二 二三四、九八〇	六四、四二六 五〇三、五七五

〔国民政府实业部档案〕

三、锑在各地运销情形：

锑之用途首在制造合金，以造各种工业品之原料。吾国工业方在萌芽，锑在国内仅商务印书馆、中华书局各大报馆暨各大印刷厂及各省造币厂、兵工厂等稍有销路，历年出品几全部运销欧美、日本各国，尤以美国为最多。据最近调查，在和平时期全世界每年锑之销费总量约二四、〇〇〇吨，而美国独占一三、〇〇〇吨，超越总量之半，除每月由墨西哥输入二〇〇——二五〇吨外，泰半仰给于我国。按海关报告册，民国十八年份锑产出口至外国者，计纯锑三三一、七四一担，价值三百七十二万二千四百二十二两，生锑六四、四二六担，价值五十万另三千五百七十五两，由国别言之仍以美国居首席。关于纯锑，美国约占总额百分之四十，英国约占百分之二十九，德国约占百分之九、八，日本约占百分之八、二，法国约占百分之五、三，荷兰约占百分之三、三；关于生锑，美国约占百分之四十五，德国约占百分之一八、二，瑞典约占百分之一〇、四，法国约占百分之九，英国约占百分之六，日本约占百分之四、九。兹将最近十年间我国锑产销售各国之数量及其银额，由国别列表示之如下：

一、纯锑〔下略〕

5．实业部地质调查所抄报河南山东浙江等处铜铅锌矿报告致实业部呈

（1931年12月18日）

为呈送事：前奉钧部令，将抄送军政部兵工署之铜、铅、锌矿报告，另抄一份呈部等因。奉此。遵将河南、山东、浙江等处铜、铅、锌矿报告各抄一份，共计五件，检呈钧部签核，此呈

实业部

地质调查所所长翁文灏印

中华民国二十年十二月十八日

河南济源县铜矿地质简略报告

技师谭锡畴

一、位置　铜矿在河南北部济源县西北境，产铜区域颇广，近处距县城约四十里，远处距县城约八十里，著名地点为孙真人坟、鹰鱼沟、马头山、小沟、黄土窑、芝麻沟、银洞洼、青黄沟、截板沟、车幅沟、水格涧、豆腐沟、黄铜沟、清虚宫、安平纸坊、卜安岭等处。纸坊距黄铜沟三十余里，为产铜区域南部东西之长；卜安岭距豆腐沟约五十里，为产铜区北部东西之长；清虚宫距鹰鱼沟约二十里，为产铜区域南北之广；马头山、水格涧大致距其中部也。

二、交通　济源县城南距黄河四十余里，中间略有山岭，可通大车，东北距道清铁路西端清化镇一百十里，路途平坦，东南距陇海铁路记水车站约一百四十里，路亦平坦，惟中隔黄河，过渡稍觉不便。县城之西三十里为李八庄，地傍山边，自此以西山路崎岖，交通不便，运输均赖骡马。至产铜区域已入山丛，不复见有平野矣。

三、地形　太行山脉自东来，终于黄河北岸，其著名之峰为析城王屋，而本区域一带山岭又接王屋之支，最高者为天台山耸，立于本区城北边，拔海面约一千二百米突。天台山以东为鸡头、虎头诸山，再东为红圪塔顶、小卜顶诸峰，均高近千米突。本区域南部秦岭山中部、马头棋盘山皆巍然立，高度均在千米突以上。本区域东部山势稍减，高出者有五指山、双峰山，再东即为平原。本区域正居山丛近傍、太行山脉之脊，故所得河渠皆支源细流，无名川大水，由鹰鱼沟通清虚宫之谷俗称东河，由紫微宫南来之谷俗称宫河，在本区域东部者有淇水，虽皆常有水成流，终近沟渎，似不足以河名之也。就地形观察，本区域大部为高山深谷，坡陡者多而缓者少，谷曲而狭，旁多立壁，沿沟常见瀑布，当正在壮年期，大受侵削之时。至本区域东南部谷渐宽而山亦较平，侵削作用稍减，似已近于壮年末期也。

四、地层　元古代地层特别发育，铜矿即生于其中，其上即为寒武纪地层，中间不介他层，斯大异于直隶南部者。本区域南部为古生代煤系，暴露所在与无古代地层成断层之接触，兹分述各层如下：

五台系　属下元古界，当直接位于太古界之上，惟本区域无太古界地层之踪迹，广远分布者皆为本系组成高大山岭，岩为片麻岩、片岩、大理岩及石英岩，含石英脉，间有重晶石脉。片麻岩有粗细之分，质亦不同，有时多含石英长石，有时多含角闪石、云母石。片岩有云母片岩、绿泥片岩及角闪片岩之别。大理石多白色，与片岩接触者间呈灰绿色。石英岩多白色，稍带赤色，质颇坚实。石英脉内含金属矿物，铜矿最著，铅矿次之，黄铁矿、赤铁矿常经目击。本层分布所在，南为断层所限未能见其全层，但就岩石考考，露布于本区域者大抵多五台系之中上两部，因直隶南部五台系中部包大理岩、石英岩，而上部则有各种片岩也。

寒武奥陶纪　位于五台系之上，为不整一之接触。寒武纪地层暴露颇广，奥陶纪地层仅在古生代煤系之下，露出极少，一部与五台系为断层之接触。寒武纪地层曾经目击者为馒首页岩层之大部及鲕状灰岩层之一部。馒首页岩层含黑棕色、赤棕色页岩、灰绿色页岩成薄层灰岩、鲕状灰岩层，具为灰岩，呈深灰色，或含鲕石或不含鲕石，在勋掌之南双峰山一带，含石英脉，内夹方铅矿。奥陶纪地层惟在清虚宫之西黄铜沟一带，见之露头颇狭，具为灰岩质，不甚纯。

古生代煤系　直位于奥陶纪地层之上，与五台系地层成断层之接触，在本区仅目击其一部，大致为中部及下部，惟未见下部之灰岩层。地层可见者为浅绿、黄色、灰色砂岩及泥质页岩、红棕紫色砂岩及泥质页岩、暗绿色粗梗砂岩及浅绿色砂岩。本系含有煤层，通常开采者只一层，据云厚约四十尺，煤为无烟煤。

五、构造　本区域地质构造大致简单，南部有一大断层，东部地层略呈弯曲之状，中部为五台系变质地层，暴露之所虽倾斜，在向极复杂而断折弯曲仅不显著。在马头山孙真人坟一带，地层多向西北或东北倾斜，斜角颇大，均在五十度以上，但亦有状极复、方向而无定者。在鹰鱼沟一带片岩及大理岩倾斜东北偏北，斜角由四十度至七十度。在行虎崖一带石英岩倾斜东北偏东或向正北，斜角三十度。红圪塔顶、公鸡戍、纸坊、张坪一带为寒武纪地层，分布之区弯曲所趋，略成不完全之外斜层，而连其一端者，在红圪塔顶馒头页岩倾斜南或南偏西南，斜角三、四十度，东至公鸡戍、张坪一带，地层向东南偏南倾斜，斜角由二十度至四十度，至棉沟、勋掌一带，地层倾斜东南偏东，斜角十余度，至张坪、柿沟东北，地层转向东北偏东倾斜，斜角四十度，至卜安岭之北地层又向北倾斜，由红圪塔顶至纸坊地层仍大致向东南或正东，其有倾斜向北者，盖局部变动也。南部大断层东自虎岭之东起，沿大路经封门口迤，而西北经经清虚宫向西未□其端，为正错断层，断层面倾斜向南，仰侧为五台系，俯侧为古生代煤系及奥陶纪灰岩，错动东部较大，西部较小，俯侧地层大致向正南及东南偏南、西南偏南倾斜，斜角东部较小约三十度，西部较大约五十度。

六、矿床　济源铜矿多生于五台系所含之石英脉内，而与石英脉接近之大理岩及片岩内，亦往往有金属矿物踪迹黄铁矿、黄铜矿等，故知铜矿矿床除为矿脉类外，并亦有侵染矿床，盖当生成之际，深处必有岩浆鼓涌上升，向五台系地层侵冲而来，其时含各种矿质之液体及气体离岩浆而上腾，循地层之隙缝及弱点而进，迨冷却凝结成为石英脉，含矿物质多处，矿物结晶包于石英脉内，其金属矿质气体之一部更进而冲入于片岩或大理石岩内，结成晶形。惟岩浆所成之火成岩地表未曾目击，其凝结于深处无凝。可知矿床既非胎凝，又与接触矿床无关，其含金属之矿物之变质岩石，为先矿床生成而变质者也。石英脉生于片岩、片麻岩、大理岩内，长短不一而厚薄各殊，或含金属矿物或不含金属矿物，矿脉多与地层层向斜向大致平行，亦有矿脉交□于地层而自成脉向者。矿脉生于五台系内者，状颇散漫，纵横交错，几乎触处可以目击，而含有金属矿物者则须持特别寻查。兹将此次所见含金属矿物之石英脉，略叙述之：

鹰鱼沟矿脉，在鹰鱼沟村之东北约半里，跨沟而生夹于云母片岩、角闪片岩及大理岩之间，脉向略成东西稍偏西北、东南倾斜，北偏东北斜角约六十度。沟之西坡有旧洞二个，土人曾采铜矿，石英脉宽约二尺，矿物露出者颇少，想已为土人挖去，坡上有铜矿露头，成线石英脉，宽不过数寸。铜矿往往夹于石英脉及片岩之间，或含于片岩内，矿线宽狭不等，并常不连续，矿物为黄铜矿及黄铁矿。在沟之东坡石英脉宽约三尺，夹于大理岩及片岩内，与沟西之脉相连，矿物可见者为孔雀石、大理岩及片岩，内常有黄铁矿结晶，完全石英脉不甚延长，循脉追寻，距沟不远伏没不见。马头山银峒洼矿脉，在马头山西南坡，路旁有旧洞一个，亦曾采铜矿，石英脉夹于片岩内，东部略成东西向近直立，宽约三尺，西部脉向东北西南，斜向西北角约六十度，厚由三尺至八尺，矿物可见者有孔雀石、云母、赤铁矿，石英脉长约一百米突。马头山青黄沟矿脉在马头山西，生于片岩，略成东南、西北向，向西南倾斜角约六十四度，脉宽约四尺，西部有旧洞一个，沿脉与片岩接触处有赤铜矿、孔雀石及赤铁矿，脉长亦不过一百米突。截版沟硫磺沟矿脉，南截版沟南沿大路旁，生于片麻岩内，略成东南、西北向，倾斜西南角七十四度，脉宽约四尺，有旧洞一个，矿物可见者有孔雀石脉不延长；截版沟东北矿脉，生于片麻岩内，略成东西向，向南倾斜角约五十度，宽由一尺至四尺，有旧洞，矿物有赤铁矿，脉不延长。安坪柿树沟矿脉有三道均生于片麻岩内，一宽约一尺五寸，一宽约一尺，脉倾斜大致东南，斜角约四十度，矿物有黄铜矿、孔雀石及赤铁矿，矿脉均不延长，一宽约三尺，倾斜东北，有旧峒，不见金属矿物，脉不延长。孙真人坟矿脉，在孙真人坟东南，生于片岩，略成东北、西南向，脉宽约二尺，有旧峒，矿物有黄铜矿、孔雀石，脉不延长。再东南有石英脉一道，生于片岩内，略成东南、西北向，脉宽约三尺，有旧峒，据云曾经开采矿石，宽约一尺长约三十米突。小沟矿脉在小沟村南路旁，生于片岩、片麻岩之间，略成东南、西北向，近直立，脉宽由二尺至六尺，有旧峒，矿山露此者悉被采去，矿物有孔雀石，脉不延长。芝麻矿脉在小沟东北约一里余，生于片岩内，略成东北、西南，近直立，有旧峒，矿物有孔雀石，脉宽约二尺，长约三十米突。再北有石英脉一道，生于片岩内，略成东北、西南向，倾斜西北角约五十六度，脉宽约五尺，长约六、七米突，无金属矿物。黄土窑矿脉在小沟东北约一里，生于片岩内，略成东南、西北向，脉宽约二尺，长六、七米突。车幅矿脉在车幅沟东沟东岸，生于片麻岩内，略成东西向，近直立，脉宽约一尺五寸，不甚延长，矿物有孔雀石及蓝铜矿。豆腐沟矿脉在宫河沟西，生于片麻岩及片岩内，脉有两边，北沟矿脉略成南北向，近直立，脉宽约三尺，有旧峒；南沟矿脉亦成南北向，向东倾斜角约七十度，脉宽四尺，矿物有孔雀石及赤铁矿，两脉均不延长。黄铜沟矿脉在清虚宫西北约八里，生于片麻岩内，略成东南、西北向西南倾斜，脉宽不及一尺，有旧峒，清虚宫西北里余片岩内有石英脉，甚薄，内含孔雀石。水格涧矿脉在水格涧村东北里许，生于片麻岩内，略成东西向倾斜北角约五十度，脉宽由一尺至二尺，不延长，矿物有黄铜矿、孔雀石。纸坊矿脉在纸坊村西，生于片麻岩内，有两脉，北沟矿脉略成东南、西北向，倾斜西北角约四十度，脉宽约尺许，不延长，矿物有黄铜矿、孔雀石；南沟脉石露头已不见，有旧洞，颇深，似成东南、西北向，矿物有孔雀石及云母、赤铁矿、铜矿，外有铅矿二处，一处亦有铜矿。卜安岭铅矿脉在张坪北八里卜安岭北山，生于片岩片岩内，略成南北向，近直立，脉宽约五寸，不延长，有旧峒，矿物有方铅矿、黄铜矿。勋掌铅矿脉在勋掌村南约六里双峰山，生于蝻状灰岩内，有旧峒，脉石已不见，现正有人采掘，据云峒斜深约里许，矿脉宽约二尺，含方铅矿宽处约四寸，脉大约西北、东南向，略成直立，此脉虽生于寒武纪地层内，其生成似与各处铜矿同时，不过含矿质之液体、气体所含矿质各部不同，而冲入之地层有异耳。

矿床生成时代，虽尚不能确定，但含铅矿脉与含铜矿脉如果有关系，则矿床时代当在寒武纪之后。其时地下岩浆上升，含铜质之液体气体大部侵入五台系地层，内一部竟上升而至蝻状灰岩层也。

七、矿质　此次所采各处矿样，尚未经分析，故所含矿质多寡不能确定。据调查所吴所长所取矿样化验之结果，马头山青黄沟铜矿含铜质最富，约为百分之二十八以上，孙真人坟、黄土窑、豆腐沟一带铜矿含铜亦多，鹰鱼沟铜矿含铜较少而金颇多，每吨矿石含金一英两二钱。吴所长前次所得矿石，鹰鱼沟有黄铜矿、黄铁矿，孙真人坟、黄土窑有黄铜矿、斑铜矿，官河、豆腐沟有黄铜矿、赤铜矿，马头山、青黄沟有赤铜矿，卜安岭有方铅矿。而此次所见矿石露出者，多为孔雀石，惟在鹰鱼沟有黄铜矿、黄铁矿，安坪、柿树沟有黄铜矿、赤铜矿，车幅沟有蓝铜矿，孙真人坟有黄铜矿，水格涧有黄铜矿、赤铜矿，纸坊有黄铜矿、黄铁矿、云母、赤铁矿，卜安岭有方铅矿、黄铜矿，勋掌有方铅矿，马头山、青黄沟有赤铜矿，惟色较黑，硬度颇似赤铁矿，矿样一部业经分析，确含铜百分之一以上，而上次所采赤铜矿含铜百分之二十八大抵铜矿一部所含铜质已经向下浸滤，仅余他质，而他一部未受浸滤，尚富含铜质也。

八、矿量　矿量估计本非易事，而金属矿物计算尤难，况本区域铜矿石露出不多，地腹情形究竟何若未悉底，蕴实无徒著手估计。故欲定矿量之多寡，非经一度试探不可，尚不便冒昧妄言也。

九、矿业　本区域铜矿未经呈请采办，本无矿业之可言，惟此次调查到彼，确遇有人开采，一在纸坊开采铜矿，一在勋掌开采铅矿。铜矿为孙某经营，先由一旧峒采挖，因无所得另开新峒二口，斜深方二十尺，采一脉厚约尺许，现仅见黄铜矿踪迹，工人约四、五十名；铅矿为苗某经营，循旧峒采挖，峒已深里许，现有工人六名，昼夜两班工作，据云至多日出矿石约八十斤，平常约五十斤，工价每人每班铜元六十枚，已出矿石约数千斤，共用去洋千余元。但两矿已否呈请官方立案，尚未得知。

十、结论　矿产有无价值，常以量之多寡、质之优劣而定。济源铜矿矿质分析结果，含铜多少虽各处不同，但大致尚不为劣，并马头山青黄沟有赤铜矿，含铜至百分之二十八以上，已足称为上等。惟矿量多寡殊费研究，因外表虽有形可窥而地腹实变化难测，非经试探不能妄加评定，并有时既经钻探得有结果，尚不可谓绝对操胜算也，虽然在表面研究所得之事实也，往往可藉以证明矿产有无希望，今从数日观察所得事实分别叙述，作为参考。在纸坊之西有石英脉一道，在表面仅见孔雀石，向下采进见黄铜矿，并渐次加多；鹰鱼沟西坡铜矿表面矿石亦不如凿下所得者较为丰富。可见愈向地腹矿石量愈增加，如沿矿脉下采至适当深处，或有得可采矿床之希望。又本区域五台系分布所至，矿脉颇多，宽狭不等，有含金属矿质者，按矿床学通例矿脉上部有养化带，往往不含矿质，即有亦不丰富，其下为富集带，矿质加多。在马头山、青黄沟一带俟有此种情形，矿脉上部似有类似赤铁矿之赤铜矿，含铜有时颇少，显系矿质浸滤而下，深处或有得富集带之希望，此为证明矿床有可采希望之事实。反之，亦有证明无可采希望者，本区域石英脉虽多，而延长者颇少，就观察所及惟马头山、银峒洼较长，至多不过一百米突，他处有数十米突者，有数米突者。并五台系内所含小石英脉极伙，大至均成扁豆状，虽向地腹矿石加富，而脉不向两边延长，量亦有限。又矿脉露头所在高下不等，有在沟渠之旁、距沟底不高者，有在山脊或山坡、距沟底数百米突者，矿脉相距不远而高下相差数百米突，其所含矿石应丰脊有差，低处矿脉应较优于高处矿脉，但观察所得矿脉在高处者矿石未必较少，而在低处者矿石未必加多，在高下二、三百米突之间矿质不见有特别富集之倾向，此似可证明沿矿脉下凿三百米突尚不至富集带。故希望可采之矿床似嫌太深，即可开采经济方面已大受损失。况三百米突以下矿石未必即行富集，此又当虑及者也。总之济源铜矿有无可采希望实不易解决之问题，兹不过略举所见，用备识者参考已耳。

调查山东矿产报告书

伊立生

鄙人于七月八号奉农商总长之命，调查山东历城铜矿、淄川铅矿及博山煤田等处矿产，因于九号离京到济南后，由财政厅矿务技术员朱君招待，并向导及翻译一切。

在省谒靳云鹏将军，沿途悉由渠派人保护，并以淄川铅矿地点在前德国铁路公司租界内、现属日本政府，故难至该处调查，非得有照会不可，已允代请北京政府知照日本当局矣。寓处留护兵一名以资保护。

十三号至历城，耽搁四日，十六号回济南，十九号至博山煤田工作三日，于二十三号至淄川，由此至铅矿因未得日本允许，遂不能调查，怅然返京。

山东桃科铜矿

伊立生

矿产在历城境内桃科村之南二里，于西历一千九百十三年袁潮君所发现，因在济南府组织振华矿务公司开采矿质。此处岩石为不一律之角闪石之片麻岩，属于太古时代，并含有些次之盐基性之集合体，由地面下五密达均已分解，在此风化岩石面上，惟存少些之孔雀石铜矿之痕迹，然足为地底含铜质之证明。

小山之南坡，其矿质提升至五、六十密达之高，勘探之平阶，被开出者约有四百方密达之广，地势斜矗，所筑二井，一在平巷之东北部，一在矗立之石壁，约在前者之北七密，当处其南矿洼，现深至二十七密达，直径为二、八密达。查勘时洼中之水已被提空，由地面下至十三密达概为砖造，故未得一睹其矿质情形。再下惟见少量劣质之黄铜矿，俞深俞少。至此洼之底，悉为片麻岩而无少许之铜质，因被砖墙所遮，卒不得一量其矿体之厚。

其北洼现在开掘，长约四密达，横宽二密达，阔二密达平巷之一端，此井共深九密达，横断面为四方密达。在此井口下五密达处，此蚀腐之石侵入于角闪石、绿泥石、黄铁质及黄铜质之集合体中，在此洼底仅曾采集平均之标本，以备分析其硫磺、铜、镍、金、银等之用，在矿堆亦采得标本并测量其容积，约十七又十分之六立方密达，与袁君之报告相符。

工作火药之价值，在直井时每密达须洋三十二元，平巷内较廉。

其北井（九密达深者）已废一月之久，每昼夜分三班轮流工作，管理费每月须洋七百元，以现在情形论，为数似乎太多。

结论　由以上所调查之情形，而得之结论如下：

地面上之蚀腐面积足算为矿质存在之面积，计十乘十五密达或一百五十平方密达，如以矿质悉如北井所见，皆深四密达，则其容积为六百立方密达。若以比重为三，则有一千八百吨，以百分之五十计算，则矿质当不下九百吨可以直接提炼。以此矿量似不足供新式冶炉之用，惟以其矿质甚佳，且或能在己处发现他相似之矿质，则仆于此矿之发展，不得不略言之。

北井掘深至矿质下二密达处，于其底凿平巷通南井，并在南井内平巷之口置木板，中开一洞，容抽水之用，如此则昇运矿石自易。

欲求矿质之广，宜于北井中掘窟三，一向北，一向东，一向西，至矿体之底部，至不遇矿质而止。如遇矿体较大时，或质异时，宜掘短井横卷以探勘之。

南井中宜由此平巷开掘窟，向南进行至无矿质为止。

窟之横断面宜较大，四平方密达为佳，矿石悉由此昇运后，分别称之，并手选之为四类。如：

（一）最上铜矿（镄铜矿）。

（二）次等铜矿（镄铜矿之夹互磺铁矿者）。

（三）宜提选之矿质（含少量之铜质者）。

（四）石质（无铜质者）。

以上四种宜分堆积蓄，无铜质者，其重量宜记下；其未经手选者，只能精确之矿图招明矿质之散布，其倾斜方向及矿质之优劣，均宜测量绘成，以备参考。

由此上之结果，然后可以定适宜之工作矿械及炼厂之价值矣。

近处铜矿　仆曾至桃科之北十一里处勘查，传说此处亦产铜矿，实则为黄铁矿之侵入于硅质岩者，（硅质岩大约为古生代）量亦不大，且散漫于太古代花岗岩上。

传说他处亦有铜质，仆以时促，未得往勘。

如有数处煤为铜矿，且情形合宜，则勘探手续亟宜进行。又若能同时开采多量矿质，则设冶炼厂有大希望矣。

益都县铅矿

矿产在豥搗村南一里半，淄川车站之西北西约二十四里。

在志留利亚纪之上，见空处一块，长六米突，阔半米突，深三四米突，大约为方铅之细脉，惟全被移去，不得一睹其痕迹，业主谓已用资本一千元，尚未得有进款。

近处亦不能得矿质痕迹，志留利亚纪之石灰岩化石规则之倾斜，约西北十度。此处亦未见有火成岩。

如欲以此省之铅矿办提炼厂，则仆之疑点殊多，若必须办炼铅厂，以助枪炮制造局之用，则于计划炼取之先，应进行之手续如下：

由政府下命令于各县知事，使晓示百姓，谓国家欲购买铅质，土法所采得者悉由政府于或半年内收集，记其重量，分堆蓄积，然后比较之。其出量最多者，则遣有经验之人员往调查，并研究其矿之能否供新式炼铅厂之用，如不足以供新式炼厂者，则惟有以土法冶炼之，则资本不多，易于兴办耳。

调查浙江诸暨县小东乡捣臼湾锌矿报告　附矿床图一张照片一张

叶良铺调查

位置及交通　捣臼湾（亦称银洞石础湾）之锌矿居诸暨县治之东南，相距约七十里，由杭至诸约一百二十里，有小火船往来其间。水涨时，轮船可达赵家埠，埠与县相距约二十里，江窄水浅，藉驳船以输运一切；水浅时，轮船祇达汪汪镇或姚公步，姚公步至县约五十里，自县城至矿，若从水路则须藉力于竹筏，至远达东蔡镇，自县至此约五十五里，每筏至多可载重一千五、六百斤，运费每里一分，下水一日抵县，上水至少两日，陆行则自县东南行至街亭镇约二十里，其间有大道，（本地人称为塘路）平坦可行，由此前进，至东蔡镇，地势渐高，路亦渐窄，半绕道于山麓转运已觉不便。由东蔡至矿地约二十五里，其间隔以二岭，一名冷湾岭，高四五〇米突；一名十二炮岗，高六百米突，（约英尺一千九百尺）运输因此颇难。

地质及矿床　矿地附近诸山富于浮土及森林露头殊少，所见者惟砂岩一种，其时代未详，上部色绿质细，下部色或红或白，粒粗且夹砾岩层，地层走向大致为西北与东南倾向，东北约十度。砂岩之近，矿地一带者风化颇甚，似由火成岩风化而成者，实则不然，在十二炮岗之东坡，有矿脉一支，走向为南七十二度，而与北七十二度，东倾向南十八度，东斜角六十二度，矿质为闪锌矿Sphelerite，有黄铁矿及含铜黄铁矿，与之共生附生矿物，惟方解石Calcite一种，脉之上下墙颇整齐光滑，围岩中亦有矿质，然大都在裂缝中，脉长约十米突（见图），宽为二、三米至三米不等，其接近下墙之一米突，矿质较纯，其上部二米突，中颇多夹石，稍有矿质，故脉宽名为八九尺，实则三四尺耳。据洽成公司已经采取之部分深约五米突余（见剖面图）。

矿质及矿量　矿质结晶微细，内夹黄铁矿颇多锌之成分，势必因此减少。据该矿代表徐照发言，此矿曾经分析，含锌约百分之二十，今采得矿样二种，备作分析之用。该公司已将采得之矿石经过采选后，分为一、二两等装存竹筐内，今就每筐中取其大小相似者，二方并而分析，庶几可得较为平均之结果，若云矿量则无从计算。就其已采之部计算，脉宽三米突，长十米突，深平均三米突，设其比重为三，应得矿砂$3\times10\times3\times4=360$吨。但据徐君言衹采得纯矿石约三十吨，可见（脉矿之中夹石）夹石约占其十分之九也。

洽成公司　捣臼湾锌矿系由洽成公司代表徐照发呈请开采领得矿区面积计五十六七亩，于民国七年正月，由部批准后，就露头采取。至六月间，因无销路停工，该公司曾经运若干吨至沪，每吨运费约十元，售与日人若干，每吨计洋三十二元。

旧井　在洽成公司矿槽之西端有旧横洞一口，又于该矿槽之北约八十米突，有一长方形直井，长约四尺，宽一尺半，其旁一无露头，恐亦系采矿旧井，据本地人传言，宋朝时浙江产银颇富，有黄仲九其人，曾在诸暨县开洞七十二口之多。

结言　捣臼湾矿区中惟此一脉，其地除森林与泥土遮蔽之部外，但有砂岩露头，若专恃一脉，希望甚小，且地位不良，辅运不便。

诸暨县其他相近之锌矿　（一）桥麦湾在洽成矿之东南约三里，脉宽三寸，井深三丈，矿质已罄，属人和公司；(二)斯泽在洽成矿之东二十六里，苗宽四尺；(三)唐裡坞在矿之西二十里，约一尺在石灰岩之中，闻为邝某所领；(四)溪镀银坑人和公司在洽成公司之西北四十里，锌矿在花岗岩与石灰岩之接触带，露头颇多，希望亦大，铺曾经顺道往观。

河南济源县铜矿报告〔略〕

浙江会稽道属各县矿业调查书〔略〕

〔国民政府实业部档案〕

6．实业部关于厘订整理全国钨矿暂行办法草案备案事致行政院呈

（1933年7月21日）

为呈请事：查我国钨矿出产丰富，每占世界产额百分之六十以上，该矿为钢铁事业所必需，关系自属重要，徒以国内是项制炼工厂尚未成立，而各省产钨较旺之区域率多不明国际商场状况，狃于近利，殊鲜远图，遂致大好矿藏唯一利源动为外商乘机操纵，揆诸商情，既属莫大之损失，即按之现行矿法，亦多未符。兹经本部厘订整理全国钨矿暂行办法草案，理合具文缮呈，伏祈鉴核，准予备案，实为公便。谨呈

行政院

计附呈整理全国钨矿暂行办法草案一件

中华民国二十二年七月　日

整理全国钨矿暂行办法草案

一、全国钨矿出产区域，其重要部分除划为国家保留区，由本部自行经营外，得由人民依法呈请探采。

二、人民依法领采各矿区，所产钨砂悉由本部按照山价，酌加利益，公平收买。该矿业权者不得私自运销出口。

三、各省官办或官商合办之钨矿管理采运各局及其他类似之组织，应一律废止；其确有成绩者，得由本部酌定情形，接收管理。

四、各省钨矿出产较为发达之区域，由本部订定专销办法着手兴办，并随时与地方行政最高机关会商，藉收部省合作之效。

五、地方行政最高机关，经会商后对于本部订定办法及设局收砂运销各事项，均应饬属遵照，切实负稽查与保护之责。

六、关于地方征收钨砂各种税费，凡不合矿业法规定者，均一律废止。

七、本暂行办法自呈准行政院备案之日起施行。

〔国民政府实业部档案〕

7. 全国经济委员会等办理矿商黄莘三等呈请设锑钨国际贸易局的有关文件

(1933年9月—1934年3月)

(1) 黄莘三等致行政院呈(1933年9月20日)

呈为请拨棉麦借款一千万元，为湘省锑钨铜茶专卖基金，由中央与湘建设厅合作组织国际贸易局，并筹设公仓工厂，以法令制定湘产锑钨桐茶利用券二千万元，利济交换，以发展国际贸易，复兴农村经济，振产裕国，储矿强兵，抵抗侵略，而救危亡，附赍方案，恳祈鉴核事。窃莘三等前呈矿业救国计划，请愿发行救济公债，蒙钧院令交实业部。奉到部令通知，对于该业，正在拟订整个整理计划，所陈留备参考。继思公债借资政策，只可救急于暂时，欲谋彻底解决国内金融枯竭问题，以发达产业，应另有匡时之长策。现在赣产钨砂，已由实业部呈准设局专卖，湖南锑矿联合贸易处，由官督商办成立已经数月，但皆无直接国际贸易之实力，丧权病商，生产更困。中央眷顾民瘼，迫于国难，大借美邦棉麦巨款，决定专作生产及复兴农村事业之用，以谋渡此难关，扩大全国经济委员会权力，通筹支配，以期实利民生，裨补国计，策久安而长治，谋自救以自存，期富国以强兵，必审轻而察重。吾湘富庶，久著东南，而精华一竭于曾胡挟以剿平大乱，再竭于畏公尽筹北伐，历年来拥护中央，久已竭泽而渔，民力之衰，原为救国，溯洄往事，功有足称。现当国难日深，共匪乘隙东南作赣粤之援，北出保江河之险，湘地治安，已系全国之安危。湖南建设，当为中央所重视，故此时欲谋民族之复兴，策中枢于盘石，必以湖南为富强之根本，以沪粤为发展之出路，此大势所趋，非惟湘人之私见也。乃者湘人已电请拨棉麦借款，开发湘省矿产，又请拨巨款，推广棉业试验场，莘三等窃犹以为未足也。夫开发矿产，应先注意于整理湘产矿区贸易，提倡农产，尤当注重于湘产桐茶，改进出路，是推广棉业，开发矿藏，其利济民生之效固巨，实属刻不容缓。而发展国际贸易，改进锑钨铜茶销路，可立时促进湘省农村经济之复兴，劳工生活于繁荣。莘三研究发展湘省矿业、农村经济方案，多历年所，爰以管见所及，条陈请愿数点。一、请加拨棉麦借款一千万圆，为组织湘产锑钨铜茶国际贸易局于上海之基金，由中央与湘省府建设厅合作，统一经营，其利益中央与地方各半，规定皆以专作湘省生产矿利公共事业之用。二、湘产锑钨桐茶，援赣钨例，归湘设贸易局专卖，但不得利用外资垫款专利，以保国富。三、请遵总理钱币革命方略，第二铸造供社会通融之纸币代表货物功用的原则，以国家法令，制定湘产锑钨桐茶利用券二千万圆，准其作钱币，流通于湘、沪、汉、粤四埠市场，缴纳关税田赋，筹设公仓，保证货物兑换，利济交换，兼采基金准备制，运用银行代储汇兑，辅助流通。由中央与湘省府派员，聘约沪、汉、湘、粤各埠银矿工商界推举代表委员，合组利用券基金货物监管委员会，公开监管发行收缴，其组织须与国家财政，划分独立，不相牵混，以巩纸币信用，救济金银缺乏，抵制帝国资本主义之操纵侵略。四、于岳州或武汉，设立大规模制油厂，提制桐油，归足成色，检验划一出口，以挽回对外贸易利权，杜塞日商垄断。五、推广安化小淹及其他茶叶试验场，指导茶庄改良装置，由贸易局与俄商直接交易，以对换火油进口为条件。凡此五点，略陈简要，详细规划，著之方案，为此附赍富强新方案初稿，呈请钧院鉴核，准予转行中央全国经济委员会核准支配，令行实业部、湘省府建设厅会同派员筹备，妥拟施行。谨呈

国民政府行政院院长汪

附呈原著富强新方案初稿一件〔略〕

具呈人湖南马迹塘顺和采炼锑矿公司总经理兼代表

黄莘三

长沙通讯处浏正街三十六号

中华民国二十二年九月二十日

(2) 实业部等会商湖南矿商黄莘三等请设锑钨国际贸易局案纪录（1934年3月10日）

会商湖南矿商黄莘三等请设锑钨国际贸易局案纪录

日期　三月十日上午十时

地点　全国经济委员会会议厅

出席者　杨国劲　黄金涛　梁上栋　高秉坊　俞同奎

常　叙　杨承训　赵　冠

主席　杨承训

纪录　赵　冠

开会如仪

主席报告本案经过

杨国劲报告湖南锑钨产销情形

决议　锑钨钼应设法统制设特种矿产贸易机关办理之（由锑入手）。

推定黄金涛、高秉坊、杨国劲、杨承训草拟计划。

（3）俞同奎等签呈（1934年3月24日）

谨签呈者：日前奉派会同实业部、财政部及湖南省政府人员审查黄莘三所拟统制钨锑矿产销计划，讨论结果：以原计划在实施方面不无窒碍难行之处，当经另拟统制钨锑计划，提出通过。惟应附带陈明者。

一、统制计划内虽有筹集资金二百万元之规定，但将来实行统制时，消息一经传布，市价自必上涨。故统制机关最初销售所获之利，即可移充以后收买矿砂之用，积一年之余利，炼厂之开办自亦不患无赀。故事实上统制资金，实无需如此之巨额。

二、查湖南锑砂平均含纯锑百分之六十，统制计划预算只作百分之五十，纯锑价经统制后估计每吨可达四百元，今只作二百八十元，是每年纯益必可较计划所预计者增加百万元以上，又硫酸市价为一百十元与九十三元二种，预算亦只作七十七元与六十五元，是纯益亦可增加十三四万元也。

查统制钨锑，实际既无需巨额费用，而实施后，对于国计民生又复两有裨益，且事属生产，按之本会举办事业原则，似尚可行。理合检同计划及附件，呈候核夺施行。谨呈

秘书长秦

俞同奎印　杨承训印

赵冠印　常叙印　谨呈

二十三年三月二十四日

统制锑钨计划

查我国所产锑钨，在世界矿产中确占有重要地位，平均占世界总产量百分之六十五。即自民国二十年以来，亦占世界总产量百分之五十而强（产量比较表附后），其主要用途为炼制硬度钢，以供枪炮、铁甲、船舰、溜弹、飞艇等军器之所必需。惟政府向无国营之策，一任商人自由采卖，供求既无限制，而价格又互相竞争，遂致为外商操纵，不能发展。故（一）为国家军备计，（二）为国际贸易计，锑钨矿产实有施行统制之必要。

且我国锑钨之主要产地，均集中于湘、粤、赣三省边区接壤之处，锑矿尤集中于湖南，约占中国总产额百分之九十五，产地范围既小，管理自易。此种事业分营，则为外商操纵，统制则可以操纵外商。十二年六月，上海钨砂每吨价格已跌至四百元，曾经实业部与安利洋行定立出口合同，试行专销，一时砂价即继涨至一千一百元，即此亦可证明锑钨实有施行统制之可能。基于上述理由，拟定统制办法大纲如下：

1. 由全国经济委员会，设立特种矿产统制机关（名称另定）。凡属输出重要矿产，经呈奉国民政府指定者，皆归特种矿产统制机关统筹经营，目前暂先由锑钨两种矿产入手。

2. 特种矿产统制机关，纯为一商业化之组织。设董事、经理两部。

一、董事部董事，由中央有关系机关及有关系各省选派，确定任期职权与商业公司之董事会同。

二、经理部经理，由董事会选聘有矿务商业上之学识经验者充之，负营业上之全责。

3. 特种矿产机关营业计划如下：

一、统一对外运销　凡以前地方采矿炼矿各商，一律登记，暂准其照旧经营。惟采矿产量及炼矿成色，须受本机关之限制。而国外市场，由本机关厘定章程，招聘经理，经理资格不限国籍，但须缴纳保证金。

二、设厂制炼　锑钨之运销统制，固足以操纵国际市价，然改良品质、减低成本，亦属必要，故必须筹设新式炼厂，以精炼矿质，藉以增进国际市场之信用，而防止其他出产锑钨之国家特意竞争。锑矿炼厂计划及钨矿采选成本预算附后。

4. 特种矿产统制机关之资金开办时，准由政府筹拨二百万元，其流动资本可以收存矿产，与银行订立专约抵押款项，并以收受代理商家之保证金充之。

5. 特种矿产统制机关营业之纯益，除提储若干成为流动资本基金外，余由中央有关系机关及有关系各省政府商酌分配。

附件一

中国锑矿产量比较表

年　　分	世界总产量	中国总产量（即出口数量）	中国占世界百分数
民国元年	二四，二〇〇吨	一五，五〇〇吨	五五
民国四年	三七，七〇〇	二三，五〇〇	六一
民国五年	七〇，〇〇〇	四二，八〇〇	六一
民国六年	五四，〇〇〇	二八，四〇〇	五一
民国七年	二九，七〇〇	一八，一〇〇	六〇
民国八年	一二，〇〇〇	八，四〇〇	七〇
民国九年	一八，二〇〇	一三，四〇〇	七三
民国十年	一七，四〇〇	一四，六〇〇	八四
民国十三年	一九，〇〇〇	一二，八〇〇	六七
民国十四年	二五，〇〇〇	一九，五〇〇	七五
民国十六年	二八，三〇〇	一八，〇〇〇	六三
民国十七年	二八，〇〇〇	一九，三〇〇	六七
民国十八年	三一，〇〇〇	二二，四〇〇	七〇
民国十九年	二八，〇〇〇	一七，四〇〇	六二
民国二十年	一七，〇〇〇	九，四〇〇	五五
民国二十一年		四，五〇〇	
民国二十二年		九，七六〇	

此表所言产量，系指纯锑而言。凡锑砂锑养生锑等，均按其含锑成分合为纯锑，以便比较。

附件二

建设纯炼厂计划及预算

建设纯锑炼厂，其地点可择在上海。因就湖南锑矿化验成分观之，以由水道将锑矿运至上海，提炼纯锑及锑养等品，最为相宜，且可同时提取金银及硫酸等副产物。运锑矿至上海，其矿砂内非锑部份约耗运费百分之五十至百分之六十，故每吨锑矿约因此增加制炼费六元至八元。但既择用最有效能之提炼方法，其纯锑质地自较土法所产者为优，且又可提取副产物，故足以弥补所增之制炼费。

兹将所采湖南锑矿标本之化验成分如下：

号数	含锑百分率	每吨中含银(以英两计)	每吨中含金(以英两计)	含砒百分率
一	五一.六三	〇.六七		〇.〇九
二	六二.五四	〇.二二		〇.〇七
三	五〇.三六	〇.六七		〇.〇五
四	一三.四三	〇.三六	〇.二〇	〇.二〇
五	六五.六〇	〇.四七		〇.四七
六	一〇.六五	〇.三六		〇.三六
七	六七.五六			〇.四〇
八	六六.五六	〇.九〇		〇.一〇
九	六六.六四	〇.五六		〇.〇五
十	六四.〇九	〇.四五		〇.〇三
十一	四〇.五六	一.〇一		〇.二七

用新式炼厂提炼纯锑，可较土法多提取百分之二十五至百分之三十锑质。兹假定每日提炼锑矿一百吨，其矿砂含锑成分作为百分之五十，每年工作以三百日计算：

每日提炼锑矿一百吨三〇〇日共锑矿　三〇，〇〇〇吨

三〇，〇〇〇吨锑矿按含锑百分之五十计算含锑质　一五，〇〇〇吨

一五，〇〇〇吨锑质经选炼后得百分之八十净质　一二，〇〇〇吨

一二，〇〇〇吨净锑质经制炼后得百分之八十纯锑　九，六〇〇吨

再除去百分之二消耗共作二〇〇吨计净得纯锑　九，四〇〇吨

每吨纯锑作价银二八〇元共银　二，六三二，〇〇〇元

费用预算

一、三〇，〇〇〇锑矿运至上海每吨成本六八元共　二，〇四〇，〇〇〇元

二、炼厂设备之利息折旧等按百分之十计　三八，〇〇〇元

三、浮游选矿费用每吨五元六角按三〇，〇〇〇吨计算　一六八，〇〇〇元

四、制炼费用每吨十一元按一二，〇〇〇吨计算　一三二，〇〇〇元

五、管理费用及其他未列费用　五〇，〇〇〇元

共计	二，四二八，〇〇〇元
总计收入	二，六三二，〇〇〇元
支出	二，四二八，〇〇〇元
净盈余	二〇四，〇〇〇元

副产物之余利尚未计算在内

应需资本预算

机器炉座	二八〇，〇〇〇元	共三八〇，〇〇〇元
房屋及试验室	七〇，〇〇〇元	
杂项设备	三〇，〇〇〇元	

流动资本

锑矿八〇〇吨每吨六十八元	五四四，〇〇〇元	共六二二，〇〇〇元
浮游选矿八〇〇〇吨每吨五元六角	四五，〇〇〇元	
制炼纯锑三〇〇〇吨每吨十一元	三三，〇〇〇元	
共计		一，〇〇二，〇〇〇元

厂地约需六至十亩，用租地办法，每年租费一万元，全厂原动才每锑矿一吨约需一五〇至一七〇匹马力或三十基罗瓦特电力

提取副产物预算

提炼纯锑时所发生之瓦斯中有二养化硫，故可利用之，以制硫酸。假定每日制造四八至五八波买Be之硫酸三十吨，即每日需硫磺十吨。又每吨锑矿可供应用之硫黄百分之十五，即每日炼锑矿一百吨，可得硫黄十五吨。

此项硫酸厂之设备，分房屋，制造机械、电气清洁瓦斯器及储容器四项，共需设备费约为五〇〇，〇〇〇元至五五〇，〇〇〇元。

厂地约占两亩，原动力约需二〇基罗瓦特，人工每八小时为一班。此外，并需化验师一人，监工一人，工匠八人，每吨硫酸需水十一立方公尺。

制造每吨硫酸成本

制造费用每日六十元在最初工作时每日制造硫酸十五吨每吨合银	四。〇〇元
三六波买Be硝酸每公斤三角每吨硫酸需十一公斤	三。三〇
原动力	一。〇〇
水	〇。六八

修理及维持费 一．一二

硫酸厂设备之利息折旧等按百分之十。全厂设备作五〇〇、〇〇〇元，即每年折旧等费为五〇，〇〇〇元每日合一六〇元制硫酸十五吨即每吨一〇．七〇

养化硫瓦斯 五．〇〇

其他未列费用 二．〇〇

共计 二七．八〇元

每日制硫酸十五吨，即每年四五〇〇吨，每吨成本二十八元，即每年支出一二六，〇〇〇元。

硫酸上海市价四八波买Be每七十二公斤银六．九〇元，每吨合九三．〇〇元

五八波买Be每八十一公斤银九、八〇元，每吨合一一〇．〇〇元

每年产四八波买Be硫酸二〇〇〇吨，售价每吨减作六五元，共一三〇，〇〇〇元。又五八波买Be硫酸二五〇〇吨，售价每吨减作七七元，共一九二，五〇〇元。每年收入共三二二，五〇〇元，除去支出一二六，〇〇〇元，计净盈余一九六，五〇〇元。

纯锑炼厂每年盈余总数

炼锑厂盈余 二〇四，〇〇〇元

提银盈余 一五，〇〇〇元

养化硫瓦斯 供制造四五〇〇吨硫酸之用每吨五元 二二，五〇〇元

硫酸厂盈余 一九六，五〇〇元

共计 四三八，〇〇〇元

钨矿采选成本预算

现在国内各省产钨情形，以赣南为最盛，而粤湘次之，闽桂

蓟各省又次之。只就赣南一部钨矿而言，估计矿床储量不下八九十万吨之巨数，每年若采钨砂两三万吨，决可供给二三十年之采掘而有余。若连粤湘闽桂蓟各省合计，其量当更不只此。惟钨矿矿床状态，因母岩有水成火成之别，入地深浅，亦属各异。所以开采方法，有露天掘及开掘洞井之分，土法往往笨滞，嗣后开采，如改用机械及炸药，则工作可速，且各地产出钨矿，虽以钨锰铁矿（〔Femn〕Wo_4）为主要矿石，而锡石或砂锡（Sno_2）炭酸铋矿（〔Bio〕$_2CO_3H_2O$）辉钼矿（mos_2）及黄铁矿（FeS_2）等，尚随伴产生，土法手选，矿屑矿泥，往往散失，应于各矿附近设立新式选矿场，安置碎矿磨矿机及水选、电选或浮游选，并各种淘汰矿泥器具，使各矿纯净，更可提高价值。又运输方面，应按地势，或架设高线或修筑轻便铁道，或利用水力，更可使运价低廉，按此计划，每年增加产量数倍之价值，并非难事。兹将本计划每吨成本约计如下：

名称	每吨用费	备考
采选费	一四四，〇〇〇元	
赣南大庚至南昌运费	三一，三七六元	暂以赣南产钨各地为例余处略有高低以下同
南昌至九江运费	一二，〇一六元	
九江至上海运费	一三，一〇四元	
海关	五四，〇〇〇元	
公司用费及杂费	三二，四七二元	
每吨成本	三四七，九二九元	由矿地至沪一切在内

据上表所估，除摊还股本本息未计外，每吨采选费及运费，只须三四八元左右，矿砂在沪价值，每吨以一千元计算，假定每年产出钨砂量为贰万吨，假定每吨须摊还本息一百五十元，每吨成本共为整数五百元，则每年应可得纯利一千万元之数。但经过我国一度专销之后，各国鉴于钨砂之不易收买，现在钨砂价值，当日趋澎涨，其利益当不止上述之数。而选矿时，同时提出铋砂、锡砂、钼砂、砒砂等之利益，尚未计入也。

（4）秦汾鉴呈（1934年3月25日）

鉴呈　字第75号

为签呈事：窃查前准行政院函以准军事委员会南昌行营转据湖南矿商黄莘三请拨棉麦借款一千万元为湘省锑钨桐茶专卖基金一案，业经签奉第三次常务委员会议议决：由秘书处与财政、实业两部会商核办等因。遵经分别函请财、实两部派员会商，并以此案与湘省有特殊关系，并函请该省政府派员参加，业经三月十日开会，数次讨论，结果拟由本会设立特种矿产统制机关，先经锑钨两种矿产入手，并据拟具统制锑钨计划，送请转呈前来。应否照准，理合检同原计划鉴请核示。谨呈

常务委员

计附呈原计划一份〔略〕

秘书长秦〇

中华民国廿三年三月　日

第七次常务委员会议议决：通过，由本会设立特种矿产机关主管办理。

〔国民政府全国经济委员会档案〕

8．实业部关于钨矿专卖及产销数量价值各情形复军政部函

（1933年10月23日）

实业部公函　字第　号

案准贵部兵设字第九八六号函略开：钨为重要军用金属之一，现拟调查最近数年我国产销数量价值，嘱将此项参考资料揭示，并将本部与安利洋行所订合同等件，一并抄送见复。等由。准此。查关于钨砂出口，本部前与安利洋行所订合同，尚未履行，已将该合同取消，另订公卖办法，业由本部提经行政院会议决议通过有案。准函前由，相应将钨矿最近数年产销数量价值，每吨每月平均市价，及关于钨矿参考书名列表，送请查收为荷！

此致

军政部

计附钨矿产地产额数量价值，每吨每月平均市价，及参考书名表各一纸。

中华民国二十二年十月　日

最近数年钨矿每吨每月平均市价表（以国币为单位）

年次 月份	民国十八年	民国十九年	民国二十年	民国二十一年	民国二十二年
一月	540.0	1,100.0	620.0	480.0	328.3
二月	560.0	1,020.0	650.0	480.0	257.6
三月	520.0	980.0	650.0	480.0	330.6
四月	580.0	820.0	720.0	420.0	383.2
五月	800.0	840.0	730.0	420.0	446.9
六月		670.0	690.0	370.0	421.2
七月		620.0	590.0		442.7
八月	1,000.0	560.0	687.5		457.2
九月	1,050.0	700.0	640.0		本月市价暴涨但无标准价格
十月	900.0	700.0			同　上
十一月	1,000.0	760.0	495.0		
十二月	1,000.0	630.0			

最近数年钨矿产地产

<table>
<tr><td rowspan="3">省别</td><td rowspan="3" colspan="2">产地</td><td colspan="3">民国十八年</td></tr>
<tr><td rowspan="2">产量（吨）</td><td colspan="2">出口</td></tr>
<tr><td>数量（吨）</td><td>关两</td></tr>
<tr><td>江西</td><td>安远</td><td>仁风山，盆古山</td><td>540</td><td></td><td></td></tr>
<tr><td></td><td>赣县</td><td>大湖江，翠花园，黄皮地，桂花垅</td><td>195</td><td></td><td></td></tr>
<tr><td></td><td>会昌</td><td>丰田墟，白鹅墟</td><td>242</td><td></td><td></td></tr>
<tr><td></td><td>大庾</td><td>西华山，洪水寨，生龙口，九龙恼，一萝种，石垅，漂塘，大龙山，鸭子恼</td><td>1,740</td><td></td><td></td></tr>
<tr><td></td><td>南康</td><td>青山，渗水窝</td><td>102</td><td></td><td></td></tr>
<tr><td></td><td>龙南</td><td>龟尾山</td><td>2,400</td><td></td><td></td></tr>
<tr><td></td><td>定南</td><td></td><td>20</td><td></td><td></td></tr>
<tr><td></td><td>于都</td><td></td><td>15</td><td></td><td></td></tr>
<tr><td></td><td>上犹</td><td></td><td>150</td><td></td><td></td></tr>
<tr><td></td><td>崇义</td><td></td><td>10</td><td></td><td></td></tr>
<tr><td></td><td>遂川</td><td></td><td>50</td><td></td><td></td></tr>
<tr><td></td><td>其他</td><td></td><td>480</td><td></td><td></td></tr>
<tr><td>广东</td><td>翁源</td><td>茶潭铺，蒲竹坝，热水湖，红水梗，桂竹甲，杨树坑</td><td>2,230</td><td></td><td></td></tr>
</table>

额及出口数量价值表

民国十九年			民国二十年			民国二十一年		
产量（吨）	出口		产量（吨）	出口		产量（吨）	出口	
	数量（吨）	关两		数量（吨）	关两		数量（吨）	关两
380								
140								
160								
1,195								
70								
1,600								
10								
10								
80								
10								
30								
120								
1,910								

续表

	乐昌　铁钉头	45		
	从化　大江田	25		
	中山　张家边，白石岊	38		
	东莞　桥头墟			
	河源　莲花山	520		
	揭阳，五华，惠阳，恩平，紫金，海丰，始兴及其他	724		
湖南	资兴，宜章，郴县，瑶冈仙	100		
	临武，香花岭	95		
	汝城	140		
	桂东	85		
	酃县	62		
其他	如广西福建等省			
	合　　计	9,708	8,725	3,069,011

74								
20								
11								
60								
358								
117								
86								
64			125					
116								
115								
			30					
6,736	8,585	4,175,321	6,580	6,804	3,021,960		2,044	647,871

〔国民政府实业部档案〕

9. 实业部矿业司关于我国产铁情况致巴达维亚德发公司牋函

（1934年8月13日）

案奉部长发下贵公司来函，为“请示国内产铣之区及业铣之公司，俾便购办”一件。查我国出产铁砂之大矿有湖北大冶、安徽当涂等地。炼冶生铁，往昔有汉冶萍公司及龙烟公司，现均停业，而辽宁之鞍山铁厂及本溪湖公司则处日人势力范围。我国出产铣铁者，现仅有保晋铁厂及扬子铁厂等数家而已。至于土法铣铁均为小规模之铁业，以土法开采冶炼制造锅镬、农具等器，就地贩卖，出产极微，无足纪述。至贵公司如直接购办，兹将我国各大铁矿产额及冶炼铣铁产额另纸抄送，即希查收为荷。此复

德发公司

附表二纸

实业部矿业司 启

八月十三日

中国各大铁矿产额表（单位吨）
Production of Iron ore by the Princi pal mines in China(Ton)

公 司 Mines		1929	1930	1931
大冶汉冶萍公司Tayeh, Hupei		476,096	377,667	425,000
大冶象鼻山铁矿Siangpishan		162,194	128,096	83,165
本溪湖公司庙儿沟Miaoerkou, Liaoning		148,646	141,061	146,560
鞍山振兴公司Anshan	富矿Rich ore	97,071	167,274	143,589
	贫矿Poor ore	739,954	523,894	673,380
桃冲裕繁公司Taochung、Anhui		218,817	197,876	265,000
当涂宝兴公司Paohsing Co•,		149,607	124,983	135,000
当涂福利民公司Tangtu, Anhui Fulim in Co•,		——	80,000	50,000
阳泉保晋公司Yangchuan Shansi		6,237	5,685	12,226
当涂昌华公司Changhua Co•, Tangtu, Anhui		37,994	27,000	17,000
当涂益华公司Yihua Co•, Tang tu, Anhui		10,380	——	——
共 计 Total		2,046,996	1,773,436	1,950,920

中国炼铁能力及近年生铁产额表（单位吨）（Metricton）
Number & Capacity of Blast furnaces in China & Their Production of Pig-iron

公司Companies	地点Localities	炉数 number of Furnace	能力Capacity of each	total	产量 Production 国民十八年 1929	民国十九年 1930	民国二十年 1931
龙烟公司Lung Yies Co•,	石景山Shiching Shin	I	250	250	—	—	—
汉冶萍Hanyehping Co•, 〃 〃	汉阳Hang ang 〃 〃	I I	250 75	650	—	—	—
同上 同上	大冶Tayeh	I	450	900	—	—	—
扬子机器厂Yaugtze Iron-Works	谌家矶Shenchiaki Hupei	I	100	100	11,094	—	4,072
本溪湖公司Penchihu Co•, 〃 〃	本溪湖Penchihu 〃 〃	I I	20 140	320	76,300	85,060	65,620

续表

鞍山铁厂 Anshan Iron Work 〃 〃	鞍山 Anshan 〃 〃	I I	300 500 } 1100	217,858	262,994	276,650
保晋铁厂 Paochin Iron-Work	阳泉 Yang Chuan	I	20 20	2,838	2,587	5,563
宏豫公司 Hungyu Co.	新乡 Sinhsiang	I	25 25	—	—	—
和兴钢铁厂 Hohing steel work 〃 〃	浦东 Pu tung Shanghai 〃 〃	I I	12 33 } 45	—	—	—
共计 Total		19	3,410	308,090	350,541	351,905
土法生铁产额 Pig-iron Produced by native Workers				135,368	122,226	126,130
合计 Combined Total				443,458	472,867	478,035

鞍山新五百吨炼炉于民国十八年三月起始炼铁
The new 500-ton blast furnace Was blown on march 9,1929

〔国民政府实业部档案〕

10．实业部关于钨锑铁矿事项办理经过的报告

（1935年12月）

关于钨矿事项

办理经过。我国钨矿，分布于江西、广东、广西、湖南、福建及河北数省，而以江西之赣南一隅，蕴量较富，自民国五年前农商部于矿业条例内添列钨矿后，旋即以关系军用，定为国营。而同时赣、粤等省，私采之风极盛，主管官署，亦无力禁止之。前农矿部时现行矿业法告成，始将钨矿定为保留矿质之一，除将赣南一部钨矿，依法划为保留区外，其余各省钨矿均主开放，经令各省主管厅，转饬商民，依法呈请设权。实业部成立，继续整理，曾拟具整理全面钨矿办法，经提院议通过，分饬遵行。并将赣南产钨各保留矿区，重新划定作为国营区，均经呈院核准有案。计现在设定国营矿业权者：江西六区，合面积为四，九〇五，九一三公亩。又设定民营矿业权者：湖南三十一区，合面积一六五，五五八.九一公亩。惟以生产过剩之故，本年五月已令湖南建设厅，凡湘省境未经呈领之钨矿，连同锑矿，在两年内暂予保留，不再给照，并公告在案。此外，河北尚有三区，系前农商部核准设权之矿，嗣以停工欠税过久，业经依法取消。又有广东呈请设权之十一区，曾经令厅转饬更正矿图，嗣以时局关系，迄未转呈来部，此关于钨矿矿区设权办理之经过也。至全面钨矿产额，盛时曾年达九千余吨，近数年来，亦恒在四五千吨左右，以此项稀有金属，各国产出均少，故我国产量常占世界总产额百分之五六十以上，其销售出口者，约有十三国之多。惟国内矿商向缺组合，其价值恒为外商所操纵。在过去两年，曾一度试加整理，规定由政府专收专销，商妥江西省政府设局收砂，并先行委托英商安利洋行，暂为试办出口专销，以二年为期，经于二十二

年提经行政院会议决议通过。此项政策公布后，当时每吨砂价，即由三、四百元涨至六、七百元，至去年来，平均竟达一千三百余元。嗣后，以粤政府所辖军队攻陷赣南大庾、崇义等共匪区域，驻防该处，而赣南钨砂遂均向香港出口，由粤省政府设局征税，遂致更无由统制。最近准外部咨准美使馆函称，粤省现将赣省所产钨砂与某洋商订立包销合同，准予专利等情。有无接洽，请见复。等由；经电询广东省建厅，据复：本省钨矿营业经移交第一集团军总司令部军垦经理事务所办理，有无其事，无由得知，等语。属无由合作。同时前后上曾与广东建设厅长面商，原则虽表示赞同，仍以须待政局统一为词，要之各地方行政，不受中央节制，即有矿业上较优良之计划，终致无由实现。钨砂专卖之不克实现，即其一例。经本部于同年十月间提请院议决议取消与安利洋行所订合同，另由本部拟订公卖办法，惟近年以部省协商尚未能一致，因之，先行呈报核定。此关于钨矿矿产贩卖整理经过之情形也。

进行计划　我国产钨，既经过上述情形，就目前状况应进行下列各计划。

甲、各省钨矿，目前如粤桂两省尚系私采，并未依法设权，又如赣省虽已由中央设定国营矿业权，而人民仍有窃采，并未正式承租，嗣后应继续督饬各省厅，设法推进，务使国内已采各钨矿，一律纳入法律范围。

乙、各地钨矿矿商，向乏组织，宜由政府筹设统一机关，集中力量，将各省产钨区域，加以统制，所有产量多少、运输出口销售价格，均由中央统筹兼顾，使矿商得免操纵居奇之虞。而世界钨砂价格，可由我国产额为标准，尚非难事。惟进行之际，须望中央力量之能彻底支配各省区，方可减少障碍。

丙、我国钨矿，目下采矿纯系土法，洗选运输均系人力，嗣后应于各矿改用新法采掘，并于附近设置新式选矿场，更择适当地方，修筑轻便铁路或架设高线，利用水运，更可使运输便利，产量增加。

丁、钨为军器用及重要机械用高速度钢与电灯内线，并其他合金用之原料，关系国防与一般工业均极重要。我国产钨比较丰富，尤应选择矿场附近水力发电地方，筹备炼钨厂，设置电气炉及附属各设备，提炼纯钨及各种成分之钨合金。此项制炼成品，既可供国内各兵工厂之需，且以之出口贩售各国，势必较原砂之售出者，获利倍蓰。

关于锑矿事项

办理经过。锑矿分布于湖南、广东、广西、云南、四川、贵州、江西、安徽、浙江等省，而以湖南一省开采甚盛，计国内已依法正式设权领照者，湖南共一百八十一区，合一九〇，六七七.六二公亩。广东三区，合六，四一七.六五公亩。广西二区，合七，〇三一.三八公亩。云南七区，合一一，〇一三.一二公亩。四川二区，合三，一四八.八〇公亩。江西一区，合一，〇四九.四〇公亩。安徽一区，合二，〇三九.二一公亩。浙江三区，合四，四六二.五二公亩。此外尚有新发见而未经设权者多起。至全国产额，亦以湖南为第一，而世界各国总产额，又以我国居第一，恒占各国总产额百分之七十以上。近年出口量在民国二十一年仅有四千余吨，至去年则已骤增至一万六千余吨，而价值则向来一吨值一千四百元者，因生产过剩之结果，渐低至每吨七百元乃至三百元，至去年则每吨仅减至二百六十余元。本部审度锑产形况，又以锑矿为制造军用品及工业用重要原料之一种。在民国二十二年，即规定两项办法：其一，拟依矿业法第九、第十两条之规定，于必要时划定国家保管区，禁止探采；其二，由中央设置一特种矿产贸易机关，将矿业法第九、第十两条所列各矿归纳其中，通行生产地，各政府派员参加组织，酌全国之盈虑，定整个之计划，庶利权不致外溢，而操纵出自我方。关于第一办法，业于本年五月，据湘省建设厅呈请保管，已指令该厅将湘省境内未经呈领之锑矿，从本年六月一日起，至二十六年五月三十一日止，一律准予保留，禁止设权探采，并仰遵照公告在案。此项计划实施以后，本年六、七月间之锑价，确逐见增高，至每吨七百余元。关于第二办法，在二十二年内，本部正拟按照计划筹款进行之际，而湘省政府亦同时设立湖南锑业联合贸易处，先后据湖南新化锑业同业公会及益记炼厂，并锑矿公司等，电呈来部，反对省府卡买卡卖，征收出口贸易税十分之一，请咨令湘省厅取消原订办法，本部以中央特种矿产贸易机关正拟设置，若只就一省区域限制，深虑各省生产不齐，筹策歧异在国际贸易上，难于操纵，迭经咨省令厅，暂时停止进行，嗣准湘省咨复，已允俟将来中央特种矿产贸易机关成立时，再行归纳中央办理，而本部卒以各省未能贯彻统一，无由商洽进行，因之，统制此项特种矿产贸易之经费，亦无由商洽筹措，以故该项计划，尚未克实现。

进行计划。此后进行计划，应赓续原定第二计划，俟各省行政具体统一，受中央支配时，切实协商，筹得相当的款，设立特种矿产贸易机关，此项统制矿业政策，自应以锑矿为最要，钨矿次之，着手之要点，先于重要各商场，设立统一各机关，管理矿砂之输出及运销各事项，而于矿区附近各地，分设栈所，专管收砂囤积各事项，中央与省政府及各矿商分力合作，必可收指臂之效。又钨之用途，除工业用品外，关于制造军用枪弹及炸弹，并信药、火药等，战时需要特多，尤应及时选择相当地点，设立炼厂及制造厂，一面由生矿提出纯钨，一面由纯钨制出各色合金，及各种成品，然后再行出口，则世界钨价必为我国操纵无疑，一旦大战爆发，不惟我国军用钨属原料，足以自给，且得如德人之拥有钾矿，足以雄视世界也。

关于铁矿事项

办理经过。我国铁矿据历年调查结果，铁矿藏量仅有十万万吨，在世界仅居第九位，本然甚高，若除去辽宁、热河两省储量，则中国本部仅余二万三千六百余万吨，已减去百分之七十六以上之量，此二万万余吨铁矿蕴量中更除去省营及商营各铁矿，占却一万七千五百四十四万余吨之蕴量外，其剩余可供国营者，只有储量六千一百四十一万余吨，其数愈微。而上述省营及商营各铁矿中，目前自行设厂制铁者，只有湖北扬子一厂及各地土炉，每年所产生铁不过十万吨，余皆售铁砂，日本年售砂约八十余万吨，价值约三百余万元，而同时钢铁入口数量达五六十万吨，价值约七八千万以上，漏卮之巨，实为隐忧。故本部制定矿法，以铁矿列为国营矿质，除小铁矿外，概不准人民呈领开采。其从前依铁矿特许暂行办法，业已领照者，祗有严行督促提倡，自行制炼，并制止再与外人订立售砂合同，以备国防之用。数年来本此政策，切实进行，截至本年现在止，已划归国营者，江苏二区，合面积二四八〇四．八〇公亩；安徽七区，合七七六五五．八九公亩；湖北一区，合一〇一四〇．〇〇公亩；四川一区，合九一六．六七公亩；热河一区，合九九七四二．〇〇公亩，共为十二区，二一三二五九．三六公亩。此十二区国营铁矿外，有已经由人民依法承租，限其自行设厂制炼者，江苏有铜山县五家营一区，面积二四二三．八〇公亩，安徽有繁昌县箬帽岭一区，面积六四二〇．四八公亩，四川有綦江沓场一区，面积九一六．六七公亩。其余有人民领小铁矿者，浙江一区，面积六〇公亩，陕西一区，面积一〇八公亩，共为一六八公亩。以上皆系由农矿部至今所成立之区，此外在前农商时代，依据铁矿特准暂行办法而给照者，计江苏二区，面积五三一三八．二三公亩；浙江三区，面积七六〇六二五公亩；安徽一五区，五〇二八三．九九公亩；江西五区，面积三五三七六.七八公亩；湖南三区，面积五九二五.一〇公亩；湖北五区，面积三九二〇五.三五公亩；河南一区，面积八九六.四一公亩；河北之区，面积七一四五五公亩；甘肃八区，面积五三一〇.八七公亩；广东一区，面积五六五四.九三公亩；云南三区，面积六四五六.九三公亩；察哈尔三区，面积一四一六四九.九二公亩，共为五二区，合四二二九六〇.三〇公亩。以上皆系由前部特许人民有采矿权各矿区，其中在扬子江下游沿岸之苏、皖、赣、鄂、湘五省者，因交通方便，恒多由前部特准设权之后，并允许矿商与外商订立售砂合同，本部以前部原定成案，虽未便遽予变更，经一度换照手续，并一律加以整理，最近整理结果，目前尚与日商订有售砂合同尚未清结者，祇有汉冶萍公司之大冶一区、裕繁公司之繁昌一区、宝兴公司之安徽当涂三区，福利民公司之当涂七区。又间接与日商订有合同之公司售砂者有昌华公司之安徽繁昌一区，益华公司之当涂三区。惟此项售砂数量有限，随时均可停止。此铁矿办理之大概经过也。

进行计划　国营铁矿办理情形既如上述，今后仍当依照原定政策，凡农商部时代已特许给予采矿权，各矿商一律设法提倡，自行设厂制炼，最要当此国防吃紧时候，原拟定之中央钢铁厂尚须早日成立，同时河北之龙烟铁厂与湖北之汉阳、大冶铁厂，亦宜设法恢复。此节关系较重，另详下节。

二十四、十二、廿一

〔国民政府实业部档案〕

11．实业部抄送安徽浙江两省锑矿表致资源委员会公函

（1936年3月14日）

实业部公函　密字第　号

案准贵会二十五年三月四日密字第三六六号函，以安徽省休宁县一带及浙江省界内均产锑矿，嘱查照将该两省已成立与呈请设立锑矿矿业权各案及锑矿调查报告等资料抄送参考。等由。准此。兹将安徽浙江两省已设定锑矿矿业权各案开列清表，随函附送一份。此外关于该两省内设定锑矿权之呈请案，尚未有新案转呈来部。又该两省锑矿，本部现尚在派员继续调查中，应俟将来查毕编就报告书时，再行抄送。准函前由，相应复请查照为荷。

此致

军事委员会资源委员会

附送安徽浙江两省锑矿一览表一份

中华民国　年　月　日

安徽浙江两省锑矿一览表　　截至二十五年二月底止

省别	矿区所在地	面积公亩	核准年月	备注
安徽	休宁县西乡三十二都里广山村源头山	205275	廿四年十月	该区系国营矿
又	绩溪县十四都荆州镇杨家坞	203921	廿三年五月	该区系民营采矿 矿业权者为金成公司郭善潮
又	休宁县西乡第二区三十二都西山岗南山一带	666500	廿五年二月	矿业权者为安徽省建设厅
浙江	昌化县九都石坪东山坪	333312	十五年七月	该区系民营采矿 矿业权者为裕昌公司潘献廷
又	昌化县城区毛竹湾	44927	十八年七月	该区系民营采矿 矿业权者为广鑫公司楼涤

续表

又	昌化县九都石朋庄东山坪	68013	廿一年七月	该区系民营采矿 矿业权者为龙虎公司李纪才
又	淳安县西乡梓铜溉源头万岁岭下三宝台牯牛坞	18405	廿三年十月	该区系民营小矿 矿业权者为章行严
又	昌化县西区九都株柳镇前坞蒲筱坞里东山坪狮子笑天前山	30785	廿五年二月	该区系民营采矿 矿业权者为菊林公司张啸林

〔国民政府实业部档案〕

12．湖南省建设厅报送水口山锌矿调查表致实业部呈

（1936年3月28日）

案查前奉钧部矿字第一三八七六号训令，检发表式一份，饬将水口山铅锌矿局历年产锌及办理情形填明具报，并呈送整碎砂样各十磅。等因。当经转饬该局遵照办理，并备文呈复各在卷。兹据该局照式填表，赍同锌整碎砂样各十磅到厅。理合备文转呈钧部，敬乞核收，至为公便。谨呈

实业部

附呈调查表一份　锌整碎砂各十磅（另寄）

湖南省建设厅厅长余籍傅（印）

中华民国二十五年三月二十八日

湖南常宁水口山铅锌矿局锌砂调查表

年别 / 砂别 / 类别	民国二十二年		民国二十三年		民国二十四年	
	整　砂	碎　砂	整　砂	碎　砂	整　砂	碎　砂
产额	4014.528吨	6037.484吨	4365.280吨	7464.568吨	3821.758吨	6543.003吨
成分	40.96%	34.20%	40.25%	36.62%	37.46%	34.70%
制炼吨数	1130.000吨		600.000吨			
出售吨数	7000.000吨	849.707吨	121.000吨	1192.350吨	5540.000吨	21900.000吨
价格	17.32元	7.00元	16.00元	6.50元	17.00元	7.64元
买方	鼎华公司	湖南炼锌厂	本山商办土法白铅炼厂	湖南炼锌厂	除本山商办土法白铅炼厂承购540吨外余系售与同昌公司	除湖南炼锌厂承购400吨外余系售与同昌公司
附　注						

〔国民政府实业部档案〕

13．资源委员会抄发郭子勋粤省钨业概略报告给钨业管理处的训令

（1936年9月30日）

训令

令钨业管理处处长洪中

案据郭专员子勋拟具粤省钨业概略报告呈送到会，查阅所拟各节，尚属扼要，足资参考。除存查外，合行抄发原件，令仰该处存查。此令。

计发抄件一份

中华民国二十五年九月三十日

粤省钨业概略报告

郭子勋具拟

粤省产钨数量估计每月约在三百吨左右，但其产运情形极其复杂。子勋来粤日浅，探访难周，如就撫拾所得，加以整理，似但能作一初步概略报告，聊供会中参考。兹分述（一）粤省统制钨业经过；（二）军垦时期产运销概况；（三）私钨偷运与查缉，以及（四）暂行过渡办法现状于后。

（一）粤省统制钨业经过

粤省钨业统制，如从历史方面观之，似可划为三个时期。第一时期，为绝对自由时期。人民于发现钨矿后，多自由开采，自由收买，自由输出，向建设厅领取矿业权者间或有之，但为数极少。此时期钨价起落，多由香港洋行操纵，巨大利益，恐为洋行攫取。第二时期，为建厅统制时期。人民虽仍可于各产地自由收买，但买得钨砂后，须卖与建厅，各商贩再向建厅购买，输运出口。此时期领取矿权者渐多，如建厅能稍有办法，未尝不可略收

统制之效，惜负责者办理不善，致对外贸易仍操诸洋行之手。第三时期，为军部统制时期。生产收运情形亦较为复杂，人民可自由开采，而同时军部对未领矿权之矿区，圈划为军垦矿场，亦派探矿员试采，但于采得钨砂后，概须照规定工价售与军垦经理处，然后由军垦经理对外统一售出。此时期本应对外稍有办法，但人事关系、资金周转、私运猖獗，等等因素，竟使统制贸易之效果不能如吾人期料之宏。

（二）军垦时期产运销概况

军部统制钨业，在推行上初无困难，因当时军权高于一切，予取予求，行施极易。总计当时生产方法，可有四种：（一）领有矿权商人自行开采；（二）建设厅自有矿区，委派专人开采，资本由建厅供给；（三）军垦处于人民发现新矿后，俟发现人来处呈报，经稍有地位之军人介绍，即划该矿为军垦矿场，委该员为探矿员，由该员自备资本，从事探采。军垦处并委派监采员，往矿场监采，薪食由矿场供给；（四）人民于不属于以上三种矿场之矿区，得自由私采，惟采得之砂，须售与军垦处委派常驻该区之收钨员。是类收钨员，亦须自备资本，供在山收砂、洗砂、运砂等必需费用。第一种商矿之砂，由军垦经理处以七十元毫洋之固定公债收买之。第三种采矿员采出之砂，及第四种收钨员收得之砂，由军垦经理处以六十元毫洋收买之。矿商及探矿收钨各员，以公价有定，为增高其利润计，时有抑价向矿工买砂，或减低工食之事发生。

上述四种矿场，于产得钨砂后，由建厅发给运照，始得由山地运出。商砂及探矿收钨各员采收之砂，均须先与军垦经理处签订收砂合约，由该处发给收买证，方能运至广州，再由军垦经理处发给入仓证，然后可以入仓。钨砂入仓后，先付七成砂款，再取样化验，俟化验成色确定后，全数付清。至建厅之砂，由建厅自行运省，入建厅货仓。

钨砂入仓以后，其商矿开采之矿，及探矿收钨等员采收之砂，由军垦经理处自行售出。建厅之砂，由建厅委托军垦经理处代售。军垦经理处随时与洋行或我国商行接洽议价。其售货悉以担为单位（合十六担八为一吨），价格多以港洋计算。过磅多在货仓内过磅，并不须另觅过磅公司。化验则以香港政府化验室，或该地Franklin化验室为准。付款即依照货仓过磅，香港化验，十足付清，完全结束，交货大都可为广州河轮，或香港货仓，或香港海轮。交货装包概由商人自理。

以上所述，为军垦统制时期之产运销概况，其办法虽不十分繁琐，但因人事问题，参杂其间，致使粤省钨业内幕日趋复杂。

（三）私钨偷运与查缉

粤省产钨区域，距海甚近，且港汊纵横，故走私极易。但如一按其实在数量，如除却昔日一部份军人以军舰私运之货，商民私砂，似漏出亦不甚多。其通常走私方法，大都数斤十数斤数十斤一走，杂入笨重货物如煤、米等之中，向海口偷运，至近海之处，则于深夜以渔舟藏砂舱底，偷渡香港，在香港有专门收购私货机关，俟集货至十余吨或念余吨时，始行出售。各出口商行，大都派有专人，随时留意私货，如有相当数量，价格相宜之砂，则购进若干，利其价廉，可与政府售出高价之砂搀合售出，得以稍稍减低其成本。此类私砂数量本不甚大，如在砂市坚消之时，随时吸进，自无问题。但一遇砂市呆滞之际，低价私砂，逗留市上，每每阻止砂价上升，而同时辄与欧美市场，以不正确之观念，以为我国砂价已趋低弱，其影响于我国对外售价，在相当时期以内，似亦甚巨。

至查缉方面，在其军垦时期，曾一度设立查缉机关，旋以收效甚微，有时查缉人员，竟成为保护走私人员，故旋即将设立专所查缉办法废止，另派专员常驻商矿，监督开采，而同时对探矿员矿场，亦派有监采员监采，就出产地查缉，对其他人民自由开采矿区，则派收钨员负责收砂，就地查缉，期绝根源。此种查缉办法，加以军警协助力量，及人民举报私钨条例，庶可使私运根绝。惟因人事关系，竟未能发挥此种制度之最高效力，但此种制度之本身似仍有加以考虑之必要也。

（四）暂行过渡办法

广东省钨业管理分处之成立，其筹备时期比较甚短，故对于粤省钨业之调查未能着手，是以精密方案无从拟定。值此交替之际，事务异常繁杂，兼之实况不明，计划难周，故为慎重计，分处对产运销办法，一切暂照向章办理。其与前军垦办法稍有出入者，则为收钨员人数之增多，并于每一收钨区域加派一收钨监办员，月支五六十元不等，薪水概由收钨员负担，又原有之商矿区驻矿监采专员，则至今未派。

于产运销之过渡办法外，尚有缉私一问题，至今尚无具体决定。现分处人员，对此问题之意见可分两种，一为主张设立查缉机关，以为是项查缉机关，如能就输出海口或私运要道分设卡所，私运查缉可有办法，如惧查缉所人员共同作弊，可再派巡查，四出巡视。一为主张就产地设法查缉，对商矿及处辖矿区派驻矿监采专员，对收钨区派收钨监办员，每日调查该矿或该区生产或收购数量，拟具报告，以便分处将呈报数量，与各该商或各该员实运数量相较，则核对分明，私运可少。同时通知各有关机关，代为查缉，公告人民，举报私运，并制定奖励缉私条例，通知洋行或华商，嗣后不得收买私砂。如据报属实，即不再与之交易。如能如此从各方面下手，则私运可不成问题。现分处对于缉私组织，均未着手，一切静候会中具体决定到达后再办。

粤省钨业概况略如上述，子勛以为将来如有更革，宜注意两原则。（一）更革计划宜根据实况，详拟方案，慎选人才；（二）更革计划宜以经济条件为最先，考虑更革步骤，可视经济条件如何，分别规定之。分处成立伊始，凡百待举，人事应付，庶务处理，丛集一身。此粤省钨业概略报告，固于资料未能尽情收集，即所举意见，亦未克作极精密之筹思，只以分处成立后，应对粤省钨业作一系统的叙述，特于纷忙中分时拟具，想挂漏之处必不能免也。

〔国民政府资源委员会档案〕